Der Architekt Ottavio Bertotti Scamozzi 1719—1790

Christine Kamm-Kyburz

Der Architekt Ottavio Bertotti Scamozzi 1719–1790

Ein Beitrag zum Palladianismus im Veneto

Benteli Verlag Bern

Gestaltung: Benteliteam
Satz und Druck: Benteli AG, 3018 Bern
Printed in Switzerland
ISBN 3-7165-0445-9

Umschlag:
Villa Vincenzo Capra, Marano Vicentino, heute
und auf einem Plan aus dem Jahr 1626,
der in einer Kopie von 1773 erhalten ist.
Die Landkarte stammt aus dem Privatarchiv Thiene,
Sammlung Capra, in Thiene;
Martin Kubelik hat die Abbildungsvorlage
zur Verfügung gestellt.

Inhaltsverzeichnis

Porträt des Architekten Ottavio Bertotti Scamozzi.
Detail aus dem Gemälde von Francesco Boldrini c. 1803. Villa Piovene Da Schio, Castelgomberto.

Vorwort

Der Begriff des Palladianismus gehört zu den kunsthistorischen Notnamen und bezeichnet ein Phänomen, das über vier Jahrhunderte die gesamte und nicht nur europäische Baukunst beeinflusste und weiterhin beeinflusst. War anfänglich das «Erbe Palladios» in seinen Auswirkungen auf Vicenza und die angrenzenden Provinzen bis Venedig beschränkt, so weitete sich dieser «Palladio Revival» bereits im frühen 17. Jahrhundert zu einem Universalstil aus, dessen Idealtypen mittels zahlreicher, grosszügig illustrierter Traktate über die Grenzen des Veneto hinaus bald überall und jederzeit verfügbar wurden.
Die Vicentiner Palladio-Ausstellungen in den Jahren 1973 und 1974 und speziell die Veranstaltungen zum Palladio-Jahr 1980 haben die Forschungsinteressen neu belebt und zu einer kritischen Auseinandersetzung mit dem Werk des Renaissancearchitekten und mit der kosmopolitischen Palladiorezeption beigetragen. So wird die Vermittlung palladianischer Architektur in die Neuzeit auch nicht mehr als immer gleicher Prozess, sondern als ein höchst vielschichtiger und vielfältiger, ja sogar widersprüchlicher Vorgang definiert.
Zu den Hauptvertretern des einheimischen Palladianismus im Veneto und insbesondere in Vicenza zählt im 18. Jahrhundert nun Ottavio Bertotti Scamozzi. Dieser Architekt ist vor allem durch seine Publikation mit den Neuvermessungen und Neuzeichnungen der Bauten Palladios bekannt geworden. Die vorliegende Monografie ist ein Versuch, unter Einbeziehung der kulturellen Bedingungen der Zeit und des Ortes die gegenseitigen Auswirkungen von theoretischer und praktischer Tätigkeit darzustellen, des Architekten eigene Bauten an seinem persönlichen Palladioverständnis zu messen. Im Gegensatz zu den traditionellen Vorstellungen vom Wirken und Einfluss des Ottavio Bertotti Scamozzi manifestiert sich in seinen — überdies sehr erfolgreichen — Palladioschriften ein aufklärerischer und liberaler Geist, dessen rationale Aspekte bereits in den eigenen, verhältnismässig meist bescheidenen Bauten vorgeprägt sind. Und ebenfalls deutlich wird, dass Bertotti, der zeitlebens Hausmeister der Vicentiner Accademia Olimpica war, seine theoretischen Arbeiten nicht als notwendige Vorbedingung für das praktische Schaffen auffasste, sondern auch als prüfendes Nachdenken über die eigene Baupraxis und insofern als gegenseitige Ergänzung und Bereicherung verstand.
Da diese Untersuchung über Aspekte des Vicentiner Palladianismus im Winter 1980/81 als Dissertation an der Universität Zürich eingereicht wurde, habe ich hier zuerst Prof. Adolf Reinle zu danken, der mit liebenswürdiger Ausdauer meine jahrelangen Studien wohlwollend verfolgte. Und grossen Dank schulde ich auch den Leitern und Mitarbeitern der verschiedenen Archive, Bibliotheken und Institute; erwähnen möchte ich an dieser Stelle Ferruccio Zago und Maria Francesca Tiepolo vom Staatsarchiv Venedig (A.S.Ve.), Maria Cristofari und Francamaria Galante von der Biblioteca Bertoliana in Vicenza (B.B.Vi.), Guglielmo Cappelletti, Renato Cevese und Maria Vittoria Pellizzari vom Centro Internazionale di Studi di Architettura A. Palladio in Vicenza (C.I.S.A.). Neben weiteren Organisationen wie die Biblioteca Reale in Turin (B.R.To.), die Vicentiner Istituzioni Pubbliche di Assistenza e Beneficenza (I.P.A.B.) und ganz besonders das Staatsarchiv in Vicenza (A.S.Vi.) erlaubten mir auch viele Privatleute ausgedehnte Besichtigungen ihrer Sammlungen und Gebäude. Speziell möchte ich hier Conte Berardo Da Schio und Conte Gian Giacomo Thiene für ihre Unterstützung und stete Hilfsbereitschaft danken. Wertvolle Hinweise, Anregungen und Ratschläge fachlicher und sehr praktischer Art verdanke ich meinen Freunden Margherita Azzi Visentini, Ursel Berger, Margaret Binotto, Martin und Gudrun Kubelik, Fernando Rigon und Ugo Soragni.
Der herzlichste Dank geht an meine Eltern, die mir das Studium und den Italienaufenthalt ermöglichten, und an meinen Mann Peter, der mit viel Liebe und einem Superweitwinkel-Objektiv den Abschluss dieser Arbeit förderte. Und ohne das Interesse und Entgegenkommen des Benteli Verlags hätte dieses Buch nicht in der jetzt vorliegenden Ausstattung erscheinen können; für die schöne und spannende Zusammenarbeit bin ich dem Benteliteam zu aufrichtigem Dank verpflichtet.

I Marginalien zur Vicentiner Kulturszene
Die Ausbildung eines Architekten

Francesco Milizia erwähnte in der dritten Edition von «Le Vite de' più Celebri Architetti d'ogni nazione, e d'ogni tempo precedute da un Saggio sopra l'Architettura», welche 1781 unter dem Titel «Memorie degli Architetti antichi e moderni» in Parma erschien, auch ausführlich vier, damals praktizierende Vicentiner Architekten. Mit Hilfe der vom einheimischen Conte Francesco Sangiovanni gelieferten Angaben fand neben dem Conte Enea Arnaldi, Don Domenico Cerato und dem Nobile Ottone Calderari ebenfalls Ottavio Bertotti Scamozzi Einlass in diese Biografiensammlung (1):

«Quel bell'umore di Vincenzo Scamozzi, Architetto di prima classe, non avendo stretti congiunti dispose del suo patrimonio in maniera, che se lo godesse vitaliziamente chiunque della sua patria riuscisse il più eccellente nell'Architettura, coll'obbligo di assumere il cognome del benefattore. Ecco il Bertotti divenuto anco Scamozzi per giudizio degli Esecutori testamentarj i Marchesi Capra, giusti stimatori del merito.

Ma non si avrebbe mai lo Scamozzi aspettato, che il suo beneficato Bertotti Scamozzi avesse da rendersi celebre col maggiormente celebrare la gloria di Palladio. Il principale studio del Bertotti è stato sopra Palladio; e non poteva impiegar meglio i suoi talenti, e i proventi Scamozziani: lo stesso avrebbe fatto Scamozzi medesimo, spassionato, e in cerca del bello. Dopo d'avere il Bertotti Scamozzi esaminate, confrontate, e misurate esattamente le opere di Palladio, separandole da quelle, che si attribuiscono a questo Valentuomo, ne ha data una magnifica edizione, che fa onore agli Artisti Vicentini, e a tutta l'Italia.

Durante questo lavoro ha il nostro Architetto regolate varie Fabbriche in Vicenza e nella Provincia Vicentina con soddisfazione de' fabbricanti, e di chi sa vedere. A Castel-Franco in Trevigiana egli ha eseguita una Galleria pel Cardinal Giovanni Cornaro, e una Foresteria annessa.

Ora egli sta costruendo nel Vicentino a Scantripo un Palazzo per i Conti Trissini, e un altro con bella loggia in Alpiero per i Conti da Schio, come anche una Casa con loggia per i Franceschini in Arcugnano.»

Am 5. April 1719 in Vicenza als drittes Kind des Barbiers Antonio Bertotti des Silvestro Bertotti und der Vittoria Bertotti Scabora geboren und am 13. April in der Kirche S.Maria del Carmine getauft, wurde Ottavio Bertotti anschliessend im väterlichen Handwerk ausgebildet und soll — nach einem zeitgenössischen Bericht des Giantommaso Faccioli — diesen Beruf samt dem eines Perückenmachers auch für einige Jahre ausgeübt haben (2). Jedenfalls findet sich in den Vicentiner Archiven erst für den 7. April 1753 ein genauer Hinweis auf die Erwerbstätigkeit von Bertotti, als sich dieser nun 34jährig um die Stellung eines Hauswarts bei der Accademia Olimpica beworben hatte und einstimmig auf nächsten Martini «col solito salario et abitazione» gewählt wurde. Hatte nach den im Jahre 1650 aufgestellten Satzungen der Accademia Olimpica der zu wählende Pedell «Uomo di buona vita e fama» und nicht jünger als zwanzigjährig zu sein sowie sich für eine jährliche Wiederwahl zur Verfügung zu stellen, so meldeten sich noch am 11. April 1673 sechs Bewerber, wobei ein siebenter mit Namen Zambattista Ganj vorübergehend und ab 26. April 1681 fest angestellt wurde. Nachdem Ganj am 8. Mai 1694 auf die Stellung verzichtete, wurde sie provisorisch von Gio. Battista Banigher besetzt. Bei den Neuwahlen vom 17. Juni 1695 wurde unter fünf Bewerbern Michel Ciccoli zum Hauswart ernannt, und nach seinem Tode meldeten sich am 4. Februar 1734 nur noch zwei Aspiranten, der Napolitaner Nicola Parulli und der Vicentiner Bortolamio Cazzuffi. Der letztere wurde gewählt, starb aber nach fünfzehn Jahren und hinterliess das Amt am 20. Januar 1749 seinem Sohn Andrea Cazzuffi. Dessen Entlassung — ebenfalls auf Martini — wurde gleichzeitig mit der Wahl Bertottis unter dem Vorsitz des Conte Enrico Bissari wiederholt am 11. April 1753 bestätigt, wobei in den Unterlagen der Accademia Olimpica neben Bertotti keine weiteren Mitbewerber um die Hauswartsstelle verzeichnet sind. Nun, die Anstellungsbedingungen mussten für damalige Verhältnisse bereits nicht mehr verlockend gewesen sein; das Jahresgehalt betrug 20 Dukaten und wurde — öfters erst nach 13 oder 14 Monaten — in 124 Lire ausbezahlt, während für die kleine Wohnung in jenen ans Teatro Olimpico und ans Odeo del Teatro angrenzenden Räumlichkeiten, die die Stadt der Accademia Olimpica zur Nutzniessung überlassen hatte und ihr am 10. Mai

1782 vollständig abtrat, der jeweiligen Eigentümerin einen jährlichen Mietzins von 32 Dukaten geleistet werden musste (3). Bertotti hatte diese Hauswartsstelle mit stets gleichem Salär dann während 37 Jahren bis zu seinem Tod inne, schrieb Inventurlisten der im Besitz der Akademie sich befindenden Möbel und Bücher und sorgte sofort ab Beginn seines neuen Amtes hauptsächlich für den baulichen Unterhalt des Teatro Olimpico samt dessen Nebenräumen, die alle zusammen unter den vorgängigen Stelleninhabern arg vernachlässigt worden waren. Die bis anhin wohl ungewohnte Beschäftigung mit baulichen Dingen und entsprechend der Umgang mit Bauhandwerkern mussten Bertotti auf eigene Initiative oder auf Anregung seiner Arbeitgeber zum Besuch der von Don Domenico Cerato in Vicenza privat betriebenen, öffentlich zugänglichen Architekturschule veranlasst haben. In der Zwischenzeit war der am 17. März 1709 zum «Architetto, et Publico Perito» der Stadt Vicenza gewählte Francesco Muttoni, der zu einem grossen Teil die Vicentiner Architekturszene der ersten Hälfte des 18. Jahrhunderts bestimmt hatte, am 22. Februar 1747 verstorben. Von seiner grossangelegten Edition der «Architettura di Andrea Palladio Vicentino di nuovo ristampata, di Figure in Rame diligentemente intagliate arricchita, corretta, e accresciuta di moltissimi Fabbriche inedite, con le Osservazioni dell'Architetto N. N. e con la traduzione francese» waren erst vier Bände erschienen, drei weitere folgten im Sommer und Herbst 1747 sowie die letzten zwei Bücher in den Jahren 1748 uund 1760. Und von Muttonis Bauten für die Stadt waren jene bereits 1717 über eine Länge von 700 m geplanten Arkaden zur Basilika vom Monte Berico unter heftigsten Kontroversen und trotz eines erbittert verteidigten Gegenvorschlags des erst 30jährigen Enea Arnaldi im Jahre 1746 nach einem Gutachten des padovanischen Professors Giovanni Poleni begonnen worden und befanden sich auch in den späten 50er Jahren sowie 1778 noch immer im Bau, während der vom venezianischen Architekten Giorgio Massari für den Advokaten am venezianischen Forum, Angelo Vecchia, entworfene Palazzo an der contrà Cantarane beinahe innert zwei Jahren dann 1750 fertiggestellt wurde. Für dasselbe Jahr sind erste Arbeiten von dem am 4. April 1715 in Mason geborenen Domenico Cerato bezeugt, der nach der öffentlichen Jesuitenschule in Vicenza das Priesterseminar in Padova besucht hatte und dank eines jährlichen, von seinem Adoptivvater Conte Francesco Cerato Loschi vermachten Legats in der Höhe von 275 Dukaten kein praktizierender Geistlicher wurde, sondern sich frei dem Studium der schönen Künste und der Wissenschaften widmen konnte und nicht von ungefähr sich mit Architekturentwürfen zu befassen begann — eine Beschäftigung, derer sich im Vicenza des Settecento neben den als «Periti» gewählten Beamten vor allem finanziell unabhängige Conti und Marchesi erfreuten, während die ausführenden Bauleute nicht den Titel eines Architekten trugen. Gleichzeitig mit der Umbautätigkeit im Atrium des palladianischen Palazzo Civena-Trissino für die Conti Giangiorgio und Teodoro Trissino sowie dem begonnenen Kirchenbau für die Jesuiten an der Vicentiner contrà Riale, einer Modernisierung der Villa Cerato-Apolloni in Altavilla Vicentina und der Errichtung des Campanile für die Kirche S. Giacomo in Padova eröffnete Don Domenico Cerato in der contrà Carpagnon zu Vicenza im Jahre 1750 einen Architekturkursus für die «studiosa Gioventù», dem anscheinend kein grosser Anfangserfolg beschieden war, so dass Cerato eine neue, öffentliche Ausschreibung für die Jahre 1755 und 1756 seines nun auf zehn Monate reduzierten Unterrichts veranlasste und dabei auf die Möglichkeit hinwies, mit Hilfe seiner Schule sich für das wieder brachliegende Legat des Vincenzo Scamozzi bewerben zu können (4). Hinweise auf das Lehrprogramm sind einem von Leonardo Trissino kopierten Brief eines unbekannten Verfassers vom 4. November 1755 zu entnehmen: «Sono ormai due secoli e mezzo, che in questa Città fiorisce la buona Architettura; e pare appunto che i nostri nascono con certa naturale disposizione a questa nobilissima professione. E stato pubblicato non ha molto colle stampe un invito da questo nostro Signor D. Domenico Cerato alla studiosa Gioventù che ben merita di essere a vostra notizia. Questo invito serve per l'anno 1755.56. Questo valente Religioso ha incominciato ad insegnare Architettura Civile e Militare, e ora ne rinnova la notizia perchè ha ridotto le sue Lezioni a metodo tale, che nello spazio di soli dieci mesi, spera di poter dare ad intendere bastantemente a' suoi scolari gli Elementi dell'una e dell'altra Architettura. Per la Civile egli si serve del Palladio, e dello Scamozzi, ambi già suoi Concittadini; e per la Militare di due forestieri che sono il Belidor, e l'Abb. Deidier; non perdendo di vista il famoso Vauban seguito in parte da questi due. Ci avvisa inoltre di aver fatto intagliare per maggior intelligenza de'principianti molti modelli, e che già a questa ora è compiuto un alzato di Fortezza esagona secondo il primo sistema del Vauban ec. E brama poi (et è da desiderarsi da chiunque) che siccome l'Architettura Militare da molto tempo viene maneggiata per lo più da uomini esercitati nelle scienze, e particolarmente nelle Matematiche così pure l'Architettura Civile ritorni in possesso d'uomini studiosi degli ottimi Autori, e di sano gusto, e resti per sempre libera delle mani degl'inesperti e rozzi ec. Così sinceramente unisco i miei voti a que' del Signor Abb. Cerato, e parmi che generalmente parlando, ne sia molto bisogno. Egli da le sue Lezioni la mattina a Terza della Civile, e il dopo pranzo a Vespri della Militare. E chiude il suo invito colle seguenti cose che parendomi degne della vostra e della comune curiosità voglio intieramente ricopiarvi. Dice egli adunque: Piacermi di trascrivere ... quella parte del Testamento dello Scamozzi che può animare i Giovani della Città di Vicenza colla speranza di ottenere un di per mezzo di questo studio e secondo la intenzione di lui la sua Eredità. Punto del Testamento di Vincenzo Scamozzi estratto dall'originale esistente in Vinegia nella Cancelleria del Serenissimo Principe Notajo Nicolò Federici ...» Noch genauere Informationen über

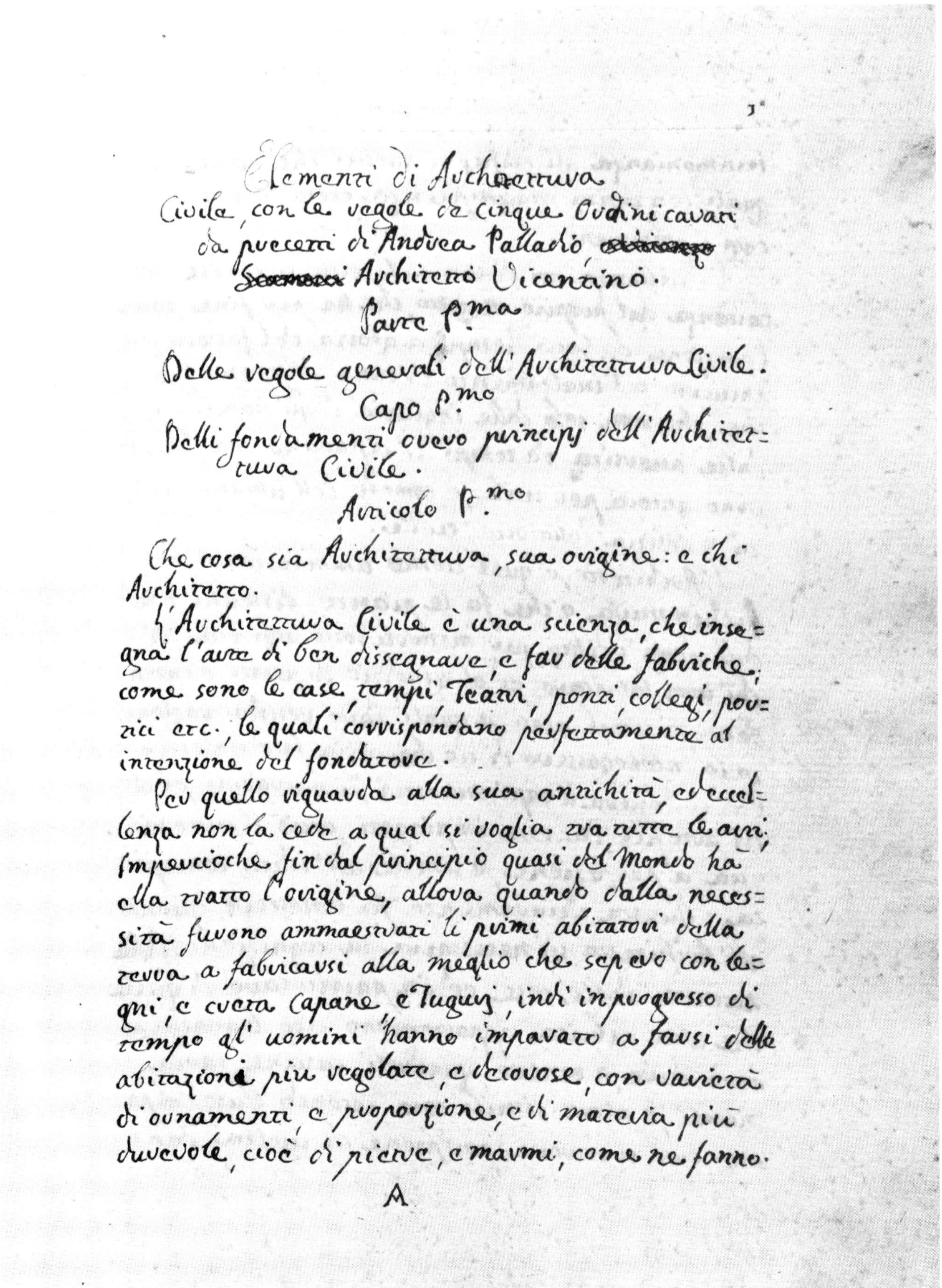
1°

Elementi di Architettura
Civile, con le regole de cinque Ordini cavati
da precetti di Andrea Palladio, ~~[illegible]~~
~~Scamozzi~~ Architetto Vicentino.
Parte P.ma
Delle regole generali dell'Architettura Civile.
Capo P.mo
Delli fondamenti ovvero principj dell'Architet=
tura Civile.
Articolo P.mo
Che cosa sia Architettura, sua origine: e chi
Architetto.
L'Architettura Civile è una scienza, che inse=
gna l'arte di ben dissegnare, e far delle fabriche,
come sono le case, tempi, Teatri, ponti, collegi, por=
tici etc., le quali corrispondano perfettamente al
intenzione del fondatore.
Per quello riguarda alla sua antichità, ed eccel=
lenza non la cede a qual si voglia tra tutte le arti,
Imperciochè fin dal principio quasi del Mondo ha
ella tratto l'origine, allora quando dalla neces=
sità furono ammaestrati li primi abitatori della
terra a fabricarsi alla meglio che sapevo con le=
gni, e creta Capane, e Tugurj, indi in progresso di
tempo gl'uomini hanno imparato a farsi delle
abitazioni più regolate, e decorose, con varietà
di ornamenti, e proporzione, e di materia più
durevole, cioè di pietre, e marmi, come ne fanno.
A

Ottavio Bertotti Scamozzi. Elementi di Architettura Civile, con le regole de cinque Ordini cavati da precetti di Andrea Palladio, Architetto Vicentino. c. 1756. p. 1. B.B.Vi. Ms seg. Gonz. 24.10.16 (472).

Spiegazione della Tav. V.

A B· Ornamento.
C D· Tutta la Colonna. } A F Tutto l'Ordine.
E F· Piedistillo.

G· Cornice.
H· Fregio.
I· Architrave.
L· Capitello della Colonna.
MN· Fusto della Colonna.
c a· Vivo del fusto della Colonna.
O: Base della Colonna.
P. Cimasa del Piedistillo.
S· Fusto del Piedistillo.
Q· Base, o Cornice del bassamento del Piedistillo.
R. Basamento, ovvero Zoccolo del Piedistillo
1. 2. 3. 4. 5. Pianta del Fusto delle Colonne, Base, e Zoccolo, del Piedistillo.

L'enumerazione superiore dei membri nella Scala modulatoria la quale principia dal segno * serve al Ordine Dorico il diametro della di cui Colonna è di due moduli, e ciascun modulo è diviso in parti ovvero min. 30.

L'enumerazione inferiore serve per gl' altri ordini, delle quali Colonne il diametro è di un Modulo diviso in 60 parti, o minuti.

X, Y· Un modulo diviso in parti, ovvero minuti 60.

Ottavio Bertotti Scamozzi. Elementi di Architettura Ms Tav. V mit den entsprechenden Abbildungserläuterungen.

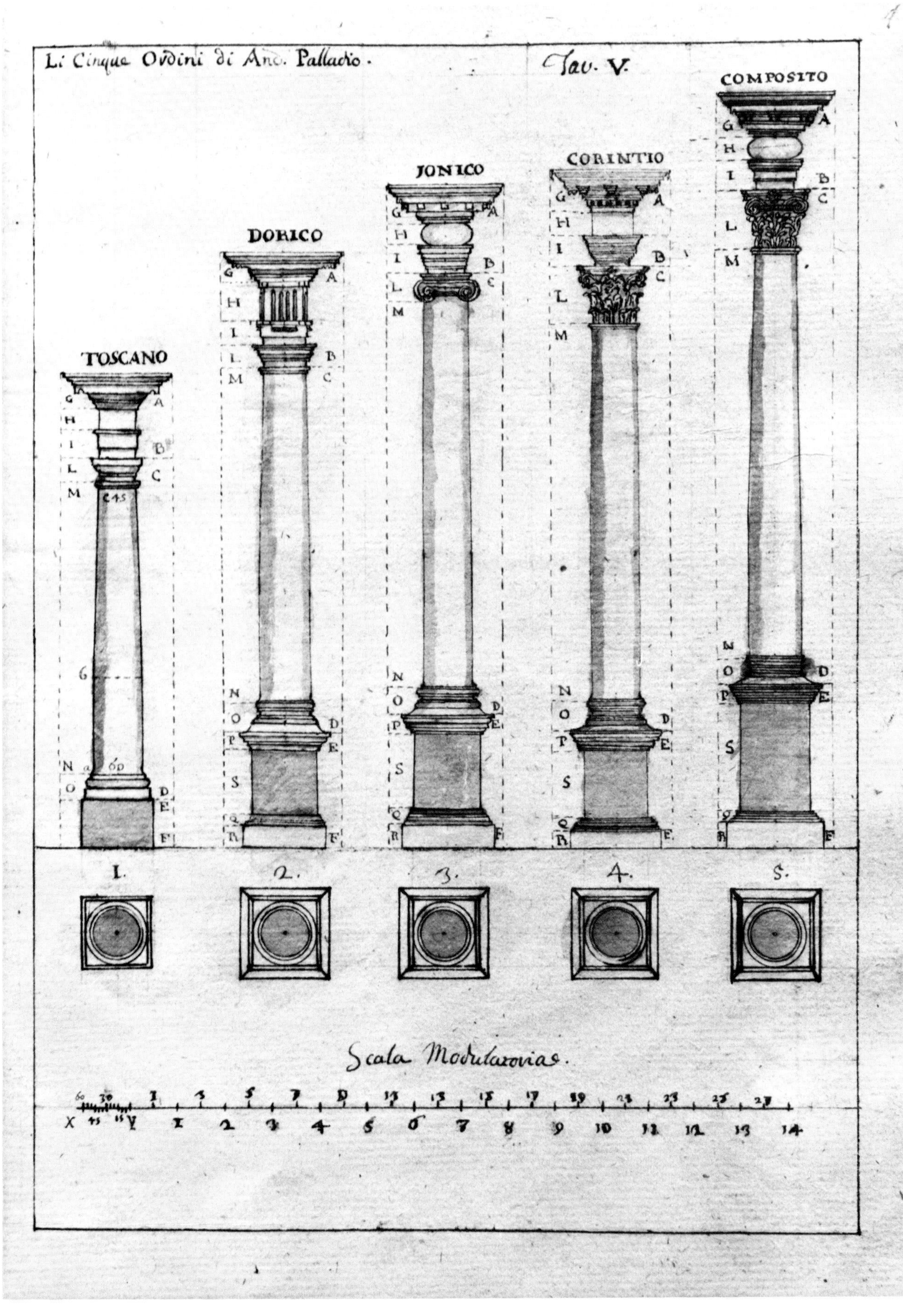
Li Cinque Ordini di And. Palladio.
Tav. V.
TOSCANO
DORICO
JONICO
CORINTIO
COMPOSITO
1.
2.
3.
4.
5.
Scala Modulatoria.

Tavola Aritmetica per la contraposta figura, che rapre- senta un semplice intercolonnio coll'Architrave di legno per uso di campagna.

Ordine Toscano senza Piedistilo.

Nomi de Membri.		Altezze		Proietture	
		Moduli.	Parti.	Moduli.	Parti.
Gronda Min. 30.	Listello.		5	2	12 $\frac{1}{2}$
	Modiglione.		25	2	7 $\frac{1}{2}$
45	Architrave.		45		22 $\frac{1}{2}$
Capitello Min. 30.	Abaco.		10		30
	Ovolo.		10		29
	Listello del		1 $\frac{1}{2}$		24 $\frac{1}{2}$
	Colarino.		8 $\frac{1}{2}$		22 $\frac{1}{2}$
Fusto della Colonna Mod. 6.	Astragalo, e suo		4		27
	Listello.		1 $\frac{1}{2}$		25
	Vivo della Colonna.	5	54 $\frac{1}{2}$		22 $\frac{1}{2}$
Base Min. 30.	Cimbia.		2 $\frac{1}{2}$		33 $\frac{3}{4}$
	Bastone.		12 $\frac{1}{2}$		40
	Orlo		15		40

Tutte le altezze summano Mod. 8. parti 15. Overo Mod. 8 $\frac{1}{4}$.

HI Altezza determinata di Piedi 15.
LM l'istessa altezza HI divisa in parti 33.
FG Scala Modulatoria.
K Coperto.
MM Travi che fanno la gronda, i quali sono larghi in fronte min. 20.
NN Pianta delli Fusti, e Basi delle Colonne.

Ottavio Bertotti Scamozzi. Elementi di Architettura Ms Tav. VIII mit der entsprechenden Masstabelle.

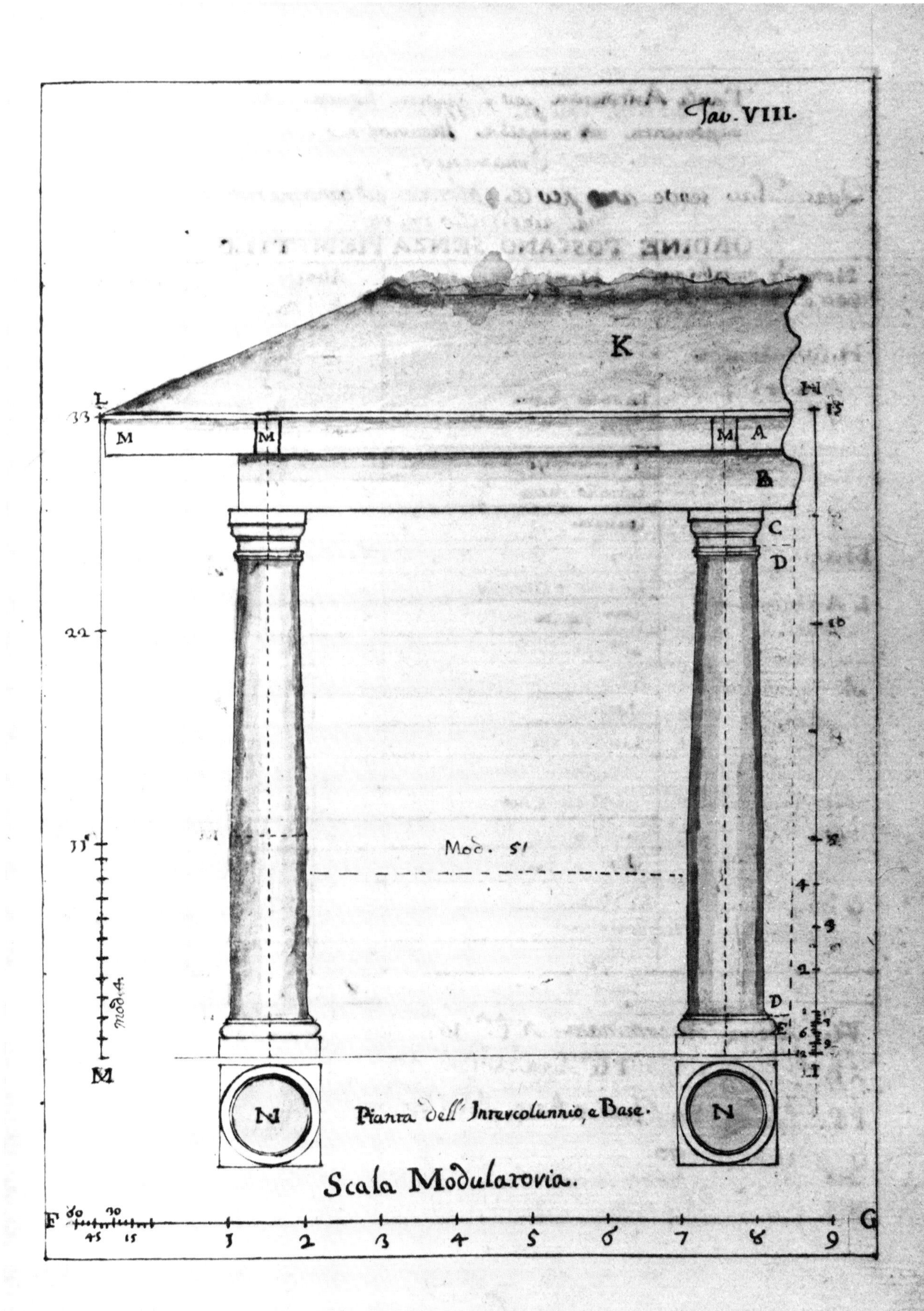
Tav. VIII.
K
L
33
M
M
M
A
B
C
D
22
11
Mod. 51
mod. 4
D
E
M
I
N
N
Pianta dell' Intercolunnio, e Base.
Scala Modularovia.
F
G
1 2 3 4 5 6 7 8 9

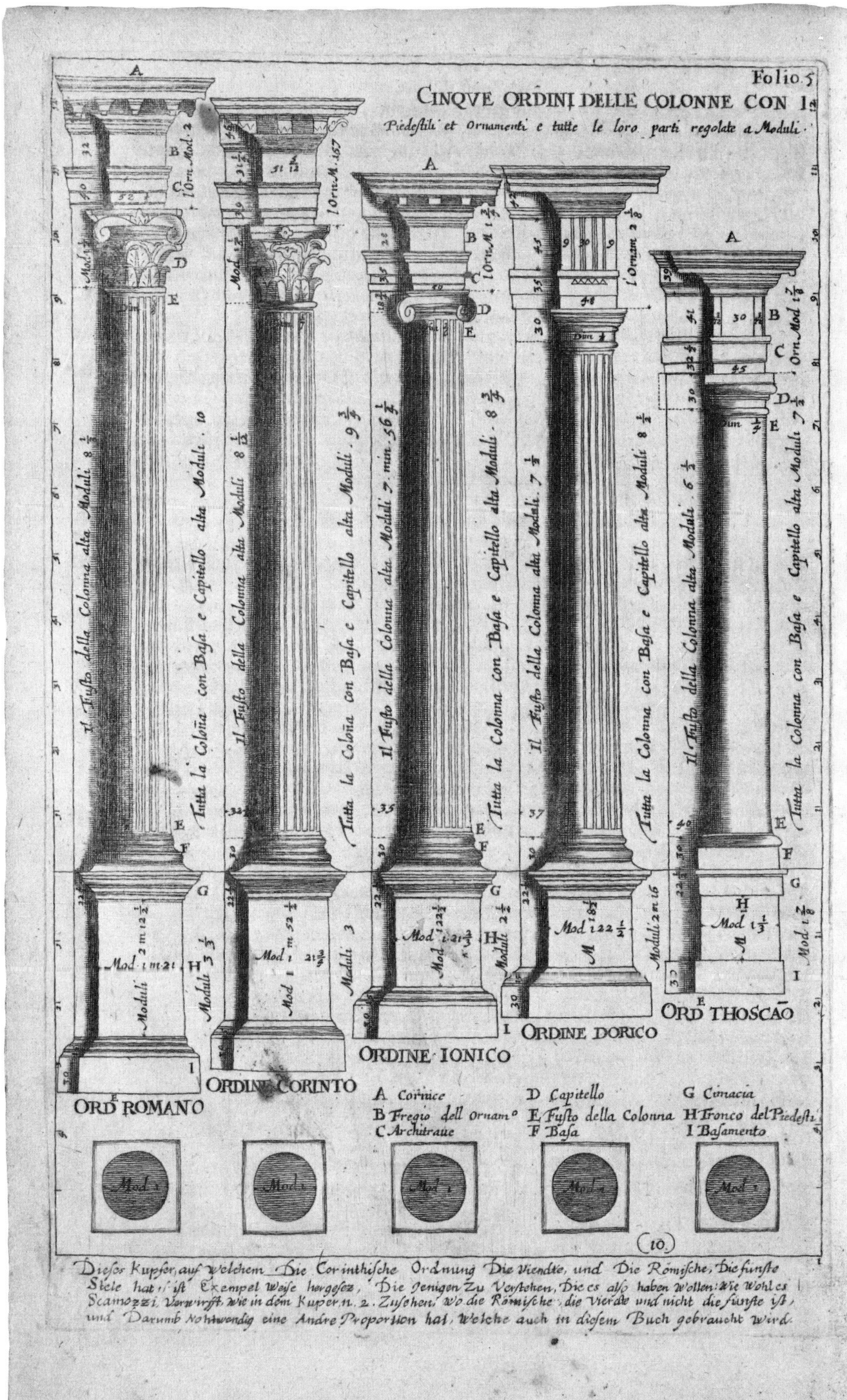

Die fünf Säulenordnungen von Vincenzo Scamozzi. Aus der dt. Ausgabe von «Dell'Idea della Architettura Universale». Nürnberg 1697.

die von Cerato anvisierte Unterrichtsmethode gibt sein nach der am 12. April 1771 erfolgten Berufung an die neugeschaffene Cathedra «Architettura Civile Pratica» der Universität Padova den drei «Riformatori dello Studio di Padova» — dem venezianischen Erziehungsministerium — vorgelegter Lehrplan, der nun expressis verbis für Schreiner, Maurer und Steinhauer bestimmt war: «... Li primi precetti saranno degli Elementi di Geometria pratica soltanto necessarj all'Architettura, e questi gl'insegnerò o in voce, o in iscritto, facendo a' Giovani fare le Figure, se sia possibile, senza che n'abbiano gli esempi sotto l'occhio, perchè in tal modo verranno a crearle da se stessi, e per conseguenza le resteranno più impresse nella memoria. Passerò poi subito a fargli delineare li membri, che compongono li cinque ordini di Architettura, indi gli ordini stessi, tenendo l'istessa regola di fargliеli fare senza che vedano le figure, oppure con gli esemplari delli più celebri Architetti. Dell'Architettura generale di Vitruvio ridotta in compendio dal Sig. Perault, ultimamente tradotta dal Francese in Italiano, e stampata in Venezia dall'Albrizzi, Libro di poca spesa, e di molto utile, ne farò leggere ogni giorno uno, o più articoli, spiegandoglieli dove ne sarà d'uopo, e facendogliene copiare esattamente le Figure. In seguito eserciterò li detti Giovani nel fargli formare idee d'ogni genere di Edifizio, principiando dalle picciole cose fino ai più magnifici Palagi, sì privati, che pubblici, Altari, Chiese, Ponti ec., non tralasciando di fargli riflettere sopra le più minute parti di una Casa, come sopra Cammini, Cantine, Stalle ec., che in molti Autori, che hanno 'ex professo' dato precetto d'Architettura, tal volta se desiderano. Nella Meccanica ancora saranno praticamente istruiti, facendogli a tempo opportuno con li reali stromenti trasportare da un luogo all'altro, ed alzare pesi di considerabile mole, perchè da questa pratica, ed esercizio molto si facilitano le operazioni, e risparmiano spese inutili, che bene spesso fanno incontrare gli Artefici malpratici. Non ommetterò ancora di esercitare i detti Giovani nel computo più esatto delle spese, che occorrerebbero ad eseguire i loro disegni, mentre bene spesso nasce, che dalla malizia, ed ignoranza viene spaventato il Committente dalla eccessiva dimanda, o lusingato dalla tenue spesa, e principiata con poco, non si termina poi alle volte nemmeno col doppio, o col triplo di più. Essendo questa Scuola destinata per li Giovani suddetti ch'esercitar vogliono l'Arte de Marangone, Muraro, e Tagliapietra, tre Arti essenziali per la costruzione delle Fabbriche, farò fare ad ognuno respettivamente nell'Arte sua qualche Modello in legno, o in pietra ...» (5). Die in Vicenza instituierte Vorläuferschule muss auf derselben rationalen und praxisbezogenen Basis durchgeführt worden sein und stand in auffallendem Gegensatz zum padovanischen Lehrstuhl für «Architettura Teorica», den der Astronomie-, Mathematik- und Physikprofessor Giovanni Poleni bis zum Jahre 1761 innehatte und lateinische Vorlesungen wie beispielsweise «Architecturae militaris doctrina, nec non etiam architecturae civilis mathematica principia» hielt. Und versprach Domenico Cerato in seinem Lehrplan von 1771 den erfolgreichsten Schülern der drei Fachrichtungen je eine Goldmedaille im Wert von vier Zechinen, so hatte er beim Vicentiner Kursus als Prämie das seit dem Tod von Vincenzo Scamozzi im Jahre 1616 anhin von sieben «Adoptivsöhnen» erhaltene und nach dem Tod der letzten zwei, sich arg bekämpfenden und abwechselnd ernannten Scamozzi-Erben Andrea Toaldo des Gio. Battista Toaldo und Domenico Bonaventura Gregori wieder ungenutzte Vermächtnis in Aussicht gestellt, dessen Verleihung testamentarisch den Marchesi Capra zu Vicenza und damals dem Marchese Mario Capra oblag (6). Zwar sind bis heute keine direkten, zeitgenössischen Berichte über eine Teilnahme des Ottavio Bertotti an dieser von Cerato betriebenen «Gewerbeschule» aufzufinden, während in einem Nachruf auf den am 30. Mai 1792 verstorbenen Lehrer ausdrücklich der jüngere und dazumal noch lebende Ottone Calderari erwähnt wurde: «... I tanti allievi da esso [Cerato] fatti formano il suo elogio; basti sapere che il redivivo Palladio, il Co. Ottone Calderari, fu, e si compiace chiamarsi discepolo dell'Ab. Cerato.» Doch sowohl Bertottis spätere Baupraxis und die in der Edition über Palladios Bauten häufig zitierten Vitruvkommentare von Claude Perrault, als auch vor allem seine am 10. Dezember 1756 erfolgte Ernennung zum Adoptivsohn des Vincenzo Scamozzi schliessen eigentlich jeden Zweifel an jenem Schulbesuch aus. Dazu existiert im Fundus der Biblioteca Bertoliana ein anonym aufgeführtes Manuskript, das nun Ottavio Bertotti zugeschrieben und in diese Lehrzeit unter Domenico Cerato datiert, ja sogar als jenes «Gesellenstück» betrachtet werden kann, das dann mit dem Scamozzi-Legat ausgezeichnet wurde (7).

Dieses Manuskript, eine Broschüre von 53 auch rückseitig beschriebenen Blättern, denen acht leere Seiten und anschliessend 24 gezeichnete und mit Tav. V bis Tav. XXIX numerierte Abbildungen folgen, die jeweils auf dem rechten Blatt angeordnet sind und auf der gegenüberliegenden Seite meistens die entsprechende Erklärung oder Masstafel aufweisen, ist betitelt mit «Elementi di Architettura Civile, con le regole de cinque Ordini cavati da precetti di Andrea Palladio, Vicenzo Scamocci Architetti Vicentini», wobei der letztere Name durchgestrichen und der anschliessende Zusatz in die Singularform gesetzt wurde. Einerseits ist dieses Heft im Format von 32,30×22,0 cm mit jenen «Abozzi degl'ordini d'Architettura. Manoscritti. In foglio grande coperto cartone» zu identifizieren, die Bertotti zusammen mit seiner Bibliothek testamentarisch der Accademia Olimpica hinterlassen hatte, und andrerseits ist dem verfassten Text und der Zeichnungsweise die strenge sowie kritische Schulung unter Cerato anzumerken. Die Tafeln sind so auf vorgerissenen waagrechten Linien und nur vereinzelt senkrechten Strichen in Bleistift wieder vorgezeichnet, in Tusche nachgeführt und teils noch aquarelliert, dazu folgen minuziöse Listen von Benennungen der einzelnen Säulenelemente und zahlreiche «Tavole Aritmetiche» mit detaillierten Verhältniszahlen, die nicht nur von

den Quattro-Libri-Illustrationen abgeschrieben sind, sondern eine tiefe Kenntnis des entsprechenden Textes aus dem Primo Libro verraten (8). Und was Bertottis eigenen Text anbetrifft, so wiedergeben verschiedene Stellen seines Manuskripts direkten Einblick in die von Cerato vermittelte Architekturlehre, die sich weniger mit abstrakter Ästhetik als vielmehr mit handwerklichen Grundlagen auseinandersetzte. Nicht weltbewegend, aber dennoch aufschlussreich ist aus diesem Grund jene Passage des ersten Kapitels, die dem Beruf des Architekten gewidmet ist: «L'Architetto e quel uomo ammaestrato nell'Architettura, e che fa la piante, dissegni, e modeli degli edificj, per metterli sotto agli occhi, di chi vuol fabricare, ed al giudizio de periti o intendenti di simil arte, a quali deve render ragione se lo interogassero di ciò che abbia fatto. In oltre dirige l'opera li capi maestri, li muratori, ed altri artefici, in essa impiegati, acciò il tutto riesca a perfezione, e simile all'idea concepita. Questa chiaramente fa conoscere quanto all'Architetto sii necessaria la cognizione della natura delle cose ed in particolare di quele che alla fabrica appartengono, cioè legnami pietre dure, e tenere, quadreli, calcine, sabia, metali, e altre simili cose secondo l'uso del paese ove si ritrova, per farne la scielta delli migliori e più durevoli, cosi pure deve essere istruito nelle Matematiche discipline almeno dell'Aritmetica pratica, e geometria, perchè senza di queste non potrà fare i computi delle spese, ne sapere le proporcioni, ne le misure del tereno, e materiali per le sudete fabriche occorrenti.
Ciò posto fa duoppo, che quella persona che vuole allo studio dell'Architettura applicarsi sia d'ottimo ingegno per studiare, ed oltre a ciò sarà desiderabile ancora che sia di un spirito vivace e pronto all'intraprendere cose grandi, e saperle far eseguire, e se la natura l'avrà dotato di un aspetto grave, ma però accompagnato da piacevolezza nel comandare avrà in se quelle doti principali si dell'animo, che del corpo atte a renderlo in questa facoltà eccellente Maestro.» Spannender dagegen ist Absatz 5 des neunten Kapitels über die toskanische Ordnung: «Il detto sin qui, e le Tav. Aritmetiche, e le Tav. delle Figure, sono per quello riguardo delineate quest'Ordine Toscano, ed in seguito lo saranno anco per gl'altri Ordini, che ad uno, ad uno ordinatamente si delineará, osservando sempre più rigorosamente che si potrà le regole de sopradetti Auttori Palladio, e Scamocci, dico più rigorosamente che si potrà, perchè se a qualche scrupoloso osservatore sembrasse, che con questo mio metodo le figure, e li numeri dell'altezze de membri, e loro sporti non corispondessero affatto, o fossero diversi (abbenchè il divario non consista che in qualche picciola: o minima parte) agl'esemplari del Palladio stampati del 1570 in Venez. per il Franceschi prima ediz., o a quegl'altri che con l'esemplar di quella sono stati ristampati sino ad 1642 ommettendo le posteriori almeno quelle di Venez. che sono ancora più scorette, e dello Scamocci del 1615 pure in Venez. o del 1681 in Piazzola. Sapia quegli che ciò mi avenne, perchè ho voluto più tosto osservare quanto questi autori prescrivono nel Testo, che a ciò che mostrano con li numeri, che sono alquanto scoretti, e figure che non molto corispondono alli testi sud.i, particolarmente il Palladio, come ogn'uno può da per se stesso vedere» (9). Trotz des schulbuchartigen Eindrucks, den dieses Manuskript erweckt, zeigt aber gerade die zuletzt zitierte Textstelle eine beachtliche Eigenständigkeit und eine mit präzisen Massstäben streng prüfende und beurteilende Haltung Bertottis, gepaart mit einer erfrischenden Unvoreingenommenheit gegenüber den Werken der im Veneto höchstverehrten Persönlichkeiten aus dem 16. und frühen 17. Jahrhundert. Wegen der von Bertotti also bereits 1756 gerügten Differenzen zwischen Abbildungen und Text in den Quattro Libri sei hier nebenbei bemerkt, dass Francesco Milizia dann am 4. April 1772 aus Rom den Architekten und Proto alle Acque in Venedig, Tommaso Temanza, anfragte, «... di dirmi se nell'ultima edizione del Palladio, fatta dello Smith, i numeri che stanno nei rami sono corretti e corrispondenti al testo, come dovrebbero essere, ma non lo sono in tutte le altre precedenti edizioni di esso Palladio», und nach der negativen Antwort bedauerte, dass keine perfekte Edition der Werke Palladios existiere.
Neben der theoretischen Unterweisung war Domenico Cerato nun immer bemüht, seinen talentierten Kursbesuchern auch praktische Arbeiten mit gewissen Ausführungschancen in der Stadt Vicenza zu vermitteln. So wurde Bertotti schon am 18. Februar 1756 von den Franziskanerpatres zu S. Lorenzo beauftragt, ein «disegno» für die Restaurierung ihres Klosters anzufertigen. Diese Schularbeit, ein Vorprojekt samt Kostenvoranschlag, billigten die Franziskaner zwar vorbehältlich der Prüfung durch einen venezianischen Architekten dann zwei Jahre später am 12. Februar 1759. In Vicenza selbst musste Cerato seine Lehrtätigkeit — vielleicht bedingt durch schwindende Schülerzahlen und eine zu grosse finanzielle Belastung — gerade in jenem Jahre 1759 aufgeben und zog vorübergehend nach Montegalda zu seinem Padovaner Studienfreund Don Giuseppe Toaldo. Von den einstigen Schülern hatte Ottavio Bertotti Scamozzi bereits 1758 einen temporären Triumphbogen auf dem Vicentiner Hauptplatz errichtet, während Ottone Calderari nach seinem Fassadenprojekt für die Kirche S. Girolamo degli Scalzi, dessen Entstehungsjahr allein schon auf eine Studienarbeit unter Cerato hinweist, gleichzeitig mit dem 14 Jahre älteren Enea Arnaldi 1758 an einem Wettbewerb der «Reale Accademia Parmense di Pittura, Scultura e Architettura» teilgenommen hatte (10).

Architekturtraktate und Guidenliteratur von Ottavio Bertotti Scamozzi

In der Zeit zwischen 1758 und 1790 sind in Vicenza fünf Werke von unterschiedlicher Gewichtigkeit im Druck erschienen, als deren Autor der Hausmeister der Accademia Olimpica zeichnete. Dabei sind die früheste und auch noch die im Todesjahr des Verfassers veröffentlichte Publikation beide speziell mit der praktischen Bautätigkeit von Ottavio Bertotti Scamozzi verknüpft. Die in kleinem Quartformat 1758 bei Carlo Bressan und Francesco Mazzolini gedruckte Broschüre stellt nun das erste von Bertotti realisierte Bauwerk vor und trägt den Titel «Descrizione dell'Arco Trionfale e della Illuminazione fatta nella Pubblica Piazza di Vicenza la Notte 12 Novembre 1758 per la gloriosissima esaltazione alla dignità cardinalizia di Sua Eminenza Reverendissima Signor Antonio Marino Priuli Vescovo della medesima Città. Dedicata agl'Illustrissimi Sig. Sig. Deputati di Vicenza». Nach dem zweiseitigen Vorwort zu schliessen, das der Autor voller Stolz mit seinem neuen Zusatznamen unterzeichnete, handelt es sich bei dieser Beschreibung bereits um die erweiterte Zweitauflage vom 22. November 1758, während die erste Fassung noch am Festabend des 12. Novembers 1758 verteilt worden ist: «Fu estesa quella prima Relazione all'infretta, e sulle idee della cosa, quali s'erano concepite nel bel principio, e ciò ad oggetto, che sollecitamente stampata, potesse essere in istato per quella sera istessa di appagare la curiosità del Pubblico, e dispensarsi a qualificati Personaggi e Forestieri che la bramavano. Ma, sia detto a gloria Vostra, Illustrissimi Signori, e della nostra Città, riuscì la Funzione di tanta sorpresa, ed occupò di sì fatta maniera l'animo degli Astanti, che fu giudicato comunemente essere essa stata assai più magnifica, di quello che non si leggesse descritta ... ma l'onor della Patria, l'amore per la Verità, il rispetto a Voi stessi dovuto, doveano essere sufficienti motivi, perchè io non dovessi arrossire di presentarmi nuovamente a Voi, Illustrissimi Signori, colla stessa Descrizione, ma regolata sulle tracce del vero, quale il successo istesso ci addita ...» (11). Auf den nachfolgenden sechs Seiten Text wurden sowohl der temporäre Triumphbogen mit seinem allegorischen Bildprogramm genau erklärt, als auch der Festverlauf selbst und die gesamte Kerzenillumination der Piazza dei Signori geschildert, so dass die erste, nur aus dem erwähnten Vorwort her bekannte Auflage vielleicht in Form eines Flugblattes als Kurzführer durch die Veranstaltung erschienen war. Nun, die zweite Fassung besticht durch ihre reiche Illustration mit vier von Cristoforo Dall'Acqua gestochenen Kupfertafeln, für welche Bertotti wohl selbst die Vorlagen gezeichnet hatte. Die Abbildungen, von denen drei grösser als das Heftformat von 24×16 cm gebildet und entsprechend gefaltet wurden, zeigen neben dem Triumphbogen und einer mit Kerzen und Fackeln geschmückten Serliana-Achse der Basilica je eine Ansicht der Süd- und Nordseite der Piazza dei Signori. Sind zwar Bild- und Schriftdokumente von Veranstaltungen auf jenem Vicentiner Hauptplatz eher rar, so stellt diese erste bertottianische Publikation doch nicht mehr als eine bescheidene, für den lokalen Bereich konzipierte Gelegenheitsarbeit dar, deren historischer Wert neben der Überlieferung des frühesten, von Bertotti realisierten Baues noch in der singulären Frontalvedute der der palladianischen Basilica gegenüberliegenden Platzseite liegt (12). Des weitern ist hier auf den Beginn einer Zusammenarbeit mit dem jungen, 1734 in Vicenza geborenen Kupferstecher Cristoforo Dall'Acqua hinzuweisen — eine Zusammenarbeit, die nach sechzehn Jahren dann abrupt aufgelöst werden musste.

Ebenfalls der Guidenliteratur zuzuordnen ist die zweite Bertotti-Publikation, die einerseits als Dankesschrift für den Marchese Mario Capra und andrerseits in ihren Ansprüchen über den Lokalbereich hinaus für ausländische Grand-Tour-Absolventen geplant worden ist. «Il Forestiere istruito delle cose più rare di Architettura, e di alcune Pitture della Città di Vicenza. Dialogo di Ottavio Bertotti Scamozzi dedicato al Nob. Sig. Marchese Mario Capra» erschien 1761 im gleichen kleinen Quartformat wie die Beschreibung des Priuli-Triumphbogens nun bei Giovambattista Vendramini Mosca, umfasst 119 Seiten und ist mit einem Porträt des Marchese und 36 teils grossformatigen, gefalteten Kupfertafeln illustriert. Klingt der Buchtitel an jenen des vom venezianischen Verleger Giambattista Albrizzi 1740 selbst herausgegebenen «Forestiere Illuminato intorno le cose più rare e curiose antiche e moderne della città di Venezia e delle isole circonvicine» an, ist die Dialogform von dem in Bertottis Privatbesitz befindlichen Manuskript «La natura Pitrice» des jungen Bassanesen Giovanni Volpato inspiriert worden, und basieren die Angaben über die Gemälde — nach des Verfassers eigenen Worten — grösstenteils auf dem 1676 erschienenen Führer des Marco Boschini über die öffentlichen Malereien der Stadt Vicenza, so ist dafür der Text dieses ausgesprochenen Architekturführers trotz der schwerfälligen Dialogform sehr persönlich gehalten, und die von Bertotti gezeichneten sowie von Cristoforo Dall'Acqua gestochenen Abbildungen sind mit vielen Detailmassen sowie je zwei Messskalen in vicentinischem und englischem Fuss bereichert (13). Nach einer ehrerbietigen Widmung an den Marchese Mario Capra und den Dankesworten für seine Ernennung zum Adoptivsohn des Vincenzo Scamozzi erwähnte Bertotti im Vorwort, dass er anfänglich nur die Bücher des Andrea Palladio zu studieren begonnen und dann erst nach dem Vorbild ausländischer Professoren und dilettierender Architekten sich auch mit dem Zeichnen und Vermessen palladianischer Bauten beschäftigt hatte. Und weiter beschrieb Bertotti seine Publikationskriterien: «Misurate, adunque, e disegnate, come dissi, le Fabbriche, che d'invenzione del Palladio sono in Vicenza, mi risolsi di pubblicarle con il Titolo 'del Forastiere instruito'; e con tutte le mutazioni appunto, che ritrovai, diverse da quelle che egli lasciòci ne'suoi disegni. A queste ne aggiunsi alcune, credute pure opera del Palladio stesso; e parimenti alcune altre di Vicenzo Scamozzi discepolo del Palladio. Io aveva pensato di non disegnare che i soli Prospetti, e di tralasciarne le Piante, perchè poche sono le Fabbriche del tutto compiute. Ciò non ostante mi sono indotto a disegnarne alcuna: cioè di quegli Edifizj che sono finiti. Lo scopo mio principale è stato di mostrare fedelmente ne' miei disegni, come quelle Fabbriche sono state eseguite; e perciò non mi valsi dei disegni di quegli Autori, se non per dimostrare le mutazioni, che si vedono fatte nella loro esecuzione.» Diese bereits kritische Tonart findet sich weiter im Text des Dialogs, der anhand einer fiktiven, zweitägigen Besichtigungstour sich zwischen einem aus London stammenden Architekturinteressenten — Guglielmo genannt — und seinem Gesprächspartner Bertotti — unter dem Pseudonym Leandro — entspann. Dabei erklärte Bertotti, dass er früher schon anderen Engländern, sehr berühmten Architekten wie Matthew Brettingham d. Ä., William Chambers, Robert und James Adam und kürzlich Christopher Wren d. J. als Führer gedient und von diesen auch viel gelernt hatte, und Guglielmo erwiderte dann angesichts der Rotonda: «Io ho veduto in altri luoghi Fabbriche di egual disegno, ma che non sodisfanno egualmente l'occhio, nè l'intelletto; forse per l'inconveniente lor situazione; o perchè non è stata eseguita a puntino si bella idea, per difetto di chi non sà indursi ad imitare scrupolosamente le opere altrui, senza levarne il bello che non conosce, e senza aggiungervi il deforme, che non discerne» (14). Hatte Bertotti seinen Vicenza-Führer allein auf öffentliche, private und sakrale Renaissancebauten ausgerichtet, ohne gotische, barocke oder moderne Werke — mit Ausnahme des Palazzo Angelo Vecchia von Giorgio Massari — zu erwähnen, so wies er anhand der Frage des Guglielmo nach dilettierenden Architekten in Vicenza auf seine Zeitgenossen hin: «Sì, Signore, che ve ne sono; e non solamente dilettanti, ma professori; de' quali ottime invenzioni, si vedono in questa Città, e nel suo Territorio. Io mi farò lecito di nominarvi, senza offendere la loro modestia, li Nobili Signori Conti Giulio Porto, Enea Arnaldi, Ottone Calderari, e Giuseppe Cerchiari. Questi due ultimi han profittato molto sotto la direzione del Signor D. Domenico Cerato Professore di Architettura Civile, e Militare; le di cui eccellenti opere l'han reso ormai celebre, non solo in questa nostra, ma in altre Cittadi ancora.» Und berichtete anschliessend über sich selbst: «Non posso vantarmi del titolo di Architetto, nè camminare a paro di quelli che vi ho nominato, nè in qualità di Nobile Cittadino, nè di scienziato. Solo io mi contento, che l'orme del mio Palladio, e de'migliori Antichi, ch'io seguo, mi conducano alla fine del cammino, ch'ho cominciato; cioè che l'opere mie, quali elle si siano, vengano in avvenire tollerate, e compatite, come lo sono al presente.» Neben dieser einzigen Anspielung auf das eigene praktische Wirken erklärte der Autor dann: «Sappiate, Signore, ch'io non diedi mai titolo di Palazzo alle Fabbriche nostre, perchè non mi si dica, ch'io il faccio per contrariare un Viaggiatore, che anche a Voi, Signor Guglielmo, sarà ben noto; il quale in un suo Libro stampato dice: che le Fabbriche di Vicenza sono belle Case sì, ma non bellissime; e che ad esse mai non si deve concedere nè dare il bell'epiteto di Palazzo. Vero è, che non a tutte le Fabbriche della nostra Città conviene un tale epiteto; ma vero ancora è, che ad alcune un tale epiteto non disconvenirebbe. Per darne un esempio, questa Fabbrica, quella de' N.N.H.H. Valmarana, che abbiam veduto, e quella de' Conti Chierecati, e quella del Conte Giambattista Orazio Porto, che tra poco vederemo, quando fossero terminate, benissimo, e senza contradizione alcuna, potrebbesi dire, che sono quattro bellissimi, e perfettissimi Palazzi» (15). Sowohl mit dieser klaren Andeutung auf den mehrfach aufgelegten und in verschiedenen Sprachen übersetzten Italien-Führer von Maximilien Misson als auch mit den ständigen Hinweisen auf die nicht den Quattro Libri entsprechenden Baurealisierungen und die wiederholten Massdifferenzen zwischen palladianischer Theorie und Praxis zeigte Bertotti bereits seine Neigung zu jenen Tendenzen auf, nach denen der Vicentiner Renaissancemeister nicht mehr als das unwidersprochene, grosse Vorbild moderner Architektur des 18. Jahrhunderts galt. Und diese bestimmte und aufgeklärte, jedoch nicht von intellektueller Radikalität durchsetzte Haltung, gepaart mit überraschenden Ergebnissen aus eigenen Nachforschungen — wie beispielsweise für die Casa Pietro Cogollo, die erstmals in diesem Führer nicht mehr als Wohnhaus des Palladio bezeichnet wurde, oder für den Palazzo der Conti Trissino am Ponte Furo, dessen Baubeginn und frühester Besitzer anhand einer aufgefundenen Medaille mit der Inschrift «Anno MDXXXX. Civennarum Familia» geklärt werden konnte — müssen zusammen mit den eindrücklichen Illustrationen zum Erfolg des bertottianischen «Forestiere istruito» beigetragen haben. So empfahl auch Johann Jakob Volkmann in seinen «Historisch-kritischen Nachrichten von Italien»: «Für die Liebhaber der Baukunst gehört folgendes Buch, welches zwar in schlechten Gesprächen abgefasst ist, aber auf sechs und dreyssig Platten von einem Baumeister beschriebene Gebäude des Palladio darstellt. Der Titel heisst: 'Il forestiere istruito delle cose più rare di Architettura e di alcune pitture di Vicenza dialogo di Ottavio Bertotti Scamozzi. Vicenza 1761'. in Quart. Übrigens hat man von den Alterthümern der Stadt und Gegend bereits ein altes 1577 4to. zu Vicenza gedrucktes Werk: 'Veteris Vicentinae urbis atque agri inscriptiones per Bernardinum Trinagium'» (16). Und im November 1780 berichtete dann das Giornale Enciclopedico unter «Novelle Letterarie»: «'Il Forestiere istrutto nelle cose più rare di Architettura e di alcune Pitture della Città di Vicenza, arricchite di 36 Tavole incise in rame. Vicenza 1780. Nella Stamperia Turra'. Questa utile Raccolta si è ristampata in 8°. piuttosto che in 4°, com'era prima, per maggior commodo di quelli a'quali ella debbe servire, e s'è ommesso in essa il metodo del Dialogo per renderla meno voluminosa.» Diese verkleinerte Neuausgabe erschien anonym und mit einem teilweise veränderten Text, in dem der Palazzo Civena-Trissino nun als Frühwerk von Palladio bezeichnet, während der Palazzo Porto Breganze nicht mehr den «genuine invenzioni Palladiane» zugerechnet wurde, anstelle der Palazzo-Definition nach Maximilien Misson ein Hinweis auf die eigene, grosse Publikation «Le Fabbriche e i Disegni di Andrea Palladio» trat, bei der Rotonda die Form der vier Innentreppen mit der Bemerkung «La scala ovale è d'invenzione recente dell'Architetto Mutoni» erwähnt sowie ausführlich moderne Wandmalereien des Veronesen Francesco Lorenzi, der Vicentiner Paolo Guidolini und Davide Rossi aufgezählt wurden. Aber mit Ausnahme einzelner Abbildungen wie jener mit dem Querschnitt und der Ansicht der Rotonda — die früheren Durchbrüche in den vier Freitreppen waren in der Zwischenzeit wieder zugemauert worden — wurden die grossen, von Dall'Acqua gestochenen Tafeln beibehalten, jedoch die Massangaben bei den palladianischen Bauten korrigiert. In einer dritten, postumen Edition schlussendlich, welche von Giuseppe Giuliani bei Vendramini Mosca 1804 wieder ohne Nennung des Autors herausgegeben und im Titel als Zweitauflage des 1780 erschienenen Buches bezeichnet wird, wurden viele der 36 Tafeln von Antonio Mugnon neu gezeichnet und gestochen, die veränderten Masse von 1780 übernommen und nur bei zwei palladianischen Bauten, dem Palazzo Valmarana Braga und der Kirche S. Maria Nuova, deren Detailmasse in der vorangegangenen Auflage nicht verändert worden waren, leicht modifiziert (17). Da die von Antonio Mugnon ausgeführten Illustrationen mit 1788 und 1790 datiert sind, könnte die Anregung für diese wiederholte Edition sogar auf Bertotti selbst zurückzuführen sein. Dagegen hat der von Giuseppe Pieriboni im Jahre 1842 bei Francesco Boschetti in Vicenza herausgegebene Führer «Il Forestiere istruito nella visita della R. Città di Vicenza» nichts mehr gemein mit dem Bertotti-Buch, ausser dass neben einem von Giambattista Berti entworfenen Stadtplan acht von Mugnon stammende Kupfertafeln reproduziert wurden.

Die luxuriöse, ursprünglich einmal in zwölf Bänden geplante Palladio-Edition des Francesco Muttoni, der kurz vor seinem Tod noch im Jahre 1746 eine auf die fünf Säulenordnungen reduzierte Zusammenfassung für Anfänger herausgab, war bereits nach dem Erscheinen des letzten postumen Bandes von 1760 eine grosse Rarität und im Veneto kaum mehr erhältlich. Bertottis Urteil über dieses Werk lautete dann nach seinen eigenen Zeichnungserfahrungen mit den klassischen Ordnungen aus dem ersten Buch der Quattro Libri und mit den neu vermessenen Renaissancebauten für den «Forestiere istruito» entsprechend negativ: «... è un intolerabile pasticio dove hanno procurato di amassare delle fabbriche in buon numero per trar guadagno, e senza alcuna distinzione: ve ne hanno poste di quelle che pregiudicherebbero la fama del nostro Architetto s'egli fosse men conosciuto. Ma v'è di pegio ancora: quelle stesse fabbriche che sono del Palladio, son state nel disegnarle trasformate col agiungervi o levarvi delle parti, non v'è esatezza nele misure, pocchi spaccati e male intesi, insomma io penso che il maggior pregio di quest'opera sia quello di portar nel frontespizio il glorioso nome del Palladio ...» (18). Sind Allusionen auf Bertottis eigene Grosspublikation vielleicht bereits im «Forestiere istruito» von 1761 zu entdecken, wo Leandro seinem Gesprächspartner Guglielmo am Schluss der Stadtführung weitere Zeichnungen und zwar von Landhäusern versprach — und das mit Betonung der immensen Mühe dieses Unterfangens, so erschienen dann die bei Francesco Modena «in foglio sotto-imperiale» gedruckten Bände «Le Fabbriche e i Disegni di Andrea Palladio raccolti ed illustrati da Ottavio Bertotti Scamozzi. Opera divisa in quattro Tomi con Tavole in rame rappresentanti le Piante, i Prospetti, e gli Spaccati: con la traduzione francese» in den Jahren 1776 bis 1783, gefolgt von einem fünften Band «Le Terme dei Romani disegnate da Andrea Palladio e ripubblicate con la giunta di alcune osservazioni da Ottavio Bertotti Scamozzi giusta l'esemplare del Lord Co. di Burlingthon impresso in Londra l'anno 1732» im Jahre 1785, und wurden bereits ab 1786 mehrmals neu aufgelegt, selbst in Taschenbuchformat, ins Spanische übersetzt und gar mit Gegenüberstellungen der Renaissancevorbilder versehen wie bei jener Ausgabe von Chapuy, Corréard und Lenoir von 1842. Noch Cornelius Gurlitt publizierte 1914 aus diesen «Fabbriche» den Abbildungsteil «... zum Gebrauch für Architekten», und 1975 ist für die Zweihundertjahrfeier der Unabhängigkeit der Vereinigten Staaten von Amerika eine englische Übersetzung in Auftrag gegeben worden (19). Bertotti Scamozzi hatte nicht nur aus eigener Initiative mit den

«Fabbriche» begonnen, sondern auch während der Vorbereitungs- und Ausführungszeit deren künstlerische und technische Leitung innegehabt und wurde in der langwierigen Realisierungsphase auf privater Basis von einem Freundeskreis in Venedig und in Vicenza gefördert. Zu den ersteren zählten Antonio Locatelli, der bereits als heftiger Kritiker des Vicentiner Palazzo Lanzi aufgetreten war, der dem britischen Regierungsvertreter nahestehende Pietro Edwards sowie Conte Bonomo Algarotti, der Bruder des 1764 verstorbenen Francesco Algarotti, und der in London residierende schottische Politiker John Stuart, 3. Earl of Bute, und unter den Vicentinern fanden sich vor allem Giuseppe Gastaldi, Conte Francesco Sangiovanni, Conte Gio. Battista Orazio Porto und der Drucker Francesco Modena. Von diesem Bertotti-Unternehmen weiss man heute dank den Forschungen von Loredana Olivato, dass konkrete Unterlagen bereits 1770 vorhanden waren: das «Progetto dell'Edizione dell'opere di Palladio, come fu concertato col Signor Ottavio Bertotti Scamozzi e col Signor Antonio Locatelli» vom 5. September 1770, anschliessend die «Nuova versione del progetto per un'edizione delle Fabbriche del Palladio, dello Scamozzi e della scuola» sowie ein weiterer, in jenem Herbst verfasster Projektvorschlag von Bertotti und ein gleichzeitig entstandenes Skizzenbüchlein mit Reisenotizen (20). Waren von Anfang an drei Bände mit Bauten von Palladio und Scamozzi sowie mit englischem und französischem Zusatztext geplant, die denkbar prächtigste Ausführung und die Erlaubnis, das Werk dem englischen König zu widmen, angestrebt und ausserdem in allen grösseren Städten Europas Bekanntmachungen mittels des englischen Regierungsvertreters vorgesehen, so reduzierte sich diese ambitiöse Unternehmung trotz dem anfänglichen Interesse gerade des einstigen «dearest friend» des britischen Königs George III., von Lord Bute, der sich noch im Juni 1772 Zeichnungen von Bertotti schicken und sich dann auf die Subskription zweier Exemplare pro Band beschränkt hatte, auf jenen Plan, den das Giornale d'Italia am 9. Juli 1774 veröffentlichte: «Avviso circa una nuova edizione di disegni delle fabbriche del Palladio, da eseguirsi in Vicenza. È un pregio particolare della Nazione Italiana il promovere lo studio delle bell'Arti. Rispettabili Soggetti di Vicenza si son messi a voler dar all'Europa una magnifica edizione dei disegni delle fabbriche del celebre loro Andrea Palladio, di quelle fabbriche che per la solidezza, e per la venustà ricordando le opere più illustri in tal genere di Atene, e di Roma, sono oggetti di ammirazione per chiunque le veggia, e le esamini. Vi avrann' anche le fabbriche delineate dallo stesso Palladio, benchè non da esso eseguite, con l'aggiunta pure di qualche disegno inedito. All'esecuzione di tal imprendimento è stato prescelto il Professore in Architettura Signor Ottavio Bertotti Scamozzi, e la pubblicazione si farà in Vicenza colle stampe di Francesco Modena in quattro Tomi in foglio sottoimperiale, di bella carta, scelti caratteri, ed esatta correzione. Ciascun Tomo comprenderà più di cinquanta Tavole intagliate in rame da mano maestra, cioè piante, prospetti, spaccati, nè sarann'ommessi i modini, e le sagome dei conciamenti, ed altre simili parti, con le precise misure dei membri, secondo che lo stesso Palladio usò ne' suoi Libri delle Antichità. Il Tomo primo uscirà di qui ad un anno, e gli altri tre di anno in anno successivamente senza interruzione. Gli Associati pagheranno alla consegna di ciascun volume sciolto Lire 50. Venete. L'Associazione resterà aperta fin per tutto l'anno 1775» (21). Konnte Bertotti nun einerseits dem Conte Bonomo Algarotti im gleichen Jahr, am 21. März 1774, berichten, dass Cristoforo Dall'Acqua bereits einen Drittel der Illustrationen für den ersten Band in Kupfer gestochen hatte, und am 5. Mai 1774 darüber informieren, dass der junge Habsburger Erzherzog Ferdinand während eines Vicentiner Aufenthaltes zwei Exemplare pro Band der vorgesehenen Edition und der in österreichischen Diensten stehende Conte Carlo Firmian auch eine Kopie vorausbestellt hatten, geht andrerseits aus den von Bertotti am 8. Juli dem Conte Algarotti und den drei im gleichen Monat an Giuseppe Gastaldi gesandten Schreiben hervor, dass grosse Differenzen mit dem Stecher Dall'Acqua entstanden und dieser vertragsbrüchig geworden war (22). Bertotti aber fand Hilfe in dem 1741 in Thiene geborenen und von Co. Gio. Battista Orazio Porto geförderten Maler Davide Rossi, der sich die Radierkunst aneignete, so dass der Autor der «Fabbriche» im Vorwort seines ersten Bandes 1776 schreiben konnte: «... Tavole intagliate in Rame, la maggior parte per opera d'alcuni Giovani, i quali avendo studiato nella mia Scuola l'Architettura e il Disegno, sono in istato di dare a questo lavoro un grado di esattezza, che difficilmente potrebbe ricevere altronde». Und so existieren unter den 52 Tafeln jenes Bandes nur 18 von Cristoforo Dall'Acqua signierte Abbildungen, während die übrigen von Davide Rossi, von Gaetano Vicchi – einem Schwager Bertottis –, von Gaetano Testolini – nach Paolo Guidolini «il famoso Testolin» – gezeichnet und gestochen sowie ein Blatt von dem schon älteren Bellunesen Marco Sebastiano Giampiccoli und drei Tafeln von dem unbekannten Santini gestochen wurden. Die 157 Abbildungen der folgenden drei Bände wurden alle von Vicchi, Testolini und Rossi signiert, wobei der Grossteil der Tafeln von Bertottis Schwager stammte, und die 25 Illustrationen des Thermenbandes von 1785 wurden von Carlo Barrera gezeichnet sowie wiederum von Testolini gestochen (23). Unter den zahlreichen Architekten, die in den 70er Jahren des 18. Jahrhunderts Vicenza besuchten, berichtete unter anderen Jean Arnaud Raymond, damals Stipendiat an der Académie de France in Rom, seinem venezianischen Gastgeber Tommaso Temanza von der Heimreise nach Rom am 15. Januar 1774: «Allorché passai per Vicenza vidi in casa del Signor Scamozzi, un giovine che si affaticava nel progetto di cui mi parlate; io sono del vostro parere sopra la riflessione che fate riguardo l'esatezza di quest' opera ...», während Pierre-Adrien Pâris in demselben Jahr sich das «sehr interessante und nützliche Werk» in seinem Reiseheft notierte

DESCRIZIONE
DELL'
ARCO TRIONFALE
eretto nella Pubblica Piazza di VICENZA
la Notte 12 Novembre 1758

PER LA GLORIOSISSIMA ESALTAZIONE
ALLA DIGNITA' CARDINALIZIA

DI SUA EMINENZA REVERENDISSIMA SIGNOR

ANTONIO MARINO PRIULI

VESCOVO DELLA MEDESIMA CITTA',

DEDICATA

AGL' ILLUSTRISSIMI SIGNORI SIGNORI

DEPUTATI

DI VICENZA.

IN VICENZA,
Nella Stamperia di Carlo Breſſan, e Franceſco Mazzolini Compagni.
CON LICENZA DE' SUPERIORI.
MDCCLVIII.

Das Titelblatt der einzig erhaltenen Zweitauflage von Bertottis «Descrizione dell'Arco Trionfale» aus dem Jahr 1758.

Porträt des Marchese Mario Capra aus dem «Forestiere istruito». Die Tafel wurde von Cristoforo Dall'Acqua gestochen, der Zeichner ist unbekannt.

I L

FORESTIERE ISTRUITO

DELLE COSE PIU' RARE

DI ARCHITETTURA,

E di alcune Pitture

DELLA CITTA' DI VICENZA

D I A L O G O

DI OTTAVIO BERTOTTI SCAMOZZI

DEDICATO

AL NOB. SIG. MARCHESE

MARIO CAPRA.

IN VICENZA MDCCLXI.

Nella Stamperia di GIOVAMBATTISTA VENDRAMINI MOSCA.

CON LICENZA DE' SUPERIORI.

Das Titelblatt der Erstausgabe von Bertottis «Forestiere istruito» aus dem Jahr 1761.

D. Heins 1749. Porträt des Architekten Matthew Brettingham d. Ä. RIBA Drawings Collection, London.

J. Gillray 1783. A warm Birth for the Old Administration. Die Karikatur ist dem einstigen Premierminister Lord Bute gewidmet, der bereits in den 60er Jahren sein Amt unfreiwillig aufgab.

Das Frontispiz des ersten Bandes der «Fabbriche», von Davide Rossi entworfen und gezeichnet.

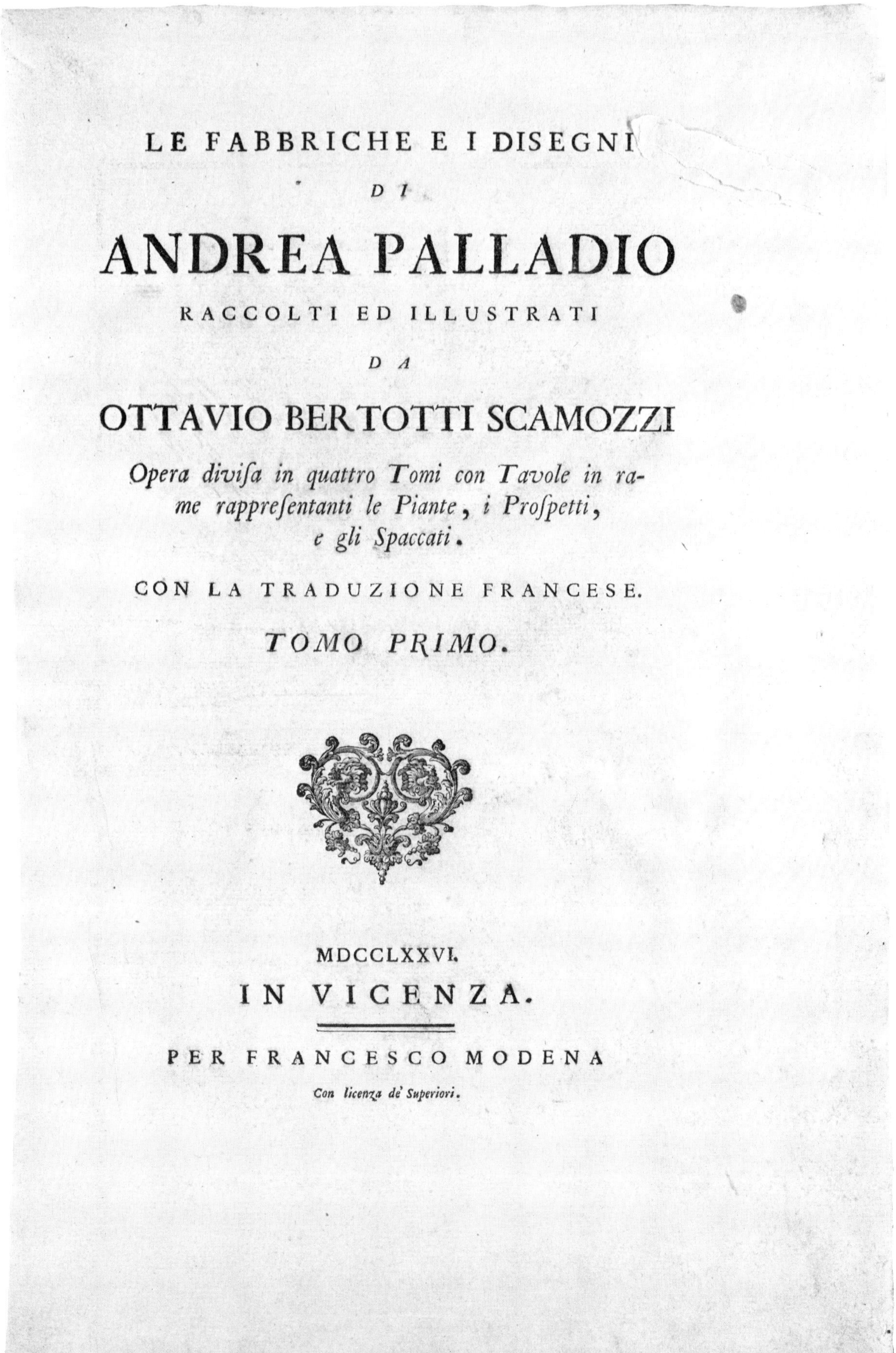

LE FABBRICHE E I DISEGNI

DI

ANDREA PALLADIO

RACCOLTI ED ILLUSTRATI

DA

OTTAVIO BERTOTTI SCAMOZZI

Opera divisa in quattro Tomi con Tavole in rame rappresentanti le Piante, i Prospetti, e gli Spaccati.

CON LA TRADUZIONE FRANCESE.

TOMO PRIMO.

MDCCLXXVI.

IN VICENZA.

PER FRANCESCO MODENA

Con licenza de' Superiori.

Das Titelblatt der Erstausgabe des ersten Bandes von Bertottis «Fabbriche» aus dem Jahr 1776.

A SUA ECCELLENZA IL SIGNOR DON

BALDASSARE ODESCALCHI

DUCA DI CERI, COMMENDATORE DELL'ORDINE REALE DI S. STEFANO
D'UNGHERIA, CIAMBELLANO DI S. M. I. R. A. ec. ec.

OTTAVIO BERTOTTI SCAMOZZI.

SE *io aveſſi avuto a dedicare a VOSTRA ECCELLENZA le ſole Fabbriche e i Diſegni del Palladio, non avrei dubitato di porre in fronte del primo Volume il riſpettabiliſſimo Voſtro Nome; ma queſta raccolta diveniva opera eziandio dell'Editore. Ecco il perchè non mi ſon ridotto a farlo ſe non nel quarto, quando*

Mit dem vierten Band von 1783 widmete Bertotti das Gesamtwerk der «Fabbriche» seinem grossen Gönner, dem römischen Patrizier Baldassare Odescalchi.

)(3)(

A SUA ECCELLENZA

IL SIGNOR CAVALIERE

GIROLAMO ASCANIO GIUSTINIANI.

OTTAVIO BERTOTTI SCAMOZZI.

LA Dedica di queſt'Opera forſe la più intereſſante gli amatori della ſoda Architettura, che viene per me riprodotta alla pubblica luce, è un tributo che debbeſi all' ECCELLENZA VOSTRA per giuſtizia, e per gratitudine. Poſſeditor fortunato d' un Eſemplare della prima e rariſſima Edizione delle antiche Terme Ro-

Den 1785 erschienenen Thermenband erhielt der Venezianer N.H. Girolamo Ascanio Giustiniani zugeeignet, der Bertotti auch ein Exemplar der Burlington-Edition zur Verfügung gestellt hatte.

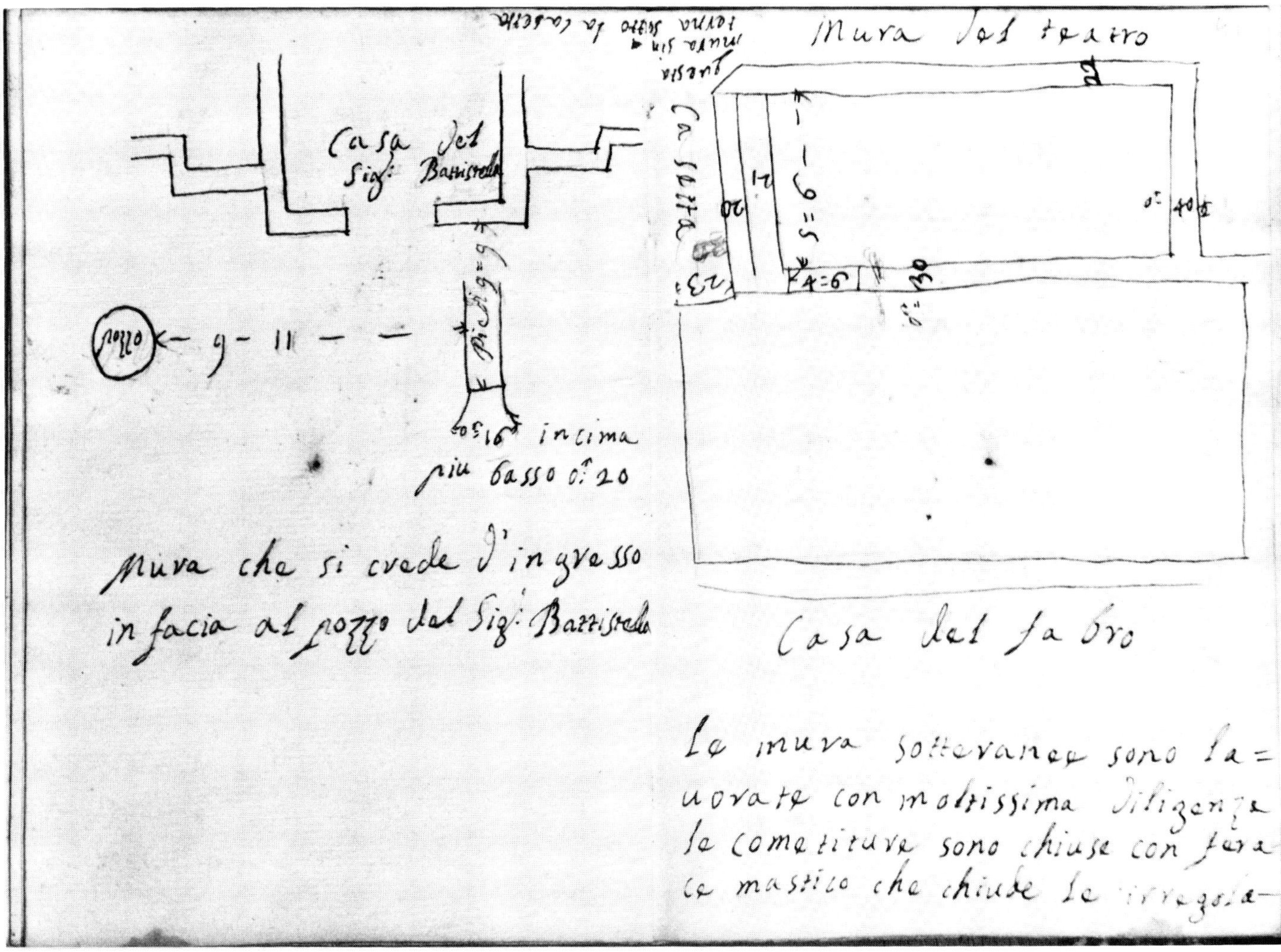

Ottavio Bertotti Scamozzi. Appunti e schizzi di fabbriche. 1770. pp. 40v–41r mit Grundrissskizzen von den über dem römischen Theater errichteten Bauten. B.B.Vi. Ms seg. Acc. 8/87.

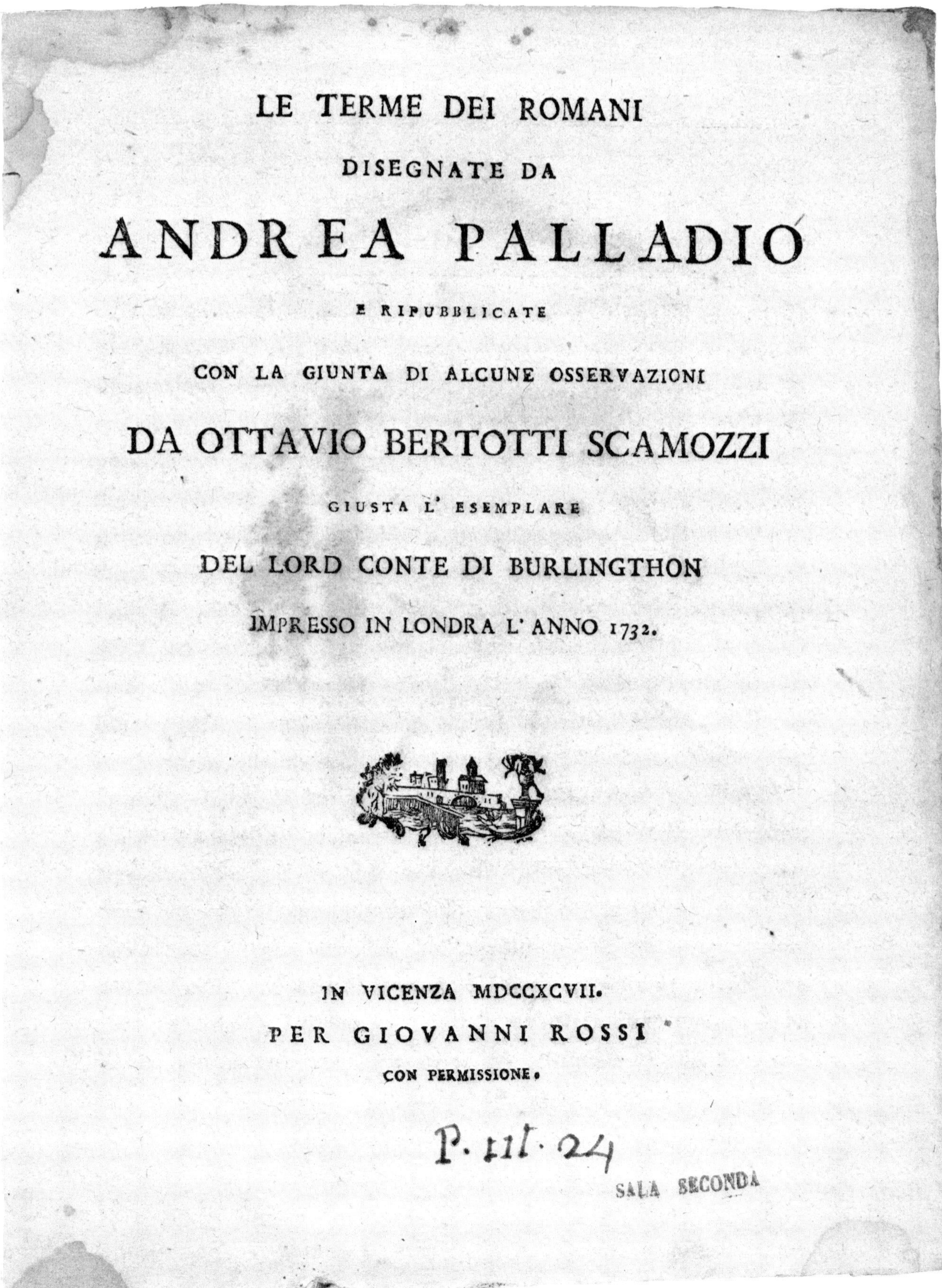
LE TERME DEI ROMANI

DISEGNATE DA

ANDREA PALLADIO

E RIPUBBLICATE

CON LA GIUNTA DI ALCUNE OSSERVAZIONI

DA OTTAVIO BERTOTTI SCAMOZZI

GIUSTA L' ESEMPLARE

DEL LORD CONTE DI BURLINGTHON

IMPRESSO IN LONDRA L' ANNO 1732.

IN VICENZA MDCCXCVII.

PER GIOVANNI ROSSI

CON PERMISSIONE.

Das Titelblatt des Thermenbandes in der verkleinerten, postumen Auflage von 1797.

L' ORIGINE

DELL'

ACCADEMIA OLIMPICA

DI VICENZA

CON UNA BREVE DESCRIZIONE

DEL SUO TEATRO

OPERA

DI OTTAVIO BERTOTTI SCAMOZZI

ARCHITETTO.

IN VICENZA MDCCXC.

PER GIOVANNI ROSSI

Con lic. de' Superiori.

Das Titelblatt der Erstausgabe von «L'origine dell'Accademia Olimpica» aus dem Jahr 1790.

und vorab die präzisen Massangaben und die detaillierten Profilzeichnungen lobte: «Mr. Ottavio Bertotti Scamozzi qui est architecte et garde de ce theatre que j'ai connu par hazard et qui m'a comblé d'honnetete a entrepris un ouvrage tres interessant et utile c'est de donner au Public un ouvrage contenant tout ce qu'a fait Palladio en y ajouttant plusieurs Projets de ce grand homme qui ne tout pas connu. nontantemoin ce que j'ai vu de cet ouvrage est bien rendu et biengravé mais encore on y trouve toutes les mesures, les profils coltés et detaillés exepté dans le cas ou l'auteur ne s'est pas ecarté des principes qu'il donne pour les ordres: personne ne peut mieux que Mr. Scamozzi donner des choses certaines sur cela il est sur les lieux et son talent le mets dans le cas de voir juste et bien j'ai vu un petit portail d'Eglise de lui qui est tres joli a quelques petits details poses ...» Dagegen schrieb Tommaso Temanza selbst ein Jahr später 1775 an Giacomo Quarenghi: «Veramente il Signor Bertotti Scamozzi di Vicenza non è quell'uomo che ricerca l'opera che gli ha intrapreso. Ci voleva un uomo di maggior cognizione; tuttavia sarà cosa meno imperfetta di quella pubblicatasi qui in Venezia dagli architetti N. N. e Fossati ...», und Quarenghis Antwort vom Juli 1775 lautete: «A Vicenza ho osservato dal Signor Bertotti i nuovi rami che devono servire per il primo tomo della nuova edizione del Palladio: al mio credere non sono gran cosa, e sarà da metter in truppa con l'altre edizioni: per quanta destrezza abbi usato per veder le sue osservazioni non m'è riuscito di veder niente, credo però che saranno triviali, mentre non lo credo uomo di gran letteratura, anzi tutto l'opposto ... ha un genio naturalmente inclinato al buon stile ma gli bisognerebbe un più profondo studio.» Nach dem Erscheinen des ersten Bandes der «Fabbriche» mässigte Temanza seine Kritik und schrieb seinem Freund im Januar 1777 nach Rom: «In Vicenza è uscito il primo tomo in foglio delle opere del Palladio. È cosa assai migliore di quell'opera molti anni sono qui pubblicata dal Fossati. Qui inserto ritroverà il manifesto ...», und weiter im Juni 1777: «... Le opere del Palladio che si stampano in Vicenza per cura del Signor Bertotti Scamozzi meritano di passare nelle mani d'ogni professore: almeno quello ch'ei vi da è buono e non c'è la balordaggine di colui che anni sono le ha qui pubblicate col frammischiarvi le cose più empie dell'arte attribuendole al Palladio. Finora è uscito il primo tomo col corredo d'una buona prefazione», so dass nun Quarenghi am 29. Juni des gleichen Jahres seinem Kollegen Antonio Selva über die Edition Bertottis berichtete: «... Ho avuto il primo tomo dell'opera del Palladio stampato in Vicenza; non l'ho ancora ben esaminato, ma per quelle poche pagine ch'ho trascorse mi pare opera di merito, ma non però grande, e si potrebbe desiderare qualche cosa di più, ho però piacere d'averlo e d'essere associato a quest'opera» (24).

Gemessen an den zahlreichen vorangegangenen Wieder- und Neuauflagen des Palladiotraktates stellt die Edition von Ottavio Bertotti Scamozzi in vielerlei Hinsicht eine aufsehenerregende Novität dar. Neben dem völligen Verzicht auf die «Säulenbüchlein»-Tradition fusst sein Werk – mit Ausnahme der Vicentiner Basilica und der Brücken aus dem dritten Buch – allein auf dem «Secondo Libro dell'Architettura di Andrea Palladio», das den Stadt- und Landhäusern gewidmet ist. Dann ordnete Bertotti seine Publikation einerseits geografisch – im 1. Band die Bauten in Vicenza, im 2. und 3. die Landhäuser der Veneto-Provinzen, im 4. Kirchen, Projekte und Brücken – und andrerseits eigentlich nach stilistischen Aspekten: gesicherte Hauptwerke wie das Teatro Olimpico, die Rotonda, die Malcontenta und der Redentore eröffnen den jeweiligen Band, traditionell zugeschriebene und die von Bertotti als nichtpalladianisch bezeichneten Bauten werden am Schluss erwähnt. Ein weiteres Hauptanliegen bestand in der zum Beispiel von Francesco Milizia des öftern geforderten Korrektur der verschiedenen ungenauen und irrtümlichen Massangaben, wie sie die Erstausgabe der Quattro Libri von 1570 und alle ihre nachfolgenden Editionen aufweisen. Und in diesem Zusammenhang wunderte sich Bertotti auch wiederholt über die Abbildungen in den Palladiobüchern von Francesco Muttoni, der trotz seiner Funktion als Stadtarchitekt von Vicenza sich dazu verstieg, die Zeichnungen der Londoner beziehungsweise der Den Haager Ausgabe von Giacomo Leoni als Stichvorlagen zu kopieren. Dagegen untersuchte Bertotti die palladianischen Bauten auch an Ort und Stelle mit Gehilfen und Messinstrumenten, ja erwiderte einen Vorwurf des Conte Bonomo Algarotti mit folgenden Worten: «Dal Signor Francesco Modena vengo avvertito che Vostra Signoria Illustrissima è restata mal impressa del modo che tengo per misurare le fabbriche: giustamente meriterei di venire criticato quando non adoperassi altri stromenti che una stanga lunga piedi 16 come le è stato riferito; è vero che adopro questo legno il quale mi serve mirabilmente per misurare le colonne, o il tutto d'una fabbrica; ma è altrettanto vero, che per gli ornamenti, cioè architravi, fregi, cornici, imposte, e basi, ed ogni altra picciola parte, mi servo del piede vicentino lungo in once 12 ed ogni oncia in 8 parti; adopro scale che arrivano alle più alte cornici, e con rischio grande de i diligenti miei giovani dò misurato ogni più minuto membro, come è dovere d'un uomo d'onore che si prende un impegno; di quanto le dico ne possono essere testimoni i cittadini di Vicenza» (25). Und die Berechtigung der anschliessenden Publikation dieser erstmaligen Resultate begründete er unter anderem mit der exakten Beschreibung der Architekturkörper und der gewissenhaften Analyse der Bauteile sowie mit den übersichtlich und genau gezeichneten Illustrationen, mit deren Hilfe sogar Ortsunkundige die einzelnen Palladiovillen identifizieren konnten. Diese eigenwillige Unternehmung, von Bertotti «nach ausländischem Vorbild» unternommen, ist neben einem wiedererwachten Interesse der Grand-Tour-Absolventen für das Veneto und für Palladio im speziellen auch im Gefolge der damals aufblühenden, grossen archäologischen Expeditionsberichte zu sehen. Dazu gehören die ähnlich wie bei Antikenvermessungen angelegten Abbildungstafeln mit den in vergrössertem Massstab wiedergegebenen Architekturdetails und überhaupt die reiche Bebilderung mit mindestens drei Tafeln pro Werk. Ein allmählich sich bildendes Geschichtsbewusstsein und hier vorab das Aufkommen der Kunst- und Baugeschichtswissenschaften manifestieren sich in der kritischen Auseinandersetzung mit der früheren Palladioliteratur, der minuziösen Konfrontation von Projekt und realisiertem Bau, dem subtilen Vortasten hinsichtlich der Autorschaftsprobleme, dem Miteinbezug und so der folgerichtig aufgefassten Wertschätzung von archivalischen Forschungen und ausserdem in den Tendenzen einer wissenschaftlichen Inventarisierung der palladianischen Architektur. So sind von den über siebzig in den «Fabbriche» erfassten Bauwerken ungefähr ein Viertel zum erstenmal abgebildet worden. Ottavio Bertotti Scamozzi erkannte in seiner Arbeit ein Thema öffentlichen Interesses und verwandte sie als ein Mittel zur Unterweisung und Aufklärung eines grösseren Publikums. Es ging um die Wiederentdeckung der wahren und echten Renaissance-Architektur, nun befreit von barocken Zutaten früherer Aufnahmen, und damit auch um eine Anleitung für «richtiges», auf vernünftigen Regeln basierendes Konstruieren, ja selbst um eine Korrektur des Vorbildes, wie es die Quattro Libri darstellten. Eine der gewichtigsten Neuerungen, die auch die weltweite Faszination seiner Bücher auslösen konnte, lag im Versuch von Bertotti, die Autorität Palladios mit der modernen Vernunftgläubigkeit des 18. Jahrhunderts zu vereinen. Neben den stereotypen Entschuldigungen für Abweichungen vom klassischen Kanon, welche mit der Ungenauigkeit und Unaufmerksamkeit der Zeichner beziehungsweise der ausführenden Handwerker, mit dem Mitspracherecht der Bauherrschaft, der Abwesenheit des Architekten oder im Fall der Villa Barbaro in Maser gar mit einem zweiten Projektverfasser erklärt wurden, finden sich nun auch harte Verurteilungen palladianischer «Missgriffe». Vorab die — nach der Meinung Bertottis — von Palladio nachträglich überarbeiteten und idealisierten Grundrisse hätten in den Quattro Libri mit ihren ursprünglichen und der Realität entsprechenden Unregelmässigkeiten publiziert werden müssen. Mit Hilfe von Algarotti-Zitaten und Rückgriffen auf die kommentierte Vitruv-Übersetzung von Claude Perrault, der die Schönheit als etwas Beliebiges und abhängig von der Zweckbestimmung sowie auch die Funktion der Gebäude als wandelbar und ausgerichtet nach den Bedürfnissen der Gesellschaft definiert hatte, beschrieb Bertotti dann ausführlich, wie Palladio sich bei seinen Bauverwirklichungen von seinen eigenen Normen entfernt hatte, «sich zuerst und allein von der regulierenden Vernunft leiten liess» und so nach diesem Gebot der Vernunft sich selbst über antike Vorbilder hinwegsetzen konnte (26). Mit diesen in den «Fabbriche» immer wieder auftretenden Maximen wurde indirekt für eine Befreiung von Autorität und Vorurteilen im Sinne Lodolis und seiner Anhänger geworben; entsprechend wurden jene Regelwidrigkeiten, die bei Statuenaufstellungen, Massverhältnissen von Ordnungen, von Interkolumnien, bei übergross dimensionierten Balkonen und so weiter vorkommen, mit den verschiedensten Umständen und ganz alltäglichen Bedürfnissen erklärt, ja einige der ausgeführten Palladiobauten für gelungener gehalten als ihre späteren Quattro-Libri-Umarbeitungen, die Bertotti als ein «wirkliches Misskonzert von Symmetrie und Proportion» bezeichnete.

Dieses zwischen ergebener Hochachtung und kühler Distanz schwankende Verhältnis zur palladianischen Architektur, das einen Arnaldi zur Abfassung einer ausführlichen Schmähschrift bewog, ist im Zusammenhang mit den Bertotti eng vertrauten Theorien der Algarotti, Lodoli, Milizia, Preti, Riccati und Temanza fassbar, deren Abhandlungen er entweder öfters zitierte oder gar in der eigenen Privatbibliothek besass. Und nicht von ungefähr wies Bertotti dabei nur am Schluss des dritten Bandes der «Fabbriche» in einem Zusatz auf das Werk von Charles-Etienne Briseux hin: «... Ora essendomi ultimamente giunta alle mani un'Opera d'Autor Francese, stampata in Parigi l'anno 1752. il cui titolo è questo: 'Traité du Beau dans les Arts appliqué particulierement à l'Architecture, & demontré physiquement & par l'experience; avec un Traité des Proportions Harmoniques &c.' l'Autore della quale è Mr. Briseux: ho avuto la compiacenza di vedere essere stato anche da altri osservato, che il Palladio ne' Prospetti delle sue Fabbriche si è sempre servito del metodo da me indicato. Imperciocchè il predetto Autor Francese, avendo disegnate e analizzate alcune Fabbriche del Palladio, vi ha ad evidenza scoperte queste Proporzioni. E finalmente conchiude, Che niuna Fabbrica può riuscir grata agli occhi senza i certi principj delle Proporzioni armoniche. Così la intendono i Maestri della ragionata Architettura. Sebben non si può negare, che un genio sublime, per don di natura, un occhio ammaestrato dalle osservazioni dei più eleganti Edifizj, anche senza la teorica cognizione di sì fatte Proporzioni, non possa arrivare ne' Prospetti di alcune Fabbriche ad una conveniente perfezione» (27). Derselben ideellen und editorischen Haltung, die die vier Bände der «Fabbriche» kennzeichnen, war dann auch der vorher nie mit den anderen Büchern angekündigte und so wohl innert zweier Jahre entstandene fünfte Band von 1785 verpflichtet — der Thermenband, dessen Ausgabe nicht anhand der palladianischen Originalzeichnungen angefertigt wurde, sondern nach Bertotti explizit auf der von Richard Boyle, 3. Earl of Burlington, im Jahre 1730 veranlassten Erstedition basierte, während der 1772 erschienenen Ausgabe «The Baths of the Romans» des schottischen Architekten Charles Cameron ein ähnlicher Stellenwert wie den Palladiobüchern des Francesco Muttoni unterschoben wurde. Von der rar gewordenen Burlington-Publikation, die Bertotti in einem mit 1732 datierten Exemplar zur Verfügung gestellt worden war, übernahm der Vicentiner Herausgeber das Frontispiz mit der reich verzierten Ädikula, berichtigte jedoch die Physiognomie der Palladiobüste, druckte wörtlich das von Lord Burlington verfasste Vorwort mit der Beschreibung des Zeichnungsfundes in der Villa Barbaro Basadonna ab und reproduzierte ausserdem von der Cameron-Edition das Glossarium mit den lateinischen Fachausdrücken (28). Dagegen veränderte Bertotti die Abfolge der Thermenbeschreibungen und stellte eine neue Chronologie auf, beginnend mit jener palladianischen Rekonstruktion der Agrippa-Therme, deren Originalzeichnung sich im Besitz von Tommaso Temanza befand und entsprechend in den vorangegangenen englischen Editionen fehlte. Nach dieser einzigen, ab einem Originalentwurf Palladios entstandenen Darstellung folgen die aus dem Stichwerk von Lord Burlington entnommenen Illustrationen, aufgeteilt nun in Grundrisspläne, Aufrisse und Schnittdarstellungen sowie begleitet von einem kritischen Text Bertottis mit erneuten Hinweisen auf differierende Massangaben: «Terme di Nerone, Terme di Vespasiano, Terme di Tito, Terme di Antonio Caracalla, Terme di Diocleziano, Terme di Costantino» und «Alcuni altri Disegni del Palladio appartenenti alle Terme» (29). Das Werk wurde von Bertotti noch mit einer Tafelserie von sieben korinthischen und kompositen, teils mit Gebälk und Säulenbasen abgebildeten Kapitellen erweitert und mit der Bemerkung abgeschlossen: «Perchè gli Studenti intendano bene le ultime sette Tavole, ho voluto notare con chiarezza le principali proporzioni delle Trabeazioni, e dei Capitelli in essi contenuti. Lascio poi loro la cura di rintracciare la divisione, e proporzione di que' membri che compongono il Tutto.» Hinzuzufügen ist, dass Bertotti selbst im Jahre 1770 einige Kleingrabungen in den römischen Überresten des Teatro Berga zu Vicenza durchgeführt und in seinem damaligen Skizzenbuch auf den Blättern 32 bis 45 festgehalten hatte. Die dabei entdeckten Fragmente von Gebälk- und Kapitellteilen schenkte er am 1. April 1787 dem Conte Arnaldo Arnaldi Tornieri für dessen Lapidarium (30).

Nach diesen erfolgreichen Palladiotraktaten ist das letzte gedruckte Werk von Bertotti wieder der Guidenliteratur zuzuordnen und in Verbindung mit der eigenen praktischen Tätigkeit, speziell den vorgeschlagenen grossen Renovierungsplänen für das Teatro Olimpico, zu stellen. «L'origine dell'Accademia Olimpica di Vicenza con una breve descrizione del suo teatro. Opera di Ottavio Bertotti Scamozzi Architetto» erschien 1790 bei Giovanni Rossi in kleinem Oktavformat mit vier von Antonio Mugnon, Bertottis verwaistem Patenkind, gestochenen Tafeln, die 1788 datiert und mit T. XXVIII—XXXI B bezeichnet sind. Waren diese Illustrationen schon für eine Neuedition des «Forestiere istruito» vorgesehen, die dann Giuseppe Giuliani bei Vendramini Mosca im Jahre 1804 verlegte, so gab ebenfalls Giuliani bei Vendramini Mosca 1804 bereits eine Zweitauflage von «L'origine dell'Accademia Olimpica» heraus, und noch die gleichen Kupfertafeln wurden für die von Giuseppe Giuliani bei Tommaso Parise besorgte Ausgabe von 1822 wiederverwendet. Erst die vierte, bei Longo erschienene Edition dieses Führers, dessen früherer Umfang von immer ca. 30 Textseiten anhand eines kleineren Schriftsatzes auf die Hälfte reduziert wurde, erhielt andere, wiederum von Antonio Mugnon gezeichnete und gestochene Abbildungen, die aber auch nicht speziell für diese Ausgabe angefertigt, sondern nun eindeutig nach Mugnons Kupfertafeln für die verkleinerten «Fabbriche» von 1796 abgedruckt worden waren (31). Aber nicht so sehr diese Illustrationen als vielmehr der einfach und klar geschriebene Text des Büchleins müssen zu dessen Nachfrage beigetragen haben. Mit einer gewissen Abgeklärtheit des Alters konnte Bertotti in diesem Werk jeglichen Hinweis auf die Deckengestaltung des Teatro Olimpico weglassen und so jene in den frühen 60er Jahren des Settecento vorab zwischen Enea Arnaldi und Ottone Calderari entbrannte Streitfrage, durch die bald auch Architekten ausserhalb Vicenzas zu Stellungnahmen herausgefordert worden waren, stillschweigend übergehen, obwohl er selbst bei der Abstimmung von 1761 Calderaris Idee eines illusionistisch gemalten Himmels unterstützt hatte. Bertotti begann seinen Führer über die Entstehung der Accademia Olimpica und ihres Theaters mit einer Beschreibung des anvisierten Zielpublikums: «Non giunge Forestiere in questa Città, che non cerchi di vedere prima di tutto il Teatro Olimpico, invogliato dalla fama di un'Opera sì rinomata. Alcuni si portano ad osservare questo prodigio dell'arte, forniti di sufficienti cognizioni, e di buon senso; e questi sono atti a scóprirne, e ad ammirarne il merito reale con opportune e sensate riflessioni. Ma il maggior numero dei concorrenti privo di tali ajuti, e guidato da un qualche ignorante ciarliere, parte da questo luogo, pieno di false idee, e di pregiudicate opinioni, e seco porta solamente una rozza immagine della sua conformazione, la quale se non è rinfrancata dai disegni, poco appresso dileguasi intieramente. La lunga pratica da ma fatta in tal proposito manifestamente mi dimostrò, che pochi dei nostri Cittadini, non che degli stranieri, hanno un'idea giusta di questo magnifico e raro edifizio, e che quindi deriva la serie degli errori che relativamente ad esso si spacciano con indicibil franchezza.

Ecco pertanto le ragioni, che mi determinarono a pubblicare nuovamente i disegni di questa Fabbrica, unica nel suo genere, illustrandoli con le necessarie notizie e descrizioni, mercè le quali possano agevolmente i curiosi concepire una idea ben adequata della mirabile sua struttura, e mercè le quali cessar debbano alla per fine i capricciosi racconti, e le arbitrarie mendacissime istorielle, con cui le ordinarie guide assordano i Forestieri.» Und diesen Sätzen fügte der Autor noch eine Anmerkung über sein grosses fünfbändiges Werk an, das aber in mancherlei Hinsicht nicht allen zu konvenieren vermöchte (32). Doch auch mit dieser Wegleitung gab Bertotti als Hausmeister der Accademia Olimpica nicht nur einen leichtfasslichen, «populären» Führer heraus, sondern erliess damit gleichzeitig einen öffentlichen Appell zur Erhaltung und längst fälligen Gesamtrenovierung des Teatro Olimpico.

Anonyme Rötelzeichnung. Porträt des Malers und Stechers Davide Rossi.
Aus den Manuskriptbänden von Giovanni Da Schio. B.B.Vi. Ms seg. Gonz. 5.9.5—16 (3396) Vol. Q-Sca.

Der Auftraggeber- und Freundeskreis des Architekten

Nun, die auch im finanziellen Sinne grossen Förderer der bertottianischen Palladio-Edition waren der junge Baldassare Odescalchi aus Rom, Duca di Ceri und Kommandeur des von der Kaiserin Maria Theresia gestifteten Stephanordens, sowie N. H. Girolamo Ascanio Giustiniani aus Venedig, Provveditor all'Arsenal, und ihnen widmete Bertotti dann auch seine fünf Bände mit dem entsprechenden Vorwort. Dass der römische Patrizier, der damals noch nicht dreissigjährig war, erst kurz vor Druckbeginn des ersten Bandes während eines Vicentiner Aufenthalts mit dem Unternehmen Bertottis konfrontiert wurde, geht aus der Widmungsinschrift hervor, die der Verfasser der «Fabbriche» im vierten Band von 1783 publizierte und dabei auf Palladio verwies, der ebenfalls erst die letzten zwei Bücher dem Herzog Emanuel Filiberto von Savoyen gewidmet hatte: «Se io avessi avuto a dedicare a Vostra Eccellenza le sole Fabbriche e i Disegni del Palladio, non avrei dubitato di porre in fronte del primo Volume il rispettabilissimo Vostro Nome; ma questa raccolta diveniva opera eziandio dell'Editore. Ecco il perchè non mi son ridotto a farlo se non nel quarto, quando l'esito dei tre primi m'ebbe lusingato che le mie fatiche non demeritassero il Vostro patrocinio, e il Vostro favore. Del resto, l'Edizione Vi apparteneva prima ancora che fosse eseguita, anzi fin d'allora, che nel soggiorno che faceste in Vicenza, il Vostro singolar genio per l'Architettura, e l'amore per le Opere del Palladio m'hanno proccurato la felice opportunità di ammirarvi, e procacciato l'onore della Vostra protezione. Ma quand'anche Vostra non fosse naturalmente e per mia inclinazione, lo sarebbe in forza della mia gratitudine. Voi m'incoraggiaste, quand'io temeva nell'intraprenderla; Voi l'affrettaste eziandio a fronte di mille difficoltà; e mentre le Nazioni colte ed amanti della buona Architettura l'accoglievano cortesemente, Voi le proccuraste ancora maggior favore in quella stessa Roma, che pur è il centro di un'Arte suscettibile di tante bellezze. Egli è vero però, che non potea non essere da Voi protetta un'Opera immaginata da Voi prima che ve ne fosse comunicato il progetto. È troppo onorevole per me siffatta combinazione, perchè io possa dissimularla. Era già sistemata l'Opera, e consegnato ai torchi il primo Volume, allorchè da un Vostro grazioso ed erudito Foglio mi vidi proposto il sistema medesimo così uniforme e nel disegno, e nell'ordine, e nelle minute avvertenze relative, ch'io non so bene se prevalesse in quel punto nell'animo mio o la sorpresa dell'avvenimento, o il piacer di essere in certa guisa prevenuto così gentilmente da Voi ...» (33). Von Livio Odescalchi, dem Neffen des Papstes Innozenz XI., als Haupterbe eingesetzt, beschäftigte sich Baldassare Odescalchi-Erba selbst erfolgreich mit literarischen Werken, gründete in seinem römischen Palazzo die private «Accademia degli Occulti», wurde in die «Accademia dell'Arcadia» aufgenommen, zum Ehrenmitglied der «Accademia di S. Luca» ernannt und gehörte später nach der Jahrhundertwende zu den Gründern der «Accademia di religione cattolica». Doch neben Studienaufenthalten während seiner früheren Reisen in die Donaumonarchie verbanden ihn noch zartere Bande mit dem Veneto; am 7. April 1777 heiratete Baldassare Odescalchi die venezianische Patrizierin Caterina Giustiniani von Bassano. Noch 1837 lobte Emilio Tipaldo in seiner Biografia degli Italiani den grossen, doch bescheidenen Mäzen, und vielleicht ist es nicht nur purer Zufall, dass nach diesem jugendlichen Gönner der «Fabbriche» gerade ein Giustiniani, nun von dem in Venedig residierenden Familienzweig, den Anschlussband mit den palladianischen Thermen unterstützt hatte. Und N. H. Girolamo Ascanio Giustiniani stellte Bertotti auch sein eigenes Exemplar der Burlington-Ausgabe zur Verfügung: «La Dedica di quest'Opera forse la più interessante gli amatori della soda Architettura, che viene per me riprodotta alla pubblica luce, è un tributo che debbesi all'Eccellenza Vostra per giustizia, e per gratitudine. Posseditor fortunato d'un Esemplare della prima e rarissima Edizione delle antiche Terme Romane disegnate di propria mano dall'immortale Palladio, Voi vi siete compiaciuto di benignamente concedermelo, onde arricchendo il Pubblico d'un monumento così prezioso, venissi a dare un compimento onorevole alla mia Edizion Palladiana. Egli è perciò di dovere, che un Opera, ch'è Vostra per ogni titolo, abbia a comparire fregiata dell'inclito Vostro Nome; il quale, se ovunque e in ogni incontro ricorda e la Nobiltà dell'antichissima Vostra Famiglia, e lo splendore delle più cospicue Dignità, a cui foste con plauso universale elevato, e sovrattutto le individue virtù, e il personale Vostro merito prestantissimo in Repubblica, appalesa in questa occasione il nobilissimo genio Vostro per le Belle Arti, la conoscenza delle quali fu in ogni tempo uno de' pregi dei più distinti e ragguardevoli Personaggi ...» (34). Als Bertotti diese lobenden Worte über seinen Gönner schrieb, war Girolamo Ascanio Giustiniani Mitglied der im Jahre 1784 neugegründeten Freimaurerloge «La Fedeltà», die anstelle einer der früheren, 1772 mit englischem Patent errichteten Vereinigung «L'Union» trat, und am 7. Mai 1785 durchsuchte die Inquisition den Sitz der «Fedeltà», beschlagnahmte Bücher und Geräte, verwies die zwei Vorsitzenden, den Napolitaner Michele Cessa, Meister vom Stuhl, und den bayrischen Sekretär Karl König, ausser Landes, während gegen die übrigen Logenbrüder — grösstenteils nun venezianische Patrizier in hohen Amtsstellen der Serenissima — keine Massnahmen getroffen wurden. Hatte der Florentiner Girolamo Bocalosi, damals sich in Verona aufhaltend, bereits 1783 seine anonym bei Silvestro Gatti in Venedig erschienene Schrift «Saggi filosofici» — ein Aufruf gegen die überlieferte Tradition, gegen das Prinzip der Autorität — dem Giustiniani gewidmet, so war dieser Girolamo Ascanio Giustiniani auch der engste Freund seines Logenbruders N. H. Angelo Querini, der — ein Bewunderer von Voltaire und eifriger Kunstförderer — als «Avogadore di Comun» 1761 vergeblich versucht hatte, die uneingeschränkte Macht des Consiglio dei Dieci und seiner Inquisitoren auf ein geringeres Mass herabzusetzen, und nach der eigenen Kerkerhaft sich auf sein Landgut in Altichiero zurückzog, wo er im dort angelegten Park einen der allegorischen Altäre der Freundschaft mit Giustiniani weihte. Wohl treffend beschrieb Volkmann in seinem Italienführer, den er übrigens weitgehend von dem 1769 gedruckten Reisebericht des französischen Astronomen und engagierten Freimaurers Joseph Jérôme Lalande abgeschrieben hatte, die damalige Situation in Venedig: «Unter den Vornehmen reisst die Freygeisterey, oder Deisterey sehr ein. Sie sind zu klug, um alles zu glauben, und fallen daher in das Entgegengesetzte, und glauben lieber gar nichts. Das zurückhaltende Wesen des Adels macht, dass sie ihre Meinung selten entdecken, äusserlich für die Geistlichkeit Hochachtung bezeigen, und die Kirchen besuchen. Man erzählt, dass ein venezianischer Nobile einen englischen Lord während der Messe erinnert habe, dass es wider der Wohlstand sey zu stehen, und sich so bemerken zu lassen. Dieser erwiederte, dass er die Transsubstantiation nicht glaube; worauf der Venezianer antwortete: Ich eben sowenig, aber knien Sie nieder, wie ich, oder gehen Sie hinaus» (35). Im Veneto gab es damals vier Logen, neben Venedig noch in Verona, Padova und Vicenza; bei der Durchsicht der einzelnen Tableaus der von Baron Karl Eberhard von Wächter nach dem System der strikten Observanz 1778 umorganisierten Padovaner Loge «Prefettura Templare di Verona» und der ihr unterstellten Logen «Amore del prossimo» in Padova und «I veri amici» in Vicenza finden sich nun die Namen von Giovanni Scola und Francesco Modena sowohl im Verzeichnis der Vicentiner Loge als auch im Tableau der sieben, dem inneren Orden der «Prefettura Templare» zugelassenen Brüder aufgeführt. Und Franceso Modena war einer der frühesten Auftraggeber von Ottavio Bertotti Scamozzi sowie anscheinend ein Neffe des gleichnamigen Druckers der «Fabbriche» und späterer Schwiegervater von Felice Lioy, der 1773 in Neapel zum Hauptsekretär der von der Londoner Grossloge abgetrennten und zur Grossen Nationalloge erhobenen Freimaurervereinigung «Lo zelo» ernannt wurde (36).

Setzten sich die damaligen Freimaurer und Freunde dieser Bewegung im Veneto vor allem auf philosophischer Basis und nur vereinzelt im politischen Sinne für «Freiheit, Gleichheit und Brüderlichkeit» ein, so definierte der Venezianer Francesco Griselini, einer ihrer populärsten Exponenten, in seinem 1754 geschriebenen und Carlo Goldoni gewidmeten Theaterstück die Logenbrüder als einen Kreis von illustren Personen, die nur grossherzige und sublime Ideen verfolgten, das glückliche goldene Zeitalter wieder auferstehen lassen und die Menschheit von Armut und Elend befreien wollten. Zehn Jahre später gab der Journalist Griselini am 7. Juli 1764 bei Benedetto Milocco in Venedig die erste Nummer des «Giornale d'Italia spettante alla scienza naturale e principalmente all'agricoltura, alle arti ed al commercio» heraus — einer Wochenzeitschrift, die nach dem Ausscheiden Griselinis dann im Jahr 1776 in «Nuovo Giornale d'Italia» umbenannt und mit Unterbruch bis 1797 publiziert wurde. Und speziell anhand der Beiträge in diesem Giornale wird nun eine vorab in der Provinz Vicenza aufkommende Agrarreform fassbar, die nach den grossen, durch Wetterverhältnisse und schlechte Bodennutzung bedingten Landwirtschaftskrisen der ersten Hälfte des Settecento sowie nach der 1747 im Vicentino ausgebrochenen Rinderepidemie anfänglich eine drastische Sanierung der Felder, den Anbau von Maulbeerbäumen, neue Bewirtschaftungsmethoden für Getreide- und Reisfelder propagierte, um schlussendlich auch das harte Pacht- und Taglöhnersystem kritisch zu untersuchen. Von Bertottis Auftraggebern wurden hier bereits am 1. September 1764 die Franceschini und die Milan als vorbildliche Seidenfabrikanten und -händler in der Stadt Vicenza erwähnt, am 22. September 1764 der schon zitierte Gutsbesitzer in Vancimuglio, Francesco Modena, zusammen mit dem Conte Agostino Negri zu den revolutionärsten Neuerern gezählt und in der vom 16. bis 30. September 1769 publizierten Untersuchung des Giovanni Arduino, seit 1748 Perito Pubblico zu Vicenza, wiederholt Francesco Modena und dessen Anbauvorschläge, aber auch Conte Francesco Quinto in Monticello di Fara, Conte Giangiorgio Trissino in Sandrigo sowie Conte Gio. Battista Orazio Porto in Thiene für ihre Beiträge zur «coltura tarelliana moderna» gelobt. Sämtliche dieser aufgeführten Gutsherren waren Mitglieder der im Frühling 1769 gegründeten «Pubblica Accademia di Agricoltura di Vicenza», die des öftern in den Räumlichkeiten der Accademia Olimpica und im

Teatro Olimpico tagte, zu ihren Mitgliedern auch den Arzt und Naturwissenschaftler Antonio Turra sowie den Gutsbesitzer und weiteren Auftraggeber von Bertotti, Gaetano Muzzi, zählte, welche beide im «Giornale d'Italia» vom 12. Okt. 1771 über den vorteilhaftesten Agrarplan für die Provinz Vicenza referierten. Und dieser Agrarakademie gehörte auch Antonio Locatelli an, nach Giovanni Arduino ein «Uomo veramente egregio, ed uno dei più vari genj di quella Città», in den Diensten des Co. Gio. Battista Orazio Porto als Generalagent über dessen Ländereien tätig und mit Pietro Edwards zusammen aufs engste mit Bertotti und dessen Publikationsvorhaben verknüpft. In dem in seiner Art einzigen «Giornale d'Italia», das neben der aktiven Vicentiner Agrarakademie auch allen anderen, sich neu gründenden Agrarakademien offenstand und überraschend kritische Artikel brachte, erschien am 9. Juli 1774 die Subskriptionsankündigung für die «Fabbriche» von Bertotti (37). Nach Giovanni Arduino amtierte damals Antonio Turra als Sekretär dieser Agrarakademie und war auch für den unter dem Vicentiner Bischof N. H. Marco Cornaro angelegten botanischen Garten verantwortlich.

Die anschliessenden Publikationen Bertottis wurden im «Giornale Enciclopedico» bekanntgemacht, das die vom Venezianer Caminer redigierte Zeitschrift «L'Europa letteraria» abgelöst hatte, erstmals im Januar 1774 unter der Leitung wiederum von Domenico Caminer und seiner Tochter Elisabetta erschienen war und ab 1777 unter der Alleinredaktion von der mit dem Naturwissenschaftler Antonio Turra verheirateten Elisabetta Caminer Turra in Vicenza weitergeführt wurde. Dieses «Giornale Enciclopedico» beinhaltete anfänglich vor allem Auszüge und Zusammenfassungen von französischen Büchern, von denen viele auch unter strengstem Verbot der venezianischen Zensur standen, und begann dann vermehrt eigene Originalbeiträge zu bringen. Zu den engsten Mitarbeitern der Caminer gehörten dabei Alberto Fortis, ein einstiger Augustinerpater, und Giovanni Scola, der als Meister vom Stuhl die damalige Vicentiner Freimaurerloge präsidierte. Hat Fortis schon bei der «L'Europa letteraria» mitgearbeitet, so musste er Bertotti jedoch bereits früher gekannt haben, da er in dem am 26. Oktober 1766 während seines Romaufenthaltes an Conte Giorgio Marchesini nach Vicenza geschriebenen Brief sich des «valente nostro architetto Bertotti» erinnerte. Und Giovanni Scola, der bis zu seinem Ausscheiden im Jahre 1781 mit brillanten Beiträgen über «Diritto comune e diritto veneto», «Professione forense e nobiltà», «Della agricoltura» oder «Lettere ai seguaci del sistema sintetico» den Fanatismus attackierte und die Ideen der Aufklärung verbreitete, trug viel zum Erfolg dieser Zeitschrift bei, die mit ihrer klaren politischen Ausrichtung zum revolutionärsten Blatt der gesamten damaligen Serenissima wurde (38). Bertotti selbst muss in engem Kontakt mit Elisabetta Caminer Turra und ihrem Freundeskreis gestanden haben; nach den grossen Lobesworten über die einzelnen Palladiobücher edierten die Turra in ihrer eigenen, 1780 errichteten Druckerei noch im gleichen Jahr eine Zweitauflage des «Forestiere istruito», und anlässlich der Feierlichkeiten zum Abschied des venezianischen Statthalters N. H. Camillo Bernardino Gritti wurden neben dem von Bertotti erbauten Triumphbogen zahlreiche Festschriften mit literarischen Werken von Freunden Bertottis bei Elisabetta Caminer Turra herausgegeben. Und der geachtete Poet Francesco Berlendis widmete dem Architekten folgendes Gedicht: «Al Chiarissimo Signor Ottavio Bertotti Scamozzi architetto, ed Amico grandissimo dell'Autore. / Bertotti mio, poiché il destino amico / Ti fè nascere e crescere architetto / Disegnami un bellissimo tempietto / Da porre in luogo il più eminente e aprico. / Fammelo pur sul vero gusto antico / D'un ordine il più armonico e perfetto, / Ogni ornamento sia semplice e schietto / Perchè dell'impostura io son nemico. / D'aperte logge cingilo d'intorno / Onde resti, a gli sguardi curiosi / Libero d'ogni parte il bel soggiorno. / A l'Amicizia il vò sacro e a l'Onore, / E per una novella Apoteosi / Voglio che vi si adori il tuo bel Core» (39). Auch von den Vicentiner Promotoren der «Fabbriche» waren beispielsweise Giuseppe Gastaldi, der Direktor der Seidenfirma Milan, und Conte Francesco Sangiovanni, ein Logenbruder von Giovanni Scola und ebenfalls von Carlo Vicentini Dal Giglio, auf vertrautem Umgang mit dem «Giornale Enciclopedico» und seiner kämpferischen Herausgeberin. Erwähnte der Karmeliterpater Angiolgabriello di Santa Maria in seiner Vicentiner Biografie die stupende und grandiose Palladio-Edition: «... Le illustrazioni però sono tutte dello stesso Bertotti; anzi tutto il testo, non che tutte l'osservazioni, la Storia, le note; e queste attendono l'approvazione degl'intendenti, e del Pubblico; le quali sembra che a poco a poco s'avviino. Per conto mio, null'altro rilevo che la corteccia appena dell'Opera, che mi sorprende; ed al più credo di poter avvertire (sempre però a correzione) che laddove il Palladio, nella Edizione fatta vivente Lui nel 1570, dopo di aver misurati in persona gli Edifizj gli disegnò da suo pari Geometricamente, come un che stampa, ed insegna, il Signor Bertotti lo fa invece Perspettivamente, come un che fabbrica; cosicchè non è vero, che riprenda Egli, e corregga qui e lì nelle misure il Palladio (locchè sarebbe quasi temerità); bensì, che ommessa la Geometria del Palladio, esattissima e irreprensibile, vi sostituisce la Perspettiva ...», so existiert von einem anderen Zeitgenossen Bertottis, von Conte Enea Arnaldi, eine unvollendet gebliebene Schmähschrift über den ersten Band der «Fabbriche», betitelt «Osservazioni critiche sull'Opera del Bertotti» (40). In diesem Manuskript setzte Arnaldi an, Zeile für Zeile des bertottianischen Textes mit grosser Wortgewalt zu widerlegen und seine Vorstellung über das unantastbare Vorbild Palladios zu verteidigen. Ob Arnaldi seine negative Meinung über das schriftliche Werk und die fachlichen Qualitäten Bertottis nach Erscheinen der weiteren Bände in ähnlicher Weise wie sein Freund Tommaso Temanza änderte, ist nicht bekannt.

F. Boldrini c. 1803. Gruppenbild mit der Apotheose Palladios und Calderaris. Gemäss Manlio Brusatin sind im Hintergrund von links nach rechts Davide Rossi, Ottavio Bertotti Scamozzi sowie Antonio Diedo und Giannantonio Selva zu erkennen. Villa Piovene Da Schio, Castelgomberto.

Zur Rezeption palladianischer Bautypologie

Das 18. Jahrhundert war selbst in den Veneto-Provinzen ein Jahrhundert voller Widersprüche und entsprechender Polarisierungen. Sich langsam anbahnende wirtschaftliche und soziale Veränderungen sowie sich ankündigende philosophische und künstlerische Umschichtungen trugen mit dazu bei, dass auch die zweihundertjährige, an Palladio orientierte Geschmackstradition nun Gegenstand einer kritischen Reflexion werden konnte. Dabei wurden alle Gestaltungen radikal allein aus dem Gesichtspunkt ihrer Produktion erfasst: nicht was, sondern wie etwas entstanden ist, zu beurteilen, hiess hier die vordringlichste Aufgabe. Zu den Protagonisten dieser Richtung, die — stimuliert zuerst durch französische und dann auch englische Vorstösse — das ganze Jahrhundert der Aufklärung erfasste, zählte für das Veneto vorab der venezianische Franziskanerpater Carlo Lodoli, dessen mitunter sehr polemische Auffassungen viel zur Schaffung allgemeiner und allgemeinster Kriterien und Grundsätze beitrugen, wie sie dann seine «Schüler» Francesco Algarotti und Francesco Milizia verbreiteten (41). Und gerade diese Autoren, die in ihren brillant abgefassten Schriften neben den Theorien Lodolis auch jene des erstmals 1753 anonym publizierten «Essai sur l'architecture» des französischen Jesuitenpaters Marc'Antoine Laugier verarbeitet hatten, zitierte beispielsweise Ottavio Bertotti Scamozzi auffallend oft und ausführlich in seinen zwischen 1776 und 1783 erschienenen «Fabbriche».

Lodoli kämpfte gegen den «unangenehmen Verfall und die tollen Ausschweifungen in der Architektur», forderte eine strenge Einfachheit und konstruktive Zweckmässigkeit, kritisierte die ehrwürdigsten Baudenkmäler und rüttelte an geheiligten Vorbildern. «Egli predicava per ogni angolo della città che dove s'incontra il vero nell'Architettura, non era ammissibile alcun ornamento, e che la materia avendo la sua specifica qualità, conveniva attenersi scrupolosamente all'indole della medesima per non dipartirsi dal vero ...» lautet die wohl früheste Beschreibung seiner Theorien in Zaccaria Scerimans Roman «Viaggi di Enrico Wanton alle terre incognite australi, ed ai regni delle scimie e de'cinocefali» von 1749. Und Algarotti schrieb 1757 über diesen Sokrates der Architektur: «Niuna cosa, egli insiste, metter si dee in rappresentazione, che non sia anche veramente in funzione; e con proprio vocabolo si ha da chiamare abuso tutto quello, che tanto o quanto si allontana di un tale principio, che è il fondamento vero, la pietra angolare, su cui ha da posar l'arte architettonica» (42). Nicht zu den Anhängern dieser frühen funktionalistischen Grundsätze gehörte Giorgio Massari, der in den beginnenden vierziger Jahren des Settecento sein Projekt für Kirche und Hospiz S. Maria della Pietà in Venedig folgendermassen vor der Kritik Lodolis verteidigt haben soll: «... Per guadagnarci il pane convien che acquistiamo una qualche fama, e questa non s'acquista già colla matematica alla mano, ma coll'imitare il meglio, ed il più che per noi si può, l'opere che sono nella stima maggiore, evitandone con diligenza i difetti. Se io presentassi un qualche disegno tutto nuovo, per quanto ragionevol fosse, sarei sicuro che quello d'ogni altro architetto, imitante, per esempio, una facciata del Palladio o del Vignola, sarebbe al mio preferito, e frattanto chi sosterebbe la mia famiglia? ....» Wenn aber Maximilien Misson, Etienne de Silhouette, Charles-Louis Pöllnitz und Charles de Brosses, die stellvertretend für die vielen Italien- und hier speziell kritischen Venetoreisenden besonders der ersten Hälfte des 18. Jahrhunderts erwähnt seien, die Vicentiner Paläste nur als «jolies maisons» gelten liessen und überhaupt bei palladianischen Bauten jene geistreiche «commodité» der französischen Raumgliederung vermissten; wenn der Präsident de Brosses dem Herrn von Blancey am 25. Juli 1739 zu berichten wusste: «Nach den öffentlichen Bauten des Palladio besuchten wir auch sein Wohnhaus, in dem wir seine ganze Kunst der Aussengestaltung mit aller Unbequemlichkeit im Innern, wie der enge Raum dies verstattete, vereint fanden», so manifestierten diese «Dilettanti» das Aufkommen einer ähnlich rationalistischen Gesinnung, wie sie Lodoli mit Hilfe der an Girolamo Grimani, den Besitzer des gleichnamigen Palazzo am Canal Grande, gerichteten Parabel von den zwei Sesseln zu verdeutlichen suchte: «Eccovi il vostro palazzo magnifico, dispendioso, ma non opportuno all'uso vostro. I Sammicheli, i Palladii imitando gli antichi, come quelli che facevano questi grandi sedili senza consultar mai quel che la nuda ragione semplicemente esigeva, obbligarono tutti a star male. E non si potrebbe far delle case, come delle sedie ragionate? Intagliate pure, inverniciate, indorate quanto volete per servire al necessario vostro lusso; ma senza scordarvi del comodo, diceva, e della resistenza opportuna. Sedete sull'uno, sedete sull'altra, e proverete se sia più comodo il seguir l'autorità degli antichi, o lasciarla per tener dietro alla ragione.» Der berühmt gewordene Ausspruch von Algarotti, der am 4. September 1758 dem Sekretär der Bologneser Akademie, Francesco Maria Zanotti, gestand: «Quanto a me io torrei ad abitare in una casa Francese posta a dirimpetto di un palagio del Palladio», erweist sich in diesem Zusammenhang gar nicht mehr so originell, sondern schon als üblicher Topos von internationaler Verbreitung, der dazu auch auf zeitgenössische neopalladianische Architektur ausgedehnt werden konnte (43). So muss bereits Lord Chesterfield angesichts eines von Burlington entworfenen Londoner Palazzo den Vorschlag gemacht haben, der Besitzer eines solchen Hauses solle doch das gegenüberliegende Anwesen erwerben, so dass er von dort aus seinen eigenen Bau in Ruhe bewundern könne, ohne darin wohnen zu müssen.

Auch James Adam, der im Oktober 1760 Vicenza teils unter der Führung von Ottavio Bertotti Scamozzi besichtigte, war kein grosser Bewunderer palladianischer Architektur, und seine Tagebucheintragungen enthalten eine der unbarmherzigsten Kritiken, die je von einem Vicenzabesucher geschrieben wurden: «... the different buildings of Palladio with which this city abounds, and of which I am no admirer. His private houses are ill adjusted both in their plans and elevations, as is also the Theatre Olimpic, which is looked upon here as a 'capo d'opera'. The seats are not convenient for the spectators: the order over them is pitiful. In the angles of the circular part the spectators cannot see the performers, and the seats begin much too high above the stage. The scena is the most crowded and ill-adjusted thing I ever saw; and the alleys in perspective are perfectly childish. The Hotel de Ville is abominably maigre in every respect ...» Dagegen findet sich die Vorstellung vom unantastbaren Modellcharakter eines Palladio sowohl bei Antonio Visentini, der in seinen 1771 erschienenen «Osservazioni che servono di continuazione al trattato di Teofilo Gallaccini sopra gli errori degli architetti» gerne palladianische Texte den zur Abschreckung abgebildeten barokken und «regelwidrigen» Architekturdetails gegenüberstellte, als auch — in einem viel rigoroseren Sinne — bei Tommaso Temanza, der offensichtliche Grundlagen allein bei Palladio wiederzufinden trachtete: «Noi veneziani usciamo da una scuola che non ha soggezione di verun'altra; e nel proposito di Architettura il nostro Palladio impone a tutti. Se poi va egli poco a genio di codesti architetti romaneschi, ciò procede dalla loro ignoranza. Il loro sfogo di fantasia è come il vivere di quegli uomini, che a guisa di bruti vivono senza morale, e senza veruna osservanza delle leggi.» Ebenfalls 1778, als dieser Passus in einem Brief an den gerade in Rom weilenden Antonio Selva gerichtet war, erklärte sich Temanza in seinen «Vite dei più celebri Architetti, e Scultori veneziani che fiorirono nel secolo decimosesto» als entschlossener Gegner des von Lodoli angeregten Misstrauens gegenüber allen überkommenen Ansichten: «... Fra Carlo Lodoli Frate del zoccolo fu uomo di molto talento, ed anche dotto. Avea doni più che sufficienti per fare virtuosa, ed onesta figura nel mondo. Ma dei due partiti scelse il peggiore, che fu quello dell'impostura. Conoscendo che gli Architetti de'suoi dì (perchè indotti, e dappoco) non erano capaci di far fronte alle sue dicerie, attaccò singolarmente l'Architettura. Secondo lui non c'era fabbrica al mondo, che fosse buona; non ci fu mai buon Architetto, neppure fra gli Antichi. I più celebri Uomini erano appo lui soggetto di derisione e di scherno. Con certi suoi Apologi spiritosi, e mordaci mettea tutto, e tutti in canzone, onde un nostro Poeta così disse di lui: Fu vero parascito, e maldicente / Degli Uomini, di Dio, della Natura / E dicitor di Apologi insolente.» Einen längeren Briefwechsel mit Temanza hatte Francesco Milizia geführt, der — von Memmo als einer der getreuesten Exegeten lodolianischer Theorien und als «kommandierender Oberst im Regiment der Architekten-Philosophen» gelobt — in seinen Vitenbeschreibungen von 1768 sogar das Fehlen eines «gusto puro» bei einzelnen Palladiobauten rügte, dann aber 1781 in den «Principj di Architettura Civile» weitgehend auf individuelle Hinweise verzichtete zugunsten des grundsätzlich Wesentlichen der Architektur: «... Autorität und Beyspiele gelten nichts, wenn sie der Vernunft zuwider laufen. Sie sind nur in so fern von einigem Werthe, wenn sie mit der Vernunft übereinstimmen, weil sie alsdann dazu dienen, sie deutlicher und fasslicher zu machen» (44). In diesem von der Ratio beherrschten Sinn ist auch das Projekt des «Casino Villereccio» von Antonio Diedo zu verstehen, der noch um 1800 den Versuch wagte, «l'agiatezza Francese e la eleganza Palladiana» aufgrund des erwähnten Algarotti-Ausspruchs in einem Bau zu vereinen, und sich zu diesem Zwecke der Villa Saraceno in Finale als abzuwandelndes Vorbild bediente: «... mi parve che potesse ancor migliorarsi questa leggiadra fabbrica accomodandola alle esigenze moderne; e mi proposi di ottenere in uno spazio minore, e precisamente in un perimetro di pianta, i di cui lati minori sono la metà dei maggiori, una distribuzione meglio conforme alle nostre abitudini rese ormai poco meno che necessarie alla vita» (45). Neben dieser Verkleinerung des Grundrisses — bei gleicher Fassadenlänge von ca. 24 m eine um einen Fünftel verringerte Gebäudetiefe — wurden auch Anordnung und Proportion der Innenräume frei verändert: projektierte Diedo für das zweite Obergeschoss eine Anzahl kleinerer Zimmer samt einer Nutzung des über dem Portikus gelegenen Raumes, so sollte im Piano Nobile der Portikus selbst leicht verlängert, vor allem als «Galerie» verglast und in der Höhe reduziert werden. Für die Innendekoration wurden Spiegel, Piedestals mit Statuengruppen, drei Gemälde und so weiter vorgeschlagen. Der nun betont querrechteckig erscheinende Bau sollte analog zur 1778 von Bertotti vorgeschlagenen «Rekon-

struktion» den Portikus rustiziert haben, wobei Diedo zusätzlich die Arkadenhöhe drückte und massivere Pfeiler vorschlug. Und der die ganze Portikuslänge einnehmenden palladianischen Freitreppe setzte Diedo auf der rückwärtigen Gebäudeseite eine zweiarmige Treppenanlage entgegen, gliederte den Mittelrisaliten dieser Fassade mit fünf Fensterachsen und entfernte den bekrönenden Dreieckgiebel ...
Nur vor diesem dominierenden Hintergrund der steten Auseinandersetzung mit palladianischer Tradition, gepaart mit dem Zerfall der alten Wertvorstellungen und dem Entstehen neuer, teils zukunftsweisender Modelle ist auch die praktische Bautätigkeit eines Bertotti Scamozzi vorzustellen. Der Autor der «Descrizione dell'Arco Trionfale», des «Forestiere istruito», der «Fabbriche», der «Terme dei Romani» und der «Origine dell'Accademia Olimpica» hat in seinen Publikationen sogar öfters auf eigene realisierte Bauten sowie gleichzeitig auf die dabei vorkommenden Schwierigkeiten hingewiesen und versucht, die bei Werken Palladios auftretenden technischen und stilistischen Probleme praxisbezogen zu erläutern. Gerade in diesem Zusammenhang gilt es zu berücksichtigen, dass der Architekt Bertotti bereits über die Hälfte seiner heute ca. dreissig genau datierbaren Bauten und Projekte verwirklicht hatte, als der erste Band der «Fabbriche» 1776 erschien, und somit das zwischen ergebener Hochachtung und kühler Distanz schwankende Verhältnis des Theoretikers Bertotti zur palladianischen Architektur und Architekturdarstellung auch aus seinen persönlichen Erfahrungen und Lehren mit dem Bauhandwerk herzuleiten ist. Weiter ist festzuhalten, dass der Sohn des Barbiers Antonio Bertotti von Vicenza als 34jähriger im April 1753 zum Hausmeister der Accademia Olimpica gewählt, im Dezember 1756 zum Scamozzi-Erben bestimmt worden war und in der Zwischenzeit die von Don Domenico Cerato privat betriebene, öffentlich zugängliche Architekturschule besucht hatte. Die für die damalige Zeit einmalige und auch kurzlebige Institution bezweckte, junge Vicentiner anhand eines zehnmonatigen Kursus in die auf mathematische Regeln, auf Prinzipien der Notwendigkeit und der Vernunft reduzierten Konstruktions- und praktischen Ausführungsmethoden einzuführen. Die Beziehung zwischen Cerato und Bertotti muss dabei allein schon wegen des geringen Altersunterschiedes weniger durch ein Lehrer-Schüler-Verhältnis als vielmehr durch den fast missionarischen Eifer des Cerato geprägt gewesen sein. Nachdem Domenico Cerato übrigens 1771 als Professor der neugeschaffenen Cathedra «Architettura Civile Pratica» an die Universität Padova berufen wurde, erscheint es heutzutage nur folgerichtig, dass ihn ein anderer grosser Anhänger des rational begründeten Funktionalismus, der von 1775 bis 1776 in derselben Stadt als venezianischer Statthalter amtierende Andrea Memmo, zur Zusammenarbeit an der Sanierung des Prato della Valle aufforderte. Hatte Bertotti 1761 im «Forestiere istruito» Cerato als berühmten Architekten hervorragender Bauten gelobt, so schrieb er über die von Memmo verfassten «Elementi d'Architettura Lodoliana», die 1786 anonym in Rom erschienen und noch im gleichen Jahr im Vicentiner «Nuovo Giornale Enciclopedico» rezensiert wurden, am 6. Februar 1788 M.e V.o seinem Freund Davide Rossi, der ihm kurz zuvor den betreffenden ersten Band geschickt hatte, dass er für sich selbst nichts Neues in diesem Buche gefunden habe, aber bis zur Publikation des zweiten Bandes mit lebhaftem Interesse jene Rezepte lesen werde, die die Architekten von ihrer Voreingenommenheit gegenüber den antiken Bauten befreien (46). Vom Theoretiker Bertotti waren damals sowohl der «Forestiere istruito» als auch die «Fabbriche» bereits in zweiter Auflage erhältlich, die kleine Broschüre «Origine dell'Accademia Olimpica» wurde noch kurz vor seinem Tod 1790 herausgegeben; der Architekt Bertotti beschäftigte sich in seinen zwei letzten Lebensjahren mit kleinen, aber ehrenvollen Aufträgen wie der Errichtung temporärer Triumphbogen für Camillo Bernardino Gritti und für Pietro Leopoldo Curti.
Das geografische Schwergewicht der Bautätigkeit Bertottis lag in der Stadt und der Provinz Vicenza, vereinzelte Werke sind heute in den angrenzenden Veneto-Provinzen zu lokalisieren, und zwei piemontesische Bauten — in Turin und in Casale Monferrato — sind dokumentarisch zugesichert. Gemessen allein an der Zahl der durch archivalische Quellen nachweislichen Projekte ist das doch bedeutende Œuvre bereits im 19. Jahrhundert dem Historiker Antonio Magrini aufgefallen, der Bertotti im Vergleich mit dessen Vicentiner Zeitgenossen Domenico Cerato und Enea Arnaldi als den glücklichsten pries, der die meisten baulichen Realisierungen aufweisen konnte: von den zugesicherten Werken sind innerhalb dreier Dezennien 8 in der Zeit von 1758 bis 1768, 13 von 1770 bis 1779 und 12 von 1780 bis 1789 errichtet worden. Diese privaten und öffentlichen Aufträge erstreckten sich einerseits auf Stadt- und Landhäuser, dann Barchessen, ja bis auf Laubarkaden für die Gartengestaltung und andrerseits von temporären Festarchitekturen und Sachverständigengutachten bis auf Kirchen und Theaterbauten. In seinem Nachruf auf Bertotti betonte dazu Giantommaso Faccioli, dass diese Bauten mit grossem Fleiss entworfen und unter kontinuierlicher Aufsicht des Architekten errichtet wurden (47). Nun, aufgrund einer zwar spärlichen schriftlichen Dokumentation, speziell aber aufgrund der Planunterlagen der Beni Inculti und vereinzelter Grundrissaufnahmen ist ersichtlich, dass der Grossteil der praktischen Tätigkeit von Bertotti in An- und Umbauten älterer Gebäude bestand. Selbst der Palazzo Franceschini in Vicenza, der als modernst eingerichtete Seidenfabrik und zugleich als Stadthaus der angesehenen Familie Franceschini weit über die Provinzgrenzen hinaus bekannt war, existierte in den hauptsächlichsten Fundamenten bereits seit dem beginnenden 18. Jahrhundert. Das Wohnhaus der Villa Trissino in Sandrigo wurde sogar vor 1605 erbaut, während die dazugehörige Barchessa aus dem Jahre 1610 stammt und die Kapelle 1618 geweiht wurde. Und was

die Villa Cogollo in Bolzano Vicentino betrifft, deren Modernisierung anhand neu entdeckter Zusammenhänge mit Sicherheit Bertotti zuzuschreiben ist, so können diese Gebäulichkeiten mit Hilfe der zahlreichen, vom Vicentiner Ospedale dei Proti als grossem Landbesitzer jeweils in Auftrag gegebenen Karten bis 1621 zurückdatiert werden; vorher hatte Sillano Cogollo am 24. Dezember 1619 in Bolzano 30 Acker Land erworben, und erst sein Urenkel Attilio Cogollo liess im Frühjahr 1690 die Kapelle errichten (48). Als Beispiel für auftretende Probleme bei der Fortführung eines bereits begonnenen Baues, beziehungsweise bei der Übernahme bestehender Grundmauern, erwähnte Bertotti — bei der Beschreibung von S. Giorgio Maggiore im vierten Band der «Fabbriche» von 1783 — mit Stolz die eigene Baustelle in Cittadella, den Dom S.S. Prosdocimo e Donato: «Fabbricasi presentemente una Chiesa di mole non ordinaria, da me inventata in tutto, fuorchè nelle fondamenta. A queste ho dovuto per legge uniformarmi, ordinando le mie idee a norma di ciò ch'esisteva. E come puossi in tal guisa distribuire, e combinare con armonico legame le parti componenti il tutto? Io mi lusingo, ciò nonostante, d'una sufficiente riuscita: non ispero però di vederla, pria di morire, terminata, per l'inevitabil ritardo prodotto da un dispendio grandissimo. Essa verrà censurata; nè troverassi alcuno dopo la mia morte che dica; L'Architetto è stato obbligato a contenersi dentro a certi limiti prescrittigli da insuperabili obbietti». Da Bertotti zu den grössten, aber kaum erkannten Schwierigkeiten auch das Projektieren auf einem unregelmässigen Grundstück zählte und eine gute Bewältigung dieser Aufgabe für die schönste Auszeichnung eines Architekten hielt, wies er bei der Beschreibung der Vespasiansthermen in seiner Publikation von 1785 nachdrücklich auf die von ihm kurz vorher errichteten Nebenbauten des Teatro Eretenio hin, wo er wegen des in der Form einer «halben Pyramide» angelegten Terrains die eine Seite des Hauptsaales fast halbkreisförmig abschliessen musste: «... Questo fra gli altri molti ripieghi, che mi convenne praticare, mi ridusse una Sala di sufficiente grandezza, e di non infelice figura; quando altrimenti riuscita ad evidenza sarebbe e picciola, e mostruosa. Questo ripiego però ad alcuni non piacque, eppure tanti secoli prima l'Architetto di queste Terme, trovandosi in quasi simili circostanze, seguì la stessa regola per conservare nelle accennate parti una tollerabile regolarità di figura.» Bertotti war bei diesem von fünf Vicentiner Adelsleuten betriebenen Bauvorhaben ab 1781 als Architekt für die Nebengebäude und die Gestaltung der Fassaden herbeigezogen und nach den überlieferten Honorarzahlungen schon seit 1779 wohl mit der Projektüberwachung des Theaters selbst beauftragt worden, das nach einem Modell von Antonio Mauri errichtet wurde, der in einem Ideenwettbewerb die miteingeladenen Alvise Grandi, Bernardino Maccaruzzi, Pietro Checchia und Giammaria Monaco besiegt hatte (49).

Hat Bertotti 1761 im Vorwort des «Forestiere istruito» feierlich erklärt: «... ed avendo inteso per tutto celebrare il nome del nostro famoso Architetto Andrea Palladio, questo mi scelsi per Maestro, e Guida» und nahm damit direkten Bezug auf eine ähnliche Stelle im ersten Buch der Quattro Libri, wo Palladio sich den Vitruv als Meister und Führer auserkoren hatte, so ist rückblickend diese Präambel nicht im Sinne eines überzeugten und begeisterten Palladianisten, sondern aus einer Ehrerbietung des Autors gegenüber seinem grossen Mäzen und Rotonda-Besitzer, dem Marchese Mario Capra, zu verstehen. Von den im «Forestiere istruito» in Kupfertafeln wiedergegebenen Vicentiner Bauten ist nur gerade die Hälfte den zwar oft zusätzlich mit Grundrissen und Querschnitten dargestellten Werken Palladios gewidmet, und die andere Hälfte der Abbildungen zeigt weitere einheimische Spätrenaissance-Architekturen. Auch in den ersten schriftlichen Entwürfen zum Inhalt der «Fabbriche» vom Herbst 1770, im Skizzenbuch aus demselben Jahr und noch in einem Brief an den Freund Pietro Edwards vom 15. März 1771 war stets die Rede von einer Edition der Bauten Palladios und Scamozzis sowie ihren Nachfolgern. Diese Auseinandersetzung nicht nur mit dem architektonischen Erbe Palladios, sondern vor allem mit jenem des Vincenzo Scamozzi und überhaupt mit deren langlebigen Schule fand ihren unmittelbaren Niederschlag in der praktischen Bautätigkeit Bertottis, der sich anfänglich eher an den Werken seines «Adoptivvaters» und dessen Umkreises orientiert hat, dann erst im Verlaufe der Vorbereitungen zur Publikation der «Fabbriche» mit dem nötigen Wissen auf palladianische Vorbilder, besonders auf vereinzelte Elemente dieser Vorbilder zurückgriff und anschliessend das sich erarbeitete Formen- und Proportioneninstrumentarium je nach den Wünschen und Möglichkeiten der Auftraggeber entweder auf der Ebene der Reduktion oder auf derjenigen der Variation handhabte. Die frühen bertottianischen Massivbauten zeichnen sich vorab durch das Bemühen aus, unter Berücksichtigung der vorhandenen Bausubstanz dennoch eine gewisse Symmetrie und Regelmässigkeit in der Gestaltung der Fassaden und der Disposition der Innenräume zu erreichen. Bei der Renovation der Casa Pavanello, einem einfachen Vorstadthäuschen in Vicenza, das zu den frühesten und durch archivalische Dokumente gesicherten Bauten Bertottis zählt, wurde mit sparsamsten Mitteln eine harmonische Einheit zwischen Grund- und Aufriss erreicht, die auch in der Gliederung der Fassade klar zum Ausdruck kommt. Ein Netz von waagrechten, massvoll gehaltenen Gesimsen und von senkrechten, nur durch Fenster akzentuierten Achsen ordnet die Aussenseite, deren im Vergleich zur Gebäudebreite auffallende Höhe durch eine sanfte Überbetonung der Horizontalen optisch gemindert wird. Diese fast grafisch anmutende Strukturierung bildete gleichzeitig eine subtile Rahmung für die beiden von Giacomo Ciesa stammenden, heute verlorengegangenen Wandgemälde, die als schmückendes Element aus der funktionellen Notwendigkeit der Kaminplazierung — genau in der Mitte der zur Strasse hin orientierten Wand — entwickelt wurden. Eine ähnlich straff durchgeführte Strukturierung der Strassenfassade des Palazzo Giacomo Milan wird zwar durch die Auszeichnung der im Umkreis von Giandomenico und Vincenzo Scamozzi speziell ausgeprägten Art der Mittelachse — rustiziertes Rundbogenportal im Erdgeschoss und reich ausgestattete Fensteranlage im Piano Nobile — aufgelockert; doch die elegante, aber bescheiden-verhaltene Formensprache des Palazzo negiert die kräftig modellierten Helldunkel-Effekte scamozzianischer Vorbilder und betont dagegen die glatte Oberfläche, deren sparsame Unterbrechungen vielmehr die innere Raumaufteilung erhellen und auch die Wirkung der horizontalen Gliederung verstärken. Bei den gleichzeitig entstandenen Landhaussanierungen und -modernisierungen zeigt das Beispiel der Villa Trissino in Sandrigo bereits deutlich eine der damals von einem bestimmten Kreis von Bauherren hochgeschätzten Fähigkeiten Bertottis, nämlich den gewandelten Wohnansprüchen, den neuen Bedürfnissen nach grösserer Privatheit auch in baulicher Hinsicht nachzukommen. Dies äussert sich in der verringerten Anzahl von Repräsentationshallen — oder überhaupt in ihrem Nichtvorhandensein — und in einem grösseren, vielfältigeren Angebot von kleinen, nun über eine bequeme Treppe erreichbaren Zimmern. Bertotti schrieb später in den «Fabbriche» immer wieder von den diesbezüglich geänderten Sitten, lobte interne Neudispositionen beispielsweise bei der Casa Cogollo oder der Villa Rotonda und zitierte im Vorwort des ersten Bandes der «Fabbriche» aus der Vitruvübersetzung des Claude Perrault: «L'Architettura moderna è quella, che per adattarsi agli usi nostri, o per altre ragioni ha cangiato qualche cosa nelle disposizioni, che la prima, e l'antica aveano in costume d'osservare» (50).

Von 1770 an ist neben der beginnenden theoretischen Arbeit an den «Fabbriche» bei Bertotti auch ein vermehrtes praktisches Wirken zu beobachten, und eine wechselseitige Beeinflussung zeigt sich auch insofern, als er bei kleineren Neubauten wie dem Casino Gaetano Muzzi in Vicenza oder der Villa Bonaventura Fadinelli in Creazzo sich ganz direkt von Werken der von ihm bezeichneten Palladioschule inspirieren liess und diese entsprechend den neuen Dimensionen und gewandelten Nutzungen abänderte. Das Casino Muzzi wurde auf kleinerem und querrechteckigem Grundriss errichtet als die zwar ebenfalls in ihren Ausmassen bescheidene Villa Cerato in Montecchio Precalcino und hatte vor der Aufstockung im Jahre 1856 neben dem Kellergeschoss eine einzige Wohnetage mit vorgestelltem Portikus und anschliessendem, in der Eingangsachse liegenden, schmalen und durchgehenden Zentralsaal, über den allein die je zwei seitlich angeordneten Räume zugänglich sind. Für die Villa Fadinelli in Creazzo sind aus dem Nachlass des Bauherrn zwei Plandokumente erhalten, welche nun offensichtlich die Verwendbarkeit eines Fassadentypus mit geringen Variationen für verschiedene Grundrisslösungen aufzeigen. Der als Vorprojekt aufzufassende Plan mit Grund- und Aufriss zeigt deutlich die Abhängigkeit von der Villa Caldogno in Caldogno, wobei die breite, den gesamten rustizierten Portikus einfassende Freitreppe und das voll ausgenutzte zweite Obergeschoss, dessen reichere Befensterung zusätzlich durch ein profiliertes Mauerband vom Piano Nobile getrennt wird, zu den auffälligsten Abwandlungen zählen. Der entsprechende Grundrissvorschlag ist wiederum etwas kleiner als jener der Villa Caldogno, sogar quadratisch und streng axialsymmetrisch aufgeteilt; die Nord-Süd-Achse wird durch je eine Freitreppe mit stärker vorkragendem Portikus und die längsrechteckige Halle gegliedert, die West-Ost-Achse hat ebenfalls zwei, aber kleinere Freitreppen, die in einen schmalen, querrechteckigen Raum führen, der einerseits die grossen Eckzimmer und andrerseits die Mittelhalle erschliesst. Der zweite Plan zeigt den ausgeführten Grundriss, der nun querrechteckig und kompakter gestaltet ist; je ein quadratischer und ein längsrechteckiger Raum flankieren die minim breiter geformte Mittelachse, bestehend aus einem querrechteckigen, gen Norden ausgerichteten Salotto, von dem nach Süden orientierten Portikus getrennt durch zwei schmale, querliegende Räume, von denen der eine die Treppe beherbergt. Analog zu dieser veränderten Disposition steht der Mittelrisalit nur noch leicht vor, und eine einzige schmale Freitreppe führt zur mittleren Portikusarkade (51). Dass Bertotti unter den palladianischen Prototypen gerade jene Bauten auswählte, bei denen er die überragende Persönlichkeit und Originalität des Spätrenaissance-Meisters vermisste und in den «Fabbriche» die betreffenden Gebäude einer Palladioschule zuschrieb, oder dass er beispielsweise für die Villa Franceschini in Arcugnano auf ein Idealprojekt aus den Quattro Libri zurückgriff — auf die Villa Ragona in Ghizzole di Montegaldella, deren von Palladio vorgeschlagene Modernisierung höchstwahrscheinlich nie verwirklicht worden, jedenfalls sicher seit dem beginnenden 18. Jahrhundert nicht mehr erkenntlich gewesen war, verdeutlicht Bertottis Neigung zu unverbindlichen und wenig ausgeprägten, mehr klassisch-allgemeingültigen als palladianisch-individuellen Vorbildern eines Bautypus und insofern sein eher klassizistisches denn neopalladianisches Empfinden. Dazu gehört auch der Wille zur Vereinfachung, zur Abkürzung des traditionellen Formenkanons und zur oft zitatartigen Anwendung der in den «Fabbriche» gelobten Regelabweichungen, den «palladianischen Entdeckungen»; so finden sich wiederholt der vom Serlianamotiv der Vicentiner Basilica her bekannte einfache, runde Sockel als Ersatz für eine ausladende attische Säulenbasis, um eine möglichst breite Öffnung zu wahren und vorstehende Hindernisse zu vermeiden, dann gerade bei den Barchessen die Verwendung dorischer oder toskanischer Ordnungen ohne vollständiges Gebälk und überhaupt vereinfachte Blockmassen, die Bertotti dem palladianischen Mittel der gestuften Volumen vorzog, klar getrennt nun vom natürlichen Landschaftsraum durch ihre strenge Kompaktheit, ihren oft überhohen Sockel und ihr Kies auf den Terrassen (52).

Was die zwei Palazzi im Piemont betrifft, so sind neben den zeitgenössischen Chroniken von Vincenzo De Conti und seinem Onkel Don Giuseppe De Conti für Casale Monferrato sowie der modernen, von Daria De Bernardi Ferrero zusammengestellten Dokumentation über den im letzten Weltkrieg bombardierten und anschliessend abgebrochenen Palazzo des Carlo Filippo Morozzo della Rocca in Turin vorab die von Leonardo Marini, der 1782 zum «disegnatore del Gabinetto del re di Sardegna» avancierte, gezeichneten Dekorationsentwürfe höchst aufschlussreich für eine relativierte Chronologie der bertottianischen Tätigkeit und auch für das Ausmass dieser Tätigkeit (53). Bei beiden Gebäuden handelte es sich um eine Modernisierung der Hauptfassade, beim Casaleser Palazzo Gozzani di Treville noch zusätzlich um die Erweiterung eines im Ansatz bereits vorhanden gewesenen Flügeltraktes, und bei beiden Gebäuden sind heute die Eingriffe Bertottis mit Gewissheit vorzudatieren. Ein Vergleich zwischen den Zeichnungen und den wenigen noch erhaltenen Innendekorationen des Palazzo Treville sowie den Fotografien der Räumlichkeiten des Palazzo Morozzo della Rocca zeigt eine bis in die Details den Entwürfen Marinis getreue Ausführung und lässt zudem die Vermutung aufkommen, dass hier der für die Fassadenerneuerungen herbeigezogene Vicentiner Architekt gerade auch bei der heute zwar nicht mehr auffindbaren Galerie des Casaleser Palazzo, beim monumentalen Treppenhaus und dem Hauptsalon des Palazzo in Turin entscheidend mitwirkte und die Gestaltung der Innenräume in engster Zusammenarbeit zwischen Bertotti und Marini samt dessen Equipe entstand. Der Marini nachgesagte «squisito gusto», der nicht einer gewissen Uniformität der dekorativen Methoden entbehrte, sich immer wiederholende Details sogar bei den Entwürfen für verschiedenste Auftraggeber aufwies und zwischen einem «depurato barocchetto» und einem progressiven Klassizismus schwankte, fand ein entsprechendes Äquivalent in der rational durchdrungenen und dennoch nicht von der Tradition losgelösten Architektursprache Bertottis. Die ca. 65 m lange, dem Verlauf der via Mameli folgend, leicht gekurvte Hauptfassade des Palazzo Treville fällt durch ihre monoton symmetrische Gestaltung und fast rigide Nüchternheit auf. Auch die streng dem klassischen Kanon verpflichteten Fenstergewände, -gesimse und alternierenden Giebelbekrönungen sowie die horizontal durchlaufenden Friesdekorationen müssen speziell im Vergleich mit den von den beiden Scapitta erstellten Hoffassaden und allgemein im damaligen, von einem spielerisch-bewegten Rokoko beeinflussten Stadtbild Casales eine unerhörte Neuheit und Fortschrittlichkeit dargestellt haben. Um 1780 sind Bertottis beginnende Arbeiten für den Turiner Palazzo des Marchese Morozzo della Rocca zu datieren, und zwar aufgrund der zwei Marini-Entwürfe, die nicht später als 1784 entstanden sein konnten, und der engen stilistischen Verwandtschaft mit dem ebenfalls 1780 erbauten Palazzo Braghetta in Vicenza. Die beiden erhaltenen Fassadenrisse — obwohl stets Bertotti zugeschrieben, ist jener des Vicentiner Hauses nachweislich von einem seiner Schüler, von Carlo Barrera gezeichnet, und jener der Turiner Residenz eine später im April 1789 angefertigte Kopie des Architekten Michele Buscaglione — verdeutlichen die auffallende Übereinstimmung zwischen den beiden so unterschiedlich grossen Palazzi. Neben denselben fein gearbeiteten Details wie beispielsweise auch den die zwei Obergeschosse der Mittelrisalite auszeichnenden kannelierten ionischen Monumentalpilastern ist bei beiden Häusern dasselbe harmonische Gleichgewicht zwischen vertikaler und horizontaler Strukturierung erreicht worden, etwas geraffter und dichter formuliert in Vicenza, leicht auseinandergezogen und breiter bei der mehr als doppelt so langen Turiner Fassade. Dass Bertotti trotz der problemreichen Aufträge, die meist bestehende Bauten, eine Zusammenfassung verschiedener alter Häuser oder im Fall des Palazzo Braghetta ein mit grossen Servituten belastetes Grundstück zu respektieren hatten, bei seinen Stadthäusern eine beinahe ungewöhnliche Integration in den städtebaulichen Kontext zustande brachte, stellt ihn in einen beträchtlichen Gegensatz zu seinem Vicentiner Zeitgenossen Ottone Calderari, der im städtischen Ambiente eine betont wuchtige und isolierende Entgegenstellung anstrebte. Diese konträre Architekturauffassung, die sich heute noch an den am Corso Palladio in Vicenza gelegenen Bauten deutlich zeigt, hatte auch einen differenzierten Auftraggeberkreis zur Folge, ja wurde wohl durch die Vorstellungen der betreffenden Bauherren weiter verstärkt. Die alteingesessene Landaristokratie bevorzugte den jüngeren Conte Calderari und feierte ihn als wiederauferstandenen Palladio des 18. Jahrhunderts, während der bertottianische Auftraggeber- und Bekanntenkreis sich aus eingekauften Neu-Adligen, reichen Bürgern und aus Freimaurern, Jakobineranhängern sowie verschiedenen frankophil gesinnten Vicentinern und Venezianern zusammensetzte. Und so verwundert es eigentlich nicht mehr, dass gerade in den beiden damals einzigen progressiven und revolutionären Zeitschriften im Gebiet der Serenissima, im «Giornale d'Italia» und dann im «Giornale Enciclopedico» — später in «Nuovo Giornale Enciclopedico» umbenannt — erste positive und ausführliche Stellungnahmen zu Bertottis «Fabbriche» erschienen.

Die späteren Bauten von Bertotti zeichnen sich einerseits bei hochoffiziellen Aufträgen für Kirchenfassaden oder Festarchitekturen durch die Verwendung grosser Formen und knapper Details, die funktionelle Trennung der einzelnen Architekturelemente und vorab deren plastischere Reliefbildung aus, die aber immer dazu diente, entweder die Einschiffigkeit der Gotteshäuser oder den einen Durchgang der Triumphbogen hervorzuheben. Andrerseits findet sich bei den nun entsprechend den neuen Lebensgewohnheiten umgebauten und auch vom nur Sommer- auf einen Ganzjahresbetrieb hin erweiterten Landgütern die Tendenz zu einer noch drastischeren Vereinfachung des architektonischen Formenapparates, wo selbst die früher stark durchstrukturierten Fassaden nur gerade durch die Fensterreihung artikuliert und die ehemals überbetonten, horizontalen Mauerbänder reduziert oder ganz weggelassen werden. Dazu wurde ebenfalls das hohe, rustizierte Sockelgeschoss im Sinne einer neuen Intimität und Zugänglichkeit aufgegeben: in den grösstenteils nur noch zweigeschossigen Häusern erhielt das Piano Nobile so seinen ebenerdigen Platz, und falls überhaupt noch Säulen- beziehungsweise Pilasterordnungen verwendet wurden, sind diese ins Erdgeschoss heruntergesetzt und ihre Sockel auf kleinere Plinthen redimensioniert worden. Diese Simplifizierung und teils sogar der Verzicht auf traditionelle Formen und Usanzen können nur vom heutigen, retrospektiven Standpunkt als eine handwerkliche und künstlerische Verarmung gesehen werden und müssen objektiv gerade im Hinblick auch auf das Phänomen der internationalen Verbreitung dieser vereinfachenden Bestrebungen in der Villenarchitektur als ein direktes Spiegelbild der Zeitumstände aufgefasst werden. Am Vorabend der Französischen Revolution und des Zusammenbruchs der Serenissima wurde auch das überkommene, am hierarchischen Säulenkanon orientierte Baudenken — vielleicht bei den Auftraggebern von Bertotti mit vollem Bewusstsein — ausser Kraft gesetzt zugunsten einer Repetier- und Auswechselbarkeit von Architekturelementen, welche sicher im Unterschied zu palladianischen Prototypen jene nutzungsneutralen inneren Qualitäten aufwiesen, die es heute nach zweihundert Jahren noch ermöglichen, dass das eine Wohnhaus eines Villenkomplexes wirklich noch als Wohnhaus funktioniert, ein anderes zu einer Branntweinbrennerei umgenutzt werden konnte und ein drittes gar als Schafstall dient, aber kein Gebäude zwecks allfällig erwachender Repräsentationsbedürfnisse leersteht.

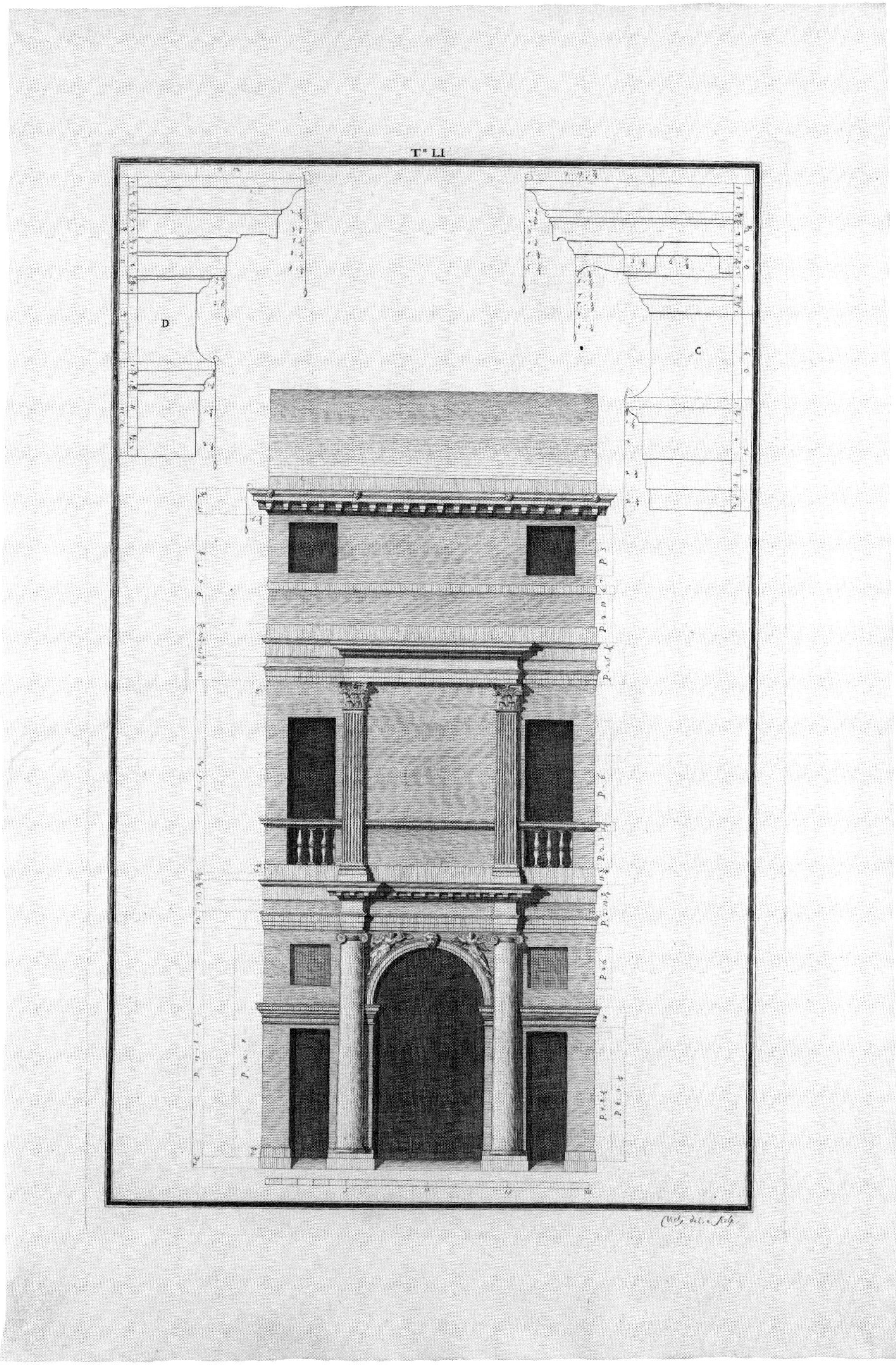

Tav. LI mit der Ansicht der Casa Pietro Cogollo aus dem ersten Band der «Fabbriche» von 1776.

Anmerkungen

1

Milizia, Francesco. Memorie degli Architetti antichi e moderni. Parma, Stamperia Reale 1781 Vol. II p. 399. Eine vierte Edition, bezüglich Titel und Inhalt identisch mit jener von Parma, erschien im Jahre 1785 bei Remondini in Bassano. Reprint: Sala Bolognese, Arnaldo Forni Editore 1978.

Die Biografien der Vicentiner Architekten wurden von Milizia mit einem grossen Lob auf die Kultur jener Stadt beendigt: «Evviva Vicenza, che si sa contraddistinguere anco tra le più grandiose Città per l'eleganza dell'Architettura, la quale stabilita da Palladio vi è stata sempre onorevolmente promossa; e se ha sofferto un secolo di torpore, si è indi rilevata più vigorosa per fare un ornamento de'signori Vicentini, i quali si pregiano di erudirsene, e di esercitarla con dignità. Fra quegli egregj Cavalieri è il Conte Francesco di San-Giovanni, al di cui gusto e sapere architettonico io devo le migliori notizie degli edifizj dello Stato Veneto. Che gruppo di virtù e di gentilezza è in quell'amabile soggetto!» Zitiert nach der Ausgabe Bassano, Tip. Remondini 1785 Vol. II p. 300.

2

Vgl. dazu Archivio della Curia Vescovile di Vicenza. Cattedrale Nati 1716–1722. Ms seg. 28/1194 A. Faccioli, Giantommaso. Notizie biografiche su vari artisti, alla voce Ottavio Bertotti Scamozzi. B.B.Vi. Ms seg. Gonz. 26. 5. 34 (2002).

Für ausführliche Hinweise über die Bertotti-Bibliografie siehe vor allem Teil II dieser vorliegenden Arbeit, wo bei den einzelnen Œuvrebeschreibungen auch die jeweiligen Manuskripte speziell aus dem reichen Fundus der Biblioteca Bertoliana in Vicenza angeführt sind. Stellvertretend sollen hier unter den neueren Werken, die sich ebenfalls mit der Biografie Bertottis beschäftigen, die folgenden genannt sein:

Bortolan, Domenico. Saggio di un dizionario biografico di artisti vicentini. Vicenza, Tip. S. Giuseppe 1886. Rumor, Sebastiano. Bertotti Scamozzi, Ottavio. In: Thieme, Ulrich und Felix Becker. Allgemeines Lexikon der bildenden Künstler von der Antike bis zur Gegenwart. Leipzig, Wilhelm Engelmann Verlag 1907–1910 und E.A. Seemann Verlag 1911–1950 Vol. 3 (1909). Reprint: Leipzig, VEB Verlag E.A. Seemann o.J. Anesini-Berton, Nita Maria. Ottavio Bertotti Scamozzi, Architetto e Storico dell'Arte. Tesi di laurea presso l'università di Padova (Prof. Relatore: Giuseppe Fiocco). Anno accademico 1945–46. Franco, Fausto. Ottavio Bertotti Scamozzi. In: Bollettino C.I.S.A. 1963 Vol. V. Vicenza, C.I.S.A. 1964. Barbieri, Franco. Bertotti Scamozzi, Ottavio. In: Dizionario Biografico degli Italiani Vol. IX. Roma, Istituto della Enciclopedia Italiana 1967. Barbieri, Franco. Illuministi e neoclassici a Vicenza. Vicenza, Accademia Olimpica 1972. Olivato, Loredana. Ottavio Bertotti Scamozzi studioso di Andrea Palladio. Vicenza, Neri Pozza Editore 1975. Olivato, Loredana. Rapporti fra massoneria e architettura neopalladiana: Ottavio Bertotti Scamozzi. Kamm-Kyburz, Christine. Ottavio Bertotti Scamozzi und die Rezeption palladianischer Bautypologie im Veneto des 18. Jahrhunderts. Beide in: Forster, Kurt W. und Martin Kubelik (Hg). Palladio – Ein Symposium. Bibliotheca Helvetica Romana Vol. XVIII. Rom, Ed. Schweizerisches Institut in Rom 1980. Saccardo, Mario. Notizie d'arte e di artisti vicentini. Vicenza, L.I.E.F. 1981. Mantese, Giovanni. Memorie storiche della Chiesa Vicentina. Vicenza, Accademia Olimpica 1982 [aber 1983 erschienen] Vol. V (dal 1700 al 1866).

3

Die detaillierten Unterlagen zur Hauswartsstelle der Accademia Olimpica finden sich in ihren heute in der Biblioteca Bertoliana aufbewahrten Akten. Siehe vor allem: Per l'elezione del Bidello, statuto et esempi dall'anno 1650 per tutto 1790. Mandati 1646 sino 1801. Parti della Accademia Olimpica. Memorie, scritture, et altro dal 1783 al 1800. B.B.Vi. Ms seg. Acc. 5/73, 78, 78 bis, Ms seg. Acc. 9/94. Was die von Bertotti gemietete Wohnung betrifft, vgl. die von Loredana Olivato transkribierte Beschreibung, die Niccolò Montanari am 15. Februar 1791 aufgestellt hatte. Olivato, Loredana. 1975. op. cit. pp. 81–82. Und siehe dazu auch Archivio del Comune. Liber Partium 1770–1790. B.B.Vi. Archivio di Torre Ms Inv. No 879 Vol. XVII, unter dem Datum 16. März 1783.

4

Eine ausführliche, sehr persönlich geprägte Schilderung der Vicentiner Ereignisse verfasste der Bruder des Conte Enea Arnaldi, Conte Fabio Arnaldi, dessen Chronik über die Jahre 1740 bis 1762 gerade jene Zeit des einsetzenden Baubeginns bei den Arkaden zur Basilica vom Monte Berico beschreibt. Allgemeiner gehaltene Hinweise über das gesamte Settecento geben die Chroniken von Giovanni Favetta und Giuseppe Dian, über die zweite Jahrhunderthälfte speziell die von Michele Pavanello und Giuseppe Corona geschriebenen Erinnerungen sowie die Chronik des Arnaldo Arnaldi Tornieri. Über Francesco Muttoni, 1668 in Lacima am Luganersee geboren, seit 1696 nachweislich in Vicenza und 1708 mit Sir Thomas Twisden (ca. 1670–1728) als Grand-Tour-Begleiter in Rom, gibt es noch keine umfassende Monografie, dagegen überstürzen sich zur Zeit die Entdeckungen über verloren geglaubte Zeichnungen in Vicenza und in Washington. Auch über Enea Arnaldi (Vicenza 1716–1794) und Domenico Cerato (Mason 1715–1792 Padova), von denen grosse Plannachlässe in Vicenza und in Padova aufbewahrt werden, wo sich von beiden Architekten ebenfalls Vorschläge zur Gestaltung der Portici auf den Monte Berico finden, existieren neben vereinzelten Aufsätzen keine grösseren kritischen Untersuchungen. Jedoch wichtige Angaben geben Franco Barbieri in seinem Buch über die Vicentiner Klassizisten und der verstorbene Ettore Motterle in einer ungedruckten Dissertation über Cerato. Für die Villenbautätigkeit schlussendlich siehe die wertvolle Zusammenstellung von Renato Cevese über die Landgüter der Provinz Vicenza.

Vgl. Arnaldi, Fabio. Memorie scritte del Co. Fabio Arnaldi dall'anno 1740 sino al 1762 (in einer Kopie von Vincenzo Gonzati). B.B.Vi. Ms seg. Gonz. 21. 10. 26 (2517). Favetta, Giovanni. Fatti successi in Vicenza dall'anno 1704 sino al 1814 diligentemente raccolti da Gio. Favetta. B.B.Vi. Ms seg. Gonz. 22. 9. 42 (3224). Dian, Giuseppe. Notizie delli due Secoli XVIII e XIX spettanti alla città di Vicenza. B.B.Vi. Ms seg. Gonz. 20. 10. 1–7 (2958–2964). Pavanello, Michele. Memorie estese dall'Ab. Michele Pavanello e da Giuseppe Corona dal 1750 al 1783 – continuate dallo stesso Corona sino al 18. Mag.o 1814. B.B.Vi. Ms seg. Gonz. 21.10.26 (2517).. Arnaldi Tornieri, Arnaldo. Memorie di Vicenza che cominciano dall'anno 1767, 18 Giugno, e terminano nel 1812 (in einer Kopie von Arnaldo III Muzio Tornieri). B.B.Vi. Ms seg. Gonz. 20.10.10–13 (3108–3111). Dann Muttoni, Francesco. Dissegni, et Anotationi Fatte di commissione del Sig.r K.re Tomaso Tuixdem Inglese. 1708. Vicenza, C.I.S.A. Ms seg. No 323 (Depositum aus der Sammlung von On. Avv. Guglielmo Cappelletti). Muttoni, Francesco. Osservazioni intorno alle fabbriche fatte e da proseguirsi in onore della Beata Vergine Maria di Monte Berico di Vicenza raccolte dall'Architetto N.N. Vicenza, Berno 1741. Muttoni, Francesco. Architettura di Andrea Palladio Vicentino di nuovo ristampata, di Figure in Rame diligentemente intagliate arricchita, corretta, e accresciuta di moltissime Fabbriche inedite, con le Osservazioni dell'Architetto N.N. e con la traduzione francese. Venezia, presso Angiolo Pasinelli 1739/1740–1760. Reprint (ohne den neunten Band!): Trento, Editrice la Roccia 1974. Franco, Fausto. Francesco Muttoni, l'architetto di Vicenza N.N. In: Bollettino C.I.S.A. 1962 Vol. IV. Vicenza, C.I.S.A. 1963. Puppi, Lionello. Spigolature d'archivio per la storia dell'architettura a Vicenza tra '600 e '700 (A. Pizzocaro, C. Borella, F. Muttoni). In: Bollettino C.I.S.A. 1966 Vol. VIII par. II. Vicenza, C.I.S.A. 1967. Lewis, Douglas. A new book of drawings by Francesco Muttoni. In: Arte Veneta 1976 Vol. XXX. Venezia, Alfieri Edizioni 1977. Soragni, Ugo. Una pianta di Vicenza del 1701 di Francesco Muttoni. In: Storia della città 1977 Vol. 5. Milano, Electa Editrice 1977. Oechslin, Werner. Venedig im Licht der Bücher. In: Venezianische Kunst in der Schweiz und in Liechtenstein. Milano, Electa Editrice 1978. Barbieri, Franco. I disegni di Francesco Muttoni a Chatsworth. Qualche appunto su alcuni disegni muttoniani di Washington. Un possibile aggancio per una ipotesi palladiana? Puppi, Lionello. Alle origini del neopalladianesimo. Il contributo comasco di Francesco Muttoni. Beide in: Arte Lombarda 1980 Vol. 55–57. Milano, Ed. Arte Lombarda 1980.

Poveledo, Elena. Arnaldi Enea. In: Dizionario Biografico degli Italiani Vol. IV. Roma, Istituto della Enciclopedia Italiana 1962. Motterle, Ettore. L'Abate D. Domenico Cerato, Architetto e Professore. Tesi di laurea presso l'università di Padova. Anno accademico 1959–60. Barbieri, Franco. 1972. op.cit. Cevese, Renato. Ville della Provincia di Vicenza. Milano, Edizioni Sisar 1971. Barbieri, Franco. Cerato Domenico. In: Dizionario Biografico degli Italiani Vol. XXIII. Roma, Istituto della Enciclopedia Italiana 1979. Für weitere Angaben siehe auch Teil II dieser vorliegenden Arbeit, über Cerato speziell die dortigen Anm. 18 und 19 sowie über Arnaldi Anm. 31 und 203.

5
Faccioli, Giantommaso. Notizie Ms op.cit., alla voce Domenico Cerato. Trissino, Leonardo. Artisti vicentini, Vol. I. B.B.Vi. Ms seg. Gonz. 26.5.4–5 (1949–1950) pp. 196–197. Ceratos Berufung nach Padova und sein Lehrplan wurden ausführlich wiedergegeben in: Giornale Enciclopedico Oktober 1780 Vol. X. Vicenza, ohne Druckerangaben [aber Tip. Turra] 1780 pp. 100–110.
Die einzige von Cerato erschienene Publikation ist ein zweibändiges Lehrbuch, das zum Preis von 10 Lire als Unterrichtslektüre geplant war: Nuovo metodo per disegnare li cinque Ordini di Architettura civile conforme le regole di Andrea Palladio e Vincenzo Scamozzi, ed alcune figure di Geometria pratica, per uso della pubblica Scuola di Architettura istituita in Padova l'anno 1771 dal Magist. Eccell. de' Sigg. Riformatori dello Studio a benefizio principalmente delle tre arti meccaniche de'Marangoni, Muratori e Tagliapietra, inventato e dato in luce da D. Domenico Cerato Vicentino, P.P. della pratica Architettura civile suddetta. Padova, Tip. Penada 1784. Vgl. dazu die langen Rezensionen in: Nuovo Giornale Enciclopedico September 1784 Vol. IX und März 1785 Vol. III. Vicenza, ohne Druckerangaben [aber Tip. Turra] 1784 pp. 3–7 und 1785 pp. 115–116.
6
Über Giovanni Poleni siehe vorab Gamba, Bartolommeo. Galleria dei Letterati ed Artisti Illustri delle Provincie Veneziane nel secolo decimottavo. Venezia, Tip. Alvisopoli 1824 Vol. II. Reprint: Sala Bolognese, Arnaldo Forni Editore 1975. Dann die nach den im Dezember 1961 stattgefundenen Feierlichkeiten erschienene Festschrift: Giovanni Poleni nel bicentenario della morte. Padova, Ed. Università di Padova e l'Accademia patavina di scienze, lettere ed arti 1963. Cavallari-Murat, Augusto. Indagini sulla teoria veneta dell'età neoclassica. In: Bollettino C.I.S.A. 1963 Vol. V. Vicenza, C.I.S.A. 1964 pp. 99–114. Cavallari-Murat, Augusto. I teorici veneti dell'età neoclassica. In: Atti dell'Istituto Veneto di Scienze, Lettere ed Arti Vol. CXXII. Venezia, Ed. Istituto Veneto 1964. Brunetta, Giulio. Gli inizi dell'insegnamento pubblico dell'architettura a Padova e a Venezia. Cronaca e storia. Padova, Editrice Antenore 1976, wobei aber das Schwergewicht dieser Untersuchung auf der Zeit erst nach Poleni und Cerato liegt.
Der Passus in dem am 4. August 1616 dem Notar Federici abgelieferten, zweiten Testament von Vincenzo Scamozzi (2.9.1548–8.8.1616 Venedig) lautet: «... instituisco, e voglio che sia mio Erede un Giovane della Città di Vicenza ben nato, ed allevato, de' buoni costumi, e senza nota d'infamia, il quale sarà da me nominato, o dalli miei commissarj d'ordine mio, il qual giovane debba attendere alli studj delle buone lettere, e sopra tutto a ben disegnare per incaminarsi poi con maggior profitto all'architettura. Fatta, che sarà questa elezione si tolga promessa dal detto giovane, e dal Padre di esso, che si contenta di essere adottato nella famiglia di Scamozzi, e portare l'arme di essa, e chiamarsi figlio di Vincenzo Scamozzi, e che l'istesso faranno li suoi discendenti maschi in infinitum, facendone di questo pubblico, e solenne istrumento. Il che quando sarà effettuato, sia il detto giovane mio erede, ed abbia il possesso di tutti li miei beni, i quali debbano passare con perpetuo fideicomesso mascolin, e reciproco nelli suoi figlioli, e descendenti maschj ...» Siehe A.S.Ve. Notarile, Testamenti – Notaio Federici Nicolò seg. B.376, N.893. Sowie Temanza, Tommaso. Vita di Vincenzio Scamozzi Vicentino Architetto. Venezia, Tip. Giambattista Pasquali 1770. Sowie vom selben Autor: Vite dei più celebri Architetti, e Scultori Veneziani che fiorirono nel Secolo Decimosesto. Venezia, Stamperia C. Palese 1778 Vol. II pp. 468–469. Reprint: Milano, Edizioni Labor 1966.
Dem von Vincenzo Scamozzi aufgestellten Fideikommiss war überhaupt nicht das erwartete Ergebnis beschieden, wobei zum Misserfolg derselbe Scamozzi selbst mit einem am 3. August 1616 verfassten Testamentszusatz beigetragen hatte, mit dem der am 24. Mai 1616 getaufte Francesco Gregori, Sohn des Iseppo Gregori und Enkel einer mütterlichen Cousine des Architekten, als Erbe eingesetzt wurde. Nachdem dieses Kind vor dem 23. August 1616 gestorben war, wehrte sich sein Vater Iseppo Gregori für den weiteren Verbleib des Scamozzi-Vermächtnisses in seiner Familie – auch noch nachdem die Testamentsvollstrecker Nicolò Federici und Camillo Capra am 30. Dezember 1617 den jungen Vicentiner Domenico Pasquino des Giuseppe Pasquino zum Scamozzi-Nachfolger eingesetzt hatten. Und die Streitigkeiten mit den Gregoris dauerten fast 150 Jahre an, wobei nach dem Aussterben jenes Federici-Familienzweigs die nachfolgenden Capra als alleinige Nachlassverwalter mit ihren unglücklichen Ernennungen die immer wieder aufflammenden Dispute gar verstärkten. Dazu ist auch zu erwähnen, dass keiner der gewählten Adoptivsöhne je männliche Nachkommen hatte und deshalb auch so häufige Neuwahlen stattfinden mussten. Auf Domenico Pasquino folgten dann am 20. Juni 1635 Giulio Rossettino des Giuseppe Rossettino, im Jahre 1661 oder 1663 Francesco Albanese des Girolamo Albanese, am 22. Januar 1677 Giovanni Domenico Romano des Pietro Antonio Romano, am 26. September 1692 Andrea Toaldo des Gio. Battista Toaldo, dem aber wieder ein Domenico Bonaventura Gregori das Scamozzi-Legat streitig machte und am 3. Oktober 1701 als rechtmässiger Erbe des Architekten eingesetzt wurde, und am 23. August 1737 erneut Andrea Toaldo, der letzte Adoptivsohn vor der Ernennung Bertottis.
Siehe Malacarne, Bartolomeo. Memoria sopra le Testamentarie Disposizioni Scamozzi e Cordellina riguardanti l'Architettura. 1810. B.B.Vi. Ms seg. G. 8.9.4 (Fa 21). Magrini, Antonio. Notizie sugli architetti vicentini, Eredità Scamozzi. B.B.Vi. Ms seg. 26.4.5 [2] (3314). Diese wichtigen Dokumente sind mit vielen Anmerkungen erstmals publiziert worden von Olivato Puppi, Loredana. Per la storia di un lascito: da Vincenzo Scamozzi a Bartolomeo Malacarne. In: Atti dell'Istituto Veneto di Scienze, Lettere ed Arti Vol. CXXXIII. Venezia, Ed. Istituto Veneto 1975 pp. 347–369. Sowie Olivato, Loredana, 1975. op.cit. pp. 19–20.
7
Der erwähnte Nachruf auf Cerato findet sich im Nuovo Giornale Enciclopedico d'Italia Juni 1792 Vol. VI. Venezia, Tip. Giacomo Storti 1792 pp. 108–111. Was Calderari betrifft, so wurde er als Schüler von Cerato bereits in der zitierten Rezension über den «Nuovo metodo» zusammen mit dem Ab. Daniele Bernardi (Bassano 1709–1806) aufgeführt. Nuovo Giornale Enciclopedico September 1784 Vol. IX. Vicenza, ohne Druckerangaben [aber Tip. Turra] 1784 p. 4.
Das genaue Datum der Wahl Bertottis zum Erben des Vincenzo Scamozzi ist in den Akten über die Ernennung seines Nachfolgers festgehalten. A.S.Vi. Notarile, Notaio Giovanni Vaccarotti, Vol. 1 Istrumenti 1786–1792 No 16895, Vertrag No 73 vom 15. November 1790. Da Bertotti ebenfalls kinderlos gestorben war, wurde an jenem Tag Arcangelo Pizzati des Antonio Pietro Pizzati als «Adoptivsohn» gewählt. Mit den Pizzatis – am 12. September 1802 noch der Bruder Pietro Pizzati des Antonio Pietro Pizzati, am 18. Juni 1804 dessen zweijähriger Sohn Marco Antonio Pizzati – hatten die Marchesi Capra wieder einmal eine miserable Wahl getroffen; doch auch der vom Architekten Bartolomeo Malacarne (Vicenza 1784–1842) vorgeschlagene Plan, die Einkünfte aus dem Vermächtnis des Scamozzi mit jenem Legat des Carlo Cordellina für die Gründung einer Architekturschule zusammenzulegen, wurde von den damaligen Behörden abgelehnt. Obwohl die Pizzatis die aus dem Scamozzi-Nachlass stammenden Immobilien nicht mehr herausgaben, ernannte der Marchese Gabriele Capra am 6. November 1816 Giovanni Battista Tron des Antonio Tron zum Erben Scamozzis, am 12. März 1830 den Bruder Domenico Tron, der aber am 23. Mai 1836 freiwillig zugunsten von Giovanni Andrea Greco des Carlo Greco verzichtete. Dieser am 30. Mai 1836 eingesetzte «Adoptivsohn» war endgültig der letzte Träger des Zunamens Scamozzi, während die Häuser und kleinen Ländereien, aus deren Ertrag das Legat gebildet worden war, bereits vor und nach 1800 unter der Familie Pizzati verkauft worden sind.
Siehe auch speziell für Malacarnes Projekt Olivato Puppi, Loredana. 1975 Vol. CXXXIII. op.cit. pp. 360–369. Für die leichten Differenzen in der Nachfolge der Tron siehe dagegen A.S.Vi. Notarile, Notaio Giuseppe Pirani del fu Antonio, Vol. 25 Istrumenti No 277, Vertrag No 1432 vom 6. November 1816; Notarile Bassano, Notaio Giacomo Benacchio del fu Marco, Vol. Istrumenti No 1632, Vertrag No 2650 vom 30. Mai 1836, wobei beide Verträge Hinweise auf die vorgängigen Scamozzi-Erben beinhalten.
Was nun die anscheinend im 17. und auch noch im 18. Jahrhundert doch gefragten Erträge des Scamozzi-Legats anbetrifft, so gehörten zu diesem Fideikommiss zwei Mietshäuser an der contrà S. Francesco Vecchio, ein weiteres Mietshaus an der contrà Porta S. Lucia in Vicenza sowie drei Stück Pachtland in Vicenza selbst, in Asolo und Montebello, deren Jahreszins nach einer Aufstellung vom 31. August 1617 sich auf 107 Dukaten, 3 Lire und 15 Soldi belief, wovon 15 Dukaten jährlich für Belastungen abgezogen wurden. Aus einem Bericht von Francesco Albanese Scamozzi vom 3. Februar 1665

geht hervor, dass er für die drei Stadthäuser nach Abzug sämtlicher Belastungen noch jährlich 45 Dukaten erhielt. Und den «Libri dei nomi dei possessori dei fondi» ist zu entnehmen, dass Arcangelo Pizzati Scamozzi immerhin jährliche Zinserträge von knapp 430 Lire für die Stadthäuser allein erhielt, die mit ca. 6 Soldi (= 0.33 Lire) besteuert wurden. Und damit hatte Ottavio Bertotti Scamozzi neben seinem Jahresgehalt von 20 Dukaten (= 124 Lire) für seine Hauswartsstellung noch ein für seine Verhältnisse ansprechendes Nebensalär zugesprochen erhalten, das — ohne die eher kleinen Landstücke — nach dem damals gerade üblichen Umrechnungskurs sich auf ziemlich genau 69 Dukaten pro Jahr belief.
Vgl. dazu Malacarne, Bartolomeo. Memoria 1810 Ms op.cit. und Magrini, Antonio. Notizie Ms op.cit. mit den Abschriften der erwähnten Berichte von 1617 und 1665. Libri dei nomi dei possessori dei fondi, Vol. 11: P a Rigato. A.S.Vi. Ms seg. No 2652. Für die verschiedenen Geldwährungen der Serenissima siehe auch Anm. 224 im Teil II dieser vorliegenden Arbeit.

8

Elementi di Architettura Civile, con le regole de cinque Ordini cavati da precetti di Andrea Palladio, Architetto Vicentino. B.B.Vi. Ms seg. Gonz. 24.10.16 (472). Wann und weshalb dieses Manuskript aus dem Besitz der Accademia Olimpica in die Handschriftensammlung Gonzati übergegangen ist, war nicht mehr ausfindig zu machen. Das Inhaltsverzeichnis dieser «Elementi» lautet folgendermassen:

I Delle regole generali dell'Architettura Civile
1 Delli fondamenti overo principj dell'Architettura Civile
Che cosa sia Architettura, sua origine: e chi Architetto
Quali siano le parti principali dell'Architettura Civile
2 Della matteria con la quale si compone l'edificio, cioè pietre, o sassi, pietre cotte, cioè mattoni, quadrelli e.c. sabia, calcine, e metali
Delle Pietre ovvero sassi
Delle pietre cotte, cioè quadrelli, mattoni, quadri, e copi
Della calce, o calcina, e del gesso, e prima della calce
Della Sabia, e del modo di mescolarla con la calcina
Degl'alberi, loro qualità, ed uso per le fabriche
De Metali occorrenti all'uso degl'Edificj. I Metali che nelle fabriche si addoprano, sono il fero, il piombo ed il Rame
3 Della qualità del terreno, dove si anno da ponere le fondamenta, e delle palificate
Quale sia il buon terreno per le fondamenta
Della maniera di pallificare, dove non si ritrova terreno sodo, e buono; e prima della qualità e proporzione de pali
Delle Fondamenta, e della maniera di farle
4 Delle varie maniere delli muri degl'Antichi, e delli modi di murare de nostri tempi in Italia
Delle differenti maniere degl'Antichi
Venendo dunque alle murature moderne ...
Della maniera di ben concatenare le muraglie di quadrelli
Delle Muraglie di sassi irregolari
Delle mura di pietre lavorate
Avertimento
5 Delli coperti, e varie loro concatenazioni, all'uso d'Italia
Del declivio delli Coperti
Delle concatenazioni de coperti
Della cattena con un solo colonello, ovvero con tre
6 Degl'ordini d'architettura Civile, e de membri che generalmente a loro appartengono: degl'intercolloni, e pilastri
Cosa significa ordine
Quanti siano gl'ordini
De membri principali che compongono gl'ordini, e che a tutti convengono
Degl'intercollonni, e pilastri
7 Della rastramazione, o diminuzione delle Colonne, del Modulo, e sue parti
Della diminuzione delle Collone per metterle in disegno
Del Modulo, e sue parti
8 Della maniera di costruire i membri che compongono gl'ordini
Del Listello
Del Bastone
Della Guscia
Del Ovolo
Del Cavetto
Della Gola dritta, e rovescia
Del modo di congiungere il vivo della Colonna con la cimbia, e l'Astragalo
9 Dell'ordine Toscano conforme le Regole del Palladio
Modo di ridure il modulo, ovvero diametro della Colonna ad una stabile misura v.g. a piedi, a palmi e.c., conforme l'uso del paese, qui a piedi, ed oncie e.c.
Delineare l'ordine Toscano senza Piedistillo, con tutto l'ornamento
Segue il testo del Palladio Cap. 14. pag. 19.
Delineare l'Ordine Toscano, col Piedistillo. Vedi Tav. X.
Modo di far le piante degl'Ordini, e Sagome
Dell'alzatto, e pianta di un Piedistillo, Base, e Capitello di una Colonna, ed Ornamento
Della Basa Tos. Tav. XI Fig. 2. Segue il Testo del Palladio Capo 14. Pag. 19. — Del Capitello. Tav. XI Fig. 1.
Dell'Ornamento Toscano, e sua divisione — Segue il Testo del Palladio
10 Segue il Testo del Palladio. Del Ordine Dorico Capo. XV.
Volendo dunque fare quest'Ordine senza piedistillo ...
Dell'Ordine Dorico col Piedistillo e gl'Archi
11 Segue il Testo del Palladio. Dell'Ordine Ionico Capo XIV [sic!]
Dell'Ordine Ionico senza Piedistillo
Segue il Testo del Palladio pag. 31.
Modo di delineare l'Ordine Ionico con archi, e Piedistillo
Altra maniera di delineare il Piedistillo Ionico in forma Magiore
Segue il Testo del Palladio. Lib. pr.mo pag. 33.
Continuazione della Costruzione della Voluta
Continuazione del Testo del Palladio
12 Segue il Testo del Palladio dell'Ordine Corintio. Capo XVII. pagina 37.
Dell'Ordine Corintio senza Piedistilo
Segue il Testo del Palladio. Lib. p.mo pag. 40
Dell'Ordine Corintio col Piedistilo — Degl'Archi
Segue il Testo del Palladio. Lib. p.mo pag. 42.
13 Segue il Testo del Palladio. Lib. p.mo pag. 44. Del Ordine Composito Capo XVIII.
Dell'Ord. Composito senza piedistilo
Segue il Testo del Palladio pag. 47. Lib. p.mo.
Dell'Ord. Composito col Piedistilo, e gl'Archi
Del Piedistilo Composito
Dell'Imposta — Dell'Archisesto — Dell'Arco — Nota
Segue il Testo del Palladio. Lib. p.mo pag. 49. Il Capitello Composito e. c.
Maniera di dissegnare in carta l'alzato del Capitello Composito
Fine delli Cinque Ordini.

In diesem Säulenbüchlein fehlen nun die Tav. I bis IV; Tav. I wird im Kapitel 4 unter Absatz 3 «Della maniera di ben concatenare le muraglie di quadrelli» erwähnt, Tav. II in den zwei folgenden Absätzen «Delle Muraglie di sassi irregolari» und «Delle mura di pietre lavorate» sowie Tav. III im Kapitel 5 unter Absatz 1 «Del declivio delli Coperti», während Tav. IV sich auf die dortigen Absätze 2 und 3 über die Dachkonstruktionen bezogen haben könnte, wo häufig eine «Tav.» ohne Ziffernangabe erwähnt wird. Überhaupt fehlen im anschliessenden Text dann noch öfters die genauen Tafelbezeichnungen, wie auch die Schrift selbst mit fortlaufender Seitenzahl unsorgfältiger wird, teils mit vermehrten Korrekturen versehen ist, und der im Kapitel 13 Absatz 6 angekündigte Palladiotext nicht mehr notiert wurde.
Das Testament von Bertotti, handschriftlich aufgesetzt am 25. Juli 1786, findet sich im Original im A.S.Vi. Notarile, Notaio Vicenzo Borgo del fu Antonio Nicola, Vol. 1 Testamenti Minute No 3817, Test. No 14 vom 24. Juli 1786, geöffnet am 26. Oktober 1790. Sowie in Kopie unter den Akten der Accademia Olimpica: Per l'elezione del Bidello, statuto et esempi dall'anno 1650 per tutto 1790. B.B.Vi. Ms seg. Acc. 5/73. Und da Bertotti der Accademia Olimpica seine 205 Bücher und Manuskripte vermacht hatte, stellte der Sekretär der Akademie, Niccolò Montanari, am 2. November 1790 ein genaues Verzeichnis auf: Nota degli attrecci, e libri lasciati dal quondam Si-

gnor Ottavio Bertotti Scamozzi fu Bidello all'Accademia Olimpica. B.B.Vi. Ms seg. Acc. 5/73. Dazu vgl. auch Olivato, Loredana. 1975. op. cit. pp. 35—36, 83—88, 125—136 mit den entsprechenden Abschriften.

9

Elementi di Architettura Civile Ms op. cit. Kapitel 1 Absatz 1 p. 1 verso—p. 2 recto und Kapitel 9 Absatz 5 p. 34 verso—p. 35 recto.

10

Milizia, Francesco. Lettere di Francesco Milizia a Tommaso Temanza. Venezia, Tip. Alvisopoli 1823 pp. 43—46 mit den Briefen vom 4. April und 18. April 1772.

Bertottis Schülerarbeit für das Kloster S. Lorenzo wird mit ausführlichen Schriftdokumenten belegt von Saccardo, Mario. 1981. op. cit. pp. 281—282. Im Gegensatz zur Studie von Calderari, die sich im Museo Civico in Vicenza befindet (Inv. D. 749), sind für die von Don Mario Saccardo zitierten Arbeiten keine Zeichnungen bekannt. Für die Teilnahme von Enea Arnaldi und Ottone Calderari (Vicenza 1730—1803) an der Ausschreibung der Akademie von Parma siehe u. a. Trissino, Leonardo. Artisti vicentini Ms op. cit. Vol. I p. 132, wo auch der Empfänger des ersten Preises vermerkt ist, Luigi Balugani (Bologna 1737—1771 Gondar / Abessinien). Calderari wurde aber wegen seines Beitrags zum Wettbewerbsthema «Una magnifica Rotonda» am 26. September 1758 als Mitglied der Akademie gewählt. Vgl. auch Barbieri, Franco. 1972. op. cit. Abb. 25 und 136. Für das 1756 datierte Fassadenprojekt von Calderari siehe auch Anm. 174 im Teil II dieser vorliegenden Arbeit.

11

Das anhin vollständigste Schriftenverzeichnis von Ottavio Bertotti Scamozzi findet sich bei Rumor, Sebastiano. Gli scrittori vicentini dei secoli decimottavo e decimonono. Venezia, Tip. Emiliana 1905—1909 Vol. I pp. 157—158. Die nur vereinzelten Irrtümer bezüglich Format- und Seitenzahlen oder Auslassungen von Wiederauflagen werden im vorliegenden Kapitel ohne spezielle Hinweise korrigiert. Vgl. auch Puppi, Lionello. Bibliografia e letteratura palladiana. In: Cevese, Renato (Hg). Mostra del Palladio. Milano, Electa Editrice o.J. [1973] pp. 181—185. In der reduzierten 2. Auflage dieses Vicentiner Katalogs von 1974 wurde diese Arbeit über die literarische Ausstellungssektion weggelassen. Siehe ferner Puppi, Lionello (Hg). Andrea Palladio, il testo, l'immagine, la città. Milano, Electa Editrice 1980 pp. 53—69, 70—80 mit den Beiträgen von Ruggero Maschio und Lia Camerlengo. Vgl. dazu Howard, Deborah. Four Centuries of Literature on Palladio. In: Journal of the Society of Architectural Historians 1980 Vol. XXXIX No 3. Philadelphia, Society of Architectural Historians 1980.

12

Vgl. wiederum Teil II dieser Arbeit sowie die dortigen Anm. 4 und 5.

13

Von dieser Ausgabe existieren zwei moderne Reprints: ein ausgezeichnetes Faksimile wurde im Auftrag der Comune di Vicenza e dell'Ente Provinciale per il Turismo im Dezember 1965 beim Reparto Litografico del Comune hergestellt, während ein unsorgfältiger Neudruck 1974 bei Arnaldo Forni Editore in Sala Bolognese erschien.

Siehe auch Boschini, Marco. I Gioieli Pittoreschi. Virtuoso ornamento della Città di Vicenza; Cioè l'Endice di tutte le Pitture publiche della stessa Città. Venetia, appresso Francesco Nicolini 1676/1677. Reprint: Sala Bolognese, Arnaldo Forni Editore 1976. Und der Hinweis bei Bertotti Scamozzi, Ottavio. 1761. op. cit. p. 13. Für das Werk von Giovanni Volpato siehe «La natura Pitrice, manuscritto in Dialogo in quinternetti volanti. In mezzo foglio» im Verzeichnis des bertottianischen Büchernachlasses (No 87 nach der modernen Numerierung). B.B.Vi. Ms seg. Acc. 5/73. Loredana Olivato hat erstmals den Verfasser dieses anonym zitierten Manuskripts entdeckt und mit weiteren Angaben belegen können. Siehe Olivato, Loredana. 1975. op. cit. pp. 44—45.

14

Die bis anhin zitierten Textstellen aus dem «Forestiere istruito» sind der Erstausgabe entnommen: Bertotti Scamozzi, Ottavio. 1761. op. cit. pp. 8—9 und 38—39, wobei die letzteren Sätze des Guglielmo in den nachfolgenden Editionen nicht mehr gedruckt wurden.

Für Matthew Brettingham d.Ä. (1699—1769), William Chambers (1723—1796), Robert (1728—1792) und James Adam (1730—1794) sowie Christopher Wren d. J., den Sohn des Surveyor General der königlichen Bauverwaltung in London, Sir Christopher Wren (1632—1723), siehe beispielsweise die Übersichten bei Summerson, John. The classical country house in 18th-century England. In: Journal of the Royal Society of Arts No 5036 vom Juli 1959. London 1959 Vol. CVII pp. 539—587. Summerson, John. Architecture in Britain 1530—1830. Harmondsworth, Penguin Books Ltd 1970 [erste Taschenbuchausgabe nach der 5. Edition von 1969]. Summerson, John. Georgian London. Harmondsworth, Penguin Books Ltd 1978 [Taschenbuchausgabe nach der 4. Edition von 1978].

15

Die zitierten Textstellen stammen wiederum aus der Erstausgabe: Bertotti Scamozzi, Ottavio. 1761. op. cit. pp. 52—53, 74.

Was die neben Enea Arnaldi und Ottone Calderari erwähnten Vicentiner Architekturexponenten wie Giulio Porto oder Giuseppe Cerchiari betrifft, so sind über diese nur spärlichste Hinweise bekannt. Leonardo Trissino schrieb beispielsweise über Giulio Porto «studioso d'architettura, ma di cattiva pratica, e perciò non degno che ne sia fatta memoria», während ihn Francesco Milizia bei der Biografie Calderaris als Erbauer der Barchessen der Villa Porto in Pilastroni bei Dueville erwähnt, und Giovanni Da Schio zu berichten wusste, dass dieser Porto vor 1751 auch zur Vollendung des Statuenschmuckes im Teatro Olimpico beigetragen hatte. Siehe Milizia, Francesco. 1781. op. cit. Vol. II p. 394. Trissino, Leonardo. Artisti vicentini Ms op. cit. Vol. II p. 560. Alverà, Andrea. Notizie biografiche degli architetti vicentini. B.B.Vi. Ms seg. Gonz. 26.9.12 (3420) p. 221. Magrini, Antonio. Dell'Architettura in Vicenza. Discorso con appendice critico-cronologica delle principali sue fabbriche negli ultimi otto secoli. Padova, Tip. del Seminario 1845 p. 32. Da Schio, Giovanni. I Memorabili, Vol. Pas—Pu. B.B.Vi. Ms seg. Gonz. 5.9.5—16 und Gonz. 6.10.1—11 (3387—3404) Porto—Tav. XXVII.

Giuseppe Cerchiari wurde dann anlässlich der Gedenkfeier zum Tod von Ottone Calderari zusammen mit Giulio Porto, Francesco Antonio Ziggiotti, Enea Arnaldi, Ottavio Bertotti Scamozzi und Domenico Cerato in einem Vortrag des Co. Giacomo Tornieri zitiert. Vgl. Tornieri, Giacomo. In Morte dell'Impareggiabile Architetto Co. Ottone Maria Calderari Nobile Vicentino. Stanze recitate nel Teatro Olimpico illuminato la sera 29. giugno 1804. Vicenza, Tip. Bartolomeo Paroni 1804 Stanza VII.

16

Siehe Volkmann, Johann Jakob. Historisch-kritische Nachrichten von Italien, welche eine genaue Beschreibung dieses Landes, der Sitten und Gebräuche, der Regierungsform, Handlung, Ökonomie, des Zustandes der Wissenschaften, und insonderheit der Werke der Kunst nebst einer Beurtheilung derselben enthalten. Leipzig, Caspar Fritsch 1777—1778 [2. Ed.] Vol. III p. 740. Das von Volkmann zitierte Buch des Bernardino Trinagio wurde bei Angelieri 1577 in Vicenza herausgegeben und befand sich beispielsweise in der Bibliothek von Valerio Belli junior. Vgl. Mantese, Giovanni. I mille libri che si leggevano e vendevano a Vicenza alla fine del secolo XVI. Vicenza, Ed. Accademia Olimpica 1968 p. 73. Siehe ferner Misson, Maximilien. Nouveau voyage d'Italie, faite en l'année 1688. Avec un memoire contenant des avis utiles à ceux qui voudront faire le mesme voyage. La Haye, Henry van Bulderen 1691 Vol. I p. 121. Die vielen Neuauflagen und Übersetzungen finden sich genau verzeichnet bei Schudt, Ludwig. Italienreisen im 17. und 18. Jahrhundert in Italien. Wien und München, Schroll-Verlag 1959 p. 412.

17

Für die Ankündigung der Neuausgabe noch zu Lebzeiten Bertottis siehe Giornale Enciclopedico November 1780 Vol. XI. Vicenza, ohne Druckerangaben [aber Tip. Turra] 1780 p. 114. Was die auffallende Weglassung des Autorennamens betrifft, so könnte dies im Zusammenhang mit dem ein Jahr zuvor erschienenen Vicenza-Führer gestanden haben, der von Don Pietro Baldarini ebenfalls mit Illustrationen von Cristoforo Dall'Acqua herausgegeben wurde, während die Mitarbeiter dieses Autors — der Vicentiner Architekt Enea Arnaldi für die Architektur, der Vicentiner Geistliche Orazio Vecchia für die Skulpturen und der Veroneser Maler Lodovico Buffetti für die Gemälde — anonym blieben. Baldarini, Pietro. Descrizione delle Architetture, Pitture, e Scolture di Vicenza con alcune osservazioni. Vicenza, Tip. Francesco Vendramini Mosca 1779.

Über den Vicentiner Orazio Vecchia, «Mansionario del Duomo», sind wertvolle Notizen von Leonardo Trissino zusammengetragen worden, der diesen Geistlichen als einen Bruder des Zeichners und Malers Antonio Vecchia (1728—1791) sowie des berühmten Advokaten Angelo Vecchia aufführt.

Vgl. Trissino, Leonardo. Miscellanea di appunti su vari artisti vicentini. B.B.Vi. Ms seg. Gonz. 26.4.1 [10] (3155).
Goethe bezog sich übrigens in seiner Tagebucheintragung vom 19. September 1786 in Vicenza auf diesen Baldarini-Führer: «Man hat ein sehr artiges Büchelchen mit Kupfern zur Bequemlichkeit der Fremden herausgegeben mit einem kunstverständigen Texte. Wenn man nun diese Werke gegenwärtig sieht, so erkennt man erst den grossen Wert derselben, denn sie sollen ja durch ihre wirkliche Grösse und Körperlichkeit das Auge füllen, und durch die schöne Harmonie ihrer Dimensionen nicht nur in abstrakten Aufrissen, sondern mit dem ganzen perspektivischen Vordringen und Zurückweichen den Geist befriedigen ...» Zitiert nach Italienische Reise. Erster und zweiter Teil. München, dtv-Gesamtausgabe 1962 Band 25 p. 44. Siehe auch Anesini-Berton, Nita Maria. L'«artiges Büchelchen» vicentino del Goethe. In: Arte Veneta 1947 Vol. I. Venezia, Alfieri Edizioni 1947 p. 233. Barbieri, Franco. 1972. op. cit. p. 44. Vgl. dagegen Olivato, Loredana. 1975. op. cit. p. 39.

18

Bertotti schrieb diese harte Kritik in seinem Brief vom 19. Oktober 1770 an Pietro Edwards nach Venedig. Biblioteca del Seminario Patriarcale di Venezia, seg. Ms 788/4. Siehe die vollständige Transkription bei Olivato, Loredana. 1975. op. cit. pp. 91—93.
Die bis anhin in der Muttoni-Forschung unbekannte kleine Broschüre hat sich in einem Vicentiner Antiquariat aufgefunden. Obwohl ohne Autorennamen herausgegeben, wird im Vorwort «Lo stampatore A chi Legge» direkt auf die ab 1739/1740 erschienene Edition Bezug genommen: «... Ad ambe queste Classi [gli amatori e studiosi dell'Architettura Civile, che li Professori, e gli studenti] ho creduto essere profittevole colla ristampa, che vado facendo di tutte l'Opere del medesimo; a cui ho per la prima volta unite quelle, che non hanno per anco veduto la luce: e già il Mondo letterario ha avuto un saggio della mia impresa nelli quattro Tomi usciti, ed un maggiore ne avrà nelli due seguenti, che già vanno imprimendosi. Ma siccome non è a tutti facile l'acquisto dell'Opera intiera, e poichè alli principianti sono solamente necessarj gli elementi dell'Arte; così nel pubblicare in un piccolo Volume li cinque Ordini di Architettura dal Palladio inserti nel Corpo dell'altre sue Opere, spero far cosa grata, commoda, ed utile all'Universale ...» Muttoni, Francesco. Delli cinque Ordini di Architettura di Andrea Palladio Vicentino. Venezia, appresso Angiolo Pasinelli 1746 pp. 3—4. Eine Neuauflage dieses Säulenbüchleins erschien noch nach knapp vierzig Jahren: Venezia, Tip. Leonardo e Giammaria Fratelli Bassaglia 1784.

19

Die fünf Bände der bertottianischen Erstausgabe erschienen alle mit einer französischen Übersetzung bei Francesco Modena in Vicenza: Vol. I 1776 (Druckerlaubnis der Riformatori dello studio di Padova: 30.3.1776), Vol. II 1778 (12.10.1778), Vol. III 1781 (4.2.1780 M.e V.o = 4.2.1781), Vol. IV 1783 (8.2.1782 M.e V.o = 8.2.1783) und Vol. V 1785 (das mir zur Verfügung stehende Exemplar enthält nur den italienischen Text und wurde ohne die jeweils beigefügte Druckerlaubnis des venezianischen Erziehungsministeriums in Padova gebunden). Reprint (ohne französischen Text und überhaupt ohne den Thermenband): Trento, Editrice La Roccia 1975. Eine zweite Edition der ersten vier Bände gab Giovanni Rossi 1786 in Vicenza heraus, im gleichen Grossformat, aber ohne die Übersetzungen. Und derselbe Verleger besorgte 1796 und 1797 eine italienische und französische Taschenbuchausgabe in kleinem Quartformat, zuerst jene der vier «Fabbriche» und anschliessend jene des Thermenbandes, deren Illustrationen alle von Antonio Mugnon neu entworfen und gestochen wurden. Reprint (nur der italienischen Ausgabe und wiederum ohne den Thermenband; mit einer Einleitung von J. Quentin Hughes): London, Alec Tiranti 1968. New York, Architectural BookPub.Co.1968. Venezia, Alfieri Edizioni 1968. Eine katalanische Zusammenfassung der «Fabbriche» erschien 1795: Vargas Machuca, Carlos Félix. Colección de los edificios y planos del célebre Arquitecto Andrea Palladio, sacado de la que publicó Octavio Bertotti Scamozzi. Madrid, en la Imprenta Real 1795. Der Thermenband dagegen wurde mit dem alleinigen italienischen Text in Quartformat nochmals im Jahre 1810 vom Verleger Tommaso Parise in Vicenza neu aufgelegt, während eine vollständige Edition sämtlicher fünf Bände 1842 in Paris erschien: Chapuy (ex-officier du génie maritime, ancien élève de l'école politechnique); Corréard, Alexandre (ingénieur civil) et Albert Lenoir (architecte, membre du comité des arts). Œuvres complètes d'André Palladio. Nouvelle édition contenant les quatre livres avec les planches du grand ouvrage d'Octave Scamozzi, le traité des Thermes, le Théatre et les Eglises. Le tout rectifié et complété d'après les notes et documents fournis par les premiers architectes de l'école française. Paris, chez L. Mathias (Augustin) 1842. Wiederum eine vollständige, nun italienische Edition aller fünf Bände Bertottis erschien gleichzeitig in Turin, Mailand und Genova von 1843 bis 1849: Le Fabbriche e i Disegni di Andrea Palladio. Nuova edizione italiana foggiata sulla vicentinese di Bertotti Scamozzi. Ampliata e fornita di note dal Cavaliere Celestino Foppiani. Torino, Tip. Fontana 1843—1846. Milano, Tip. Monti 1843—1846. Genova, Tip. Decamilli 1843—1846. Sowie: Le Terme dei Romani disegnate da Andrea Palladio. Nuova edizione italiana fatta sopra la vicentina del 1797 per servire di compimento all'opera delle fabbriche e disegni data in Torino negli anni 1842—1846 di Bertotti Scamozzi riveduta dal Cavaliere Celestino Foppiani. Torino, Tip. Fontana 1849. Milano, Tip. Monti 1849. Genova, Tip. Decamilli 1849. Siehe ferner die Abbildungen bei Gurlitt, Cornelius. Bibliothek alter Meister der Baukunst zum Gebrauch für Architekten. Bd. 1: Andrea Palladio. Wittenberg, Herrosé & Ziemsen 1914. Eine zweite Auflage erschien: Berlin, Der Zirkel-Architekturverlag GmbH 1920. Und eine italienische Übersetzung mit denselben Tafeln wurde unter dem Titel herausgegeben: I Maestri dell'Architettura. Andrea Palladio. Edizione italiana per cura di Gaetano Vinaccia. Torino, C. Crudo & C. 1921. Vgl. auch die moderne englische Übersetzung: Burns, Howard. The Buildings and the designs of Andrea Palladio collected and illustrated by Ottavio Bertotti Scamozzi. A work divided into four Volumes with copper Plates representing the Plans, the Elevations, and the Sections. Trent, by Editrice La Roccia 1976.

20

Es ist das grosse Verdienst von Loredana Olivato, die Entstehungsgeschichte der «Fabbriche» samt dem Einfluss von John Stuart, 3. Earl of Bute, und deren reiche Dokumentation vorwiegend aus der Bibliothek des Seminario Patriarcale in Venedig sowie aus dem Privatarchiv der Familie Bute im schottischen Mount Stuart veröffentlicht zu haben. Siehe Olivato, Loredana. Per la genesi dell'edizione palladiana di O. Bertotti Scamozzi. In: Arte Veneta 1973 Vol. XXVII. Venezia, Alfieri Edizioni 1974 pp. 300—308. Und Olivato, Loredana. 1975. op. cit. pp. 49—76, 91—124.
Die drei, alle die gleichen Ziele beinhaltenden Projekte für die bertottianische Edition finden sich zusammen mit einem Brief von Bertotti an Pietro Edwards, datiert mit 19. Oktober 1770, in einem Archivbündel mit der Bezeichnung: Tutto quel che rimane intorno al progetto dell'edizione di Palladio ideata da Pietro Edwards e maneggiata col Signor Ottavio Bertotti Scamozzi e col Signor Locatelli. Vicenti [sic!] l'anno 1770. Biblioteca del Seminario Patriarcale di Venezia, seg. Ms 788/4. Das kleine Manuskript «Appunti e schizzi di fabbriche. 1770» hatte Bertotti testamentarisch zusammen mit seinen Büchern der Accademia Olimpica vermacht und wurde von Montanari als «Manuscrito d'alcune osservazioni. In quarto pecora» (No 126 nach der modernen Numerierung) in seinem Verzeichnis aufgeführt. Das Notizbüchlein besteht aus 61 Seiten, von denen knapp die Hälfte mit flüchtigen Architekturimpressionen von Renaissancebauten im Veneto beschrieben sind und andere Blätter karge Bleistiftskizzen enthalten. B.B.Vi. Ms Acc. 8/87 [II]. Für die vollständige Transkription des Textes siehe die zwei obengenannten Arbeiten von Loredana Olivato.

21

Giornale d'Italia 9. Juli 1774. Venezia, Milocco 1775 Vol. XI p. 8.
Die entsprechenden Dokumente über Lord Butes Interesse an der Bertotti-Unternehmung sind ein Brief des Robert Ritchie aus Venedig, datiert mit 12. Juni 1772, sowie fünf Briefe von John Strange, des Nachfolgers von James Wright im Amt des britischen Regierungsvertreters in Venedig, datiert mit 22. Januar 1778, 30. April 1782, 25. Oktober 1782, 9. Mai 1783 und 14. März 1784. Siehe Olivato, Loredana. 1975. op. cit. pp. 58—59. Und vgl. auch Anm. 192 im Teil II dieser vorliegenden Arbeit.
John Stuart, 3. Earl of Bute (1713—1792), war der Schwiegersohn der berühmten Lady Mary Wortley Montagu, ein passionierter Sammler und hatte Edwards bereits 1770 gekannt, der ihm ebenfalls — wie auch den englischen Regierungsvertretern und Konsuln zu Venedig — als Berater bei Kunsteinkäufen gedient haben mochte. Berichtete bereits Volkmann in seinen historisch-kritischen Nachrichten von Italien, dass Lord Bute eine ansehnliche Naturaliensammlung in Murano erworben hatte, und ist anderen Quellen dessen Ankauf der gewichtigen Soranzo-Bibliothek zu entneh-

men, so förderte John Stuart ebenfalls Charles Cameron, der ihm 1772 die «Baths of the Romans» gewidmet hatte, und die schottischen Architekten Robert und James Adam, die ihm zwischen 1767 und 1775 Luton Park House in der Grafschaft Bedfordshire erbauten. Da später ein Grossteil der Bibliothek in Luton House durch Feuer zerstört wurde, mag dies mit ein Grund sein, dass unter den ins schottische Mount Stuart verlegten Dokumenten sich keine der 1772 Bute zugesandten Zeichnungen mehr befinden. Immerhin organisierte Sotheby's London am 23. Mai 1951 noch eine Auktion mit Architekturzeichnungen aus der Sammlung Bute. Vgl. Summerson, John. Drawings of London churches in the Bute Collection. In: Architectural History Vol. CXIII 1970 pp. 30—42. Nebst Originalzeichnungen aus dieser Bute-Sammlung existiert eine Fotodokumentation von sämtlichen dieser versteigerten Architekturzeichnungen bei RIBA, Portman Square, London. Siehe ferner Volkmann, Johann Jakob. 1777—1778 [2. Ed.]. op. cit. Vol. III p. 685. Moschini, Giannantonio. Della Letteratura Veneziana del Secolo Decimottavo fino a nostri giorni Vol. III. Venezia, Tip. Palese 1808. Halsband, Robert (Hg). The complete letters of Lady Mary Wortley Montagu. Oxford, Clarendon Press 1965—1967. Talbot Rice, Tamara. Charles Cameron ca. 1740—1812. London, The Arts Council of Great Britain 1967 p. 14. Oresko, Robert (Hg). The Works in Architecture of Robert & James Adam. London, Academy Editions 1975 pp. 14, 53—54, 64, 133—143. Für die Aktivitäten der britischen Kolonie in Venedig siehe speziell Haskell, Francis. Patron and Painters. A Study in the Relations between Italian Art and Society in the Age of Baroque. London, Chatto & Windus 1963 pp. 245—383. Vivian, Frances. Il console Smith mercante e collezionista. Vicenza, Neri Pozza Editore 1971. Vgl. ebenfalls Conti, Alessandro. Storia del restauro e della conservazione delle opere d'arte. Milano, Electa Editrice 1973.

22

Die erwähnten Briefe von Bertotti (teils im Original, teils in Kopien) sind heute in den folgenden Archiven aufbewahrt:

an Co. Bonomo Algarotti vom 21. 3. 1774. B.B.Vi. Le 27 Ms Gonz. 26.4.5 (n. 33);

an Co. Bonomo Algarotti vom 5. 5. 1774. Biblioteca del Museo Civico di Bassano, Epistolario Gamba Ms seg. XIV a. 12 (2203—2204); und in Kopie in der B.B.Vi. LE 27 Ms Gonz. 26.4.5 (n. 33);

an Co. Bonomo Algarotti vom 8. 7. 1774. Biblioteca dei Concordi di Rovigo, Concordiana Ms seg. 375—383 (n. 156);

an Giuseppe Gastaldi von Anfang Juli, vom 12. 7. 1774 und 21. 7. 1774. B.B.Vi. Ms seg. G.2.2.2[23] (Busta 115).

Erwähnte bereits Nita Maria Anesini-Berton einzelne Briefe Bertottis aus der Bertoliana, so finden sich sämtliche Transkriptionen der oben zitierten Schreiben bei Olivato, Loredana. 1975. op. cit. pp. 96—103.

23

Für das Bertotti-Zitat siehe: 1776. op. cit. Vol. I p. 13. Für Davide Rossi vgl. den in Kopie erhaltenen Brief, den Paolo Guidolini am 22. Juli 1775 aus Mozzecane an diesen jungen Maler adressierte und ihn auch im Namen von Francesco Lorenzi zu seinem Fortschritt in der Radierkunst beglückwünschte. B.B.Vi. LE 29 Ms Gonz. 26.4.5 (n. 27). Von Davide Rossi sind in Kopien vier Briefe aus den Jahren 1786, 1804, 1808 und 1810 überliefert, die letzten drei an Antonio Diedo gerichtet. B.B.Vi. LE 30 Ms Gonz. 26.4.5 (n. 30). Siehe auch Diedo, Antonio. Delle lodi di Davide Rossi fu Professore di Prospettiva nella I.R. Accademia di Belle Arti in Venezia. In: Atti della Imp. Regia Accademia di Belle Arti in Venezia dell'anno 1844. Venezia, Tip. Gaspari 1844 pp. 7—27. Sowie vgl. Anm. 28, 80 und 224 im Teil II der vorliegenden Arbeit.

Über Gaetano Testolini schrieb Andrea Alverà: «abile incisore a bulino, ed alla maniera puntigliata. Viveva all'epoca del Dall'Acqua. Si trasferì in Londra ove sotto la scuola del Bartolozzi incise alcuni ritratti di qualche merito.» Testolini war noch im Jahre 1818 in London aktiv. Vgl. Alverà, Andrea. Notizie biografiche Ms op.cit. p. 256. Thieme, Ulrich und Felix Becker. 1907 bis 1950. op.cit. Vol. 32, 1938 p. 562. Vgl. auch Anm. 325 im Teil II.

Marco Sebastiano Giampiccoli (Belluno 1713—1782) war hauptsächlich in Venedig als Radierer tätig und stach dabei auch Veduten verschiedenster Städte Italiens. Siehe Thieme, Ulrich und Felix Becker. 1907—1950. op. cit. Vol. 13, 1920 pp. 580—581.

Für Carlo Barrera (Oria 1760—1837 Vicenza), einen Mitarbeiter Bertottis auch bei dessen praktischer Bautätigkeit, siehe die bibliografischen Hinweise unter Anm. 112, sowie Anm. 98, 253, 310—313 und 331 im Teil II der vorliegenden Arbeit.

24

Schreiben von Jean Arnaud Raymond vom 15. 1. 1774. Biblioteca del Museo Correr di Venezia, Epistolario Moschini: alla voce Raymond No 15 (nur italienische Übersetzung).

Pâris, Pierre-Adrien. Carnet de voyage à Vicence et à Venise 1774. Bibliothèque municipale de Besançon, Fonds Pâris Ms seg. No 8 pp. 29 verso—30 recto.

Schreiben von Tommaso Temanza vom Juni 1775, Januar und Juni 1777. Biblioteca del Seminario Patriarcale di Venezia, seg. Ms 314/4 (n. 47, n. 114, n. 126).

Schreiben von Giacomo Quarenghi vom Juli 1775 an Tommaso Temanza. Biblioteca del Museo Correr di Venezia, Epistolario Moschini: alla voce Quarenghi No 21.

Schreiben von Giacomo Querenghi vom 27. 7. 1777 an Antonio Selva. Privatsammlung in Parma.

Ich habe hier ganz herzlich Alain-Charles Gruber zu danken, der mich auf diese Begegnung zwischen Pâris und Bertotti aufmerksam machte und mir grosszügigerweise seine Unterlagen zur Verfügung stellte. Zusammen mit Monique Mosser arbeitet Alain-Charles Gruber zurzeit an der Edition dieses «Carnet de voyage» von Pâris.

Für Hinweise auf alle anderen zitierten Kritiken siehe weiter: Gallet, Michel. Palladio et l'architecture française dans la seconde moitié du XVIII siècle. In: Les Monuments historiques de la France 1975 Vol. XXI No 2. Paris, Ed. Caisse nationale des Monuments historiques et des Sites 1975 pp. 43—55. Olivato, Loredana. «Les monuments de Palladio ... font grande impression»: J. A. Raymond a Tommaso Temanza. In: Arte Veneta 1975 Vol. XXIX. Venezia, Alfieri Edizioni 1976 pp. 252—258. Olivato, Loredana. 1975. op. cit. pp. 29—39, 71. Olivato, Loredana. Una relazione difficile. Lettere inedite di Tommaso Temanza a Ottavio Bertotti Scamozzi. In: Arte Veneta 1979 Vol. XXXIII. Venezia, Alfieri Edizioni 1980 pp. 169—173. Und siehe dagegen die Stellungnahme eines älteren Praktikers wie Jacques-Denis Antoine, der in seinem «Journal de voyage en Italie» 1777 besonders die Genauigkeit und Klarheit der bertottianischen Kupfertafeln und natürlich die französische Übersetzung des «Fabbriche»-Textes lobte. Gallet, Michel und Monique Mosser. Il Neoclassicismo o il vero Palladio riscoperto. In: Palladio. La sua eredità nel mondo. Quarto centenario della morte di Andrea Palladio. Milano, Electa Editrice 1980 pp. 195—201. Vgl. auch die Übersicht bei Bassi, Elena. Architettura del Sei e Settecento a Venezia. Napoli, Edizioni scientifiche italiane 1962.

25

Bertotti Scamozzi, Ottavio. Schreiben an Co. Bonomo Algarotti vom 3. 2. 1774. Biblioteca del Museo Civico di Bassano, Epistolario Gamba Ms seg. XIV a. 12 (2203—2204); und in Kopie in der B.B.Vi. LE 27 Ms Gonz. 26.4.5 (n. 33). Transkription bei Olivato, Loredana. 1975. op. cit. pp. 95—96. Siehe dazu auch die frühere Anm. 22 in diesem Teil der vorliegenden Arbeit.

26

Siehe beispielsweise Bertotti Scamozzi, Ottavio. 1776. op. cit. Vol. I p. 50 sowie auch pp. 11, 17, 36, 41, 64, 75; 1778. op. cit. Vol. II pp. 5, 41—42; 1781. op. cit. Vol. III pp. 20—21, 25, 26; 1783. op. cit. Vol. IV pp. 17, 69. Für die Probleme der heutigen Palladio-Forschung, die kritische Auseinandersetzung mit der Herkunft und Bildung des Architekten, mit seinem Œuvre und seinen Quattro Libri als auch mit den «Palladianismen» vgl. speziell Cevese, Renato. I modelli della mostra del Palladio. Milano, Electa Editrice 1976. Forssman, Erik. Vorwort zum Nachdruck I quattro libri dell'architettura von Andrea Palladio. Hildesheim und New York, Georg Olms Verlag 1979. Kubelik, Martin. Per una nuova lettura del secondo libro di Andrea Palladio. In: Bollettino C.I.S.A. 1979 Vol. XXI. Vicenza, C.I.S.A. 1982, Magagnato, Licisco. Vorwort zum Nachdruck I Quattro Libri dell'Architettura di Andrea Palladio. Milano, Ed. Il Polifilo 1980. Forssman, Erik. Il Palladianesimo: un tentativo di definizione. In: Palladio. La sua eredità nel mondo. Quarto centenario della morte di Andrea Palladio. Milano, Electa Editrice 1980. Goedicke, Christian; Slusallek, Klaus und Martin Kubelik. Thermoluminescence Dating in Architectural History: Venetian Villas. In: Journal of the Society of Architectural Historians 1981 Vol. XL No 3. Philadelphia, Society of Architectural Historians 1981. Kubelik, Martin. Palladios Werk im

Spannungsfeld zwischen Bau-Realisation und Bau-Publikation. In: bauforum 1981 14. Jhrg./IX. Wien 1981. Puppi, Lionello (Hg). Palladio e Venezia. Firenze, Sansoni Editore 1982. Kubelik, Martin. Il Palladianesimo: appunti critici. In: Ateneo Veneto (Hg). Contributi su Andrea Palladio nel quarto centenario della sua morte (1580—1980). Venezia, Tip. Commerciale 1982. Berger, Ursel. Palladio publiziert seine eigenen Bauten: zum Problem des Secondo Libro (in Vorbereitung).
Was den von Bertotti für die Villa Barbaro in Maser vermuteten zweiten Projektverfasser anbetrifft, siehe auch Huse, Norbert. Palladio und die Villa Barbaro in Maser: Bemerkungen zum Problem der Autorschaft. In: Arte Veneta 1974 Vol. XXVIII. Venezia, Alfieri Edizioni 1975 pp. 106—121. Kamm-Kyburz, Christine. Aspetti rationalistici nel Palladianesimo: Ottavio Bertotti Scamozzi. In: Bollettino C.I.S.A. 1979 Vol. XXI. Vicenza, C.I.S.A. 1982 pp. 307—314.

27

Bertotti Scamozzi, Ottavio.. 1781. op. cit. Vol. III p. 52. Da diese «Giunta» dann in allen späteren Editionen weggelassen wurde, ist sie selbst in der modernen Forschung meist übersehen und lange Zeit nur von Rudolf Wittkower bemerkt worden. Siehe Wittkower, Rudolf. Grundlagen der Architektur im Zeitalter des Humanismus. München, Verlag Oscar Beck 1969 [1. dt. Ausgabe] unter Kapitel 7 des vierten Teils: Der Bruch mit den Gesetzen der harmonischen Proportion in der Architektur pp. 116—118. Über Briseux vgl. auch Hernandez, Antonio. Grundzüge einer Ideengeschichte der französischen Architekturtheorie von 1560—1800. Basel, Buchdruckerei National-Zeitung AG 1972 pp. 95—100.
Für Bertottis umfangreiche Kenntnisse der verschiedenen Architekturtheorien siehe neben dem überlieferten Verzeichnis seiner eigenen Bücher auch die entsprechenden Anmerkungen in seinen zwischen 1776 und 1785 erschienenen Palladiotraktaten.

28

Burlington, Richard (Hg). Fabbriche antiche disegnate da Andrea Palladio Vicentino e date in luce da Riccardo Conte di Burlington. Londra, ohne Druckerangaben 1730 und 1732. Cameron, Charles. The Baths of the Romans, explained and illustrated, with the restorations of Palladio corrected and improved. To which is prefixed an Introductory Preface, pointing out the nature of the work and a dissertation upon the state of the arts during different periods of the Roman Empire. London, George Scott of Chancery Lane 1772. Und Neuauflagen: London, George Scott at The Globe, Charing Cross and J. Mathew, no 78 the Strand 1774. London. S. Leacroft 1775. Vgl. Talbot Rice, Tamara. 1967. op. cit. pp. 10—15. Azzi Visentini, Margherita. La fortuna del neopalladianesimo inglese e la letteratura neopalladiana minore. In: Comunità 1973 Vol. XXVII No 170. Milano, Edizioni di comunità s. p. a. 1973 pp. 328—333. Und siehe ferner eine postume Ausgabe der gesammelten Schriften von Wittkower, Rudolf. Palladio and English Palladianism. London, Thames and Hudson 1974. Und vgl. auch Sicca, Cinzia Maria. Il palladianesimo in Inghilterra. In: Palladio. La sua eredità nel mondo. Quarto centenario della morte di Andrea Palladio. Milano, Electa Editrice 1980 pp. 31—71. Buttlar, Adrian von. Der englische Landsitz 1715—60. Symbol eines liberalen Weltentwurfs. München-Mittenwald, Mäander-Verlag 1982.

29

Die berühmt gewordene Palladio-Zeichnung aus dem Besitz von Tommaso Temanza wurde 1799 von Gaetano Pinali samt der gesamten Bibliothek des venezianischen Architekten erworben und von Pinali testamentarisch dem Museo Civico di Vicenza vermacht (heutige Inventarnummer: D. 33). Siehe auch Burns, Howard. I disegni. In: Cevese, Renato (Hg). o. J. [1973] op. cit. p. 154. Kubelik, Martin. Andrea Palladio. Katalog der Vicentiner Ausstellung in Wien und Zürich. Wien, Ed. Akademie der bildenden Künste 1975 pp. 106—107 sowie Zürich, Ed. Kunstgewerbemuseum der Stadt Zürich 1975 und 1976 pp. 110—111.
Bertotti notierte zur Thermenzeichnung: «Nei disegni ritrovati, e fatti incidere dal Lord Co. di Burlingthon manca la Pianta delle Terme, di cui parliamo. Ma questa poi, separata dalle altre Tavole, giunse alle mani di un valoroso Architetto, il quale facendola ricopiare ha voluto renderla ai suoi amici comune con generoso regalo», und erwähnte in einer Anmerkung den betreffenden Passus aus der Palladio-Monografie von Temanza, wo dieser stolz auf seine eigene Originalzeichnung hinweist. Bertotti Scamozzi, Ottavio. 1785. op. cit. p. 11.

30

Vgl. Bertotti Scamozzi, Ottavio. 1785. op. cit. p. 32.
Für Bertottis Kleingrabungen siehe auch seine eigenen Anmerkungen, über wiederholte Grabungen im Jahre 1773, nun im inneren Kreis bis zur «Orchestra», die Aufzählungen der Fundstücke und die Begründung für das schlussendliche Aufhören mit diesem Vorhaben. Bertotti Scamozzi, Ottavio. 1776. op. cit. Vol. I p. 23. Siehe weiter Bertotti Scamozzi, Ottavio. Appunti 1770 Ms op. cit. pp. 32—45. Arnaldi Tornieri, Arnaldo. Memorie Ms op. cit. Vol. I p. 179.
Mit dieser Unterstützung identifiziere ich daher alle oben aufgeführten vierzehn Skizzenblätter mit Aufnahmen von Fundstücken und Fundamenten im Teatro Berga, von dem Teile damals in die Spinnerei des Gio. Antonio Battistella und in angrenzende Gebäulichkeiten eingebaut waren. Vgl. auch die frühere Planaufnahme von Gornizai, Antonio Perito Ordinario und Pietro Zambelli Perito Estraordinario. Disegno formato sopra la Supplica p.ntata per nome di Dno Santo Battistella. Venezia 15. 3. 1723. A.S.Ve. Beni Inculti, Disegni Vicenza. Diese Zeichnung verhilft dabei sogar zu einer höchst genauen Lokalisierung der von Bertotti skizzenhaft festgehaltenen Örtlichkeiten. Vgl. dazu Ceretta, Giuseppe; Arcaro, Renzo und Antonio Sandri. Il Berga teatro romano. Vicenza, Ed. Camera di Commercio Industria Artigianato e Agricoltura o.J. [1978].

31

Die bis anhin in der Bertotti- und in der Teatro-Olimpico-Forschung unbekannte, frühe Zweitauflage von «L'origine dell'Accademia Olimpica» aus dem Jahre 1804 findet sich u. a. sowohl in der Bibliothek der Eidgenössischen Technischen Hochschule in Zürich als auch in der Library of Congress in Washington D.C. Ich habe hier speziell Heiner Kyburz jun., dipl. Masch. Ing. ETH, dafür zu danken, dass er mich auf diese Broschüre aufmerksam machte und dann während zweier Studienaufenthalte in den USA mir weitere Hinweise zur Bertotti-Bibliografie notierte. Übrigens hat kürzlich die Accademia Olimpica in Vicenza zum «Anno Palladiano» noch einen privaten Reprint des bertottianischen Werkes von 1790 für ihre Mitglieder herausgegeben.

32

Bertotti Scamozzi, Ottavio. 1790. op. cit. Zitiert nach der Ausgabe 1804. op. cit. pp. III—VI.
Für die Frage der Deckenrenovation im Teatro Olimpico siehe neben den unter Anm. 229 im Teil II dieser vorliegenden Arbeit aufgeführten, publizierten Arbeiten auch die reichen Manuskriptunterlagen von Arnaldi, Enea. Scritti originali divisi in due volumi in foglio, Vol I. B.B.Vi. Ms seg. Gonz. 28.3.2 [1—8] (2800—2801).

33

Bertotti Scamozzi, Ottavio. 1783. op. cit. Vol. IV pp. 3—5.

34

Bertotti Scamozzi, Ottavio. 1785. op. cit. pp. 3—4. Über Baldassare Odescalchi siehe noch die ausführlichen Angaben bei Tipaldo, Emilio (Hg). Biografia degli Italiani Illustri nelle Scienze, Lettere ed Arti del secolo XVIII, e de Contemporanei. Venezia, Tip. Alvisopoli 1834—1841 und Tip. Gio. Cecchini 1844—1845 Vol. V (1837) pp. 433—437, wo auch die wichtigsten Literaturarbeiten von Odescalchi (Rom 1748—1810) verzeichnet sind. Lodolini, Armando. Odescalchi. In: Enciclopedia Italiana di Scienze, Lettere ed Arti Vol. XXV. Roma, Ed. Istituto della Enciclopedia 1935 pp. 175—176.

35

Volkmann, Johann Jakob. 1777—1778 [2. Ed.]. op. cit. Vol. III pp. 665—666. Siehe ferner Berengo, Marino. La società veneta alla fine del Settecento. Firenze, Sansoni Editore 1956 pp. 8—9, 207—212. Haskell, Francis. 1963. op. cit. pp. 368—372. Francovich, Carlo. Storia della massoneria in Italia dalle origini alla rivoluzione francese. Firenze, La Nuova Italia Editrice 1974 pp. 294—295, 401—402.

36

Francovich, Carlo. 1974. op. cit. pp. 187—212, 279—280. Vgl. dazu auch im Teil II der vorliegenden Arbeit besonders die Hinweise auf die Freimaurerbewegung bei der Beschreibung der Villa Modena und deren Besitzer.

37

Über Griselini (1717—1787), seine Logenzugehörigkeit und seine nie aufgeführten Theaterstücke siehe Francovich, Carlo. 1974. op. cit. pp. 142—144. Vgl. auch Berengo, Marino (Hg). Giornali veneziani del Settecento. Milano,

Feltrinelli Editore 1962 pp. XLVI–LI, 129–286. Giarrizzo, Giuseppe; Torcellan, Gianfranco und Franco Venturi. La letteratura italiana. Storia e testi Vol. 46 To. VII – Illuministi italiani. Milano e Napoli, Ed. Riccardo Ricciardi 1965. Das Giornale d'Italia kam wöchentlich heraus und wurde nach Erscheinen eines Jahrgangs dann zu einem Band gebunden. Siehe Giornale d'Italia vom 1. und 22. September 1964. Venezia, Milocco 1765 Vol. I pp. 68–71, 89–94. Giornale d'Italia vom 20. Mai 1769. Venezia, Milocco 1769 Vol. V p. 310. Giornale d'Italia vom 16., 23. und 30. September 1769. Venezia, Milocco 1770 Vol. VI pp. 89–96, 97–104, 105–111. Giornale d'Italia vom 12. Oktober 1771. Venezia, Milocco 1772 Vol. VIII pp. 124–127. Giornale d'Italia vom 9. Juli 1774. Venezia, Milocco 1775 Vol. XI p. 8.
Für das Giornale d'Italia sowie die zwei Brüder Giovanni und Pietro Arduino siehe wiederum Teil II der vorliegenden Arbeit mit der Beschreibung der Villa Modena und deren Besitzer sowie die entsprechende Anm. 68.

38

Giornale Enciclopedico Februar 1779, Vol. II. Vicenza, ohne Druckerangaben 1779 pp. 106–107. Giornale Enciclopedico September 1781, Vol. IX. Vicenza, ohne Druckerangaben [Tip. Turra] 1781 pp. 131–132. Giornale Enciclopedico Juli 1783, Vol. VII. Vicenza, ohne Druckerangaben [Tip. Turra] 1783 pp. 122–123. Giornale Enciclopedico Oktober 1785, Vol. X. Vicenza, ohne Druckerangaben [Tip. Turra] 1785 p. 126.
Für Elisabetta Caminer Turra (1751–1796) siehe Tipaldo, Emilio (Hg). 1834–1845. op. cit. Vol. V (1837) pp. 461–464. Und auch für Giovanni Scola siehe Rumor, Sebastiano. 1905–1909. op. cit. Vol. I pp. 336–339 und Vol. III pp. 158–190. Für Alberto Fortis siehe Anm. 62 im Teil II dieser vorliegenden Arbeit. Vgl. auch Berengo, Marino (Hg). 1962. op. cit. pp. LIII–LXV, 371–515.
Bezüglich der Logenmitglieder in Vicenza siehe auch Reato, Ermenegildo. Il lungo cammino di Vicenza, verso l'unità nazionale. In: Pozza, Neri (Hg). Vicenza illustrata. Vicenza, Neri Pozza Editore 1976 p. 393. Ferner vgl. Olivato, Loredana. 1980 Vol. XVIII. op. cit. pp. 71–78.

39

Berlendis, Francesco. Poesie. Vicenza, Tip. Giovanni Rossi 1789 p. 24.

40

Angiolgabriello di Santa Maria. Biblioteca e Storia di quegli Scrittori così della città come del territorio di Vicenza che pervennero fin' ad ora a notizia del P. F. Angiolgabriello di Santa Maria Carmelitano Scalzo Vicentino. Dall'Anno MDI di Cristo al MDL, Vol. IV. Vicenza, Tip. Gio. Battista Vendramini Mosca 1778 p. 227. Dann Arnaldi, Enea. Osservazioni critiche sull'Opera del Bertotti. B.B.Vi. Ms seg. Gonz. 28.3.2 [2] (2801). Vgl. auch Kamm-Kyburz, Christine. 1979 Vol. XXI. op. cit. pp. 313–314.

41

Vgl. auch Hernandez, Antonio. 1972. op. cit. pp. 100–109. Germann, Georg. Einführung in die Geschichte der Architekturtheorie. Darmstadt, Wissenschaftliche Buchgesellschaft 1980 pp. 198–216.

42

Algarotti, Francesco. Saggio sopra l'Architettura. In: Opere varie del Conte Francesco Algarotti Ciamberlano di S. M. il Re di Prussia e Cavaliere dell'Ordine del Merito. Venezia, Giambatista Pasquali 1757. Zitiert nach der Ausgabe: Milano, Dalla Società Tipografica de' Classici Italiani 1807 p. 10. Von Lodoli (1690–1761) selbst existieren keine Veröffentlichungen, auch von Laugier (1713–1769) gibt es kurioserweise keine italienische Übersetzung seiner Architekturtraktate, die zwar sehr früh in Englisch und vor allem in Deutsch erschienen (Frankfurt und Leipzig 1756, Frankfurt und Leipzig 1758, Leipzig 1771). Die zwei Theoretiker, die trotz der stellenweise total entgegengesetzten Anschauungen beide für ein neues Architekturmodell eintraten, dessen Vorbild nicht mehr der Tempel Salomons, sondern nun die einfache Hütte – nach Lodoli aus Stein, nach Laugier aus Holz – darstellen sollte, fanden indirekt ihre weiteste Verbreitung und Popularisierung durch die Schriften ihrer vielschreibenden Zeitgenossen Algarotti (1712–1764) und Milizia (1725–1798). Von Memmos «Elementi d'Architettura Lodoliana, o sia l'arte del fabbricare con solidità scientifica, e con eleganza non capricciosa» erschien der erste Band erst 1786 bei der römischen Stamperia Pagliarini. Andrea Memmo (1729–1793) gehörte als Prokurator von S. Marco 1789 zu den neun höchsten Staatsbeamten der Republik Venedig und unterlag bei der Wahl des 120. Dogen nur knapp seinem siegreichen Mitbewerber Lodovico Manin.

43

Die Zitate Massaris und Lodolis wurden von Andrea Memmo in den «Elementi d'Architettura Lodoliana» überliefert und entstammen hier der Ausgabe: Zara, Tip. dei Fratelli Battara 1833–1834 Vol. 1 pp. 9–10 und 84–85. Eine Geschichte der ausländischen Vicenzabesucher und deren Palladiorezeption existiert noch nicht oder ist dann in jener oberflächlichen Art und mit einer Überbetonung des Goethe-Aufenthaltes geschrieben wie neuerdings wieder von Neri Pozza. Viaggiatori stranieri a Vicenza. In: Pozza, Neri (Hg). Vicenza illustrata. Vicenza, Neri Pozza Editore 1976 pp. 373–383. Ferner Franzina, Emilio. Vicenza, storia di una città 1404–1866. Vicenza, Neri Pozza Editore 1980 pp. 141–157 des III. Kapitels im 1. Teil. Die Berichte der hier erwähnten Reisenden: Misson, Maximilien. 1691. op. cit. Silhouette, Etienne de. Voyage de France, d'Espagne, de Portugal e d'Italie. Du 22 Avril 1729 au 6 Février 1730. Paris, Merlin 1770. Pöllnitz, Charles-Louis. Mémoires de Charles-Louis Pöllnitz, contenant les observations qu'il a faites dans ses voyages, et le caractere des personnes qui composent les principales cours de l'Europe. Londres, Charles Hoguel 1735 [2. Ed.]. Die Belegstelle von Charles de Brosses wurde nach der deutschen Ausgabe zitiert: Des Präsidenten de Brosses vertrauliche Briefe aus Italien an seine Freunde in Dijon 1739–1740. Übersetzt von Werner Schwartzkopff. München, Georg Müller 1918–1922 Vol. 1 p. 120. Der Ausspruch von Algarotti findet sich beispielsweise in der postumen Gesamtausgabe von Cremona Vol. VII. Ed. Lorenzo Manini 1778–84, Lettere sopra l'Architettura pp. 195–199.

44

Der Passus aus dem Tagebuch von James Adam (1730–1794) wurde erstmals 1831 als vermeintlicher Text seines älteren Bruders Robert publiziert in: Library of Fine Arts. London 1831 Vol. II pp. 167–168; hier zitiert nach Whiffen, Marcus. Visitors to Vicenza. In: The Architectural Review. London 1953 Vol. 114 pp. 5–9. Der Artikel von Whiffen beschränkt sich auf englische Besucher, bildet aber eine löbliche Ausnahme zu den unter Anm. 43 erwähnten Hinweisen. Die von Temanza zitierten Textauszüge finden sich bei Bottari, Giovanni und Stefano Ticozzi. Raccolta di lettere sulla pittura, scultura ed architettura Vol. VIII. Milano, Giovanni Silvestri 1825 pp. 436–437 sowie in seinem bei Carlo Palese in Venedig 1778 erschienenen Vitenband, Vol. 1 pp. 87–88. Vgl. weiter Milizia, Francesco. Le Vite de' più Celebri Architetti d'ogni nazione, e d'ogni tempo precedute da un Saggio sopra l'Architettura. Roma, Paolo Giunchi Komarek 1768. Ferner vgl. Anm. 1 für die erweiterte dritte Edition, die unter dem Titel «Memorie degli Architetti antichi e moderni» 1781 in Parma erschien. Aus demselben Jahr stammen die in Finale herausgegebenen «Principj di Architettura Civile», zitiert hier nach der deutschen Übersetzung: Grundsätze der bürgerlichen Baukunst Vol. I. Leipzig, im Schwickertschen Verlage 1784 p. 31.
In diesem Zusammenhang sei auf ein zu wenig berücksichtigtes Phänomen hinsichtlich der Baukunst der zweiten Hälfte des 18. Jahrhunderts in den deutschsprachigen Ländern hingewiesen. Nachdem bereits die auffallend frühen deutschen Übersetzungen der Werke Laugiers vermerkt wurden, gesellen sich dazu noch das mehrbändige Traktat von Milizias Grundsätzen und die Abhandlungen von Algarotti wie: Versuche über die Architectur, Mahlerey und musicalische Opera, aus dem Italiänischen des Grafen Algarotti. Übersetzt von Rudolf Erich Raspe. Kassel, Johann Friedrich Hemmerde 1769. Und somit stellt sich langsam die Frage nach den Auswirkungen dieser frühfunktionalistischen und der Ratio als oberstem Entscheidungsmittel verpflichteten Architekturlehrbücher. Vgl. dazu auch Herrmann, Wolfgang. Laugier and eighteenth century French theory. London, Zwemmer 1962 pp. 184–190.

45

Diedo, Antonio. Casino Villereccio. Abitazioni campestri. Progetto N. 1. Ohne Verlagsort und Jahr [aber ca. 1800]. Die drei beigefügten Tafeln mit je zwei Grundrissen, zwei Ansichten und zwei Gebäudeschnitten wurden sowohl von Diedo (1772–1847) als von seinen Gehilfen signiert, so dem Zeichner Meduna, dem Stecher Antonio Mezzani und dem Maler Pietro Moro. Diese kleine Broschüre – B.B.Vi. Racc. Gonz. 249.13 – wird nicht aufgeführt von Rumor, Sebastiano. Bibliografia storica della città e provincia di Vicenza. Vicenza, Tip. S. Giuseppe 1916 und postum 1939.

46

Der Brief ist in einer Kopie erhalten in B.B.Vi. LE 27 Ms Gonz. 26.4.5 (n. 33) zusammen mit weiteren Schreiben von Bertotti. Siehe Anm. 22 im vorlie-

genden Teil dieser Arbeit und die vollständige Transkription bei Olivato, Loredana. 1975. op. cit. pp. 106—107.
Siehe ferner die ganz unterschiedlichen Auffassungen von Barbieri, Franco. Un interprete settecentesco del Palladio: Ottavio Bertotti Scamozzi. In: Palladio Vol. XII 1962 pp. 153—159. Semenzato, Camillo. Purismo e funzionalismo nell'architettura veneta del Settecento. In: Branca, Vittore (Hg). Sensibilità e razionalità nel Settecento Vol. II. Firenze, Sansoni Editore 1967 pp. 597—608. Zorzi, Giangiorgio. La interpretazione dei disegni palladiani. In: Bollettino C.I.S.A. 1968 Vol. X. Vicenza, C.I.S.A. 1969 speziell pp. 97—111. Brusatin, Manlio. Illuminismo e architettura del '700 veneto. Catalogo della mostra, Castelfranco Veneto agosto-novembre 1969. Resana di Treviso, Grafiche G. Paroni 1969. Semenzato, Camillo. L'architettura veneta dell'Illuminismo. In: Arte Veneta 1969 Vol. XXIII. Venezia, Alfieri Edizioni 1970 pp. 304—305. Semenzato, Camillo. Il Palladio e l'architettura veneta dell'età neoclassica. Und Barbieri, Franco. L'interpretazione grafica del Palladio da parte del Bertotti Scamozzi e le sue conseguenze. Beide Artikel in: Bollettino C.I.S.A. 1970 Vol. XII. Vicenza, C.I.S.A. 1971 pp. 134—139 und 140—154.

47

Faccioli, Giantommaso. Notizie Ms op. cit., alla voce Ottavio Bertotti Scamozzi. Siehe dazu auch die Œuvrebeschreibungen im Teil II dieser Arbeit.

48

Das vorliegende Kapitel basiert auf einer leicht gekürzten Fassung meines Beitrags zum Palladio-Symposium in Rom: Kamm-Kyburz, Christine, 1980 Vol. XVIII. op. cit. pp. 79—96 mit Fig. 32—48. Für die Villa Cogollo in Bolzano Vicentino siehe Teil II dieser vorliegenden Arbeit.
Dass mir der mit abenteuerlichen Hindernissen versperrte Zugang zu den Landkarten der Provveditori sopra i Beni Inculti dennoch ermöglicht wurde, habe ich hier nachträglich nochmals dem ehemaligen Direktor des Staatsarchivs in Venedig, Ferruccio Zago, und ganz speziell Martin Kubelik sowie den befreundeten Helfern in der Mikrofilmabteilung desselben Archivs zu verdanken. Des weitern wurden hier für die Untersuchungen erstmals auch die unter französischer und dann unter österreichischer Besetzung angefertigten Katasterpläne eingesehen, wobei ich die nach den im venezianischen Staatsarchiv sich befindenden Originalplänen erstellten, zeitgenössischen Kopien im Staatsarchiv von Vicenza benützen konnte. Besonderen Dank schulde ich hier dem Direktor des Vicentiner Staatsarchivs, A. Cian, für seine wertvollen Ratschläge und unermüdliche Geduld bei der Beschaffung stets neuer Unterlagen.

49

Die zitierten Textstellen der «Fabbriche» und der «Terme dei Romani» stammen aus den jeweiligen Erstausgaben, die in der Rechtschreibung minime Differenzen zu den späteren Editionen aufweisen. Bertotti Scamozzi, Ottavio. 1783. op. cit. Vol. IV p. 21 und 1785. op. cit. pp. 18—19.

50

Bertotti Scamozzi, Ottavio. 1776. op. cit. Vol. I p. 11.

51

Die beiden gewiss dem Architekten Bertotti zuzuschreibenden Pläne sind heute in den I.P.A.B. Vicenza, Archivio dell'Ospizio, Eredità Fadinelli — Mazzo Disegni. Vgl. dazu das Blatt mit den kolorierten Ansichten der Villa Cerato von Montecchio Precalcino und der Villa Bissaro in Rettorgole, das von Loredana Olivato in einem Padovaner Antiquariat entdeckt wurde und Originalvorlagen für die Kupfertafeln XXXIV und XLVII im zweiten Band der «Fabbriche» darstellt. Doch halte ich hier nicht Bertotti selbst als den Zeichner dieser Villenaufrisse, sondern möchte sie Bertottis Schwager und eifrigstem Mitarbeiter auch in diesem Band von 1778, Gaetano Vicchi, attribuieren. Siehe dagegen Olivato, Loredana. 1975. op. cit. p. 34 und Abb. 36, 38.

52

Neuartige Zusammenhänge im Hinblick auf die internationale Verbreitung palladianischer Typen und Formen hat André Corboz anhand eines Beispiels aus dem westschweizerischen Kulturraum aufgedeckt: Néo-palladianisme et néo-borrominisme à Fribourg: l'énigme du château de La Poya (1698—1701). In: Zeitschrift für Schweizerische Archäologie und Kunstgeschichte Vol. 34 Heft 3. Zürich, Berichthaus 1977 pp. 187—206. Des weitern vgl. die geografisch geordneten Beiträge im Vicentiner Katalog der Palladianismus-Ausstellung zum «Anno Palladiano»: Palladio. La sua eredità nel mondo. 1980. op. cit.

53

Ferrero Viale, Mercedes. Disegni e progetti di Leonardo Marini per decorazioni eseguite in palazzi di Casale. In: Casale Monferrato, Città di und Società Piemontese di Archeologia e Belle Arti (Hg). Quarto Congresso di Antichità e d'Arte, 20—24 aprile 1969. Torino, Editrice Marietti 1974 pp. 485—504. Vgl. auch die Illustrationen bei Kamm-Kyburz, Christine. 1980 Vol. XVIII. op. cit. Fig. 42—44.

II Katalog der Bauten und Projekte von Ottavio Bertotti Scamozzi

Datierung	Objekt	Ort	Erste Zuschreibung	
1758	Triumphbogen für Kardinal Antonio Marino Priuli (temporär)	Vicenza Piazza dei Signori	1758	Bertotti O.
1760–61	Villa Giambattista Valle (zerstört, Neubau aus den Jahren 1878–80)	Vicenza, Monte Berico Via Massimo d'Azeglio	1902	Rumor S.
1764–65	Casa Michele Pavanello (heute Eugenio Bonifacio)	Vicenza Corso S.S. Felice e Fortunato 140–142	1801	Faccioli G.T.
1766	Palazzo Giacomo Milan (heute Vittoria Tacchi)	Vicenza Contrà Porta S. Lucia 7	1845	Magrini A.
1766–73	Villa Giangiorgio Trissino (heute Antonio Pozzato)	Sandrigo Piazza Garibaldi	1781	Milizia F.
1766	Galerie und Gästehaus für Giovanni Cornaro (halbzerstört, Baugeschäft Bonato)	Castelfranco Veneto Borgo Treviso 33	1781	Milizia F.
1767	Villa Francesco Modena (dann Felice und Francesco Lioy, heute Macerata)	Vancimuglio Via Statale Vicenza–Padova	1845	Magrini A.
1767	Barchessa Gio. Battista Orazio Porto (heute Pietro Rigo)	Vancimuglio Via Statale Vicenza-Padova	1845	Magrini A.
1767–70	Villa Almerico Da Schio (heute Ernesto Traverso)	Grossa di Gazzo Padovano Via Alpiero	1781	Milizia F.
1770	Casino Gaetano Muzzi (heute vorübergehend im Besitz eines Konsortiums)	Vicenza Via Gio. Battista Imperiali 112	1845	Magrini A.
1770	Palazzo Giovanni und Girolamo Franceschini (heute Polizeipräsidium)	Vicenza Contrà S. Marco 30	ca. 1820	Dian G.
1770–79	Villa Giovanni Franceschini (heute im Nachlass des Giuseppe Canera di Salasco)	Arcugnano Via Comunale	1781	Milizia F.
ca. 1770–80	Villa Bonaventura Fadinelli (heute Rosa Suppiej)	Creazzo Via Pozzetto 38–40	1885	Scola B.
ca. 1770–80	Villa Vincenzo Capra (heute Familie Dalla Bona)	Marano Vicentino Via S. Lucia	1971	Cevese R.
1772	Loggia Carlo Vicentini Dal Giglio (heute Ciro Ingui)	Vicenza Via Antonio Chinotto 8	1845	Magrini A.
1773	Palazzo Giuseppe Gastaldi genannt «Palazzetto di Belisario» (heute Gebrüder Boscharo)	Vicenza Contrà Porta S. Lucia 35	1790	Faccioli G.T.

Datierung	Objekt	Ort	Erste Zuschreibung	
1774	Kirche S.S. Faustino e Giovita (heute Kino «Odeon»)	Vicenza Piazzetta S. Faustino	1775	Quarenghi G.
1774–76	Palazzo Pietro Muzzi (heute Adele Cozza-Giuriato)	Vicenza Piazza Matteotti 32	1790	Faccioli G.T.
ca. 1776	Palazzo Giacomo Milan irrtümlich genannt «Casa Tosin» (später Andrea Rossi, heute Renzo Zengiaro)	Vicenza Contrà Porta S. Lucia 5	1919	Bortolan D. und Rumor S.
1777	Gutachten über den von Giovanni Miazzi projektierten Hauptaltar für die Pfarrkirche S. Clemente	Valdagno Piazza S. Clemente	1777	Bertotti O.
1777–80	Palazzo Giacomo Giuseppe Gozzani di Treville (heute Pinakothek und Musikakademie)	Casale Monferrato Via Goffredo Mameli 27–29	1794	De Conti G.
1779	Projekt für Laubarkaden im Garten der Villa Gio. Battista Orazio Porto (nicht ausgeführt)	Thiene Piazza Ferrarin	1979	Kamm-Kyburz Chr.
1779–84	Teatro Eretenio (zerstört, heute Parkplatz des A.C.I.)	Vicenza Viale Eretenio	1781	Di Velo G.G.
ca. 1780	Projekt für einen Palazzo (nicht ausgeführt)	Vicenza (?)	1975	Olivato L.
1780	Loggia Giulio Ferrari (heute Erbengemeinschaft Galla-Sperotti)	Vicenza Contrà Ponte Furo 4	1829	Alverà A.
1780	Palazzo Alessio Giambattista Braghetta (heute Assicurazioni Generali S.p.A. Trieste)	Vicenza Corso Palladio 38–40	ca. 1820	Dian G.
ca. 1780–84	Palazzo Carlo Filippo Morozzo della Rocca (später Turiner Handelskammer, heute zerstört)	Turin Via Giolitti 29	1959	De Bernardi Ferrero D.
ca. 1780–84	Villa Pompeo und Giacomo Rubini (heute I.P.A.B. Vicenza)	S. Pietro Intrigogna Contrà Businello 22	1971	Cevese R.
ca. 1780–89	Villa Frignano Sesso (später Patronat Ruffini, heute Besitz der Pfarrei)	Sandrigo Via S. Gaetano	1929	Fasolo G.
ca. 1780–89	Villa Francesco Quinto (heute Luigi Marzotto)	Monticello di Fara Via S. Giustina	1971	Cevese R.
1781	Villa Gaetano Cogollo genannt «Domus Aurea» (heute Branntweinbrennerei C. Spigolon)	Bolzano Vicentino Via Ca' d'Oro 27	1954	Cevese R.
1781	Projekt für die Domfassade (nicht ausgeführt)	Legnago Piazza della Libertà	ca. 1830	Trissino L.
1783–1829	Dom S.S. Prosdocimo e Donato	Cittadella Piazza Pierobon	1821	Mastini F.
1784	Altar S. Gaetano in der Kirche S. Stefano	Vicenza Piazzetta S. Stefano	ca. 1820	Dian G.
1788	Triumphbogen für Podestà Camillo Bernardino Gritti (temporär)	Vicenza Piazza Matteotti	1788	Bertotti O.
1789	Triumphbogen für Capitano Pietro Leopoldo Curti (temporär)	Vicenza Piazza dei Signori	1789	Favetta G.
1789	Gutachten für eine Restaurierung des Teatro Olimpico	Vicenza Piazza Matteotti	1789	Montanari N.

Œuvre-Beschreibungen

Triumphbogen für Kardinal Antonio Marino Priuli in Vicenza. Tav. I aus der «Descrizione dell'Arco Trionfale» von 1758.

Triumphbogen für Antonio Marino Priuli in Vicenza

Piazza dei Signori, westliche Querseite
12. November 1758
Auftraggeber: die Abgeordneten der Stadt Vicenza
unter Führung von Marchese Vicenzo Giustiniani und
Conte Antonio Cividale
als den verantwortlichen Festorganisatoren

Der temporäre Triumphbogen zu Ehren des neu ernannten Kardinals, Bischof N.H. Antonio Marino Priuli von Vicenza, ist bis heute das früheste nachweisbare Bauwerk, das wir von Ottavio Bertotti Scamozzi kennen, und gleichzeitig auch das einzige, das uns in einer ausführlichen Beschreibung aus der Hand des Architekten selbst überliefert ist (1).
Nachdem am Sonntag, den 12. November 1758, Bischof N.H. Priuli in der Vicentiner Kathedrale das Kardinalsberet erhielt, feierten ihn die Deputierten der Stadt mit einem grossen Volksfest, dessen Höhepunkt die Kerzenillumination der gesamten Piazza dei Signori mit all ihren angrenzenden Gebäulichkeiten und der in den Hauptplatz einmündenden Gassen bildete. Dazu gehörte auch die Errichtung eines temporären Triumphbogens, der hier nicht für einen feierlichen Durchgang bestimmt war, sondern als festlicher Abschluss der Piazza deren ganze westliche Stirnseite einnahm. Den Typus des eintorigen Bogens aufgreifend, wo zwei breite Pfeiler und eine Kreisbogentonne die Attika mit der Widmungsinschrift tragen, wurde der Triumphbogen in Holz und Leinwand erstellt und zur Vortäuschung von kostbarem Marmor mit Helldunkel-Malereien überzogen. Der Bogen war 49 Vicentiner Fuss (17,49 m) hoch und 34 Vicentiner Fuss (12,13 m) breit; beidseits waren je eine Galerie in imitiertem Quaderwerk angebaut, die einem Streich- und Blasorchester dienten und 18,5 Vicentiner Fuss (6,60 m) hoch und 24 Vicentiner Fuss (8,57 m) breit waren, so dass die Gesamtausdehnung des Festapparates mit 82 Vicentiner Fuss (29,27 m) der ungefähren Platzweite entsprach (2). Bertotti Scamozzi beschrieb in seiner Schrift, deren Erstausgabe wohl ebenfalls als «Lesehilfe» fürs Publikum diente, ausführlich das allegorische Programm, das in Form von Reliefdarstellungen und Bauplastiken auf den Anlass dieser Festarchitektur hinwies. Aber auch der Triumphbogen selbst war ein deutliches Symbol für die Grösse und Bedeutung, die man dem neuen Kardinal, seinem Namen und seiner Familie beimass. Der Bogen, der dazu noch die gleiche Höhe wie die benachbarte Loggia del Capitaniato aufwies, wurde gegliedert durch zwei gekoppelte und beidseits vor die Pfeilerwand gestellte, korinthische Kolossalsäulen, die je auf einem gemeinsamen, niedrigen Sockel standen und ein ausladendes dreiteiliges Gebälk trugen, das über den zwei Säulenpaaren ununterbrochen durchlief, über dem Mittelbogen aber zurückgezogen wurde. Dieser Gliederung mit einer zurückgesetzten Mittelpartie folgte auch die Attika samt ihrem Aufbau. Was nun das allegorische Detailprogramm betraf, so bildete den Abschluss der seitlichen Galerien eine Balusterreihe mit zehn Pilastern dazwischen, die insgesamt sechs Statuen und vier Vasen trugen. Zwei andere, ebenfalls überlebensgrosse Statuen waren in den halbkreisförmig geschlossenen Nischen der Triumphbogenpfeiler aufgestellt – und alle acht Figuren repräsentierten Tugenden und waren mit neun verteilten Inschrifttafeln gekennzeichnet, die Namen und Regierungsdaten der für die Vicentiner wichtigsten Exponenten der Priuli-Familie verkündeten: die drei Dogen Lorenzo, Girolamo und Antonio, die vier Kardinäle Lorenzo, Matteo, Pietro und Alvise sowie die beiden Bischöfe Matteo und Michele Priuli (3). Von den erwähnten Figurennischen getrennt durch ein Kämpfergesims waren in den seitlichen Interkolumnien noch zwei Reliefs angebracht, die – vom Betrachter her gesehen – links die Würde und rechts den Glanz des Namens symbolisierten. Das erste Relief stellte einen reich gekleideten und mit Lorbeer gekrönten Mann dar, der mit der gepanzerten Rechten ein Szepter hielt und mit der nackten Linken ein Buch; das zweite zeigte einen ebenfalls prächtig gekleideten, mit Blumengirlanden bekränzten Mann, der eine goldene Halskette trug, die Rechte auf eine Keule gestützt und in der Linken eine kleine, brennende Fackel tragend. Über diesen Reliefs hingen zwischen den Säulenkapitellen zwei Festons und auf gleicher Höhe der mit dem Wappen der Stadt Vicenza verzierte Schlussstein der Bogenöffnung. Im Attikageschoss umgaben zwei seitliche Reliefs mit der Darstellung des breitkrempigen Kardinalhutes und der Mitra samt Bischofsstab das mittlere Feld mit der folgenden Inschrift: «ANTONIO MARINO PRIULIO EPISCOPO VICETINO AD CARDINALEM DIGNITATEM NUPER EVECTO CIVITATIS TESTIMONIUM». Die Inschrifttafel wurde bekrönt von einem hohen Priuli-Wappen, das von zwei Putten, die die Fama verkörperten, gehalten und von Eckobelisken noch akzentuiert wurde.

Tav. IIII aus der «Descrizione dell'Arco Trionfale» von 1758 mit einer Frontalvedute der Nordseite der Piazza dei Signori.

Die gesamte Illumination begann um 24 Uhr und dauerte bis 5 Uhr früh des folgenden Tages. Die beiden Orchester sollen — in abwechselnder Folge — ununterbrochen bis zum Ende des Festes gespielt haben, wobei das persönliche Erscheinen des neu ernannten Kardinals auf der Piazza dei Signori den Auftakt zum Spielbeginn gab. Nachdem sich Kardinal Priuli auf dem Hauptplatz überall herumgezeigt hatte, besah er sich das Volksfest von einem Balkon der für ihn und seine Begleiter reservierten Loggia del Capitaniato. Die prächtige Beleuchtung hat den Beschreibungen nach auch Bertotti Scamozzi tief beeindruckt, der stellvertretend für den ganzen Aufwand das Beispiel der Basilica nennt, wo je 10 Fackeln und 31 Kerzen für die einzelnen Serliana-Achsen gebraucht wurden. Überhaupt sind die von Bertotti gezeichneten und von Cristoforo Dall'Acqua gestochenen Kupfertafeln die alleinigen Bildquellen, die uns von diesem Fest bekannt sind (4). Des Architekten persönliche Vorstellungen zur Errichtung des Triumphbogens werden in seiner Schrift — noch vor dem Aufzählen der einzelnen Masse und des allegorischen Programms — ganz knapp erläutert: «Quest'Arco, la cui struttura fu di non piccolo impegno, pensandosi, che dovea esso reggere al confronto delle magnifiche Fabbriche della Piazza, e spezialmente del superbo Palazzo della Ragione ...». Nun, der Rückgriff auf das antike Triumphthema wurde höchstwahrscheinlich von den Festorganisatoren veranlasst und folgte einer auch in Vicenza heimischen Tradition. Seit dem 16. Jahrhundert bildeten hier vorübergehend aufgestellte Ehrenpforten einen wichtigen Bestandteil bei prunkvollen Empfängen geistlicher oder weltlicher Herrscher, und in Vicenza stationierte venezianische Statthalter errichteten sogar steinerne Triumphbogen für sich selbst (5). Bertotti Scamozzi aber sah die ihm gestellte Aufgabe vordringlich in der zu bewältigenden Konfrontation seines architektonischen Erstlingswerkes mit den die Piazza dei Signori dominierenden Bauten Palladios. Und in diesem Sinne hatte er sich wohl eines palladianischen Baues, beziehungsweise eines Palladio von der Tradition her zugeschriebenen Werkes als unmittelbar möglicher Inspirationsquelle bedient. Auch wenn zahlreiche Elemente anderweitig einzeln vorgebildet sind, so lässt die Schaufassade des bertottianischen Triumphbogens

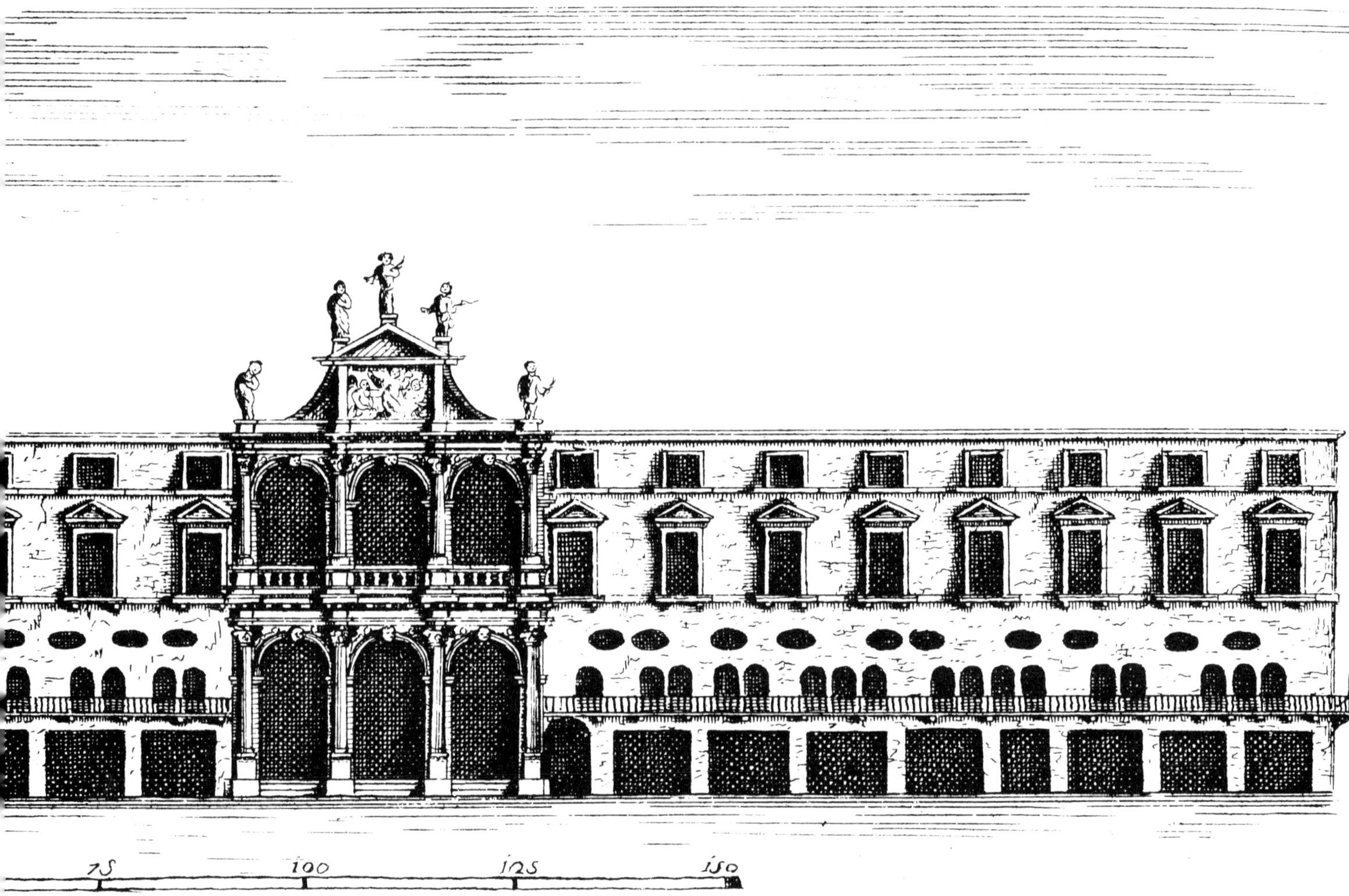

eine auffallend enge Übereinstimmung mit der Frontalansicht von S. Maria Nuova in Vicenza erkennen — jener kleinen, ehemals den beiden Frauenkloster der Augustinerinnen und der Minoritinnen angegliederten Kirche, deren palladianische Urheberschaft Bertotti entschieden verneinte und gerade deshalb mittels seiner sich selbst erarbeiteten Kenntnisse der «palladianischen Bauregeln» eine Restitution, eine Wiederherstellung der idealen Fassadengestaltung bezweckte, wie sie — immer aus der Sicht des 18. Jahrhunderts beurteilt — Palladio als Autor des Sakralbaues hätte verwirklicht haben können (6). Zu den in Betracht gezogenen Verbesserungen der Fassade von S. Maria Nuova mögen Änderungen der Grössenverhältnisse und der schmückenden Baudetails gezählt haben: Bertotti Scamozzi errichtete seinen Triumphbogen höher und schmäler, womit sich auch die Proportion der als «untersetzt» kritisierten korinthischen Doppelsäulen modifizierte, und bei der «kläglichen» Basis der beiden Säulensockel wurden die Profilierungen sowie im zurückgesetzten Mittelteil des verkröpften Gebälks die Sparrenköpfe weggelassen. Mit der so entstandenen, geläuterten und «neopalladianischen» Fassung einer monumentalen Triumphbogenfront wurde für damalige Verhältnisse den Renaissancebauten der Piazza dei Signori ein ebenbürtiges Werk entgegengesetzt, das die suggestive Wirkung des Hauptplatzes noch vertiefte sowie Tendenzen und Ausdrucksformen der modernen Vicentiner Architektur des Settecento widerspiegelte. Implizit zeigte der Triumphbogen auch bereits das künftige Programm auf, das der Architekt Bertotti Scamozzi sich für sein praktisches und theoretisches Schaffen auf eigene Weise zurechtgelegt hatte: «... ed avendo inteso per tutto celebrare il nome del nostro famoso Architetto Andrea Palladio, questo mi scelsi per Maestro, e Guida» (7). Dass hier nebenbei gerade eine sakrale Fassade als zu verbesserndes Vorbild für den Triumphbogen gewählt wurde, lag vielleicht an der kirchlichen Stellung des Priuli; sicher wäre bei der engen Verbindung zwischen Klerus und Landadel im Veneto und vor allem in Vicenza ein Rückgriff beispielsweise auf den unter Obhut des venezianischen Statthalters Giacomo Bragadin errichteten Arco delle Scalette politisch nicht opportun gewesen.

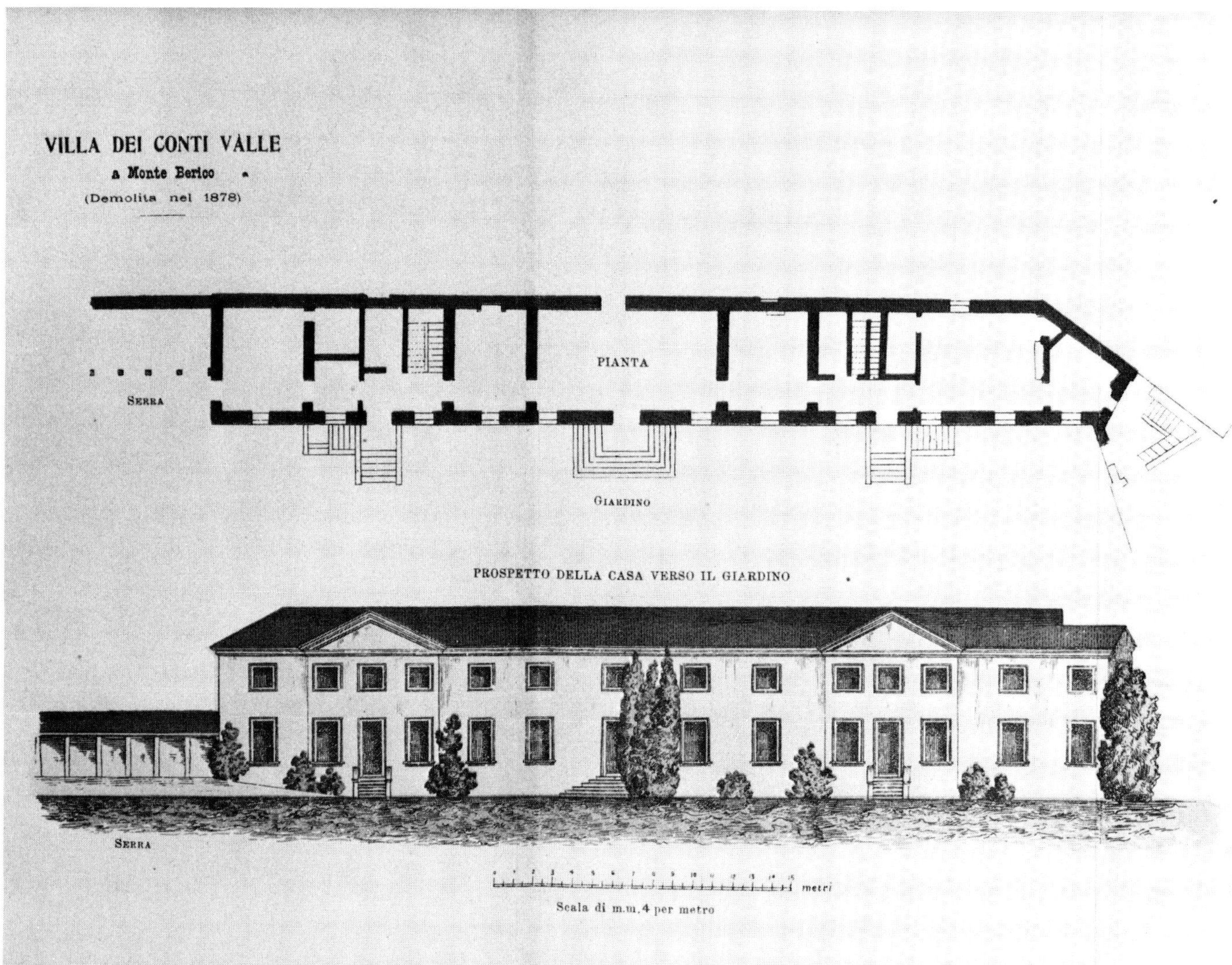

Villa Giambattista Valle in Vicenza. Rekonstruktionszeichnung von Sebastiano Rumor.

Villa Giambattista Valle in Vicenza

Monte Berico, Viale Massimo d'Azeglio
1760–61
Auftraggeber: Don Giovanni Battista Fortuna,
Pfarrherr von S. Stefano in Vicenza

Die ehemalige Villa Valle am Monte Berico und ihre wechselvolle Geschichte sind teilweise rekonstruierbar anhand älteren Planmaterials und vorab anhand der ausführlichen Überlieferungen von Sebastiano Rumor, der sie auch erstmals Bertotti zuschreibt. Nachdem aber der Monte Berico 1848 zum Schauplatz der Unabhängigkeitskämpfe geworden war, verkaufte die Familie Valle ihren Landsitz, der 1871 und 1877 nochmals die Besitzer wechselte, wobei der letztere, Bartolomeo Clementi, Bürgermeister von Vicenza, die Gebäulichkeiten niederreissen und 1878–80 von Antonio Caregaro Negrin eine neue Villa erbauen liess, die 1925 von Gio. Batt. Clementi nochmals erweitert wurde und heute zu einem Kloster der unbeschuhten Karmeliterinnen umgebaut ist (8).

Die frühesten Nachrichten über diese Villa stammen aus der Zeit der heftigen Auseinandersetzungen zwischen Enea Arnaldi und Francesco Muttoni um die Linienführung der Arkaden zum Marienheiligtum vom Monte Berico hinauf. Zwei schmale, langgestreckte, dem Lauf der Strasse (vom Arco delle Scalette zur Wegkreuzung «al Cristo») folgende Gebäude sind auf einer Muttoni-Tafel von 1741 ersichtlich, und der damalige Besitzer Gasparo Rossi wurde 1746 von Arnaldi lobend erwähnt ob seiner generösen Zustimmung zu dessen Arkadenvariante (9). Am 28. Januar 1760 verkaufte die Enkelin Marina Rossi diesen «gebirgigen Ort mit den beschwerlichen Bauten und dem kleinen angrenzenden Terrain» für 1869 Dukaten und 5 Soldi an den Vicentiner Pfarrherrn von S. Stefano, Don Giovanni Battista Fortuna, der mit radikalen Restaurierungen und einem Neubau begann, welche in einer notariellen Beglaubigung vom 23. November 1761 beschrieben wurden: «... riguardevoli spese nella Casa e Terreno medesimo, ascendenti sino al tempo presente, in cui è attualmente in fabbrica, a ducati mille trecento circa nell'aver restaurate le Case vecchie, e nell'innalzamento di nuova fabbrica coll'aver fatta una Cisterna a Pozzo, e Mura, e Portone respiciente sopra la stradda, come pure nell'aver ribassato, e spiantato il terreno montuoso, tovoso, ed in parte collo svegrarlo accresciuto e ridotto a coltura, e nell'aver restaurate e fatte per la maggior parte da nuovo le Masiere per sostenerlo, e nella piantagione del medesimo» (10). Aus nicht bekannten Gründen verkaufte Fortuna anderthalb Jahre später, am 6. Mai 1763, Gebäude und Land für 2300 Dukaten an den Conte Giambattista Valle, dessen Familie dann fast ein Jahrhundert lang am Monte Berico wohnte und die Villa zu einem Treffpunkt illustrer Gäste gestaltete (11).

Die Stadtpläne von Crivellari und Bernatti sowie von Giambattista Berti zeigen 1821 und 1823 das mit «Valle» gekennzeichnete Landhaus als ein einziges, langgestrecktes Gebäude mit einem südlichen Querflügel. Rumor publizierte 1902 Grundriss und Gartenfassade dieser Villa, die er – mit ausdrücklicher Betonung der fehlenden Dokumentation – dennoch Bertotti sicher zuschreibt wegen seinen «singolari attitudini di adattare sapientemente il nuovo all'antico con la maggiore economia e con buon gusto» und auch die «exzellenten Proportionen und die einfachen und korrekten Formen» erwähnt (12). Das zweigeschossige Gebäude hatte eine fast 45 m lange Gartenfassade und war streng symmetrisch gestaltet mittels 14 gleichförmiger Achsen, bestehend aus einem kleinen quadratischen Fenster über einer hochrechteckigen Öffnung, wobei auf die mittleren fünf Achsen beidseits je ein dreiachsiger, giebelbekrönter Risalit folgte. Drei Gartenportale, von denen das mittlere mit einer ausladenden Treppe gekennzeichnet war, trugen zur weiteren Gliederung dieser Südfassade bei. Hauptmerkmale des Grundrisses waren die grosszügige Eingangsgestaltung, die kleinen seitlichen Unterteilungen, wo auch die Treppen zum Obergeschoss lagen, und vorab die als Enfilade organisierte Abfolge und Aneinanderreihung dieser Räumlichkeiten. Inwieweit Bertottis Um- und Neubau der früheren Villa Rossi nun im einzelnen Grundriss und Fassade bestimmten, ist nicht mehr zu identifizieren; ganz generell scheinen die Nord-Süd-Ausrichtung der früheren Gebäude übernommen worden zu sein, und der Neubau sich auf den Verbindungstrakt zu beschränken. Unklar ist die im publizierten Grundriss schematisch angedeutete Barchessa, die Rumor hier funktionsgemäss «serra» nennt, und die seiner Beschreibung nach in einem gotisierenden, zinnenbewehrten Turm mit Belvedere-Charakter endete. Und überhaupt nicht bekannt ist der von den Stadtplänen des frühen 19. Jahrhunderts überlieferte, südliche Querflügel der Villa, den Rumor in Beschreibung und Aufriss weggelassen und nur im Grundriss angedeutet hat. Überliefert ist ferner, dass der Conte Giambattista Valle auf seinem Landsitz einen prächtigen Garten mit exotischen Pflanzen anlegte. Noch auf dem Stadtplan von Crivellari und Bernatti ist der Garten im «stile simetrico» (13) zu erkennen, und dreissig Jahre später behielten sich die Enkel Alessandro und Luigi Valle im Verkaufsvertrag vom 28. Oktober 1851 das Recht vor, «innerhalb des kommenden Winters einen grossblumigen Magnolienbaum auszugraben und mitzunehmen» (14). Die Residenz auf dem Monte Berico war von ihrer topografischen Situation her eine «villa suburbana», von ihrer Funktion ausgehend aber ohne direkten Bezug zur Landwirtschaft und der daraus resultierenden Selbsterhaltung, sondern diente hier primär und wahrscheinlich einzig dem Idyll auf dem der Stadt nahe gelegenen Land, wo der Besitzer seiner Vorliebe für seltene Pflanzen nachgehen konnte. Die Valle gehörten zum alten Vicentiner Adel, stammten ursprünglich aus Brendola und besassen im dortigen Lavo ihr gotisches Stammhaus. Im beginnenden 17. Jahrhundert liessen sie in der contrà Busa S. Michele in Vicenza ihre Stadtresidenz neu erbauen, welche heute dem Umkreis von Vincenzo Scamozzi zugeschrieben wird. Dieser Palazzo Valle soll — wie auch die Villa Marzotto in Valdagno, die einst der gleichen Familie angehörte — ebenfalls einen beachtlichen Garten gehabt haben, der aber nur anhand spärlichster Quellen in der schriftllichen Überlieferung erhalten geblieben ist (15).

Die Valle hatten also die Villa am Monte Berico — wie bereits erwähnt — von Don Giovanni Battista Fortuna erworben, einem nun nicht näher bekannten Pfarrherrn der Kirche S. Stefano, für die Ottavio Bertotti Scamozzi später einen S. Gaetano geweihten Altar errichtete. Obwohl keine direkte Verbindung zwischen Fortuna und Bertotti nachzuweisen ist, liegt die Vermutung nahe, dass der Pfarrer von S. Stefano in der Wahl des Architekten von Mario Capra beeinflusst wurde. Der damalige Besitzer der in der Nachbarschaft der Villa Rossi, bzw. der späteren Villa Valle gelegenen «Rotonda» war ja treuhänderischer Verwalter des Scamozzi-Legates sowie ein aktives Mitglied der Accademia Olimpica und hatte Bertotti insofern zur Stelle als Hausmeister dieser angesehenen Institution, zur architektonischen Ausbildung bei Domenico Cerato und der darauffolgenden Ernennung zum Adoptivsohn des Vincenzo Scamozzi verholfen (16). Das besonnene Vorgehen des Fortuna, der sich beim Kauf der Villa Rossi auf eine Schätzung des Gebäudes durch die beiden Maurer Iseppo Borella und Carlo Fontana als auch des Terrains durch denselben Borella und Iseppo Sartorello abstützte (17), bestärkt die Annahme, dass eine Fürsprache von seiten des Marchese Capra Gehör finden konnte — eine Empfehlung, die vielleicht neben dem Architekten Bertotti auch bereits einen künftigen Interessenten für die umgebaute Villa betraf. Doch die Beweggründe, die Fortuna zu seinem Kauf- und Bauvorhaben geführt hatten, bleiben weiterhin ungeklärt.

Im Zusammenhang mit der Auftragserteilung an Bertotti ist zusätzlich zur wahrscheinlichen Unterstützung des Capra auch die bestimmende Wirkung eines Don Domenico Cerato und seiner privat organisierten, während den fünfziger Jahren des 18. Jahrhunderts in Vicenza aktiven Architekturschule nicht zu unterschätzen. Cerato, ein geweihter Priester ohne geistliches Amt, war nachweislich der Architekt des 1753 errichteten Hochaltars in der Kirche S. Stefano und konnte Bertotti sicher vor Ende 1756, als dieser zum Scamozzi-Erben gewählt wurde, zu seinen «Schülern» zählen (18). Zahlreiche Restaurierungen und Modernisierungen bestehender Bauten wurden Cerato von einem gewissen Kreis Vicentiner Bauherren anvertraut, die sein pragmatisches Eingehen auf die ihren persönlichen Nutzungen und finanziellen Verhältnissen entsprechenden Anforderungen schätzten und ihm in den schwierigen Zeiten treu blieben, nachdem er 1759 seine Schule in der contrà Carpagnon aufgeben musste und für einige Zeit zu seinem Padovaner Studienfreund Giuseppe Toaldo, dem neu gewählten Hauptpfarrer in Montegalda zog. Auch in dieser Hinsicht bot sich eigentlich für Don Giovanni Battista Fortuna ein Architekt aus der praktisch und ökonomisch orientierten Schulung des Cerato, den er vielleicht noch von einer gemeinsamen Studienzeit her kannte, geradezu an und wurde begünstigt durch die bereits offizielle Stellung, die Bertotti sowohl als Hausmeister der Accademia Olimpica wie auch als der vom Marchese Capra ernannte Scamozzinachfolger innehatte. Und die von Bertotti realisierte Lösung des Villenumbaues basiert — soweit aufgrund der vorhandenen Dokumentation zu beurteilen möglich ist — streng auf den bei Cerato erlernten Regeln der Baukunst und ist vergleichbar mit dessen eigenen Umbauprojekten, die uns aus den frühen sechziger Jahren erhalten geblieben sind (19). Hervorstechendes Merkmal ist die grosse Einfachheit im Grund- und Aufriss. Die Villa hatte nur einen Zugang von der Strasse, der in die geräumige Eingangshalle führte, welche als Neubau die zwei freistehenden Häuser des früheren Besitzers zu einer einzigen, langgestreckten Villa verband. Diese letztere, für das Veneto überhaupt nicht aussergewöhnliche Erscheinungsform bedauerte zwar bereits Vincenzo Scamozzi bei seinem Umbau der Villa Verlato in Villaverla: «Das Gebäude ist etwas länger als breit; welches wir nicht vor gut hielten / wenn man von Grund auff hätte bauen sollen ...» und später bei der Villa Contarini in Loreggia: «Der Bau ist ziemlich lang / und nicht gar breit / dieweil der mittlere Bau also war. Daher wir auch den Fördergang dran gemacht / und einen dergleichen hinten drin ...» (20). Bei der Grundrisseinteilung konnte Bertotti trotz Berücksichtigung der bestehenden Mauern eine gewisse Symmetrie und Regelmässigkeit anwenden, die zu den wichtigen Maximen seiner lebenden und verstorbenen Lehrmeister zählten und vorab bei Palladio nachzulesen sind: «Le Stanze deono essere cópartite dall'una, e l'altra parte dell'entrata, e della Sala: e si deve avertire, che quelle dalla parte destra rispondino, e siano

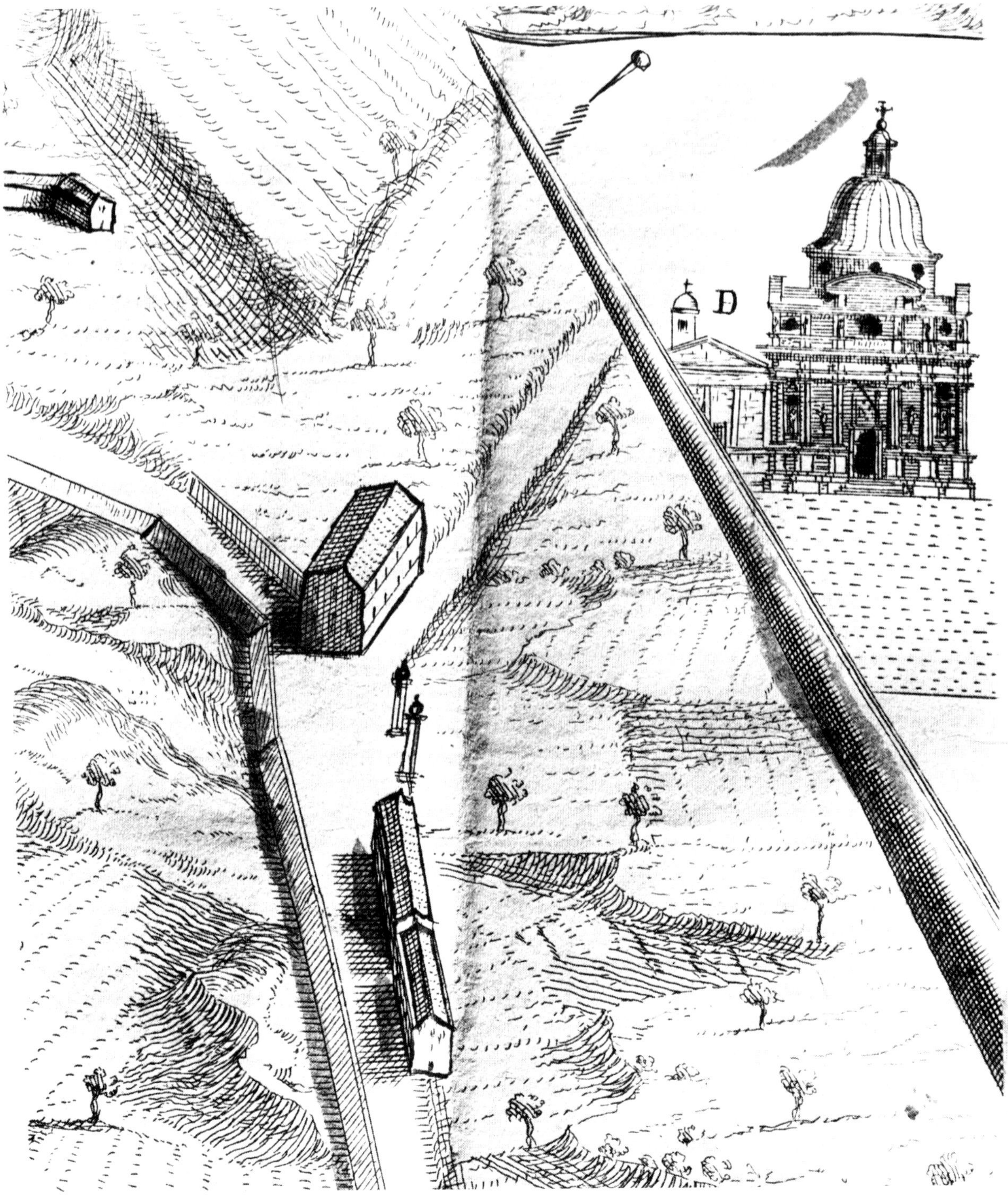

Villa Valle vor dem bertottianischen Umbau. Ausschnitt aus einer von Francesco Muttoni 1741 im Zusammenhang mit dem Bau der Portici publizierten Karte.

uguali à quelle dalla sinistra: accioche la fabrica sia cosi in una parte come nell'altra ...» (21). Die geringe Grundrisstiefe von nur einem Zimmer und die Verbindung dieser Räume untereinander mittels einer platzsparenden Enfilade trugen ebenso zur baulichen Wirtschaftlichkeit bei wie auch die Beschränkung auf eine durchgehende Zweigeschossigkeit und der karge Fassadenschmuck, der sich in Fenster- und Türgewänden und den beiden Giebelaufbauten der Seitenrisalite zu erschöpfen schien. Der «buon gusto» zeigte sich bei der feinen Akzentuierung der langen Fassadenfront durch die zwei seitlichen, mit flachen Dreiecksgiebeln verzierten Risalite und dem verhaltenen Rhythmus in der Anordnung der gleichförmigen Fensterachsen — bescheidene Stilmittel, womit die Villa sich unauffällig in die traditionelle Landbauweise des Veneto einfügte.

Casa Michele Pavanello am Corso S.S. Felice e Fortunato 140–142 in Vicenza.

Casa Michele Pavanello in Vicenza

Corso S.S. Felice e Fortunato 140–142
3. September 1764 – September 1765
Auftraggeber: Don Michele Pavanello, Priester, Literat,
Lehrer an der öffentlichen Schule in Vicenza
und später Hauslehrer bei der Familie Giacomo Milan

Das bescheidene Gebäude, an der Ausfallstrasse nach Verona und in der Nähe der Kirche und des ehemaligen Klosters S.S. Felice e Fortunato gelegen, ist zwar in den Manuskripten der lokalen Chronisten des 18. und 19. Jahrhunderts öfters, vorab von Giantommaso Faccioli und von Domenico Bortolan erwähnt, die beide die Hausfassade mit Bestimmtheit dem Bertotti zuschreiben, was dann auch in der Publikation von Vittorio Barichella gegen Ende des 19. Jahrhunderts wieder aufgenommen wird, ansonsten aber von der Forschung übergangen und erst kürzlich wieder neu zugänglich gemacht worden. Das Haus Pavanello, das heute von der Familie Eugenio Bonifacio bewohnt wird und im Erdgeschoss eine Rahmen- und Bilderhandlung hat, darf zu den frühesten und durch archivalische Dokumente gesicherten Bauten Bertottis gezählt werden (22).

Um 1700 gehörte das spätere Haus Pavanello der Familie Giovanni Briati und war auf drei Seiten von Liegenschaften des Agostin Fadinelli umgeben. Auf Veranlassung dieses Fadinelli verfertigte der Perito Antonio Berlaffa am 7. April 1725 eine Bestandsaufnahme der baulichen Veränderungen an diesem Haus, das durch Heirat der Margaritta Briati in den Besitz des Tomaso Cressadoro gekommen war, welcher nun einen Portico mit drei neuen Pilastern und darüber einen gemauerten Aufbau errichten liess. Der nächste Besitzerwechsel erfolgte nach knapp vierzig Jahren durch eine testamentarische Verfügung der Witwe Cressadoro, die am 22. Juni 1764 starb und – neben verschiedenen Schenkungen an kirchliche Institutionen und an den Advokaten Pietro Muzzi – das im Borgo S.S. Felice e Fortunato gelegene Haus ihrem Kaplan und Beichtvater Michele Pavanello vermachte. Und Pavanello erwähnt in seinen «Memorie», dass er am 3. September des gleichen Jahres mit dem Hausumbau begonnen hat und nach einem Jahr im September 1765 dort einzog. Nicht erwähnt in diesem Zusammenhang wird der Architekt Ottavio Bertotti Scamozzi, den aber ein jüngerer Zeitgenosse, der verlässliche Dominikanerpater Giantommaso Faccioli, dann 1801 in seinem Nekrolog auf Pavanello zum erstenmal nennt. Michele Pavanello selbst hinterliess das Haus seinem Neffen und ehemaligen Geistlichen Giuseppe Pavanello, der es wiederum mit Testament vom 31. Oktober 1820 der benachbarten Kirche S.S. Felice e Fortunato schenkte, wobei anlässlich dieses Legats eine Beschreibung des Gebäudes aufgenommen wurde. 1896 liess das Königreich Italien die Liegenschaft als Kirchengut verstaatlichen, worauf später das Haus wiederum in Privatbesitz kam (23).

«Una c. Casa posta in Vicenza nel Borgo de'Santi Felice e Fortunato fuori de'Porta del Castello marcata dal Civico numero seguentativo 63, composta al piano terreno de'bottega, camera, ed ingresso per salire ai piani superiori, al primo piano de'Camera respiciente detto Borgo, Camerino e Cucina, al secondo piano de'altra Camera, Camerino, e Cucina, e superiormente de'Granaio, confinante a mattina col. Co.Gio.Ettore Nievo, a mezzodè con Strada, ossichè detto Borgo, a sera con fratelli Bregianè, a tramontana con detto Co.Nievo, scelti i più certi confini, decimata nella Mappa provvisoria Circondario esterno al No 20. venti col Estimo Gennearico di L.O.2.5.3.0.» ... lautet die obengenannte Beschreibung, die vorab die Anzahl Räume des dreigeschossigen Hauses festhält und einen Einblick in die damals übliche Disposition vermittelt, die einst ein Grossteil dieser heute nun meist um- und zusammengebauten Vorstadthäuser aufwiesen. Der Anteil Bertottis bei der Anordnung der Innenräume ist nicht mehr zu ermitteln, generell scheint diese aber zum vornherein bestimmt gewesen durch die schmale Strassenfassade von ca. 7 m Länge einerseits und durch die grosse Tiefe des Baukörpers andrerseits. Dafür lässt sich aufgrund der wiederentdeckten Zeichnung von 1725 und vereinzelter, noch bestehender Portici am Corso S.S. Felice e Fortunato mit Sicherheit darauf schliessen, dass bei der bertottianischen Renovation die Anbauten aus den zwanziger Jahren des 18. Jahrhunderts niedergerissen und die Fassade entsprechend zurückversetzt wurde. Das Erdgeschoss in feingeschnittener Rustika erscheint heute durch die modernistische Art und Weise des neu gestalteten Ladeneinbaues, der über die Hälfte der Fassadenbreite einnimmt, stark ausgehöhlt. Die beiden Obergeschosse repräsentieren aber noch jene von Domenico Bortolan gerühmte «semplicità ed armonia di linee» (24), bestehend aus geschosstrennenden Ge-

simsen sowie gleichzeitig in breitem Abstand parallel dazu verlaufenden, unter den Fenstern durchgezogenen, schmalen Mauergurten und einem vorkragenden Dachgebälk mit volutenförmigen Balkenköpfen. Neben dieser ausgeprägten Horizontalbetonung wird die Fassade in der Vertikale durch drei Fensterachsen gegliedert, wobei je eine schmale, hochrechteckige Öffnung das in der Mitte liegende und vorgeblendete Fenster einrahmt. Das Piano Nobile im ersten Obergeschoss wird ausgezeichnet durch die Form der Blendöffnung, die mit einem leichtgestelzten Rundbogen abschliesst, und das in diesem Stockwerk tiefer angesetzte, die Fenster bekrönende und so auch um den halbkreisförmigen Ausschnitt herumgezogene Gesimse. Sind die zwei wirklichen Fenster hier noch seitlich von einem einfachen Mauerband eingefasst, so sind im zweiten Obergeschoss sowohl ihre entsprechenden als auch die vorgeblendete Öffnung schlicht senkrecht in die Mauer eingeschnitten. Diese geschlossene Mittelachse der beiden Obergeschosse entspricht einer jahrhundertealten, einheimischen Tradition bei schmalen Stadthäusern, die genau in der Mitte der zur Strasse hin orientierten Wand die offene Feuerstelle mit Rauchabzug eingebaut und entsprechend die Fenster möglichst weit davon entfernt angeordnet haben (25). Aus dieser funktionellen Notwendigkeit der Kaminplazierung wurde ein Schmuckelement für die Fassade entwickelt, dem neben der architektonischen Ausprägung oft zusätzlich noch eine Bemalung dieser Eingangsfront folgte. Bei der Casa Pavanello sind für die vorgeblendeten Öffnungen der Obergeschosse entsprechende Wandmalereien in situ nicht mehr erkennbar, doch ausreichend dokumentiert in der schriftlichen Überlieferung, die neben dem Bildmotiv auch den Namen des Malers festgehalten hat (26).
In der grösseren, in einem Halbkreis geschlossenen Nische des Piano Nobile war das Glück oder besser die Fortuna in der Form einer älteren, ehrwürdigen Frau dargestellt und von dem Leitspruch «auream quisquis mediocritatem» umgeben, und in der darüberliegenden, kleineren Nische waren zwei Putti mit dem Motto «nunc mihi, nunc aliis benigna» gemalt. Die beiden 1765 fertiggestellten Fresken stammen von Giacomo Ciesa, dem «pittor di figure», und repräsentieren ein bis anhin unbekanntes Frühwerk des 1733 in Vicenza geborenen Malers sowie gleichzeitig dessen erste gesicherte Zusammenarbeit mit Bertotti Scamozzi. Abgesehen von den bekannten Malereien Ende der sechziger Jahre in der von Cerato errichteten Specola in Padova, sind die nächsten an Ciesa zugeschriebenen Werke zwischen 1774 und 1776 in der Kapelle der Villa Da Porto in Pilastroni bei Dueville sowie 1790 in der Villa Franceschini in Arcugnano entstanden, und wohl gleich anschliessend sind die Grisaillen im Vestibül und im Salon der 1764 erbauten Villa Capra in Sarcedo zu datieren. Als Figurenmaler arbeitete Ciesa eng mit dem jüngeren «quadraturista» Paolo Guidolini zusammen, der seinerseits wiederum verschiedene Aufträge gemeinsam mit dem Veroneser Maler Francesco Lorenzi ausführte — eine Equipe, der sich manchmal noch der 1774 von Venedig nach Vicenza übersiedelte Bildhauer Giambattista Bendazzoli beigesellte (27). Weiter ist hier Davide Rossi, ein enger Freund von Bertotti, zu erwähnen, der sich neben der Malerei auch mit Kupferstechen und Architektur beschäftigte und später gemeinsam mit Guidolini und dem kaum bekannten Francesco Leoni beispielsweise für die Ausstattung des Teatro Eretenio hinzugezogen wurde (28).
Die Wandmalereien von Ciesa wurden durch die erwähnten, lateinischen Sinnsprüche ergänzt, die der Auftraggeber einer Ode des Horaz entnommen hatte. Michele Pavanello, geboren in Vicenza am 18. Dezember 1724 als Sohn des Giovanni Pavanello († 30. September 1771) und der Maddalena Zaccaria, besuchte nach der lokalen Jesuitenschule den Unterricht von Don Vincenzo Vicari, bei dem er die höchste Form der Sprachkunst erlernte, und wurde vom Bischof Antonio Marino Priuli zum Priester geweiht. Bei seinen Zeitgenossen galt Pavanello als grosser Kenner der griechischen und lateinischen Sprache, als versierter Literat und brillanter Autor von Epigrammen und Sonetten, der bei verschiedensten Gelegenheiten um eine Inschrift oder einen Aufsatz gebeten wurde. Er war geschätzt als eifriger, einen sittsamen Lebenswandel führender Priester und als leidenschaftlicher Patriot. Letzteres führte ihn unter anderem dazu, bereits ab 1750 zusammen mit Giuseppe Corona eine zeitgenössische Chronik über Vicenza zu schreiben, die nach dem 21. Juli 1783 bis zum endgültigen Abbrechen am 18. Mai 1814 von Corona allein verfasst wurde. Pavanello war ausserdem Lehrer an der öffentlichen Schule — eine Berufung, die ihm nach seinen eigenen Worten zu beschwerlich wurde, so dass er am 1. November 1772 eine Anstellung als Hauslehrer bei der Familie des Seidenfabrikanten Giacomo Milan begann und so die Musse fand für den Grossteil seiner uns heute von Sebastiano Rumor überlieferten literarischen Arbeiten. Die lebenslange Freundschaft, die bald einmal die Milans und ihre vier Kinder mit Michele Pavanello verband, fand dann 1801 beim Tod des Priesters ihren dichterischen Niederschlag in der herzlich abgefassten Grabinschrift in der Kirche S. Pietro.
Was genau Pavanello zur Wahl Bertottis als Architekt für den Umbau seines ererbten Hauses im Borgo S. S. Felice e Fortunato bewog, ist nicht bekannt. Immerhin ist anzunehmen, dass der praktizierende Priester den Pfarrherrn von S. Stefano kannte, für den Bertotti kurz vorher die Villa Valle erfolgreich umgebaut hatte, und als Schriftsteller auch die literarischen Veranstaltungen der Accademia Olimpica besuchte, deren Publikum sich grösstenteils aus Vicentiner Adligen sowie gelehrten Geistlichen zusammensetzte (29), deren Vorsitz 1746 Marchese Mario Capra geführt hatte, und Bertotti dort bereits seit zehn Jahren als Hausmeister amtierte. Mario Capra selbst wurde von Don Vincenzo Vicari, dem einstigen Lehrer Pavanellos, als «uomo di lettere» und für seine agrarischen Studien gelobt, während Pavanello schon 1744 mit den beiden Söhnen Marzio und Gabriele Capra lateinische

Distichen für eine Hochzeitsgabe verfasste, und Bertotti Scamozzi dann 1761 den «Forestiere istruito» seinem grossen Mäzen widmete (30). Abgesehen von diesen gesellschaftlichen Zusammenhängen bevorzugte Michele Pavanello unter den damals aktiven Vicentiner Architekten, zu denen vorab die einheimischen Conti Enea Arnaldi, Orazio Claudio Capra und Ottone Calderari zählten, den vom Marchese Capra geförderten Bertotti Scamozzi wahrscheinlich auch deshalb, weil er als Auftraggeber sein Bauvorhaben möglichst einfach, rationell und ökonomisch durchgeführt haben wollte. Diese Gewähr war weder von Arnaldi, noch von Calderari und auch nicht vom dilettierenden Capra zu erwarten, die alle drei sich mit gewichtigeren Architekturaufgaben von entsprechend anderen Dimensionen auseinandersetzten (31). Und Domenico Cerato, für kurze Zeit von seinem Exil in Montegalda zurückgekehrt, war mit der Systematisierung des alten, an der contrà S. Francesco Vecchio in Vicenza gelegenen Seminars beschäftigt und folgte bald darauf Giuseppe Toaldo nach Padova, der 1765 zum Astronomieprofessor an die dortige Universität berufen wurde.

Die Leistung von Bertotti Scamozzi liegt nun darin, dass er mit sparsamsten Mitteln eine harmonische Einheit zwischen Grund- und Aufriss erreichte, die auch in der Gliederung der Fassade klar zum Ausdruck kommt. Ein Netz von waagrechten, massvoll gehaltenen Gesimsen und von senkrechten, nur durch Fenster artikulierten Achsen ordnet die Aussenseite, deren im Vergleich zur Gebäudebreite auffallende Höhe durch eine sanfte Überbetonung der Horizontalen optisch gemindert wird. Diese fast grafisch anmutende Strukturierung bildet gleichzeitig eine subtile Rahmung für die beiden von Ciesa stammenden, heute verlorengegangenen Wandgemälde und lässt vermuten, dass hier Architekt und Maler bereits bei Beginn der Projektierung zusammengearbeitet haben. Weiter ist anzunehmen, dass die Fresken selbst sehr plastisch mit vielen, auch harten Lichteffekten und vielleicht gar in Grisaille gemalt waren. Fügte sich die Architektur des Hauses damals — vor der Abbruch- und Neubaueuphorie des 19. und 20. Jahrhunderts — wohl nahtlos in den städtebaulichen Kontext der nach Verona führenden Ausfallstrasse und gehörte dabei zu den zahlreichen, bescheidenen und «anonymen» Bauten, so mussten andrerseits die Malereien eine gewisse Signalwirkung ausgestrahlt haben, die das Gebäude aus der Menge der anliegenden Häuser heraushob und ein Zeichen bildete — eine Art Aushängeschild des Bewohners, das dessen Neigungen und Liebhabereien sowie implizit dessen philosophische Geisteshaltung verkündete. Diese Zeichensprache scheint bewusst angestrebt worden zu sein und findet ihren Höhepunkt in dem vieldeutigen, nebenbei auch pädagogischen Bekenntnis zum goldenen Mittelweg. Dass sich die Lebensauffassung des Michele Pavanello, der noch in der von der Familie Milan gewidmeten Grabinschrift als «aureae mediocritatis amantissimus» gerühmt wird (32), eigentlich in der gesamten Erscheinungsform des Bauwerkes widerspiegelt, macht den Reiz des kleinen Vorstadtgebäudes aus und trägt zur erwähnten, harmonischen Einheit bei, hier nun verstanden als eine tiefgreifende Identifikation des Bauherrn und Bewohners mit seinem Haus.

Palazzo Giacomo Milan an der contrà Porta S. Lucia 7 in Vicenza.

Palazzo Giacomo Milan (heute Tacchi) in Vicenza

Contrà Porta S. Lucia 7
1766
Auftraggeber: Giacomo Milan, einer der drei grössten Seidenhändler und -fabrikanten im damaligen Vicenza

Von der Piazza XX Settembre in das alte, zur Porta S. Lucia führende Scaligerviertel einmündend, erblickt man zur Linken den mächtigen Palazzo Angaran aus dem späten 15. Jahrhundert, dann ein schmales, nur zwei Fensterachsen aufweisendes Gebäude mit einem heute zugemauerten, zur Hälfte unter dem Strassenniveau liegenden Portico und angrenzend den einen Palazzetto Giacomo Milan mit der Hausnummer 5 sowie unmittelbar folgend den zweiten, gegenüber den vorangehenden Bauten stark zurückgesetzten Palazzo des Giacomo Milan mit der Hausnummer 7 und der in situ befindlichen Datierung «Anno Domini MDCCLXVI». Diese beiden Häuser, die während des 18. und beginnenden 19. Jahrhundert im Besitze derselben Familie waren, werden in der neueren Literatur immer wieder verwechselt — ein Umstand, der sowohl auf die teils nicht mehr bekannten Eigentumsverhältnisse des Settecento als auch auf die reale Möglichkeit zurückzuführen ist, dass hier derselbe Architekt für beide Umbauten — und um solche handelt es sich dabei — hinzugezogen wurde. Die früheste Attribution an Bertotti Scamozzi stammt von Antonio Magrini im Jahr 1845 und betrifft den Palazzo Milan mit der Hausnummer 7. Gleichlautende Eintragungen in den Manuskripten des 19. Jahrhunderts bekräftigen diese Zuschreibung. Der Palazzo Giacomo Milan wird heute von der Signora Vittoria Tacchi bewohnt (33).

Die wohl bereits im 14. Jahrhundert unter der Scaligerherrschaft entstandenen Häuserzeilen der contrà Porta S. Lucia sind auf den ältesten Vicentiner Gesamtstadtplänen von 1580 und 1611 in der noch heute sich darbietenden, geschlossenen Form festgehalten. Aus den Häuserverzeichnissen von Vicenza ist zu erfahren, dass 1666 das fragliche Gebäude Carlo dal Toso gehörte, 1800 noch im Besitze des Giacomo Milan war und 1810 auf den Namen des Sohnes Girolamo Milan eingetragen ist, der sich in zweiter Ehe mit Beatrice Massari aus Ferrara verheiratete (34). Die Milans stammten ursprünglich aus dem padovanischen Montagnana: als jüngster Sohn des Bortolamio und Neffe des 1658 verstorbenen Domherren Girolamo Milan verliess Mattio Milan (getauft am 7. Juli 1617) am 6. April 1641 Montagnana und übersiedelte nach Vicenza, wo er beim Tuchhändler Silvestro dalle Hore Arbeit fand und 1655 einen eigenen Hausstand gründete. Die beiden jüngsten Söhne des Mattio wiederum, der am 22. Dezember 1659 getaufte Bortolamio und der in Vicenza Chorherr gewordene Antonio, reichten bei der Stadt am 20. Dezember 1707 ein Gesuch um Gewährung des Bürgerrechts ein, dem am 14. März 1708 entsprochen wurde (35). Eine Heirat mit der vermögenden Angela Conti verhalf dann dem Bortolamio Milan, nun Bürger von Vicenza, zum geschäftlichen Aufstieg im Seidenhandel und in der verarbeitenden Seidenindustrie. Das «Giornale d'Italia» vom September 1764 erwähnt unter den grössten Vicentiner Seidenfabrikanten: «... Il Signor Bartolameo Milan ne tiene da 250. (telaj) per il facimento non solo d'ogni sorta di Drapperie, ma pur anche di Fazzoletti di Seta schietti, ed operati a carè, broccati, e damascati ...», wobei der nicht gerade exakte Artikelschreiber wohl den Begründer, nicht aber den aktuellen Leiter der Firma nannte. Giacomo Milan, einziger Sohn und Nachfolger des Bortolamio, besass in der zweiten Hälfte des 18. Jahrhunderts auch eigene Spinnereien von beachtlichen Dimensionen, so neben den zwei Spinnereien in Carpanè bei Valstagna eine an die Gärten des ehemaligen Klosters S. Bortolo angrenzende Spinnerei mit 66 «Fornelli» für die Haspelei in der contrà S. Francesco in Vicenza, wo weitere Gebäude im Besitze Milan sich direkt gegenüber dem Kloster in der contrà S. Bortolo befanden, und mit einem Kostenaufwand von 72000 Lire am Ponte Furo 1799 zusätzlich eine Färberei mit 24 Kesseln errichtet wurde. Die ausgedehnten Handelsbeziehungen wurden vom Sohn des Giacomo, von Girolamo Milan noch erweitert und erstreckten sich auf ganz Italien, Frankreich, Deutschland, Österreich, Polen und die Türkei; aus dem Jahr 1818 ist beispielsweise eine grosse Stoffsendung an den Erzbischof von Krakau überliefert. Die Firma Milan überstand die grossen politischen und finanziellen Umstürze vor und nach der Jahrhundertwende, während am 10. November 1786 das Handelsgeschäft Portinari einen Aufsehen erregenden Bankrott in der Höhe von 2300000 Lire anmelden, und 1806 sogar die Gebrüder Franceschini ihre gesamte Firma samt dem berühmten Palazzo an der contrà S. Marco liquidieren mussten. Girolamo Milan zählte 1797 zu den ersten «Municipalisti», unter Napoleons Herrschaft wurde er zum Kavalier der eisernen Krone ernannt und unter den Österreichern erhielt er den erblichen Titel eines Conte di Carpanè zugesprochen (36).

Der Palazzo Giacomo Milan an der contrà Porta S. Lucia 7 ist nach dem Palazzo Angaran zu den grössten Wohnhäusern in dieser Strasse zu zählen — eine Tatsache, die wegen der bescheiden zurückhaltenden und dennoch elegant wirkenden Fassade nie wahrgenommen wurde. Aber der Grundriss hat im Vergleich zu den übrigen, angrenzenden Gebäude eine sich weit gegen die heutige contrà dei Torretti hin ausdehnende Tiefe. Der Länge der Fassade entspricht ein breites Rechteck, das in der Mitte einen einzigen Durchgang aufweist, der in einen allseitig geschlossenen, langen Innenhof mündet, beidseitig flankiert von einem schmalen Hausflügel, wobei der rechte immerhin doppelt so breit wie der linke Abschnitt ist. Die nordwestliche Abschlusswand des Innenhofes besteht aus einer modernisierten und die neuzeitliche Grundstückstrennung bildenden Mauer; jene hinteren, gegen die contrà dei Torretti hin unregelmässig an- und ineinandergebauten Häuser gehören heute einem anderen Besitzer als jene links, rechts und südöstlich des Innenhofes angelegten Gebäude, die in sich eine Einheit vorstellen und nun im folgenden allein behandelt werden, wobei diese Separierung durch den offensichtlich begrenzten architektonischen Eingriff im 18. Jahrhundert legitimiert erscheint. Gerade der zwar zur Zeit sich in einem deplorablen Zustand befindende Innenhof zeichnet sich durch eine klare und systematische Ordnung seiner begrenzenden Mauern aus. Die Längsseiten — teils unterbrochen von einem einfachen Treppenaufgang, aber auch von modernen Einbauten — sind im Erdgeschoss beidseitig mittels einer Arkadenreihe geöffnet, deren quadratische und mit einem blockförmigen Kämpfer verzierte Pfeiler eine optische Fortsetzung in den simplen, unprofilierten Lisenen der beiden Obergeschosse finden, die ihrerseits zur Rhythmisierung der jeweils über den Arkadenöffnungen liegenden Fenster beitragen. Die horizontale Gliederung besteht neben der Aneinanderreihung gleich grosser Öffnungen auf derselben Etage aus verschiedenen breiten und stets unprofilierten Mauerbändern, so einem grösseren Gurtgesims über den Arkaden, einem schmalen und um die Lisenen verkröpften, unter den Fenstern durchlaufenden Gesimse sowie einem weiteren Stockwerkgesims. Die Schmalseite des Hofes und gleichzeitig die rückwärtige Eingangsfront hat im Erdgeschoss einen die ganze Breite einnehmenden Durchgang, flankiert von zwei toskanischen Säulen mit attischer Basis und quadratischem Abakus, die den Holzarchitraven stützen. Darüber zeigt ein Rundbogenfenster, dessen flaches Gesims um den Halbkreis herumgeführt und von einem Schlussstein akzentuiert wird, die Lage des Hauptsaales an, der sich über dem Korridor des Erdgeschosses befindet und die gesamte Tiefe des Palazzo beansprucht. Die innere Disposition mit unterschiedlich breiten, senkrecht zur Eingangsfront verlaufenden Raumfluchten, wobei sowohl der Durchgang im Erdgeschoss als auch der entsprechende «Zentralsaal» des Piano Nobile seitlich der Mittelachse liegen, ist in der gegen die contrà Porta S. Lucia gerichteten Hauptfassade deutlich erkennbar. Gleichzeitig veranschaulicht diese Fassade die Bemühungen um eine symmetrische Gestaltung des ehemals sehr amorphen Gebäudekomplexes, dessen Aussenwände noch heute weder rechtwinklig noch parallel zueinander stehen. Da der dreigeschossige Palazzo vier Fensterachsen breit ist, und das von den Vorgängerbauten herstammende Portal samt der Durchfahrt sich in der linken Hälfte befindet, griff der Architekt zu einem eigentlichen Kunstmittel, indem er die eine Fensterachse rechts aussen leicht zurücksetzte und die restlichen drei durch ein stark profiliertes Gebälk auszeichnete und optisch zusammenfasste. Damit wurde eine neue und klar ausgeprägte Mittelachse geschaffen: im niedrigen Erdgeschoss dominiert das breite, in einem Halbkreis geschlossene Portal mit rustizierter Einfassung, darüber stützen je zwei seitlich angeordnete, massive Kragsteine den über die gesamte Portalbreite vorspringenden Balkon, dessen elegante Balustrade über den Kragsteinen entsprechende zwei wuchtige Pfeiler anstelle der Docken aufweist; und die schmale Balkontüre, deren Öffnung direkt in die Wand eingeschnitten ist, wird eingerahmt von zwei ionischen, unkannelierten Doppelpilastern, die ein verkröpftes, voll ausgebildetes ionisches Gebälk tragen. Zwischen Türsturz und der untersten Faszie des Architraven ist die inschriftliche Datierung «Anno Domini MDCCLXVI» in einem mit dem klassischen Perlstab verzierten Feld angebracht. Weiter in derselben Achse befinden sich über dem ionischen Gebälk ein kleines quadratisches Mezzaninfenster und als Hauptabschluss nun das aber über die Breite von drei Fensterachsen unverändert durchgezogene, ausladende Gesims mit Zahnschnitt, Geison und Sima. Die Hierarchie der Stockwerke ist auch anhand der Fensterrahmungen zu erkennen, was in dieser vertikalen Ausrichtung übrigens ebenso für den zurückgesetzten Gebäudeabschnitt gilt. Das quadratische Fenster im Erdgeschoss ist ohne jegliches Gewände, während dasselbe Fenster im Mezzanin eine mehrfach profilierte Rahmung besitzt, deren äusserste Rundung in den zusätzlich mit einer Balusterbrüstung verzierten Fenstern des Piano Nobile noch stärker hervorgehoben ist. Die horizontale Gliederung wird einerseits durch diese erwähnten, gleichgeformten Öffnungen und andrerseits durch die über die ganze Fassadenlänge durchlaufenden Gesimse bestimmt, wobei aber nur das unterste, unprofilierte Mauerband sich über alle vier Fensterachsen in derselben Form erstreckt; sowohl das Brüstungsgesims und das ionische Gebälk im Piano Nobile als auch das Abschlussgesims finden eine in der Profilierung höchst reduzierte Fortsetzung bei der vierten und zurückgesetzten Fensterachse, die nur schwach gegliederte Gurten und ein kleineres, ohne Zahnschnitt versehenes Dachgesims aufweisen kann.

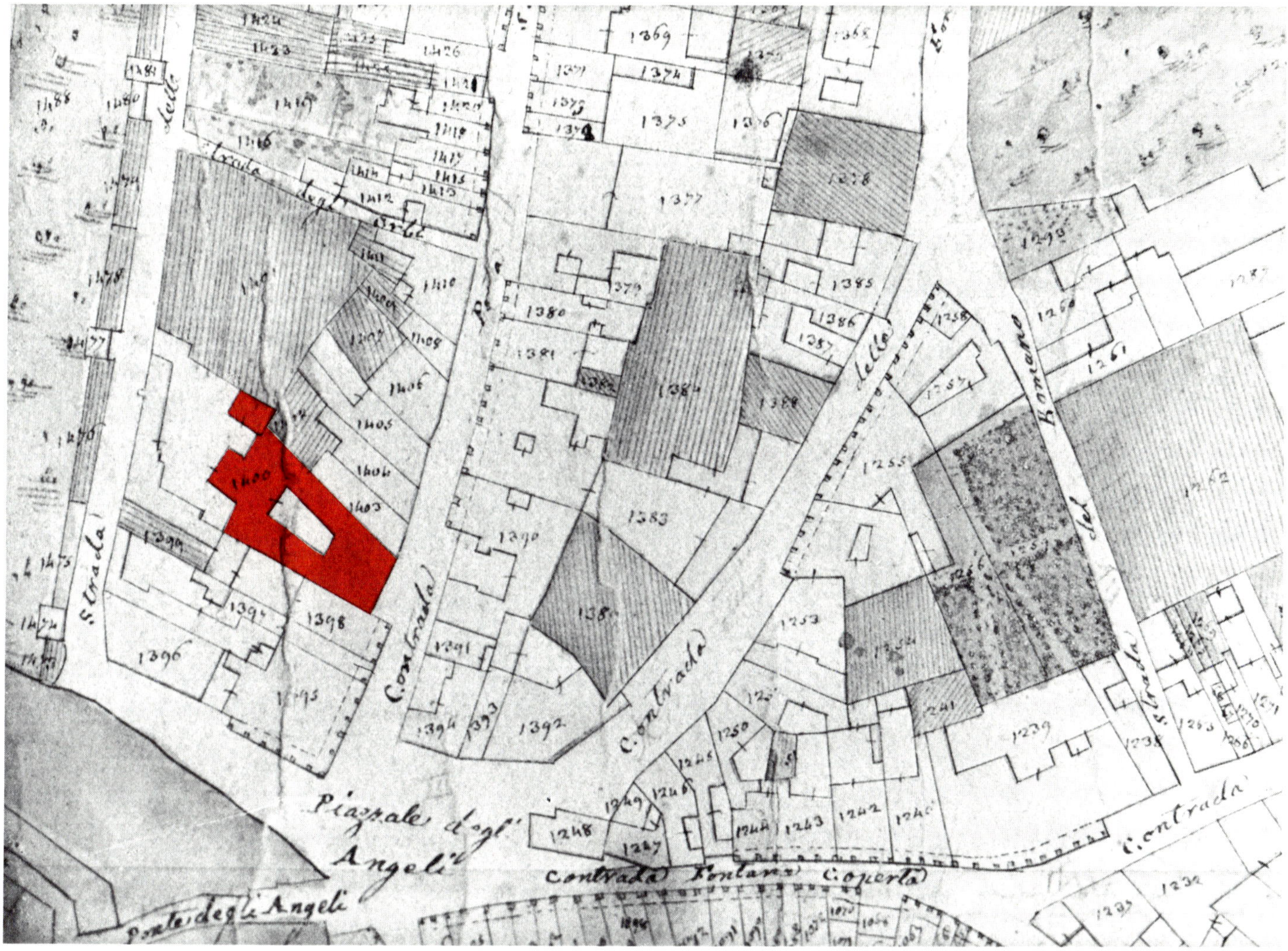

Ausschnitt aus dem napoleonischen Katasterplan von 1814 bzw. dessen Kopie von 1816 im Staatsarchiv Vicenza.

Diese ausführliche Beschreibung des Palazzo Giacomo Milan gründet auf verschiedensten Motivationen, die anhand der einzelnen, aus dieser Beschreibung gewonnenen Erkenntnisse dargelegt werden sollen. Vorab ist nochmals zu betonen, dass es keine aus der Bauzeit des Palazzo stammenden Dokumente gibt, die den Namen des Architekten erwähnen — Faccioli hat 1776 nur den genauen Inhalt der Datierungsinschrift festgehalten (37). Andrerseits wurde die Zuschreibung von Magrini überhaupt nie angezweifelt und scheint im Gesamtœuvre von Bertotti Scamozzi auch ihren folgerichtigen Platz einzunehmen. Dafür spricht ebenfalls der gesellschaftliche Status des Auftraggebers: ein nichtadliger, wohlhabender Bürger, der sich in der damaligen Zeit der beginnenden Handels- und Fabrikationserleichterungen stark in der Seidenindustrie engagierte und gemäss einer Zusammenstellung aus dem 19. Jahrhundert gar zum grössten Seidenfabrikanten in der Stadt Vicenza avancierte. Dabei ist festzuhalten, dass die strengen, von Venedig aufgestellten Monopolbestimmungen erst nach 1750 liberaler gefasst wurden, indem beispielsweise das seit 1713 erhobene Vorrecht Venedigs auf die alleinige Herstellung von «manifatture per il Levante, drappi d'oro e argento, velluti e damaschi a parangon» Ende 1753 mit den vom venezianischen Senat erlassenen «Stabilimenti e Regole rispetto al Corpo Mercantile della Seta ed all'Arte de'Testori» gelockert wurde, gefolgt von neuen Qualitätsnormen durch die «Terminazione in proposito de'Lavori pertinenti al Corpo Mercantile della Seda, & Arte de Testori» im Mai 1756 und — nach einem Gesuch der beiden Städte Brescia und Vicenza an die Cinque Savi alla Mercanzia — der Bewilligung zur Produktion von Seidenstrümpfen im Jahre 1763. Die Firma Milan begann 1770 mit der Seidenstrumpffabrikation, und laut einer Untersuchung der Vicentiner «Presidenza al Commercio» waren diese Produkte «d'una tale finezza, che può emulare quella più perfetta di Lione, e di

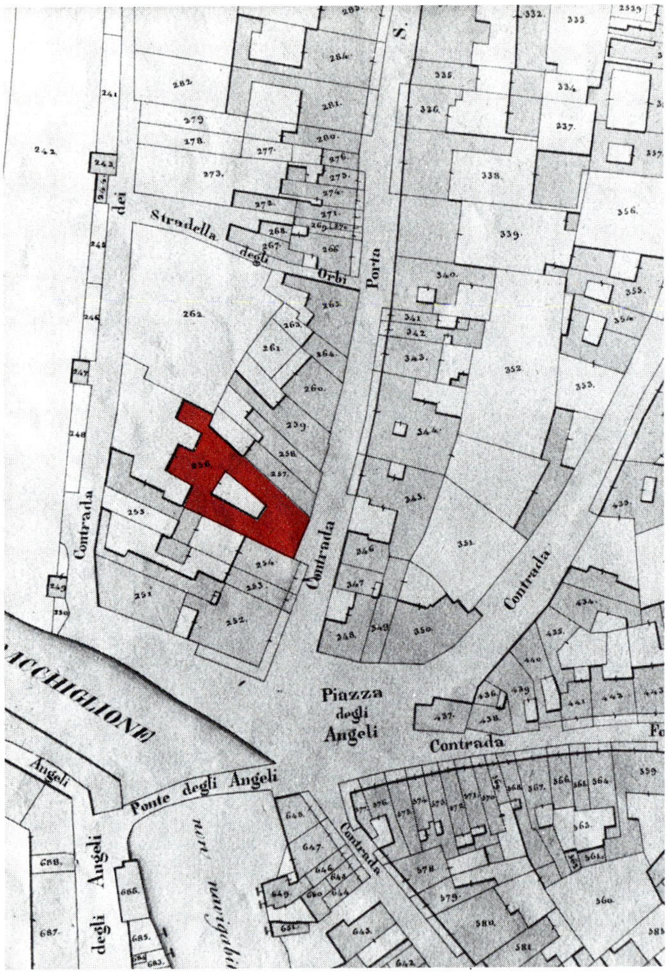

Ausschnitt aus dem österreichischen Katasterplan von 1841 bzw. dessen Kopie von 1842 im Staatsarchiv Vicenza.

Parigi» (38). Im Gegensatz zur altangesehenen Firma der Franceschini und den ehemals im Seidenhandel tätigen, 1747 geadelten Fadinelli hat sich Giacomo Milan nachhaltig von den erwähnten Monopolauflösungen beeinflussen lassen und stellte vor allem auch für den Export bestimmte Luxusstoffe her. Anscheinend bereits nach dem ersten Dezennium dieser neu verlagerten Produktionstätigkeit begann er sich mit dem Umbau seines Wohn- und Geschäftssitzes zu befassen und direkt den Grundstein für eine Sanierung bzw. Wiederbelebung dieses Quartiers und der angrenzenden Gebiete zu setzen (39). Es handelte sich dabei vorab um eine Modernisierung bestehender Gebäude, die der internationalen Tätigkeit der Firma und einer entsprechenden Repräsentation angepasst werden sollten. Dass diese Aufgabe dem Architekten Bertotti anvertraut wurde, der in nächster Nachbarschaft, gerade auf der anderen Seite des Ponte degli Angeli in einer Liegenschaft der ans Teatro Olimpico grenzenden Accademia Olimpica wohnte, erklärt sich auch aus der Persönlichkeit des Giacomo Milan, eines neuen Tendenzen aufgeschlossenen Geschäftsmannes, der wenige Jahre später den hochgeschätzten Michele Pavanello zum Hauslehrer für seine Kinder berief und als Direktor der Firma Giuseppe Gastaldi engagiert hatte, welcher «accetto ai begli spiriti del suo tempo, ed uno di essi; amico delle lettere, ed intelligentissimo dell'arte sua» (40) in jenen gelehrten Vicentiner Kreisen verkehrte, zu denen auch Bertotti Scamozzi Zugang hatte.
Ausgehend vom alten Gebäudekomplex, dessen vielleicht ehemals vorhandene Portici aus funktionellen Forderungen aufgegeben worden wären, erreichte Bertotti Scamozzi bei diesem Palazzo Milan eine geglückte Verbindung von traditionell vicentinischem Formenschatz mit seinen eigenen, persönlichen Vorstellungen zeitgemässer Architektur. Zum ersteren gehört hier die Auszeichnung der Mittelachse durch ein rustiziertes Rundbogenportal und durch eine reich ausgestattete Fensteranlage im Piano Nobile, welche oft von einem Balkon oder einer Fensterbrüstung und einem kräftiger hervortretenden Gebälk begrenzt wird, wobei ebenfalls Doppelpilaster nicht fehlen, wenn diese auch meistens «auseinandergezogen» die schmale, seitliche Öffnung einer Serliana stützen. Diese Charakteristika deuten auf Beispiele aus dem späten 16. und frühen 17. Jahrhundert hin und sind im Umkreis von Giandomenico und Vincenzo Scamozzi speziell ausgeprägt worden, wobei der Aufbau der rückwärtigen, auf den Hof hinaus gerichteten, schmalen Front des Milan'schen Palazzo mit der rundbogigen Öffnung über einer toskanischen Kolonnade sogar direkte Assoziationen mit der entsprechenden — zwar monumentaler gestalteten — Hoffassade des Palazzo Trissino-Baston, des heutigen Palazzo del Comune am Corso Andrea Palladio, zulässt (41). Zum letzteren, zur persönlichen Handschrift des Architekten zählt unter anderem die ausführliche und korrekte Anwendung der ionischen Ordnung, was sich bis auf die Rahmung der Inschrifttafel und selbst auf die symmetrisch aufgebauten Baluster

erstreckt, die angemessen schmal geformt sind. Dass dabei das Erdgeschoss nicht in durchgehender Rustika ausgeführt ist, sondern diese auf die Portalfassung beschränkt bleibt, trägt weiter zur Kennzeichnung dieses Gebäudes bei, dessen Fassade so gesamthaft jene der ionischen Ordnung zugeschriebenen Attribute widerspiegelt: Annehmlichkeit und Zierlichkeit sowie Stärke, Bequemlichkeit und Schönheit (42). Damit wurde wohl ebenfalls den Intentionen des Bauherrn entsprochen, der dieses Haus nicht nur bewohnte, sondern im Erdgeschoss auch sein Handelsgeschäft untergebracht hatte ... Die elegante, aber bescheiden-verhaltene Formensprache des Palazzo negiert die kräftig modellierten Helldunkel-Effekte der erwähnten scamozzianischen Vorbilder und betont dagegen die glatte Oberfläche, deren sparsame Unterbrechungen vielmehr die innere Raumaufteilung erhellen und auch die Wirkung der horizontalen Gliederung verstärken. Fausto Franco hat in diesem Zusammenhang die Wiederaufnahme eines «Schema» von Giuseppe Piermarini vorgeschlagen, was allein schon wegen des Altersunterschiedes der beiden Architekten, und dann wegen der frühen Datierung des Palazzo Milan unglaubhaft erscheint, aber für die Modernität der bertottianischen Fassadengestaltung spricht (43). Bauherr wie Architekt müssen über diese für das Vicenza der beginnenden zweiten Hälfte des 18. Jahrhunderts innovativ einfache und rationelle Lösung der Bauaufgabe befriedigt gewesen sein; Giacomo Milan erteilte demselben Architekten einen weiteren, das Nachbarhaus betreffenden Auftrag, und Bertotti Scamozzi selbst rückte nun zu einem geschätzten und gefragten Architekten auf.

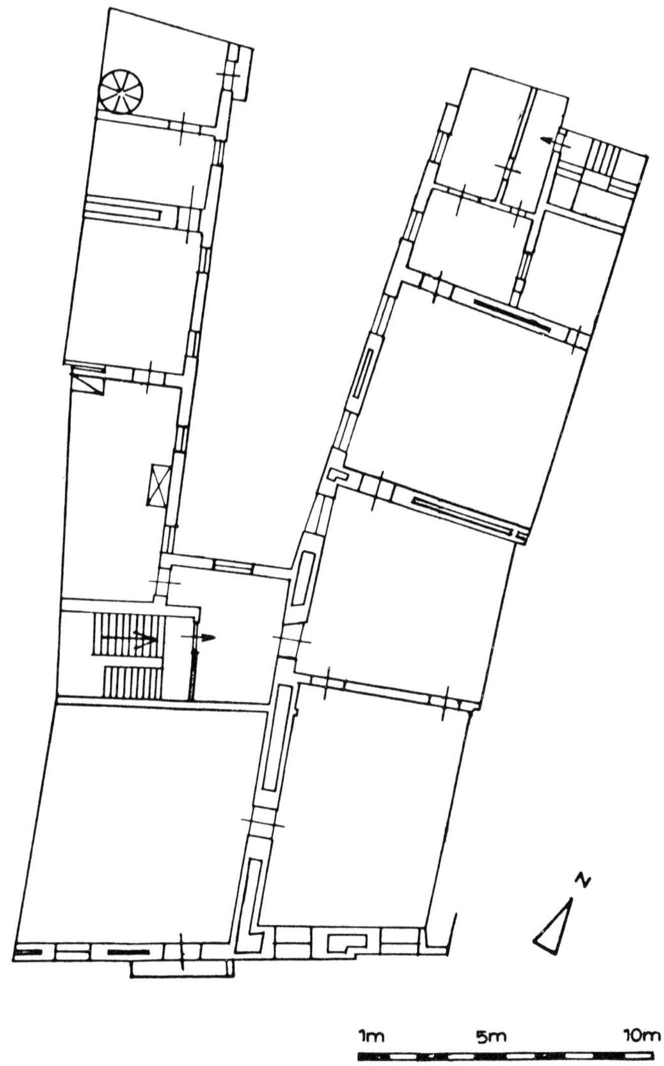

Palazzo Giacomo Milan. Grundriss des Piano Nobile.

Villa Giangiorgio Trissino an der Piazza Garibaldi in Sandrigo. Die heutige Strassenfassade war früher die auf die Felder hin orientierte Hausfront.

Villa Giangiorgio Trissino in Sandrigo (Prov. Vicenza)

Piazza Garibaldi
1766–73
Auftraggeber: Conte Giangiorgio Trissino,
der aus einer alten
und angesehenen Vicentiner Adelsfamilie stammt,
die den Zunamen «dal Vello d'Oro» tragen durfte

In Sandrigo, das nördlich von Vicenza an der Strasse nach Marostica und Bassano liegt, werden Bertotti Scamozzi zwei Villen zugeschrieben. Die früheste Attribution stammt von Francesco Milizia aus dem Jahre 1781: «Ora egli sta costruendo nel Vicentino a Scantripo un palazzo per i Conti Trissini ...» und wurde von den lokalen Chronisten zuerst in ihren Nekrologen auf Bertotti, später in den kurzen Œuvrezusammenstellungen wiederholt. Der Beginn der bertottianischen Arbeiten, wobei es sich vor allem um eine Restaurierung bestehender Gebäulichkeiten handelte — die lange Barchessa ist durch eine Inschrift ins Jahr 1610 datiert, differenziert nach den vorhandenen Quellen zwischen 1760 und 1766. Ich halte mich an das letztere und von Bressan vorgeschlagene Datum, der als einziger auch den Namen des betreffenden Bauherrn nennt. Der Baukomplex der Villa hat einen Γ-förmigen Grundriss; der Eingang zum Garten und zur Schmalseite der Barchessa ist gegen die Piazza Garibaldi hin orientiert, das Hauptgebäude grenzt gegen Norden an die moderne Umfahrungsstrasse. Doch die Sanierung scheint nicht vollendet worden zu sein, was die Forschung dann zur hier bereits widerlegbaren Annahme verführte, dass die Villa gemäss ursprünglichen Intentionen zu einer eindrücklichen Π-förmigen Anlage hätte ergänzt werden sollen. Die letzten überlieferten und datierten Arbeiten stammen aus 1773 und betreffen die Grotesken-Dekorationen im nordwestlichen Eckzimmer des Erdgeschosses. Bis ins 19. Jahrhundert waren die Gebäude Eigentum der Familie Trissino, nach mehreren Besitzerwechseln gehören sie heute Antonio Pozzato und werden von seiner Familie bewohnt (44).

Die bis anhin älteste Darstellung der Villa Trissino in Sandrigo findet sich auf einer im Auftrag der Provveditori sopra i Beni Inculti vom Perito Ordinario Iseppo Panatta am 7. Dezember 1605 angefertigten Zeichnung. An der schmalen Nordseite eines langen rechteckigen Gevierts, das gegen Westen mit einem Zaun und gegen die zwei übrigen Richtungen mit einer an der östlichen Längsseite von einem Portal durchbrochenen Mauer begrenzt wird, ist deutlich das Hauptgebäude der Villa Trissino erkennbar: ein die gesamte Breitseite des Gartenbezirkes einnehmender, zweigeschossiger Bau mit Satteldach, dessen Traufseiten bereits die heutige Orientierung besitzen, aber in der gegen den Garten gewandten Mittelachse von einem schmalen Dreiecksgiebel unterbrochen wird. Auffallend ist die anscheinend vorhanden gewesene Kolossalordnung, die die fünf Vertikalachsen betont, von denen jene rechts der Mittelachse sich durch eine hohe Torbogenöffnung auszeichnet. Im Spitz des heute die Piazza Garibaldi bildenden Strassenzwickels ist ein weiteres Gebäude eingezeichnet, während die Hauskapelle der Familie Trissino noch fehlt. Auch die Barchessa, welche die ganze Länge der westlichen Gartenbegrenzung beanspruchen wird, fehlt auf diesem Plan, da diese erst fünf Jahre später von den Brüdern Giustino und Serrano Trissino errichtet wurde. Die dazumal über dem südlichen Eingang angebrachte und vom Familienwappen samt Doppeladler bekrönte Marmortafel trägt folgende Inschrift: «IUSTINUS ET SERRANUS ALOYSII F.F. TRISSINI HUMILE STABULUM VICINIS CASIS PROSPECTUI OFFICIENTIBUS BRASIS FINIBUS ET UNDEQUAQUE PROLATIS IN HAS AEDES EREXERUNT ANNO DOMINI MDCX.» Diese Datierung von 1610 gilt nur für den Bau der Barchessa, nach einem neuerdings wiederentdeckten Notariatsdokument wurde die in der Fluchtlinie der Barchessa liegende Kirche mit dem Patrozinium der «Assunzione di Maria Vergine» erst 1618 von Serrano Trissino erbaut. Eine im Oktober 1638 unter Anleitung des Proto Bernardino Contino entstandene Karte von Sandrigo zeigt nun diese Bauetappe der Villa Trissino, bestehend aus Wohnhaus, Barchessa und Kapelle, wobei das ehemalige, auf der Zeichnung von 1605 noch dargestellte Gebäude im Strassenzwickel der späteren Piazza Garibaldi jetzt verschwunden, und der neue Haupteingang in der südlichen Gartenmauer auf die Mittelachse der Villa ausgelegt ist (45). Was die kleine Kirche betrifft, so wird sie auf dieser Karte mit einem südlichen Anbau und ohne die östliche Vorhalle dargestellt — was einerseits auf die nicht überall verlässliche Zeichnungsart, die dann von allen Kopisten beibehalten wurde, zurückzuführen sein kann, und andrerseits aber die Vermutung bestärkt, dass diese mit einem Kreuzdach versehene Vorhalle später und unter Verwendung von Spolien aus der Mitte des 15. Jahrhun-

Ansicht der Hoffassaden der Villa Giangiorgio Trissino.

derts erbaut wurde. Sicher ist jedenfalls, dass die vier niedrigen, roten Marmorsäulen, die auf allen vier Seiten von einem Spitzbogen überspannt werden, nicht aus der Bauzeit der Kirche stammen. Vorab die Form der Kelchkapitelle mit volutenförmig eingerollten Akanthusblättern hat überraschend grosse Ähnlichkeiten mit einem Porticokapitell der Villa Capra in San Pietro in Gù und dem Biforakapitell der nahe gelegenen Villa Capra in Marostica; ferner sind sowohl in den Kapitellen als auch in den Säulenschäften neben dem Wappen der Trissino noch andere Vicentiner Familienwappen angebracht, und endlich ist überhaupt der Typus einer solchen Vorhalle — vergleichbar im weitesten Sinne mit den barocken und spätbarocken Vorzeichen schweizerischer Landkirchen — auch noch im Veneto des 17. Jahrhunderts ungebräuchlich (46).
Auf Grund der erwähnten Dokumente, die erstmals in diesem Zusammenhang erwähnt werden, ist festzuhalten, dass bei der Renovation der Villa Trissino im 18. Jahrhundert keine neuen Bauvolumen zugefügt wurden, und die Tätigkeit von Bertotti Scamozzi sich auf eine Sanierung und Modernisierung beschränkte, welche aus unbekannten Ursachen nicht zu Ende gebracht werden konnten. Das Hauptgebäude diente als Wohnhaus oder wurde zumindest von Bertotti zu einem Wohnhaus umgebaut. Von der heutigen Nordfassade beziehen sich die sieben nordöstlichen Fensterachsen auf die eigentliche Villa Trissino, während die übrigen zwei, gegen Nordwesten gerichteten Fensterachsen nicht mehr zum Villenkomplex gehören, aber teils kurz vor 1809 errichtet wurden. Neben den Katasterplänen aus der Zeit Napoleons und der österreichischen Besetzung sind vor allem entsprechende Hinweise den modernen Bauaufnahmen des Vicentiner Ufficio tecnico erariale zu entnehmen (47). Über einem als Mezzanin hochgeführten Kellergeschoss befindet sich das Piano Nobile, dessen Haupteingang sich unter der nördlichen Kolonnade der Barchessa befindet und über eine Treppe zum kurzen Flügelanbau führt, dessen einziger Raum sich mit zwei Türen zum längsrechteckigen Hauptbau öffnet. Drei Zimmer

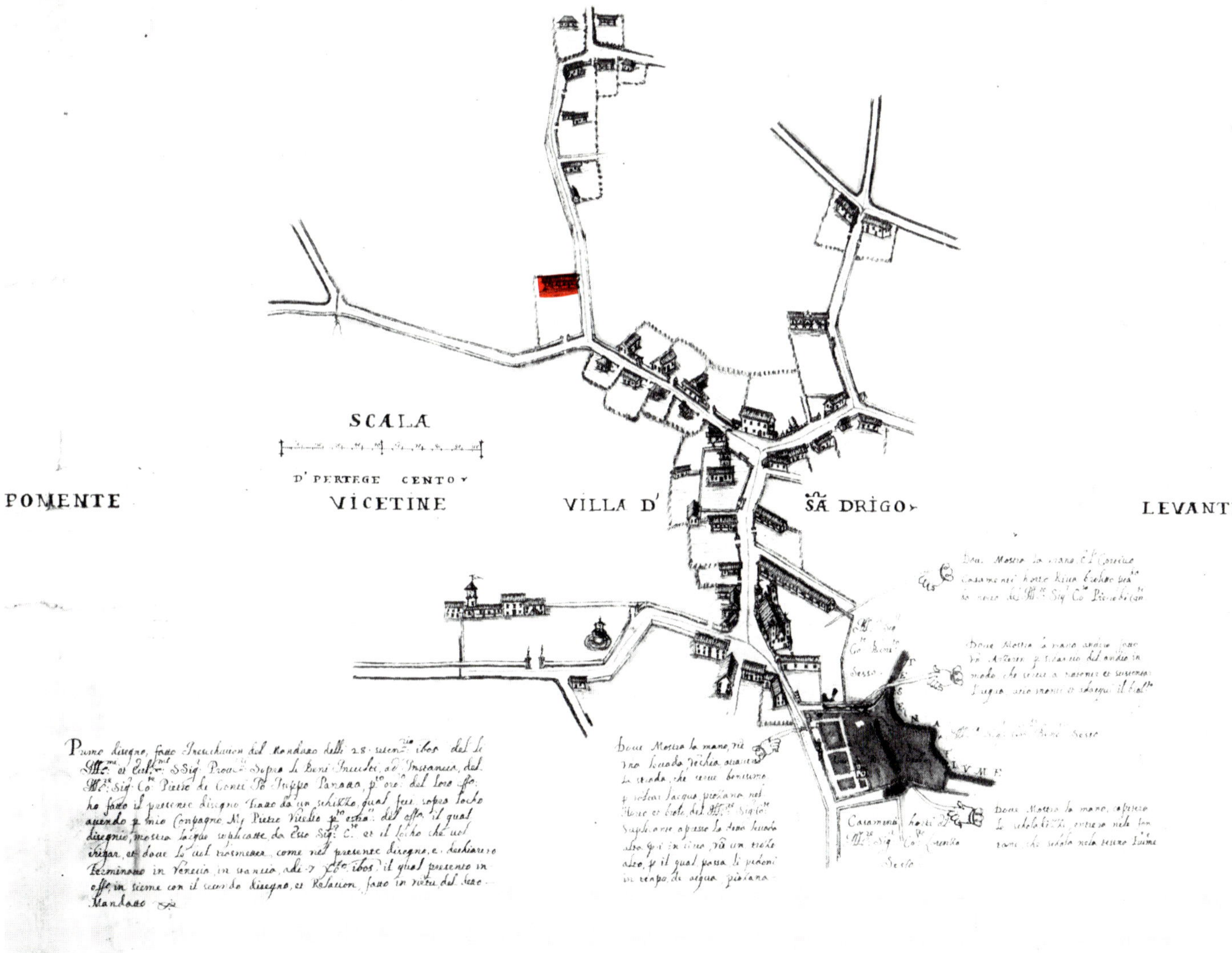

Plan des Perito Ordinario Iseppo Panatta mit der Darstellung des Dorfes Sandrigo am 7. Dezember 1605. Staatsarchiv Venedig BIVI 4.

sind gegen Süden orientiert, wovon die zwei grossen Räume durch eine ins Obergeschoss hinaufführende Treppe separiert werden, und vier Zimmer sind auf die Nordseite gerichtet, wo sie mit Ausnahme des kleinsten nordöstlichen je zwei Fenster haben. Da es keinen Korridor gibt, wird die Verbindung dieser Räume unter- und miteinander durch Enfiladen gewährleistet. Dafür zieht sich von der Nordfassade der ganzen westlichen Breite bis und mit dem südlichen Flügelbau ein schmaler, nur gerade fensterbreiter Gang entlang, dessen Verbindungen zum Hauptbau auffallenderweise nicht in der Achse der übrigen Türen liegen und dessen Funktion eigentlich ungeklärt ist – dies, weil beispielsweise das Kellergeschoss einen direkten Zugang von der Nordseite her besitzt, und vorab auch wegen der Tatsache, dass im 2. Geschoss dieser Gang überhaupt keine Beziehung zum betreffenden Grundriss hat, sondern durch eine dicke, ohne jegliche Öffnungen versehene Mauer abgetrennt wird und nebenbei auch einem anderen Besitzer gehört. Die Grundrisseinteilung dieses 2. Geschosses entspricht in grossen Zügen jener der darunterliegenden Etage, wobei die Treppe nun in einen schmalen, die ganze Länge des Baues einnehmenden Korridor führt, von dem aus die nördlichen, teils durch eine schmale Wand zusätzlich unterteilten Zimmer erschlossen werden, während die südlichen Zimmer untereinander wieder durch eine Enfilade korrespondieren und mit Ausnahme des südöstlichen Raumes, der zweimal unterteilt wurde und dabei eine Verbindung auf den Korridor hinaus erhielt, keinen direkten Zugang zu diesem Verbindungsgang haben. Entsprechend zum Piano Nobile führen ebenfalls zwei Türen in den einzigen, hier die gesamte quadratische Grundfläche einnehmenden Raum des gegen Süden gerichteten Flügelbaues, der aber keinen Zugang zur angebauten Barchessa hat. Diese durchgehend zweigeschossig errichtete Barchessa, deren Raumhöhen beträchtlich tiefer sind als im Haupt- und Flügelbau der Villa, öffnet sich mit einer niedrigen Kolonnadenreihe von ca. 60 m Länge gegen den Hof. Recht-

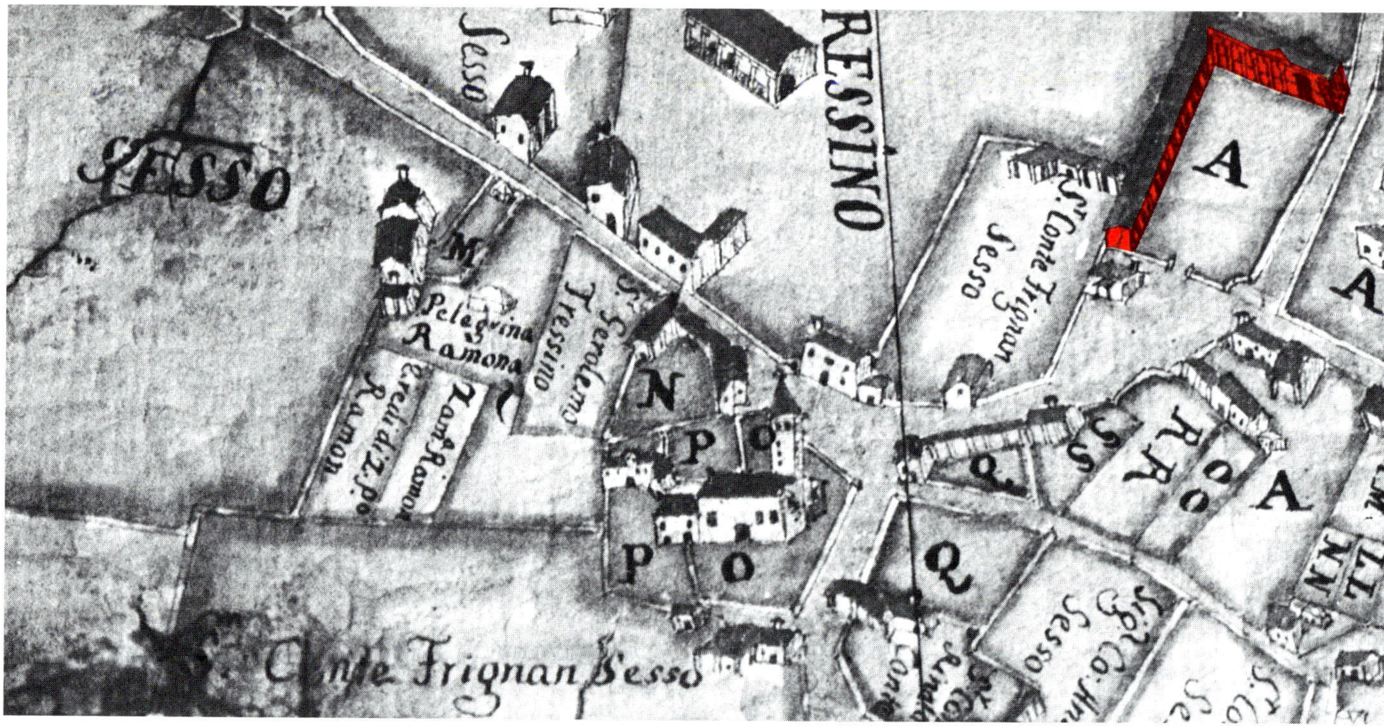

Ausschnitt aus der Landkarte des Proto Bernardino Contino vom Oktober 1638. Kopie des Perito Carlo Crestani vom 27. Oktober 1759. Gemeindearchiv Sandrigo.

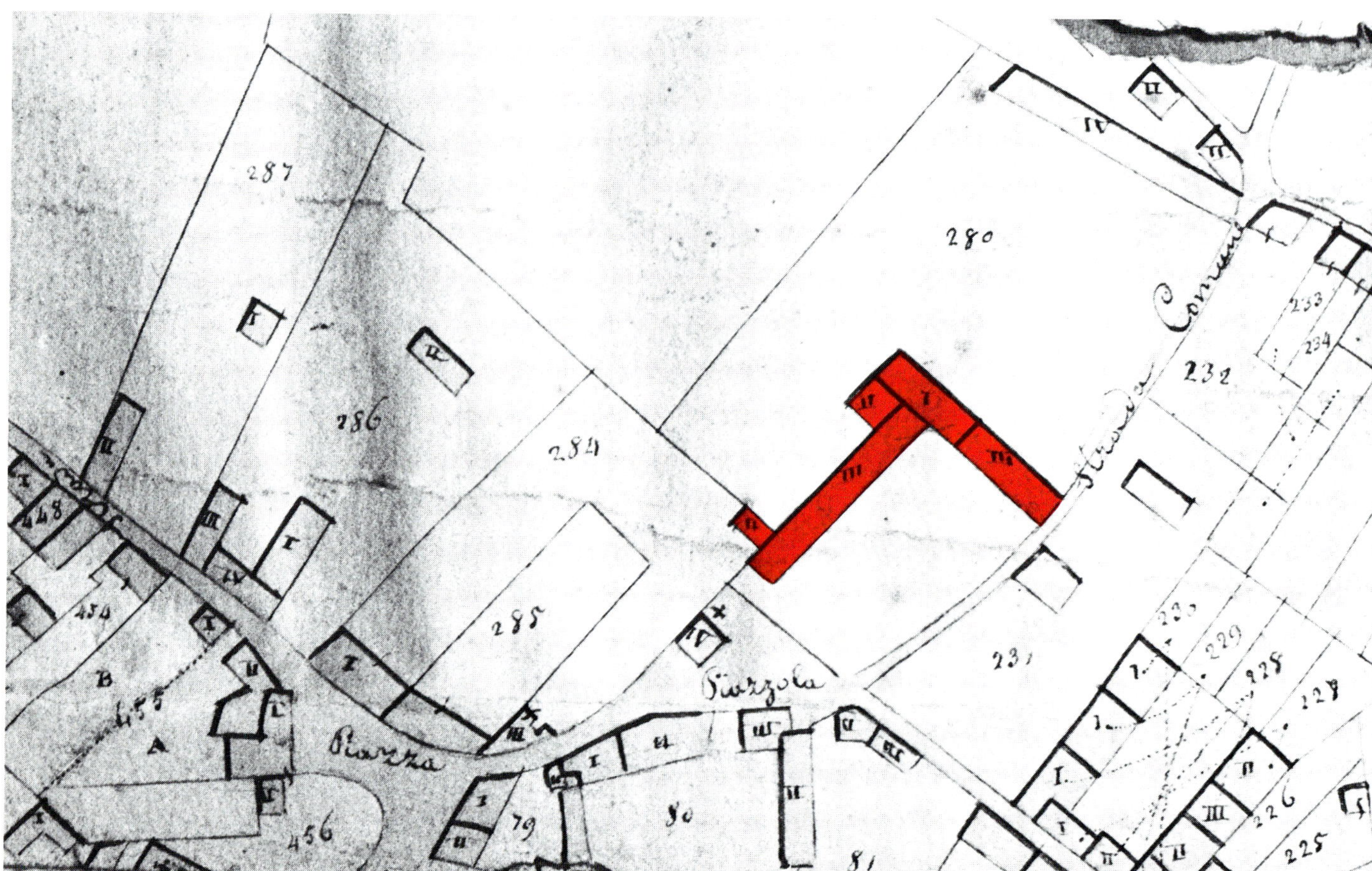

Ausschnitt aus dem napoleonischen Katasterplan von 1809 und 1813 bzw. dessen Kopie im Staatsarchiv Vicenza.

eckige, toskanische Pfeiler, deren Basen als simple Platten gebildet sind, stützen den Holzarchitraven und werden im Obergeschoss von toskanischen, schwach profilierten Pilastern abgelöst. Diese umrahmen zusammen mit dem einfachen Dachgesims, das hier unterstützt wird von der als Mauerband parallel dazu über die ganze Barchessalänge weitergeführten Profilierung der Pilasterkapitelle, eine fast quadratische Wandfläche, die von einem leicht aus ihrem Zentrum noch oben versetzten, auch wieder beinahe quadratischen Fenster unterbrochen wird. Dieselbe Gliederung wiederholt sich in jeder Kolonnade und trägt zur Rhythmisierung der langen Front bei. Verglichen mit dem Ökonomiebau weist das Wohnhaus gerade einen Drittel dessen Länge auf. Die Gartenfassade hat sechs regelmässig mit nur einem grösseren Abstand in der Fassadenmitte angeordnete Fensterachsen, bestehend aus je einem hochrechteckigen Fenster im Piano Nobile und einem quadratischen im Obergeschoss. Der im rechten Winkel angebaute und mit zwei Fensterachsen ausgestattete Südflügel, der äusserlich das Wohnhaus mit der Barchessa verbindet, stellt im Fassadenaufbau die genaue Fortsetzung des Hauptgebäudes dar. Eher ungewöhnlich sind bei diesen zum Hof gerichteten Fassaden die grossen, geschlossenen Mauerflächen mit sparsamen Öffnungen, die zudem monoton aneinandergereiht wirken, sowie das Fehlen jeglicher vertikalen Architekturteile. Neben dem in Haustein hochgeführten Mezzanin des Kellergeschosses verstärken der schmale, unter den Fenstern des Piano Nobile verlaufende Mauergurt, das mehrfach akzentuierte Stockwerkgesims und ein überhohes Dachgebälk mit dreigeteiltem Architraven, einem flachen zusammenhängenden Friesband samt dem grosszügig ausgebildeten Kranzgesims die vorherrschende Betonung der Horizontalen. Die genau gleiche, aber unvollendet gebliebene Gliederung ist auch bei der Nordfassade ersichtlich, deren sieben Fensterachsen zwar rhythmischer verteilt sind und die geschlossenen Mauerflächen durch die Auszeichnung der Hauptgeschossfenster mit alternierenden Dreieck- und Segmentgiebeln aufgelockert werden. Auch das Kellermezzanin hat nun kleine, in den Fensterachsen liegende Öffnungen und dazwischen den über eine Stiege erreichbaren Zugang. Auffallend sind bei dieser Fassade die zwei breiten Pilasterfragmente, die die nordöstliche Fensterachse flankieren. Oberhalb des Mezzanins mit einer attischen Basis über der Plinthe beginnend, sind sie nur bis zu den quadratischen Fenstern des Obergeschosses hochgeführt und hören unfertig auf. Da im Gegensatz zur Barchessa, deren Öffnungen mit ihren einfach gerillten Rahmen der toskanischen Ordnung angeglichen sind, sowohl Fenstergewände als Dachgebälk des Wohnhauses auf beiden Schauseiten der ionischen Ordnung verpflichtet sind, darf hier mit grosser Sicherheit angenommen werden, dass die zwei Pilaster mit einem Volutenkapitell hätten enden sollen. Dann ist hier die aus den Plänen gewonnene Erkenntnis wichtig, dass das Wohnhaus einst bedeutend länger war und sich gegen Osten bis zum Verbindungssträsschen erstreckte. Und so ist die von Bertotti Scamozzi begonnene Kolossalordnung wohl im Zusammenhang mit jener Ordnung des dazumal noch vorhandenen Bautraktes zu verstehen, welche uns zwar nur von der Südseite her überliefert ist. Nach 1830 wurde dieser östliche Drittel des Wohnhauses niedergerissen und bei der damit freigelegten Giebelseite nach und nach die heutigen zwei Treppen angebaut, die zur Zeit den eigentlichen Eingang zur Villa bilden.

Was die Bauherren und einstigen Besitzer betrifft, so entstammten die Conti Trissino dem alten Vicentiner Feudaladel und hatten ihre Lehen in Trissino sowie einen zweiten Stammsitz im benachbarten Cornedo. In einem Privileg des Papstes Urban III. zugunsten der Vicentiner Kirche wurde 1186 erstmals ein Trissino erwähnt und der Lehensbesitz in Trissino 1231 durch Bischof Manfred von Vicenza bestätigt. Sowohl die Güter in Trissino als in Cornedo wurden 1236 ebenfalls von Kaiser Friedrich II. beglaubigt, der der Familie Trissino ferner das Vorrecht einräumte, anstelle des gewöhnlichen einköpfigen Adlers künftig den Doppeladler für ihre Wappenbekrönung zu verwenden. Und Francesco Donato, der 79. Doge der Serenissima, ernannte im September 1551 die Brüder Lodovico, Francesco, Achille und Gio. Battista, Söhne des Giovanni Trissino, mit allen ihren Nachkommen zu Cavalieri und Conti von Cornedo (48). Der Zeitpunkt, zu welchem sich die Trissino auch in Sandrigo niederliessen, ist unbestimmt; der Vater von Giustino und Serrano Trissino, die die dortige Barchessa erbauen liessen, war vielleicht jener Alvise Trissino, der als Inspektor der Basilicaloggien und Mitglied der Accademia dei Costanti bekannt wurde. Serrano Trissino selbst stand als Chorherr der St.-Peters-Kirche zu Rom in den Diensten von Papst Paul V. und starb 1623. In seinem Testament vom 9. September des gleichen Jahres setzte er als Alleinerben seinen Bruder Ottavio und dessen Söhne Girolamo, Alvise, Roberto und Silvio ein. Nachdem aber Ottavio Trissino bald nach Serrano starb, kamen die Güter von Sandrigo in den Besitz des päpstlichen Referenten Girolamo Trissino, der auf der Landkarte von 1638 mehrfach namentlich erwähnt ist. In der grossen und mächtigen Familie Trissino gehörte er jenem Zweig an, der unter anderem Mitbesitzer des einen Stammhauses in Cornedo, der Villa Trissino in Cricoli und des 1565 von Achille Trissino erworbenen Palazzo Civena in Vicenza war sowie die vom Habsburger Kaiserhaus höchste verliehene Auszeichnung «dal Vello d'Oro» als Zunamen tragen durfte. Einem anderen Zweig der baufreudigen, mit Palladio, Scamozzi und Muttoni verbundenen Dynastie gehörten beispielsweise der Stammsitz mit seinen Villen in Trissino, die Villa in Meledo und der unter den Söhnen des Leonardo Trissino, Marcantonio und Lodovico, 1662 fertiggestellte Palazzo am Corso Andrea Palladio in Vicenza (49). Bertotti lobt in seinem «Forestiere» von 1761 die damaligen Besitzer des am Ponte Furo gelegenen Palazzo Civena mit folgenden Worten: «... Nobili Signori Conti Trissini, detti dal Vello

Ausschnitt aus dem österreichischen Katasterplan von 1830 bzw. dessen Kopie von 1832 im Staatsarchiv Vicenza.

d'Oro; discendenti per linea retta da quel non mai abbastanza lodato Giovan Giorgio Trissino, splendor dell'Italia, ed ornamento della Greca, Latina, ed Italiana Favella, Oratore famosissimo, e Poeta Epico, Tragico, Comico, e Lirico vaghissimo, ed eruditissimo.» Und die Arbeiten von Domenico Cerato, der 1750 das Atrium des Palazzo Civena-Trissino verlängerte und für eine grosse Treppe öffnete, die Hoffassade vollendete und auch Innenräume neu ordnete, erwähnt Bertotti im ersten Band seiner «Fabbriche» von 1776: «... l'interno di questa è stato alterato in molte parti quantunque con ottima direzione e splendidezza ...». Vom 16. Mai 1762 ist ein Gesuch des Giangiorgio Trissino und seiner Brüder überliefert, die die Stadt Vicenza um das zwischen der südlichen Abgrenzung der ursprünglichen Palazzofassade am Ponte Furo und der contrà Mura Pallamaio gelegene Landstück bitten. Und auch die den Palazzo am Corso Palladio bewohnenden Brüder Trissino ersuchten im gleichen Jahrzehnt um eine Bewilligung zur Vergrösserung ihrer Stadtresidenz entlang der contrà dei Giudei — der heutigen contrà Cavour, die vom Corso Palladio zur Piazza dei Signori führt (50). Sind die Trissino einerseits durch ihre rege und sich nachweislich über mehr als vier Jahrhunderte erstreckende Bautätigkeit in die Geschichte eingegangen, so sorgten andrerseits gewisse Mitglieder dieser Grossfamilie durch betont unorthodoxe und keineswegs der Serenissima hörigen Anschauungen für historisch gewordene Schlagzeilen. Marschierte an der Spitze der vereinten Streitmächte der gegen die venezianische Republik gerichteten Liga von Cambrai ein Leonardo Trissino 1509 in Vicenza ein, so wurden neben anderen beispielsweise Giulio Trissino, Sohn des Humanisten Giangiorgio aus dessen erster Ehe, und Alessandro Trissino, der später nach Genf fliehen konnte, als Kleriker des Domes von Vicenza zu Anhängern der protestantischen Lehre und folglich der Häresie angeklagt. Noch im beginnenden 18. Jahrhundert versuchte der zwar von der römischen Kurie als Jansenist verfolgte Don Giovanni Antonio Checcozzi den Giangiorgio Trissino des 16. Jahrhunderts, der vom Florentiner Gelehrten Giovanni Rucellai als Lutheraner angeklagt worden war, zu rehabilitieren. Parmenione Trissino, der seine Villa in Castelgomberto, welche später in den Besitz der Familie Barbaran gelangte, 1710 erneuern liess, war Meister der Freimaurerloge in Vicenza, die wahrscheinlich bereits in den dreissiger Jahren des Settecento entstand, und zwar auf Anregung von Thomas Howard, Herzog von Norfolk und Grossmeister der Grossloge zu London, der sich 1729 in Venedig aufhielt, aber auch Padova, Verona und Vicenza besucht hatte. 1778 arbeitete die Vicentiner Loge «I veri amici» nach dem Ritual der «Strikten Observanz», und in ihrem Tableau desselben Jahres findet sich neben weiteren Adligen auch der Logenbeamte Conte Luigi Trissino (51).

Die im Palazzo am Ponte Furo residierenden Trissino kannten Bertotti Scamozzi sicher vor dem 18. Mai 1761, dem Datum der an den Marchese Capra gerichteten Widmung im «Forestiere», wo Bertotti erstmals die von den Trissino bei Fundamentgrabungen entdeckte Medaille mit der Inschrift «Anno MDXXXX. Civennarum Familia» erwähnt. Nachdem die Brüder Giangiorgio und Teodoro Trissino schon Domenico Cerato als Architekten beauftragt hatten, der dann Mitte der sechziger Jahre in wohl nicht zufälliger Übereinstimmung mit einer früheren Berufung von Checcozzi ebenfalls einem Lehrauftrag der teils sehr freiheitlich gesinnten Padovaner Universität folgte, erscheint es nicht weiter verwunderlich, dass die Trissino für erneute Renovationsarbeiten auf einen «Schüler» Ceratos zurückgriffen. Obwohl die für die Villa Trissino in Sandrigo erstmals 1945 von Nita Maria Anesini-Berton aufgestellte und anschliessend von sämtlichen Lokalhistorikern übernommene Hypothese einer grandiosen spiegelbildlichen Erweiterung des heutigen Baukomplexes aufgrund der hier vorgestellten Landkarten und der alten Katasterpläne nicht mehr haltbar ist, muss der an Bertotti erteilte Sanierungs- und Modernisierungsauftrag dennoch entsprechend gross ausgefallen sein, da er immerhin das ehemals sich in einer Länge von ca. 30 m ausdehnende Wohnhaus mitumfasste, aber in der Wirkung und dem einstigen, realen Erscheinungsbild der Villa heute kaum mehr zu erfassen ist. Trotz des fehlenden östlichen Drittels des Herrenhauses, der nach dem 1830 aufgenommenen, österreichischen Katasterplan niedergerissen wurde, ist noch die traditionelle Aufteilung der toskanischen Säulenordnung für die Barchessa und der ionischen für das Hauptgebäude der Villa erkennbar. Aber sowohl der Stellenwert der unvollendeten ionischen Pilaster bezüglich der gesamten Nordfassade als auch der schmucklos gestalteten Gartenfassade im Hinblick auf ihre ursprüngliche Dimension bleibt unbekannt. Als vorherrschendes Charakteristikum der fragmentarisch erhaltenen Villa fällt die grosse und bald monoton wirkende Regelmässigkeit auf, die in ihrer funktionellen Gestaltung sogar auf die einfachen Fensterfassaden späterer Fabrikbauten hinzuweisen vermag. Zu diesem unprätentiösen Eindruck gehört auch die zurückhaltende Betonung des Piano Nobile, das ebenfalls von der inneren Raumaufteilung her nicht mehr als Prunk- und Repräsentationsgeschoss ausgebildet ist, sondern eine ähnliche Disposition wie das Obergeschoss aufweist — eine Abfolge ziemlich gleichwertiger Räume ohne jegliche zentralisierende oder hierarchische Ordnung. Zwei gegen Nordwesten gerichtete Zimmer des Piano Nobile sind mit Fresken eines unbekannten Malers ausgeschmückt, der vermutlich mit Giacomo Ciesa zu identifizieren ist (52). Das Eckzimmer weist elegante Groteskendekorationen auf, die von 1773 datiert sind, während im anschliessenden Raum die Decke von der Figur der «Primavera» und von den auf weiten Himmelsflekken verstreuten Putti beherrscht wird. Frühestens in diese Zeit der beginnenden siebziger Jahre sind auch die strengen, klassizistisch-abstrahierenden Umarbeitungen der auf die Piazza Garibaldi gerichteten Barchessa- und Gartenportaleinfassungen zu datieren.

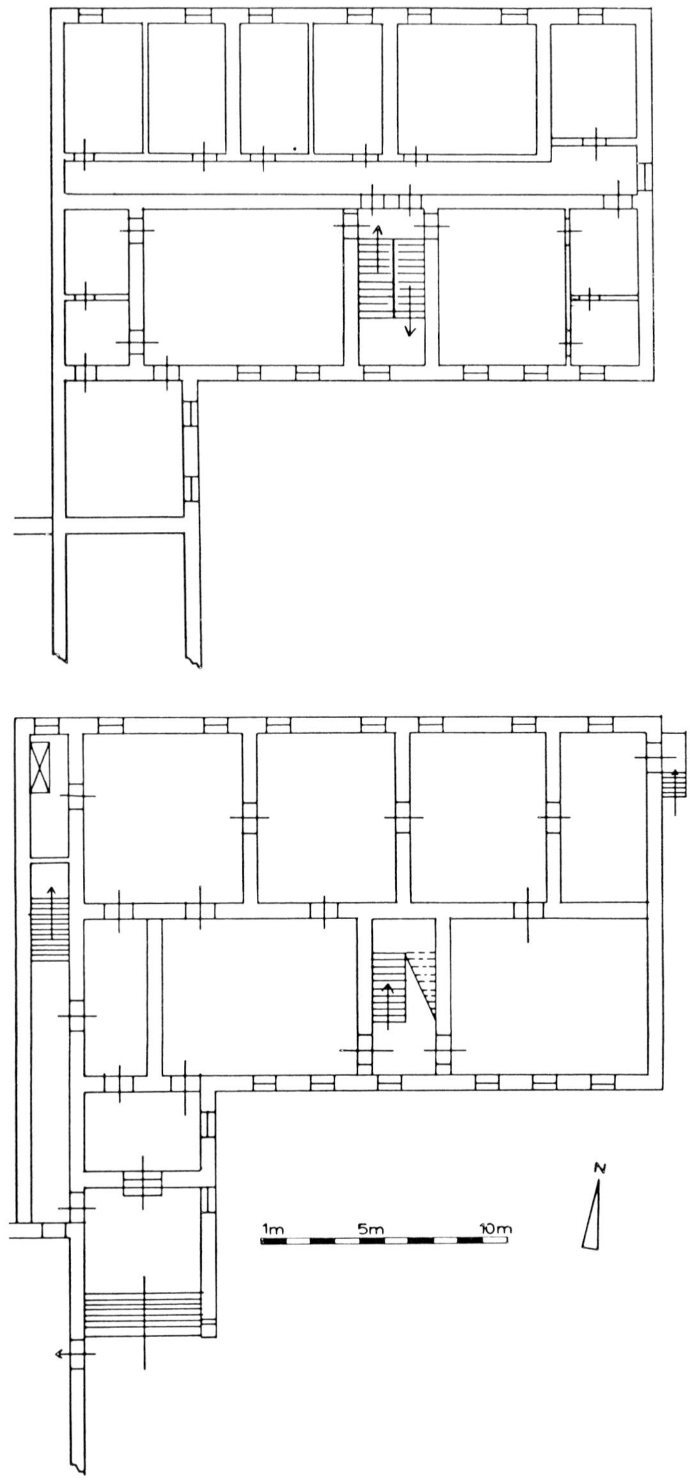

Villa Giangiorgio Trissino. Grundriss des Erdgeschosses und des ersten Obergeschosses.

Galerie und Gästehaus für Giovanni Cornaro in Castelfranco Veneto. Ansichten des erhaltenen Gebäudeteils am Borgo Treviso 33.

Galerie und Gästehaus für Giovanni Cornaro in Castelfranco Veneto (Prov. Treviso)

Borgo Treviso 33
1766
Auftraggeber: N. H. Giovanni Cornaro,
der einer der ältesten Venezianer Adelsfamilien angehört
und 1778 von Papst Pius VI. zum Kardinal ernannt wurde

Wiederum ist hier Francesco Milizia der Gewährsmann, der 1781 in der dritten Auflage von «Le vite de' più celebri Architetti», nun umbenannt «Memorie degli Architetti antichi e moderni», erstmals die Bauten für Giovanni Cornaro erwähnte und dem Vicentiner Architekten zuschrieb. Ausführlicher notierte 1803 Domenico M. Federici: «In Castelfranco, vicino al palazzo scamozziano detto il Paradiso, il Cardinale Giovanni Cornaro bramoso di erigere una grandiosa fabbrica in modo e figura di Galleria, e di foresteria, ed in ciò impiegatosi la perizia del sig. Architetto vicentino Ottavio Bertotti Scamozzi, eseguì il suo pensamento.» Aber bereits Andrea Alverà berichtete in seinem Manuskript der frühen zwanziger Jahre des 19. Jahrhunderts über kriegerische Zerstörungen, die zum Abbruch von Gebäulichkeiten führten, so dass darauf Galerie und Gästehaus als nicht mehr existent und in der Literatur über Bertotti kaum mehr berücksichtigt wurden. Erst 1975 entdeckte Giampaolo Bordignon Favero die noch teilweise vorhandene Galerie wieder und identifizierte sie mit dem heutigen, am Borgo Treviso 33 und ganz in der Nähe der Villa Revedin-Bolasco gelegenen Bau, der zurzeit dem lokalen Baugeschäft Bonato als Magazin dient (53). An der Strasse nach Treviso, ausserhalb des quadratischen Mauerkranzes der mittelalterlichen Festung von Castelfranco, hatte die Familie Cornaro della Ca'Grande sicher seit dem Ende des Quattrocento ausgedehnte Besitzungen samt einem Villenkomplex, an dessen Stelle Vincenzo Scamozzi 1607 einen Neubau errichtete, den er folgendermassen in seinem Traktat «L'Idea della Architettura universale» beschrieb: «Auch haben wir auf Begehren Herren Nicolao Cornaro einen Riss gemacht vor eines seiner Land-Häuser 'il paradiso' genannt / ein wenig vor Castel Franco im Trevisanischen. Der Platz lieget eben mit Bergen umher / die Haupt-Seite liegt gegen Süd-Osten / und hat vorher einen weiten grünen Hof mit gepflasterten Gängen umher. Zur Lincken des Hofes ist ein Bau längsthin ziemlicher Höhe und Breite / mit Pfeilern und Bogen gezieret / mitten darinnen ist ein Unter-Hauss und zu beyden Seite Keller / samt etlichen Zimmern und Stiegen auf die Geträid-Böden hinauf / und an andere benöthigte Orte; die grossen Keller aber und die Wein-Presse sind längst der Strassen hin / allwo eine kleine Kirche. Besser hinein aber ist ein ander Hof / allwo die Pferde-Ställe / Heu-Böden / und Schopfen für Stroh / Carossen / und deren Zugehör. Zwischen diesem und dem Herren-Gebäude sind die Vorwerck-Zimmer vor den Vogt und was dazu gehöret / und besser fort Küchen / Speise-Kammer / und Gesinde-Zimmer / und bleibt also das Herren-Gebäude in der Mitten frey.

Hinten an demselben ist ein kleiner gepflasterter Hof mit etlichen Säulen Stühlen und Statuen drauf / und dann ferner ein Garten / an welchem neben dem Baum-Garten ein Citronen-Platz / zur Rechten aber ein grosser Weyher mit einem Lauben-Hause / samt einem langen Gange / zur Lincken aber ist / wie gemeldet / ein Baum-Garten. Der Haupt-Bau ist etliche Staffeln von der Erde erhöhet / und etwas länger als breit von drey Gaden über einander. In dem ersten sind zween kleinere Säle / und ein langer Gang / auch etliche Zimmer auf der Erden. In dem mittleren ist ein grosser Saal mit doppelten Fenstern in die Höhe / dessen Gewölbe bis unter das Dach gehet / zur rechten gegen dem Teich sind zwey gleiche Zimmer / ziemlicher Grösse und Kammern dran / mit einer besonderen Stiege / zur Lincken aber sind in einer dergleichen

Haupt-Stiegen mit Absätzen weit / bequem und lichte / und in der Mitten gewölbet. Und in dem obersten Gaden sind eben dergleichen Zimmer alles mit leichten Gewölben.
Der erste Gaden ist von erhobnen Quader-Steinen / im andern und dritten sind so weit der Saal geht / Jonische Pfeiler / mit ihrem Gebälcke und einem Giebel drauf. Und weiset der Abriss das übrige» (54). Jedenfalls war der an der verkehrsreichen Hauptstrasse Treviso-Vicenza situierte, palastähnlich und grösstenteils ohne die vielen im Traktat aufgeführten Nebengebäulichkeiten geformte Landsitz im Verlaufe der späteren Dezennien nicht mehr ausreichend im Raumangebot für die grosse Familie, und östlich des Scamozzi-Baues wurde ein Pendant zum Herrenhaus der Villa errichtet. Diese zwei Gebäude sind vorab durch die ausführlichen Zeichnungen und Beschreibungen von Francesco Maria Preti überliefert, der — in Castelfranco selbst beheimatet — dann 1766 von Giovanni Cornaro mit einem nun die beiden Häuser betreffenden Umbau- und Vergrösserungsprojekt beauftragt wurde. Der von Preti minutiös ausgearbeitete Vorschlag sah eine Verbindung der zwei auf einer gemeinsamen Achse liegenden Herrenhäuser mittels eines grossartigen und dominierenden Haupttraktes vor, dessen Mittelrisalit auf einem durchgehend offenen, von Karyatiden und Atlanten abgestützten Portikus auflagern sollte (55). Analogien zu der ebenfalls von Preti errichteten und im wesentlichen um 1762 fertiggestellten Villa Pisani in Stra sind offensichtlich und werden auch durch die für die Villa Cornaro vorgeschlagene Länge der Hauptfassade von ca. 90 m noch verstärkt. Doch das Projekt, das den Landsitz der Familie Cornaro in Castelfranco zu einer der grössten Schlossanlagen des 18. Jahrhunderts in Norditalien erweitert hätte, wurde nicht ausgeführt. Die Arbeiten von Preti beschränkten sich auf eine Schliessung der Gartenportiken, die sich in Form einer Kolonnade mit sieben Interkolumnien gegen Norden hin geöffnet hatten, und waren laut einer Aufzeichnung Bertottis vor Oktober 1770 abgeschlossen (56).
Aus unbekannten Gründen, wohl auch von rein praktischen Erwägungen beeinflusst, änderte der Bauherr Giovanni Cornaro sein Vorhaben, verzichtete auf die geplante Vergrösserung seines alten Landgutes und liess in einiger Entfernung — näher gegen die Stadt hin — einen Neubau errichten, für den er ebenfalls einen anderen Architekten beizog, den gegenüber Preti um achtzehn Jahre jüngeren Bertotti Scamozzi. Die überlieferten Quellen besagen übereinstimmend, dass es sich dabei um eine Galerie mit angebautem Gästehaus handelte. Zwar sind auf der 1799 vom Pubblico Perito Cristoforo Pavelli angefertigten Landkarte von Castelfranco und dem zugehörigen zollfreien Territorium die Gebäude nur gerade entlang den Strassenzügen und für eine Beschreibung zu schematisch dargestellt, doch der Grundriss des bertottianischen Baues wurde teils noch auf dem 1809 aufgenommenen napoleonischen Katasterplan festgehalten (57). In gewisser Distanz und mit der Schmalseite zur Hauptstrasse erstreckte sich eine rechteckige Anlage von beträchtlicher Länge, deren nördlichste zwei Fünftel hier bereits nurmehr mit «Palazzo demolito» gekennzeichnet sind, während der restliche Teil des Baues sich]-förmig und auf drei Viertel seiner Länge mit einem Portikus gegen Osten hin öffnete. Von dieser Galerie ist heute auch nur noch knapp die südliche Hälfte erhalten geblieben und lässt keine fassbaren Rückschlüsse auf die ehemalige Gesamtanlage zu. Das noch bestehende Baufragment weist die Form einer traditionellen Barchessa auf. Die Traufseite wird von acht ionischen Pilastern gegliedert, die ein hohes und voll ausgebildetes Gebälk derselben Ordnung stützen. Während die vier südlichen Interkolumnien von zwei enger stehenden Pilastern begrenzt werden, die eine geschlossene Wandfläche mit einer hochrechteckigen und einer darüberliegenden quadratischen, ebenfalls vorgeblendeten Nische einrahmen, schliesst das Gebäude gegen Norden plötzlich ohne Eckbetonung mit einem einfachen Interkolumnium ab. Und dass auch dieses samt der südlich angrenzenden weitgefassten Pilasterkoppelung von der übrigen Fassade leicht vorkragend gebildet wurde, erhärtet die vom Katasterplan überlieferte Tatsache einer noch um 1809 sich bedeutend weiter ausdehnenden Galerie, wogegen das Gästehaus — nach Giannantonio Moschini zu schliessen — schon vor 1806 von militärischen Sprengkommandos zerstört und darauf vollständig abgebrochen worden war. Die Galerie muss vor wenigen Jahren stark restauriert worden sein, und gerade die modernistisch anmutenden Fensterverteilungen innerhalb der einzelnen Pilastern lassen den Verdacht aufkommen, dass es sich hier vielleicht ehemals um ganz andere Öffnungen handelte, nämlich um Arkaden, denen nun auch das Motiv der von Pilastern eingerahmten Nischen am ehesten ensprechen würde — ein Motiv, das seit der Spätrenaissance im Veneto immer wieder Verwendung fand und in der praktischen Bautätigkeit Bertottis ebenfalls öfters zutage tritt. Was die schmale, gegen Süden gerichtete Giebelseite betrifft, so wäre ihre ursprüngliche Disposition höchstens anhand neuer archivalischer Trouvaillen zu rekonstruieren, da das heutige Erscheinungsbild durch moderne An- und Umbauten bestimmt wird, und nur knapp zwei ursprüngliche Öffnungen, das Rundfenster im Giebelfeld und ein monumentaler, fast zwei Stockwerke hoher, rundbogenförmiger Durchgang, noch zu erkennen sind. Das alte Landgut selbst, dessen Beiname «del Paradiso» auf die von Orazio da Castelfranco gemalten Fresken mit Darstellungen aus dem Olymp zurückzuführen ist, wurde noch 1792 unter Aufsicht des Agenten der Familie Cornaro, Gio. Battista Tescari, restauriert und dann aber 1800 — noch vor dem Gästehaus — vollständig zerstört. Der spätere Besitzer Conte Francesco Revedin, Bürgermeister von Castelfranco, liess an dieser Stelle von Marco Guignon und Antonio Caregaro Negrin eine prächtige Parkanlage errichten und westlich davon jene ebenfalls palastähnlich erscheinende Villa von Giambattista Meduna zwischen 1855 und 1865 erbauen (58), welche

Ausschnitt aus dem napoleonischen Katasterplan von 1809.
Staatsarchiv Venedig Mappa 1323.

sich heute im Besitz der Familie Renata Bolasco Piccinelli befindet.
Die Familie des Auftraggebers Giovanni Cornaro war bis zum Zusammenbruch der Serenissima über Jahrhunderte hinweg eine der mächtigsten und entsprechend auch baufreudigsten Adelsfamilien Venedigs, leitete ihren Ursprung von den altrömischen Corneliern her und hatte neben vier Dogen, zweiundzwanzig Prokuratoren sowie neun Kardinälen auch viele angesehene Gelehrte aufzuweisen, von denen hier nur Alvise Cornaro (1475—1566), Elena Cornaro Piscopia (1646—1684) und Flaminio Cornaro (1693—1778) erwähnt seien. Von den fünfzehn, einst ihrem Besitz entstammenden Palazzi in Venedig sind drei im ersten Band des von Antonio Visentini für Giuseppe Smith zwischen 1730 und 1740 gezeichneten Albums «Admiranda Urbis Venetae» enthalten: Palazzo Cornaro della Ca'Grande bei San Maurizio und Palazzo Cornaro della Regina bei San Cassiano sowie Palazzo Cornaro bei San Polo, einer der fünf nicht am Canal Grande gelegenen Bauten der Cornaro. Die berühmtesten Architekten ihrer Zeit wurden auch für die Errichtung oder Modernisierung der einzelnen Landsitze beigezogen, die sich auf der Terraferma in den heutigen Provinzen von Venedig, dann vorab von Treviso, auch von Padova und von Vicenza ausbreiteten und ein anschauliches Bild der venezianischen Expansion auf dem Festland vermitteln. So sind Cornaro-Villen überliefert der Brenta entlang in Oriago, Mira, Fiesso d'Artico und in Padova, in Luvigliano, in Este und im vicentinischen Campolongo bei San Germano dei Berici, der Laguna Veneta entlang in Campagna Lupia und Codevigo, dann gegen Norden in Lughignano bei Casale sul Sile, Sant'Artemio bei Treviso und dem benachbarten Merlengo sowie in Piombino Dese, in Castelfranco und den angrenzenden Orten Sant'Andrea und Poisolo, noch weiter nördlich in Altivole, Asolo und in Romano d'Ezzelino (59). Giovanni Cornaro nun, am 30. Juni 1720 in Venedig geboren, hatte in Fortsetzung der grossen Familientradition eine kirchliche Laufbahn einzuschlagen. Nach entsprechenden Studien wurde er in den römischen Prälaturen zugelassen und zum Vertreter Venedigs am päpstlichen Gericht berufen. 1775 beförderte ihn Papst Pius VI. zum Gouverneur von Rom und ernannte ihn drei Jahre später, am 1. Juni 1778, zum Kardinal der Diakonie S. Cesareo in Rom. Cornaro wurde Mitglied verschiedener Kardinalskongregationen, so der Konzils-, der Riten-, der Zeremonial- und der Konsistorialkongregation. Doch mit 69 Jahren starb er am 29. März 1789 in Rom, wo die Totenfeier nach altem Brauch in der Kirche S. Marco abgehalten wurde und die anschliessende Beerdigung in S. Cesareo stattfand. Während hier eine Inschrifttafel die Verdienste des Verstorbenen festhält, hatte sich im 17. Jahrhundert ein anderes Mitglied der Familie, Kardinal Federico Cornaro, Patriarch von Venedig, eine für römische Verhältnisse etwas weniger bescheidene Grablege in der Kirche S. Maria della Vittoria von Gianlorenzo Bernini errichten lassen. Diese Cornaro-Kapelle mit der Ekstase der hl. Theresia erinnert nicht nur an den 1653 verstorbenen Gründer, sondern wurde auch dem Gedächtnis an dessen Vater, den Dogen Giovanni Cornaro und den sechs Kardinälen aus dem Geschlecht der Cornaro gewidmet, die im 16. Jahrhundert tätig gewesen waren (60).
Der direkte und ausschlaggebende Anlass, der Giovanni Cornaro bewog, sich für sein Bauvorhaben an den Vicentiner Architekten Ottavio Bertotti Scamozzi zu wenden, ist unbekannt. Den Überlieferungen nach kann nur vermutet werden, dass im Gegensatz zum recht eigenwilligen Preti der gegenüber Cornaro nur ein Jahr ältere Bertotti eher den expliziten Vorstellungen des Bauherrn entgegenkam. Und diese waren — wenigstens der Galerie nach zu urteilen — von einer ausgefallenen Einfachheit und einer dem Geist der Aufklärung entsprechenden Innovationskraft. Der von Milizia 1781 eingeführte Begriff «Galleria» für dieses eine, sicher auf drei Seiten freistehend errichtete Gebäude umschreibt hier die geänderte Funktion eines herkömmlichen Typus in der Villenarchitektur, nämlich der Barchessa, die als landwirtschaftlicher Anbau mit einer offenen, entweder durch eine Pilasterreihe mit Rundbogen oder durch eine architravstützende Säulenreihe gegliederten Längsfassade sowohl Lagerplätze als auch Ställe und Heutennen beherbergte und in dieser Form noch bei Palladio als «Portici» definiert worden war. Der Name Barchessa wurde erst seit dem beginnenden 17. Jahrhundert häufig verwendet für diesen ein- bis zweigeschossigen Anbau, der auch einfache Schlafkammern enthalten konnte und immer mit einem Giebeldach bedeckt war (61).
Neu an der für Giovanni Cornaro errichteten Barchessa war nun ihre landwirtschaftsfremde Nutzung, die allein dem Vergnügen auf dem Lande diente, dem Lustwandeln und den gelehrten Disputationen im gedeckten Säulengang sowie dem Aufstellen und Betrachten von preziösen Sammlungsgegenständen. Entsprechend der vom Agrarischen losgelösten und auf das rein Gesellschaftliche ausgerichteten Gebäudefunktion wurden die Pilaster in der sonst bei Barchessen üblicherweise nie verwendeten ionischen Ordnung hochgeführt und verdeutlichten damit die andersartige Stellung dieses Baues, dem die gleiche Säulenordnung wie dem scamozzianischen Herrenhaus der Villa zugestanden worden war. Auch das von Bertotti zusammen mit der Galerie erbaute Gästehaus muss von den gestellten Anforderungen her wahrscheinlich höchst beeindruckend gewesen sein; zwar kann der Gebäudekomplex aufgrund der heutigen Forschungslage nicht rekonstruiert werden, aber von Bedeutung erscheint in diesem Zusammenhang ein Passus aus einem Brief von Alberto Fortis, der seinem Gönner in Vicenza, Conte Giorgio Marchesini, Mitglied der Accademia Olimpica, am 26. Oktober 1766 aus Rom schrieb: «... Non si può far passo senza essere fermato insensibilmente da qualche cosa di grande. Le strade sono colpi d'occhio, i palazzi città, i giardini tenute immense. Ella è una verità umiliante, ma è pur d'uopo confessarla, le città nostre, conte Giorgio amatissimo, sono

paesini dipinti a petto di questa, i nostri palazzi modelli, le nostre piazze cortili, le colonne stuzzicadenti. Oh, fosse qui meco il valente nostro architetto Bertotti! come s'impregnerebbe d'architettoniche idee gigantesche quel nobile ingegno! Io me lo desidero a lato ogni momento. Egli m'istruirebbe e mi farebbe gustare mille bellezze che mi fugono, poichè io non ho altro stromento per giudicarne che un ignorante sensorio» (62). Abschliessend ist des weitern festzuhalten, dass gerade der Kardinal Antonio Marino Priuli, für den Bertotti 1758 den Triumphbogen auf der Piazza dei Signori in Vicenza errichtet hatte, jeweils ganz in der Nähe von Castelfranco, in Treville, seine Villeggiatura verbrachte (63), in gesellschaftlichen Beziehungen zur Familie Cornaro stand und dann nach seiner Wahl zum Bischof von Padova noch am gleichen Tag des 6. April 1767 der Bischof von Torcello, Marco II. Cornaro, als Bischof in Vicenza eingesetzt wurde. Antonio Marino Priuli starb 65jährig in der Villa seiner Vorfahren in Treville am 26. Oktober 1772.

Villa Francesco Modena an der via Statale Vicenza—Padova in Vancimuglio.

Villa Francesco Modena in Vancimuglio (Prov. Vicenza)

Via Statale Vicenza—Padova
1767
Auftraggeber: Francesco Modena, aus Chioggia gebürtig, Gutsbesitzer und geschätzter Agrarreformer

In dem kleinen Strassendorf Vancimuglio, an der Kreuzung der Staatsstrasse Vicenza—Padova mit dem Weg nach Grumolo delle Abbadesse, befinden sich zwei Villenanlagen, von denen die westlich gelegene von Conte Giovanni Chiericati und seinen Erben erbaut, dann über Jahrhunderte im Besitz der Conti Porto war, während das östlich situierte Nachbargut im 18. Jahrhundert Francesco Modena gehörte. Für beide Landgüter sind nun Arbeiten von Bertotti Scamozzi überliefert, welche erstmals von Magrini erwähnt und im Fall der Villa Modena von der späteren Forschung öfters angezweifelt wurden. Aufgrund der Friesinschrift «Fratres Lioy perfecerunt An. MDCCCXXXI» sind als mögliche Autoren wahlweise noch die Vicentiner Architekten Co. Antonio Piovene (1774—1858) und Giovanni Miglioranza (1798—1861) vorgeschlagen worden. Vorab Archivstudien von Renato Cevese führten dann 1971 zur Wiederentdeckung von diesbezüglich aufschlussreichen Manuskripteintragungen der Lokalhistoriker des 19. Jahrhunderts, beispielsweise jener von Bressan, der notiert hatte: «Casino Lioy (era Modena) a Vancimuglio, d'ordine ionico, con un bugnato rustico, che serve d'imbassamento nel I° piano, ideato nel 1768 dall'Arch. Ottavio Bertotti e poscia modificato nel 1830 dal Co. Antonio Piovene.» Der gesamte Villenkomplex war im frühen 19. Jahrhundert von Modenas Schwiegersohn Felice Lioy und von seinem Bruder Francesco Lioy übernommen worden, und nach mehreren Eigentümerwechseln zu Beginn unseres Jahrhunderts gehört das Gut heute der Familie Macerata (64).

Nach den Bauten in Castelfranco handelte es sich bei diesem Landgut in Vancimuglio um den zweiten Auftrag, den Bertotti für einen Neubau erhielt. Datierte Antonio Magrini die Villa Modena ins Jahr 1768, so lässt sich heute nach dem Auffinden einer entsprechenden Landkarte der Provveditori sopra i Beni Inculti die Fertigstellung des Villenkomplexes um ein Jahr vorverschieben und vor allem auch das 1767 vorhandene Bauvolumen genau definieren. Auf der vom Perito Ordinario Michiel Angelo Mattei am 30. Mai 1767 angefertigten Zeichnung sind das mehrgeschossige Wohnhaus und die östlich angebaute, niedrigere Barchessa dargestellt, beide zur nach Padova führenden Hauptstrasse orientiert und leicht abgerückt vom Verbindungssträsschen Vancimuglio—Gumolo delle Abbadesse. Aber nicht eingezeichnet sind auf dieser Karte die heute ebenfalls existierende, auf der Westseite des Wohnhauses angebaute Barchessa mit ihren auffallend zugemauerten Interkolumnien und das rechtwinklig angefügte, dem Strässchen entlang sich gegen Norden ausdehnende, zweigeschossige Landwirtschaftsgebäude. Und damit ist die in neuerer Zeit geäusserte Vermutung, dass diese zwei Anbauten einer älteren Epoche entstammten und so vor dem übrigen Villenkomplex errichtet worden wären, eindeutig widerlegt, denn die Genauigkeit der Landkarten der Beni Inculti ist für das Verhältnis der einzelnen Bauvolumen untereinander und für die Anzahl dieser Bestandteile überhaupt derart verlässlich, dass die Zeichnungen neben ihrer Funktion, die Veränderungen und Umnutzungen von Wasserläufen festzuhalten, geradezu als Besitznachweis bei Gerichtsfällen und so als eigentliche Katasterpläne verwendet wurden (65). Ungenau angegeben sind auf diesen Karten aber meistens die Achsen der Fenster und der Barchessenöffnungen sowie antikisierende Elemente, die mit Ausnahme des Dreieckgiebels gerne fehlen. Nun, den Dreieckgiebel hat der Vermesser Michiel Angelo Mattei auf der Karte von 1767 eingezeichnet, auch die Dreiteilung der Fassade durch einen Mittelrisaliten samt der kleinen Fensterbalustrade im zweiten Geschoss sind trotz der in der Vogelperspektive aufgenommenen Darstellung noch erkennbar. Zwar kann von diesem wichtigen Kartendokument her der bertottianische Bau in seinen ursprünglichen Dimensionen endlich erfasst, aber nicht gleichzeitig mit dem jetzigen Erscheinungsbild der Villa gleichgesetzt werden, da die Friesinschrift eine erneute, 1831 abgeschlossene Bautätigkeit erwähnt, und Francesco Zanotto 1857 dazu noch eine Zeichnung aus der Hand des Architekten Antonio Piovene publizierte, welche die Hauptfassade der Villa in ihrer heute bekannten Form zeigt. Des weitern waren die 1767 noch fehlenden Nebengebäude vor 1813 errichtet worden: die westliche Barchessa samt dem gegen Norden fortgesetzten Anbau und auf der entgegengesetzten Südseite ein weite-

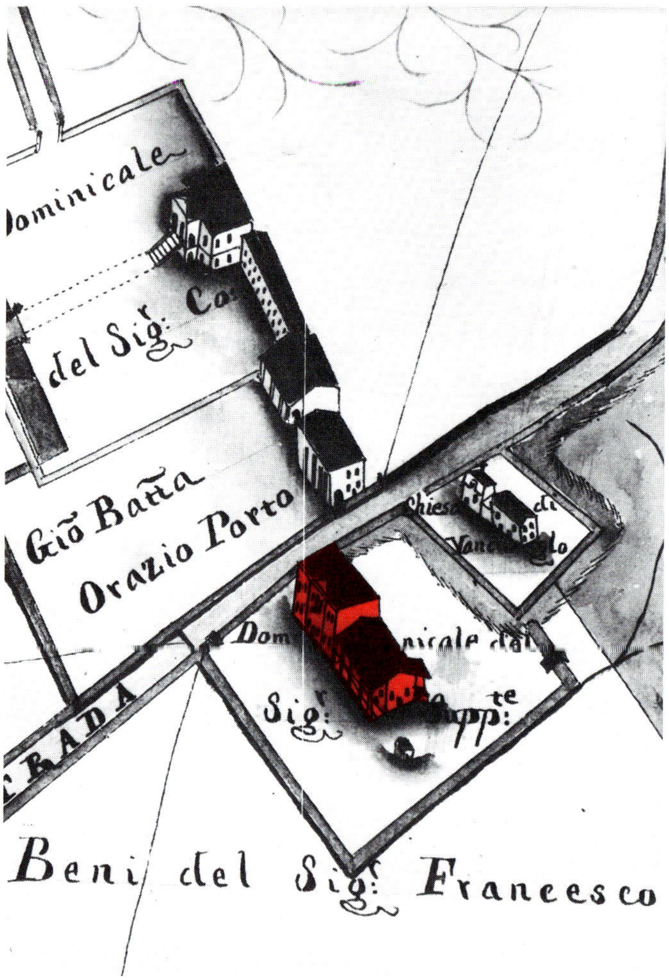

Ausschnitt aus dem Plan des Perito Ordinario Michiel Angelo Mattei mit der Darstellung der beiden Villenanlagen Porto und Modena am 30. Mai 1767. Staatsarchiv Venedig BIVI 69 B.

res, schmales, aber langes und dem Strässchen entlang geführtes Ökonomiegebäude sind auf dem napoleonischen Katasterplan von 1813 sowie in identischer Weise auf dem österreichischen Katasterplan von 1829 beziehungsweise von 1838 eingezeichnet (66). Das letztgenannte Ökonomiegebäude, das nie Eingang in die Villenliteratur gefunden hatte, wurde zu einem späteren, aber unbekannten Zeitpunkt abgebrochen, während dann in der Mitte der sechziger Jahre unseres Jahrhunderts noch über die Hälfte der von Bertotti erbauten Barchessa niedergerissen wurde, um einem modernen Stall- und Silokomplex Platz zu schaffen. Das Wohnhaus der Villa präsentiert sich heute in der bereits von der Landkarte der Beni Inculti her bekannten Gliederung der Hauptfassade mit einem knapp vorstehenden, giebelbekrönten Mittelrisaliten. Über einem durchgehend rustizierten und hier verkröpften Sockelgeschoss rahmen vier monumentale, ionische Halbsäulen die drei hochrechteckigen, mit einem einfachen, profilierten Gewände versehenen und mit einer Balustrade abgeschlossenen Fenster und stützen neben einem vollständig ausgebildeten, ionischen Gebälk, dessen glattgeformter Fries die Inschrift trägt, auch den darüberliegenden, flachen Dreieckgiebel mit dem Familienwappen der Lioy im Tympanon. Flankiert wird dieser Risalit von je einem breiten Seitenflügel mit nur einer Fensterachse, bestehend aus einem quadratischen Fenster im Sockelgeschoss, einem hochrechteckigen Fenster mit ionischem Gewände, ausgeprägtem Gesims samt vollplastischem Dreieckgiebel im Piano Nobile und abschliessend einer schmalen, querrechteckigen Öffnung im Dachgeschoss. Neben dieser vertikalen Gliederung betonen sowohl das Abschlussgesims der Rustika des Sockelgeschosses als auch die unter den seitlichen Fenstern des Piano Nobile durchlaufende, im Mittelrisalit dann als Brüstungsgesims abgesetzte Mauergurte und die zwar minime Vorkragung des Dachgeschosses zusammen mit dem reich profilierten Dachgesims die Breitenwirkung des Baues, die durch die grossen geschlossenen Mauerflächen auch optisch noch erhöht wird. Der Gruppierung der stets in derselben Achse angeordneten Fenster entspricht auch die Einteilung der Innenräume, die für das Erdgeschoss und das Piano Nobile dieselbe ist und sich zusammensetzt aus einem grossen, die gesamte Breite des Hauses einnehmenden Zentralsaal und je zwei seitlichen Zimmern. Im Gegensatz zu den sehr niedrigen und mit einer sichtbaren Balkendecke ausgestatteten Räumen des Erdgeschosses sind jene darüberliegenden des Piano Nobile auffallend hoch, und die Eckzimmer haben Spiegelgewölbe, während der mittlere Saal ebenfalls mit Sichtbalken gedeckt ist. Das Erdgeschoss hat einen direkten, in der zentralen Achse gelegenen Zugang in Form einer schmucklosen und schmalen, hochrechteckigen Öffnung, die durchaus nicht den Eindruck eines Hauptportals erweckt, und die zweite, benachbarte Öffnung stellt sich als spätere Vergrösserung eines quadratischen Fensters dar. Für die zwei Obergeschosse hat der Architekt das im Veneto sehr seltene Prinzip der äusseren Erschliessung angewandt: als Treppenhaus dienen zwei seitlich angebaute Türme, die von der beschriebenen Gartenfassade betont zurückgesetzt sind, aber bündig zur rückwärtigen Fassade verlaufen, wo sie sich mit vier übereinandergesetzten, quadratischen Fenstern in ihrer Bestimmung zu erkennen geben und einen netten Kontrast zur Fenstergliederung des Wohnhauses bilden. Die heutige Hoffassade ist die eigentliche Eingangsfront und zeichnet sich durch eine vermehrte Anzahl Fenster und einen breiteren Zugang aus. Auf der glatt verputzten Fläche rahmen im Erdgeschoss je drei quadratische Fenster die in der Mittelachse liegende Türe ein, und diesen Öffnungen entsprechen im Piano Nobile sieben schmale, hochrechteckige Fenster sowie je drei kleine, querliegende Mezzaninfenster im Dachgeschoss. Dieselben Fensterformen wie auf der Gartenseite sind also auch für diese Fassade verwendet worden und unterscheiden sich nur durch ihre einfachere, unprofilierte Rahmung. Zusammen mit diesen nach Stockwerken differenzierten Formen der Öffnungen wird die Breite des Gebäudes wiederum durch das leicht vorkragende, schmale Dachgeschoss und das breite Dachgesims hervorgehoben, letzteres jeweils bei beiden Treppentürmen wegen des sich auf dieser Höhe befindenden, obersten Fensters unterbrochen. Die Eingangsfassade, bei der auf jegliche Gliederung durch klassische Ordnungen verzichtet wurde, und deren Aufbau vorab nach funktionellen Aspekten erfolgte, steht in einem gewissen Gegensatz zur giebelbekrönten, nach der Staatsstrasse Vicenza—Padova ausgerichteten Gartenseite der Villa und ist in ihrer überzeugenden und harmonisch wirkenden Schmucklosigkeit der ersten Bauetappe unter Ottavio Bertotti Scamozzi zuzuweisen. Derselben Zeit entstammt auch die zweigeschossige Barchessa, die, an die östliche Schmalseite des Wohnhauses angebaut, ebenfalls den einen Treppenturm einschliesst und sich in der heutigen, amputierten Form mit drei Interkolumnien zum Garten hin öffnet. Der Gebrauch der toskanischen Ordnung, deren unkannelierte Säulen auf einer Plinthe auflagern, eine stark gebauchte Entasis haben und ein überhohes Dachgebälk tragen, lässt da mit grosser Gewissheit auch auf eine bereits von Bertotti angewandte ionische Ordnung für die Gartenfassade schliessen. Nur bietet sich für eine Rekonstruktion der bertottianischen Gestaltung dieser Fassade eine Vielzahl entsprechender Möglichkeiten und Varianten, die von einzig der ionischen Ordnung verpflichteten Fenstergewänden bis zu ionischen Pilastern anstelle der heutigen Halbsäulen reichen. Aber aufgrund der wenigen Dokumente, von denen dazu nichts von Bertotti selbst überliefert ist, kann keine gültige Entscheidung getroffen werden.

Francesco Modena gehörte jenem Zweig einer alteingesessenen Familie in Chioggia an, der im frühen 18. Jahrhundert in die Provinz Vicenza übersiedelt war und hier keinen Adelstitel besass. Nach Giovanni Da Schio war Bertottis Auftraggeber ein Neffe des gleichnamigen Druckers Francesco Modena, eines Sohnes von Pietro Modena. Dessen «Nuova Stamperia Camerale» wurde im Herbst 1768 in Vicenza eröffnet und wurde vorab bekannt durch die Erstedition der «Fabbriche» und der «Terme dei Romani» von Bertotti, welche in den Jahren 1776 bis 1785 erschien. Dann gehörte der Drucker Modena auch zu den Stiftern einer Arkade für die 1746 unter Muttoni begonnenen und noch über Jahrzehnte im Bau befindlichen Portici, die zum Marienheiligtum auf dem Monte Berico führen (67). Der Gutsherr Modena hatte seine Ländereien in Vancimuglio und im angrenzenden Sarmego, wo er auch drei kleine Häuser besass. Doch sein Grundbesitz war verhältnismässig klein und beschränkte sich auf 40 Campi, die heute 15,2 Hektaren entsprechen, während beispielsweise in der Vicentiner Gemeinde Bertesina der Conte Agostino Negri auf seinem Gut Ca'Latina dazumal über 500 Campi — also über fast 200 Hektaren — verfügte. Diese zwei so unterschiedlichen Gutsbesitzer wurden öfters gemeinsam erwähnt und ausführlich gelobt wegen ihren neuartigen Anbaumethoden sowie zusammen mit Carlo Cordellina in Montecchio Maggiore und Antonio Monza in Cresole für die eigentlichen Agrarreformer gehalten, die Massstäbe für die weitere landwirtschaftliche Entwicklung auf dem Gebiet der Terraferma gesetzt hatten. Diese somit von Leuten aus verschiedensten Bevölkerungskreisen initiierte und mit grossem Eifer betriebene Bewegung wurde gern auch als Agrarrevolution bezeichnet; ihr Beginn ist rückblickend um 1764 zu datieren, und bereits fünf Jahre später war die «neue Landwirtschaft» derart verbreitet, dass das «Giornale d'Italia» am 16. September 1769 nicht mehr imstande war, die lange Liste der Besitzer von neuartig bebauten Feldern zu veröffentlichen, aber dann mit berechtigtem Stolz am 1. Oktober 1774 einen Reisebericht des Schweden Faber publizierte: «L'Agricoltura è ormai dive-

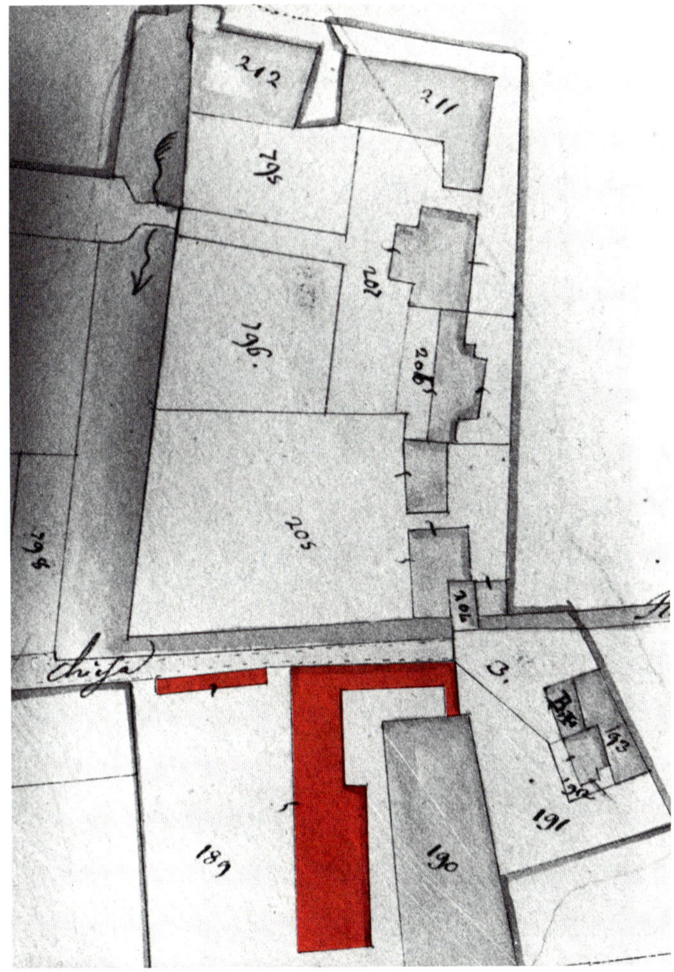

Ausschnitt aus dem österreichischen Katasterplan von 1829 bzw. dessen Kopie von 1838 im Staatsarchiv Vicenza.

nuta nello Stato Veneto il Gusto predominante ...» Genaugenommen bezweckte die Agrarrevolution eine Anbauschlacht im Sinne einer wirtschaftlicheren Bodennutzung und eines vermehrten Futterertrages, der wiederum einen grösseren Viehbestand sichern sollte. Eine geschickte und geistreiche publizistische Propaganda förderte nachhaltig diese Ideen und Erkenntnisse, die auch auf einer Wiederentdeckung des Traktates «Ricordo d'agricoltura» von Camillo Tarello basierten, das 1567 erstmals von Rampazetto in Venedig gedruckt worden war und vorab für die Vierfelderwirtschaft eintrat. Am 7. Juli 1764 erschien in Venedig die erste Nummer des «Giornale d'Italia spettante alla scienza naturale e principalmente all'agricoltura, alle arti ed al commercio», redigiert von Francesco Griselini und als Wochenzeitschrift sofort das anerkannte Sprachrohr der Agrarreformer. Zu diesen zählte ebenfalls der damalige Kustos im Botanischen Garten von Padova, der Veroneser Pietro Arduino, der am 22. September 1764 im «Giornale d'Italia» ausführlich den Anbau von Maulbeerbäumen auch für das östlich der Provinz Verona gelegene Gebiet der Serenissima propagierte: «I Vicentini Emulatori lodevoli de Veronesi, a forza d'imitarli han fatto, e fanno tutt'ora progressi. Anzi i più attenti, e studiosi d'Agricoltura si sono provveduti di Coltivatori Veronesi, che chiamano 'Moravuoli' con felicissimo successo; come può vedersi presso il Nobile Signor Conte Agostino Negri Cavaliere di somma abilità, e perspicacia, ed appresso il Sig. Francesco Modena, ed altri, che tralascio di nominare ...» 1765 veröffentlichte Griselini die kleine Broschüre «Nuova maniera di seminare e coltivare il formento», und im gleichen Jahr wurde am 30. Mai die in Italien früheste Cathedra für «Agricoltura sperimentale» an der Padovaner Universität geschaffen — auf Drängen des Pietro Arduino, der dann als erster Professor gewählt und für Studienzwecke sogleich ein Landstück von zwölf padovanischen Campi zugeteilt bekam. In einer grossangelegten und vom «Giornale d'Italia» am 16., 23. und 30. September 1769 edierten Untersuchung über die landwirtschaftlichen Verhältnisse im Veneto empfahl Arduino die «coltura tarelliana moderna», ein Bewirtschaftungssystem, bei dem nun in fünfjährigem Turnus Weizen, Klee, Mais und Hackfrüchte wechselten, und das überreichlichen Futterertrag versprach, wobei dieses letztere vom Berichtverfasser überhaupt als Grundlage der «neuen Landwirtschaft» und als alleingültiges Hilfsmittel für die von den Beccarie zu Venedig angeforderte quantitative Erhöhung an Schlachtfleisch bezeichnet wurde. Arduino lobte in diesem Bericht vorab die hervorragenden Agronomen der Provinz Vicenza, die bereits dieses System anwandten und so ihre Erträge verdoppeln und vervierfachen konnten. Unter den betreffenden Gutsherren findet sich wiederum Francesco Modena, dem das «Giornale d'Italia» gleichzeitig, am 23. September 1769, zudem einen ausführlichen Artikel über seine im Fünfjahresrhythmus praktizierte Fruchtfolge widmete, die auf dem Wechsel von Weizen, Hackfrüchten, Gemüse, Klee usw. basierte, und dabei die von Modena perfektionierte Methode der Ackervorbereitung für die Hanfaussaat ebenfalls detailliert schilderte (68). Zu den eifrigen Mitarbeitern und Förderern des «Giornale d'Italia» gehörten neben Pietro Arduino und seinem älteren Bruder Giovanni Arduino, der seit 1748 in Vicenza das Amt eines Pubblico Perito innehatte, auch zahlreiche Geistliche wie der Bischof von Torcello und später von Vicenza, Marco II. Cornaro, der am 22. September 1764 Arduinos Bemühungen um die Maulbeerbaumkulturen unterstützt hatte, oder der aus Bassano stammende Minorit und Autor der mit vielen Anmerkungen versehenen, 1772 bei Bassaglia in Venedig erschienenen Tarello-Edition, Giovanni Francesco Scottoni, der sich in seinem Beitrag «Semi per una buona agricoltura» vom August 1767 für die Errichtung von Agrarakademien in allen Provinzen des Veneto einsetzte und gleichzeitig mit bissigen Worten die «Feinde» der Landwirtschaft beschrieb: «Stabilite le basi della agricoltura, bisognerebbe pensare a liberarla dai nemici. L'agricoltura non ha i maggiori nemici di quegli animali inutili che divorano i prodotti prima che nascano, nati e raccolti che sono, quelli che disturbano il contadino dai suoi lavori, quelli che lo smungono e gli levano tutte le vigorose forze necessarie per ben coltivare le terre. I questuanti sacri e profani, questi sono il grand'esterminio della agricoltura.» Francesco Griselini, der dem «Giornale d'Italia» während zwölf Jahren vorstand und 1777 nach Mailand übersiedelte, war nicht nur einer der wichtigsten Publizisten im damaligen Venedig, sondern auch einer der bekanntesten Exponenten der Freimaurerbewegung, der er um 1753 beigetreten sein musste. In jenem Jahr war Giacomo Casanova von einer mehrjährigen Reise wieder nach Venedig zurückgekehrt, und Goldoni hatte die die Ideen der Freimaurerei verteidigende Komödie «Le donne curiose» vollendet, die ein Jahr später, 1754, aufgeführt wurde, als ebenfalls die von Griselini geschriebene Komödie «I liberi muratori» im Druck erschien, welche ihrerseits Aldinoro Clog — ein Anagramm von Carlo Goldoni — gewidmet war. Der Hauptdarsteller in Griselinis Theaterstück, das auf der Bühne nie gezeigt wurde, aber innert weniger Jahre vier Editionen aufwies, beschreibt die Freimaurer als «un ceto di persone illustri, che altro non annidano nella loro mente che idee magnanime e sublimi. Aspirano a far rinascere nel mondo l'età felice dell'oro, ed a sbandire la miseria e la povertà del consorzio umano» (69). Der «illustren» Gruppe, die sich im Veneto auf die vier Logen in Venedig, Verona, Padova und Vicenza aufteilte, gehörte auch Francesco Modena an. Dieser figurierte mit der Bezeichnung «a Macerothe» unter den sieben «Brüdern» der in Padova amtierenden «Prefettura Templare di Verona», die vom Baron Karl Eberhard von Wächter als Nachfolgerin einer früheren, bereits die Hochgradsysteme ausübenden Padovaner Loge am 17. Januar 1778 installiert wurde und die Oberaufsicht über die Loge «Amore del prossimo» in Padova und «I veri amici» in Vicenza besass. Francesco Modena trat zusammen mit Giovanni Scola «a Facibus» und Valentino Portonaro «a Lampade» nicht nur bei der «Prefettura Templare di Verona» auf, sondern findet sich auch im Tableau der Vicentiner Loge, hier mit dem Grad eines schottischen Meisters. Von den zwölf Freimaurern der Vereinigung «I veri amici» wurden 1778 Giovanni Scola zum Meister vom Stuhle ernannt und der schon in einem anderen Zusammenhang erwähnte Conte Antonio Monza als Lehrling aufgeführt. Und so ist es eigentlich nicht weiter erstaunlich, dass Modena einen der eifrigsten Freimaurer und einen versierten Agronomen aus der Schule des Antonio Genovesi zum Schwiegersohn erhielt. Der 1743 in Terlizzi geborene Felice Lioy war Advokat in Neapel und wurde 1773 Hauptsekretär des damals von der Londoner Grossloge abgelösten und zur Grossen Nationalloge avancierten Freimaurerbundes «Lo zelo», deren Grossmeister Francesco d'Aquino, Principe di Caramanico, für seine österreichfreundliche Gesinnung bekannt war. Doch nach dem Edikt des spanischen Bourbonenkönigs Ferdinand IV. und seines Ministers Bernardo Tanucci musste Felice Lioy im Herbst 1776 aus Neapel fliehen und reiste ins Veneto, nach Wien, in die Schweiz, nach Deutschland, Frankreich und nach England, wo er überall von den verschiedenen Logen und Brüdern empfangen wurde, so auch als Gast bei Francesco Modena in Vancimuglio weilte und dann später im Jahre 1784 dessen Tochter Cecilia heiratete. Lioy war 1782 nach Neapel zurückgekehrt, wurde von demselben König Ferdinand 1788 zum «Cavaliere costantiniano» sowie 1789 zum Generalintendanten der «Regia Commenda della Magione» in Palermo ernannt und führte als Agronom mehrere Untersuchungen für landwirtschaftliche Ertragsverbesserungen durch (70). 1812 zog er sich in die Villa Modena nach Vancimuglio zurück und starb 1826.

Die Villa Modena, bestehend aus dem Wohnhaus und der gegen Osten angebauten Barchessa, ist aufgrund der oft zitierten Darstellung auf einer Landkarte der Beni Inculti von 1767 mit Gewissheit den Frühwerken von Ottavio Bertotti Scamozzi zuzurechnen. Und diese Bauten — wie beispielsweise auch der fast gleichzeitig errichtete Palazzo Giacomo Milan in Vicenza oder die Villa Giangiorgio Trissino in Sandrigo — zeichnen sich durch ihren streng tektonischen Aufbau und eine überbetonte Gliederung gerade der Horizontalen aus. Weiter gehört dazu die oft schmucklose und vollständig auf vertikale Architekturglieder verzichtende Fassadengestaltung, wie sie bei der Eingangsfront der Villa Modena zu beachten ist. Die Erscheinungsform dieser Hoffassade widerspiegelt deutlich die innere Nutzungsform mit den identisch angeordneten Geschossen, die sich voneinander nur durch ihre verschiedenen Raumhöhen unterscheiden, und mit den flankierenden Ecktürmen, deren Funktion durch die entsprechende Befensterung sofort erkennbar ist. Der im Mittelalter beliebte Typus des Treppenturmes, der sich im Vicentinischen noch im Castello Grimani in Montegalda erhalten hat, findet sich vereinzelt bei Bauten aus dem Quattrocento — so bei der in die Mitte des 15. Jahrhunderts datierten Villa Civena in Montemezzo, deren im Grundriss kreisförmiges Treppenhaus an die Ostfassade des Turmes angebaut worden war, oder in der Provinz Verona bei der gleichzeitig entstandenen Villa Del Bene in Volargne, wo die Treppe in einem vorkragenden Eckturm untergebracht ist (71). Besitzen diese Beispiele aber nur je einen Treppenturm, so weist die Villa Modena zwei symmetrische und auf rechteckigem Grundriss errichtete, je links und rechts die Eingangsfassade einrahmende Treppentürme auf, die sich als reine Zweckbauten innerhalb eines Villenkomplexes schwerlich erklären lassen und für das Veneto des 18. Jahrhunderts eine ziemlich ausgefallene Lösung darstellen. Dass die Treppentürme auf eine Anregung des Bauherrn Francesco Modena für eine ganz spezielle Verwendung entstanden sein könnten, ist nicht auszuschliessen. Und die Vermutung drängt sich auf, dass diese Verwendung im Zusammenhang mit der aktiven Freimaurertätigkeit des Villenbesitzers zu sehen wäre. Nur kann diese These weder durch aufschlussreiche Wandgemälde noch durch diesbezügliches Mobiliar erhärtet werden (72). Immerhin beschäftigten sich damals viele Freimaurer mit der Landwirtschaft, sie gehörten zu den Initiatoren der Agrarrevolution, und der Gutsbetrieb des Francesco Modena muss als eigentlicher Musterbetrieb geplant worden sein. Parallel zum Landsitz der Conti Porto gelegen und mit der Giebelfassade ebenfalls zur Staatsstrasse hin orientiert, unterscheidet sich der Villenkomplex Modena vom Nachbargut durch die gerade umgekehrte Eingangssituation. Nicht mehr ein von der Strasse Vicenza—Padova abzweigendes Privatsträsschen, das direkt zum Haupteingang der Villa führt, sondern ein öffentlicher Weg zur Kirche S. Silvestro bildet den Zugang, der in der späteren Bauphase unter Antonio Piovene mit zwei Torpfeilern markiert wurde und heute noch zur «rückwärtigen» Front als der eigentlichen Eingangsfassade führt. Von den gestuften Volumina der Villa Porto und ihrem weit vorkragenden, viersäuligen Pronaos hebt sich die Villa Modena durch ihre einfache Blockmasse mit einem kaum vortretenden Mittelrisaliten ab und zeigt damit auch eine andere, innert zweihundert Jahren doch geänderte, intimere Lebens- und Wohnauffassung auf. Die westlichen Anbauten entstanden unter den Brüdern Felice und Francesco Lioy wohl um 1812 und waren infolge des grösseren Haushaltes notwendig geworden, während die Umgestaltung der Gartenfassade des Wohnhauses nach dem Tode des Francesco Lioy und laut der Friesinschrift 1831 vollendet wurde. Und in die Mitte des 19. Jahrhunderts sind auch die beiden an der Staatsstrasse gelegenen Torpfeilerpaare zu datieren, die zwei schmale Durchgänge markieren, welche parallel einerseits zur Gartenfassade des Wohnhauses und andrerseits weiter östlich in Richtung der einen Barchessa führen.

Barchessa Gio.Battista Orazio Porto an der via Statale Vicenza—Padova in Vancimuglio.

Barchessa Gio. Battista Orazio Porto in Vancimuglio (Prov. Vicenza)

Via Statale Vicenza—Padova
1767
Auftraggeber: Conte Gio. Battista Orazio Porto,
der einer mächtigen Vicentiner Adelsfamilie entstammt,
die im beginnenden 18. Jahrhundert in zehn verschiedene
Verwandtschaftszweige aufgeteilt war,
und der als letzter seiner Linie die Colleoni aus Bergamo
zu seinen Haupterben bestimmt hatte

Für die dem Landgut Modena benachbarte Villa Porto ist der bereits zitierte Antonio Magrini der erste Historiker, der ihre «Loggie rurali» überhaupt erwähnt und dem Architekten Bertotti zuschreibt. Erst Renato Cevese hat diese Attribution wieder aufgegriffen und die entsprechende Barchessa mit einer kurzen Beschreibung lokalisiert: «A destra della villa, una parte dell'adiacenza è ritmata da archi ribassati insistenti su pilastri, ai quali si addossano semicolonne tuscaniche. È evidente che il porticato doveva svilupparsi fino alla villa. Perchè sia rimasto sospeso, non ci è dato di sapere.» Es handelt sich dabei um das vom Wohnhaus des Villenkomplexes am weitesten entfernte Landwirtschaftsgebäude, das mit der östlichen Schmalseite an die nach Grumolo delle Abbadesse führende Gemeindestrasse grenzt und da gegenüber dem von Antonio Piovene geschaffenen Portal der Villa Modena liegt. Nachdem der Auftraggeber der Barchessa, Gio. Battista Orazio Porto, ein Sohn der Contessa Maddalena Angaran, im Jahr 1816 gestorben war, kam das Landgut in den Besitz der Familie Angaran und gehört heute Herrn Pietro Rigo (73). Beide Villenanlagen — jene der Modena und jene der Porto — haben ihre Funktion aus dem 18. Jahrhundert beibehalten und dienen heute noch als grosse Landwirtschaftsbetriebe. Der ursprüngliche Erbauer der Villa Porto war Giovanni Chiericati, der 1546 schon zwei alte Häuser in Vancimuglio besass und um 1554 einen Neubau errichten liess, wozu anscheinend Andrea Palladio die Musterentwürfe lieferte, und Domenico Groppino für deren Realisierung besorgt war. Giovannis Sohn Lionello Chiericati verkaufte das unfertig gebliebene Haus 1574 an Ludovico Porto, der es in den nächsten Jahren vollendete, so dass eine Schätzungsurkunde vom 17. Dezember 1584 das Gebäude als «palazzo novo» bezeichnete (74). Eine Inschrift im Fries des ionischen Säulenportikus war noch im 19. Jahrhundert zu entziffern und besagte, dass Bernardino und Giovanni Battista Porto im Jahre 1662 die Villa renoviert hatten. Doch das Ausmass dieser Arbeiten ist unbekannt, und die Entstehungszeit der wuchtigen Vorhalle bleibt weiterhin ungeklärt (75). Dagegen ist mit grosser Gewissheit anzunehmen, dass der Bau im Cinquecento nicht als Gutsbetrieb konzipiert wurde, sondern einzig der Villeggiatura, der Erholung und Zerstreuung auf dem Lande diente. Diese These wird durch die Tatsache gestützt, dass ursprünglich gar keine landwirtschaftlichen Anbauten existierten, beide Seitenfronten des Herrenhauses freistehend mit je vier Fensterachsen ausgebildet waren und das östlich angebaute, schmale und längliche Gebäude frühestens im 17. Jahrhundert errichtet wurde — zusammen mit einer weiteren, kleinen Aussentreppe, die der Hauswand des Herrenhauses entlang ins obere Geschoss des Anbaues führt und mittels einer neu eingebrochenen Türöffnung zwischen den beiden hohen Fenstern des Piano Nobile auch einen seitlichen Zugang ins Hauptgebäude besitzt. Der nur die halbe Schmalseite der Villa breite Anbau ist zweigeschossig, mit der Traufseite zur Staatsstrasse hin orientiert und weist die beachtliche Länge von elf, zwar unregelmässig angeordneten Fensterachsen auf, die grösstenteils aus quadratischen Öffnungen im Erdgeschoss und den hochrechteckigen im oberen Stockwerk bestehen. Dieses Gebäude, das gleichzeitig als Viehstall und als Wohnhaus für die Landarbeiter genutzt wird, hebt sich durch seine schmucklose und murale Fassade von den beiden nachfolgenden, wiederum in derselben Geraden liegenden, aber breiteren und demnach entsprechend vorspringenden Ökonomiebauten ab, deren offene Fassade durch eine Pilasterreihe gegliedert ist.

Von diesen zwei, heute aneinandergebauten und unter dem gleichen Satteldach vereinten Barchessen stammt die rechte Hälfte von Bertotti, während der linke Teil als moderne Adaptation gegenüber dem Bau des 18. Jahrhunderts erscheint. Die reale Situation des Villenkomplexes in der zweiten Hälfte des Settecento kann aber nur anhand von Dokumenten aus der Zeit selbst geklärt werden, und dazu bieten sich hier die Kartenfunde aus dem venezianischen Amt der Provveditori sopra i Beni Inculti an. Speziell vier Karten, die innert eines Zeitraumes von 15 Jahren geschaffen wurden, berücksichtigen das in Vancimuglio gelegene Besitztum des Gio. Battista Orazio Porto, und als erstes, wichtigstes Dokument darunter ist wiederum die bereits bei der Beschreibung des Nachbarguts von Francesco Modena oft erwähnte Zeichnung des Michiel Angelo Mattei aus dem Jahre 1767 anzuführen. Analog zur neuen Datierung des Modena-Komplexes ist ebenfalls die Fertigstellung der Barchessa Porto um ein Jahr vorzuverschieben. Weiter zeigt diese Karte ganz deutlich, dass diese letztere Barchessa in der von Westen nach Osten verlaufenden Aneinanderreihung verschiedener Häuser als Einzelbau errichtet wurde und drei Geschosse aufwies, während die linke, dem langen und als Stall- und Wohnhaus kombinierten Gebäude angebaute Barchessa beträchtlich niedriger und sicher vor 1767 erbaut worden war. Diese bauliche Situation zeigen auch — und teils in noch eindeutigerer Art — die beiden späteren Landkarten von 1772 und 1779, die ebenfalls vom Perito Ordinario Mattei aufgenommen wurden. Etwas unklar erscheinen dagegen die Grundrisse auf dem von Steffano Foin 1782 gezeichneten Plan, der aber immerhin auch die letztere, ans Strässchen grenzende Barchessa als separaten Bau angibt (76). Diese von Magrini als «Loggie rurali» bezeichnete Barchessa öffnet sich gegen Südsüdwest mit fünf Interkolumnien, deren erste vier Öffnungen als Stichbogen geformt sind und von hohen Pfeilern mit vorgesetzten toskanischen Dreiviertelsäulen begrenzt wurden. Das fünfte Interkolumnium ist gegenüber den vorangehenden weniger als halb so breit, bietet gerade Platz für eine schmale, hochrechteckige Tür und wird zum Gemeindesträsschen hin von einem monumentalen toskanischen Eckpilaster abgeschlossen. Die bis zur Traufe hochgeführten Säulen und Pilaster, die mit einem ausladenden Abakus über dem toskanischen Kapitell das entsprechende, hölzerne Dachgesims stützen, rahmen im Obergeschoss kleine, quadratische Fenster ein, die senkrecht in die Mauer eingeschnitten sind und auf einem durchgehenden, flachen Mauerband aufruhen. Achsial zur Befensterung des Obergeschosses liegen auch die wuchtigen Schlusssteine, die vom Scheitel der Stichbogen bis zu diesem Mauerband reichen. Die Dreigeschossigkeit des Gebäudes nun ist erkennbar auf der östlichen Giebelseite, deren schmucklose Fassade einen einzigen Zugang in Form eines Halbkreisbogens hat, der heute noch zusätzliche Einbauten aufweist. Der kleine, dieser Strassenseite vorgelagerte Anbau wurde am 1. Februar 1772 von den Provveditori sopra i Beni Inculti bewilligt und diente dazumal als «edificio di pilla da Riso d'una Ruotta». Ein weiteres, auf der Nordseite der Barchessa angegliedertes Gebäude entstand sicher vor 1813, da es bereits auf dem Katasterplan aus jenem Jahr eingezeichnet ist (77). Im Innern der Barchessa selbst sind noch Spuren von ehemaligen Wandbemalungen vorhanden, speziell auch von zwei nicht mehr identifizierbaren Wappen, und das Holzgebälk zeigt alte Brandspuren auf. Aber die von Renato Cevese aufgestellte Hypothese einer ursprünglich geplanten einzigen Barchessa, die sich über die ganze Länge vom Gemeindesträsschen bis zum Wohnhaus der Villa hätte erstrecken sollen, kann aufgrund der erwähnten Beni Inculti-Karten und der Katasterpläne des frühen 19. Jahrhunderts widerlegt werden; die Barchessa wurde als Einzelbau geplant und errichtet, nur ist mit Sicherheit anzunehmen, dass der westliche Abschluss des Gebäudes bei der Modernisierung und Vergrösserung der anderen Barchessa zerstört wurde.

Ottavio Bertotti Scamozzi kannte seinen Auftraggeber, der Mitglied der Accademia Olimpica war, gewiss von seiner dortigen Hausmeistertätigkeit und erwähnt den Conte Gio. Battista Orazio Porto im 1761 erschienenen «Forestiere istruito» auch als Besitzer des von Palladio für Iseppo Porto erbauten Palazzo in Vicenza. Und nach dem ersten Band der «Fabbriche» von 1776 wird derselbe Porto im 1781 erschienenen dritten Buch nun ausführlicher vorgestellt: «Il Nob. Sig. Co: Orazio da Porto che possede in Vicenza una delle più nobili invenzioni del nostro insigne Architetto, come abbiamo veduto nel primo Tomo di quest'Opera, oltre ai bellissimi Palazzi che ha in Tiene, in Brendola, e alla Favorita, possede anche nella Villa di Vancimuglio una Fabbrica, che tanto si avvicina alla maniera semplice del Palladio, che da molti viene considerata per sua invenzione ...» (78). Was die Villa in Thiene betrifft, so kauften die Porto dort Ländereien seit 1360, doch die Familie war bereits im 11. Jahrhundert in der Stadt Vicenza ansässig: nach der 1700 geschriebenen Chronik des Francesco Tomasini soll Kaiser Heinrich IV. im Jahr 1082 einem Vicentiner Rechtsgelehrten mit Namen Porto sein Besitztum garantiert haben; und eines der sechs Ahnenporträts, die im quadratischen Edgeschossraum des Palazzo Porto in Vicenza wahrscheinlich von Giandomenico Tiepolo um 1757 gemalt worden waren, dann zu Beginn unseres Jahrhunderts von den Wänden entfernt und verkauft wurden, zeigt den Sachsenkaiser Heinrich II. bei der Ernennung eines Mitglieds der Porto-Familie zum Statthalter von Vicenza: «Jacopo Porto, conte e cavaliere, segnalatasi per integrità morale, cultura e saggezza, fu fatto nel 1022 prefetto di Vicenza da Enrico II, re e imperatore». Die weiteren fünf lebensgrossen Bildnisse sind ebenfalls berühmten Staatsmännern und Kriegern gewidmet; so sind der 1379 zum Patrizier geschlagene Donato Porto, der 1508 zum Statthalter von Piemont ernannte Gerolamo Porto, der 1532 von Karl V. mit dem kaiserlichen Doppeladler ausgezeichnete Ippolito Porto, der 1554 als General der venezianischen Republik gestorbene Francesco Porto und schlussendlich der 1660 zum Generalissimus avancierte Giovanni Battista Porto in dieser Ahnengalerie vertreten (79). Die Familie Porto, der früher fast sämtliche Häuser an der nach ihr benannten «contrada» in Vicenza und mindestens 23 beachtliche Villenanlagen in der Provinz gehörten, war zu Beginn des 18. Jahrhunderts bereits in zehn verschiedene Linien aufgeteilt. Der Vater von Gio. Battista Orazio Porto war Giovanni Battista Porto, Sohn des Leonida und der Lucrezia, und liess in den Jahren 1714—1715 von Francesco Muttoni die Villa «Favorita» in Monticello di Fara erbauen. Des weitern erbte Gio. Battista Orazio Porto die Villa in Brendola, deren S. Rocco geweihte Kapelle 1717 von Co. Giovanni Achile Porto renoviert und vor 1743 auf Wunsch des Co. Antonio Maria Porto mit einer Kaplanei für

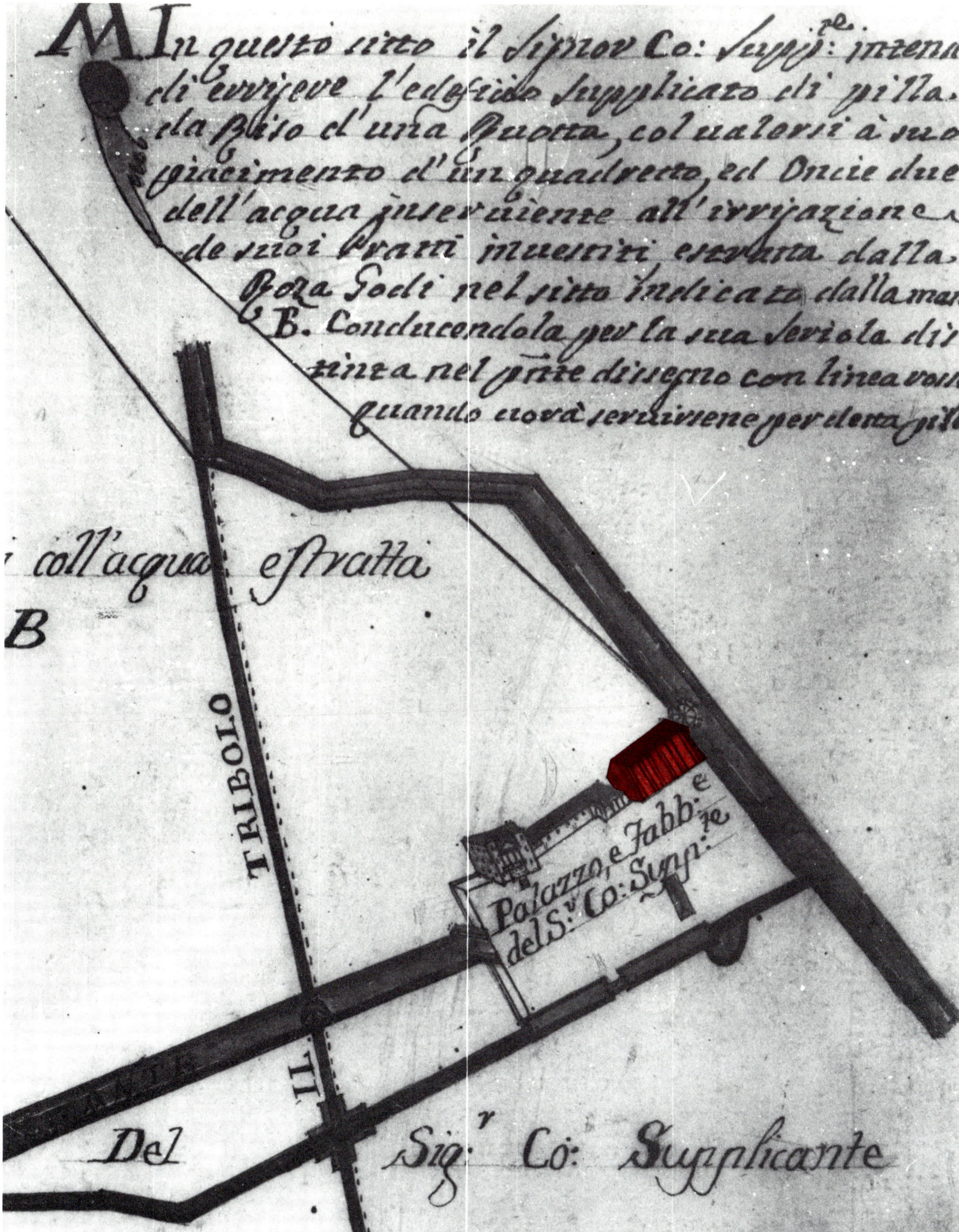

Ausschnitt aus dem Plan des Perito Ordinario Michiel Angelo Mattei mit der Darstellung der Villenanlage Porto am 1. Februar 1772.
Staatsarchiv Venedig BIVI 68.

die tägliche Messfeier versehen worden war. Und neben dem Landsitz in Vancimuglio besass der gleiche Co. Gio. Battista Orazio Porto auch die palastähnlich ausgebaute Villa in Thiene, für die er nach dem Vorbild des Generals Francesco Porto, der um 1550 Giambattista Zelotti und Giovanni Antonio Fasolo mit Wanddekorationen beauftragt hatte, die beiden jungen Maler Davide Rossi von Thiene und Gaetano Costalonga aus dem benachbarten Zanè anstellte, welche «una Sala da convito, ed una da conversazione» mit Fresken ausmalten, von denen heute nur noch jene im südwestlichen Erdgeschossaal vollständig erhalten geblieben sind (80). Aber bereits vor diesen Arbeiten in Thiene scheint Davide Rossi mit kleineren Wanddekorationen im Vicentiner Palazzo Porto beschäftigt gewesen zu sein. Aufgrund der Notizen von Leonardo Trissino und Antonio Diedo können die Fresken im kleinen Korridor, der den quadratischen, zum Hof hin orientierten Erdgeschossraum mit dem auf die contrà Porti ausgerichteten, grossen Saal verbindet, als ein Frühwerk von Davide Rossi betrachtet, und wohl auch die bei der Restaurierung von 1954 in diesem letzteren Saal wiederentdeckten drei Sopraporten demselben Maler zugeschrieben werden. In diesem gleichen Raum wurden ebenfalls 1954 die Überreste eines grandiosen Deckenfreskos ergänzt, dessen auf Leinwand aufgezogenes Original samt dem dazugehörigen Bozzetto sich heute im Art Museum in Seattle befinden und gemeinhin als ein Werk von Giambattista Tiepolo aus den Jahren 1755—1760 gelten (81). Ob jedoch diese gemalte Verherrlichung eines Angehörigen der Familie Porto als eine Apotheose des zur Entstehungszeit des Freskos kaum dreissigjährigen Conte Gio. Battista Orazio Porto zu identifizieren ist, erscheint höchst fragwürdig auch hinsichtlich des dargestellten Alters der auf den Wolken thronenden und von der «Fama» einen Lorbeerkranz empfangenden Persönlichkeit, die eigentlich eher mit dem Vater Giovanni Battista Porto gleichzusetzen wäre. Dagegen ist in den an das Teatro Olimpico grenzenden Räumlichkeiten eine Büste des am 4. Februar 1816 verstorbenen Gio. Battista Orazio Porto aufgestellt, die als Dank für sein dem Theater für Restaurierungsarbeiten hinterlassenes Legat vom Bassanesen Antonio Bosa im Auftrag der städtischen Behörden geschaffen wurde (82).

Die einflussreiche und angesehene Familie Porto hatte ihre frühere militärische Tätigkeit seit Ende des 17. und vor allem im 18. Jahrhundert aufgegeben zugunsten einer vergrösserten Aktivität auf dem Gebiet des Villenbaues und der Landwirtschaft. Gerade die für den Villenkomplex in Vancimuglio innert weniger Jahre einander folgenden Anträge des Gutsherrn für neue Irrigationen, die von den Provveditori sopra i Beni Inculti bewilligt werden mussten, zeigen augenfällig das neu erwachte Interesse an agrarischen Belangen. Doch die Frage nach einem eventuellen Einfluss des verhältnismässig neuen, benachbarten Landbesitzers Francesco Modena kann nicht beantwortet werden, obwohl die vielleicht früheste

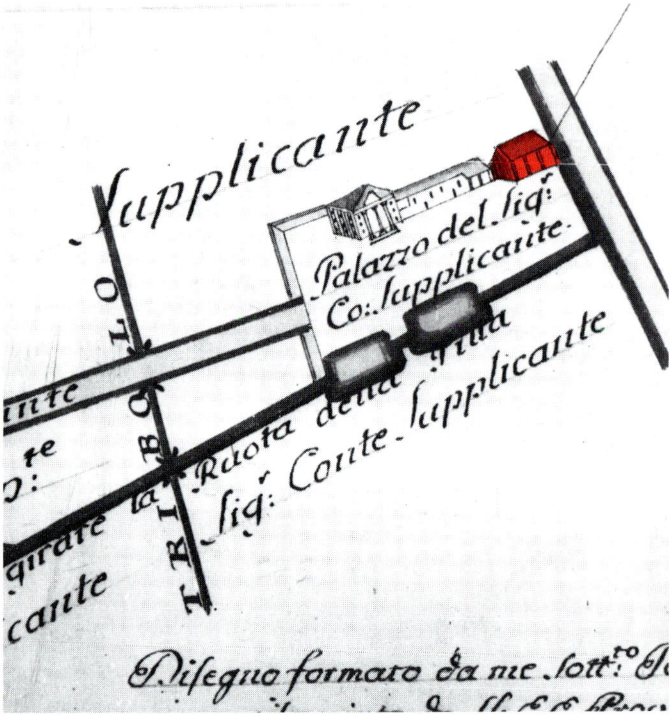

Ausschnitt aus dem Plan des Perito Ordinario Michiel Angelo Mattei mit der Darstellung der Villenanlage Porto am 6. März 1779. Staatsarchiv Venedig BIVI 140.

Bewilligung für eine künstliche Bewässerung der Felder Modena bereits mit 24. Februar 1758 datiert ist (83). Aber im Zusammenhang mit der von Ottavio Bertotti Scamozzi errichteten Barchessa kann eine ganz andere Verbindung aufgedeckt werden; Renato Cevese publizierte erstmals den von Giovanni Da Schio in seinen «Denkwürdigkeiten» unter dem Stichwort «Lioy» geschriebenen Vermerk: «Ho udito dire che le colonne di questo locale erano quelle che il Bertotti avea fatto condurre in Alpiero per la mia famiglia.» Nur bezieht sich diese Eintragung nicht auf die Villa Modena-Lioy, sondern die Barchessa des Nachbargutes von Gio. Battista Orazio Porto weist dieselben monumentalen toskanischen und aus verputztem Backstein geformten Stützglieder auf, die als Voll- und Dreiviertelsäulen auch bei der Modernisierung der knapp 10 km entfernten Villenanlage Da Schio verwendet wurden und sich durch die ungewöhnliche Form ihrer Säulenfüsse auszeichnen (84). Die der toskanischen Ordnung entsprechende Basis mit quadratischer Plinthe und ausgeprägtem Wulst wurde hier durch einen einfachen, runden Steinsockel ersetzt, um eine möglichst breite Öffnung zu wahren und vorstehende Hindernisse zu vermeiden. Diese aus funktionellen Gründen vereinfachte Gestaltung war natürlich besonders geeignet bei den als Schutz- und Lagerraum für die Vieh- und Fahrhabe dienenden Bauten. Und es erstaunt nicht weiter, dass zwei adlige Villenbesitzer mit grossen Landwirtschaftsbetrieben sich nicht nur zur selben Zeit für den einen, gemeinsamen Architekten, sondern auch für dessen schlichte, aber innovative Gestaltungsmittel entschieden, ja letztere sogar untereinander ausgetauscht haben. Ein freundschaftlicher Kontakt zwischen dem Mäzen Gio. Battista Orazio Porto und dem Architekten Ottavio Bertotti Scamozzi muss während der folgenden Jahre bestanden haben; aus einem Briefwechsel mit Giuseppe Gastaldi ist zu entnehmen (85), dass Bertotti den Conte Porto im Juli 1774 über die erneuten Schwierigkeiten bei der Fertigstellung des ersten Buches der «Fabbriche» unterrichtete, und aus dem Jahre 1779 ist ein bertottianisches Projekt für Laubarkaden im Garten der Villa Porto in Thiene überliefert.

Villa Almerico Da Schio an der via Alpiero in Grossa di Gazzo Padovano.

Villa Almerico Da Schio in Grossa di Gazzo Padovano (Prov. Padova)

Via Alpiero
1767–70
Auftraggeber: Conte Almerico Da Schio,
der den hochgeschätzten Vicentiner Feudaladel vertritt

Nördlich von Camisano Vicentino, an der nach Grossa abzweigenden Strasse, findet sich auf halbem Weg die Villa Da Schio als erstes Landgut nach der heutigen Provinzgrenze und vom erwähnten Strässchen um 200 m gegen Süden abgerückt. Nachdem Francesco Milizia 1781 erstmals «un altro [palazzo] con bella loggia in Alpiero per i conti da Schio» im Zusammenhang mit Ottavio Bertotti Scamozzi erwähnt hatte, wird diese Zuschreibung auch von den Vicentiner Historikern des 19. Jahrhunderts wiederholt, wobei Bartolomeo Bressan in seinem Manuskript noch zusätzlich den Namen des Auftraggebers und die Ortslage präzisierte. Der Villenkomplex fehlt im Katalog «Le ville venete», den Giuseppe Mazzotti in Treviso 1952, 1953 und 1954 edierte, und wurde überhaupt in neuerer Zeit nur von Fausto Franco richtig lokalisiert. Nach den Conti Da Schio folgten als Besitzer kurz die Sarego, um die Mitte des 19. Jahrhunderts die Familie Caregnate, später vielleicht noch die Marzotto, und heute gehört das Landgut Herrn Ernesto Traverso (86).

Die Villa Da Schio wurde von Bertotti nicht als Neubau entworfen, sondern weist eindeutig Spuren eines älteren, bereits vor dem Settecento existierenden Landsitzes auf. Die eigentümliche Eingangssituation mit einerseits drei hohen, rundbogigen Öffnungen, die in die Barchessa hineinführen, und andrerseits einem in derselben Achse weiter östlich gelegenen Rundbogenportal, hinter dem sich ein offener Hofplatz befindet, lässt hier auf ein Konglomerat von Gebäuden aus verschiedenen Jahrhunderten schliessen. Und diese Annahme wird bestärkt durch die unregelmässig verteilten sowie auch verschieden geformten Fenster und Türen der zum Hofplatz hin orientierten Gebäudefassaden. Bressan wusste für den Weiler Alpiero noch von einer S. Martino geweihten Kirche «di stile lombardo» zu berichten, die laut einer dortigen Inschrift 1472 unter Conte Valeriano Thiene erbaut worden war und zu Beginn des 19. Jahrhunderts im Besitz der Familie Da Schio war (87). Die Thiene hatten damals neben ihren Besitzungen in dem nach ihnen benannten Ort weitere Güter in Garziere, in dem südlich von Pojana gelegenen Cicogna, in der Stadt Vicenza selbst und in Quinto Vicentino, das gar nicht weit von Grossa entfernt liegt, sowie in dem Grossa sogar benachbarten Rampazzo, das Gio. Ettore Thiene als Mitgift von Amabilia Montagnoni zugesprochen und als Lehngut vom Mailänder Herzog Filippo Maria Visconti bestätigt worden war (88). Somit wäre nicht auszuschliessen, dass die Conti Thiene bereits im 15. Jahrhundert auch in Grossa entsprechende Güter besassen und demnach die Villa Da Schio auf eine Anlage des Quattrocento zurückzuführen wäre. Immerhin ist festzuhalten, dass weder stilistische oder typologische Architekturmerkmale noch das heutige Fehlen von historischem Kartenmaterial für oder gegen eine solche Frühdatierung sprechen, dass ausserdem die Gegend um Grossa immer wieder Kriegsgebiet gewesen war und eine eventuelle Villenanlage aus dem 15. Jahrhundert wohl mehrmals erneuert oder wiederaufgebaut werden musste. Die einzelnen Bauetappen dieses Landgutes – vor dem Eingriff Bertottis – können aufgrund der heutigen Forschungslage nicht differenziert werden, und da die Villa kaum über 300 Jahre im Besitze der Familie Thiene war, bleiben auch die Besitzerwechsel bis zum 18. Jahrhundert ungeklärt. Die Aufgabe des in den späten 60er Jahren des Settecento herbeigerufenen Architekten lag wohl in einer Modernisierung und Zusammenfassung der bestehenden Gebäulichkeiten der Villa Da Schio, die vor allem als landwirtschaftlicher Gutsbetrieb zu funktionieren hatte. Vom privaten Zugangsweg her zeigt sich die Villa Da Schio als langgestreckter, zweigeschossiger Bau, dessen Nordfassade sich als ziemlich geschlossene, hohe Front dem Besucher gegenüberstellt und von eher monoton wirkenden Fensterachsen artikuliert wird, die in breitem Abstand drei imposante Rundbogenportale einrahmen, welche von der Strasse her gradlinig zu erreichen sind. Gegen Osten wird diese Fassade von einem Vorbau unterbrochen, der sich über vier regelmässige Fensterachsen erstreckt, die aus einer hochrechteckigen und einer darüberliegenden quadratischen Öffnung mit unprofilierten Rahmen bestehen, und bündig an eine dicke Mauer grenzt, deren Mitte wiederum ein hohes Rundbogenportal einnimmt. Der östliche Abschluss der gesamten Anlage bildet ein schmales Ökonomiegebäude, dem gegen Süden ein zweiter, kleiner Bau vorgesetzt ist, und beide stehen rechtwinklig zum

Ansicht der Hoffassade der Villa Almerico Da Schio.

langen Villenflügel, von dem sie durch den offenen Hofplatz getrennt sind. Doch die Arbeiten Bertottis waren auf diesen Villenflügel beschränkt, dessen streng symmetrische Gliederung noch auf den napoleonischen und österreichischen Katasterplänen ersichtlich ist: ein schmaler Zwischentrakt mit je einem breiteren Eckbau, dessen westlicher Teil nach 1834 niedergerissen wurde (89). Die nach Süden orientierte Fassade fällt durch die sich über elf Interkolumnien ausdehnende Kolonnadenflucht der Barchessa auf, die ehemals die zwei längsrechteckigen Vorbauten verband, von denen heute noch das östliche Gebäude existiert und als zusätzlicher Viehstall benützt wird. Der den mittleren fünf Säulenabständen entsprechende Innenraum der Barchessa korrespondiert mit den erwähnten drei Rundbogenportalen und ist als gedeckter Platz ohne weitere Einbauten errichtet. Hinter den drei seitlichen Kolonnadenöffnungen findet sich dagegen beidseits ein zweigeschossiger Wohnbau, jeder in der nördlichen Barchessahälfte situiert und mit seinen drei Fensterachsen genau auf die Interkolumnien ausgerichtet. Dieser äusseren Symmetrie entspricht auch die ebenmässige Innenaufteilung der beiden Wohnbauten, die im Erdgeschoss je drei, beinahe quadratische Räume haben, von denen der mittlere als Eingang und zugleich als Aufgang für das Obergeschoss dient, das über eine steile, zweiarmige Treppe zu erreichen ist. Das nordwestliche Gebäude wird von der heutigen Besitzerfamilie bewohnt und befindet sich in tadellosem Zustand. Im Kaminzimmer haben sich als Sopraporten grössere Grisaillen mit figürlichen Darstellungen und im Eingangsraum eine gemalte Kassettendecke mit allegorischen Motiven erhalten (90). Der nordöstliche, unbewohnte Bau weist noch dieselbe Treppe mit dem zierlichen Schmiedeisengeländer auf, hat ansonsten aber keine Wanddekorationen mehr, und von seinem Obergeschoss führt ein direkter Zugang in den als Stall umfunktionierten Eckbau, dessen teils mit Spiegelgewölbe ausgestatteten Räume einst für eine andere Nutzung errichtet wurden. Dieser eine noch existierende Eckbau ist gegenüber der Barchessa durch ein ausladendes, mehrfach profiliertes Dachgebälk hervorgehoben, während die Nordfassade der Barchessa und auch die Backsteinsäulen der Südseite vermutlich schon immer glatt verputzt waren. Der rustifizierten und allein mit Hilfe der Fensterachsen gegliederten Fassade entspricht im hierarchischen Kanon die Anwendung der toskanischen Säulenordnung für die offene Barchessafront. Doch nicht nur die aussergewöhnliche Länge dieser als Zwischentrakt und mit Portikusfunktion errichteten Barchessa, die Milizia als «bella loggia» noch besonders betont hatte, sondern vor allem auch die einzelne Gestaltung der toskanischen Stützglieder müssen als unerhörte Neuheit empfunden worden sein. Die monumentalen zehn Voll- und zwei Dreiviertelsäulen haben ein toskanisches Kapitell mit Abakus und Echinus, unter dem sich ein Halsring um den Schaft legt, eine sichtbare Entasis, aber keine toskanische Basis. Diese wurde durch einen ungegliederten, runden Steinsockel ersetzt wie bei den Stützen der Barchessa Porto in Vancimuglio, von wo die Säulen nach dem Zeugnis des Giovanni Da Schio auch nach Grossa transportiert worden waren (91). Lobte bereits Palladio den Gebrauchswert der toskanischen Kolonnade: «Se si faranno di questo ordine colonnati semplici; si potranno fare gli spatij molto grandi: perche gli Architravi si fanno di legno, e però riesce molto commodo per l'uso di Villa, per cagione de'Carri, & d'altri istrumenti rustichi, & è di picciola spesa ...», so wählte Bertotti weder den einen noch den anderen palladianischen Quattro-Libri-Vorschlag für toskanische Basen und entschied sich statt dessen für jene höchst funktionelle und simple Lösung, welche Palladio nicht unter den Ordnungen beschrieben, aber bei den inneren Serlianasäulen der Vicentiner Basilica angewandt und kommentarlos im dritten Band der Quattro Libri abgebildet hatte. Und in den «Fabbriche» von 1776 beschreibt Bertotti ausführlich diese von ihm bereits aufgegriffene «palladianische Entdeckung»: «Le Colonne dell'Ordine Dorico minore hanno la stessa proporzione, ma non hanno la base Attica, alla quale il Palladio sostituì un zoccolo rotondo colla cimbia, che trovasi allo stesso livello di quella dell'Ordine principale di maniera che il zoccolo è dell'altezza delle basi Attiche meno il Plinto, in luogo del quale havvi un gradino posto sotto i zoccoli di quest'Ordine ricorrente tutto all'intorno nella Loggia inferiore. Nelle Fabbriche antiche non ho per anche veduto esempj di tal sostituzione, la quale per verità può dirsi un ritrovato Palladiano molto bene adattato alle circostanze, per tener le aperture delle Logge spaziose al possibile, e perchè gli aggetti delle basi non servissero di facile inciampo al numeroso popolo, che continuamente doveva di là passare e ripassare» (92). Was das Holzgebälk über der toskanischen Kolonnade der Villa Da Schio betrifft, so wurde die ursprüngliche Konstruktion ca. 1924 durch einen Brand verwüstet und wieder neu aufgebaut. Unter der Traufe erscheint heute die ganze Architravfläche einheitlich weiss gestrichen.

Die Familie des Auftraggebers Almerico Da Schio stammt aus dem gleichnamigen Ort im Nordwesten der Provinz Vicenza, gehört dem alten Feudaladel an, der unter Karl V. wichtige Privilegien erhalten hat, und muss sich schon früh auch in der Stadt Vicenza niedergelassen haben, da Giacomo Marzari bereits unter dem Datum 1176 einen Gianuario Schio zusammen mit Vianello Caldogno erwähnte, die beide «sapientissimi Cittadini, furono nella città havuti questi anni in tanta stima, & veneratione, che ne' travagli di quella, agitata dagli Conti di Vivaro, & da altri facinorosi cittadini meritarono di sedere consiglieri, & compagni, co'l Pretore per reggere, & a difendere, & mantenere in pace, & in libertà la Patria» (93). Mit wenigen Ausnahmen waren die Angehörigen der Familie Da Schio nicht in fremden Kriegsdiensten tätig, sondern verwalteten angesehene, aber wenig einträgliche Staatsämter in Vicenza und besassen anscheinend noch im 17. Jahrhundert keine weiteren Landgüter als jene in Schio, in Montec-

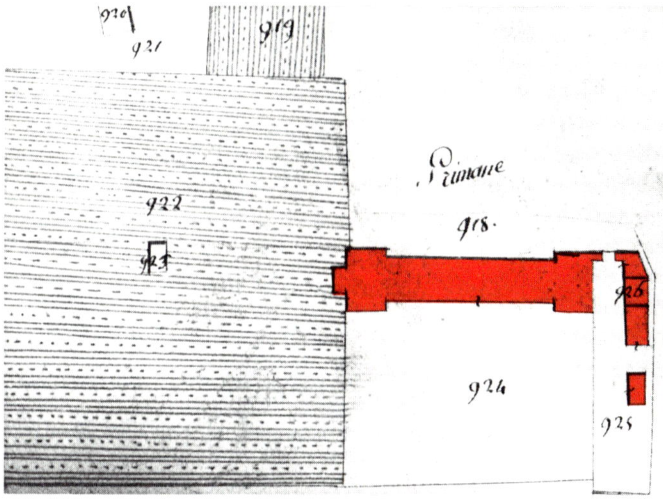

Ausschnitt aus dem napoleonischen Katasterplan von 1813 bzw. dessen Kopie im Staatsarchiv Vicenza.

chio Precalcino und in S. Agostino bei Vicenza. Für den letztgenannten Besitz ist ein mit 22. April 1588 datiertes Gesuch zur Errichtung eines Reisfeldes und der entsprechenden Bewässerung überliefert von seiten jenes Co. Girolamo Da Schio, der in den Pestjahren 1577 und 1578 als «Provveditor del Lazareto et Campomarzo» sich grosse Verdienste erwarb und von der Stadt mit einer Goldkette und mit lebenslänglicher Steuerfreiheit ausgezeichnet wurde. Zur gleichen Zeit zählte aus derselben Familie Raimondo Da Schio zu den vier «Provveditori sopra le vie victuarie», die im Namen Vicenzas die von der Pest noch stärker betroffene Stadt Venedig mit Lebensmitteln und Geld unterstützten, während ein Alvise Da Schio zusammen mit Francesco Ghellini als «Presidenti sopra li conti della magn.ca città» mit der Überwachung der Arbeiten an der Chorapsis des Vicentiner Domes beauftragt waren und dabei von den «Presidenti alla fabbrica della capella del Domo», von Giacomo Antonio Barbarano und Marco Trissino, begleitet wurden. Das Landgut von Montecchio Precalcino war im Besitz des Co. Bernardo Da Schio, der im Auftrag der Serenissima auch in Bergamo ein Amt ausübte, der Überlieferung nach selbst dilettierender Architekt war, aber für die Neugestaltung seiner Villa ein Projekt von Palladio durch Pietro da Nanto in den Jahren 1552 bis 1560 ausführen liess, jedoch seinen Palazzo an der contrà Pusterla in Vicenza nach eigenen Plänen renovierte, seit 1563 bewohnte und für die Fassadengestaltung noch vor seinem Tod den Ratschlag Palladios einholte, so dass die Arbeiten 1566 vollendet gewesen waren. Im Statuenprogramm des Teatro Olimpico aus den frühen 80er Jahren des 16. Jahrhunderts finden sich sowohl die Porträts von Bernardo Da Schio als auch des oben erwähnten Girolamo Da Schio, dessen von Agostino Rubini geschaffene Stuckfigur sogar in einer der oberen sechs Ädikulä des Proszeniums steht. Der Co. Girolamo Da Schio war ein prominentes Mitglied der Accademia Olimpica, der er in den Jahren von 1556 bis 1586 sechsmal als «Principe» vorstand; das Mitgliederverzeichnis von 1569 erwähnt neben seinem Namen auch jenen des Alvise Da Schio, dessen Tochter Fiordaligi den Co. Lelio Chiericati heiratete, der 1604 bereits verstarb, und infolge der Kinderlosigkeit am 1. Oktober 1605 «in casa delli magn.ci sigg. Giulio e fratelli Schii in contrà S. Michele» die Rückgabe der Mitgift verhandelt wurde. Das Besitztum in Schio betrifft eine am 6. März 1641 von Antonio Pizzocaro vorgenommene Häuserschätzung, die hier auch insofern interessant ist, als in einem der drei Brüder, und zwar in Nicola Da Schio, der Grossvater von Almerico Da Schio, dem späteren Besitzer der Villa in Grossa, zu erkennen ist. Das für die Geschichte der Familie und der Ortschaft Schio wichtige Dokument über die angestammten Güter lautet: «Essendo io Antonio Pizocharo muraro stato elleto dalli molto illustri Lovise, Vallaran e Nicola fratelli Schii per dovere estimar le sue fabriche a Schio, ho fato l'infrascritti conti di stima. Primo, li muri della Riva con la porta grande e portello li ho stimati troni 6020; La casa del Castello dove sta il Padovan son di valore di troni 2970; La casa dove sta l'organista al Castello sono di valore di troni 2170; La casa dove sta l'osto al Castello sono di valore di troni 2647; La caseta delli Angeli nella ortagia sono de valore de troni 320; La colombara nella ortagia sono de valore de troni 120; La casa moscatella con colombara, caneva e teza troni 6942; La casa alla Gaminella nelli brolli senza la colombara sono di valore troni 5700; La casa dominicale con cassi 12 de teza, sezonta da dinanzi ... troni 10544; Casa vecia che era di Nicolleti sono di valore de troni 2694; Casa dove sta il fornaro sono di valore troni 2290; La colombara nel brollo verso la Gaminella sono di valore de troni 772; Le muragie della casa in choalonga sono di valore de troni 62; Casetta in Carpogia — Cason dove sta Zuane Longo alla Presa troni 1220; Cason dove sta Marco ... alla Presa troni 1079; Le prede della Riva son di valore de troni 900. Io Antonio Pizocharo ho fato la presente de ordine et consenso di essi sigg. fratelli senza aver consideratione alli terreni che occupa le case ...» (94). Nicola Da Schio war mit Dorothea Franceschini verheiratet, einer Tochter des Conte Francesco Franceschini, der zusammen mit seinem Bruder Vincenzo im frühen 17. Jahrhundert die «Ca' d'Oro» am heutigen Corso Palladio bewohnten, welche im Quattrocento von der Familie Dal Toso errichtet worden war und nach den Franceschini in den Besitz der Da Schio gelangte. Giovanni Da Schio, der Sohn des Nicola Da Schio, verheiratete sich mit Margherita Piovene des Conte Almerico Piovene, der der Familie Da Schio seinen grossen Palazzo «con Brolo» an der contrà S. Pietro und ein weiteres, an der stradella dei Nodari gelegenes Haus vermachte. Und ein Sohn des Giovanni Da Schio war der Auftraggeber von Bertotti, Conte Almerico Da Schio, der nach seiner Heirat mit Ghellina Ferramosca die Villa des Conte Scipione Ferramosca in Valle bei Brendola erbte. Auf welche Weise aber das Landgut von Grossa in den Besitz der Da Schio kam, ist auch nicht aus den «Libri dei nomi dei possessori dei fondi» ersichtlich. Die zwei grossen und heute noch von der Familie Da Schio bewohnten Villenanlagen in Castelgomberto und in Costozza wurden frühestens unter dem Historiker Giovanni Da Schio (1798—1868) erworben, da die Güter in Costozza 1813 noch der «casa Trento Vicentina ora nobile Veneta» und jene in Castelgomberto 1815 den Conti Piovene gehört hatten. Die Nachkommen von Giovanni Da Schio verewigten ihre Namen auf der Hauptfassade ihres Palazzo an der heutigen Piazza Rossi in Schio: «Almerico ed Alvise Da Schio MDCCCLXXIV» (95). Dieser Almerico Da Schio (1836—1930) zählte zu den Pionieren der italienischen Luftschiffahrt. Und erwähnten bereits 1887 die Verfasser des «Guida storico-alpina di Vicenza, Recoaro e Schio» die Ditta Conti Fratelli Da Schio mit ihren geschätzten Rot- und Weissweinen aus Costozza, so wird heute der Cabernet des Conte Da Schio von Costozza sogar zu den Spitzengewächsen des Veneto gerechnet.

Die Villa des Conte Da Schio in Grossa wurde in den «Libri dei nomi dei possessori dei fondi» — bereits unter dem Namen des Conte Giovanni Da Schio — nicht ganz unüblich in verschiedene, kleine Häuser unterteilt, von denen keines mit «Casa Dominicale» oder «Palazzo a Suo uso» speziell gekennzeichnet ist. Und in dem Gebäudekomplex findet sich auch kein durch architektonische Elemente hervorgehobenes Wohnhaus, und die Symbolik der Säulenordnung tritt ebenfalls gegenüber der gesamten Gliederung zurück. «Ha questa fabrica la commodità di potere andare per tutto al coperto; e perche la parte per l'habitazione del padrone, e quella per l'uso di Villa sono di uno istesso ordine; quanto quella perde di grandezza per non essere più eminente di questa; tanto questa di Villa accresce del suo debito ornamento, e dignità, facendosi uguale à quella del Padrone con bellezza di tutta l'opera.» Mit diesen Worten hatte Andrea Palladio 1570 die Villa Repeta beschrieben, die nach 1556 in Campiglia errichtet und schon vor 1672 teilweise niedergebrannt war (96). Doch dieselben Worte behalten ihre Gültigkeit für die Villenanlage Da Schio, die nicht nur dieselbe Eingangssituation, sondern auch in dem hinter der Kolonnade liegenden, überdeckten Raum ähnliche, aber kleinere Bauten aufweist, während die ehemals in Campiglia rechtwinklig links und rechts an den Hauptflügel grenzenden Barchessen in dem kleiner dimensionierten Landgut von Grossa fehlen. So drängt sich die Folgerung auf, dass der Architekt Bertotti sich bei der Modernisierung der Villa Da Schio auch von der Illustration der palladianischen Villa aus den Quattro Libri inspirieren liess — aus den Quattro Libri vor allem deshalb, weil in den späten 60er Jahren des 18. Jahrhunderts nur noch knapp die linke Hälfte des von Palladio erbauten Landsitzes existierte und gemäss der Beschreibung im dritten Band der «Fabbriche» dieser eine Γ-förmige Teil von Bertotti auch nicht als Werk Palladios erkannt wurde. Weiter manifestieren sich hier bei der Villa Da Schio der Wille Bertottis zur Vereinfachung und Abkürzung des überlieferten Formenrepertoriums, was wohl auch wegen der «picciola spesa» von seiten des Bauherrn erwünscht wurde, sowie überhaupt die von zahlreichen Vicentiner Adelsleuten gefragte Bereitschaft und Fähigkeit des Architekten, die vorhandene, alte Bausubstanz derart den neuen Gebäuden zu inkorporieren, dass daraus ein einheitliches, funktionelles und dennoch zeitgenössisches Gebilde entstand. Zum traditionellen Formengut, das Bertotti in Grossa abstrahierend, ja auch zitatartig verwendete, zählt auch der der Südfassade vorgelagerte Platz, der als offener Raum nicht mehr von einer Mauer exedraförmig umschlossen, sondern gegen die drei Himmelsrichtungen nur gerade mit je einem Pfeilerpaar markiert wurde.

Casino Gaetano Muzzi an der via Gio.Battista Imperiali 112 in Vicenza.

Casino Gaetano Muzzi in Vicenza

Via Gio. Battista Imperiali 112
1770
Auftraggeber: Gaetano Muzzi, ein Gutsherr
aus Castelgomberto und Mitglied der Vicentiner Agrar-Akademie

Das an der nordöstlichen Peripherie der Stadt Vicenza und heute direkt am grossen Umfahrungsring gelegene Casino wurde in einem wenig bevölkerten Gebiet, der einstigen «Coltura di Lisiera» errichtet, die mehrere Erschliessungswege wie die contrà Riello und die contrà Cabianca aufwies und kirchlich der Pfarrgemeinde von S. Pietro unterstellt war. Die früheste Zuschreibung an Ottavio Bertotti Scamozzi stammt von Antonio Magrini und wurde von allen späteren Historikern übernommen. Das kleine Haus kam nach den Muzzi in den Besitz der Cortivo, wurde 1856 vom neuen Eigentümer, dem Kanonikus Paolo Antonio Smiderle (1798—1879), aufgestockt und gehörte anschliessend der Congregazione di Carità von Schio. Das mit der Zeit verwahrloste Gebäude konnte in den beginnenden 70er Jahren unseres Jahrhunderts mit Mühe vor dem Abbruch bewahrt und von einem einheimischen Konsortium aufgekauft werden, dessen Vertreter die 1975 begonnene Restaurierung jetzt abgeschlossen und dabei den an der via Giovambattista Quadri gelegenen Eingang zugemauert haben (97).

Das Haus Muzzi wurde von Bertotti als Neubau konzipiert und präsentiert sich seit der Erhöhung um ein Stockwerk als schmale und überhaupt in den Proportionen aus den Fugen geratene Schöpfung des 19. Jahrhunderts. Den ursprünglichen Zustand des Gebäudes vor dieser Aufstockung halten aber drei von Vincenzo Brunello um 1800 gestochene Tafeln fest, die vielleicht nach Vorlagen von Bertotti und seiner Zeichnerequipe entstanden sind (98). Damals war der kleine Bau querrechteckig und besass ein einziges, unterkellertes Geschoss, das von der Strassenseite über fünf und von der Gartenseite her über vier niedrige Stufen zugänglich war. Die der Strasse abgewandte Hauptfassade wird von einem kräftig vorstehenden Mittelrisalit in Form eines mit toskanischen Pilastern artikulierten Portikus betont, der das Motiv einer Serliana analog der in diesem Zusammenhang oft zitierten Villa des Girolamo Forni in Montecchio Precalcino aufnimmt und von einem mächtigen, mit Zahnschnitt versehenen Dreieckgiebel bekrönt wird. Die zurückgesetzten seitlichen Fassadenteile haben je eine symmetrisch angeordnete Fensterachse, wobei die Öffnungen des Piano Nobile mit profilierten Gewänden und mit Ädikulen ausgezeichnet, während die schmalen, querrechteckigen Kellerfenster ohne Einfassung senkrecht in die Mauer geschnitten sind. Eine zusätzliche Akzentuierung erfuhr der Mittelrisalit ehemals durch den reichen plastischen Schmuck: drei figürliche Giebelakroterien, im Tympanon zwei wappentragende Genien, über den seitlichen Serliana-Öffnungen Reliefs mit sitzenden Figuren und dazwischen im Scheitel des Mittelbogens eine halbplastische Maske. Die horizontale Gliederung des Gebäudes erfolgt durch den durchgehend zweifach abgestuften Sockel und die unter den Fenstern durchlaufende Mauergurte, die im Mittelrisalit als Schaftband der Serlianapilaster und als Balustradenabschluss weitergeführt ist. Und entsprechend der auffälligen Portikusverzierung wird auch das mehrfach profilierte Dachgebälk nun bei dem den Mittelrisalit abschliessenden Giebel mit dem bereits erwähnten Zahnschnittfries ergänzt. Ohne zusätzlichen Schmuck dagegen sind die Schmalseiten mit je zwei hochrechteckigen Fenstern und die Strassenfassade gebildet, bei der je ein Fensterpaar die schmale Eingangstüre einrahmen, deren einst geradläufiger Zugang anlässlich der modernen Strassenverbreiterung durch eine seitlich hinaufführende Betontreppe ersetzt wurde. Der hier im Vergleich zur Gartenseite ganz knapp vortretende Mittelteil entspricht ebenfalls der Grundrisseinteilung mit dem senkrecht zu den beiden Eingängen — dem minderen von der Strasse und dem grossartigeren durch den Portikus — orientierten, durchgehenden Zentralsaal, von dem aus je zwei seitlich angeordnete Räume erschlossen werden. Als einziges Dokument über den ehemaligen Zustand des Casino Muzzi geben die Tafeln des Brunello auch einen Eindruck von der ursprünglichen Innendekoration. Ist der Portikusvorbau mit einem Kreuzgewölbe überdeckt, weisen von den seitlichen Räumen drei Zimmer Spiegelgewölbe auf und ist der Zentralsaal zusammen mit dem nordöstlichen Raum, in dem auch die Treppe zum Kellergeschoss untergebracht ist, mit einer geraden Balkendecke versehen, so war der lange Hauptraum ausserdem mit Wandmalereien, Reliefs und Nischen samt vollplastischen Statuen geschmückt.

Vom Dekorationsprogramm dieses Casino sind weder des-

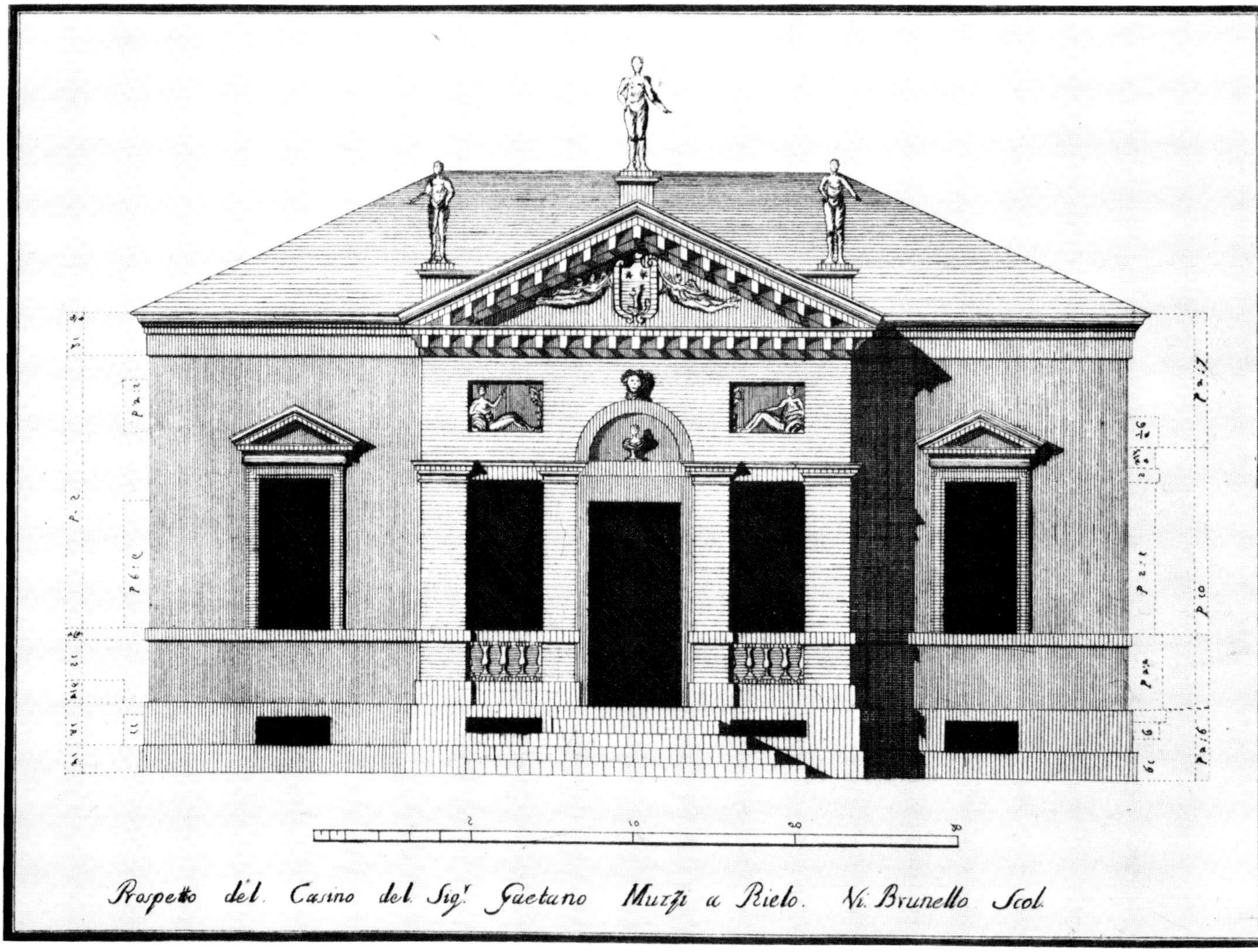

V. Brunello. Aufriss der Hauptfassade des Casino Gaetano Muzzi. Der Zeichner der Stichvorlage ist unbekannt, während die Tafel um 1800 datiert werden kann.

sen Autoren, noch überhaupt die Entstehungszeit bekannt. Und was beispielsweise die figürlichen Giebelakroterien anbetrifft, so kann nur vermutet werden, dass sie wirklich ausgeführt und nicht als idealistische Rekonstruktion von Vincenzo Brunello gezeichnet wurden. Da der plastische Aussenschmuck beim Portikus in engem Zusammenhang mit der Architektur entstand und so sicher um 1770 zu datieren ist, liegt es eigentlich nahe, die Wanddekorationen des Zentralsaales versuchsweise derselben Zeit zuzuordnen. Die symmetrische Gestaltung der beiden Längswände dieses Saales besticht durch die ausgewogene Quadraturmalerei: auf einem hohen, von Türen unterbrochenen Sockel sind je vier kannelierte Pilaster mit Kompositkapitellen gemalt und die Kapitelle untereinander mit einem Girlandenfries verbunden; in den seitlichen, schmäleren Interkolumnien sind oberhalb der Türöffnungen querrechteckige Reliefs wiederum mit sitzenden Figuren angebracht, und im grösseren Mittelinterkolumnium findet sich eine hohe, halbkreisförmige Nische mit einer skulpierten Statue. Falls diese Ausstattung um 1770 entstanden war, so muss dafür ein Autorenkollektiv verantwortlich gewesen sein, dem neben dem Architekten ein Maler und ein Bildhauer angehörten, die in Vicentiner Künstlerkreisen jener Zeit zu suchen sind und als frühere oder künftige Mitarbeiter von Bertotti aufgetreten waren. Der Figurenmaler Giacomo Ciesa kommt hier aus ikonografischen Gründen nicht in Betracht, aber der Vicentiner Quadraturmaler Paolo Guidolini könnte im Casino Muzzi eine erste Probe seines Könnens geliefert haben, während die bildhauerischen Arbeiten dann Francesco Leoni zuzuschreiben wären, der ebenfalls zusammen mit Guidolini zu jener Equipe zählte, die unter Calderari zwischen 1774 und 1776 in der Kapelle der Villa Da Porto in Pilastroni und unter Bertotti in den frühen 80er Jahren am Teatro Eretenio in Vicenza beschäftigt war (99). Doch aufgrund der prekären Forschungslage gerade hinsichtlich lokaler Künstler im Vicenza des 18. Jahrhunderts kann eine Mitarbeit von Guidolini und Leoni bei diesem Casino einzig als Hypothese angenommen werden.

Gaetano Muzzi, der Bauherr des Casino, gehörte nicht dem Vicentiner Adel an, war aber Mitglied der öffentlichen Agrarakademie zu Vincenza, deren Sekretär Antonio Turra 1771 im

V. Brunello. Querschnitt vom Casino Gaetano Muzzi.

«Giornale d'Italia» einen Bericht «Sopra il quesito proposto dall'Accademia Economica di Vicenza: Quale sia il piano agrario più vantaggioso allo stato presente della Provincia Vicentina» publizierte und zu diesem Thema auszugsweise eine Gedenkschrift von Gaetano Muzzi veröffentlichte. Nach Rumor ein gebürtiger Bassaneser, stammte Muzzi aber aus dem nordwestlich von Vicenza gelegenen Castelgomberto, wo seine Familie neben vier Ökonomiebauten ein grösseres Wohnhaus samt eigener, der Madonna von Monte Berico geweihter Kapelle besass. Neben diesem verhältnismässig bescheidenen Landgut verfügte Gaetano Muzzi noch über einen kleinen Besitz in der «Coltura di Lisiera»: «Casino a proprio uso con Giardino; una Casetta affittata» (100). Mit dem in den «Libri dei nomi dei possessori dei fondi» wiederum als «Casino» bezeichneten Gebäude wurde der von Bertotti ausserhalb der Tore der Stadt Vicenza errichtete Neubau in seiner Funktion genau unterschieden von einer als Gutsbetrieb organisierten Villenanlage. Beim Casino Muzzi handelte es sich nicht um den Wohnteil eines Gehöfts, sondern um eine kleine vorstädtische Residenz, die sowohl die Annehmlichkeiten der nahe gelegenen Stadt als auch die Vorteile der ländlichen Umgebung vereinte. Was den ansonst unbekannten Bauherrn bewog, sich fern seiner Ländereien eine Villa im heutigen Nutzungssinne zu errichten, ist ungewiss. Überliefert sind die geradezu winzigen Baudimensionen, die dagegen wiederum verschwenderische Ausstattung speziell des einen Innenraumes und die Kenntnis von einem Garten, der sich einst südlich des Portikus ausgedehnt haben muss und bereits vom nördlichen Eingang aus quer durch das gesamte Gebäude zu erblicken war.

Beim Casino Gaetano Muzzi und vorab bei seiner Fassadengestaltung fällt die von allen Historikern schon erwähnte, enge Anlehnung an die palladianische Villa Forni in Montecchio Precalcino auf. Das von der neueren Forschung wieder als ein «Meisterwerk Palladios nicht nur aus seiner Frühzeit» betrachtete Wohnhaus aus den beginnenden 40er Jahren des 16. Jahrhunderts wurde später vom Maler und Antiquitätenhändler Girolamo Forni erworben, der während der Pestzeit den befreundeten Bildhauer Alessandro Vittoria in Montecchio beherbergte und dann 1610 das gesamte Landgut

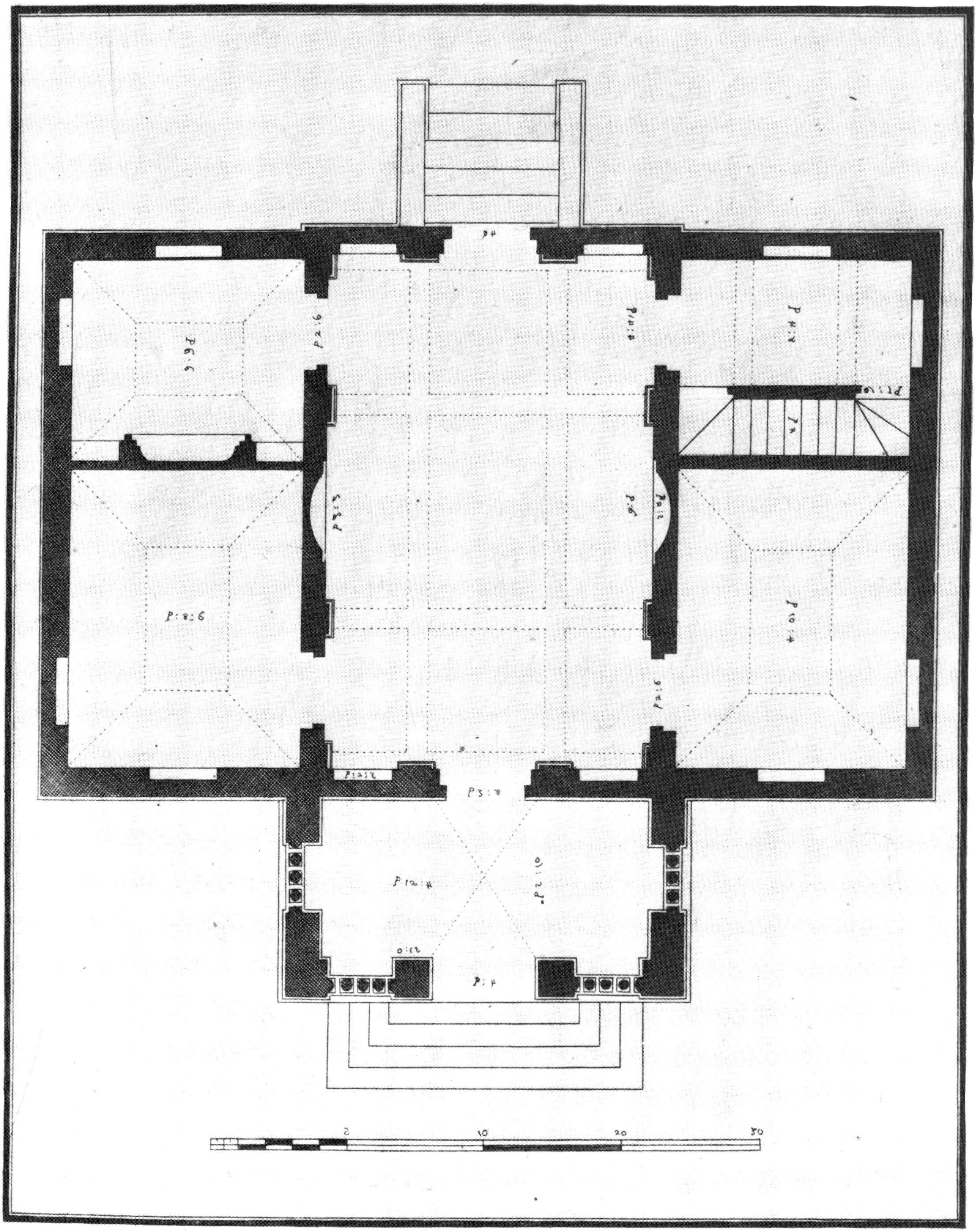

V. Brunello. Grundriss des einzigen Wohngeschosses vom Casino Gaetano Muzzi.

samt den älteren Ökonomiebauten testamentarisch den drei Söhnen seines Neffen Giovanni Cerato, nämlich Giuseppe, Girolamo und Baldissera Cerato, vermachte (101). Von diesem Vorbild unterscheidet sich das Casino in Vicenza prinzipiell in der Nutzungsart; das Haus des Girolamo Forni gehört zu einem älteren, landwirtschaftlichen Gebäudekomplex, jenes des Gaetano Muzzi wurde von Bertotti als selbständiger und freistehender Wohnsitz, als «villa suburbana», von den Fundamenten her neu erbaut. Und trotz den bereits bescheidenen Ausmassen des palladianischen Baues stellt sich das Vicentiner Casino als eine noch kleinere Version dar, sowohl im Grund- als auch im Aufriss. Das Sockelgeschoss ist bedeutend niedriger gehalten, so dass auch die zum Portikus führende Freitreppe breiter und weniger steil errichtet werden konnte, und das Dachgeschoss wurde überhaupt weggelassen. Des weitern präsentiert sich das eingeschossige Casino als querrechteckiger Bau mit einem der Hauptfassade vorangestellten Portikus, das Wohngebäude in Montecchio Precalcino dagegen mit einem beinahe quadratischen Grundriss und einem eingezogenen, tieferen Portikus, der nur noch knapp zur Hälfte über die Fassadenlinie hinausgreift. Was den plastischen Fassadenschmuck betrifft, so sind die zwei seitlichen, den Portikus einrahmenden Fenster des Casino Muzzi zusätzlich mit Dreieckgiebeln verziert, und die einst oberhalb der Serliana-Öffnungen angebrachten Reliefs zeigten wie beim palladianischen Landgut sitzende Flussgottheiten, die vielleicht gleichzeitig die vier Jahreszeiten darstellen sollten. Neben der Dekorfreudigkeit des unbekannten Vicentiner Bildhauers, dessen Arbeiten eigentlich die kleine Hauptfassade dominieren, ist hier auch die Haltung des Architekten gegenüber dem Palladio verpflichteten Villenstil aufschlussreich. Das Casino des Gaetano Muzzi entstand in jenem Jahr, als Bertotti sich intensiv mit den Vorbereitungen einer Edition der Werke Palladios, seiner Schule und jener von Scamozzi beschäftigte. Und bei dieser beginnenden theoretischen Arbeit, deren Publikation dann erst ab 1776 und ohne die scamozzianischen Bauten erfolgte, und dem gleichzeitig auftretenden, vermehrten praktischen Wirken ist insofern eine gegenseitige Beeinflussung auch bemerkbar, als Bertotti sich nun bei Neubauten direkt an palladianischen Prototypen orientierte und diese gemäss den Bedürfnissen der eigenen Zeit, den persönlichen Ansprüchen des Bauherrn und den vorhandenen Möglichkeiten modifizierte. Im Fall des Casino Muzzi handelte es sich um eine verkleinerte Übernahme des palladianischen Schemas für die Villa Forni, wobei vor allem der Grundriss verändert, die später von Bertotti in den «Fabbriche» gerügte «incomodissima Scaletta» verbreitert und die blockartig geschlossene Erscheinungsweise nun gelockert wurde beim Casino zugunsten eines niedrigeren und so breiter wirkenden Baukörpers. Auffallend ist die Wahl der Villa Forni als zu verbesserndes Vorbild — eines Gebäudes, das nicht in den Quattro Libri publiziert, erstmals 1739 von Muttoni dem Œuvre des Andrea Palladio zugeschrieben worden war und 1778 im zweiten Band der «Fabbriche» von Bertotti als Werk einer Palladioschule erklärt wurde (102). Doch die Anlehnung gerade an einen Bautypus, bei dem Bertotti die überragende Persönlichkeit und Originalität des Spätrenaissance-Architekten vermisste, verdeutlicht seine Vorliebe für eher unverbindliche und wenig ausgeprägte Modelle, für klassisch-allgemeingültige Beispiele, die sowohl auf der Ebene der Reduktion als auch auf derjenigen der Variation eine grosse Anzahl möglicher Abweichungen und Kompromisse zulassen.

Palazzo Giovanni und Girolamo Franceschini an der contrà S. Marco 30 in Vicenza.

Palazzo Giovanni und Girolamo Franceschini in Vicenza

Contrà S. Marco 30
1770
Auftraggeber: die zwei Brüder Giovanni
und Girolamo Franceschini,
die die berühmteste und hochangesehene Seidenfirma
gleichen Namens in Vicenza führten

Der imposante Palazzo, der der Familie Franceschini gleichzeitig als Seidenfabrik, Handelshaus und Stadtresidenz diente, liegt nördlich des Ponte Pusterla an der nach der Kirche S. Marco degli Scalzi benannten contrada, die später in die contrà S. Francesco einmündet, welche ihrerseits dann den Namen des an der dortigen Stadtgrenze gelegenen mittelalterlichen Klosters S. Bortolo übernimmt. Obwohl das Gebäude gerade in der zweiten Hälfte des 18. Jahrhunderts immer wieder erwähnt wurde, ja sogar eine Sehenswürdigkeit der Stadt Vicenza darstellte, findet sich die erste Zuschreibung an Bertotti erst in dem um 1820 geschriebenen Manuskript des Giuseppe Dian. Die späteren Historiker übernahmen einstimmig diese Attribution, und heute wird der Palazzo Franceschini als ein Hauptwerk im Œuvre des Bertotti Scamozzi angesehen. Dabei ist aber zu beachten, dass grosse Teile des heutigen Grundrisses bereits auf Plänen aus den zwanziger Jahren des Settecento eingezeichnet sind und es sich beim Palazzo Franceschini keinesfalls um einen Neubau, sondern vorab um eine Modernisierung bestehender Bauten handelte. Nachdem Giovanni und Girolamo Franceschini ihren Palazzo 1806 an Francesco Folco aus Schio verkauft hatten, wurden zwischen 1821 und 1822 eine Anzahl Innenräume freskiert und um 1830 mit der Vollendung des linken Eckrisaliten begonnen. 1847 waren die Bauarbeiten am Palazzo Franceschini-Folco endgültig abgeschlossen (103). In unserem Jahrhundert wurde das Gebäude am 10. Juni 1928 umgetauft in «Casa del Littorio» und zur Zentrale des Vicentiner Faschismus erkoren. Nach dem Zweiten Weltkrieg war für kurze Zeit das «Giornale di Vicenza» in diesem Palazzo untergebracht, und heute dient das Haus streng bewacht als Sitz der Questura.

Als früheste mit Namen bekannte Besitzer eines Vorgängerbaues des Palazzo Franceschini sind in den Vicentiner Häuserverzeichnissen für das Jahr 1563 Francesco da Cereda, der Schneider Pierin und Agnese, Witwe des Marchioro Pigafetta angegeben, und hundert Jahre später werden 1665 Carlo Fontana, Paolina und Alessandro Cereda, Amadio Torresan des Giacomo Torresan und Paolo Barbante erwähnt. Der zweigeschossige Bau ist auf der Pianta Angelica von 1580 und auf dem Stadtplan des Giacomo Monticulo von 1611 summarisch festgehalten (104). Ein Teil des späteren Besitzes der Familie Franceschini ist bereits auf einer Karte der Beni Inculti von 1725 namentlich eingezeichnet; mit der Schmalseite an die contrà S. Marco grenzend, dehnt er sich in östlicher Richtung über den neueren Lauf des Astichello bis zum kleinen «Astichello vecchio» aus. Die Karte war auf Antrag des Zuanne Mantoan angefertigt worden, der auf seinem gegen Süden an die dem Bacchiglione entlangführende contrà delle Chioare grenzenden Grundstück ein neues Gebäude, «un Edificio da Orsoglio alla Bolognese di Rode una», errichtete. Das grosse rechteckige Gebiet zwischen dem Bacchiglione, den beiden Wasserläufen des Astichello und dem östlicheren Landteil der Franceschini war die eigentliche «Chiodare» und auf verschiedene Eigentümer verteilt. Die östlichen Gebäude entlang des «Astichello vecchio» waren noch im Besitz des Andrea Serta und der Fadinelli, früher des Paolo Barbante, und die westlichen «Edificij ad'Uso di Molini, Sega e Filattorio» entlang des breiter geführten Astichello gehörten einem Konsortium, dem als Mitglieder die Guerra und Tenari (später Mantoan) sowie der Pächter Pietro Berni angehörten. Diese Eigentumsverhältnisse werden auf den Zeichnungen aus den Jahren 1727 und 1728 klar ersichtlich, und gleichzeitig künden diese beiden vom Perito Ordinario Andrea Cornello erstellten Pläne von einer vermehrten Aktivität des Giacomo Franceschini, des Grossvaters der Auftraggeber von Ottavio Bertotti Scamozzi. Dieser Franceschini beantragte eine erneute Wasserentnahme aus dem Astichello und die Errichtung eines weiteren Wasserrades, um seine Seidenmühle «alla Bolognese» hydraulisch anzutreiben. Hatte der erste, nicht ausgeführte Vorschlag vom 2. Mai 1727 einen langen unterirdischen Kanal vorgesehen, der gegenüber der contrà della Misericordia auf dem Grundstück des Marchese Gio. Marcio Capra das Wasser fassen und in einer der beiden aufgezeichneten Varianten quer durch den Park der Conti Capra bis zum angrenzenden Filatorium Franceschini führen sollte, so wurde dann der zweite, am 30. Januar 1728 gezeichnete Vorschlag ausgeführt, nach dem das Wasser erst auf der Höhe des den Franceschini benachbar-

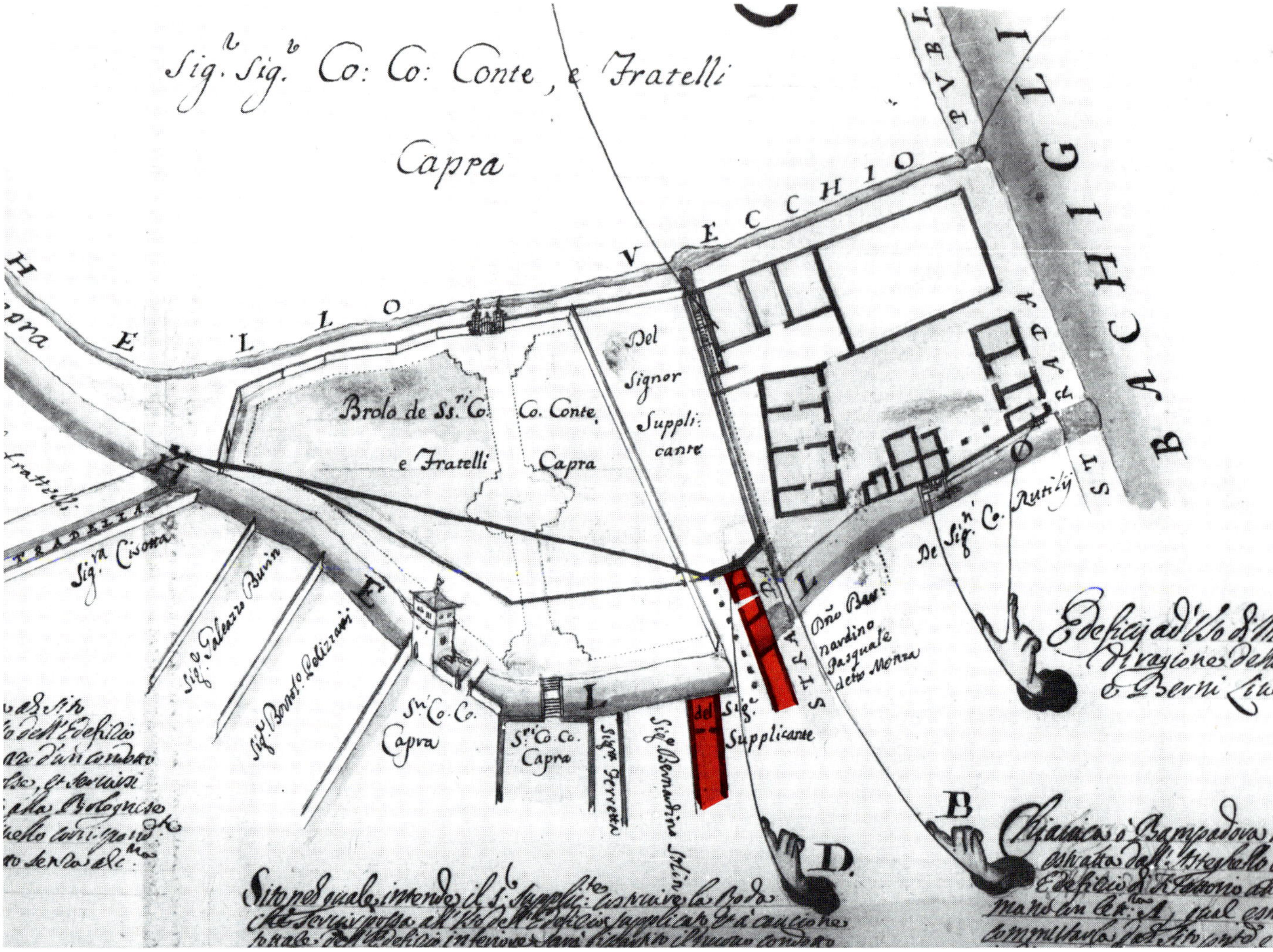

Ausschnitt aus dem Plan des Perito Ordinario Andrea Cornello mit der Darstellung der Seidenmanufakturen im Gebiet der «Chiodare» vom 2. Mai 1727. Staatsarchiv Venedig BIVI 111 A.

ten Besitzes von Bernardino Solin dem Bach entnommen und mit Hilfe eines entsprechend kürzeren, wiederum unterirdisch angelegten Kanals in einem Halbkreisbogen durch die Grünanlagen der Conti Capra zur östlichen Schmalseite der Seidenmühle und von dort in den südlichen Abschnitt des in den Bacchiglione fliessenden Astichello geführt werden musste. Ein mit 20. Mai 1729 datiertes Gesuch des Giacomo Franceschini, für den Bau des Ablaufkanals das von der contrà S. Marco entlang der Südfront des Hauptgebäudes in den Hof der «Chiodare» führende Strässchen für drei Tage zu schliessen, wurde gleichentags von den Deputierten der Stadt Vicenza mit der Auflage bewilligt, diesen Erschliessungsweg auch künftig auf eigene Kosten zu unterhalten (105). Dann erwähnte am 22. Juli 1737 der Perito Pubblico Gio. Domenico Dall'Acqua in seinem Gutachten über die 1735 zwischen der Porta S. Bortolo und dem Astichello errichtete und nun teilweise eingestürzte Befestigungsmauer bereits Giovanni Franceschini als «Sig.e Zuë Franceschini Figliolo, & Erede del Sig. Giac.mo». Der einzige Sohn des Giacomo Franceschini begann, die Seidenfabrik nochmals zu vergrössern und auch im Gebiet der «Chiodare» Liegenschaften zu erwerben. Vom 30. Oktober 1748 ist eine vom Perito Ordinario Steffano Codroigo auf Antrag des Giovanni Franceschini hergestellte Zeichnung überliefert, die zwei dort aufgekaufte Gebäude zeigt, für welche der neue Besitzer gerade neben dem in den Astichello einmündenden Ablauf- einen zusätzlichen Auslaufkanal zu bauen ersuchte und wohl sofort mit den notwendigen Arbeiten begann, da ihm schon am 14. November desselben Jahres der Podestà und Vice Capitano Francesco Antonio Pasqualigo im Namen der Stadt Vicenza wegen Autoritätsmissachtung, Sperrung eines öffentlichen Weges samt der Errichtung von Pfeilern auf städtischem Grund eine Busse von 100 Dukaten androhte. Auch der Nachfolger von Pietro Berni, Marchese Antonio Nicolò Sale «Proprietario della Sega, Mola, e Molin», erhob Einspruch gegen das eigenmächtige Vorgehen seines Nachbarn, der damit die Zufahrt in den Hof der «Chiodare» erschwert hatte. Doch scheint dieser Streit am 27. Februar 1749 beigelegt worden zu sein (106). Weitere, aus den frühen 60er Jahren des 18. Jahrhunderts stammende Karten der Provveditori sopra i

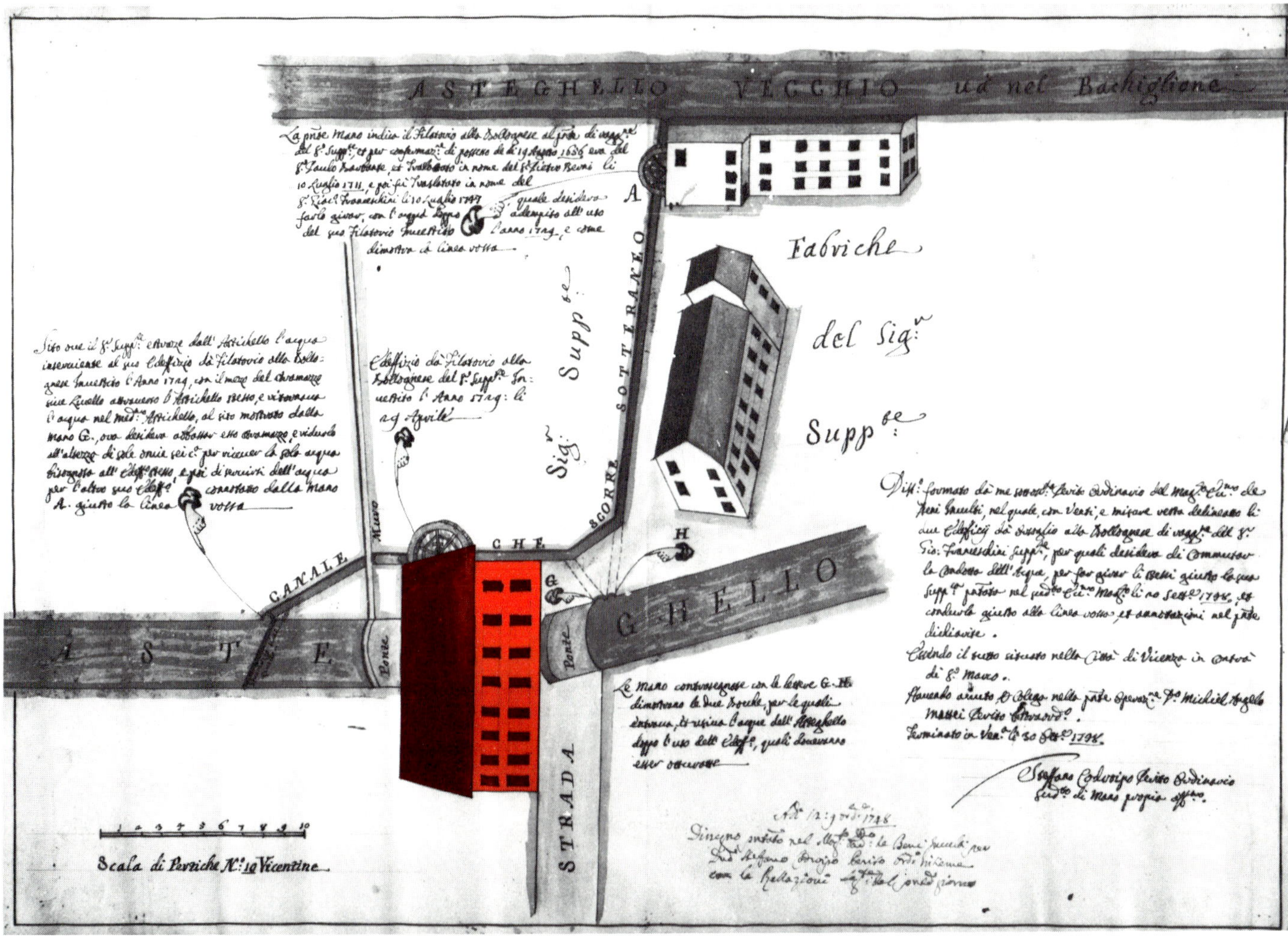

Plan des Perito Ordinario Steffano Codroigo mit jenen Bauten im Gebiet der «Chiodare», die alle von den Franceschini erworben wurden. 30. Oktober 1748.
Staatsarchiv Venedig BIVI 111 A.

Beni Inculti zeigen auf, dass in der Zwischenzeit Giovanni Franceschini sämtliche Liegenschaften der «Chiodare» erworben, umgebaut und vergrössert hatte. Von den hohen, drei- bis vierstöckigen Fabriken längs des Astichello, der contrà delle Chioare und des «Astichello vecchio» sind die in Vogelperspektive aufgenommenen Zeichnungen vom Januar und August 1763 wichtige Zeugnisse nicht nur für die ausserordentliche Grösse und Entwicklung der Firma Franceschini, sondern auch für die anhin gänzlich vernachlässigte Geschichte der Industriebauten innerhalb der Stadt Vicenza selbst und überhaupt für die ehemalige, heute total zerstörte und durch moderne Wohnblöcke ersetzte Bausubstanz eines Stadtviertels, dessen ursprüngliche Bedeutung nur noch in einer Strassenbezeichnung weiterlebt. Neben den Aufrissen stellt ein bereits am 10. Januar 1760 fertiggestellter Plan des Perito Ordinario Michiel Angelo Mattei nun den gesamten zwischen der contrà S. Marco und dem «Astichello vecchio» sowie südlich davon den zwischen den beiden Wasserläufen liegenden Besitz des Giovanni Franceschini vor (107). Unter den mit ihren Grundrissen aufgezeichneten Gebäuden findet sich auch der an die contrà S. Marco grenzende Palazzo, den der Architekt Bertotti zehn Jahre später dann umbaute.

Gerade in der Zeit dieser bertottianischen Tätigkeit wurden auch die ersten Ausgaben des Reiseführers von Joseph Jérôme Lalande mit einer Beschreibung der Firma Franceschini herausgegeben: «J'ai vu avec plaisir une grande manufacture de soie, établie depuis quelques années à Vicence, & qu'on appelle 'Negozio di Franceschini', où travaillent plus de 1500 personnes. L'auteur qui est un homme intelligent, a su tirer parti d'un ruisseau, de la façon la plus ingénieuse: tous ses devidoirs & ses moulins sont disposés de maniere à employer le moins de bras qu'il est possible. Je crois que M. de Vaucanson, qui a fait de si belles choses à Aubenas, trouveroit encore des idées ingénieuses dans la manufacture de Vicence. On fabrique dans cette ville beaucoup d'étoffes de soie qui se répandent en Italie & en Allemagne.» Doch weder der Astronom und Freimaurer Lalande noch der ihn grösstenteils kopierende Johann Jakob Volkmann erwähnten die architektonische Erscheinung dieser Seidenfabrik, und bei Arnaldo Arnaldi Tornieri findet sich nicht früher als 1791 ein

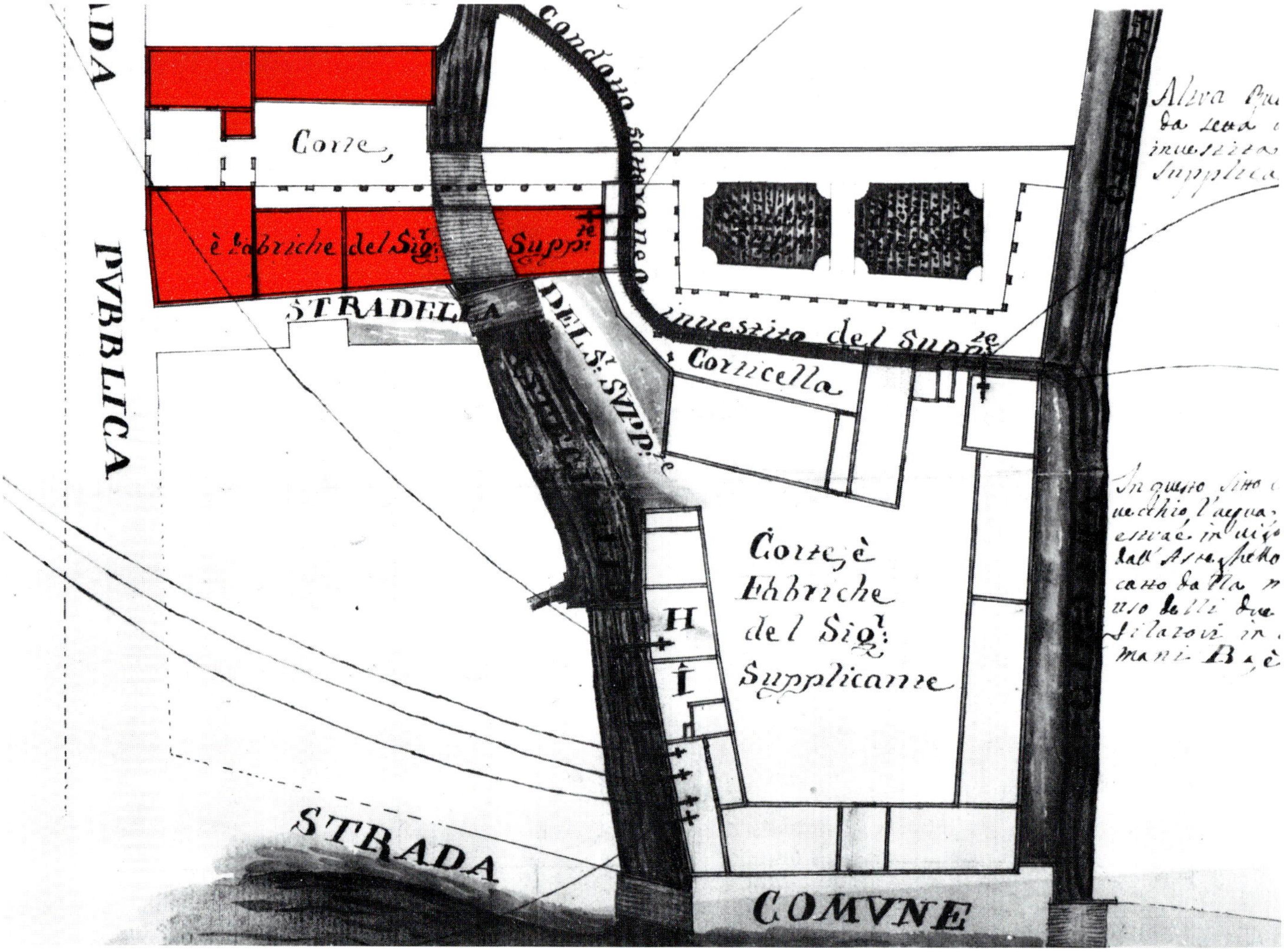

Ausschnitt aus dem Plan des Perito Ordinario Michiel Angelo Mattei mit der Gebäudesituation im Gebiet der «Chiodare» und dem angrenzenden Palazzo Franceschini an der contrà S. Marco vom 10. Januar 1760. Staatsarchiv Venedig BIVI 111 A.

Hinweis auf den «nuovo palagio mercantil», dessen Architekt aber namentlich erst von den Historikern des frühen 19. Jahrhunderts zitiert wurde (108). So mag es nicht weiter erstaunen, dass über die bertottianischen Arbeiten für die Familie Franceschini keine zeitgenössischen Dokumente mehr aufzuspüren sind, die «Catasti degli acquisiti Sigg. Franceschini» seit über 100 Jahren als verschollen gelten und die Geschichte des Palazzo Franceschini und seiner architektonischen Erneuerung vor allem anhand der Karten der Provveditori sopra i Beni Inculti und der späteren Katasterpläne von 1814 und 1841 nachzuzeichnen ist. Noch heute präsentiert sich der Palazzo Franceschini als eindrücklicher, streng gegliederter und herb verschlossener Bau. Die gegen Westen orientierte, 38 m lange Strassenfassade wird von zwei leicht akzentuierten Eckrisaliten eingefasst, die mit je einer Fensterachse die Gliederung der Öffnungen am Mittelbau wiederholen. Die viergeschossige Hauptfront ist auffallend rustiziert: die überhohe, aus Erdgeschoss und Mezzanin bestehende Sockelzone mit in Putz vorgetäuschten, grob behauenen Bossen und das Piano Nobile sowie das Dachgeschoss mit entsprechend glatten Quadern, die tief liegende Fugen aufweisen. Die Mittelachse wird betont durch ein mächtiges Rundbogenportal, das – anschliessend von je drei hochrechteckigen und einem darüberliegenden quadratischen Fenster flankiert wird – ein Gegengewicht in den zwei je 8 m breiten Eckrisaliten erhielt. Wurde in diesen beiden unteren Geschossen auf jegliche Säulenordnung verzichtet und mit Hilfe zweier glatt verputzter Mauerbänder, die unterhalb der hochrechteckigen Fenster und auf der Höhe ihrer Widerlager sich in waagrechter Linie über die ganze Fassadenlänge hinziehen, auch eine horizontale Gliederung angestrebt, so zeichnen sich das Piano Nobile und das Dachgeschoss durch eine feinere, elegant wirkende Rustikabehandlung des Mauerwerks sowie durch deren Verbindung mit Elementen der ionischen Ordnung aus. Die je neun Fenster sind entsprechend der Achse der unteren Öffnungen angeordnet; das Piano Nobile wird mit hochrechteckigen, ionisch gerahmten Fenstern betont, die zusätzlich eine Brüstung mit zierlichen Balustern aufweisen und alternierend mit einem optisch durch Volutenkonsolen gestützten Dreieck- und Rundgiebel

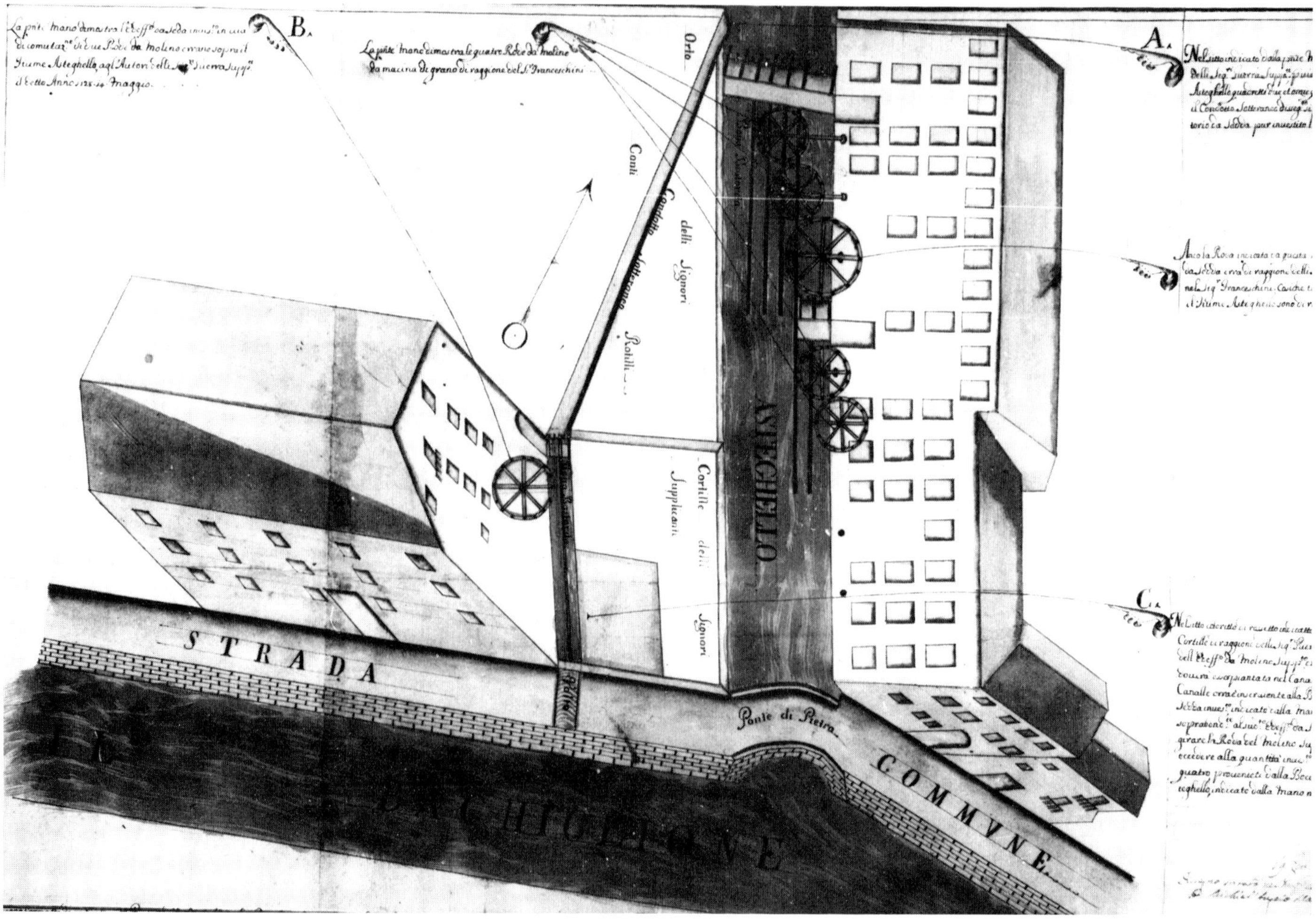

Ausschnitt aus dem Plan des Perito Ordinario Michiel Angelo Mattei mit der Darstellung der Seidenmühlen am Bacchiglione und Astichello vom 13. Januar 1763. Staatsarchiv Venedig BIVI 141.

bekrönt sind. Die Befensterung des Dachgeschosses ist wiederum in quadratischer Form mit einer einfachen, aber auch ionischen Rahmung gestaltet, und dem dreifach profilierten, die Fensterverdachungen des Piano Nobile miteinander verbindenden Gesims entspricht das ausladende, kräftig modellierte Kranzgesims mit abschliessendem Zahnschnitt. Hinter dieser streng achsialsymmetrisch aufgebauten Fassade verbirgt sich ein höchst unregelmässiger Grundriss, der sich einer schiefen U-Form annähert und dessen grösste Tiefenausdehnung etwas kleiner als die Länge der vorgelagerten Fassade ist. Das Rundbogenportal erschliesst einen trapezoiden, zweigeschossigen Portikus, an dessen Längsseiten zwei Türen zu den seitlichen Erdgeschossräumen führen, wobei das rechte Portal mit kannelierten dorischen Säulen, Girlanden- und Maskenfries geschmückt sowie von einem breiten Dreieckgiebel bekrönt ist und gleichzeitig den Eingang zum verhältnismässig breiten Treppenhaus bildet, das zum Zwischengeschoss und dem darüberliegenden Piano Nobile hinaufführt. Die dem Rundbogenportal gegenüberliegende Schmalseite der Eingangshalle öffnet sich mit drei dorischen Interkolumnien zum Hof hin, der beidseitig von zwei schmaler werdenden und ungleich hohen Gebäudeflügeln begrenzt wird. Direkt über dem Portikus befindet sich auf demselben Grundriss mit drei Fenstern zur Strasse und ebensoviel Öffnungen zum Hof hin der reich dekorierte, auch zweigeschossige Hauptsaal, dessen tiefe Längsseiten von je drei Türen unterbrochen sind, hinter denen sich eine Vielzahl kleiner und kleinster Räume befinden. Eine schmale, leicht vorkragende Galerie umläuft den Saal in der Höhe des Dachgeschosses, das mit seinen quadratischen Fenstern an den Schmalseiten für eine zusätzliche Lichtquelle des Hauptraumes sorgt. Nun zeigen die in neuerer Zeit aufgenommenen Grundrisse des Palazzo Franceschini mit ihren unterschiedlich dicken Mauern und den durchwegs schiefwinkligen Räumen ebenfalls deutlich, dass es sich hier keinesfalls um einen einheitlichen Entwurf aus der Hand eines einzigen Architekten handeln kann (109), und dieser Eindruck wird verstärkt durch die befremdliche Stillage des dorischen Portals und der dorischen Interkolumnien der Erdgeschosshalle sowie der Sockelzone der Hoffassade der beiden Gebäudeflügel, deren flache Putzrustika sich vom Piano Nobile durch einen dorischen, mit Fenstern unterbrochenen Architraven samt Faszien und Triglyphenfries abhebt. Dabei ist festzuhalten, dass Ottavio Bertotti Scamozzi die Umgestaltung des Palazzo Franceschini aus unbekannten Gründen nicht vollenden konnte und dass eine erneute Bautätigkeit im frühen 19. Jahrhundert unter der zweiten Generation der den Franceschini nachfolgenden Besitzer begann. So wurden für die im Februar 1822 gefeierte Hochzeit zwischen Lodovico Folco und der reichen Venezianerin Matilde Priuli Zambelli zwischen 1821 und 1822 die heute noch erhaltenen Innendekorationen im Treppenhaus, im grossen Zentralsaal und in drei zur Strasse ausgerichteten Räumen des Piano Nobile realisiert. Eine von den zwei damals hochgeschätzten Malern Giovanni Demin aus Belluno und Sebastiano Santi aus Murano angeführte Vierergruppe, unterstützt vom Vicentiner Quadraturisten Giovanni Picutti und dem Tessiner Stukkateur Antonio Bagutti, zeichnete für die mythologischen Wand- und Deckenfresken und deren gold-weisse Stuckrahmungen verantwortlich (110). Sicher nach 1822 und kurz vor 1830 wurde mit der Vollendung des linken Eckrisaliten und der Aufstokkung des entsprechenden Gebäudeflügels begonnen — zusammen mit einer Neuordnung der Erdgeschosshalle, wozu die oben erwähnten dorischen Interkolumnien und das dorische Portal zählen, und einem neuen Putzanstrich der beiden unteren Geschosse der zum Hof hin orientierten Flügelfronten. Sämtliche Arbeiten am Palazzo Franceschini-Folco waren im Jahre 1847 fertiggestellt, als der Sohn von Lodovico Folco, Matteo Folco, sich mit Ghellina Branzo Loschi vermählte (111). Doch der Architekt, der das bertottianische Projekt weitergeführt hatte, blieb auch in den zeitgenössischen Quellen ungenannt und ist wohl im Umkreis von Carlo Barrera oder Bartolomeo Malacarne zu suchen. Barrera war 1814 für den Neubau der Villa Folco in Schio verantwortlich, lernte die beiden Maler Sebastiano Santi und Giovanni Demin spätestens bei seiner Tätigkeit am Dom von Cittadella und den Quadraturisten Giovanni Picutti beim Bau der Villa Velo Scroffa in Isola Vicentina kennen, aber er starb bereits im November 1837 in Vicenza. Und im Œuvre von Bartolomeo Malacarne, der zahlreiche Restaurierungsaufträge erhielt und zusammen mit Giovanni Picutti das Teatro Olimpico sanierte, finden sich enge stilistische Analogien zum neugestalteten Portikus des Palazzo Franceschini-Folco; Malacarne starb am 7. Januar 1842 in Vicenza (112).

Die Auftraggeber von Bertotti, die Gebrüder Franceschini, zählten im 18. Jahrhundert zusammen mit der Familie Milan und mit Aurelio Todaro zu den drei grössten Vicentiner Unternehmern auf dem Gebiet der Seidenfabrikation und des Seidenhandels. Im beginnenden 18. Jahrhundert vergrösserte Giacomo Franceschini den elterlichen Betrieb an der contrà S. Marco; namentlich erstmals auf einer Karte der Provveditori sopra i Beni Inculti vom 2. Mai 1725 bekannt geworden, bemühte sich Giacomo Franceschini vor allem um eine vermehrte Nutzung der Wasserkraft und entsprechende moderne technische Einrichtungen. Unterstützt wurde er durch die im Sinne einer Wirtschaftsförderung getroffenen Massnahmen des von 1721 bis 1725 in Vicenza amtierenden Podestà und Vice Capitano N. H. Girolamo Querini, der gegen Ende seiner langen Regierungszeit die lokale Stoffproduktion von den drückenden Inlandsteuern befreite: «... sollevò ultimamente l'arte sudetta dall'imposta che haveva di cinque e quattro lire respettivamente sopra ogni pezza di drappo e da questo ben grande respiro animati li mercanti, riportai il contento di veder accresciuti li tellari, ampliati i lavori e che molti abbino cooperato le mie sollecite applicationi per la restitutione alle lor case di più di venticinque di quelle famiglie asbentate. L'essemplare darà stimoli efficcacissimi agl'altri di seguirli, onde in progresso non può se non attendersi che con privatione degl'esteri rifiorisca fecondamente questo negotio utilissimo all'interesse di Vostre Eccellenze e della Città medesima» (113). Als sogar alleiniges Verdienst des Giacomo Franceschini bewertete rückblickend das «Giornale d'Italia» vom 1. September 1764 das neugewonnene hohe Prestige der Vicentiner Seidenstoffe: «... Dietrò ai Sovrani provvidi eccitamenti, ed alle graziose esenzioni da' dazj accordate dalla Pubblica munificenza alle Manifatture Vicentine di Seta, n'è di tale felice rivoluzione dovuto tutt'il merito al celebre Signor Jacopo Franceschini. Egli vinse in coraggio ed in modi d'industria i suoi progenitori, che sempre attesero alle manifatture di Seta, e destò ne' suoi Compatriotti quella nobile emulazione, per cui le Arti hanno incremento, decoro, ed a perfezione si riducono. Eresse una Fabbrica, che uguale non ha certamente entro e fuori d'Italia, sì per la sua vastità, come pel modo sistematico, ond'è diretta ne'suoi vari ripartimenti, per gli ordigni, per le macchine, ed in una parola per la disposizione regolare di tuttociò ch'è necessario alle differenti moltiplicate operazioni, per cui il prodotto de'Bachi passa dal primo semplice stato di Bozzolo fin a quello infinitamente composto d'ogni genere di Stoffe.» Dieser Giacomo Franceschini muss im Jahre 1737 verstorben sein, nachdem der Pubblico Perito Gio. Domenico Dall'Acqua in seinem bereits zitierten Schreiben vom 22. Juli 1737 den Sohn des Franceschini «Sig.e Zuë Franceschini Figliolo, & Erede del Sig. Giac.mo» erwähnt hatte und die auch von Giacomo Franceschini unterzeichnete Bittschrift der Anlieger wohl vor dem Gutachten des Dall'Acqua verfertigt worden war, aber erst ein Jahr später, am 19. Juli 1738, von der Behörde behandelt wurde (114). Der Sohn Giovanni Franceschini trat ein Erbe an, dessen an die contrà S. Marco grenzende Bauten bereits die heutige Fläche einnahmen und sich sogar bis zum «Astichello vecchio» ausdehnten. Dazu erwarb er nach und nach das gesamte südöstlich angrenzende Gebiet der «Chiodare» mit allen Bauten wie Seidenmühlen, Spinnereien sowie Färbereien und Webereien, die modernisiert und vergrössert wurden. So erfand Giovanni Franceschini noch eine technische Verbesserung der schon vollmechanisierten Seidenmühle

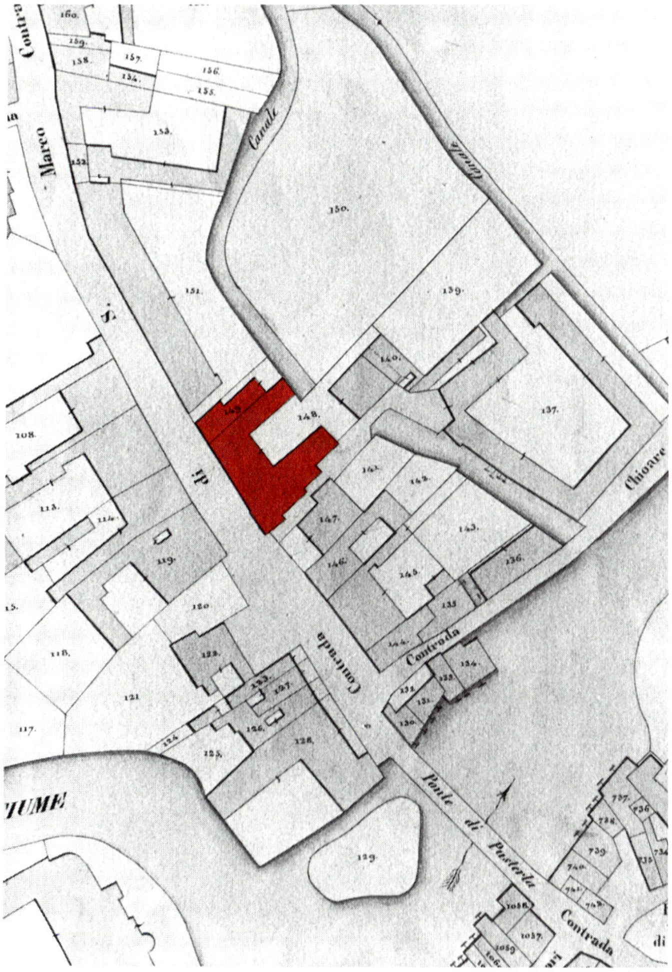

Ausschnitt aus dem österreichischen Katasterplan von 1841 bzw. dessen Kopie von 1842 im Staatsarchiv Vicenza.

«alla Bolognese» und mechanisierte seine Garnwinden, womit er zwei Drittel der Arbeitskräfte einsparen konnte. Diese beginnende Industrialisierung fand grosse Beachtung bei den venezianischen Statthaltern in Vicenza; zuhanden der Serenissima notierte N. H. Andrea Renier nach seiner Amtszeit als Capitano und Vice Podestà am 25. Juli 1761: «Ivi il traffico va eggregiamente ampliandosi per l'industria de mercanti e questo punto merita di essere a cognizione dell'Eccellentissimo Senato. Nella Città sono in copioso numero li fabbricatori di sete, li quali a merito del clima, delle loro attenzioni e dell'abilità degli artieri hann'ormai riddotti a tal perfezione i vari generi de lavori che gareggiano con quelli di Fiorenza, di Torrino e di Francia. Si distingue in particolare l'ingegnoso Franceschini, il quale alla rinomata sua fabbrica sempre aggiungendo cose nuove ha in questo anno per la trattura con felice riuscita posti a lavori cinquanta fornelli col fuoco di solo carbone; facendo girar i naspi col mezzo dell'acqua ridotta a corso ne sovrastanti canali e cadente in macchinette di poca spesa all'impiego di una sola femina per fornello.» Und der von 1766 bis 1770 amtierende Podestà und Vice Capitano N. H. Antonio Lorenzo Soranzo schrieb in seinem Lagebericht vom 25. Juli 1770: «Sempreppiù va aumentandosi nella Città il numero de fabricatori di drapi a seta, li quali a merito del clima, dell'attenzione e della capacità degl'artisti, hanno ormai ridotti a tal perfezione i vari generi di lavori che possono francamente pareggiarsi con quei di Firenze, Torino e Francia; meritando per altro sopra tutti essi fabricatori singolar lode quell'ingegnoso Franceschini, il quale alla rinomata sua fabbrica sempre agiungendo cose nuove, non lascia più che desiderare intorno alla facilità de lavori ed alla loro perfezione» (115). Gleichzeitig war Giovanni Franceschini ein angesehener Familienvater mit zehn Kindern, von denen Francesco und Domenico Franceschini der Tridentiner Kongregation der «Padri Somaschi» beitraten und der erste dem Waisenhaus «della Misericordia», der zweite jenem «di S. Valentino» vorstand sowie die öffentliche Bibliothek leitete, während eine Tochter von Giovanni Franceschini ihr Gelübde als Nonne im Kloster S. Rocco zu Vicenza ablegte. Noch zu Lebzeiten des berühmten Seidenherrn liess der Agent der Firma Milan, Giuseppe Gastaldi, die Hauptfassade seines renovierten Hauses an der contrà S. Lucia sowohl mit einer Büste des legendären Belisario, der nach Trissinos «L'Italia liberata dai Goti» als erster das Wissen um die Kunst der Seidenherstellung nach Italien gebracht hatte, als auch mit einem zwischen stilisierten Seidendraperien skulptierten Medaillon verzieren, das nun ein treffend gelungenes Porträt des Giovanni Franceschini dargestellt haben soll (116). Ein Jahr später, am 6. November 1774, starb Giovanni Franceschini, nachdem zwei seiner Söhne die Firma wohl bereits 1770 übernommen und zu jenem Zeitpunkt auch den Architekten Ottavio Bertotti Scamozzi für den Umbau des Palazzo beigezogen hatten. Von diesen beiden Söhnen engagierte Giovanni Franceschini denselben Architekten auch für das Landhaus in Arcugnano, während Girolamo Franceschini sicher vor 1776 den gegenüber des Firmensitzes liegenden Palazzo des Co. Lodovico Da Schio erwarb. Das «Negozio di Setificio dei Sig.ri Fratelli Franceschini» genoss einen derart hohen Ruhm, dass es nach der Basilica und dem Teatro Olimpico zur wichtigsten Sehenswürdigkeit der Stadt zählte und beispielsweise von der Kurfürstin von Bayern, vom König von Neapel und noch von einem gewissen Küttner ausgiebig besucht wurde. Und Goethe, der inkognito am Abend des 22. September 1786 an einer Versammlung der Accademia Olimpica teilnahm, hörte den Poeten Francesco Berlendis anhand des Sitzungsthemas, ob Erfindung oder Nachahmung den schönen Künsten mehr Vorteil gebracht habe, über den verstorbenen Vater von Giovanni und Girolamo Franceschini referieren. «Es lässt sich denken, dass Palladio auch diesmal an allen Orten und Enden war, es mochte von Erfinden oder Nachahmen die Rede sein. Zuletzt, wo immer das Scherzhafteste gefordert wird, hatte einer den glücklichen Einfall zu sagen: die andern hätten ihm den Palladio weggenommen, er wolle dagegen den Franceschini loben, den grossen Seidenfabrikanten. Nun fing er an zu zeigen, was die Nachahmung der Lyoner und Florentiner

Stoffe diesem tüchtigen Unternehmer und durch ihn der Stadt Vicenza für Vorteil gebracht habe, woraus erfolge: dass die Nachahmung weit über die Erfindung erhaben sei. Und dies geschah mit so gutem Humor, dass ein ununterbrochenes Gelächter erregt ward ...» (117). Doch im Gegensatz zur Wollindustrie, die sich vorab auf den Inlandmarkt stützen konnte, war die Seidenindustrie mit ihren prächtigen Luxusstoffen grösstenteils auf den Export angewiesen. Und die gegen Ende des 18. Jahrhunderts unstabil gewordenen politischen Verhältnisse Europas hatten für die Provinz Vicenza und ihre ca. 9000 Beschäftigten in der Seidenindustrie plötzlich verheerende Folgen: nach dem Ausbruch der Französischen Revolutionskriege, der Hinrichtung Ludwigs XVI. und dem Beginn des gegen Frankreich gerichteten Krieges der 1. Koalition wurden allein in der Stadt Vicenza 780 Arbeiter entlassen, von den 1242 im April 1792 gezählten Webstühlen waren im April 1793 gerade noch 760 Stück in Funktion. Als drei Jahre später die französischen und österreichischen Truppen im Sommer 1796 ihren Kriegsschauplatz gar vor die Tore der Stadt verlegten, kam die grösstenteils auf die Seidenfabrikation spezialisierte Vicentiner Industrie zum Erliegen. Die lokalen Chronisten jener Zeit notierten grausame Hungersnöte und erschreckende Zahlen über arbeitslose Weber, die selbst als Tagelöhner in der Landwirtschaft keine Anstellung mehr fanden. Nachdem die Märkte von Frankreich und Österreich bereits über zehn Jahre der Firma Franceschini verschlossen blieben und dann am 6. Mai 1806 die deutsche Währung noch um die Hälfte abgewertet wurde, sahen sich Giovanni und Girolamo Franceschini im Dezember 1806 zur Liquidation der gesamten Firma mit allen Lagerbeständen und Gebäulichkeiten gezwungen (118). Die Zeitgenossen lobten übereinstimmend das ehrenhafte Verhalten der Brüder Franceschini, die durch den freien Verkauf sämtliche Arbeiter auszahlen und alle Schulden tilgen konnten.

Ottavio Bertotti Scamozzi erhielt den Auftrag für den Umbau des Palazzo Franceschini von den zwei Brüdern Giovanni und Girolamo Franceschini wahrscheinlich zu jenem Zeitpunkt, als diese die Leitung der grossen Seidenfirma ihres Vaters übernahmen und dem mächtigen Unternehmen auch ein neues architektonisches Gepräge geben wollten. Um die bauliche Dimension des Auftrags zu erfassen, sind wegen der fehlenden schriftlichen Quellen die bereits erwähnten Karten der Provveditori sopra i Beni Inculti und die Katasterpläne der ersten Hälfte des 19. Jahrhunderts zu berücksichtigen. Die Zeichnungen von 1727 und 1728 zeigen zwar nur einen Ausschnitt des fraglichen Grundstückes, aber im Grundriss ist schon der lange rechte Gebäudeflügel erkennbar, der den neueren Kanal des Astichello überbrückte, sowie noch der Ansatz des linken, kürzeren und auch schmäleren Gebäudefortsatzes, der gerade bis zu diesem ersten Wasserlauf reicht. Die Karte von 1760 stellt den gesamten damaligen Grundbesitz der Firma Franceschini vor: so grenzen die beiden Flügelbauten gegen Westen an ein breites, querrechteckiges Gebäude mit einem von der Mittelachse her gegen links verschobenen Innenhof und dem entsprechend asymmetrisch angeordneten Haupteingang an der contrà S. Marco. Der im Jahre 1814 aufgenommene Katasterplan erhellt nun die bauliche Situation nach dem Eingriff von Bertotti; während die beiden Flügelbauten durch einen Teilabbruch des rechten Gebäudes jetzt dieselbe Länge aufweisen, ist der vorgelagerte, an die Durchgangsstrasse grenzende Bau deutlich verbreitert und der Innenhof samt Eingangsportal axialsymmetrisch angelegt worden. Auf Kosten des Verbindungswegs, der von der contrà S. Marco entlang der südlichen Seitenfassade in die «Chiodare» hineinführt, wurde der rechte Teil des U-förmigen Palazzo leicht verbreitert und dann auch das linke Gegenstück vor allem durch den Erwerb der benachbarten Liegenschaft des Gio. Girolamo Solino erheblich vergrössert und dadurch zu einem fast spiegelungsgleichen Pendant ausgebaut. Der Katasterplan von 1841 wiederum erklärt den Grund für die kurz vor 1830 erneut aufgenommene Bautätigkeit: Nachdem der Co. Antonio Capra, Erbe der Conti Alfonso und Francesco Capra, die an den väterlichen Palazzo südlich angrenzende Liegenschaft erworben und dann entlang der nun benachbarten Seitenfassade des Palazzo Franceschini einen Fussweg angelegt hatte, der zum Astichello-Kanal und in den grandiosen Park der Familie Capra führte, wurden aufgrund der jetzt freiliegenden Seitenfassade sowohl der linke Eckrisalit vollendet als auch der dahinter sich befindende Gebäudeflügel aufgestockt (119). Die Leistung von Ottavio Bertotti Scamozzi lag also in der Modernisierung und gleichzeitigen Erweiterung bestehender Bauten, deren funktionell streng geschiedene Räumlichkeiten der Architekt zudem mit einer einheitlich und repräsentativ wirkenden Fassade zusammenfasste. Gerade die in sich geschlossene Strassenfront mit ihrer strengen, waagrechten Gliederung, die nur durch das bossierte Rundbogenportal und die beiden Eckrisaliten gemildert wird, widerspiegelt aber auch deutlich die praktische Funktion des Bauwerks, dessen zweigeschossige Sockelzone der Firma Franceschini als Handels- und Lagerhaus sowie in den Gebäudeflügeln als Fabrikationsstätte diente, während die beiden Obergeschosse die eigentlichen Prunkräume und die privaten Gemächer beherbergten. Dieser Verbindung von Repräsentationsbau und Zweckarchitektur entspricht ebenfalls die angewandte Kombination von Rustika und klassischer Ordnung, wobei die Quaderstrukturen in ihrer Abfolge ähnlichen Gesetzen der zunehmenden Nobilitierung folgen, die bei einer Übereinanderstellung der klassischen Säulenordnungen vorherrschen. Die mit einer klassischen Ordnung gepaarte Rustizierung aller Stockwerke mit einer zur Attika hin abnehmenden Plastizität ist als spezielle Fassadenkomposition in Vicenza erstmals beim Palazzo Thiene von Andrea Palladio realisiert und in der Folge immer wieder bei vereinzelten Stadthäusern nachempfunden worden (120). Bertotti löste sich aber insofern von diesem überkommenen Formen-

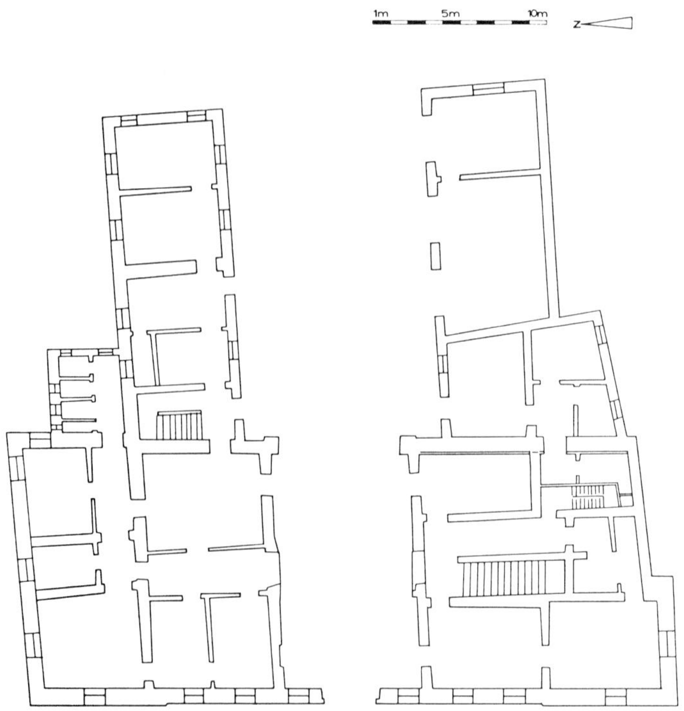

Palazzo Giovanni und Girolamo Franceschini.
Grundriss des Erdgeschosses.

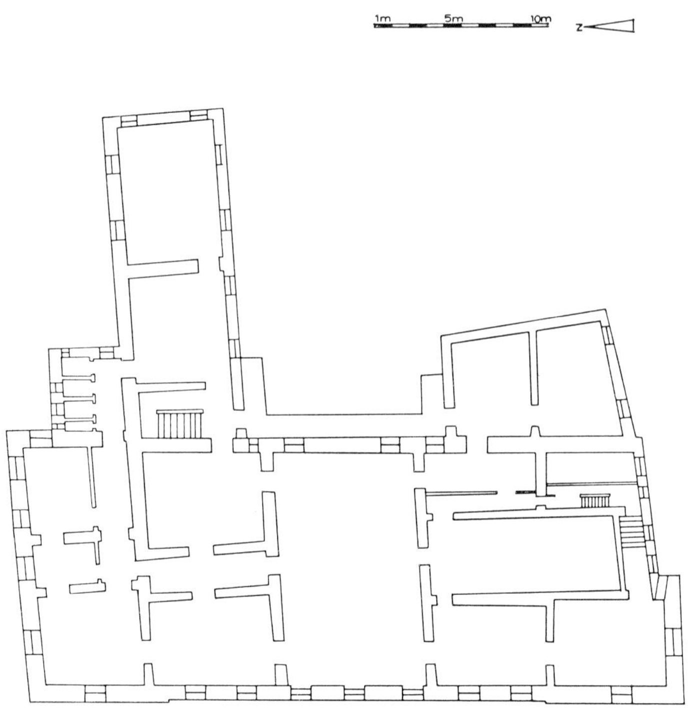

Palazzo Giovanni und Girolamo Franceschini.
Grundriss des Piano Nobile.

kanon, als er die bewegte Modellierung des Baukörpers reduzierte zugunsten einer starren Durchbildung sowie einer harten Begrenzung der gebauten Form und die vereinfachte Blockmasse dem Mittel der gestuften Volumen vorzog. Obwohl das Hauptinteresse nicht vordringlich an dem äusseren Erscheinungswert des Palazzo Franceschini, sondern vorab an einem «modern» axialsymmetrischen und zweckmässig gestalteten Nutzbau gelegen haben muss, sind doch evokative Verbindungen mit der Thiene-Residenz vorhanden. So war im Cinquecento der Co. Marc'Antonio Thiene als Angehöriger der damals mächtigsten Vicentiner Adelsfamilie mit gewichtigen Unternehmungen im internationalen Seidenhandel tätig und auf den Handelsmärkten von Frankfurt und Lyon vertreten; gleichzeitig liess er sich von Palladio die grössten, ungewöhnlichsten und aufwendigsten Bauten planen und nahm unter dessen Auftraggebern eine ähnliche Stellung ein wie über zweihundert Jahre später die nichtadlige, aber angesehene Familie Franceschini im bertottianischen Bauherrenkreis. Ob aber diese übergeordneten Bedeutungsgehalte wirklich auch bewusst in den Architekturformen des Palazzo Franceschini vermittelt werden wollten oder sogar die Gesamtstruktur dieses Baues als Symbolfigur der Vicentiner Seidentradition eingesetzt worden war, kann anhand der damals marktbeherrschenden Stellung der Vicentiner Seidenproduktion und im besonderen anhand des hohen Ansehens der Firma Franceschini nur vermutet werden, da keine diesbezüglichen Erörterungen vom Architekten noch von seinen Zeitgenossen überliefert sind.

Hauptfassade der Villa Giovanni Franceschini.

Villa Giovanni Franceschini in Arcugnano (Prov. Vicenza)

Via Comunale
1770—79
Auftraggeber: der Seidenfabrikant Giovanni Franceschini,
der zusammen mit seinem Bruder Girolamo Franceschini
den Architekten Bertotti Scamozzi
bereits mit dem Umbau ihres Palazzo beauftragt hatte

An der Strasse, die von Vicenza über die Colli Berici nach Barbarano führt — der sogenannten «dorsale dei Berici» — und die beiden Täler des Retrone und des Bacchiglione voneinander trennt, liegt noch vor dem Dorf Arcugnano auf der rechten Strassenseite bei der Abzweigung nach der Abtei S. Agostino die herrschaftliche Villa Franceschini. Da bereits 1781 Francesco Milizia unter den Werken Bertottis «una casa con loggia per i Franceschini in Arcugnano» erwähnt hatte, wurde diese Attribution in der Folge stets unbestritten übernommen und der Umfang der bertottianischen Tätigkeit nicht näher untersucht. Auch der erstmals von Antonio Magrini aufgestellten Datierung von 1770 widersprachen später nur Nita Maria Anesini-Berton und Fausto Franco, welche ohne Begründung das Jahr 1779 als Datum der Fertigstellung angaben, was nun kürzlich anhand der Beschreibung der datierten und signierten Freskenzyklen bestätigt werden konnte. Mit Hilfe der alten Grundsteuerregister und der Katasterpläne ist ebenfalls nachzuweisen, dass der Architekt beim Bau der Villa Franceschini Teile eines älteren, bereits bestehenden Hauses zu berücksichtigen hatte, das allmählich nach 1814 und 1834 redimensioniert wurde, und so der heutige Grundriss der Villenanlage wohl nach der 1855 begonnenen Neuplanung des Gartens entstand. Anschliessend an diese Umgestaltung liessen die damaligen Besitzer Eleonoro und Valentino Pasini von Antonio Caregaro Negrin in den Jahren 1878—1884 die an die Strasse von Vicenza grenzenden Ökonomiebauten modernisieren und gegen den an den Vorgarten stossenden Hang hin eine romantisierende Burgruinenarchitektur mit Eingangsportal und massivem Turm erbauen (121). Seit über einem halben Jahrhundert ist die ausgezeichnet erhaltene Villa im Besitz der Conti Canera di Salasco und wurde bis 1980 vom Co. Giuseppe Canera di Salasco bewohnt.

Die Franceschini wurden in Arcugnano erstmals 1747 erwähnt, als Giovanni Franceschini, der Sohn des Giacomo Franceschini, sich in jenem Frühjahr den an der damaligen contrà della Crosara gelegenen Gutsbesitz von Francesco di Vicarij des Gio. Maria di Vicarij und den sogenannten «Campo da l'Albaro» vom Reverendus Bortolamio dal Toso erworben hatte. Beide Landstücke zusammen waren gerade zwei Acker gross und vorwiegend für den Pflugbau bestimmt, wobei der bis zum Frühsommer 1742 übrigens auch dem Francesco di Vicarij gehörende «Campo da l'Albaro» an der contrà de Bertezzoli noch etwas Wiesland beinhaltete. Im Juni 1751 kaufte Giovanni Franceschini von Bernardin Fanton des Bastian Fanton zusätzlich eineinhalb Acker an der contrà della Fontega und Vol' de rosso. Diese Ländereien, zu denen bereits die entsprechenden Ökonomiebauten gehörten, wurden von häufig wechselnden Pächtern bewirtschaftet und bildeten bis ins frühe 19. Jahrhundert den einzigen Grundbesitz der Familie Franceschini in Arcugnano (122). Nachdem Giovanni Franceschini im April 1758 weiteren Grundbesitz in Lisiera und speziell in Quinto von Angela Brucher, der Witwe und Erbin des Girolamo Galvan, erworben hatte, verteilte er diese südlich und nordöstlich von Vicenza gelegenen Gutsbetriebe seinen zwei die Seidenfirma weiterführenden Söhnen. So erhielt der gleichnamige Sohn Giovanni Franceschini die Besitztümer in Arcugnano und Girolamo Franceschini jene in Lisiera und Quinto mitsamt der 1717 von Francesco und Gio. Battista Galvanini erbauten Villenanlage in Lanzè, für die Girolamo Franceschini dann im Jahre 1781 eine Kapelle errichten liess (123). Diese Eigentumsverhältnisse, die auch in den «Libri dei nomi dei possessori dei fondi» bestätigt werden, zeigen deutlich, dass der spätere Erbauer der Villa Franceschini in Arcugnano Giovanni Franceschini war und nicht mit seinem Bruder Girolamo zu verwechseln ist, was wegen der irrtümlichen Notiz von Bartolomeo Bressan in der neueren Villenliteratur immer wieder passierte.

Der Katasterplan von 1814 zeigt den ganzen Villenkomplex des Giovanni Franceschini samt den 1803 neu dazuerworbenen dreieinhalb Acker Land an der contrà delle Fratte und der contrà della Crosara aus dem Besitz von Domenico Maraschin und Bernardo di Vicarij des Pietropaolo di Vicarij. Die Gebäulichkeiten an der damaligen contrà della Crosara bestanden aus dem nach Süden orientierten Herrenhaus mit aber nun zwei nördlichen Flügeln, einem kurzen dem Strässchen entlang geführten sowie einem dazu parallel angeordneten langen und breiteren Anbau, der seinerseits an ein wei-

Villa Giovanni Franceschini an der via Comunale in Arcugnano. Salon mit Wand- und Deckenfresken von Giacomo Ciesa und Paolo Guidolini.

teres, querrechteckiges Gebäude grenzte, die zusammen mit der rückwärtigen Fassade des Haupthauses den an die contrà della Crosara reichenden Nutzgarten einfassten, in dem sich auch die mit der Eingangsfront zum Strässchen hin gewandte Kapelle befindet. Obwohl bereits vor den Aufnahmen für den nächstfolgenden Katasterplan aus dem Jahre 1834 die gegen den ansteigenden Hügel errichteten Gebäude bis auf die Höhe der südlichen Kapellenfassade niedergerissen wurden und nach diesem Datum dann wohl Caregaro Negrin den kurzen Flügelbau abgebrochen und weitere Modernisierungen am stehengelassenen, längeren Anbau wie auch an den auf dem 1803 gekauften Grundstück liegenden Bauten vorgenommen hatte, war die von Ottavio Bertotti Scamozzi angestrebte Integration der älteren, dem Hang sich entlangziehenden Gebäude in eine grandiose Villenanlage mit neuem Herrenhaus, neuer Kapelle und einem prächtigen Ziergarten dennoch derart meisterhaft gelungen, dass sogar in der modernen Forschung die Existenz bereits bestehender Bausubstanz vor der bertottianischen Tätigkeit in Arcugnano überhaupt nicht bekannt war (124). Von diesem eindrücklichen Villenkomplex, der einen flachen, auf zwei Seiten von Strassen eingegrenzten Hügeleinschnitt beherrscht, erblickt man nach den von Caregaro Negrin umgebauten Gewächshäusern, die direkt an der von Vicenza nach Arcugnano führenden Strasse liegen, etwas zurückgesetzt vom Schnittpunkt der beiden ungleichen Wege das in der Nord-Süd-Achse des Herrenhauses angeordnete, mächtige Eingangsportal. Hohe, reich profilierte Pilaster tragen zwei Statuenpaare, die Allegorien der vier Jahreszeiten darstellen, flankiert von liegenden Figuren, die die beiden einheimischen Flüsse — Retrone und Bacchiglione — versinnbildlichen, und bewacht von zwei Löwen, die auf den äussersten Ecken der an die Pilaster angrenzenden Portalmauer sitzen. Hinter dieser noch einer spätbarocken Grandezza verpflichteten Eingangsgestaltung, die aus chronologischen und auch stilistischen Gründen Giambattista Bendazzoli zugeschrieben wird, führt ein langgestreckter Garten, nur unterbrochen von einer kleinen Treppe mit einer parallel zum Portal verlaufenden, mit zwei weiblichen Statuen und mehreren Vasen verzierten Balustrade, zur Hauptfassade des Herrenhauses. Der dreistöckige Villenbau ist mit einer flachen Putzrustika überzogen und zeichnet sich heute sowohl im Grundriss als im Aufriss

Villa Giovanni Franceschini. Nordwestzimmer mit Wand- und Deckenfresken von Giacomo Ciesa und Paolo Guidolini.

durch eine strenge, axialsymmetrische Komposition aus. Flankiert von je einer Fensterachse betont ein leicht vorstehender Mittelrisalit die Hauptfassade. Ein auffallend hohes und voll ausgebildetes Sockelgeschoss ist über fünf Treppenstufen erreichbar, die zum Hausportal führen, das das Motiv der in einem Halbkreis geschlossenen und von zwei seitlichen Öffnungen begleiteten Tür aufnimmt. Über den beiden kleineren Seitentüren sind zwei querrechteckige Reliefs mit die Villeggiatura verherrlichenden Darstellungen eingelassen, oberhalb des mittleren Portals befindet sich die 1779 datierte Inschrifttafel. Im zweiten und dritten Geschoss wird die ganze Mittelpartie von einer klassischen Loggia mit Kolossalordnung beherrscht. Von den sechs korinthischen Säulen auf hohen Piedestals, welche sich dann als breite, flach verputzte Mauergurte rings um das Gebäude herumziehen, sind je die beiden äusseren Säulen gekoppelt vor die geschlossene Wand gestellt, so dass die drei sich verjüngenden, ehemals offenen und heute verglasten Interkolumnien den unteren drei Portalen entsprechen. Die Loggia wird von einem kräftig durchgebildeten Gebälk samt Zahnschnitt und einem flachen Dreieckgiebel bekrönt, in dessen Feld zwei Masken mit wehenden Stoffdraperien das Wappen der Besitzerfamilie schmücken. Das tief angesetzte Gebälk stimmt dabei nicht mit dem Kranzgesims des Dachgeschosses überein und verstärkt so den Eindruck, als ob der kaum auskragende Mittelrisalit mit der korinthischen Loggia und mit der Erdgeschoss-Serliana der Fassade eigentlich nur vorangestellt sei. Die horizontale Gliederung des Baues nun erfolgt durch zwei schmale Mauerbänder im Sockelgeschoss, die bereits erwähnte Mauergurte im Piano Nobile, durch ein weiteres Mauerband, das das Piano Nobile vom obersten Geschoss trennt, und durch das abschliessende Dachgesims. Diese Gliederung, die auch der Geschossteilung entspricht, wird auf allen drei freistehenden Seiten der Villa einheitlich durchgeführt; bei der einen Schmalseite entlang der ehemaligen contrà della Crosara ist aufgrund des tieferen Bodenniveaus zusätzlich das in massivem Stein gehauene Kellergeschoss sichtbar, dessen Eingang durch eine Türfassung mit unregelmässig grossen Bossenquadern entsprechend charakterisiert wird. Neben dieser funktionalen, horizontalen Gliederung des Herrenhauses fällt noch mehr die streng vertikale Baugliederung auf. Die Dreiteiligkeit der Hauptfassade wiederholt sich auf den beiden anderen, freistehenden Seiten und wird durch besonders gestaltete Fensterformen weiter akzentuiert. Auch auf der gegen das Seitensträsschen gerichteten Schmalseite zeichnen sich neben den einfachen, quadratischen oder hochrechteckigen Öffnungen jene der Mittelachse ebenfalls durch grösseren Formenreichtum aus: das erwähnte Kellerportal, das formale und funktionelle Analogien zur «Cloaca maxima» heraufbeschwört, dann im Erdgeschoss ein rundes Ochsenauge und darüber ein kleines Hochrechteckfenster, im Piano Nobile ein Thermenfenster und im Dachgeschoss ein quadratisches Fensterchen. Die rückwärtige, auf den Nutzgarten ausgerichtete Fassade hat analog zur Hauptfront einen giebelbekrönten, aber schmäleren Mittelrisaliten, der von je einer leicht zurückgesetzten Seitenpartie mit nun zwei Fensterachsen flankiert wird. Eine hochrechteckige Gartentüre, zu der eine sehr schmale, siebenstufige Treppe mit zwei musizierenden, auf einem Brüstungsmäuerchen stehenden Putten führt, eine wiederum hochrechteckige Öffnung im Piano Nobile mit einem reich profilierten, halbkreisförmigen Abschluss samt Zieragraffe, ein quadratisches Fensterchen im Dachgeschoss und eine zwar heute vermauerte, zentrale Öffnung im Tympanon gliedern diese Mittelachse und tragen zur betonten Dreiteiligkeit des Baublockes bei. Von den vor dem Neubau der Villa bereits existierenden Gebäuden, die das Grundstück des Giovanni Franceschini gegen den Hang hin abgrenzten, besteht heute nur noch der später von Caregaro Negrin noch umgebaute und erhöhte, dreiachsige Bau, an den Bertotti das Wohnhaus gegen Süden vorstehend mit der Ostseite anbaute. Das sich bis zur Höhe der Kapelle ausdehnende Gebäude, welches mit einem schmalen, von einem Kreuzrippengewölbe überdeckten Durchgang auch die Verbindung zwischen dem vorderen Zier- und dem rückwärtigen Nutzgarten herstellt, öffnet sich im Erdgeschoss mit sieben Arkaden auf das letztere, nördlich der bertottianischen Villa gelegene Land. Nachdem vom kurzen und eingeschossigen Flügelbau des Herrenhauses nur noch die längs der contrà della Crosara jetzt als Gartenmauer dienende Aussenwand übriggeblieben ist, weist die Villa selbst einen vollkommen querrechteckigen Grundriss auf. Der zentrale Hauptsaal von der Breite des Mittelrisaliten ist längsorientiert, nimmt die ganze Gebäudetiefe ein und wird von je drei querrechteckigen Räumen streng axialsymmetrisch flankiert. Sämtliche Gemächer sind durch eine Enfilade untereinander verbunden; im Piano Nobile haben die vier Eckzimmer Spiegelgewölbe, der mit zwei Freistützen aufgeteilte Hauptsaal besitzt im vorderen, südlichen Atrium eine Kreuzrippentonne und im grösseren, nördlichen Salon wiederum ein Spiegelgewölbe, während im linken der beiden Zwischenräume eine kleine Treppe untergebracht ist. Mit Ausnahme der östlichen, an das ältere Gebäude grenzenden Zimmer und des Treppenraumes sind alle übrigen Räume im Piano Nobile mit Fresken, und zwar grösstenteils von Giacomo Ciesa und Paolo Guidolini ausgeschmückt.

Der grosszügige Freskenzyklus in der Villa Franceschini ist als Sonderfall datiert und signiert: «I. 8bre 1790 G.G. e P.G.F.» Beide Künstler waren gebürtige Vicentiner und hatten öfters auch mit Ottavio Bertotti Scamozzi zusammengearbeitet. So war der Figurenmaler Giacomo Ciesa (oder im Vicentiner Dialekt «Giesa») bereits 1765 beim Umbau der kleinen Casa Pavanello in Vicenza beschäftigt und wohl ebenfalls 1773 für die Zimmerdekorationen der Villa Trissino in Sandrigo verantwortlich gewesen, während der neun Jahre jüngere Paolo Guidolini vielleicht nach 1770 im Casino Muzzi in Vicenza gearbeitet, sich sicher 1780 in Casale Monferrato aufgehalten und noch vor 1784 die Dekorationen für das Vicentiner Teatro Eretenio begonnen hatte (125). Nachdem sich der Bau der grossen Villenanlage in Arcugnano von 1770 bis 1779 hinzog, die Reliefs der Hauptfassade und die Gartenskulpturen wohl eher gegen Ende der 70er Jahre zu datieren sind, nachdem Giambattista Bendazzoli für Bertotti bereits auch den plastischen Schmuck an den Fassaden des Palazzo Gastaldi von 1773 und der Kirche S.S. Faustino e Giovita von 1774 in Vicenza gestaltet hatte, wurden wahrscheinlich erst nach einem zehnjährigen Unterbruch die Innenräume des Wohnhauses dekoriert, deren Fresken die die Villeggiatura preisende Thematik des Ziergartens wieder aufnahmen und vertieften. Im Atrium, dessen Südseite vielleicht ursprünglich offen war, ist das Gewölbe mit zierlichen Grotesken und Grisaillen bemalt sowie die Seitenwände mit ähnlichen Motiven aber auf grünem Grund verziert, wobei oberhalb der beiden Türen mit Weinreben umrankte Medaillons angebracht sind. Dieselben Ovalbilder nun mit den Darstellungen der Jahreszeiten finden sich auch über den vier Türen des Salons, von denen je zwei auf den mit illusionistischen Marmorverkleidungen freskierten Längsseiten eine korinthische Ädikula mit Prunkvase — von roter Farbe auf der West- und gelber Farbe auf der Ostwand — einrahmen und gegen die Wandecke hin selbst von hohen Kandelabern flankiert sind. Die zahlreichen stilisierten Blumenfestons, die dazwischen die strenge Architekturmalerei auch farblich auflockern, werden in dem als Kassettendecke bemalten Spiegelgewölbe fortgesetzt. Zeigt das kleine Deckentondo einen Brunnen mit Vögeln und Kindern, so sind in den Kassetten der gewölbten Deckenansätze noch zusätzlich in Helldunkelmalerei gehaltene Szenen mit eleganten weiblichen Figuren, die als Attribute einen Bogen, einen Hund, Putten und Weinranken mit sich führen, und in den vier Ecken je ein die Gewölbekanten überspielendes Sonnenantlitz ersichtlich. Sind diese hier speziell in Pastelltönen gemalten Fresken mit ihren Motiven vorwiegend einem fröhlichen und zart-spielerischen Arkadien aus der Sicht eines Städters verpflichtet und fallen durch die grosszügig «freigelassenen», undekorierten Flächen auf, so beherrscht dann das Thema der Jagd und der Weinlese den nordwestlichen Raum. Das Spiegelgewölbe ist nun mit einer dahineilenden Diana verziert, in den vier Ecken des Gewölbes sind Grotesken auf gelbem Grund und dazwischen in den Deckenansät-

Ansicht der Villa Giovanni Franceschini und der Familienkapelle «Beata Vergine del Rosario» von der contrà della Crosara her.

zen kleinere Jagdszenen in Weiss auf rotem Grund gemalt. Die Zimmerwände selbst sind mit acht vorgetäuschten Pilastern gegliedert, die auf Kapitellhöhe untereinander mit Festons verbunden sind und den Eindruck eines luftigen Pavillons vermitteln. In den weiten Zwischenräumen dieser Architekturmalerei sind vier ovale Medaillons freskiert, welche in vereinfachender Art bizarre Themen aus der «Capricci»-Reihe von Giambattista Tiepolo wiedergeben (126). An der Süd- und Nordwand sind zusätzlich illusionistische Ausblicke gemalt mit zwischen Säulenkolonnaden sich auf der Jagd und bei der Weinlese vergnügenden Kindern. Das südwestliche Zimmer dagegen weist eine mit stilisierten Blumen und mit verschiedenen Grotesken üppig verzierte Decke auf, deren Bemalung aber ins frühe 19. Jahrhundert zu datieren ist. Die noch aus dem späten Settecento stammende Dekoration, die laut der Inschrift auf einem der reliefartig dargestellten Medaillons, das drei Figuren vor einer Pyramide zeigt, am 1. Oktober 1790 — also knapp einen Monat vor dem Tod des Architekten Bertotti — vollendet worden war, gehört nicht nur zu den reichsten Bemalungen, die in einer bertottianischen Villa ausgeführt wurden, sondern zählt auch zu den qualitätsvollsten, elegantesten Freskenzyklen aus dem Veneto jener Epoche (127). Dass die im Auftrag von Giovanni Franceschini hier tätigen Maler Giacomo Ciesa und Paolo Guidolini dabei nicht direkt auf antike Formen und Inhalte zurückgriffen, sondern den klassizistischen Grundton ihres Werkes heraufbeschwörten mit Zitaten der damals modernsten Kunstschöpfungen, die ihrerseits aber direkt von der Antike beeinflusst waren, wie beispielsweise die von John Flaxman gestalteten Arbeiten für Josiah Wedgwood oder die postum 1785 erstmals als separate Stichfolge erschienenen «Capricci» des Giambattista Tiepolo, erhellt die Arbeitsweise und Inspirationsmöglichkeiten von in der Provinz lebenden Künstlern und mag auch die kulturelle Aufgeschlossenheit des Auftraggebers verdeutlichen.

Zur Villenanlage des Giovanni Franceschini zählt auch die kleine, der «Beata Vergine del Rosario» geweihte Familienkapelle nördlich des Nutzgartens, parallel zur rückwärtigen Villenfassade und mit dem Portal auf die nach S. Agostino führende contrà della Crosara gerichtet. Gleichzeitig mit dem Wohnhaus errichtete Bertotti diese private Kirche auf einem quadratischen Grundriss und setzte ihr eine bescheidene

Tempelfassade voran. Vier ionische Pilaster gliedern die Eingangsfront — in den beiden schmäleren Seiteninterkolumnien je ein hochrechteckiges, im Halbrund geschlossenes Fenster, in der breiteren Mittelpartie das über fünf Stufen zugängliche Portal mit reich akzentuiertem Gewände samt Seitenrollen sowie von einem Thermenfenster bekrönt — und tragen das hohe ionische Gebälk und den klassischen Dreiecksgiebel mit dem einst offenen Rundfenster im Tympanon und mit drei Heiligenstatuen als Giebelakroterien. Auf der linken Seite der Kapelle befindet sich ein schmaler, rustizierter Anbau mit zwei Fensterachsen über einem glatt verputzten, hohen Sockel, der bis zur Höhe der das Kirchenportal flankierenden Fenster reicht. Das Kapelleninnere besticht durch den eingezogenen, aber noch quadratischen Hauptraum, dessen vier Wandecken mit runden Nischen ausgeweitet sind, und den von den Eingangsfenstern und ihren entsprechenden Öffnungen der Ostwand her beleuchteten, schmalen Umgang, der ebenfalls zum grossen Altar aus Carrara-Marmor hinführt. Kurz nach der Mitte des 19. Jahrhunderts begann Antonio Caregaro Negrin mit einer gemässigten Innenrenovation, und damals wurden auch die beiden Büsten von Eleonoro und Valentino Pasini aufgestellt, die der aus dem Tessiner Dorf Ligornetto stammende Bildhauer Vincenzo Vela geschaffen hatte (128). Dass Giovanni Franceschini auf seinem Landsitz eine eigene Kapelle und nur wenige Jahre später auch sein Bruder Girolamo Franceschini ein kleines Gotteshaus bei seiner Villa in Lanzè erbauen liess, ist wohl auf die tiefreligiöse Haltung ihres Vaters und dessen dadurch geprägte Erziehung zurückzuführen. Denn Privatkapellen waren während der gesamten Villenkultur im Veneto nicht selbstverständlich ein integrierender Bestandteil des Landgutes; sind zwar kleine Oratorien und Gotteshäuser bereits im 15. Jahrhundert im Bereich eines Villenbezirkes nachzuweisen, so wurden während des 16. Jahrhunderts fast keine privaten Sakralbauten mehr errichtet, und überhaupt keine Hinweise auf Familienkapellen finden sich bei den idealisierenden Holzschnitten im 2. Buch der Quattro Libri von Palladio. Erst mit dem Abflauen der Religionsstreitigkeiten waren dann ab dem frühen 17. Jahrhundert wieder einzelne Villenbesitzer für die Errichtung von Familienkapellen besorgt. Und weitere dieser Gotteshäuser entstanden im Laufe des 18. und 19. Jahrhunderts entweder innerhalb eines bereits bestehenden Landgutes oder im Zusammenhang mit einem Neubau (129). Die kleinen Kapellen waren dabei grösstenteils zentralbauförmige Votivkirchen, während die grösseren und auf rechteckigem Grundriss errichteten Kapellen oft eine feste Gottesdienstordnung aufwiesen und auch den umliegenden Bewohnern zugänglich waren.

Der Landsitz des Seidenfabrikanten Giovanni Franceschini in Arcugnano gehört zu den eindrücklichsten und imposantesten Bauten im Œuvre von Ottavio Bertotti Scamozzi. Dazu tragen sicher auch die phantastische geografische Lage mit der grossen Rundsicht sowie die Tatsache bei, dass hier das

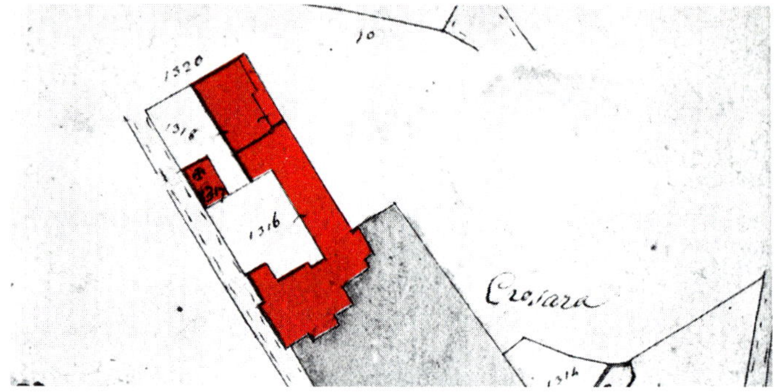

Ausschnitt aus dem napoleonischen Katasterplan von 1814 bzw. dessen Kopie von 1816 im Staatsarchiv Vicenza.

Ausschnitt aus dem österreichischen Katasterplan von 1834 bzw. dessen Kopie von 1838 im Staatsarchiv Vicenza.

Herrenhaus von den Fundamenten her neu errichtet werden konnte und nur geringfügige Anpassungen an die bestehenden Gebäulichkeiten verlangt wurden. Der von Palladio entwickelte und auf einer Symmetrie des Gesamtkonzeptes basierende Villentypus mit einer dreiteiligen Gliederung des Grundrisses und der Fassade des Wohnhauses diente als klassisch-allgemeingültiges Vorbild, das Bertotti nach seiner funktionell bestimmten Auffassung neu interpretierte und im Gegensatz zu vielen anderen, fast gleichzeitig entstandenen Vicentiner Landhäusern von Enea Arnaldi, Orazio Claudio Capra oder Ottone Calderari nun der Eingangsfront nicht einen monumentalen Säulenportikus voranstellte, sondern eine die beiden Obergeschosse zusammenfassende Loggia angliederte und auf die ansonsten beliebte sowie oft in grandiosen Ausmassen errichtete Freitreppe als direkten Zugang zum Piano Nobile verzichtete. Aber für weitere formale Details griff Bertotti direkt auf einen spezifisch zu deutenden Villenbau Palladios zurück, und zwar auf das in den Quattro Libri veröffentlichte Idealprojekt der dreigeschossigen Villa Ragona in Ghizzole di Montegaldella, deren auffallende korinthische Kolossalsäulen mit dem flachen Dreieckgiebel ebenfalls ein Charakteristikum der Villa Franceschini darstellen. Und anstelle der für das Landgut der Conti Antonio und Agostino Ragona vorgeschlagenen, problematischen Eingangspartie, welche Palladio mit folgenden Worten kurz antönte: «Le Scale principali sono nella facciata davanti della casa, e rispondono sotto i portici del cortile», gestaltete Bertotti das Erdgeschoss des Mittelrisaliten mit einer einfachen, etwas breit wirkenden Serliana (130). Diese aussergewöhnliche Lösung mit der hohen, als selbständiges Geschoss geformten Sockelzone, die beinahe gleichwertig zu dem noch zusätzlich durch die monumentale Loggia betonten Piano Nobile erscheint, war auch von praktischen Überlegungen her bestimmt und den lokalen Bedürfnissen der Bewohner entsprechend angepasst; so konnte und kann noch heute vom Erdgeschoss aus die prächtige Gartenanlage durchwandert und genutzt werden, während dann von der Loggia im ersten Stock der Ausblick nun über die Monti Berici in die weite Ebene hinaus bis nach Venedig reicht. Ottavio Bertotti Scamozzi muss für diesen Bau auch wertvolle Anregungen des barockisierenden Landgutes Fracanzan in Orgiano aufgegriffen haben, das Francesco Muttoni 1710 für Co. Giovan Battista Fracanzan errichtet hatte. Der kräftiger modulierte Mittelrisalit hat über einem rustizierten Portikus mit drei Rundbogen eine offene, monumentale Loggia mit wiederum korinthischen Kolossalsäulen, die von einem dreiteiligen Dachaufsatz bekrönt werden, und überhaupt wurde die Gesamtanlage der Villa für eine ähnlich situierte Lage und ähnliche Nutzungsbedürfnisse umgestaltet (131). Auch in Orgiano erstreckte sich vor der Gartenfassade ein weiter, geometrisch angelegter Park, unterteilt durch eine parallel zur Hauptfront verlaufende kleine Gartentreppe, und von der Loggia aus vermag der Blick des Betrachters sogar bis zu den Hügeln des Apennin zu schweifen. Nun zählt das Landgut Fracanzan zusammen mit der ein Jahr zuvor, nämlich 1709 von einem noch unbekannten Architekten in Bertesina erbauten Ca'Latina der Conti Negri zu den frühesten Beispielen des beginnenden Vicentiner Palladianismus und zeigt nicht nur einen durch den Abstand von über einem halben Jahrhundert sowie durch das anders geartete Architekturverständnis des Francesco Muttoni bedingten stilistischen Unterschied auf, sondern beinhaltet dazu noch den traditionellen Funktionsbegriff der Villa als autonom ländlichen Gebäudekomplex. Neben der primären Funktion der Selbsterhaltung war auch die Villenanlage selbst als eine Funktion bestimmt, die der Bewirtschaftung und der für und aus der Landwirtschaft lebenden Villeggiatura diente. Diese agrarische und gesellschaftliche Einheit war aber bei der Villa Franceschini nicht mehr gegeben; der Bauherr war Seidenfabrikant und betrieb auf seinem mit spärlichen Annexbauten versehenen Landsitz nur gerade geringfügigen Obstbau, wobei die bereits von Maccà erwähnten Gewächshäuser auf eine bevorzugte Beschäftigung mit Zitrusfrüchten schliessen lassen (132). Des weitern konnte das Wohnhaus in Arcugnano aufgrund der nahe gelegenen Stadt und der mühelosen Zugänglichkeit während des ganzen Jahres bewohnt werden und erhielt insofern die Aufgabe einer «Villa suburbana», welche allein der Erholung und der Musse zu dienen hatte. Die Orangerien betonten dabei noch den luxuriösen Charakter dieses im Sinne eines Landschlösschens genutzten Baues, der nichts mehr mit einem Bauerngut gemein hat.

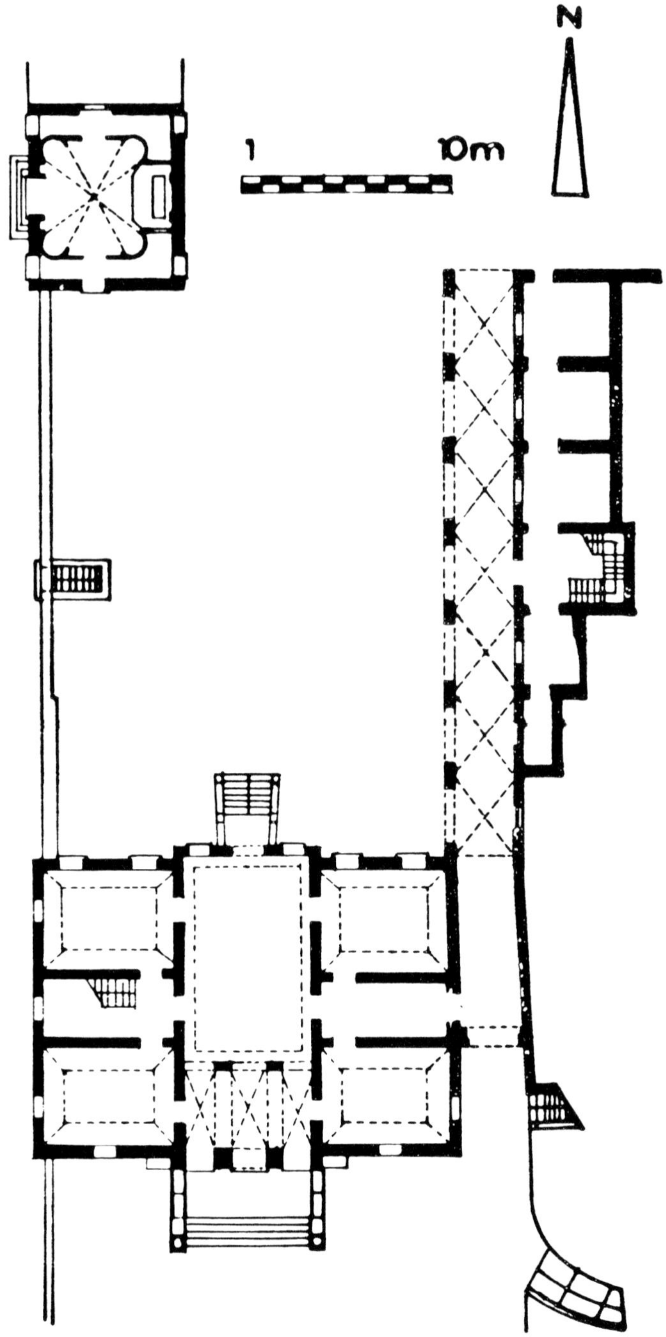

Villa Giovanni Franceschini. Grundriss des Erdgeschosses.

Villa Bonaventura Fadinelli an der via Pozzetto 38–40 in Creazzo.

Villa Bonaventura Fadinelli in Creazzo (Prov. Vicenza)

Via Pozzetto 38–40
ca. 1770–80
Auftraggeber: Monsignore Bonaventura Fadinelli, Generalvikar unter den Vicentiner Bischöfen Marco Cornaro, Luigi Maria Gabrieli und Marco Zaguri sowie letzter Abkomme seiner früher im Seidenhandel tätigen Familie

Oberhalb des Dorfkerns von Creazzo und auf einer nach Süden exponierten Hang-Terrasse befindet sich die Villa Fadinelli, die dem Architekten Bertotti Scamozzi erstmals 1885 von Bartolomeo Scola zugeschrieben wurde als ein Entwurf «di stile perfettamente Palladiano, ed è una felice e ben accomodata imitazione della Villa Caldogno a Caldogno». In der Folgezeit wurde diese ohne irgendwelche Angaben aufgestellte Attribution von allen Historikern übernommen, nur Renato Cevese wagte auch den Namen des Giovanni Miazzi zu erwähnen, der für die Familie Fadinelli das Stadthaus in Vicenza erbaut hatte und so auch als Architekt der Villa in Creazzo hätte vermutet werden können, wenn nicht die bertottianische Zuschreibung aus dem letzten Jahrhundert derart überzeugend klänge. Doch haben sich nun bei intensiven Archivforschungen plötzlich Teile des Nachlasses Fadinelli gefunden, und zu diesen neuen Dokumenten, die unter anderem endlich die genaue Identifikation des Bauherrn ermöglichen, zählen auch zwei Blätter mit Zeichnungen von Ottavio Bertotti Scamozzi. Gerade die das Landgut in Creazzo darstellenden Risse müssen aber Scola bekannt gewesen sein und überhaupt den ungenannten Ausschlag für die sichere Zuschreibung gegeben haben. Der Villenkomplex wurde hier genau nach dem einen Grundrissvorschlag Bertottis ausgeführt; spätere Eingriffe vorab bei den östlichen Gebäuden und im Zwischenstück sind nach 1809 und vor 1832 zu datieren, die Fresken im Herrenhaus entstanden wahrscheinlich in den Jahren 1870–1880, und ein halbversteckter Anbau in der Form eines kleinen Chalets wurde noch im ersten Drittel unseres Jahrhunderts errichtet (133). Heute ist die Villa Fadinelli im Besitz von Frau Rosa Suppiej-Castiglioni.

Die Fadinelli besassen vermutlich bereits Ende des 17. Jahrhunderts entsprechende Ländereien in Creazzo; jedenfalls erwarb ein dortiger Nachbar Farinoni am 29. August 1706 ca. 1 Acker Land von diesen SS. Fadinelli, am 15. Februar 1730 und am 1. September 1731 kaufte Giambatt.a Fadinelli selbst mehrere Acker Land in Creazzo aus dem Besitz des N. H. Alvise Priuli, während derselbe Fadinelli am 15. Juni 1730 etwas Land an Co. Nicolò Loschi abgetreten hatte. Auf einer von Francesco Muttoni als beauftragten Perito Pubblico 1734 gezeichneten Karte ist neben der Villenanlage des Pier Francesco Farinoni, die, 1693 errichtet, hier in einer frühen und für ihre Baugeschichte höchst aufschlussreichen Ansicht dargestellt ist, auch der Name des angrenzenden Landbesitzers Agostino Fadinelli, des Bruders von Giambatt.a Fadinelli, vermerkt. Und laut Steuerregister war ein weiterer Bruder, Antonio Fadinelli, ebenfalls Eigner von einem kleinen Gut in Creazzo (134). Aber trotz der wahrscheinlich auf diesen Ländereien bereits vorhandenen Ökonomiebauten handelt es sich bei dem von Bertotti erstellten Villenkomplex um einen von den Fundamenten her neu erbauten Landsitz, der in Auftrag gegeben wurde von einem der beiden Söhne des Giambatt.a Fadinelli, von Monsignore Bonaventura Fadinelli, der auch die Hinterlassenschaft seiner zwei Onkel Agostino und Antonio Fadinelli geerbt hatte. Jedenfalls wurden in den «Libri dei nomi dei possessori dei fondi» für Bonaventura Fadinelli neben zweiteren Häusern in Creazzo sieben aufeinanderfolgende Positionen von Nr. 95 bis Nr. 101 notiert, wovon die erstere Besitztumsangabe «Un Fabbricato di 3. Appartamenti con Casa ad uso del Gastaldo con Porticale, Caneva Tinazzara stalla, e Tezza ad uso de Cavalli per suo uso» den bertottianischen Bau betrifft (135). Bartolomeo Scola aber erwähnte mit der Beschreibung einer «felice e ben accomodata imitazione della Villa Caldogno a Caldogno» nur gerade das Herrenhaus mit seiner Hauptfassade, die ein knapp vorstehender Mittelrisalit mit einem dreibogigen Portikus beherrscht, dessen Rustika eben bis zu den drei darüberliegenden, quadratischen Fenstern des Dachgeschosses reicht, das von einem mit vasenförmigen Aktroterien versehenen Tympanon abgeschlossen wird. Die beiden flankierenden Fassadenteile sind mit je einer Fensterachse gegliedert. Eine schmale und hohe Freitreppe, die das befensterte Kellergeschoss überwindet, führt zur mittleren Portikusöffnung. Die zwei aus dem Nachlass des Monsignore Bonaventura Fadinelli stammenden Pläne, die ehemals dem Ospizio del Soccorso e Soccorsetto vermacht sich heute im Archiv der I.B.A.P. in Vicenza befinden, verdeutlichen nun den Planungsablauf und auch die sich wandelnden Vorstellungen des Bauherrn, die letztlich zur heute noch grösstenteils bestehenden Villenanlage führten

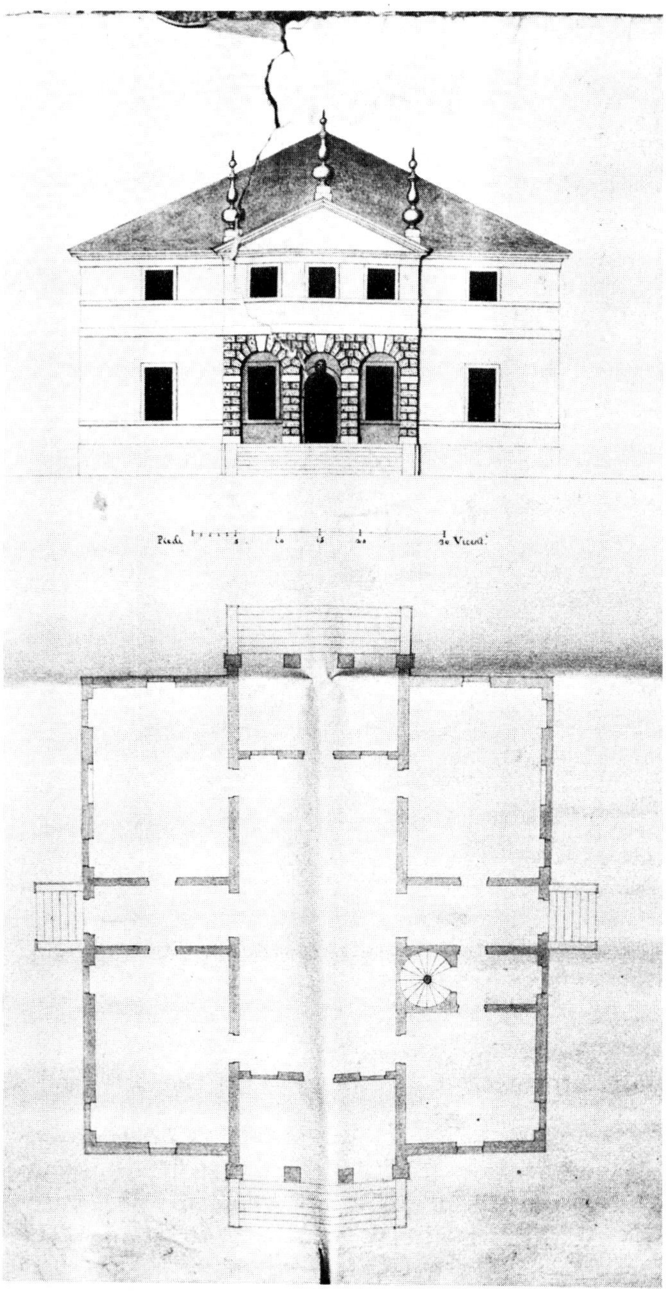

Ottavio Bertotti Scamozzi. Projekt für die Villa Fadinelli mit Aufriss und Grundriss. c.1770–1780. I.P.A.B. Vicenza.

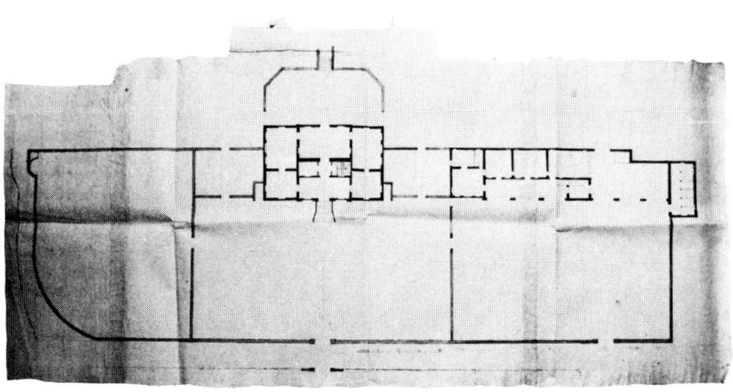

Ottavio Bertotti Scamozzi. Definitiver Grundrissplan der Villa Fadinelli. c.1770–1780. I.P.A.B. Vicenza.

(136). Der eine Plan mit Grund- und Aufriss ist dabei als Vorprojekt aufzufassen. Die in Tusche gezeichnete, rot und braun lavierte Südfassade unterscheidet sich vom später realisierten Bau hauptsächlich durch ein hohes, von zwei einfachen Gurten profiliertes Mauerband, das zwischen die Rustika des Portikus und die Fenster des so voll ausgenutzten Dachgeschosses gesetzt wurde, dann durch den glatt verputzten Gebäudesockel anstelle einer Kellerbefensterung und durch die breite, den gesamten Portikus einrahmende Freitreppe. Der entsprechende Grundriss ist quadratisch und streng axialsymmetrisch aufgeteilt — mit Ausnahme des Treppeneinbaues im vorderen rechten Zimmer. Die Nord-Süd-Achse wird durch je eine Freitreppe mit stärker vorkragendem Portikus und die längsrechteckige Halle gegliedert. Die West-Ost-Achse hat ebenfalls zwei, aber kleinere Freitreppen, die in einen schmalen, querrechteckigen Raum führen, der einerseits die grossen Eckzimmer und andrerseits die Mittelhalle erschliesst. Der zweite Plan zeigt den ausgeführten Grundriss, mit dunkelbrauner Tusche die Gebäude-, mit hellbrauner die Hof- und Gartenmauern. Der Grundriss des Herrenhauses ist nun querrechteckig und die Innenaufteilung kompakter gestaltet. Je ein quadratischer und ein längsrechteckiger Raum flankieren die minim breitere Mittelachse, bestehend aus einem querrechteckigen, gen Norden ausgerichteten Salotto, von dem nach Süden orientierten Portikus getrennt durch zwei schmale querliegende Räume, von denen der eine die zweiarmige Treppe beherbergt. Analog zu dieser veränderten Disposition zeigt der Plan einen nur schwach vortretenden Mittelrisalit und eine einzige, der mittleren Portikusarkade vorgelagerte Freitreppe, die sich nach sechs Stufen gegen den Garten hin leicht verbreitert. Spannend an dieser Zeichnung ist vor allem auch, dass der Villengrundriss nicht mehr isoliert, sondern in seinem ganzen Kontext samt Nebengebäulichkeiten, Garten und Hofanlagen dargestellt ist. Bündig zur Südflanke und mit Gartenmauern verbunden, ist ein schmäleres, acht Achsen breites Gebäude mit anschliessenden Stallungen aufgezeichnet. Ein Vergleich mit dem heute existierenden, zweigeschossigen und von fünf wuchtigen Rustikapfeilern abgeschlossenen Baukomplex erhellt die späteren Eingriffe — immer vorausgesetzt, dass es sich hier auch wirklich um den Ausführungsplan handelt — wie das Niederreissen der Pferdestallungen samt einer gleichzeitigen Verkürzung der anschliessenden Südfassade um zwei Achsen sowie einen neuen, schmalen und querrechteckigen Anbau längs der ganzen Nordseite mit einem Verbindungstrakt zur Villa, dessen Südfassade auf der Linie der früheren Gartenmauer liegt. Mit Hilfe der alten Katasterpläne können diese baulichen Veränderungen zwischen 1809 und 1832 datiert werden (137). In diese Zeit — bereits nach dem Tod von Bonaventura Fadinelli und unter neuen Besitzern — fallen wohl auch die Umgestaltung des südöstlichen Portals, das heute durch seine zwei eleganten Pilaster mit konvex geschnittenen Kanneluren, ausladendem Gebälk und

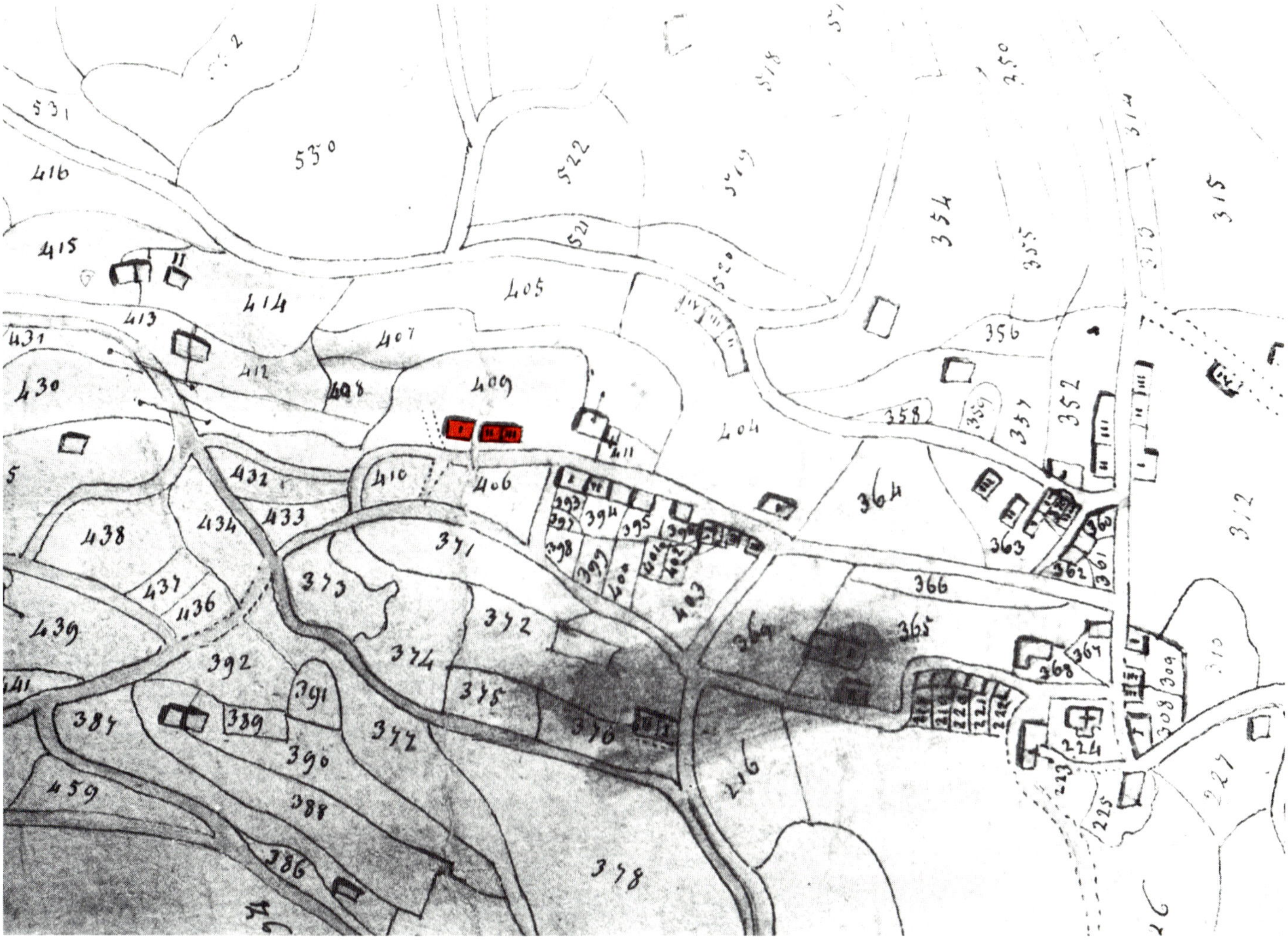

Ausschnitt aus dem napoleonischen Katasterplan von 1809 bzw. dessen Entwurfskopie im Staatsarchiv Vicenza.

girlandenverzierten Vasen besticht, dann die neue Führung der Freitreppe zum Herrenhaus und vielleicht auch das reiche Statuenprogramm samt Zierbrunnen, während die grosszügige Rechteckstruktur der Hof- und Gartenmauern noch weitgehend der bertottianischen Grundrisszeichnung entspricht. Der Auftraggeber Bonaventura Fadinelli entstammte einer Familie, die in früheren Jahrhunderten als Makler tätig gewesen war, sich später dem Seidenhandel und der Seidenfabrikation widmete und aus beruflichen Gründen von Brescia nach Vicenza übersiedelte, wo im Jahre 1676 bereits als «Estimator Mercante» ein Rocco Fadinelli erwähnt wurde. Die drei Söhne des Rocco Fadinelli, Agostino, Giambattista und Antonio Fadinelli, hatten ihre Seidenmühlen ebenfalls im Gebiet der «Chiodare» und besassen dort die östlichen Gebäude entlang des «Astichello vecchio», zu denen auch die früheren Liegenschaften des Andrea Serta zählten. Am 12. Mai 1721 erhielten die Fadinelli das Bürgerrecht der Stadt Vicenza, nachdem ihr Gesuch vom 12. April des gleichen Jahres dann in der Sitzung der Deputierten am 30. April gutgeheissen und die Antragsteller wie folgt beschrieben worden waren: «... Uomini, che vivono con tutta la Civiltà, non esercitano, nè mai hanno esercitato alcuna Arte Meccanica, vivono delle proprie entrate, e sono Signori che hanno buone Fortune, e Casa molto propria, et onorevole.» Von diesen Fadinelli hinterliess anscheinend nur Giambattista Fadinelli männliche Nachkommen, und nach dem Tod des Agostino bestimmte er in seinem Testament vom 4. Juli 1740 den jüngeren Bruder Antonio zum Erbverwalter. Giambattista Fadinelli, verheiratet mit Maria Beretta von Schio, hatte drei Kinder: Elisabetta, die 1748 den Conte Jacopo Fattori von Verona ehelichte, den 1721 geborenen Bonaventura, der die kirchliche Laufbahn wählte, und den 1722 geborenen Rocco, der 1751 die Vicentiner Contessa Maria Colonnese des Co. Andrea Colonnese heiratete. Als die zwei Söhne Bonaventura und Rocco volljährig wurden, beschlossen sie zusammen mit ihrem Onkel Antonio, den ererbten Seidenbetrieb aufzugeben und das Geschäft ihrem Hauptagenten Giuseppe Boresti zu schenken, der gemäss einer am 10. Mai 1747 in Vicenza aufgesetzten und von allen Beteiligten sowie dem Notar Francesco Antonio Galleazzi unterschriebenen «Scrittura privata» die Firma Fadinelli nun unter dem Namen «Dita Boresti» für mindestens fünf Jahre weiterzuführen hatte. Am 7. Juli

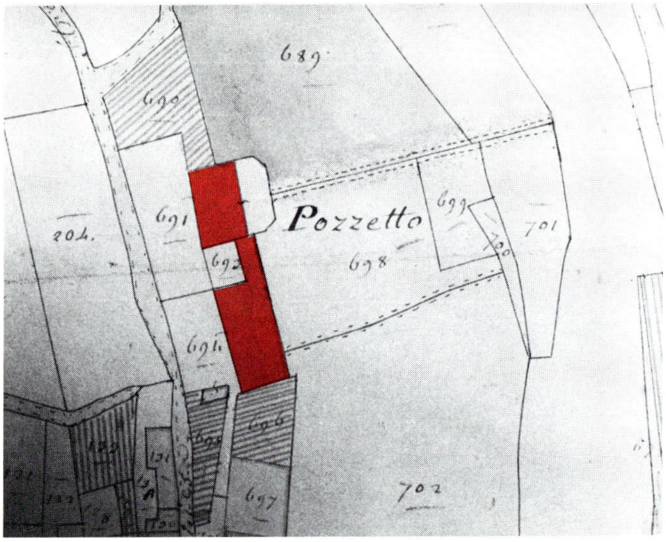

Ausschnitt aus dem österreichischen Katasterplan von 1832 bzw. dessen Kopie von 1838 im Staatsarchiv Vicenza.

Creazzo auf dem österreichischen Katasterplan von 1832 bzw. dessen Kopie von 1838 im Staatsarchiv Vicenza.

1747 ersuchte Antonio Fadinelli die Abgeordneten der Stadt Vicenza bereits um Aufnahme seines Neffen Rocco in den Rat der 150; am 27. August 1747 wurden Antonio, Rocco und Bonaventura Fadinelli nach der als üblich vermerkten Bezahlung von 4000 Dukaten in den Adelsrang erhoben, und gleichentags erhielt Rocco Fadinelli einen Sitz im Rat der 500 und war darauf in den Jahren 1756, 1761, 1762 und 1780 im Rat der 150 tätig (138). Bonaventura Fadinelli, geweihter Priester und Doktor beider Rechte, wurde am 22. März 1766 als Nachfolger des verstorbenen Sebastiano Anti ins Domkapitel von Vicenza gewählt, am 3. November 1769 zum Domdekan ernannt und war während vierzig Jahren Generalvikar unter den Bischöfen Marco Cornaro, Luigi Maria Gabrieli und Marco Zaguri. Neben einer Lodovico Porto gewidmeten These aus dem Jahre 1741 sind vorab verschiedene, von ihm verfasste Sonette überliefert, dann liess er 1770 eine kleine, dem Kruzifix geweihte Kapellennische in der Dorfkirche von Povolaro einrichten und im Dom S. Maria Maggiore in Vicenza auf eigene Kosten die Orgeln und den Orgelprospekt sowie die drei Portale der Hauptfassade renovieren, wobei der letztere Auftrag 1792 von Ottone Calderari ausgeführt wurde und Monsignore Fadinelli sich anschliessend mit Erfolg den Kanonikern widersetzte, die aus Dankbarkeit die Inschrift «Fores instaurates Bonaventura Fadinelli Archypresbiteri munificentia. MDCCXCIII» anbringen wollten. Gemäss der Aufstellung in den «Libri dei nomi dei possessori dei fondi» besass Monsignore Fadinelli zahlreiche Immobilien; in der Stadt Vicenza bewohnte er jenen Palazzo an der heutigen contrà Giacomo Zanella, der Mitte 17. Jahrhundert den Conti Galeazzo und Francesco Capra gehört hatte und noch vor 1748 vom Architekten Giovanni Miazzi aus Bassano modernisiert wurde. Auch das imposante Landgut in Povolaro, welches Bonaventura Fadinelli während der Monate der Villeggiatura aufsuchte, muss bereits von seinem Vater Giambattista Fadinelli im frühen 18. Jahrhundert erbaut worden sein, während die auf die Durchgangsstrasse orientierte Kapelle 1738 zu datieren ist und aufgrund einer neu entdeckten Zeichnung sogar Francesco Muttoni zugeschrieben werden kann (139). Der Bau der Villenanlage in Creazzo muss nun mangels überlieferter Daten als Weiterführung einer bereits in der Familie Fadinelli gepflegten Vorliebe für zeitgenössische Architekturen betrachtet und aus stilistischen Gründen in jene Jahre zwischen 1770 und 1780 datiert werden, als sich Bertotti intensiv mit den Arbeiten Palladios auseinandersetzte. Monsignore Bonaventura Fadinelli starb als letzter Abkomme seiner Familie am 17. November 1806 und wurde in der Kirche S. Stefano zu Vicenza begraben. Zum Haupterben seines Nachlasses bestimmte er die karitative Organisation des Ospizio del Soccorso e Soccorsetto und die kostbare Bibliothek vermachte er dem Vicentiner Seminar, seine verwitwete Schwägerin erhielt den Palazzo an der contrà Zanella zugesprochen. Das Landgut in Creazzo war bereits 1805 einem gewissen Agostino Brocchi verkauft worden.

Der Villenkomplex Fadinelli in Creazzo wurde an einer mit Arcugnano vergleichbaren, stupenden Aussichtslage erstellt und ebenfalls nach Süden orientiert. Des weitern lehnte sich Bertotti hier wiederum an ein palladianisches Vorbild, die Villa Caldogno in Caldogno an, die zwar erbaut, aber nun nicht in den Quattro Libri abgebildet worden war und von Bertotti hauptsächlich wegen der «mostruosa posizione» der beiden Wendeltreppen nicht als ein Bau von Palladio selbst anerkannt, sondern vielmehr als ein Haus mit mehreren Bauetappen und diversen Architekten vermutet wurde (140). Doch ihr klassisch-zeitloser Fassadenaufbau mit einem dreibogigen, rustizierten und von einem Dreieckgiebel bekrönten Portikus, bereits vorgebildet bei der noch schmuckloser gehaltenen Villa Saraceno in Finale, muss Bertotti gerade hinsichtlich der geografisch exponierten Lage in Creazzo gereizt haben, und es gelang ihm auch, die Architektur der Villa Fadinelli nun in krassem Gegensatz zu den Landgütern von Finale und Caldogno in Verbindung zur umliegenden Hanglandschaft und mit Bezug auf das wie ein Fächer vor ihrer Eingangsfassade sich ausbreitende Panorama zu stellen. Die aufgefundenen Plandokumente der Villa Fadinelli verdeutlichen dazu die Verwendbarkeit eines Fassadentypus für verschiedene Grundrisslösungen: die verhältnismässig hohe Front für ein auf einem quadratischen Grundriss geplantes, alleinstehendes Herrenhaus und eine niedrigere, ja gedrückt erscheinende Fassade mit breiteren Arkadenöffnungen für den auf einem betont querrechteckigen Grundriss erbauten Landsitz, der als Teil eines grösseren Wirtschaftskomplexes sich in dessen parallel zur Hangterrasse angeordneten Längsausrichtung einfügt. Aber wie die erwähnten palladianischen Landgüter wurde auch die Villa Fadinelli als Landwirtschaftsbetrieb samt dazugehörigen und hier sogar neuen Ökonomiebauten errichtet sowie unter der traditionellen Obhut eines «Gastaldo» verwaltet. Jedoch ungewöhnlich war die Verbindung von Nutzbau mit der eher einer «Villa suburbana» entsprechenden Wohnlage, einerseits wohl inspiriert von der benachbarten Villenanlage Farinoni, deren verschlossenes und geradezu palazzo-ähnlich gebildetes Wohnhaus den Zunamen «del Sole» trug, und andrerseits bedingt durch einen Besitztumswandel, der zu kleineren Ländereien in der Hand von dafür zahlreicheren Grundbesitzern, von Neuadligen und reich gewordenen Bürgern geführt hatte (141). Es spricht für die klaren Architekturvorstellungen und -kenntnisse des erst kurz vor der Jahrhunderthälfte in den Adelsstand erhobenen Klerikers Fadinelli, dass er für sein Bauvorhaben in Creazzo den im Vicenza des späteren Settecento wohl geeignetsten nichtadligen Architekten beauftragte, der zudem bereits gewichtige Referenzen aufwies, von denen gerade die Bauten für die dem Monsignore Fadinelli wohl bekannte Familie Franceschini einen nicht zu unterschätzenden Einfluss ausgeübt haben konnten.

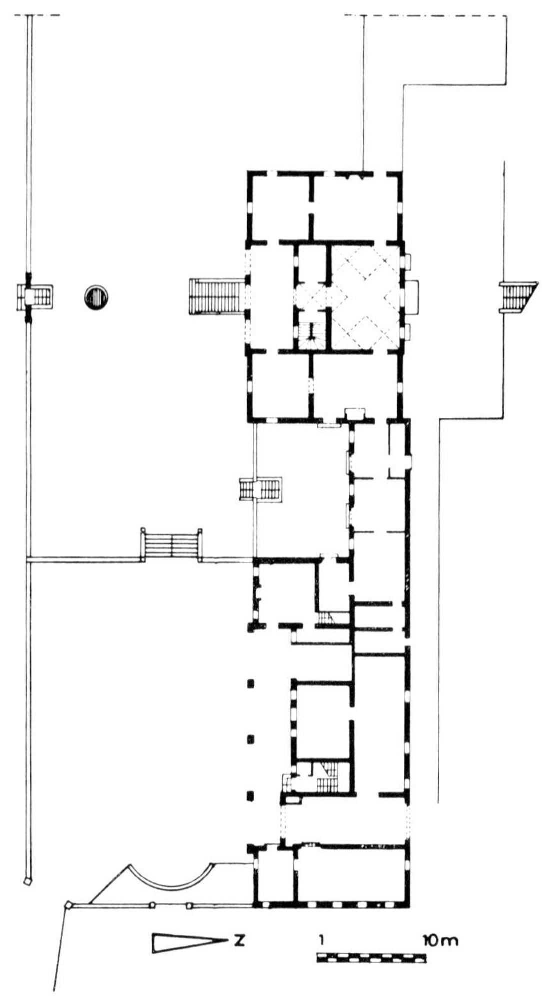

Villa Bonaventura Fadinelli. Grundriss des Piano Nobile.

Villa Vincenzo Capra an der via S. Lucia in Marano Vicentino.

Villa Vincenzo Capra in Marano Vicentino (Prov. Vicenza)

Via S. Lucia
ca. 1770—80
Auftraggeber: Conte Vincenzo Capra, Gutsherr und Mitglied einer der ältesten Vicentiner Adelsfamilien

An der nördlichen Peripherie der zwischen Schio und Thiene gelegenen Ortschaft von Marano Vicentino sind zwei grosse Villenanlagen der Familie Capra erhalten, die beide noch grösstenteils im 15. Jahrhundert errichtet wurden. Neben der «Ca'Alta» an der Kreuzung der via Braglia mit der via Ca'Alta findet sich das andere Landgut der Capra gleich anschliessend an dem südlichen Parallelsträsschen via S. Lucia. Dieser schmale, aber auffallend lange Villenkomplex verdankt sein heutiges, heterogenes Aussehen den Um- und Neubauten des 16., 18. und 19. Jahrhunderts sowie einigen modernen Missgriffen, wobei anhand der aufgefundenen Karten der Provveditori sopra i Beni Inculti und der alten Katasterpläne nun die Renovationen und Erweiterungen aus der zweiten Hälfte des Settecento ziemlich genau bestimmt werden können. Ohne Kenntnis dieser Dokumente wagte Renato Cevese mit vorsichtigen Worten, die grosse, gegen Süden mit acht Interkolumnien geöffnete Barchessa sowie auch Teile der übrigen Südfassade dem Architekten Ottavio Bertotti Scamozzi zuzuschreiben. Dieser erstmals 1971 formierten und nachher von keinem anderen Historiker mehr aufgegriffenen Attribution kann hier aber voll zugestimmt und die bertottianische Bautätigkeit in Marano Vicentino mit Hilfe stilistischer Überlegungen sogar in das Dezennium zwischen 1770 und 1780 datiert werden (142). Der heute von verschiedenen Famillien bewohnte und noch als Landgut funktionierende Villenkomplex ging nach den Capra um die Mitte des 19. Jahrhunderts in den Besitz der Savardo und dann der Dalla Bona über, die Angehörigen der letzteren Familie sind auch die heutigen Eigentümer.

Wurde die «Ca' Alta» in Marano Vicentino als Bauerngut mit Verteidigungsanlage nun nach den neuesten dendrochronologischen Untersuchungen zwischen 1487 und 1490 errichtet, so ist für die benachbarte Villenanlage der Capra keine entsprechend exakte Datierung möglich, da nur zwei aus dem Quattrocento stammende gotische Fenster nachweislich erhalten geblieben sind und zwar die zwei auf der rückwärtigen Fassade des Wohnhauses in der Höhe des Obergeschosses zugemauerten, trilobierten Monoforen mit Spuren einer Linie als Abschluss (143). Erst viel später, im Jahre 1607, liess dann ein Co. Carlo Capra, Sohn des Giulio Capra, die auf der anderen Strassenseite liegende und S. Lucia geweihte Kapelle mit der folgenden Fassadeninschrift erbauen: «Sacellum hoc a terra erectum in honorem Omnipotenti Deo Carolus Capra Julii D. et Eq. F. Dive Lucie Virgini et Martiri dicavit anno MDCVII». Aus dem ersten Viertel des 17. Jahrhunderts stammt auch die früheste Landkarte mit einer in der Vogelperspektive aufgenommenen Darstellung der beiden Villenkomplexe samt dem erwähnten Gotteshäuschen, und nach dieser Zeichnung vom 8. Februar 1618, welche nur in Kopien vom 14. und 22. Juli 1770 überliefert ist, wurde eine weitere Karte am 20. September 1626 angefertigt, die sich in einer Nachzeichnung vom 5. Juli 1773 erhalten hat. Mit Ausnahme des unterschiedlichen Zeichnungsstils und des anders gewählten Blickpunktes stimmen die beiden Landkarten aus den Jahren 1618 und 1626 ziemlich genau überein und zeigen gegenüber der Kapelle S. Lucia zwei grosse, mehrgeschossige Einzelbauten, auf dem ersten Plan von der Nord- und auf dem zweiten von der Südseite her dargestellt. Die frühere Karte zeigt, wohl bedingt durch den verschiedenen Standpunkt des Vermessers, einen kleineren räumlichen Abstand zwischen den beiden Gebäuden und dann vor allem die Umfassungsmauern nur im Ansatz an der vor diesem Villenkomplex liegenden Südostecke. Die $8\frac{1}{2}$ Jahre spätere Karte verdeutlicht die Funktion der beiden uns hier interessierenden Gebäude; der näher dem «Roza di Maran» genannten Bach sich befindende Bau ist als Wohnhaus mit einem zentralen Hauptportal auf der zum Land hin orientierten Südseite zu erkennen, während das zweite, etwas abgerückte und niedrigere Gebäude mit Pfeilern auf der Südseite als Barchessa wiedergegeben ist. Die Umfassungsmauern des Hofes sind nun vollständig, sogar gegen das Strässchen hin eingezeichnet, wobei hier ein betontes Eingangsportal die Mauer auf der Höhe des Zwischenraumes durchbricht und den Durchgang zum Hofgelände markiert (144). Dass die beiden Landkarten des frühen Seicento noch im 18. Jahrhundert getreu kopiert wurden, lässt natürlich die Vermutung aufkommen, dass sich innert dieser 150 Jahre nichts Bedeutendes am Bauvolumen der Villa Capra verän-

Südfront der Barchessa der Villenanlage Vincenzo Capra.

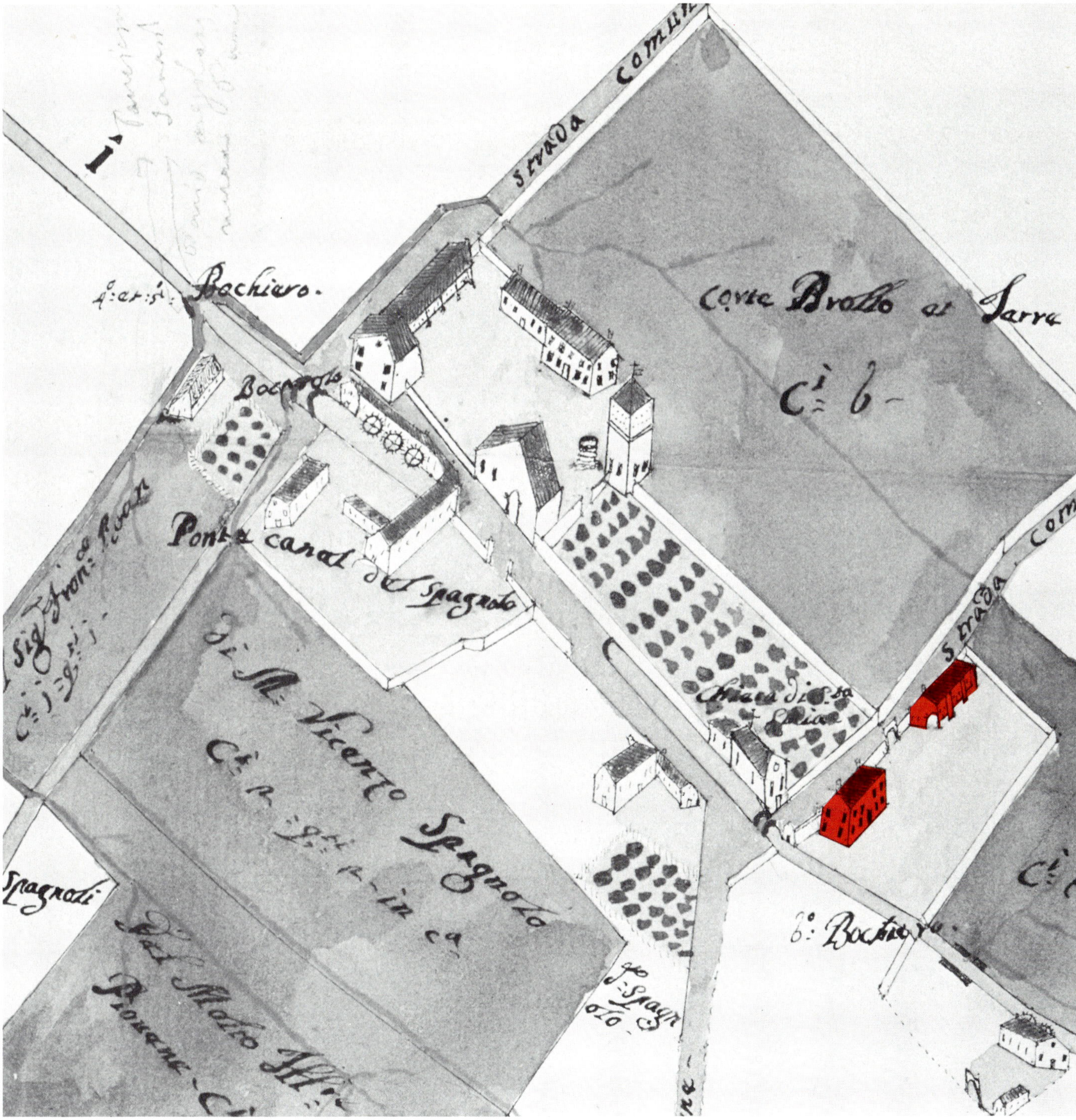

Die Villenanlagen Ca'Alta und Capra in Marano Vicentino auf einer Landkarte vom 20. September 1626, die in einer Kopie vom 5. Juli 1773 erhalten ist. Privatarchiv Thiene in Thiene.

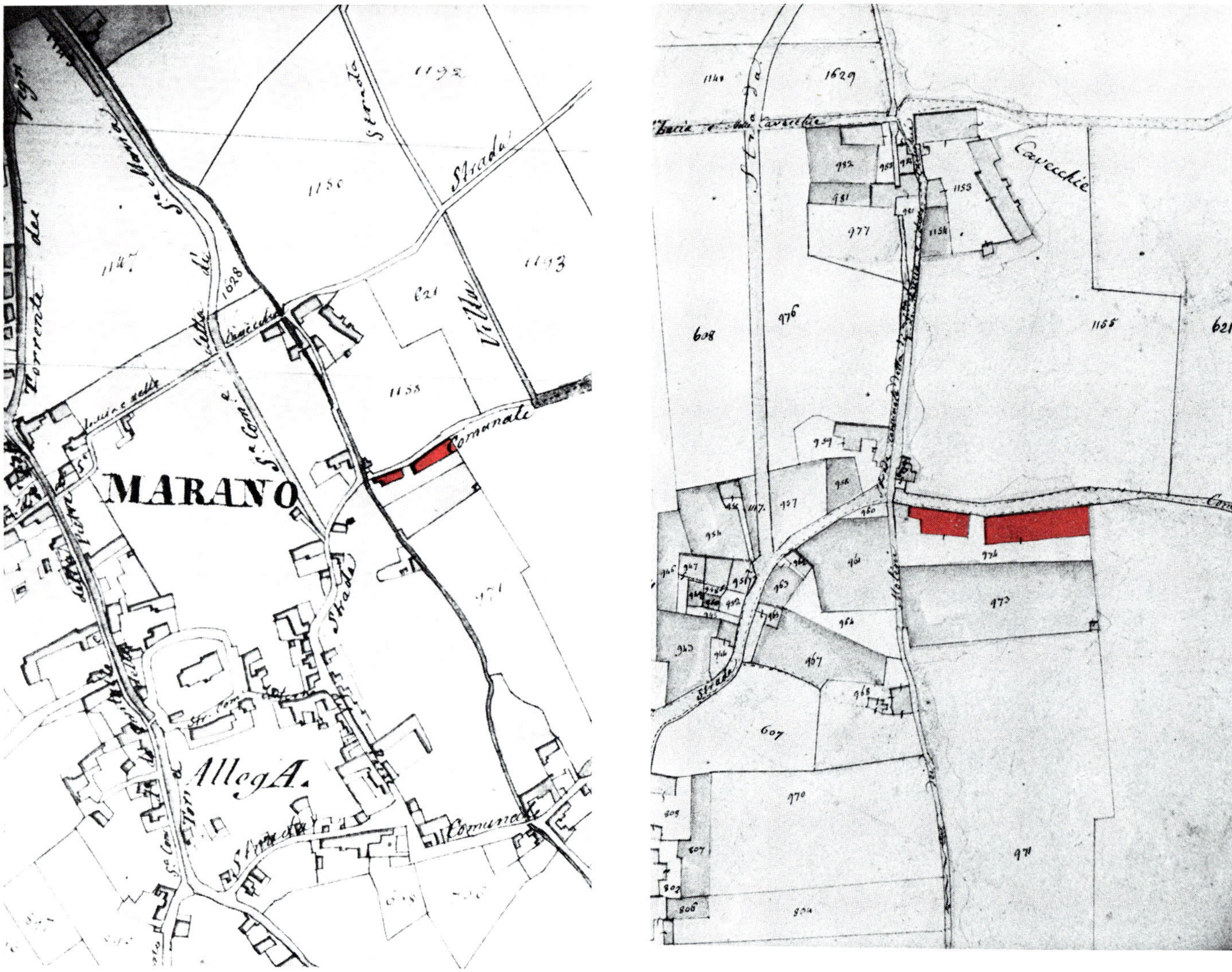

Ausschnitte aus dem napoleonischen Katasterplan von 1814 bzw. dessen Kopie (rechts) sowie aus dem österreichischen Katasterplan von 1830 bzw. dessen gleichzeitiger Kopie von 1830 (links) im Staatsarchiv Vicenza.

dert und der Architekt Bertotti womöglich genau diese Situation vorgefunden hatte.
Die nach dem Fall der venezianischen Republik von den napoleonischen und österreichischen Besatzungsmächten aufgenommenen Katasterpläne aus den Jahren 1814 und 1830 zeigen neben der von der Karte der Beni Inculti von 1618 her bekannten Hof- und Feldereinteilung südlich der Villenanlage Capra nun auch die beiden langgestreckten Bauten, das Wohnhaus mit einem kleineren Anbau gegen Westen und die Barchessa in einer imponierenden Länge und entsprechend grösseren Gebäudetiefe (145). Vergleicht man nun diesen Baubestand des frühen 19. Jahrhunderts mit dem heutigen Villenkomplex, so zeigt sich eindeutig, dass der mittlere und die beiden Gebäude verbindende, turmartige Teil erst nach 1830 entstanden ist, während sich der Eingriff in der zweiten Hälfte des 18. Jahrhunderts auf die zwei Einzelbauten beschränkt hatte. Bei der bertottianischen Tätigkeit in Marano muss es sich dabei um eine Renovation der Fassaden des Wohnhauses und vor allem um eine Vergrösserung der Barchessa gehandelt haben. Das in seinem Ursprung spätgotische Herrenhaus mit teils bei der Strassenfassade noch erkennbaren Fenstergewänden des 16. Jahrhunderts wurde besonders auf der Südfront radikal modernisiert und dann mit je acht Fensterachsen gegliedert, von denen die beiden äusseren in weiterem Abstand zu den nächstfolgenden stehen und auch die mittleren Öffnungen aus praktischen Gründen der Kaminplazierung unter sich in Vierer- und Zweiergrüppchen aufgeteilt wurden. Diese Fensterachsen bestehen aus je einem hochrechteckigen Fenster im Erdgeschoss und im Piano Nobile sowie einer kleinen, querrechteckigen Öffnung im Dachgeschoss, wobei neben der erwähnten rhythmischen Anordnung die eleganten, mehrfach abgestuften ionischen Profile der Fensterrahmen im Piano Nobile einen zusätzlichen Schmuck bilden, während die übrigen Fenster gewändelos direkt in die Mauer eingeschnitten wurden. Ein kleines Portal, in einer der Fensterachsen angeordnet, hat eine reichere Einfassung mit flachen, toskanischen Pilastern und einem darüber im Halbkreis geführten, profilierten Abschluss, dessen Schlussstein als Familienwappen geformt ist. Je ein flaches, horizontales Mauerband trennt die drei Geschosse voneinander, und das abschliessende Kranzgesims wurde mit seiner zurückhaltenden Auskragung dem spätgotischen Pendant auf der Nordseite angepasst. Neben dieser einfachen, höchst funktionell gestalteten Fassadenrenovation, die auch keinerlei Repräsentationszwecken zu dienen hatte und so allein die der Strasse abgewandte Hausfront umfasste, war für Bertotti die Verbreiterung und Aufstockung des zweiten Gebäudes der Villenanlage, der Barchessa, das weit grössere Bauvorhaben und wohl insbesondere für den Auftraggeber noch das bedeutendere Anliegen. Die in ihren Ausmassen gewaltige Barchessa öffnet sich auf einer Länge von ca. 40 m mit acht leicht gestelzten Rundbogen über massiven Pfeilern, denen schmale toskanische Pilaster vorgelagert wurden, die ein breites, mehrfach profiliertes Gebälk stützen, über dem sich ein verhältnismässig hohes Dachgeschoss mit acht in den Arkadenachsen angeordneten, quadratischen Fenstern erhebt. Diese Fenster wurden im Gegensatz zu den Öffnungen im Dachgeschoss des Herrenhauses mit einem profilierten Rahmen versehen, und auch das Kranzgesims wurde hier breiter als beim Nachbargebäude gestaltet. Von den in den beginnenden vierziger Jahren unseres Jahrhunderts erst drei zugemauerten Arkadenöffnungen sind heute bereits deren fünf durch Einbauten versperrt, wobei immerhin die Kämpfer- und Schlusssteine noch sichtbar geblieben sind (146). Ebenfalls noch erhalten ist im östlichen Teil der Barchessa die die gesamte Gebäudetiefe von ca. 10 m einnehmende Stallung, deren elegantes Kreuzgratgewölbe von zwei Reihen toskanischer Säulen gestützt wird. Die Gutsleute besitzen aber seit geraumer Zeit keine Pferde mehr; dieser Raum ist nicht einmal auf einer moderneren Bauaufnahme des Vicentiner Ufficio tecnico erariale eingezeichnet und wird seit langem als Gerümpelplatz gebraucht. Neben der eindrücklichen Südfassade dieser Barchessa, die heute noch von der stolzen, landwirtschaftlichen Bedeutung einer vergangenen Epoche zu künden vermag, sind die Schmalseiten von modernen Anbauten verdeckt und der ebenfalls dreigeschossigen Strassenfront auf lieblose Weise neue Fenster eingefügt.
Die Capra zählten zum alteingesessenen Vicentiner Feudaladel und wiesen im Laufe der Jahrhunderte auch mehrere, hochangesehene Rechtsgelehrte auf. Einer der ältesten bekannten Familienangehörigen ist der von Giacomo Marzari unter dem Jahr 1220 erwähnte Aycardino Capra «prudentissimo, & eloquentissimo cittadino, tenuto per ciò, & per l'altre virtù sue in molto conto nella patria, fu da quella adoperato questi anni in diverse ambasciarie, & maneggi importantissimi», gefolgt von dem für das Jahr 1250 zitierten Odorico Capra, «fu cittadino havuto altresi per belle lettere, & per il molto sapere, & valor suo in molto concetto nella patria, questi travagliosi tempi, sendosi egli parimente adoperato per essa in molti maneggi contrà'l detto tiranno [Eccelino]; tenendo la volontà medesima di Bugarando [Valmarana]». Sicher seit dem 15. Jahrhundert hatte die Familie Capra grossen Landbesitz vor allem in den nordöstlichen und nordwestlichen Gegenden der Provinz Vicenza sowie acht noch heute nachweisbare Villenanlagen aus dem Quattrocento (147). Dazu gehörten die beiden Landgüter in dem einst vicentinischen San Pietro in Gù, die Gutsbetriebe in Pozzoleone, in Marostica und in Carrè, wo das Herrenhaus sogar inschriftlich in die Jahre 1444 und 1446 datiert ist, weiter die beiden Villenkomplexe in Marano und die Anlage in Magrè. Im nächsten Jahrhundert wurde anfangs November 1532 ein Vincenzo Capra von dem sich auf der Durchreise nach Bologna in Sandrigo aufhaltenden Kaiser Karl V. zusammen mit anderen, ausgewählten Vicentinern zum «Cavaliere» geschlagen. Was aber den damaligen Bauboom zur Zeit Palladios anbetrifft, so

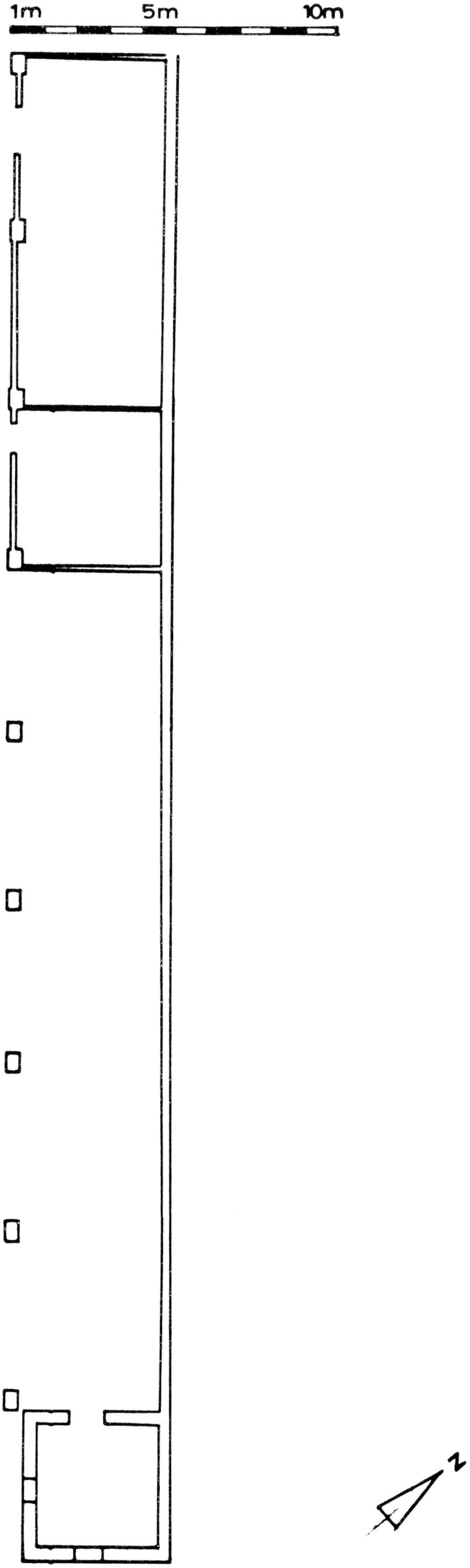

Villa Vincenzo Capra. Grundriss der Barchessa, wobei nur die halbe Gebäudetiefe eingezeichnet worden ist.

wurde von diesem Architekten des Vicentiner Feudaladels kein Gebäude für die Capra errichtet; zwar existiert in den Quattro Libri ein rätselhafter Entwurf für einen Palazzo an der heute «Corso Palladio» genannten Hauptstrasse in Vicenza, und Co. Giulio Capra als in Frage gekommener Bauherr war ein enger Freund von Palladio und ebenfalls grosser Anhänger der reformatorischen Bewegungen. Aus dem 16. und frühen 17. Jahrhundert sind auch Berichte von andauernden Feindschaften zwischen den Familien der Capra und Porto überliefert, deren oft tödliche Streitigkeiten die Stadt Vicenza in zwei Lager zu teilen vermocht hatten und von den venezianischen Regierungsbeamten als grösstes Ärgernis in ihrer Vicentiner Amtsperiode beurteilt wurden. So schrieb der 1622 in Vicenza tätige Podestà N. H. Pietro Memmo in seinem Bericht vom 7. Mai 1623: «Quello che più importa et a che si deve per mio senso più d'ogn'altra cosa pensar è la multiplicità de disgusti et disamicitie invecchiate già molti anni che regnano in detta Città, le quali essendo ridotte et mantenute non solo nei capi delle fattioni Porti et Capra, ma in altri adherenti et dependenti, ben spesso si vedono crudelissimi homicidij, assassinij et machinationi di molta importanza, onde giornalmente si va con la vita distrugendo la roba et le case di sudditi di Vostra Serenità, dalla suprema mano della quale non da altri può derivare l'acomodamento et quiete tra quei habitanti, et però sarebbe parte singolare del paterno suo affetto dar ordine a qualche publico rappresentante, il quale o per occasione di star fuori o mandato a tal effetto havesse autorità tale di poter senza cavilli di scritture et sodisfationi sedar gl'animi d'interessati, che sempre più crescendo in rancore si fan difficilissimi et impossibili gli acomodamenti. Quest'è il disturbo maggiore che possa haver chi governa quella Città, la quale mentre fusse a termine di quiete ridotta, rispetto alla molta nobiltà, alle richezze, ai negotij che in essa regnano non haverebbe che invidiare ad alcuna altra sottoposta a questa Serenissima Republica» (148). Der Familienzweig der Capra, dem auch der erwähnte Co. Giulio Capra zuzuordnen ist, besass in Vicenza Häuser und Grundstücke bei der heutigen Kirche S. Filippo Neri, und diese Liegenschaften führte Antonio Magrini in einem Verzeichnis für das Jahr 1776 im Besitz jenes Co. Vincenzo Capra auf, dem auch der eine Villenkomplex in Marano Vicentino gehörte. Einem anderen Zweig dieser grossen Familie sind der Co. Odorico Capra und seine Nachfahren zugehörig, die 1591 die palladianische Villa Rotonda bei Vicenza erworben hatten und im Jahre 1648 von Kaiser Ferdinand III. den hochgeachteten, erblichen Titel eines Marchese geschenkt erhielten. Der Co. Vincenzo Capra hinterliess seine Besitzungen dem vielleicht einzigen Sohn Giulio Capra, der als Eigentümer im ersten, kurz vor 1803 zusammengestellten Band der «Libri dei nomi dei possessori dei fondi» figuriert und seinerseits dann die Familie Savardo zu seinen Haupterben einsetzte (149). Diese Savardo liessen dann einige der Häuser am Corso Palladio vom Architekten Co. Antonio Piovene erneuern.

Für die Renovation seines Landgutes in Marano Vicentino hatte der Co. Vincenzo Capra aber nicht nur Ottavio Bertotti Scamozzi herbeigeholt, sondern muss vorher noch den renommierten Architekten Co. Ottone Calderari mit der Ausarbeitung eines Projekts beauftragt haben. Nur sah dieser in einer postumen Werkausgabe publizierte Vorschlag des bertottianischen Zeitgenossen allein eine radikale Modernisierung des Herrenhauses vor, das wegen des benachbarten Baches auf einem hohen Sockelgeschoss hätte errichtet werden sollen. Dem grosszügig geformten Piano Nobile wäre ein 10 m breiter und giebelbekrönter, ionischer Portikus vorangestellt worden, der über eine dieselbe Breite einnehmende Freitreppe zu erreichen gewesen wäre. Da aber Calderari vorab die nicht beträchtlichen Kosten seines Projekts betont hatte, ist anzunehmen, dass der Auftraggeber einen noch günstigeren und besonders einfachen Sanierungsplan suchte, um mit wenig Ausgaben gleichzeitig auch die Barchessa entsprechend renovieren und vergrössern zu können (150). Nach den Arbeiten Bertottis für N.H. Giovanni Cornaro in Castelfranco Veneto, wo auch zuerst ein prächtiges und vielleicht allzu kostbares Projekt eines anderen Architekten — Francesco Maria Preti — vorgelegen hatte, ist der Villenkomplex in Marano Vicentino nun bereits der zweite Auftrag, den Bertotti im Wettstreit mit einem angesehenen Zeit- und Berufsgenossen gewann. Und ein grösserer Gegensatz zwischen Calderaris Idealprojekt und Bertottis ausgeführtem Vorschlag war auch im späten 18. Jahrhundert kaum denkbar: gegenüber dem im Sinne Palladios verwendeten Motiv der klassischen Tempelfront zur Nobilitierung des Herrenhauses und insbesondere des Piano Nobile nun eine schlichte, geradezu eintönige Fensterfassade ohne besondere Hervorhebung der einzelnen Geschosse. Aussergewöhnlich müssen im Verhältnis zu diesem Wohnhaus ebenfalls Lage und Grösse der bertottianischen Barchessa gewesen sein; die fast parallele, gleichwertige Stellung des Wirtschaftsgebäudes wurde dabei noch durch seine analoge Dreigeschossigkeit evident. Zudem griff Bertotti nicht bei der Gestaltung des Herrenhauses, sondern gerade bei jener der Barchessa auf ein palladianisches Vorbild zurück, nämlich auf den Wirtschaftstrakt der unvollendet gebliebenen Villa Thiene in Cicogna bei Villafranca Padovana. Dass dieser einzig errichtete Bauteil eines für die Brüder Conti Odoardo und Teodoro Thiene geplanten Landsitzes von den späteren Abbildungen in den Quattro Libri erheblich abweicht, notierte Bertotti 1781 ziemlich minutiös im dritten Band seiner «Fabbriche», wo er aber das unvollständige Gebälk der palladianischen Barchessa mit Hilfe eines Algarotti-Zitats verteidigte, das den funktionellen Ursprung jenes frieslosen, nur aus dem dreifach gegliederten Architraven und einem Abschlussgesims bestehenden Gebälks erklärt: «E se si supponga che le Teste delle travi, che sostengono interiormente il palco della Stanza, intacchino alcun poco l'Architrave, e vengano ad incastrarvisi dentro, si avrà l'origine delle Cornici architravate, contro alle quali con non molta ragione, al parer mio, pigliano la lancia taluni» (151). Doch diese palladianische «Regelwidrigkeit» kam den Bestrebungen Bertottis zur Vereinfachung des traditionellen Formenkanons sehr entgegen, und er übernahm mit Ausnahme der Ecklösung sowohl die Pilasterstellung vor den Arkadenpfeilern als auch das vereinfachte Gebälk für seinen freistehenden Ökonomiebau in Marano, der jedoch neben einer bedeutend längeren Fassade zusätzlich ein weiteres Geschoss aufzuweisen hatte. Vielleicht war dieses obere Stockwerk für den Architekten Bertotti auch ein weiterer, formaler Grund, das Gebälk über der toskanischen Pilasterreihe nicht voll auszubilden, um die horizontale Gliederung nicht übermässig zu betonen und dafür das Kranzgesims entsprechend wuchtiger gestalten zu können. Die Datierung der bertottianischen Arbeiten für den Co. Vincenzo Capra ist nicht durch archivalische Dokumente gesichert; aber im Zusammenhang mit dem Gesamtœuvre dieses Architekten ist dessen Tätigkeit in Marano doch in die Jahre zwischen 1770 und 1780 anzusetzen, in denen sich Bertotti mit dem beginnenden theoretischen Schaffen an den «Fabbriche» umfassende Kenntnisse der palladianischen Architektur aneignete und auch vermehrt praktisch tätig war, wobei sich eine starke wechselseitige Beeinflussung ergab.

Loggia Carlo Vicentini Dal Giglio an der via Antonio Chinotto 8 in Vicenza.

Loggia Carlo Vicentini Dal Giglio in Vicenza

Via Antonio Chinotto 8
1772
Auftraggeber: Carlo Vicentini Dal Giglio, ein grosser Gemäldesammler
und später noch Töpfereibesitzer in Vicenza

Im Süden der mittelalterlichen Stadt an jenem Strässchen, das die beiden Einfallstrassen der Porta dalla Lupia und der Porta da Monte miteinander verbindet, findet sich die Loggia Vicentini Dal Giglio kurz vor der Kreuzung mit der contrà Santa Caterina auf der nördlichen Strassenseite in einem schmalen und heute ringsum bebauten Hof. Die erste Zuschreibung dieses kleinen Anbaues stammt von Antonio Magrini, der über — bis anhin immer noch — unbekannte Quellen verfügt haben muss, und wurde in der Folgezeit stets ohne Widerspruch aufgenommen. Franco Barbieri verband jedoch mit seiner Attribution an Bertotti gleichzeitig eine harte Kritik: «Malamente, vicino a saggi così persuasivi [beispielsweise Palazzo Muzzi an der Piazza Matteotti], si accettano altre cose di un Bertotti deludente e svagato: la loggia Dal Giglio, a S.Tommaso (1772), o quella di casa De'Ferrari-Sperotti, al Ponte Furo (1780).» Aber weder die bauliche Situation noch überhaupt die Nutzungsmöglichkeiten dieser einem älteren Wohnhaus vorgebauten Loggia wurden je für erwähnenswert befunden (152). In den vierziger Jahren unseres Jahrhunderts gehörte der Bautenkomplex Sig. Ciro Ingui des Francesco Ingui und wird heute von mehreren Familien bewohnt.

Das bereits vor der Errichtung der Loggia existierende Wohngebäude wurde in verschiedenen Bauphasen über Jahrhunderte hinweg immer wieder verändert; gegen Norden an einen grösseren Palazzo angebaut, grenzt die Casa Vicentini Dal Giglio mit der westlichen Schmalseite an die contrà S.Tomaso, während die freistehende Südfassade einen kleinen Innenhof beherrscht, der durch einen engen, ja korridorhaften Zugang von der via Chinotto her erreichbar ist. Diese heutige Eingangssituation ist bereits auf dem napoleonischen Katasterplan von 1814 eingezeichnet, und dem österreichischen Nachfolgeplan von 1841 ist zu entnehmen, dass in der Zwischenzeit das südwestlich den Zugang flankierende Gebäude abgebrochen und wieder aufgebaut worden sein musste (153). Nach dem jetzigen Bauzustand und den höchst spärlichen, schriftlichen Anhaltspunkten zu beurteilen, umfasste die bertottianische Tätigkeit für Carlo Vicentini Dal Giglio eigentlich nur den schmalen, knapp 11 m breiten und ca. 3,5 m tiefen, überdachten Vor- beziehungsweise Einbau zwischen einen bestehenden Gebäudekomplex. Diese kleine Architektur, innerhalb der Bauflucht liegend, besteht aus einer einzigen neuen Front, die sich mit einer über die gesamte Länge hinziehenden Übereinanderstellung von rundbogigem Portikus und architravierter, ionischer Loggia direkt nach Süden hin öffnet. Den drei ebenerdigen Arkadenöffnungen, deren halbkreisförmige Bogen unmittelbar in einen rechteckigen, verputzten Ziegelpfeiler übergehen, entsprechen die über die zwei oberen Stockwerke sich ausdehnenden Interkolumnien der ionischen Kolonnade, deren Eckstützen als Pilaster und die beiden mittleren als freistehende Säulen gebildet sind. Diese ionischen Kolossalstützen zeichnen sich durch einen einfachen Sockel — rechteckig bei den Pilastern, rund bei den Säulen — als Ersatz für eine breite attische Basis aus, haben einen unkannelierten Schaft und ein kräftig geformtes Volutenkapitell mit Eierstab und einem flachen, profilierten Abakus. Das hohe Kranzgebälk ist mit seinen einfachsten Formen jenem des linken Gebäudeabschnittes angeglichen und hat über dem glatten, unverzierten Architrav einen leicht nach vorne gewölbten Fries, der von einem profilierten Dachgesims abgeschlossen wird. Diese Umbildung des klassischen Formenkanons und die damit angestrebte Reduktion der Bauskulptur auf geometrisch-konstruktiv bedingte Volumina, nur gerade aufgelockert durch die eleganten Volutenpolster, tragen zusammen mit den ausgewogenen Grössenverhältnissen zum vornehm-zurückhaltenden Reiz dieser kleinen Baute bei. Und dazu gehören auch die vielfältigen Nutzungsmöglichkeiten eines nach Süden exponierten, offenen Anbaus sowie die Kennzeichnung des zweiten, hofseitigen Eingangs zur Casa Vicentini Dal Giglio. Dieser Eingang führt unter dem linken Portikusbogen seitlich in den südwestlichen Gebäudeteil, wo über eine Treppe auch die Loggia erschlossen wird.

Bertottis Auftraggeber war der damals wahrscheinlich noch sehr junge Carlo Vicentini Dal Giglio, Sohn des Mattio Vicentini und Besitzer von drei grossen, aufeinanderfolgenden Häusern an der contrà S.Tomaso. Er wurde in den zeitgenössischen Büchern als «Nobile» bezeichnet, aber nie mit dem

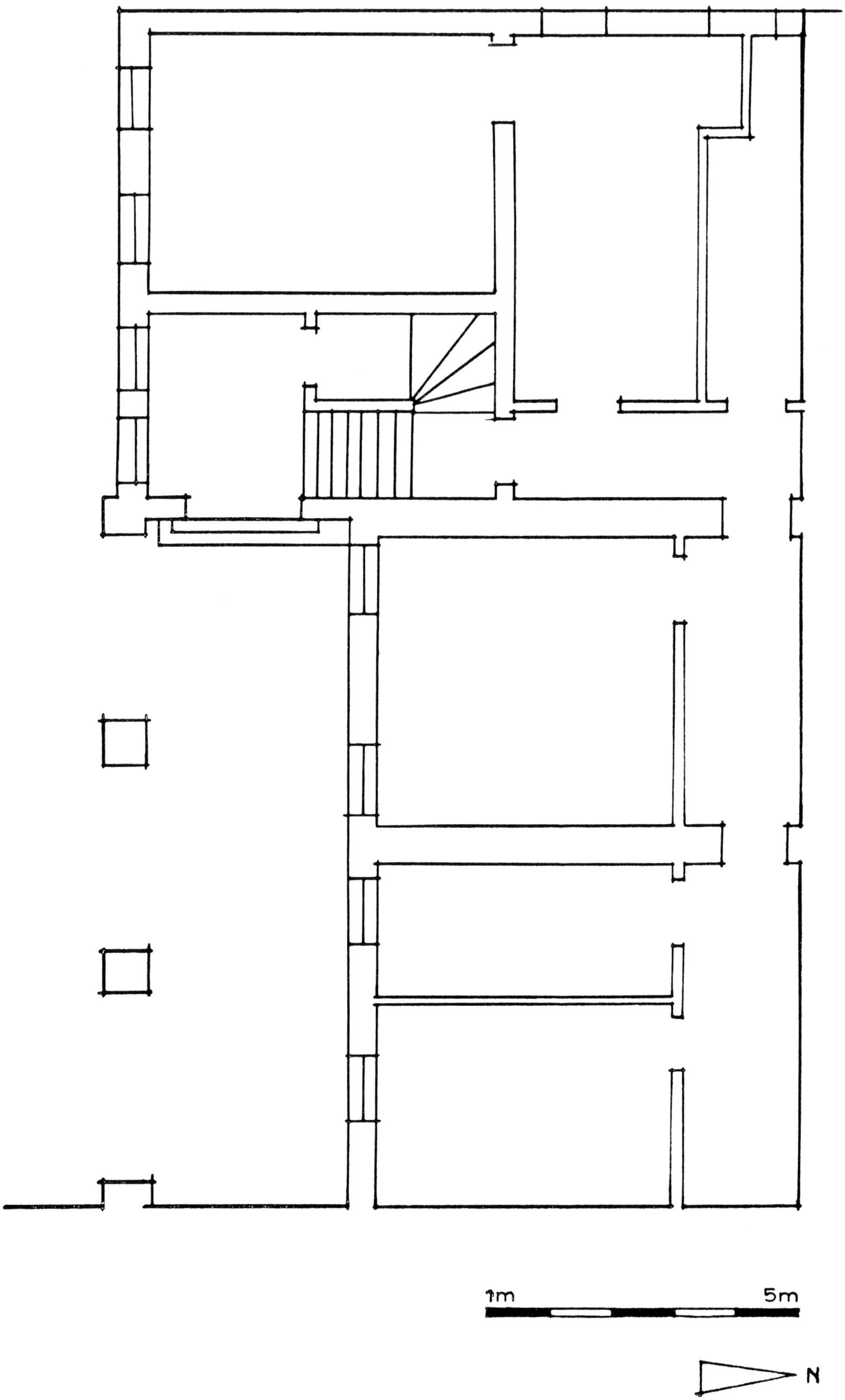

Loggia Carlo Vicentini Dal Giglio. Grundriss des Erdgeschosses.

Titel eines «Conte» aufgeführt, was auf einen neu eingekauften Adelsrang ähnlich jenem der Brüder Fadinelli zu schliessen erlaubt. Im Jahre 1787 gründete Carlo Vicentini Dal Giglio im Borgo Santa Croce in Vicenza einen Töpfereibetrieb und begann mit Hilfe ausländischer Arbeiter eine kleine Geschirrproduktion nach englischem Vorbild. Die Herstellung von Porzellan-, Keramik- und Irdenwaren war seit 1728 vom venezianischen Staat stark begünstigt worden, und zur Förderung entsprechender Privatinitiativen wurden auch etliche Zollgebühren und Steuern aufgehoben (154). Im Gegensatz zu ähnlichen, trotz der protektionistischen Massnahmen aber nur kurzlebigen Unternehmungen florierte jedoch diese «Fabbrica di Terraglie» des Carlo Vicentini Dal Giglio und wurde sogar auf dem von Giambattista Berti 1823 verfertigten Stadtplan zu den 104 wichtigsten Gebäuden von Vicenza gezählt. Der Name Carlo Vicentini Dal Giglio ist aber der Nachwelt erhalten geblieben vor allem in Verbindung mit einer eindrücklichen Gemäldesammlung, die als «privata Galleria di quadri» in den Vicentiner Guiden von 1822 und 1830 auch speziell vermerkt wurde. Zu dieser Sammlung zählten u.a. neben einem grossen Ölbild von Francesco Bassano besonders Gemälde aus dem 17. Jahrhundert, beispielsweise von dem in Süditalien tätigen Matthias Stomer, vom Vicentiner Francesco Maffei, vom Venezianer Giulio Carpioni, vom Wahlrömer Jacques Courtois, der sich Giacomo Cortese genannt und wie sein Bruder Guillaume auch den Zunamen «il Borgognone» getragen hatte, und vom Deutschrömer Philipp Roos, der sich als Rosa da Tivoli ausgegeben hatte. Die venezianische Settecentomalerei war vertreten durch ihren «Begründer» Giambattista Piazzetta, dann durch Giambattista Tiepolo, von dem Carlo Vicentini Dal Giglio das riesige Dekkengemälde «Tempo che scopre la Verità» besass sowie durch den Veronesen Domenico Pecchio und den damals von Diderot als «grand peintre» hochgeschätzten Kosmopoliten Francesco Giuseppe Casanova. Diese Werke waren Teil der grosszügigen Schenkung, die ihr Besitzer im Jahre 1834 der Gemeinde Vicenza vermachte, und befinden sich heute in dem im Palazzo Chiericati installierten Museo Civico, wo anlässlich der Ausstellung «Il Restauro a Vicenza negli anni sessantta» 1972 zahlreiche der anhin im Museumsmagazin verborgenen Gemälde der Öffentlichkeit wieder einmal vorgestellt wurden (155). Ob der bertottianische Anbau für Carlo Vicentini Dal Giglio aber in direktem Zusammenhang mit dessen Gemäldekollektion stand und vielleicht wegen speziell erwünschten Lichtverhältnissen errichtet wurde, ist heute nicht mehr zu beurteilen.

Die gewählte konstruktive Form des Anbaues, die Übereinanderstellung von Portikus und Loggia, ist in der Villenarchitektur des Veneto bis ins Quattrocento zurückzuverfolgen und erfreute sich dazumal einer weiten geografischen Verbreitung von Settimo in der Provinz Verona bis Altavilla Vicentina (156). Die Leistung von Ottavio Bertotti Scamozzi bestand nun in der Wiederaufnahme dieses traditionellen Landhaustypus für eine spezifisch städtische Situation, deren Innenhofcharakter dadurch jedoch entsprechend aufgewertet und gewürdigt wurde, sowie in der Verbindung einer überlieferten Architekturform mit nun durch praktische Erwägungen bestimmten, neuen Proportionen und neuen Detailgestaltungen. Dazu gehören die über dem eingeschossigen Portikus errichtete Kolossalordnung und die bereits bei anderen bertottianischen Baurealisierungen entdeckten Vereinfachungen des klassischen Kanons. Auch für den simplen Sockel als Basisersatz einer ionischen Ordnung im Obergeschoss konnte sich Bertotti wiederum auf die palladianische Serlianaformung bei der Basilica in Vicenza berufen, auf jenes «ritrovato Palladiano», das nicht nur im Erdgeschoss, sondern teils aus proportionellen Gründen auch im Obergeschoss angewendet worden war (157). Hatte Bertotti vorerst diese Ersatzform bei Ökonomiebauten für die Conti Porto und Da Schio erprobt, so wagte er nun 1772 diese Vereinfachung auch in einem urbanen Bereich — nach über 200 Jahren seit der «Licenza» Palladios das erste Beispiel in der Stadt Vicenza selbst! Und noch heute vermag das in seinen Ausmassen bescheidene, aber mit hohen Ansprüchen errichtete Bauwerk etwas von jener künstlerischen Neuigkeit und forschen Unbekümmertheit zu vermitteln, die diese für Carlo Vicentini Dal Giglio von Bertotti erarbeitete Lösung in der zweiten Hälfte des 18. Jahrhunderts ausgestrahlt haben musste. Nicht von ungefähr entstand der Anbau in einem verschwiegenen Innenhof, wo Bauherr und Architekt beinahe unter Ausschluss der Öffentlichkeit sich mit innovativen Tendenzen auseinandersetzen konnten. Auf einem traditionellen, einheimischen Bautypus basierend wurde nicht nur eine anders gelagerte Nutzung geschaffen, sondern auch mit Hilfe einer Reduktion des üblichen Formenschatzes bereits Charakteristiken einer überregionalen, ja internationalen Architektur vorweggenommen, deren grösste Merkmale bald die allzeit bereite Verfügbarkeit und die von der Zweckbestimmung abhängige Schönheit wurden. Das von Franco Barbieri wiedergegebene und von Loredana Olivato kommentarlos zitierte, äusserst negative Urteil über diesen kleinen Bau Bertottis ist einzig aus dem zur Zeit vernachlässigten Zustand der Loggia zu erklären und hält keiner tieferen, kritischen Untersuchung stand.

Palazzo Giuseppe Gastaldi an der contrà Porta S. Lucia 35 in Vicenza.

Palazzo Giuseppe Gastaldi in Vicenza

Contrà Porta S. Lucia 35
1773
Auftraggeber: Giuseppe Gastaldi, Direktor
der Seidenfirma Milan
und ein enger Freund von Ottavio Bertotti Scamozzi

An der gleichen Strasse, an der Bertotti im Jahre 1766 bereits den Wohn- und Geschäftssitz des Seidenherrn Giacomo Milan umgebaut hat, findet sich einige Bauten weiter nördlich bei der Abzweigung der stradella Orbi jenes Eckhaus, das wegen seines auffallenden, bauplastischen Schmucks «Palazzo di Belisario» genannt wird und im 18. Jahrhundert dem Agenten und Direktor der Firma Milan, Giuseppe Gastaldi, gehörte. Der kleine, elegante Palazzo hat aber in den letzten 200 Jahren ziemlich turbulente Attributionen erfahren; so vermerkte Arnaldo Arnaldi Tornieri unter dem Datum 24. August 1773 zwar den Besitzer und die Tatsache, dass das Gebäude in jenen Tagen modernisiert worden war, doch den verantwortlichen Architekten nannte erst Giantommaso Faccioli in seinem Nachruf auf Bertotti. Basierend auf diesen Notizen schrieb anfangs des 19. Jahrhunderts auch Andrea Alverà das damals den Perazzolo gehörende Stadthaus Ottavio Bertotti Scamozzi zu, während knapp 100 Jahre später Domenico Bortolan und Sebastiano Rumor in ihrem Vicenza-Führer von 1919 überhaupt keinen diesbezüglichen Architektennamen mehr erwähnten, Fausto Franco dann im Jahre 1936 eine erneute Zuschreibung an Bertotti wagte, aber als Auftraggeber irrtümlich den auf der Fassade in einem Medaillon dargestellten Seidenfabrikanten Franceschini vermutete, und schlussendlich wurde im sonst vorbildlichen, aus den 50er Jahren stammenden Führer über Vicenza dieser Palazzo ins 16. Jahrhundert zurückdatiert. Das Verdienst der Wiederentdeckung der Arnaldi-Chronik und der darin enthaltenen Angaben zur Datierung des Gebäudes gebührt Cesare Jacini, dessen Erkenntnisse Franco Barbieri in einem kurzen Artikel aufnahm und gleichzeitig die bauliche Erneuerung dem Co. Enea Arnaldi zuschrieb und als Autor der Fassadenreliefs den Bildhauer Giambattista Bendazzoli vorschlug. Zählte Fausto Franco in seinem späteren Essay über Bertotti beide Attributionsmöglichkeiten auf, so beharrte Franco Barbieri auf Enea Arnaldi als den für den Umbau des Palazzo Gastaldi verantwortlichen Architekten, und darauf wurde dieses Gebäude in der Bertotti-Monografie von Loredana Olivato keines Wortes mehr gewürdigt (158). Aufgrund der als verlässlich zu betrachtenden Quellen von Faccioli und Alverà sowie der wenig überzeugenden Zuschreibung an Arnaldi, die mit der ebenfalls von Barbieri aufgestellten Urheberschaft dieses Architekten an dem 1752 erfolgten Anbau des Palazzo Arnaldi-Dalla Torre in der Vicentiner contrà S.S. Apostoli begründet wurde, wird hier die Modernisierung des Palazzo Giuseppe Gastaldi im Jahre 1773 erneut dem Architekten Ottavio Bertotti Scamozzi zugeschrieben. Die bereits vorhandenen Verbindungen zur Firma Milan und die enge Freundschaft mit Gastaldi, der sich für die Verwirklichung der «Fabbriche» engagierte, unterstützen weiter diese These. Heute gehört der «Palazzetto di Belisario» den Gebrüdern Boscharo, die ihn auch bewohnen.

Im Zusammenhang mit dem spätmittelalterlichen Ursprung der Häuserzeilen an der contrà Porta S. Lucia ist die schmale, nur knapp 8,5 m breite Eingangsfassade des Palazzo Gastaldi zu verstehen, dessen Gebäudetiefe nach 1611, als Giacomo Monticulo seinen detaillierten Vicentiner Stadtplan angefertigt hatte, und noch vor dem Eingriff Bertottis um mehr als das Doppelte vergrössert wurde. Eine modernere Grundrissaufnahme erhellt nicht nur die noch im frühen Seicento existierenden Dimensionen, sondern verdeutlicht auch die komplizierten Innenraumverhältnisse, die bei der Neugestaltung der Fassaden berücksichtigt werden mussten (159). So führt das in der Mittelachse gelegene Portal in eine rechteckige, ehemals offene und nur von drei Pfeilern abgestützte Halle, die diesen Raum in unregelmässigen Abständen halbieren, wobei selbst die mittlere Säule leicht aus der zentralen Eingangsachse gerückt ist. Die hinteren Räume werden durch einen auf die Mitte des zweiten Interkolumniums von links orientierten Korridor erschlossen, und zwischen diesem Zugang und der südlichen Brandmauer findet sich eine schmale Stiege zum Obergeschoss. Neben dieser für das 18. Jahrhundert doch ziemlich verwinkelten Raumdisposition, die auffällig die alten Stützmauern beachtet hatte, fällt umsomehr die nun streng axialsymmetrisch angeordnete Hauptfassade auf. Das Erdgeschoss wurde durch in Putz gearbeitete Rustikaquader besonderns hervorgehoben; ein einfaches hochrechteckiges Portal wird von je einem Rundfenster flankiert, wobei die Schlusssteine dieser Oculi und der mittlere Quader des Türsturzes mit bärtigen Masken verziert sind. Im Piano Nobile umrahmen nun zwei hochrechteckige, mit ionischem Gewände profilierte Fenster eine in der Mittelachse applizierte halbplastische Büste, die auf einem konkav geschweiften Sockel über einer dreistufigen, mit Inschrift und Lorbeerkranz dekorierten Basis ruht, während die beiden Fenster selbst von einem aus Textilwerkzeugen zusammengesetzten und wieder mit einer Maske bekrönten Trophäenbündel eingerahmt sind. Den Abschluss dieser Dekoration bildet eine waagrecht verlaufende und kunstvoll geformte Seidendraperie, in deren Mitte ein ebenfalls skulptiertes Medaillon wiederum ein männliches Bildnis darstellt. Im Gegensatz zur Rustika des Erdgeschosses sind Piano Nobile und Attikazone glatt verputzt und weisen zudem eine betonte waagrechte Gliederung auf; ein schmales, unprofiliertes Gesims schliesst die Rustika ab, und in einem Abstand von nur ca. 50 cm verläuft darüber auf der Höhe der Fensterbänke des Piano Nobile ein zweites Gesims, das in der Mittelachse der Fassade gleichzeitig als weiter vorstehendes, reich profiliertes Abschlussgebälk des Portalsturzes ausgebildet ist (160). Ein drittes unprofiliertes Gesims trennt das Piano Nobile von der Attikazone, über deren skulptierten Stoffdraperie ein elegantes, mehrfach profiliertes Kranzgesims die Traufseite dieses Gebäudes beschliesst. Die der stradella Orbi zugewandte, lange Giebelseite des Palazzo Gastaldi hat eine ohne Skulpturenschmuck gestaltete, aber mit Fensterachsen und Gesimsen ähnlich gegliederte Fassade und in der Attikazone zusätzlich kleine Fenster. Doch der «Palazzetto di Belisario» ist wegen seiner Hauptfassade berühmt geworden, deren ausgefallene Dekoration die Seidenindustrie und speziell jene von Vicenza verherrlicht. Die Büste über dem Hauptportal stellt einen Feldherren des byzantinischen Kaisers Justinian I. dar, und zwar den legendären Belisar, «il primo foste che portò dei Persi il far drappi di seta a questa parte» lautet die dem grossen Heldenepos «L'Italia liberata dai Goti» von Giangiorgio Trissino entnommene Inschrift auf der Skulpturenbasis. Und das oberhalb Belisars zwischen den Draperien der Attikazone angebrachte und heute stark verwitterte Medaillon zeigt in Profilansicht den im damaligen Vicenza berühmten Seidenherrn «Sig. Giovanni Franceschini vivente che vi è rappresentato molto bene e vi assomiglia moltissimo» (161). Die ausgewogene und zurückhaltende Architektur dieser Hauptfassade, deren beinahe quadratische Ausmasse mit Hilfe des subtilen Gerüstes von vertikalen und horizontalen Strukturierungen dennoch ein harmonisches Ganzes zustande bringen, bildet hier nicht nur den passenden Hintergrund für den wohl zu Recht Giambattista Bendazzoli zugeschriebenen Reliefschmuck, sondern auch zusammen mit dem plastischen Dekor ein bezauberndes Beispiel des Übergangsstils mit noch spätbarocken Elementen und bereits kleinen Vorwegnahmen kommender Strömungen um die Wende des 18. zum 19. Jahrhundert.

Die Invention des aussergewöhnlichen Dekorationsprogramms für die Fassade des Palazzo Gastaldi dürfte dessen Besitzer selbst zugeschrieben werden. Nach Arnaldo Arnaldi Tornieri war Giuseppe Gastaldi ein «uomo di abilità, talento, vivacità, il quale esercita la professione di agente presso il Sig. Milan, ricco mercatante di seta e di drappi», und Giovanni Da Schio schrieb: «Il Gastaldi era direttore della fabbrica di drappi di sete di Milana. Questo uomo era allora giovane di bel guardo, accetto ai begli spiriti del suo tempo, ed uno di essi; amico delle lettere, ed intelligentissimo dell'arte sua ...» Des weitern klebte Da Schio in seinen Sammelband ein von Bini mit Blei- und Farbstift gezeichnetes Porträt des Gastaldi, für das Francesco Berlendis den folgenden Dreizeiler verfasst hatte: «Crepi d'invidia Apollo ed il suo Impero / Tolga la mia bell'Arte, e rompa un giorno / Il Telaio la cetra a qualche Omero» (162). Giuseppe Gastaldi war neben seiner erfolgreichen Tätigkeit für die Firma Milan stark engagiert im kulturellen Leben sowohl von Vicenza als auch von Venedig. Davon zeugen seine für diverse Gelegenheiten verfassten Verse und Sonette wie auch die noch erhaltenen, an ihn gerichteten Briefe beispielsweise von Pietro Milan, Cristoforo Dall'Acqua, Antonio Passalacqua, Lodovico Cordellina, Zuanne und Pietro Pesaro, Ottavio Bertotti Scamozzi und Elisabetta Caminer Turra. Gerade in den von Bertotti im Juli 1774 geschriebenen Briefen wird deutlich, dass Gastaldi — damals sich in Venedig aufhaltend — eine grosse Hilfe bei der endgültigen Realisierung der «Fabbriche» darstellte und vorab bei den Streitigkeiten mit dem ein höheres Salär fordernden Kupferstecher Cristoforo Dall'Acqua intervenieren musste. Einer der Briefe des verzweifelten Bertotti vom 21. Juli 1774 endet folgendermassen: «... Riflettete caro amico con chi mi trovo impegnato, con quai Principi, e con quanti Signori raguardevoli, cosa diranno di me se l'opera non giungesse al suo termine, e cosa diranno dell'Illustrissima Società pubblicata coi manifesti quale screditata figura faremmo tutti. Questi riflessi facevo suporre ad uomini savi che s'io portò far giungere le mie giuste doglianze ai piedi del Principe, verò assistito per giustizia, per massima di buon governo, per dicoro della nazione. Riflettete sopra questo importantissimo punto: la via giudiziaria non farebbe che prolungare l'opera: questa impresa è degna di voi, avete padroni ed amici, adoperateli per voi, per me, per la nostra Nazione. Se vi occorresse una più circostanziata informazione, e che aveste bisogno di me verò a Padova a qualunque ora mi vogliate. Colla mediazione del Conte S. Giovanni costui va lavorando colla speranza di qualche accrescimento: l'inflessibile Locatelli non vuole dare orecchio a niuna benché picciola modificazione: riflettete di nuovo in quali oprimevoli angustie io mo trovo, da voi però spero del conforto. Starò in attenzione de vostri riscontri per solevarmi l'animo, ed abbraciandovi mi dico / Vostro Amico Bertotti Scamozzi» (163). Giuseppe Gastaldi starb im Jahr 1801.

Dass 1773 Ottavio Bertotti Scamozzi wieder von einem Exponenten der Vicentiner Seidenindustrie einen Architekturauf-

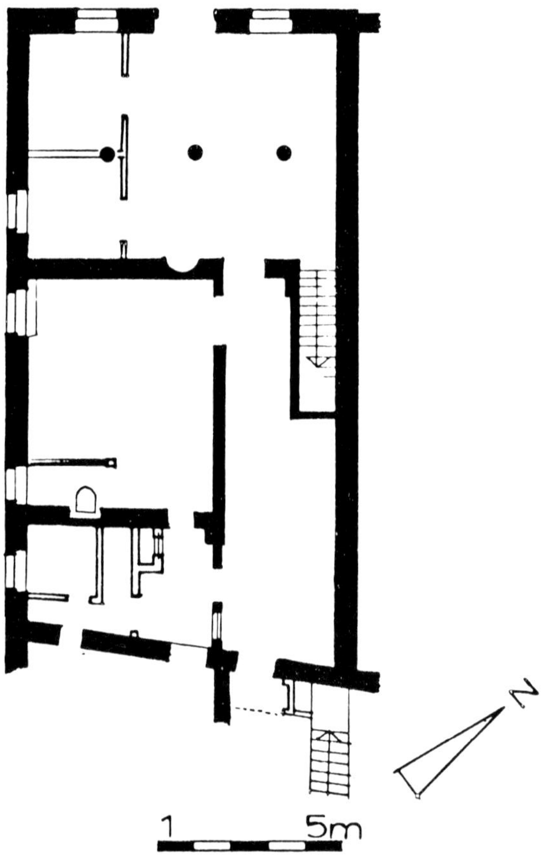

Palazzo Giuseppe Gastaldi. Grundriss des Erdgeschosses nach einer Aufnahme von Fausto Franco.

Detail der Fassadenreliefs mit der Büste des Feldherrn Belisar und dem Medaillonbildnis des Seidenfabrikanten Giovanni Franceschini.

trag erhielt, nachdem er schon im Jahre 1766 den Palazzo des Giacomo Milan, 1770 den Palazzo der Gebrüder Franceschini modernisiert hatte und noch in diesen frühen 70er Jahren mit Arbeiten für den Landsitz des Giovanni Franceschini beschäftigt war, ist einerseits zurückzuführen auf die vermutlich freundschaftlichen Beziehungen der einzelnen Vicentiner Seidenfabrikanten untereinander und andrerseits auf eine sicher schon länger bestehende, persönliche Verbindung des Auftraggebers zum Architekten, der noch gleichzeitig die Stelle eines Hausmeisters bei der Accademia Olimpica innehatte. So kannten sich der Direktor der Firma Milan und Bertotti mindestens seit November 1758, als Giuseppe Gastaldi zusammen mit dem Marchese Capra eine Beschreibung der Feierlichkeiten zu Ehren des zum Kardinal ernannten Bischofs Antonio Marino Priuli verfasste; diese «Relazione della funzione solennissima fatta nella pubblica piazza della città di Vicenza nella notte 12. novembre 1758 ecc.» ist als zweiseitiges Manuskript erhalten geblieben (164). Die an Gastaldi gerichteten Briefe des einen Sohnes von Giacomo Milan, des Pietro Milan, der sich vorab wegen religiösen Auseinandersetzungen mit seinen Verwandten lange in Augsburg aufgehalten hatte, lassen mit Hinweisen auf die Sig.i Todari und Sig.r Rocco [Fadinelli] auf engere Beziehungen zwischen den Seidenfabrikanten von Vicenza schliessen, was dann auch durch die Fassadendekoration des Palazzo Gastaldi noch augenfällig bestärkt wurde: über der Büste des sagenumwobenen Belisars wurde ein Porträt des als Seidenhersteller und «meccanico» höchstgeschätzten Giovanni Franceschini in derselben Achse angebracht, um die Verdienste des letzteren und deshalb seine in bildlich direkter Linie dargestellte Abstammung von dem für die Vicentiner Seidenkunst historisch wichtig gewordenen byzantinischen Feldherrn ebenfalls in der grösstenteils von den Milans dominierten contrà Porta S. Lucia aufzuzeigen (165). Der «Palazzetto di Belisario» wurde also bewusst als ein «Bedeutungsträger» gestaltet; aber nicht dem Gebäude selbst wurde eine symbolische Form verliehen, sondern die einfach-nüchterne Wandstruktur der Hauptfassade — ohne jegliche Säulenordnung — mit zitatartig eingestreutem Reliefschmuck dekoriert. Die grosse Leistung von Bertotti lag dabei in der angestrebten Trennung der formalen und der Herrschaftszeichen oder die Gesellschaft selbst repräsentierenden Aspekte der Bauteile. Und diese Trennung beinhaltete eine Repetier- und Auswechselbarkeit von Architekturelementen — gerade im Zusammenhang mit dem Palazzo Giuseppe Gastaldi sei hier auf die bertottianische Fassade des 1784 vollendeten Teatro Eretenio hingewiesen, die eine analoge Konzeption bei einer ganz anderen Bauaufgabe hatte.

Kirche S.S. Faustino e Giovita an der Piazzetta S. Faustino in Vicenza.

Kirche S. S. Faustino e Giovita in Vicenza

Piazzetta S. Faustino
1774
Auftraggeber: Monsignore Bonaventura Fadinelli,
Generalvikar auch unter dem von 1767 bis 1779
amtierenden Bischof von Vicenza, N. H. Marco II. Cornaro

Fast auf der Höhe der contrà Santa Corona biegt auf der gegenüberliegenden rechten Seite des Corso Palladio die schmale contrà S. Faustino in südlicher Richtung ab und führt nach wenigen Metern zur Piazzetta S. Faustino, deren östliche Begrenzung die stark zurückversetzte Fassade der Kirche S. S. Faustino e Giovita bildet. Entlang der südlichen Längsseite dieser Kirche kurvt dann die contrà S. Faustino in die contrà Jacopo Cabianca, die schlussendlich in die Piazza Matteotti mündet, während die contrà Oratorio dei Servi die direkteste Verbindung zwischen der Piazzetta S. Faustino und der erwähnten contrà Cabianca herstellt. Der heutige Bau von S. S. Faustino e Giovita geht auf das späte 17. und beginnende 18. Jahrhundert zurück, Ottavio Bertotti Scamozzi errichtete 1774 die damals noch fehlende Fassade. Diese von Giacomo Quarenghi gelobte und von Enea Arnaldi stark kritisierte Kirchenfront zählt zu den gesicherten Werken im Œuvre Bertottis und wurde in allen Quellenschriften mit übereinstimmender Datierung erwähnt. Durch ein napoleonisches Dekret wurde dann die Kirche S. S. Faustino e Giovita am 1. August 1808 geschlossen, aber 1858 erneut für den Gottesdienst geöffnet und 1898 wiederum entsakralisiert (166). Die Kirche war später auch Sitz der Armenküche von Vicenza und dient heute als öffentlicher Kinosaal, der über einen Innenhof vom Corso Palladio her zugänglich ist.

S. S. Faustino e Giovita gehörte zu den sieben alten Pfarrkirchen der Stadt Vicenza und wurde erstmals 1186 in einem den einheimischen Kanonikern von Papst Urban III. gewährten Sonderrecht aufgeführt. Von einer der frühen Bauphasen künden die zugemauerten Spitzbogenfenster auf der südlichen Längsseite der Kirche; für das Jahr 1510 ist eine Restaurierung von unbekanntem Ausmass überliefert, ab 1517 hielt die Zunft der Schmiedleute ihre Kapitel in dieser Kirche ab und stiftete 1525 einen Altar zu Ehren ihres Schutzpatrons S. Eligio (167). Während einer 1584 im päpstlichen Auftrag erfolgten Visite beschrieb der Kardinal N. H. Agostino Valier, Bischof von Verona, S. S. Faustino e Giovita mit folgenden Worten: «Ecclesia et mediocris cum unica nave et tecto in parte laqueato et in parte cum archivolto latericio fere tota dealbata preterquam in certa parte que est picta cum fenestris, oculo et suis vitreis speris honorificis ac altaribus infrascriptis (ss. Faustini et Jovite, S. Alodii, S. Joseph, beate Marie, S. Pietatis).» Knapp hundert Jahre später wurde eine durchgreifende Renovierung beschlossen; der am 23. April 1681 von den Maurern Pietro Pozzo und Gio. Maria Soré unterschriebene Vertrag regelte vor allem den Bauvorgang für die Errichtung eines grösseren Chores, wobei zuerst der alte Chor, die Sakristei und der Campanile niedergerissen werden mussten (168). Dieser neue Chor und vielleicht auch die Sakristei waren 1684 fertiggestellt, als auch der Bildhauer Orazio Marinali den Hauptaltar erneuert hatte. Doch erst eine Generation später wurde der Grundstein für den Campanile gelegt: «1710 li 22 luglio con grande solennità fu posta la prima pietra fondamentale del campanile della chiesa de ss. Faustino e Giovita dal sig. don Camillo Zampieroni parroco di detta chiesa ... L'architetto fu Francesco Muttoni, capomaestro Francesco Buttironi. Del 1719 fu terminato il campanile e del 1721 si suonarono le campane nuove.» Noch während des Turmbaues verfasste der Perito Muraro Gaetano Farina auf Ersuchen von Don Camillo Zampieroni ein Gutachten über den ruinösen statischen Zustand der Kirche selbst und schätzte die Sanierungskosten auf 350 Dukaten. Dieses Schreiben vom 18. April 1718 legte der Pfarrherr seinem Gesuch vom 22. April 1718 an die Deputierten der Stadt bei, und gleichentags stellte der Monte di Pietà die anfängliche Summe von 70 Dukaten frei (169). Unter der Leitung von Francesco Muttoni, der 1709 zum Perito Pubblico von Vicenza berufen worden war, wurde nach der Verstärkung der Seitenmauern und der Hauptrippen auch das einschiffige Kircheninnere erneuert und mit Stuckarbeiten verziert. Nachdem Costantino Pasqualotto das Deckengemälde im Kirchenschiff 1728 fertiggemalt hatte, wurde S. S. Faustino e Giovita noch im demselben Jahr wieder für die Kirchenbesucher geöffnet und am 27. April 1732 vom Bischof N. H. Sebastiano Venier feierlich geweiht (170).

Während der nächsten vierzig Jahre fanden keine grossen baulichen Veränderungen statt; zwar wurde 1747 eine der Fassade vorgelagerte Loggia abgebrochen und 1750 die Sakristei renoviert, und die im Innern modernisierte Kirche präsentierte sich zur Piazzetta hin wieder mit jener bescheidenen, wohl aus dem beginnenden 16. Jahrhundert stammenden Eingangsfront, die Gio. Domenico Dall'Acqua in einer Randvedute seines Stadtplans von 1711 festgehalten hatte (171). Ottavio Bertotti Scamozzi wurde dann mit der Errichtung einer zeitgemässen Fassade beauftragt, die dem Genius loci entsprechend den palladianischen Vorbildern mit Portikusfassade zu folgen hatte. Nach einer unbestimmten, aber wahrscheinlich kurzen Bauzeit war dieses Werk im Jahre 1774 fertiggestellt: über einem hohen Gebäudesockel und nur wenig höheren Piedestals trägt eine Kolossalordnung mit vier kompositen Halbsäulen ein wuchtiges Gebälk samt abschliessendem, imposantem Dreieckgiebel. Die Säuleninterkolumnien wurden nach klassischem Muster ungleich gestaltet, so dass die Portalachse betont wird. Diese breitere Mittelachse wird von einer schmalen Türe mit geohrtem ionischem Gewände und Volutenkonsolen beherrscht, die einen niedrigen und geschlossenen Giebel stützen. Darüber wurde in einem breiten Rahmen eine Tafel mit folgender Inschrift eingelassen: «D.O.M./IN HONOREM SS. FAUSTINI ET IOVITAE FF. MM./AC S. PHILIPPI NERII/PROSPECTUS MAGNIFICENTIOR / REAEDIFICATUS / ANNO DOMINI MDCCLXXIV». In den kleineren Seiteninterkolumnien finden sich oberhalb der Säulenbasen und auf der Höhe der auslaufenden Volutenkonsolen tiefe, halbkreisförmig geschlossene Nischen mit lebensgrossen Statuen, die die «Gloria» und die «Beneficenza» versinnbildlichen, und darüber parallel zur mittleren Inschrifttafel je ein quadratisches Relief mit entsprechenden allegorischen Engelsdarstellungen. Die Kompositkapitelle sind untereinander mit in Halbrelief geformten Fruchtgirlanden verbunden worden, von denen bescheidene Trophäenbündel in den zwei kleineren Interkolumnien herabhängen, und stützen ein vollständiges Gebälk mit dreigeteiltem Architrav, flachem Fries und ausladendem Gesims mit Zahnschnitt, wobei dasselbe Gesims die schräg gegeneinandergestellten Dachflächenabschlüsse ziert. Sind die im Tympanon skulptierten zwei Engel, die eine Krone tragen, nach 1850 entstanden, so war der Bildhauer Giambattista Bendazzoli für die beiden Nischenfiguren, die Girlanden und die drei Statuen verantwortlich, die als Akroterien auf einzelnen Basen oberhalb des Giebels stehen. Schrieb Giacomo Quarenghi ein Jahr nach der Fertigstellung dieser Fassade in einem Brief vom Juli 1775 an Tommaso Temanza unter anderem folgende Worte über Bertotti: «... ha fatto questo architetto una facciata alla chiesa di S. Faustino e Giovita, che non è cosa cattiva nel tutt'insieme, ed ha un genio naturale inclinato al buon stile», so befand der Co. Enea Arnaldi 1779 nur die Arbeiten von Marinali, Bendazzoli und seinen eigenen Tabernakel für lobenswert, während sowohl Muttonis Innenrenovation als auch die Fassade von Bertotti – die letzteren natürlich ohne Namensnennung – heftig kritisiert wurden: «Questa Chiesa ... fu rimodernata con una simmetria a dir vero poco plausibile. L'Altar Maggiore è disegno assai capriccioso senza Architettura: sono per altro degne di ammirazione le Statue, e i Basso-rilievi di marmo prezioso, che adornano l'Altar medesimo, tutte scolture del celebre Orazio Marinali. La Custodia pure del Ss. merita il compatimento degl'intelligenti, attesochè non vi si mirano violate le leggi della sana Architettura. Essa rappresenta un piccolo Tempietto, ornato da quattro Colonne Corintie con un Attico di sopra da cupola ricoperto ... La Facciata terminata di recente è molto più corretta dell'interno; ma disgusta moltissimo l'occhio il Zoccolo sottoposto a' Piedestalli, alto quasi com'essi. In fatti, quando in buona Architettura debba verificarsi l'assioma, che le parti tutte componenti qualunque edifizio abbiano a corrispondere con lodevole proporzione al tutto, ed il tutto alle parti, che mai per grazia potrà ciò verificarsi del mentovato Zoccolo in rapporto al tutto; mentre è fuor d'ogni dubbio esser egli più che sufficiente a sostenere una Torra massiccia, non che questa picciola Facciata? Le cinque Statue, e li due Basso-rilievi con due Angeli che adornano la Facciata medesima, son di Giovanni Bendazoli vivente ...» (172). Der gerügte, auffallend hohe und zudem in Steinquadern errichtete Sockel von S. S. Faustino e Giovita war für Bertotti insofern eine Notwendigkeit gewesen, als so die Proportionen der Kompositsäulen im Verhältnis zur hohen Kirchenfront nicht überdehnt werden mussten, und der massive Unterbau wurde zusammen mit dem schweren Gebälk sowie einem profilierten Sekundärgesims, das oberhalb der Relieftafeln die gesamte Fassadenbreite umspannt, in die horizontale Gliederung miteinbezogen.

Was die Auftraggeber von S. S. Faustino e Giovita betrifft, so war bereits bei der 1681 beantragten Renovation neben der die Kirche leitenden Bruderschaft letztlich der Generalvikar des Domkapitels, damals Co. Leonoro Pagello, jene Autorität, welche im Namen des Vicentiner Bischofs die Erlaubnis für den Umbau zu erteilen hatte. Auch die Bewilligung der Deputierten der Stadt Vicenza war einzuholen, da diese sogar für den Grossteil der anfallenden Kosten aufkamen. Waren im Jahre 1681 die Arbeiten für Abbruch und Wiederaufbau des Chores, der Sakristei und des Campanile auf 800 Dukaten geschätzt, von denen die Kirche bereits 100 Dukaten durch ein testamentarisches Vermächtnis erhalten hatte, weitere 100 Dukaten als Spende der Gläubigen erhoffte und von der Stadt selbst die Finanzierung der restlichen Summe beantragte, so belief sich nach den Erdbeben von 1695, 1704 und 1706 die Kostenschätzung für die Sanierung der Mauern und die anschliessende Innenrenovation noch einmal auf 350 Dukaten, für die der damalige, sehr eifrige Pfarrherr ein direktes Bittschreiben an die städtischen Deputierten richtete. Nachdem Don Camillo Zampieroni am 19. April 1747 verstorben, Monsignore Bonaventura Fadinelli am 3. November 1769 zum Domdekan ernannt worden war und während der folgenden vier Jahrzehnte als Generalvikar amtierte, erscheint es berechtigt, in diesem baufreudigen Kanoniker den direkten Auftraggeber von Bertotti zu vermuten. So hatte

Bonaventura Fadinelli denselben Architekten auch bereits erfolgreich für sein Landgut in Creazzo herbeigezogen, und dazu war Bertotti aufgrund seines Wohnsitzes beim Teatro Olimpico unwillkürlich ein Mitglied der Pfarrgemeinde von S. S. Faustino e Giovita. Und nach den für die Kirche schon getätigten Ausgaben ist weiter anzunehmen, dass zwar eine moderne Fassadenlösung erwünscht war, aber gleichzeitig ein enger Finanzrahmen bestanden haben musste, der nicht allzuviele Möglichkeiten offenliess.

Für Ottavio Bertotti Scamozzi war dieser Fassadenbau der erste Auftrag für eine öffentliche Kirche. Als grosses Vorbild für die Gestaltung wählte er dabei — ganz dem traditionellen Zeitstil der zahlreichen Land- und Stadtkirchen im Veneto des 18. Jahrhunderts verpflichtet — die von Palladio begonnene und postum vollendete Front der dreischiffigen Benediktinerkirche S. Giorgio Maggiore in Venedig. Um aber eine dem Innern von S. S. Faustino e Giovita angepasste Lösung zu erreichen, übernahm Bertotti nur den Mittelteil mit der Kolossalordnung und negierte die seitlichen Annexe des komplexen Fassadentypus von S. Giorgio Maggiore. Doch auch diese Vereinfachung des palladianischen Modells hatte sich in der Zwischenzeit bereits als eigener Typus verselbständigt, und venezianische Beispiele wie S. Lazzaro dei Mendicanti von Giuseppe Sardi aus der zweiten Hälfte des 17. Jahrhunderts, die Chiesa dei Gesuati von Giorgio Massari aus der ersten Hälfte des 18. Jahrhunderts oder die spätere Chiesa della Pietà desselben Architekten sowie als einheimisches Beispiel die 1750 von Domenico Cerato begonnene und 1776 von Carlo Cordellina abgebrochene Chiesa dei Gesuiti in der Vicentiner contrà Riale müssen auch Bertotti vertraut gewesen sein (173). Und immer waren die Gründe einer solchen Reduktion naheliegend und erklärten sich schon dazumal aus der architektonischen Eingliederung in eine Strassen- beziehungsweise Kanalfassade oder im Fall der bescheidenen, einschiffigen Landkirchen in eine kleine Piazza. Natürlich liess selbst dieser Fassadentypus des «isolierten Mittelteils» noch eine Vielzahl möglicher Abweichungen zu, und davon zeugen neben den häufigen Bauten unbekannter Baumeister auch die zahlreichen, stets dem gleichen Typus verhafteten Kirchenfassaden Giorgio Massaris in Resana, von S. Antonio in Udine, in Crespano del Grappa, Casacorba, Villanova di Istrana, Scorzè und in Torreselle. Das Werk von Bertotti unterscheidet sich von allen diesen Vorgängern einmal in der Ecklösung, deren nötiger optischer Halt weder durch die bei der Chiesa dei Gesuati in Venedig vorgebildete, massiv-barocke Abkröpfung noch durch den bei den aufgezählten Dorfkirchen mittels je eines zurückgesetzten Pilasters gestalteten Seitenabschluss gebildet, sondern mit Hilfe einer noch weitergehenden Vereinfachung durch je einen zurückgesetzten Wandstreifen erreicht wurde, der als schmale Lisene mit Sockel, Piedestal, aber ohne Kapitell und dafür wieder mit abschliessendem Gebälk versehen ist. Dann übernahm Bertotti vom palladianischen Prototyp die Übereinanderstellung von Rundbogennische und Flachrelief sowie die zentrale Position der Inschrifttafel über dem Eingangsportal, aber variierte die Feldereinteilung insofern, als diese Elemente — ohne zusätzliche Rahmungen direkt in die Wand eingeschnitten und nur die Eingangstüre breit profiliert — nah zusammengerückt und unterhalb des schmalen Zwischengesimses angeordnet wurden. Verzichtete gerade Massari bei seinen Sakralbauten öfters auf die horizontale Mauergurte, so betonte Bertotti damit die typologische Abstammung seiner vereinfachenden Fassade vom komplizierten palladianischen Schema zweier übereinandergelegten Tempelfronten, deren kleinere Ordnung mit ihrem Gebälk über die ganze Breite der Kirche durchläuft. In diesem Zusammenhang gilt es auch zu beachten, dass S. S. Faustino e Giovita in der zweiten Hälfte des Settecento die einzige Kirche mit einer neu erstellten und vollendeten, neopalladianischen Fassade in der Stadt Vicenza darstellte (174). Mit diesem Bau, dessen verhaltener Massivität der architektonischen Glieder und der herben Eleganz des plastischen Dekors, der sich harmonisch der noch nüchtern anmutenden Fassade eingliedert, zeigte sich Bertotti höchst gewandt im Umgang mit den damals aktuellen Architekturtendenzen und in der Verbindung von praktischem Gebrauchswert mit vereinfachten ästhetisch-formalen Elementen des palladianischen Vorbildes. Später hat Bertotti denselben Fassadentypus bei dem einschiffigen, erst postum vollendeten Dom in Cittadella wieder auf andere Art neu interpretiert, während im Jahr der Fertigstellung von S. S. Faustino e Giovita beispielsweise Ottone Calderari mit dem Bau der Familienkapelle Da Porto in Pilastroni bei Dueville begann und anschliessend den Votivtempel Sant'Orso für den Monte Summano bei Schio projektierte, beides kleine Zentralkirchen auf dem Land, die das anspruchsvolle Fassadenschema von S. Giorgio Maggiore nun mitsamt der seitlichen Annexe übernahmen.

Hauptfassade des Palazzo Pietro Muzzi.

Palazzo Pietro Muzzi in Vicenza

Piazza Matteotti 32
1774–76
Auftraggeber: Pietro Muzzi, ein Advokat aus einer alteingesessenen Vicentiner Juristenfamilie,
die sich das Adelsrecht im 17. Jahrhundert erkaufte

Auf der östlichen, an den Bacchiglione grenzenden Seite der früher «Isola» genannten Piazza Matteotti liegt der Palazzo Muzzi direkt gegenüber der im frühen Settecento von Giuseppe Marchi erbauten Residenz Giacomazzi und bildet den gewichtigen Abschluss einer langen, von der Levà degli Angeli her geschlossen errichteten Reihe bescheidener Häuser. Auch bei diesem Palazzo handelt es sich um einen Umbau, dessen Datum der Fertigstellung dann der Auftraggeber samt seinem Namen in die Frieszone des zweigeschossigen Gebäudes meisseln liess: «NOB: PETRUS Q: FRANCI MUZZI EREXIT AN: DO: MDCCLXXVI», während der Architekt namentlich erst in einem 1790 verfassten Manuskript erwähnt wurde. Doch Ottavio Bertotti Scamozzi wurde auch in den nachfolgenden Quellenschriften des 19. Jahrhunderts übereinstimmend als Autor angeführt, wenn auch später die Würdigung seiner Leistung ziemlich rigoros schwankte. Notierte Bressan noch das Casino Muzzi als «uno de' più graziosi disegni di Ottavio Bertotti», so schrieb Barbieri im Vicenza-Führer von 1956: «L'artista qui ricade nel modo timido ed accademico a lui consueto, con il quale invano cercava di attuare nella pratica quei modelli palladiani di cui invece dimostrava così chiara intelligenza nei suoi fondamentali lavori critici ...», um 1972 dagegen nur lobenswerte Worte zu finden über «la sobrietà del discorso che evita ogni inutile rialzo del tono, consapevole del valore di quinta riservato ad ogni altro elemento di fronte al ruolo di protagonista assunto nella piazza dalla fabbrica cinquecentesca» (157). Mit Hilfe neu entdeckter Dokumente kann nun auch die Motivation für den Umbau geklärt und der Beginn der Arbeiten ins Frühjahr 1774 datiert werden. Der Palazzo Muzzi blieb bis in die zweite Hälfte des Ottocento in Familienbesitz, wurde dann kurz vor 1870 von den Lesine erworben und gehört heute der Signora Adele Cozza-Giuriato.

Der Immobilienbesitz des Pietro Muzzi und überhaupt die bauliche Situation an der Piazza Matteotti vor dem bertottianischen Eingriff sind in der von Cristoforo Dall'Acqua gezeichneten und gestochenen «Veduta in Vicenza del Isola tolta alla parte delli N.N.H.H. Piovene» festgehalten (176). Pietro Muzzi besass dazumal zwei dreigeschossige, schmale Häuser, wovon sich das eine direkt gegenüber des den Platz dominierenden Palazzo Chiericati befand und gegen Süden an das Casino des Sig. Zambrun grenzte, dem durch einen Weg getrennt zuerst kleinere Bauten und anschliessend das zweite Haus Muzzi als Eckbau folgten. Am 16. März 1774 schrieb dessen Eigentümer nun dem Rat der 150, dass er die «unförmige» Fassade seines Eckbaues niederzureissen und in «angemessenerer und würdigerer» Weise wiederaufzubauen beabsichtige, deshalb auch das nördliche Nachbargebäude bereits erworben habe und die beiden Bauten gemäss der beiliegenden Zeichnung mit einer gemeinsamen Fassade verbinden wolle, «ma per effettuare tall'opera richiedesi di poter estendermi onzie otto per la lunghezza di piedi trenta che cadono nel mezzo d'essa facciata, mentre per quello riguarda alli gatti non richiedesi estenzione alcuna. Ed in tal modo spero di ripostare compatimento e di contribuir al pub.co desiderio, rendendo meno dispiacevole la veduta de circostanti e Passagieri ...» Nach einem Augenschein stellten die als Giudici Ingrossadori beauftragten Conti Francesco Sangiovanni und Ercole Thiene am 29. März 1774 dem Rat den Antrag, der Bitte des Dr Pietro Muzzi zu entsprechen und ihm das winzige Stück öffentlichen Grundes unter der einzigen Bedingung abzutreten, dass der neue Bau «con un rustico bugnato in bassamento deve sostenere quatro Pilastri, che adornino la facciata e sostengano un frontispicio triangolare». Und weiter begründeten sie ihre positive Unterstützung folgendermassen: «L'Ampiezza del sito, l'occupazione di sole otto onzie in larghezza per la lunghezza sunominata, che sono Piedi venti quadratti nella somma e miglioramento del prospetto di quella Piazza adornata d'altre Fabriche ben costruite determinano il nostro divoto sentimento, ad accordare gl'effetti supplicati ... Per quello poiche riguarda le viste del pub.co interesse, sarebbe il nostro parere (trattandosi di così tenue occupazione in vista all'adornamento che verebbe à ricevere un luogo di tanta osservazione, e importanza) che venisse fatta la Grazia, o' in ritegno concessione graziosa, o' che fosse ingiunto al supplicante di dovere contribuire una tenue cosa per una volta tanto in segno del Dominio di questa Mag. Città su Pubblici Luoghi.» Am 19. Juni 1774 bewilligte der Rat der 150 mit 109 Pro- und 13 Kontrastimmen das Gesuch des Pietro Muzzi und überliess nach dem Vorschlag der Giudici Ingrossadori dem Bauherrn die ca. 2,5 m² öffentlichen Bodens auch kostenlos (177).

Da für den Umbau des Palazzo Muzzi sogar das Datum der Baubewilligung bekannt und in der sowohl von Muzzi erwähnten als auch von den Giudici Ingrossadori deutlich beschriebenen Zeichnung ein von Bertotti angefertigter, heute verschollener Fassadenriss zu vermuten ist, müssen nach der vorangegangenen Projektierungsphase die Ausführungsarbeiten innert zwei Jahren realisiert worden sein. Die durch die Verbindung zweier bestehender Häuser angestrebte einheitliche Fassade zur Piazza Matteotti hin wurde tatsächlich errichtet, während der unregelmässige Grundriss mit den beiden Treppenhäusern die dabei aufgetretenen grossen Schwierigkeiten erahnen lässt. So führt das in der Mittelachse gelegene breite Portal in eine tiefe, rechteckige Halle, die sich auf der dem Eingang gegenüberliegenden Schmalseite zur Treppe hin öffnet, deren erster Lauf das über einem Sockelgeschoss situierte Piano Nobile und die beiden anderen aufeinanderfolgenden Stiegen rechtwinklig gebrochen das zweite Obergeschoss erschliessen. Um dieses zentral plazierte, offene Treppenhaus sind im Piano Nobile sechs Zimmer und eine schmale, vom Keller aufsteigende Treppe angeordnet, wobei die Innenaufteilung auch von dem auf der Flussseite schiefwinkligen und sich gegen die nördliche Gebäudegrenze verbreiternden Grundrissverlauf bestimmt wird. Auf eine schmucklose, nur durch — in der Zwischenzeit modernisierte — Fenster gegliederte Flussfront öffnen sich so vier der kleineren Räume, von denen das südöstliche Eckzimmer und der nördlich anschliessende Querraum einen direkten Zugang zum grossen Treppenhaus haben, während die beiden die Eingangshalle flankierenden Räume allein über die erwähnten Zimmer zugänglich sind. Aber selten konnten die zahlreichen Verbindungstüren entweder unter sich oder mit den spärlicher vorhandenen Fenstern geradlinig angeordnet werden; ist das südöstliche Zimmer mit seinen trapezoiden Ausmassen vom angrenzenden südwestlichen Eckzimmer noch durch eine schräg verlaufende Wand getrennt, so wurden die übrigen Schnittstellen zwischen den auf die nicht parallel geführten Hausfassaden orientierten Zimmerreihen geschickt mit dem grossen Treppenhaus, der Kellerstiege und noch vereinzelten Füllmauern kaschiert. Zum ursprünglichen Grundriss gehört übrigens auch der schmale, längsrechteckige Anbau an der Südostecke, der sich bis zum dort 10 m entfernten Gewässer erstreckt, wo eine hohe Mauer das Grundstück vom Bacchiglione trennt und einen kleinen Innenhof bildet (178). Zeigen der Grundriss des Piano Nobile und der diese Einteilung wiederholende Plan des gleichwertig behandelten zweiten Obergeschosses eine auffallende Rücksichtnahme auf bestehende Bauteile und die überdies kostendämpfende Wiederverwendung bereits existierender Mauern, so vermittelt die Hauptfassade samt der einen frei-

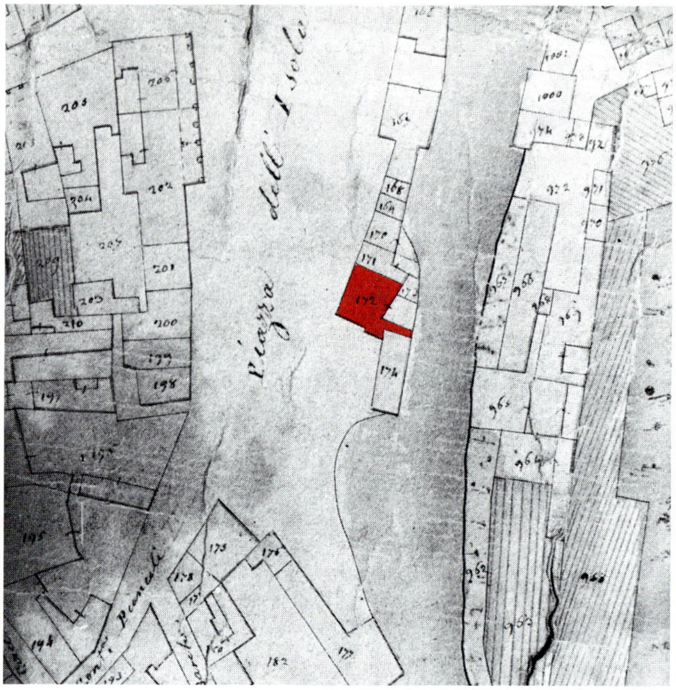

Palazzo Pietro Muzzi an der Piazza Matteotti 32 in Vicenza. Ausschnitt aus dem napoleonischen Katasterplan von 1814 bzw. dessen Kopie von 1816 im Staatsarchiv Vicenza.

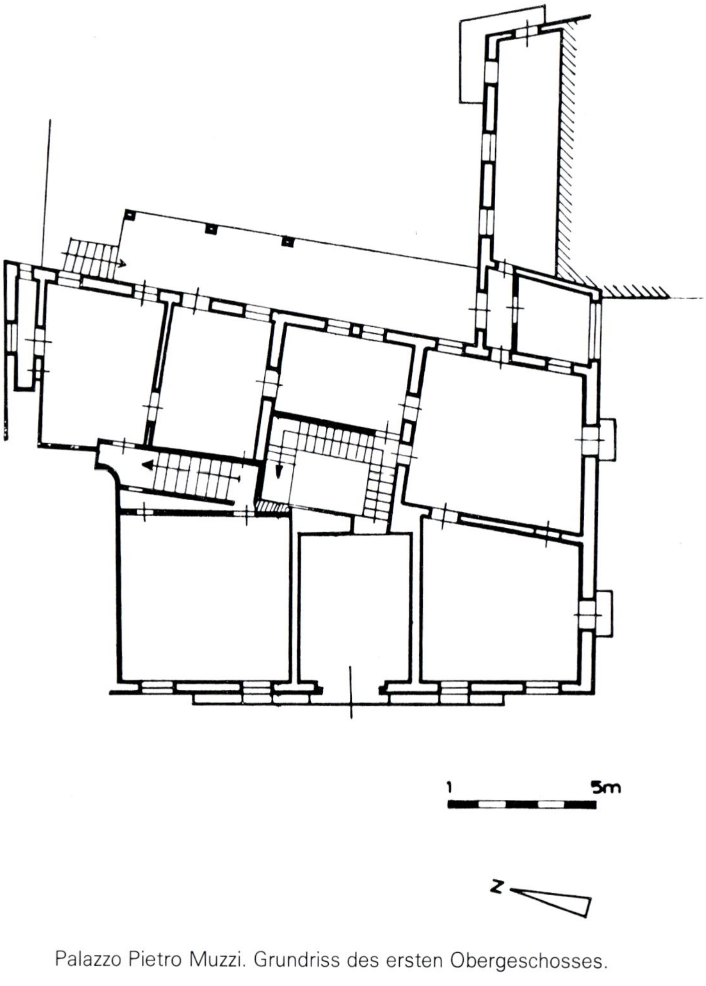

Palazzo Pietro Muzzi. Grundriss des ersten Obergeschosses.

stehenden Schmalseite dagegen den Eindruck einer als Ganzes wirkenden Geschlossenheit, die durch das harmonische Gleichgewicht zwischen Höhen- und Breitenausdehnung noch verstärkt wird. Neben der die innere Geschossteilung widerspiegelnden horizontalen Gliederung der Fassade betont ein knapp vorstehender Risalit mit vier flachen, ionischen Kolossalpilastern, die ein vollständiges Gebälk und einen hohen Dreieckgiebel stützen, die drei mittleren Fensterachsen und monumentalisiert die Eingangspartie, die durch die vorangestellte Tempelfront gleichsam um je ein schmäleres Interkolumnium erweitert wurde, während die flankierenden Seitenteile wiederum dieselbe Breite der zentralen Portalachse aufnehmen. Das mächtige Rundbogenportal mit ionisch profilierten Kämpfern und figürlichem Schlussstein ist senkrecht in die Wand eingeschnitten und unterbricht die Reihung gleichförmiger Fenster in den beiden unteren Geschossen, ohne aber die gerade auch durch diese Anordnung der Fenster erzielte Breitenwirkung des Palazzo zu stören. Das für ein Stadthaus sehr niedrige und noch flach verputzte Sockelgeschoss ist mit einfachen, quadratischen Fenstern gegliedert, und in den beiden mit flachen Rustikaquadern einheitlich verputzten Obergeschossen folgen sich hochrechteckige, ionisch profilierte Fenster, die auf einem sich über die gesamte Fassadenbreite ausdehnenden schmalen Gesims aufruhen, dessen Profilierung nun vereinfachend den Aufbau der ionischen Pilasterbasen wiedergibt. Der ionischen Ordnung ist ebenfalls das Abschlussgebälk verpflichtet, das um den Mittelrisalit verkröpft den Giebel mit zusätzlichen Zahnschnittleisten hervorhebt. Anlässlich einer Fassadenrenovation im April 1870 wurde im Dach ein zusätzliches Geschoss eingebaut und das einstige Familienwappen im Giebelfeld durch die heute noch vorhandenen Rundfenster ersetzt (179). Auf einer 1869 aufgenommenen Fotografie der Piazza dell'Isola ist der Palazzo Muzzi in seinem ursprünglichen Zustand vor der unter den neuen Besitzern begonnenen Umbautätigkeit noch zur Hälfte mitabgebildet.
Der Auftraggeber des herrschaftlichen, aber keineswegs grossartig hervortretenden Palazzo entstammt einer Juristenfamilie, die in Vicenza bis ins 16. Jahrhundert zurückzuverfolgen ist. Gemäss des von Giovanni Da Schio aufgezeichneten Stammbaumes muss der Urgrossvater des Pietro Muzzi, ein Francesco Muzzi, sich den Vicentiner Adelstitel erworben haben und als «nobile Vicentino» im Jahre 1683 verstorben sein, nachdem er zuvor noch den einen seiner beiden Söhne enterbt hatte. Dieser Niccolò Muzzi hatte neben der Tochter Lavinia, die sich mit Carlo Montanari verheiratete, einen einzigen Sohn mit Namen Francesco, dessen Sohn wiederum dann jener Pietro Muzzi war, der das Notąriatsamt seit mindestens der Mitte des 18. Jahrhunderts ausübte und am 31. Dezember 1756 ein Darlehen für die Finanzierung der Mitgift seiner Tochter Eleonora aufnahm. Für den aufmerksamen Beistand als Advokat erhielt Dr Pietro Muzzi am 22. Juni 1764 ein von Margaritta Briati Cressadoro testamentarisch hinterlassenes Legat, das später auf den Sohn Dr Giovanni Muzzi und dann auf dessen Erben zu übertragen war. Nachdem in den «Libri dei nomi dei possessori dei fondi» bereits Giovanni Muzzi als Besitzer des Palazzo an der Piazza Matteotti eingetragen wurde, muss Pietro Muzzi schon vor dem Jahr 1800 verstorben sein (180). Von Giovanni Muzzi und dessen Sohn Antonio Muzzi sind aus dem frühen 19. Jahrhundert Landverkäufe in der Gemeinde Castelgomberto bekannt, und in der in derselben Gemeinde gelegenen Talschaft Valdilonte bewohnte die mit Orazio Righi verheiratete Eleonora Muzzi ein Landgut, das um 1800 noch im Besitz des «S.r Gaetano Muzzi, e Nepoti» aufgeführt worden war. Dieser Gaetano Muzzi hatte Ottavio Bertotti Scamozzi bereits im Jahre 1770 mit der Errichtung einer kleinen vorstädtischen Residenz an der heutigen via Gio. Battista Imperiali in Vicenza beauftragt, während nur vier Jahre später derselbe Architekt von Pietro Muzzi für den Hausumbau an der Piazza Matteotti beigezogen wurde. Die aus den «Libri dei nomi dei possessori dei fondi» zitierte Eigentumsbezeichnung bestärkt die hier auftretende Vermutung einer möglichen Verwandschaft zwischen den beiden gleichnamigen Bauherren und lässt sich versuchsweise sogar dahingehend interpretieren, dass Gaetano Muzzi ein kinderloser und so keine direkten Erben aufweisender Bruder von Pietro Muzzi war (181).
Der die östliche Häuserreihe der Piazza Matteotti abschliessende Palazzo Muzzi, dem zwar gegen Süden noch ein weiterer, aber um mehr als die ganze Seitenfassade des erwähnten Palazzo zurückversetzter Bau folgt, der einst der Familie Capelo gehörte und heute in «Bagni Pubblici» umgebaut ist, hat nun eine ähnlich dominierende Stellung inne wie auf der diametral gegenüberliegenden Seite der palladianische Palazzo Chiericati, der aber den Beginn einer Reihe doch imposanter Gebäude markiert. Diese Position des Palazzo Muzzi wurde jedoch mit ganz anderen Mitteln erreicht – mit vorab bewusst der zweiten Hälfte des Settecento verpflichteten Mitteln, die eine neue Architekturauffassung seitens des Architekten und des Bauherrn demonstrieren, wobei neben den beträchtlich kleineren finanziellen Möglichkeiten auch der mindere gesellschaftliche Rang eine Rolle gespielt haben muss. Die monumentale Chiericatifassade wurde als Bestandteil des Platzes konzipiert; trotz der villenähnlichen Dreiteiligkeit ist durch die nun die ganze Schaufront durchlaufende Übereinanderstellung von Portikus und Loggia – eine in der Mittelpartie leicht vorgezogene Kolonnade im Erdgeschoss und darüber der von zwei entsprechend tiefen Loggien flankierte, zwar geschlossene Mittelrisalit – die waagrechte Ausrichtung betont und der länglichen Piazza zugewandt. Der als «öffentlich» empfundene Charakter des Gebäudes, beziehungsweise der Fassade, war insofern vom Bauherrn ausdrücklich erwünscht worden, als der Säulengang des Erdgeschosses auf städtischem Grund errichtet werden musste und deshalb «per magior comodità mia [Co. Girolamo Chiericati] et a comodità et hornamento di tutta la

Piazza Matteotti mit den Häusern Muzzi vor dem bertottianischen Umbau. Nach einer um 1770 von Cristoforo Dall'Acqua gezeichneten und gestochenen Vedute.

città» auch für eine Fremdnutzung offenstand (182). Dagegen verkörpert der Palazzo Muzzi den Inbegriff eines Privathauses, dessen der Öffentlichkeit verschlossener Bereich bereits mit der ruhig-zurückhaltenden und flach strukturierten Fassade angezeigt wird. Mit der funktionell anmutenden, gleichförmigen Fensterverteilung wurde direkt auf die bescheidenen vorangehenden Häuser Bezug genommen und eine stattliche Breitenwirkung erzielt, die durch die einfache Rhythmisierung der einzelnen Achsen und speziell der wieder lediglich flach vorangestellten Tempelfront gezügelt wurde. Der mit unkannelierten ionischen Pilastern gegliederte und giebelbekrönte Mittelrisalit diente zur optischen Markierung des Baues als Schlusspunkt der Häuserzeile und insofern auch zur Nobilitierung und Heraushebung des Palazzo an sich, war aber gleichzeitig fest eingespannt in die mit ebenen Rustikaquadern verputzte Hauswand, um weder das ringsum an der Piazza einzig vorhandene Tempelmotiv noch die Dreiteiligkeit der Fassade übergebührend zu betonen. Schlussendlich hatte die äussere Erscheinung des Palazzo, die Gebärde der Fassade, auch im Einklang mit den

damaligen Bedürfnissen und Ansprüchen zu stehen, die sich im Settecento teilweise so sehr verändert hatten, dass beispielsweise Francesco Muttoni 1740 über die noch von den Conti Chiericati bewohnte Stadtresidenz schrieb, dass diese für nicht eingeweihte Passanten mit einem öffentlichen Justizpalast zu verwechseln sei. Und Bertotti erachtete es in seinem 1776 erschienenen ersten Band der «Fabbriche» für notwendig, den Vorwurf der auf Kosten der Wohnlichkeit allzu grandios und luxuriös gestalteten palladianischen Grundrisseinteilung mit detaillierten Hinweisen auf den grossen Wandel in der Wohnkultur zu entkräften (183). Jedenfalls erwarb die Stadt Vicenza im Jahre 1838 den in der Zwischenzeit stark verfallenen Palazzo Chiericati, um ihn nach aufwendigen, von Antonio Zanella und Giambattista Berti sowie von Giovanni Miglioranza unternommenen Sanierungen, Um- und Anbauten am 18. August 1855 als Sitz des «Museo Civico» zu eröffnen, während der Palazzo Muzzi nach dem kleinen Aufbau von 1870 auch noch heute mit nur geringfügigen Grundrissänderungen als privates Wohnhaus mit einigen vermieteten Büroräumlichkeiten benutzt wird.

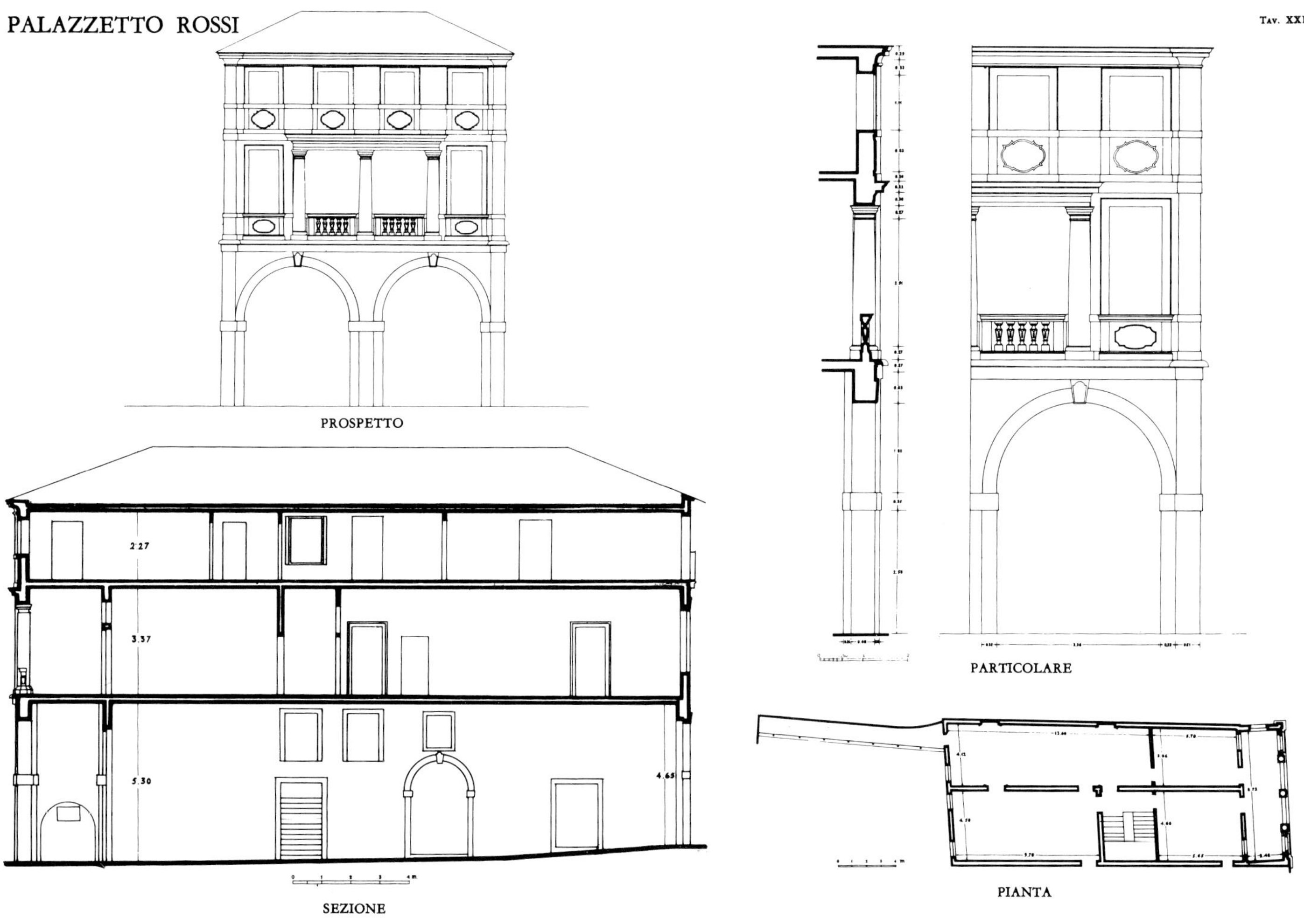

Palazzo Giacomo Milan an der contrà Porta S. Lucia 5 in Vicenza. Aufriss, Grundriss und Gebäudeschnitt von Franco Fausto aus dem Jahr 1934, als das Haus der Familie Rossi gehörte.

Palazzo Giacomo Milan (heute Zengiaro) in Vicenza

Contrà Porta S. Lucia 5
ca. 1776
Auftraggeber: Giacomo Milan, der Seidenfabrikant, welcher bereits 1766 das Nachbargebäude von Ottavio Bertotti Scamozzi umbauen liess

Das dritte Gebäude auf der linken Strassenseite der contrà Porta S. Lucia wurde sowohl hinsichtlich seiner Besitzer als auch der Datierung seiner im späten 18. Jahrhundert erfolgten Sanierung immer wieder mit dem angrenzenden Palazzo Giacomo Milan verwechselt, so fälschlicherweise «Casa Tosin» benannt und der Umbau entsprechend ins Jahr 1766 festgelegt. Wurde der mit der Hausnummer 5 bezeichnete Palazzo erstmals im Vicenza-Führer von 1919 als ein Werk von Bertotti aufgeführt, so finden sich im späteren Guidenbuch von 1956 beide Bauten mit sogar entsprechenden Datierungen erwähnt: das Jahr 1766 für den schon von Bortolan und Rumor beschriebenen Palazzo und das Jahr 1776 für das Nachbargebäude, obwohl auf dessen Hauptfassade die klare Inschrift «Anno Domini MDCCLXVI» steht. Aber da beide Häuser während des 18. und beginnenden 19. Jahrhunderts im Besitz derselben Familie waren und aufgrund der übereinstimmenden Quellen des Ottocento nun Ottavio Bertotti Scamozzi den grossen Palazzo Giacomo Milan an der contrà Porta S. Lucia 7 im Jahre 1766 modernisiert und dann für den Direktor derselben Seidenfirma den an der gleichen Strasse gelegenen Palazzo Giuseppe Gastaldi 1773 umgebaut hatte, darf folgerichtig die These aufgestellt werden, dass der Bauherr Giacomo Milan auch für sein neues Vorhaben wieder den ihm bereits bekannten Architekten zugezogen hatte. Doch sind keine diesbezüglichen Dokumente, die diese Attribution bestärken könnten, bis anhin bekannt geworden, und die Datierung des Umbaues in das Jahr 1776 beruht auf der Annahme, dass selbst ein vermögender Auftraggeber wie Giacomo Milan die Kosten für die Renovation seiner zwei Palazzi nicht gleichzeitig aufbringen konnte, zuerst das eine Gebäude als Zeichen der sich aufdrängenden Sanierung des alten Scaligerviertels umgebaut hatte und erst nach zehn Jahren, während derer sein Beispiel nachgeahmt worden war, auch das zweite Haus renovieren liess. Der Palazzo Milan an der contrà Porta S. Lucia 5 gehörte seit dem späteren 19. Jahrhundert und bis vor einigen Jahrzehnten der Familie Rossi, befindet sich heute im Besitz des Sig. Renzo Zengiaro und ist ausgezeichnet erhalten (184).

Dieser Palazzo Giacomo Milan ist in seinen Ursprüngen zusammen mit den übrigen Häusern des Borgo S. Lucia noch unter den Scaligern entstanden und im Vicentiner Häuserverzeichnis für das Jahr 1666 als Wohnhaus jenes Co. Gianfrancesco Angaran deklariert, dessen Familie auch das links angrenzende, nur zwei Fensterachsen breite Gebäude und den imposanten gotischen Palazzo am Anfang der contrà Porta S. Lucia besass. Um die Mitte des 18. Jahrhunderts vermutllich erwarben dann die Milans das betreffende Haus und benützten es als Bottega und zusätzlichen Wohnsitz für fast hundert Jahre (185). Der von Bertotti modernisierte Palazzo ist dreigeschossig, aber höher als das stark zurückgesetzte Nachbargebäude wegen eines über 5 m hohen Portikus, der in derselben Flucht des Palazzo Angaran sich mit zwei mächtigen Rundbogen zur Strasse und mit einer schmäleren Öffnung seitlich zum Haus Nr. 7 hin öffnet. Der nördlichen Arkade entspricht im Grundriss ein einst offener, quer durch das gesamte Gebäude in den rückseitigen Hof führender Durchgang, während hinter der südlichen ein zimmerbreites Mezzanin samt zweiläufiger Treppe eingebaut wurde. Über dem Portikus bezeichnet eine architravierte Loggia mit drei toskanischen Vollsäulen das Piano Nobile und wird seitlich von je einem hochrechteckigen Fenster begrenzt, dessen Brüstung das einfach profilierte Fenstergewände fortführt und in ihrem Feld mit einem rocailleförmigen Relief verziert ist. Derselbe Fassadenschmuck wiederholt sich unterhalb der vier quadratischen Fenster des Dachgeschosses, wobei jeweils zwei Öffnungen dieser oberen Stockwerke für je eine schmale, aber tiefe Raumflucht stehen, die sich aus einem kleineren Zimmer zur Strasse und einem grösseren zum Hof hin zusammensetzt. Neben der im Piano Nobile ungewohnten toskanischen Ordnung, deren gedrungene Säulen dazu einen hölzernen Architrav und darüber ein vorkragendes Gesims stützen, fällt bei dieser Fassadenregulierung besonders die starke Akzentuierung der einzelnen Felder auf, denen sich selbst die massive Balusterreihe zwischen den Loggiensäulen einfügt. Und die die gesamte Fassadenbreite durchlaufenden, breit profilierten Stockwerkgesimse sind zusammen mit den wuchtigen Kämpfern der Arkadenpilaster über die die Hausfront vertikal abgrenzenden Ecklisenen verkröpft worden und als betont waagrechte Gliederungsmittel eingesetzt, um die Palazzohöhe überhaupt optisch verkleinern und damit vielleicht auch den harten Übergang von den an die Piazza XX Settembre grenzenden, reicheren Bauten zu den niedrigeren und teils einfachen Häusern der contrà Porta S. Lucia mindern zu können. Dennoch verdeutlicht dieser Palazzo Milan gerade mit seiner Fassadengestaltung eine betonte Ausrichtung sowie erwünschte Zugehörigkeit zur damaligen Piazza degli Angeli und zeigt mit eleganten Proportionen auch die von Bertotti immer wieder versuchten Bestrebungen zur Vereinfachung des klassischen Formenapparats, der hier mit zwar fast spielerisch anmutenden Elementen zusätzlich bereichert wurde und so eine nicht alltägliche, als «preziös» zu benennende Ausstrahlung erreicht, die immerhin dem luxuriösen Stoffhandel des Auftraggebers entsprochen hatte.

Ist nun einerseits die Tatsache zu berücksichtigen, dass auf dem napoleonischen Katasterplan von 1814 und seiner österreichischen Neuauflage von 1841 noch alle drei Gebäude — der Palazzo Angaran, der Palazzo Milan und vorab der kleine, zweiachsige Verbindungsbau dazwischen — offene Arkadengänge besassen, so ist andrerseits der 1768 entflammte, heftige Disput anlässlich der Errichtung der schräg dem Palazzo Milan gegenüberliegenden «Fabbrica de' Lanzi» nicht ohne Nachwirkungen geblieben, die in den darauffolgenden Jahren etwelche Bauvorhaben in ihrer Realisierung entscheidend mitbestimmt haben (186). Die Hauptexponenten dieses Architekturstreits waren Don Francesco Antonio Ziggiotti und der Venezianer Antonio Locatelli; nachdem der Erstgenannte zur Verteidigung der anscheinend gegen ihn erhobenen Vorwürfe über Aufriss- und Grundrissgestaltung des Palazzo Lanzi einen «Discorso Apologetico», gefolgt vom Flugblatt «Aggiunta, e difesa del Discorso Apologetico», publiziert hatte, gab der zweite eine über 40 Seiten lange Schmähschrift heraus mit dem Titel «Lettere di due amici sopra una mostruosa fabbrica eretta di fresco in Vicenza». Nun, der von Ziggiotti als markanter Eckbau geplante Palazzo wurde nie fertiggestellt, von den beiden wichtigen Fassaden ist gerade die kleinere zur Piazza XX Settembre nach seinem Vorschlag erbaut, während die eigentliche Hauptfassade auf die contrà S. Lucia hinaus nur zur Hälfte und ohne jegliche Berücksichtigung des Ziggiotti-Entwurfs errichtet wurde. Aber die vom Architekten in seinem «Discorso Apologetico» publizierten Pläne, die auch zur Rechtfertigung gegenüber der den Entwurf verändernden Ausführung gedient hatten, mussten den Kritiker Locatelli und dessen grossen Freund Bertotti, die ja gemeinsam im Herbst 1770 eine Edition der Bauten von Palladio und Scamozzi projektiert hatten, bei dem dann an jenem neuralgischen Strassenort sich offerierenden Milanschen Bauvorhaben zu einer Art Gegendarstellung gereizt haben. So konnte die Richtigkeit der 1769 an der «Mostro-fabbrica» geübten vernichtenden Kritik vor aller Augen aufgezeigt und an einem praktischen Beispiel «guter Architektur und guten Geschmacks» dargestellt werden, welche Autorität und welche festen, sich aus Naturgesetz und rationalen Überlegungen her folgernden Regeln zu wählen waren.

Gutachten über den von Giovanni Miazzi projektierten Hauptaltar für die Pfarrkirche S. Clemente in Valdagno (Prov. Vicenza)

Piazza S. Clemente
6. Januar 1777
Auftraggeber: Dr Antonio Mastini junior, Gemeindearzt
von Valdagno und Naturwissenschafter,
der sich besonders der Erforschung
der Mineralquellen von Recoaro widmete

Das von Bertotti geschriebene, aber im Originaltext noch nicht wiederentdeckte Gutachten ist dem Inhalt nach aus einem Begleitbrief bekannt geworden, den Bertotti am 6. Januar 1777 mit den ihm für die Beurteilung einst überlassenen Unterlagen nach Valdagno zurückschickte. Während der aus Bassano gebürtige Giovanni Miazzi als Architekt sowohl des Neubaus von S. Clemente als auch des dortigen Hauptaltars immer wohlbekannt war, zeigt das von Loredana Olivato publizierte Schreiben nun Ottavio Bertotti Scamozzi erstmals in der Funktion eines Sachverständigen, der von einer Vicentiner Landgemeinde – vertreten durch Antonio Mastini – um eine schriftliche Aussage über das Projekt eines Zeitgenossen angefragt worden ist (187). Aber trotz der positiven Stellungnahme Bertottis wurde der Hauptaltar von S. Clemente erst 1811 vollendet und die Kirchenfassade nach dem Entwurf von Miazzi durch Luigi De Bon 1829 fertiggestellt.

Mit der Planung der neuen Pfarrkirche S. Clemente, welche das bis ins Jahr 1380 zurückgehende und baufällig gewordene Gotteshaus ersetzen sollte, wurden bereits 1739 bis 1741 Carlo Bignetta, 1745 Paolo Bonvicini und 1746 Antonio Borella, alles Periti in Vicenza, beauftragt. Das 1748 vom Perito Miazzi vorgelegte Projekt wurde mit 55 Lire honoriert und zur Ausführung angenommen. 1775 war die neue Kirche eingedeckt, und in den folgenden drei Jahren wurde vor allem an der Innenausstattung gearbeitet; so war im Januar 1776 ein provisorischer Hauptaltar errichtet, im gleichen Jahr bei Giacomo Ciesa in Vicenza ein Altarblatt mit der Darstellung von San Clemente bestellt worden, und dieses wurde mit Hilfe von vier Leuten am 18. Dezember 1778 von Vicenza nach Valdagno transportiert. Am 20. Dezember 1778 konnte die Kirche für den Gottesdienst eröffnet werden, am 22. Februar 1779 beauftragte übrigens der Generalvikar Monsignore Bonaventura Fadinelli den Pfarrer Don Agostino Rubini mit der Säkularisierung der benachbarten alten Kirche S. Clemente, und der Vicentiner Bischof N. H. Luigi Maria Gabrieli nahm am 26. August 1781 die feierliche Weihe der neuen Kirche vor, obwohl auch damals keiner der sieben Altäre noch die Hauptfassade fertig erbaut waren (188).

Der mit 6. Januar 1776 More Veneto datierte Brief Bertottis an Antonio Mastini in Valdagno lautet:

«Illustrissimo Signore Signore Patron Colendissimo

Dopo aver spedita a quella spettabile comunità di Valdagno la mia openione in iscritto, intorno alla posizione dell'altare isolato alla romana, m'accorsi che m'erano rimaste la scrittura, e il piccolo disegno ultimamente presentato per lo stesso effetto dal Signor Miazzi. Tosto andiedi dal Signor Giuseppe Fontana, il qual mi face supporre, che tra pochi giorni doveva portarsi a Valdagno, per porre in opera il consaputo altare e lo pregai che volesse consegnare in mano a Vostra Signoria Illustrissima il disegno, e la scrittura del detto Signor Miazzi. Io mi credevo che a quest'ora e l'uno, e l'altro Ella avesse ricevuto. Rilevai però dalla stimatissima sua in detto primo corrente, che Ella non ha avuti né il disegno, né la scrittura onde tosto li ricuperai, e nello stesso momento glie li trasmetto. – M'increscе che nuovamente siano insorte le divisioni degli animi per la posizione di quel benedetto altare: così vanno le facende quando la necessità stringe a dover fare delle inovazioni nelle maturate disposizioni degli architetti. Io mi consolo però che nel numero componente quel governo vi sono degli uomini di seno, che saprano con moderatione conciliare gli animi per il maggior bene. Frattanto se posso obedirla: la suplico di onorarmi dei stimatissimi suoi comandi, che mi troverò sempre quale con vera stima mi do l'onore di dirmi / di Vostra Signoria Illustrissima / Umilissimo divotissimo obbligatissimo ed ossequientissimo servo / Ottavio Bertotti Scamozzi.»

Das Gutachten betraf also speziell die Position des Hauptaltars, der entweder nach dem Entwurf Miazzis an die Wand gerückt oder nach vielleicht liturgischen Überlegungen freigestellt hätte werden sollen. Bei der letzteren, mit «altare isolato alla romana» beschriebenen Variante war wohl ein Altarziborium — ein mehrsäuliger, überdeckter Pavillon — von jener barockisierenden Art gemeint, in der Miazzi selbst die Altäre beispielsweise der Pfarrkirche in Rosà, von S. S. Trinità in Angarano und S. Giovanni Battista in Bassano errichtet hatte. Jedenfalls war die Kontroverse um die Altarstellung mit der Stellungnahme Bertottis keineswegs beendet worden; der Chronist Bocchese notierte auch für den 7. September 1778: «parte lo voleva isolato e parte posato al muro. Infati il disegno era fato per essere posato al muro come si vede al presente ...», und der 80jährige Miazzi schrieb am 22. Februar 1779 in einem Brief an Antonio Mastini seine wiederholte Bereitwilligkeit, von Bassano nach Valdagno zu reisen, falls ihn der Sig. Giuseppe Fontana die Strecke von Vicenza nach Valdagno begleiten würde, und seine in der Zwischenzeit weiterentwickelte Zeichnung des Altars samt Tabernakel mitzubringen. Fünf Jahre nach dem bertottianischen Gutachten war aber doch mit der Realisierung des Werkes begonnen worden, denn im Spesenbuch der Gemeinde wurde am 2. Januar 1782 die Auszahlung von 88 Lire für Verpflegung und «per l'abbassamento et altro per l'Altare Maggiore» zuhanden des Sig. Giuseppe Fontana Altarista und dessen Gehilfen eingetragen. Am 6. September 1785 trafen sogar die vier grossen Altarsäulen von Vicenza ein, und noch im selben Jahr übernahm die Rosenkranz-Bruderschaft die Leitung des Altaraufbaues in der Kirche. Nach einer erneuten Spendenkollekte konnte der Hauptaltar von S. Clemente 1811 fertiggestellt werden (189). Die sehr lange Bauzeit sowohl der Kirche als auch speziell noch des Hauptaltars war für damalige Verhältnisse gerade bei den bescheideneren, meist einschiffigen Landkirchen nicht aussergewöhnlich. Die Œuvreverzeichnisse von Giorgio Massari und von dem nur um 11 Jahre jüngeren Giovanni Miazzi geben dafür ein beredtes Zeugnis. Die ehrgeizigen Pläne auch armer Kirchgemeinden waren gar nicht für eine rasche Realisierung bestimmt; im Gegensatz zu heutigen Usanzen mit Kostenvoranschlag und Terminplanung wurden noch im 18. Jahrhundert öfters weit umfassendere Bauprogramme vorgenommen, als eine Generation je zu vollenden erhoffen durfte und auch finanziell überhaupt sich leisten konnte. Diese von einer gefühlsmässigen Beziehung, von grossem Stolz auf die eigene Gemeinschaft getragene Missachtung des Möglichen und die daraus entstandenen Bauunterbrüche förderten aber die geistigen Energien für das allenfalls noch Erreichbare (190). Die Kirche S. Clemente in Valdagno und überhaupt die zahlreichen, heute fast ausnahmslos noch funktionierenden Landkirchen der Terraferma dienen als Beispiele einer geschichtsbelasteten und geschichtserprobten Bauweise.

Der im Auftrag der Behörde von Valdagno mit den Architekten Bertotti und Miazzi verhandelnde Antonio Mastini junior (1717—1805) entstammte einer angesehenen Arztfamilie in Valdagno, wurde 1748 als Assistent seines Vaters Niccolò Mastini von der Talschaft angestellt und war anschliessend «medico ordinario» bis mindestens zum Jahre 1791. Neben vereinzelten naturwissenschaftlichen Studien und dem Aufbau einer beachtlichen Sammlung von Versteinerungen aus der näheren Umgebung widmete er sich während über 50 Jahren der Erforschung der nördlich von Valdagno gelegenen Mineralquellen in Recoaro. Gerade die letztere Beschäftigung brachte den nach den Universitätsjahren in Padova wohl zeitlebens in Valdagno sesshaften Mastini in Kontakt mit verschiedenen und illustren Persönlichkeiten, zu denen bald einmal auch in Venedig residierende Engländer und deren englische Gäste zählten. So empfahl Antonio Mastini am 18. August 1769 dem Signor Carlo Bunbury Cavaliere Inglese die extra auf sein Verlangen hin angefertigte Beschreibung des Recoaro-Wassers, dessen erstaunliche Heilkräfte bereits «negl'anni addietro in M.o James, ed altri Cavalieri inglesi, e nel presente in S. E. Milord Bute, nel Sig.e K.e Wright ed ultimamente in Vostra Eccellenza ...» ihre Wirkung hinterliessen, und 1770 erschien der erwähnte Aufsatz in englischer Übersetzung in London (191). Mit M.o James meinte Mastini vielleicht jenen Sir James Steuart, der als Anwalt 1745 in die Jakobiter-Rebellion verwickelt worden war und anschliessend nach Frankreich und Deutschland fliehen musste, wo er im Frühling 1758 Tübingen aus gesundheitlichen Gründen verliess und mit seiner Familie anfangs Mai des gleichen Jahres in Venedig eintraf. Von John Stuart, 3. Earl of Bute, sind aus der Zeit seines Aufenthalts im Veneto sechs an Sir James Wright, den englischen Regierungsvertreter von 1766 bis 1774 in Venedig, gerichtete Briefe erhalten. Im ersten dieser vom 23. Januar bis 23. November 1770 datierten Schreiben erwähnte Lord Bute einen Mr Edwards, im zweiten vom 4. Mai seinen erneut bevorstehenden Besuch in Valdagno. Und am 19. Oktober 1770 beglückwünschte Bertotti seinen Freund Pietro Edwards in Venedig zu dessen sorgfältigem Vorgehen und speziell der Idee, die Zeichnungen zusammen mit dem privaten Manifest einem gewissen Lord zu schicken, und versprach Edwards auch für die kommende Woche eine Sendung mit fünf kleinen, preisgünstigen Zeichnungen von Vicentiner Palästen sowie für später weitere dreizehn Ansichten, die wegen des fehlenden Papiers noch nicht hatten aufgezeichnet werden können. Dann berichtete Bertotti noch, dass er eine Reise nach Valdagno oder anderswohin unternehmen, aber vorher das genaue Ziel mitteilen werde. Damals war das Projekt einer Edition der «Fabbriche» mit Bauten von Palladio und Scamozzi bereits gefasst und lebhaft von Pietro Edwards unterstützt worden, der auch mit der Suche eines gewichtigen englischen Mäzens beauftragt wurde. Und in dem leidenschaftlichen Sammler Lord Bute, der sich auf einer eigentlichen Einkaufstour befand, hat kürzlich Loredana Olivato versuchsweise den Hauptgönner der bertottianischen «Fabbriche» identifiziert (192). Aus den sicher vorhanden gewesenen engeren Beziehungen zwischen Lord Bute und Ottavio Bertotti Scamozzi lässt sich eigentlich schliessen, dass Dr Antonio Mastini den Architekten aus Vicenza schon vor dem

1776 erteilten Gutachterauftrag gekannt und schätzen gelernt haben muss und nicht einfach während des anfallenden Altardisputs auf den nächstbesten, gerade zur Verfügung stehenden Baumeister zurückgriff.
Das Gutachten von Bertotti sowie die von Miazzi geplante, heute noch bestehende Altarform sind auch im Zusammenhang mit Bertottis späterem Auftrag für den Altar S. Gaetano in der Kirche S. Stefano in Vicenza aufschlussreich und zeigen bereits die deutliche Abwendung vom theaterhaft-bewegten, fast überinstrumentierten Altarbau und die aufkommende Tendenz zu strengeren Kompositionen mit Säulen und Giebeln. In Valdagno dominieren über dem Blockaltar vier kolossale Rundsäulen, deren sehr breites Mittelinterkolumnium das zusätzlich von einer Bogenarchitektur gerahmte und halbkreisförmig geschlossene Altarblatt des Giacomo Ciesa einfasst. Die Säulen stützen ein schmales, gerades Gebälk, das in der Mittelpartie mit einem niedrigen Stichbogen und darüber noch mit einem gestelzten Dreieckgiebel bekrönt ist. Ob zwar dieser Gebälkaufbau mit jenen von Bertotti angetönten «inovazioni nelle maturate disposizioni degli architetti» in Verbindung zu bringen ist, oder ob der Hinweis auf durch Umstände bedingte Planänderungen sogar zwei verschiedene, von Miazzi vorgelegte Altarprojekte erkennen lässt, kann aufgrund des heute bekannten Quellenmaterials nicht entschieden werden.

Innenansicht der Kirche S.Clemente in Valdagno
mit Blick auf den Hauptaltar.

Palazzo Giacomo Giuseppe Gozzani di Treville an der via Goffredo Mameli 27—29 in Casale Monferrato.

Palazzo Giacomo Giuseppe Gozzani di Treville in Casale Monferrato (Prov. Alessandria)

Via Goffredo Mameli 27–29
1777–80
Auftraggeber: Marchese Giacomo Giuseppe Gozzani di Treville, der auch den Titel «Marchese di Odalengo» trug und zu den reichsten Patriziern im Monferrato zählte

In Casale Monferrato, das an der östlichen Grenze der Region Piemont am rechten Po-Ufer liegt, findet sich der Palazzo Giacomo Giuseppe Gozzani di Treville in der parallel zur via Roma angelegten via Goffredo Mameli, die gegen Norden in die Piazza Tavallini einmündet, von wo die via Paleologi in einem grossen Halbkreis in die sich nördlich an die via Roma anschliessende via Lanza führt. Die via Mameli hiess wegen ihrer Lage auf alten Glacis der Festungsstadt ursprünglich «via delle cerchie» und wurde erst unter Napoleon in «rue de l'Athénée» umgetauft, später «via S. Paolo» und von 1859 bis nach der Jahrhundertwende «via Vittorio Emanuele II» genannt. Trotz dieser politisch motivierten Namensänderungen ist aber das von imposanten Palazzi beherrschte Strassenbild ziemlich intakt geblieben und vermag noch heute etwas von der einstigen Grösse und Eleganz des Casaleser Settecento widerzuspiegeln. Die frühesten Hinweise auf eine bertottianische Umbautätigkeit im Monferrato sind in den lokalen Chroniken von Giuseppe De Conti und seinem Neffen Vincenzo De Conti überliefert, die die Erweiterung des von den Scapitta im frühen 18. Jahrhundert errichteten Palazzo Gozzani di Treville und dessen neue Hauptfassade dem Architekten aus Vicenza zuschrieben sowie in die Jahre 1777 bis 1780 datierten. Wurden in der späteren Forschung diese Arbeiten Bertottis irrtümlich in das Jahr 1789 festgelegt, so bestätigen auch die von Leonardo Marini, der 1782 zum «disegnatore del Gabinetto del re di Sardegna» avancierte, für den Palazzo Treville gezeichneten Dekorationsentwürfe jene von den De Conti aufgestellte Frühdatierung (193). Zwar ist der Grossteil dieser reichen Innenausstattung verlorengegangen und nur anhand der erwähnten Zeichnungen und schriftlichen Überlieferungen bekannt; erhalten geblieben sind zahlreiche Stuckarbeiten und Fresken, deren jüngste Beispiele aus der Zeit Bertottis stammen und von der aus dem Veroneser Francesco Lorenzi und dem Vicentiner Paolo Guidolini bestehenden Equipe gemalt wurden. Im 19. Jahrhundert war der Palazzo noch im Besitz der Marchesi Gozzani di Treville, in den 30er Jahren unseres Jahrhunderts gehörte er dem Ingenieur S. Bazzi und beherbergt heute die städtische Pinakothek sowie eine Musikakademie.

Nachdem Prinz Eugen von Savoyen 1706 die Franzosen bei Turin besiegt hatte, wurden die Stadt Casale sowie ihre 1683 vom letzten Gonzagaherzog an Frankreich verkaufte und 1695 geschleifte Zitadelle dem Herzogtum Savoyen-Piemont eingegliedert, und im Utrechter Frieden von 1713 wurde dem Herzog Viktor Amadeus II. von Savoyen auch das übrige Monferrato samt Sizilien mit der Königskrone offiziell zugesprochen. 1720 musste der Herzog von Savoyen-Piemont dem Habsburgerkaiser Karl VI. das Königreich Sizilien im Austausch gegen jenes von Sardinien abtreten, so dass bis zur napoleonischen Annektion von Savoyen im Jahre 1796 Casale nun Teil jenes Königreichs Sardinien war, dessen Hauptstadt das einflussreiche Turin war (194). Hatte die politische Instabilität des 17. Jahrhunderts keine grosse private Bautätigkeit gefördert, so zählte jetzt in Casale Monferrato der Marchese Giovanni Gozzani di Treville zu den ersten, die die beginnende Friedenszeit für die Errichtung eines Neubaus nützten. Als Architekt wurde der aus dem nahen Moncalvo gebürtige Giovanni Battista Scapitta beauftragt, der unter der Herrschaft der Gonzaga 1681 vom Herzog Ferdinand Karl zum «Prefetto delle Fabbriche Ducali e Agrimensore Camerale» ernannt worden war, neben dem Projekt für die Kirchenfassade S. Michele von 1687 vorab Ingenieurarbeiten verrichtet und temporäre Festarchitekturen aufgestellt hatte. Zwischen 1710 und 1712 begann dann Scapitta auf der nordöstlichen Hälfte des heutigen Grundstückes mit dem Bau des Palazzo Treville, dessen ca. 30 m breiter Hauptfassade zur via Mameli hin eine mehr als doppelt so lange Tiefenausdehnung entsprach. Das damals dreigeschossig errichtete Hauptgebäude erstreckte sich beidseits mit einem gleichhohen, aber in fünf Stockwerke unterteilten Seitenflügel in östlicher Richtung, wobei der kürzere nördliche Anbau nach sieben Fensterachsen durch einen niedrigeren Zwischentrakt mit dem südlichen Flügelpendant verbunden wurde. Diesem heute noch symmetrisch auf die Eingangsachse orientierten ersten Innenhof folgte wieder gen Osten ein zweiter Hof, nun von einem Ökonomiegebäude abgegrenzt und auf der Nordseite in den Innenhof des Nachbarhauses führend, wodurch ein direkter Zugang zur via Mameli über den schmalen vicolo De

Detail der Hauptfassade des Palazzo Treville mit dem Portal No 29.

Ansicht des bertottianischen Anbaues von der via Stefano Guazzo her.

Detail der Hauptfassade des Palazzo Treville an der via Goffredo Mameli.

Detail der Seitenfassade des Palazzo Treville an der via Stefano Guazzo.

Conti offenblieb. Auf dieser zum Gässchen hin orientierten Seitenfassade sind die eleganten Rokokostukkaturen der Fenstergewände erhalten und lassen auf eine einst ähnliche Gestaltung der Hauptfront schliessen, während das Portal an der via Mameli No 29 in ein T-förmiges Atrium führt, dessen stupende Wirkung einerseits in der eleganten Anordnung toskanischer Säulengruppierungen besteht, die ein mit feinen Stuckarbeiten dekoriertes Rippengewölbe stützen, und andrerseits evoziert wird durch den sich dem eintretenden Besucher unerwartet darbietenden Ausblick auf einen sich verbreiternden Innenhof und den sich in 25 m Entfernung befindenden, vor- und zurückschwingenden und reich instrumentierten Quertrakt, dessen barock-theatralische Inszenierung noch besonders betont wird durch die vollplastischen, lebensgrossen Figuren in den seitlichen Nischen des Erdgeschosses und des Piano Nobile, den Kriegerbüsten in kreisrunden Nischen darüber und den hohen, halbkreisförmig geschlossenen Wandmalereien mit illusionistischen Architekturdarstellungen beidseits des in der Mittelachse situierten Portals. Hält die die Marchesa Gozzani di Treville repräsentierende rechte Nischenfigur des Piano Nobile einen grossen, heute halbzerstörten und stark verwitterten Grundrissplan dieser ersten Bauetappe in der Hand, auf dem immerhin auch noch das monumentale Treppenhaus angegeben ist, das vom südlichen Kreuzarm des Atriums her die Obergeschosse erschliesst, so weisen die Lebensdaten der für die erwähnten Fresken des Querbaues in Frage kommenden Maler, die übrigens auch das Treppenhaus und dessen Gewölbe sowie die der Aufgangsstiege entgegengesetzte, nördliche Atriumswand dekoriert hatten, auf eine späte Vollendung selbst dieser ersten Palazzohälfte hin. Giovanni Battista Scapitta starb am 15. November 1715, nachdem er zuvor noch die neue Pfarrkirche in Pobietto und die Kirche S. Caterina in Casale geplant hatte. Die von Giuseppe De Conti erwähnten Freskanten, der Casaleser Piero Francesco Guala als Figuren- und der Bologneser Giovanni Antonio Bettini als Quadraturmaler, waren mit Sicherheit nicht vor 1724, wahrscheinlich sogar erst in den frühen 30er Jahren des Settecento im Palazzo Treville tätig; anschliessend malte der Ligurer Giovanni Agostino Ratti das über dem Atrium befindliche Vorzimmer aus, und zwar zusammen mit einem nicht näher bekannten Quadraturisten, für den die Lokalhistoriker sowohl wiederum den Namen Bettini als auch jenen des öfters mit Ratti arbeitenden Giovanni Battista Natali aus Piacenza vorschlagen (195). Genauere Daten über diese Innendekorationen und auch über die weitere Fortsetzung des Baues bis zum Eintreffen von Bertotti haben sich bis anhin nicht aufgefunden. Der betreffende Passus bei De Conti «edificio fabbricato nel 1730 sul disegno come vuolsi del Scapitta ...» muss sich auf die erste, unter Giovanni Battista Scapitta begonnene Palazzohälfte beziehen, die später unter der Leitung seines Neffen und Nachfolgers im städtischen Ingenieuramt, Vincenzo Scapitta, vollendet wurde. Und die zweite Bauphase, die in der südlichen Verlängerung des an die via Mameli grenzenden Gebäudeteils um weitere 35 m sowie in einem kurzen, mit vier Fensterachsen sich zur schmalen via Stefano Guazzo öffnenden Flügelansatz bestand, ist aufgrund stilistischer Hinweise wohl um 1750 abgeschlossen worden. Die Hoffassade, die die Dreigeschossigkeit des benachbarten ersten Innenhofs desselben Palazzo wiederholt, besticht durch ihre monumentalen Doppellisenen, die zusammen mit schwach profilierten Stockwerkgesimsen die einzelnen Fensterachsen rahmen und die überbreiten toskanischen Pfeiler der Erdgeschossarkaden gliedern. Eine stilistisch verwandte Auffassung von funktioneller Wandgliederung mit schmucklosen Mauerbändern und gewändelosen Öffnungen findet sich beispielsweise im Innenhof des um 1740 im Auftrag des Conte Gianbattista Sannazzaro am Ende der via Mameli vollendeten Palazzo, der gerade auch wegen des Hoftrakts der «scuola scapittiana» zugeschrieben wird. Nur ist «scuola scapittiana» ein Notbegriff zur Bezeichnung jener Casaleser Rokokopalazzi, die zwischen 1715 und 1750 von grösstenteils noch unbekannten Architekten und «Capomastri» errichtet wurden. Und Vincenzo Scapitta, der testamentarisch sämtliche Dokumente, Zeichnungen und Messinstrumente seines Onkels geerbt hatte sowie 1729 zum «Ingegnere e Perito della Città di Casale» ernannt worden war, könnte eine gewichtigere Rolle als nur jene des getreuen Vollenders der von Giovanni Battista Scapitta begonnenen Bauten innegehabt und bis zu seinem Tod am 3. November 1750 auch die zweite Bauphase des Palazzo Treville selbständig entworfen und ausgeführt haben (196).

Eine dritte Bauphase des Palazzo Gozzani di Treville sah eine radikale Modernisierung im Zeichen der nun in Casale beginnenden klassizistischen Strömungen vor und wurde auffälligerweise nicht mehr von lokalen und heute noch kaum bekannten Künstlern, sondern von einer geradezu international zusammengesetzten Equipe durchgeführt, der die Vicentiner Ottavio Bertotti Scamozzi und Paolo Guidolini, der Veroneser Francesco Lorenzi sowie die für den Turiner Hof des Königs Viktor Amadeus III. von Sardinien arbeitenden Piemonteser Leonardo Marini, Ignazio und Filippo Collino und dann der Schwiegersohn des Hofbildhauers Giovanni Battista Bernero, Biagio Antonio Ferrero, angehörten. Der Auftrag Bertottis bestand vor allem in der Errichtung einer neuen und einheitlichen Strassenfront, welche die mit grossem Zeitabstand vollendeten Gebäude des Palazzo Treville auf einer Gesamtlänge von ca. 65 m entlang der via Mameli zusammenfasste, und dann in der Verlängerung des Flügelansatzes auf die via Stefano Guazzo um weitere acht Achsen. Dieser einfache Anbau, der im Osten an ein stark modernisiertes Gebäude mit mittelalterlichen Erdgeschossarkaden grenzt, ist dreigeschossig und schliesst mit seiner nördlichen, siebenachsigen Fensterfront den südöstlichen Gartenhof des Palazzo zu. Beide Fassaden zeichnen sich durch die rhythmische Anordnung gleichförmiger Hochrechteckfenster aus,

Leonardo Marini. Dekorationsentwurf für eine Galerie im Piano Nobile des Palazzo Treville. B.R.To. Ms varia 218 Dis. 74.

die zudem stets mit demselben ionischen Gewände gerahmt sind — mit Ausnahme der unprofilierten Einfassungen beim obersten Geschoss auf der schlichteren Gartenseite, deren einzige zusätzliche Gliederung in einem schmalen, unter den Fenstern des Piano Nobile verlaufenden Mauerband und einem mehrfach profilierten Kranzgesims besteht; die einzelnen Balkone sind eine den neuen Verhältnissen angepasste Zutat aus dem 19. Jahrhundert. Auf der Gassenfront dieses Flügeltraktes ist das Piano Nobile nun insofern betont, als hier die ausgeprägte horizontale Gliederung mit Mauergurten, Stockwerkgesimsen, Fensterbrüstungen und Abschlussgesimsen von der Hauptfassade übernommen, um den Flügelansatz herum und in einfacherer Form über den gesamten Anbau weitergeführt wurde. Mit diesem bertottianischen Trakt war dann das endgültige Bauvolumen des Palazzo Treville erreicht und umfasste drei grosse, von verschiedenen Flügeln begrenzte Höfe: einen Ehrenhof, einen Ökonomiehof und einen Gartenhof. Dabei diente gerade der letzte, ca. 25 m lange Anbau mit seinen drei gleichwertigen Geschossen nicht mehr für die Bedürfnisse der Familie des Bauherrn, sondern wurde gemäss einer im 18. Jahrhundert besonders im Piemont aufgekommenen Sitte fremdvermietet (197). Neben dem auch von den technischen und künstlerischen Anforderungen her bescheidenen Anbau stellte die vom Marchese Giacomo Giuseppe Gozzani di Treville beauftragte Fassadenerneuerung ein bedeutend grösseres und für Casale sogar das gewichtigste Vorhaben in jenen Jahren von 1777 bis 1780 dar. Von seinen Vorgängern übernahm Bertotti die Aufteilung der Fassade in drei Geschosse und natürlich auch die Position der beiden Portale, vergrösserte aber die Raumhöhe des obersten Stockwerkes, was allein vom ersten Innenhof her zu erkennen ist. Der leicht konkav gekurvte, dem Verlauf der via Mameli folgende Baukörper wurde streng axialsymmetrisch gegliedert in einen siebenachsigen und mit einem Dreieckgiebel bekrönten Mittelteil, flankiert von je einem dreiachsigen und im Erdgeschoss den beiden Portalrahmungen entsprechend breiten Gebäudeabschnitt, dem seinerseits wieder je ein grösserer, vierachsiger Eckteil folgt. Die risalitähnliche Wirkung der mittleren und der beiden äussersten Gebäudepartien, die nicht aus der allgemeinen Flucht heraustreten, wird allein durch die reichere und plastischere Baudekoration erreicht. Die einzelnen Fensterachsen, die nur von den zwei Portalbereichen durchbrochen werden, bestehen aus vier übereinandergestellten Öffnungen — in der hohen Sockelzone aus einem quadratischen, gewändelosen Fensterchen, im Erdgeschoss aus einem hochrechteckigen, ionisch profilierten Fenster mit einem stark vortretenden, waagrechten Verdachungsgesims über dem Sturz, im Piano Nobile aus demselben ionisch profilierten Hochrechteckfenster mit von Volutenkonsolen gestützten, alternierenden Rund- und Dreieckgiebeln sowie darüber im Dachgeschoss aus einem kleineren, quadratischen Fenster mit wiederum ionischem und dazu noch geohrtem Gewände. Anstelle der voluminösen Giebelverdachungen sind die je drei Piano-Nobile-Fenster über den beiden Portalen mit flachen Girlandenreliefs bekrönt und die entsprechenden Quadratfenster im Dachgeschoss ohne die oben seitlich überstehenden Gewändeteile gerahmt. Dagegen zeichnet ein gemeinsamer, segmentförmiger Giebel die zwei zentralen Piano-Nobile-Fenster des Hauptportals aus und trägt in seinem Feld das Wappen der Familie Gozzani di Treville, während diese auch durch eine gemeinsame Reliefbrüstung gekoppelten Fenster links und rechts mit einer herunterhängenden Fruchtgirlande geschmückt sind. Neben dieser strengen, vertikalen Einteilung fällt die differenzierte, horizontale Gliederung auf, die einerseits die beträchtliche Fassadenlänge von 65 m zusammenfasst und andrerseits die imponierende Flächenmasse durch ein Auf- und Abschwellen der ornamentalen Intensität zu rhythmisieren versucht. Die Sockelzone wird durchgehend von einem breiten, unprofilierten Mauerband abgeschlossen, ein flacher und mit einem «laufenden Hund» verzierter Fries trennt das Erdgeschoss vom Piano Nobile, dessen feingegliedertes Brüstungsgesims um die Fenstergewände der mittleren und der beiden äussersten Gebäudepartien verkröpft ist, und in denselben drei Hausteilen ist auch das ionische Hauptgebälk mit Architrav, Bukranienfries und ausladendem, mehrfach profiliertem Gesims deutlich abgehoben von dem dazwischenliegenden, einfacheren und weniger plastisch geformten Gebälk mit Spindelfries. Im gleichen Rhythmus folgt das abschliessende Kranzgesims, dreimal weit vorkragend und zweimal in die Fläche zurückgebunden, wobei der dadurch erreichte optische Effekt einer Hintansetzung zweier Gebäudeteile gleichzeitig auch die Eingangsmöglichkeiten ins Palazzo-Innere markiert. Die zwei bescheidenen Rundbogenportale, die sich durch toskanische Kämpfer, Archivolte und Schlussstein in Maskenform auszeichnen, sind durch eine zusätzliche Profilleiste, die oberhalb der Sockelzone beginnt und die gesamte Erdgeschossbreite dieses Gebäudeteils einnimmt, mit der Wand verbunden und bilden in ihrer Schlichtheit einen kaum zu überbietenden Kontrast zu dem sich dahinter ausbreitenden Schauspiel von architektonischem Formenreichtum. Nicht von ungefähr wird dabei das Portal an der via Mameli No 27, das in den vergleichsweise sehr zurückhaltend artikulierten Gartenhof führt, von zwei vorgeblendeten und mit Rocaille-Motiven umrankten Oculi flankiert. Nach den lokalen Chronisten wurde diese Fassade sowie der dem Palazzo Treville angebaute Mietflügel von Ottavio Bertotti Scamozzi in den Jahren 1777 bis 1780 errichtet, und gleichzeitig muss auch mit der vom Marchese Gozzani di Treville beauftragten, neuen Innenausstattung begonnen worden sein, bei der nun eine entscheidende Mitarbeit Bertottis wohl nicht auszuschliessen ist.

Giuseppe De Conti erwähnte in seinen Aufzeichnungen über den Palazzo Treville weiter: «... nel 1780 ampliato e riformato nella sua facciata sul dissegno del Signor Ottavio Bertotti Scamosso Vicentino. È degno di stima il suo svelto atrio, prospetto del primo cortile decorato di statue, come pure lo scalone, sala e gallerija, dipinte dal Bittini nell'architettura e da Pietro Guala figurista. Negli altri appartamenti le pitture a fresco sono de predetti Guidolini e De Lorenzi, ambi da Vicenza. — Il Marini Piemontese ordinò gli ornati e mobigli di detti appartamenti con squisito gusto.» Was die beiden Maler Francesco Lorenzi und Paolo Guidolini betrifft, so schrieb Lorenzi am 23. November 1783 aus Verona, dass er nach fünf Jahren wiederholter Aufträge zusammen mit seinem Kollegen nun aus dem Monferrato zurückgekehrt sei (198). Da die zwei Künstler in Casale gemeinsam auch für den Marchese Antonio Gozzani di San Giorgio arbeiteten, dessen Palazzo auf der Westseite der via Mameli nach einem Projekt des Filippo Nicolis di Robilant aber erst ab 1778 unter der Leitung des Ingenieurs Pietro Bonvicino modernisiert wurde, sowie für den Marchese Grassi im Piano Nobile des von Giovanni Battista Borra 1776 umzubauen begonnenen Palazzo Langosco an der nahegelegenen via Corte d'Appello einige Sopraporten ausführten, galt wahrscheinlich ihr erster Hauptauftrag dem Palazzo Treville, wo bereits bestehende Räume aus der Zeit der Scapitta ausfreskiert werden mussten. Von diesen Malereien sollen Deckenfresken mit Allegorien der Tageszeiten, mythologischen Darstellungen der Selene und der Venus in vier Gemächern des aus der zweiten Bauphase stammenden Piano Nobile erhalten sein — in deplorablem Zustand verglichen mit der gepflegten Ausstattung dersel-

Leonardo Marini. Dekorationsentwurf für den Kaminaufbau im Esszimmer des Palazzo Treville. B.R.To. Ms varia 218 Dis. 90.

Leonardo Marini. Dekorationsentwurf für ein Empfangszimmer im Palazzo Treville. B.R.To. Ms varia 218 Dis. 340.

ben Jahre im benachbarten Palazzo Gozzani di San Giorgio, dem heutigen Municipio, oder den noch frisch erhaltenen, monochromen Gemälden über den Salontüren im Palazzo Langosco, dem derzeitigen Sitz der Biblioteca Civica (199). Und die von De Conti hochgelobte Innendekoration des Palazzo Treville, die der königliche Theaterkostüm- und Heeresuniformzeichner Leonardo Marini entworfen hatte, ist bis auf spärlichste Spuren zerstört. Erst aufgrund eines von Mercedes Ferrero Viale entdeckten Albums sind für mindestens fünf dieser Gemächer nun Ideenskizzen und ausführungsreife Entwürfe mit teils detaillierten Angaben bekannt geworden. Es handelt sich dabei um ein Empfangszimmer mit vier identischen Wandtischen, einen Essaal mit Kamin, eine tonnengewölbte Galerie, ein Schlafzimmer des Hausherrn und um ein Boudoir, das abwechslungsweise auch «Gabinetto» bezeichnet wurde und heute als einziger Raum noch zu lokalisieren ist — in dem zur via Mameli orientierten Piano Nobile eine Abstellkammer der Accademia Filarmonica mit einer zwar verblassten, aber den Zeichnungen von Marini nahestehenden Deckenbemalung (200). Gemäss den handschriftlichen Didaskalien hatte das Empfangszimmer «fondo Boesaggio ornati di Scultura messa in ore, e bianco — Camei dipinti. Stoffa fondo Incarnato fiori bianchi ombregiati. boesagio fondo griggio di Perla il rimanente secondo le tinte del volto» oder das Schlafgemach «Tapisseria fondo Celeste carico fiorata di bianco ombregiato. Sculture — oro, e bianco. Sopra-Porte amorini a colori naturali, saranno questi della più bella e Adolescenza. urne all'uso antico», womit sich Marini als ein in den damals aktuellsten Modeströmungen und Geschmacksrichtungen hoch versierter Innenarchitekt oder vielmehr als «Designer» erwies, der mit Hilfe einer bewährten Künstlergruppe — in Casale immer die Brüder Ignazio und Filippo Collino für die grösseren, Biagio Antonio Ferrero für die kleineren Bildhauerarbeiten sowie Francesco Lorenzi und Paolo Guido-

Leonardo Marini. Dekorationsentwurf für das «Boudoir» im Palazzo Treville. B.R.To. Ms varia 218 Dis. 356.

lini für die Malereien — sowohl auf die persönlichen Vorlieben der Auftraggeber einging, als auch in enger Absprache mit dem für das Gebäude verantwortlichen Architekten handelte. Aufschlussreich sind, neben den eleganten und an klassischen Vorbildern orientierten Rechteckrahmen, aufgelockert mit Medaillons, spielenden Putten, schwungvollen Girlanden und musischen Trophäen, die zur Verbrennung von Weihrauch und anderen Düften errichteten Altäre, die beispielsweise das Boudoir im Palazzo Treville zu einer Art von profanem Tempel erhoben. Da gab es in Nischen vor einem «fondo dei muri color di Zolfo. arabeschi a colori» Statuenrepliken der Medici-Venus und der Venus Callipigia, eine Satyrfigur, vier Sopraporten mit zwei männlichen und zwei weiblichen Büsten und die Decke bemalt mit von Amoretten umgebenen Arabesken und Medaillons — «simbolici ai Piaceri ed agli amori». Neben diesen teils pompejanisch beeinflussten, teils bald frivol anmutenden Dekorationen erscheint dann die Galerie mit ihren ionischen Säulen und dem Kassettengewölbe viel weniger intim und muss für die strenge architektonische Rahmengestaltung in Zusammenarbeit mit Ottavio Bertotti Scamozzi errichtet worden sein (201). Auf ein gemeinsames Wirken von Marini und Bertotti deuten auch kleine Details wie der das Piano Nobile über den Portalbereichen der Hauptfassade abschliessende Spindelfries, dessen feine Hohlkehlenreihung ebenfalls auf verschiedenen Entwürfen von Marini — und nicht nur für den Palazzo Treville — wiederkehrt.

Der Marchese Giacomo Bartolomeo Gozzani und sein ältester Sohn Giovanni Gozzani, geboren am 25. Juli 1680, hatten sich beim Handel mit Kriegsmaterial die höchst einträglichen Lehen von Treville, Odalengo Grande und Perleto erworben. Nach der Heirat des Marchese Giovanni Gozzani mit Lucretia Gambera am 29. Juni 1702 und der Geburt des ersten Sohnes Giacomo Giuseppe am 27. März 1710 wurde ein Grossteil der

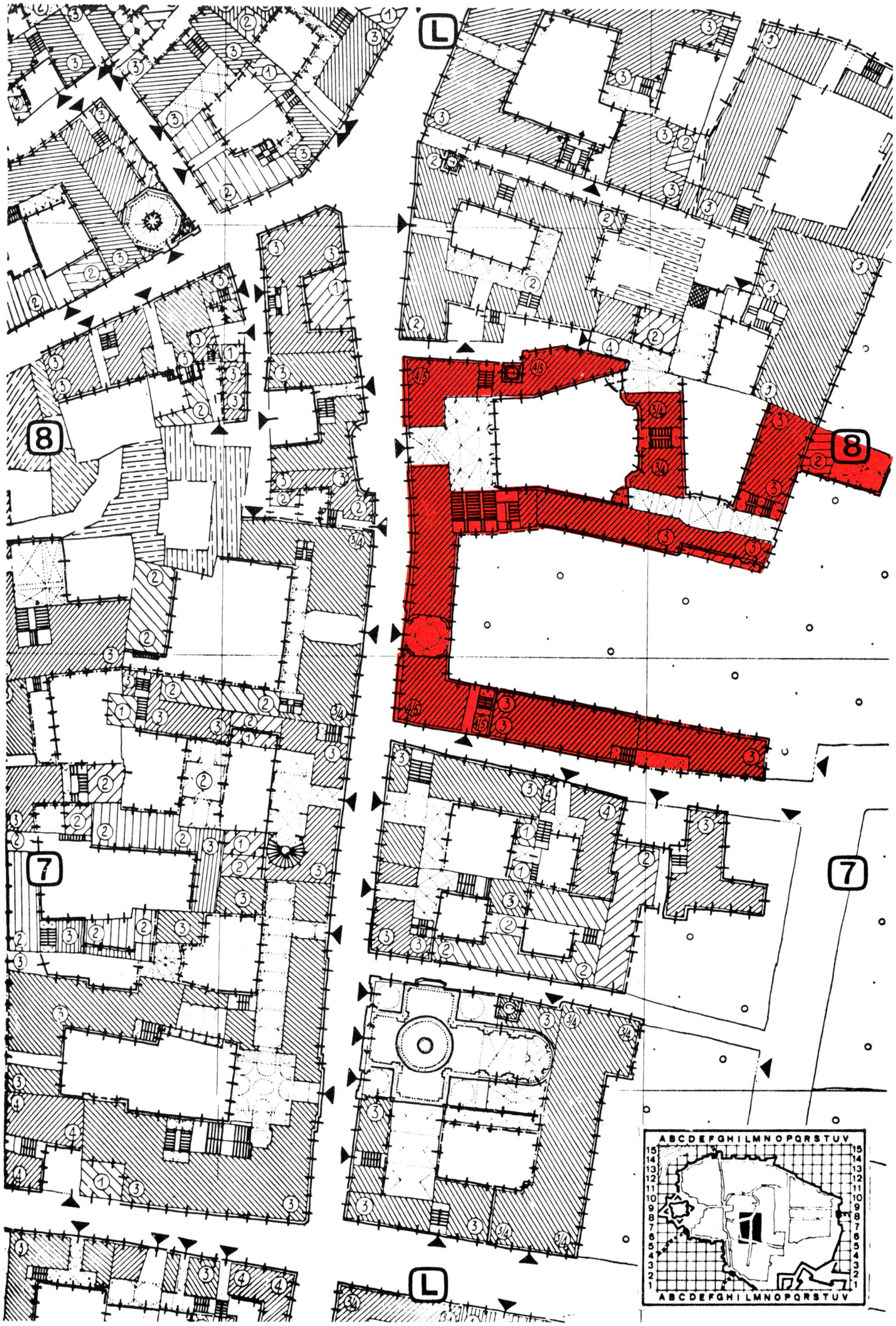

Ausschnitt aus dem vom Istituto di Architettura Tecnica in Turin aufgenommenen Casaleser Plan
mit dem Grundriss des Palazzo Gozzani di Treville. Massstab 1:1000.

beträchtlichen Einkünfte aus diesen Landgütern in den Neubau des Palazzo Treville in Casale investiert, um offensichtlich die Vorrangstellung als erfolgreiche Feudalherren auch in baulicher Hinsicht aufzeigen zu können. Eine Zusammensetzung des vom Marchese Giovanni Gozzani di Treville angeführten grossen Stadthaushalts ist für das Jahr 1734 in den Registern der damaligen piemontesischen Volkszählung festgehalten und wurde anzahlmässig allein von den Bewohnern des noch aus dem 16. Jahrhundert stammenden Palazzo des Marchese Fabrizio Gozzani di San Giorgio übertroffen:

« Consegna delle Bocche umane e del Bestiame » del 1734

(Archivio di Stato, Sezioni Riunite, Torino)

Sig. Marchese Giovanni Gozani di Treville

consegna			
se stesso	di Casale	anni 53	vive di reddito
suoi figli			
Sig. March.e Giacomo Gioseppe		anni 24	nubile
Guido Filippo	residente in Cremona	anni 23	cornetta nel Regg.to Savoia Cavalleria
Ignazio Felice	residente in Milano	anni 20	nel Collegio dei nobili
Francesco Bonaventura		anni 9	studente
Pio Vincenzo		anni 8	studente
suo fratello			
Sig. March.e Giulio Federico	residente in Arona	anni 51	caporale nel Reggimento Casale
suo cognato			
Sig. Abate Fabrizio Gambera		anni 45	
più consegna			
Sig. D. Paolo Bruno di Sezè		anni 40	agente
Gasparo Ramuschio	di Gorzengo	anni 42	mastro di casa
Vincenzo Cavallo	di S. Salvatore	anni 38	cameriere già descritto
Giovanni Bazano	di Castel S. Pietro	anni 39	cocchiere
Benedetto Porazza	di Cameri Novarese	anni 45	staffiere
Domenico Radiccio	di Verona	anni 50	staffiere
Francesco Lavagno	di Rosignano	anni 31	giardiniere
Carlo Melchiore	di Celle	anni 42	giardiniere
Francesco Macarino	di Lu	anni 31	cavaiiere
Eleonora Rosasca	di Fubine	anni 44	vedova del fu Pietro Antonio - governante
Giovanna Rauscia		anni 15	nubile donzella
Domenica Fava	di Murisengo	anni 33	nubile serva

Totale della Famiglia escluse le persone residenti fuori di questa città e già descritte n. 15

più consegna	**bestie Cavalline**	n.	4
	Porchine	n.	2
altre che dice avere in Odalengo	Bovine	n.	8
	Cavalline	n.	1
		n.	15

Die zweite Bauphase des Palazzo Treville wurde bereits vom Marchese Giacomo Giuseppe Gozzani beordert, der die Contessa Anna Maria Lascaris geheiratet hatte und später in langwierige Differenzen mit dem Conte Francesco Ottavio Magnocavallo und dessen Sohn Conte Giacinto Magnocavallo di Varengo verwickelt war. Diese Streitigkeiten dauerten von 1774 bis ca. 1777 und betrafen die Mitgift der Tochter Eleonora Gozzani di Treville, Witwe des verstorbenen Co. Giuseppe Antonio Ferrero di Lavierno und in zweiter Ehe mit Co. Giacinto Magnocavallo verheiratet (202). Und derselbe, bald siebzigjährige Marchese Giacomo Giuseppe Gozzani di Treville berief auch die Equipe mit Ottavio Bertotti Scamozzi, Francesco Lorenzi, Paolo Guidolini und Leonardo Marini sowie dessen Mitarbeitern für eine erneute Modernisierung seiner Stadtresidenz nach Casale Monferrato. Doch der Beweggrund für die Wahl gerade dieses Vicentiner Architekten ist ziemlich unklar; einerseits konnte der baufreudige Feudalherr 1777 zwar den ein Jahr zuvor erschienenen ersten Band der «Fabbriche» von Bertotti gekannt oder sogar persönlich besessen haben, andrerseits war der Schwiegervater der Tochter des Marchese Gozzani, Conte Francesco Ottavio Magnocavallo, selbst dilettierender Architekt und eng befreundet mit dem Vicentiner Conte Enea Arnaldi, so dass die «Architekturszene Vicenza» auch in Casale nicht ganz unvertraut war. Des weitern ist der Einfluss eines Francesco Lorenzi zu beachten, eines sehr gebildeten Malers, der noch unter Giambattista Tiepolo lernte, sich besonders durch fantasievolle Motiverfindungen auszeichnete und gemeinsam mit Paolo Guidolini hätte Ottavio Bertotti Scamozzi als geeigneten Architekten empfehlen können (203). Das kostspielige und gerade in der Provinzstadt überaus unökonomische Bauvorhaben hatte der Marchese Gozzani di Treville insofern finanziell etwas abzusichern versucht, als er den neuen Palazzoflügel als Miethaus errichten und so die üppige Innendekoration auf die privat genutzten Räumlichkeiten beschränken liess. Nach den Aufzeichnungen der Casaleser Volkszählung vom 1. Januar 1858 war jedenfalls diese vom Marchese Giacomo Giuseppe Gozzani angestrebte Bewohnerstruktur auch für piemontesische Verhältnisse von überraschend langer Dauer, die nun indirekt auf das Vorhandensein unvermindert riesiger Ressourcen zu schliessen erlaubt, welche den Betrieb und den Unterhalt dieses grossen Palazzo auch noch im 19. Jahrhundert gewährleisteten:

« Censimento 1º gennaio 1858, Casale, Sezione di Levante »

(Archivio Storico Municipale, Casale Monferrato)

Assenti					
Gozzani di Perleto Giulio	Capo	Cel.	—	Casale	
Ormea Vincenzo	Capo	Con.	70	Trino	Prop.io
Villiano Tomasina	Moglie	»	43	Solonghello	
Ormea Carlo	Figlio	Cel.	19	Serralunga	Studente
Ormea Ferdinando	»	»	17	»	»
Ormea Irene	»	»	13	»	»
Ormea Felicita	»	»	12	Casale	»
Ormea Giuseppe	»	»	7	»	»
Ferri Vincenzo	Congiunto	»	1	Vercelli	
Domestici					
Galoppo Enrichetta		»	16	Mombello	Cameriera
Mazzucco Giuseppe	Capo	Con.	63	Casale	Agente di campagna
Mazzucco Clotilde	Moglie	»	50	Castelletto	
Mazzucco Paolo	Figlio	Cel.	32	Casale	
Mazzucco Gio	»	»	21	»	Tipografo
Mazzucco Camilla	»	»	23	»	
Mazzucco Marcellina	»	»	20	»	
Mazzucco Maddalena	»	»	18	»	Scuolara
Mazzucco Felice	»	»	14	»	Garzone di negozio
Assenti					
Mazzucco Luigi	»	»	30	»	Militare
Romagnoli Cesare	Capo	Cel.	44	Alessandria	
Ferrari Giovanni	Capo	Cel.	40	Lomellina	Avvocato
Perani Filomena	Nipote	»	17	»	
Domestici					
Roberti Cameriera		»	30	Lombardia	Cuciniera
Carvellona Cristoforo	Capo	Ved.	64	Frassineto Po	Proprietario
Domestici					
Picolla Cristoforo		Cel.	18	»	Domestico
Aribaldi Ghilini Ferdinando	Capo	Cel.	37	Alessandria	Capitano
Rota Evasio	Capo	Cel.	59	Rosignano	Scritturale
Abbate Michele	Capo	Con.	43	Borgo S. Martino	Giardiniere
Guomano Serafina	Moglie	»	40	S. Giorgio	
Abbate Giuseppe	Figlio	Cel.	18	Casale	
Abbate Teresa	»	»	14	»	
Abbate Luigi	»	»	10	»	
Abbate Giulio	»	»	6	»	
Cosseta Francesco	Capo	Con.	60	Frassinello	Domestico
Ivaldi Teresa	Moglie	»	40	Casale	

Mornacco Andrea	Capo	Con.	68	Bozzole	Liquorista
Mazza Antonia	Moglie	»	65	Mirabello	
Mornacco Luigi	Figlio	Cel.	36	Bozzole	Notaio
Mornacco Giuseppe	»	»	31	Casale	Misuratore
Rollino Cristoforo	Pronip.	»	13	Ozzano	
Castellazzo Carlotta	Capo	Ved.	60	Sartirana	
Guala Angelo	Nipote	Cel.	27	Mede	Orefice
Guala Giuseppe	»	»	23	Sartirana	»
Assenti					
Guala Carlo	»	»	25	Sartirana	Militare
Estranei assenti					
Bramondo Spirito	»	»	55	Casale	Garz. orefice
Fioratti Catterina	Capo	Cel.	63	Novi	Proprietaria
Fioratti Teresa	Sorella	»	61	»	»
Domestici					
Deregibus Clara		»	66	Pontestura	Cuciniera
Bistolfi Andrea	Capo	Con.	72	Acqui	Custode del Casino
Maschera Catterina	Moglie	»	50	Casale	
Bistolfi Felice	Figlio	Cel.	27	»	Scrivano
Bistolfi Evasio	»	»	26	»	Pittore
Bistolfi Teresa	»	»	20	»	
Bistolfi Angela	»	»	16	»	
Bistolfi Cesare	»	»	13	»	Studente
Maschera Margarita	Suocera	Con.	74	Villadeati	
Maschera Giuseppe	Cognato	Cel.	48	Casale	Falegname
Maschera Angela	»	»	41	»	Proprietaria
Pagliano Carlo	Capo	Ved.	55	Rosignano	Imbiancatore
Pagliano Vittorio	Figlio	Cel.	27	Casale	
Pagliano Vincenzo	»	»	19	»	
Pagliano Giuseppe	»	»	18	»	Sarto
Pagliano Agostino	»	»	7	»	Scuolaro
Assenti					
Pagliano Angela	»	»	21	»	Maestra
Pagliano Giovanna	»	»	13	»	
Pagliano Giuseppina	»	»	4	»	Scuolara
Croce Alessandro	Capo	Cel.	39	Casale	Mediatore di cereali
Olivetta Gaspare	Capo	Con.	39	Castell. Merlo	Mediatore
Mussagno Angela	Moglie	»	28	»	
Olivetta Luigi	Figlio	»	4	Casale	
Olivetta Eugenio	»	»	3	»	
Olivetta Maria	»	»	6	»	
Viotti Giuseppe	Capo	Con.	40	Casale	Parrucchiere
Ameglio Giulia	Moglie	»	35	»	
Viotti Santino	Figlio	Cel.	16	»	Sarto
Viotti Vincenzo	»	»	14	»	Scuolaro
Viotti Giovanna	»	»	7	»	»

Nach der ersten grossen Bautätigkeit in der frühen Hälfte des 18. Jahrhunderts wurde in der Stadt Casale mit dem erneuten Bauvorhaben des Marchese Giacomo Giuseppe Gozzani di Treville ab 1777 ein wiederholtes Wetteifern zwischen den einzelnen Adelsfamilien hervorgerufen, die ihre Stadtresidenzen nach dem Vorbild des Palazzo Treville nun ebenfalls den geänderten Architekturströmungen anzupassen beabsichtigten. So wurde an derselben Strasse der Palazzo des Marchese Antonio Gozzani di San Giorgio, einer ursprünglich mit den Gozzani di Treville verwandten Familie, sogar überraschend kurz nach der Inangriffnahme des bertottianischen Fassadenprojekts radikal modernisiert und anschliessend von den gleichen, bereits im Palazzo Treville tätigen Künstlern dekoriert (204). Nur war der Marchese Gozzani di Treville damals in Casale der einzige Bauherr, der einen nicht-piemontesischen Architekten beauftragt hatte und insofern der via Mameli eine gewisse überregionale, ja internationale Note vermittelte. Vermutlich regte derselbe Marchese auch diese erstmalige Zusammenarbeit zwischen Bertotti und Marini an; und gerade der dem Innenraumgestalter Marini nachgesagte «squisito gusto», der nicht einer gewissen Uniformität der dekorativen Methoden entbehrte sowie zwischen einem «depurato barocchetto» und einem progressiven Klassizismus schwankte, fand ein entsprechendes Äquivalent in der rational durchdrungenen und dennoch nicht von der Tradition losgelösten Architektursprache Bertottis, welche sich von der durch ihre strenge Nüchternheit auffallenden Hauptfassade bis auf die giebelbekrönten Holztüren im Treppenhaus und im Piano Nobile ausdehnte (205). Jedenfalls arbeiteten der Vicentiner Ottavio Bertotti Scamozzi und der Piemonteser Leonardo Marini in den darauffolgenden Jahren von ca. 1780 bis 1784 ein zweites Mal miteinander, und zwar für die Stadtresidenz des Marchese Carlo Filippo Morozzo della Rocca in Turin, während der in der neueren Literatur immer wieder zitierte Casaleser Palazzo Pallio di Rinco allein aus chronologischen Gründen nicht von Bertotti vollendet werden konnte. Nach der verlässlichen Überlieferung von Giuseppe De Conti wurde dieser an der heutigen via Rivetta 43 gelegene Palazzo: «Rifabbricato nel 1747 sul nobile disegno del Conte Ottavio Magnocavalli. S'attende tuttora che venga compito, trovandosi a tutt'oggi a non maggior alzamento nel prospetto esteriore, che a quello del pian terreno» (206). Nachdem aber Bertotti bereits vierzehn Jahre vor der Abfassung dieser Notiz sich in Casale aufgehalten hatte, einer der Hausbesitzer, Conte Carlo Pallio di Rinco, 1784 und der Architekt Magnocavallo 1789 gestorben waren, erscheint eine Attribution, welche übrigens nur das von De Conti 1794 erwähnte Sockelgeschoss betreffen könnte, an den Vicentiner Architekten um so mehr hinfällig, als auch die erstmals von Noemi Gabrielli angeführten stilistischen Analogien mit dem Palazzo Treville höchst vage sind, ja zum Beispiel gerade die die Fenster bekrönenden Reliefs mit Fruchtgirlanden besonders im Casale des frühen 19. Jahrhunderts zu einem weitverbreiteten Dekorationselement wurden. Und es macht den Eindruck, dass der Palazzo Pallio di Rinco wegen der irrtümlichen Zuschreibung an Bertotti sich im Veneto einer grösseren Publizität erfreut als im Piemont, wo sein Besitzer zurzeit um staatliche Mithilfe für die Aussenrenovation kämpft.

Projekt für Laubarkaden im Garten der Villa Gio. Battista Orazio Porto in Thiene (Prov. Vicenza)

Piazza Ferrarin
5. Dezember 1779
Auftraggeber: Conte Gio. Battista Orazio Porto,
der Bertotti bereits mit dem Bau einer Barchessa auf dem
Landgut in Vancimuglio beauftragt hatte
und den Architekten auch bei den «Fabbriche» unterstützte

Das bertottianische Projekt ist in einer mit Bleistift und Tusche angefertigten Skizze von 38,0×54,0 cm überliefert, die auf der Rückseite in einer zeitgenössischen Handschrift den folgenden Vermerk aufweist: «Dissegno p. Carpanate lungo la Roza del Giardino di Casa Porto in Tiene, dell'Architetto Sig.r Ottavio Bertotti Scamozzi — 5.Xbre 1779» und sich in der Sammlung Porto des Privatarchivs der Conti Thiene in der Villa Porto-Colleoni, heute Thiene, in Thiene befindet (207). Trotz der genauen Massangaben auf der Zeichnung wurden diese für den nördlichen Nutzgarten der Villa Porto geplanten Laubarkaden nicht ausgeführt.

Die seit dem Quattrocento mehrfach umgebaute und erweiterte Villenanlage der Porto-Familie wird von dem grossen, nach Süden orientierten Wohnhaus dominiert, das das weite, von einer zinnenbewehrten Einfriedungsmauer umgebene Areal in zwei ungleiche Hälften unterteilt, in eine kleinere mit Gartenfunktion im Norden und eine grössere im Süden mit der Bedeutung eines Einfahrts- und Wirtschaftshofes. Zusätzlich je zwei parallel geführte, wieder zinnenbekränzte Mauern verbinden das Hauptgebäude einerseits mit der erwähnten Umfassungsmauer im Osten, andrerseits mit den Ökonomiebauten im Westen und umgrenzen kleine, sogenannte «Giardini segreti». Das Areal wird weiter in seiner ganzen Länge von Norden nach Süden von der «Rozza di Thiene» durchflossen, eines für verschiedene Nutzungen kanalisierten Bächleins, das noch ausserhalb des Villenbezirks die «Molini della Piazzola» antrieb und innerhalb des Besitztums der Conti Porto nun verrohrt unter der «Cedraia», der Küche, den anderen Wirtschaftsräumen und unter den Stallungen hindurchführt, aber im nördlichen und südlichen Hofbezirk offen daliegt. Eine Karte der Provveditori sopra i Beni Inculti vom 1. März 1767 zeigt deutlich diese Gliederung der Villenanlage auf, die in den folgenden Jahrzehnten nicht mehr verändert und erst nach dem Tod des Co. Gio. Battista Orazio Porto zwischen 1816 und 1849 umgebaut wurde (208).

Der Entwurf von Bertotti zeigt zwei Laubarkaden im Auf- und Grundriss, die entweder beidseits den Wasserlauf im nördlichen Garten hätten flankieren sollen oder vielleicht als mögliche Varianten aufzufassen sind. Die einen Arkaden erstrecken sich 19 Vicentiner Fuss hoch (6,78 m) auf einer Länge von ca. 50 m (68,6 und 72,7 piedi) über den vollen Lauf der offenen Rozza von der Orangerie bis zu den Wirtschaftsbauten. Links und rechts von einer schmalen, hochrechteckigen Öffnung mit darüberliegendem Oculus begrenzt, wird die Reihe von zwölf auf wiederum Laubpfeiler gestützten und im südlichen Teil mit einer minim kleineren lichten Weite geformten Bogen in der optischen Mitte von einer Serliana-Konstruktion ausgezeichnet, deren seitliche Öffnungen das Motiv des erwähnten Arkadenabschlusses samt den Akroterien erneut aufnehmen. Die leichte, nur anhand der angegebenen Masse erkennbare Verschiebung der Mittelzone nach Süden ist mit einer Rücksichtnahme auf die spezifischen Gegebenheiten des nördlichen Gartens der Villa Porto zu erklären, während die kleinere Arkadenvariante — oder das der Serliana auf der gegenüberliegenden Bachseite entsprechende Pendant — mit nur drei Bogen auf einer Länge von 32 Vicentiner Fuss (11,42 m) ohne diese Anpassung auskommt und vorab durch die dickeren Endpfeiler von 3,9 Vicentiner Fuss (1,39 m) auffällt, welche aber in bekannter Art mit je einem Vasenakroter bekrönt sind. Die Zeichnung ist vom Architekten selbst ohne jegliche Orts- oder Datumsangabe versehen worden, so dass auch die Frage nach dem Stellenwert der kleineren Arkade — als sparsamere Alternative oder zusätzlicher «Point de vue» — anhand dieses Entwurfs allein nicht geklärt werden kann (209). Festzuhalten ist, dass die Skizze mit den beiden Arkaden aber sonst sehr genau gemacht wurde, mit Bleistift vorgerissen und anschliessend in Tusche reingezeichnet, wobei die Laubstrukturen sowohl im Auf- und Grundriss als auch selbst bei den Vasenakroterien minuziös angegeben sind.

In Steinformen gestutzte Bäume waren im Veneto nicht gerade üblich und — abgesehen von vereinzelten, im späten 17. Jahrhundert aus Laub geformten Labyrinthen wie im Garten der Villa des Prokurators N. H. Andrea Barbarigo in Valsanzibio, im Garten des Palazzo eines Conte Papafava in Padova oder die im frühen 18. Jahrhundert errichteten Laubarkaden in dem an der Brenta gelegenen Villengarten des N. H. Gio. Francesco Morosini südlich von Padova — vorab auf den grossen, im Besitz des Provinzadels befindlichen Landgütern, die

Ottavio Bertotti Scamozzi. Projektplan für Laubarkaden im Garten der Villa Gio.Battista Orazio Porto in Thiene. Privatarchiv Thiene in Thiene.

in erster Linie Bauernbetriebe, und zwar von beträchtlichen, auch wirtschaftlichen Dimensionen waren, überhaupt nicht gefragt, da anstelle der «blossen Pracht» die Kräuter- und Blumen- sowie Baum- und Weingärten noch immer den Vorrang hatten (210). Selbst im Settecento galten für diese Villenanlagen weiterhin die Idealvorstellungen von Vincenzo Scamozzi, welche auch in der auf Ausschnitte des dritten und sechsten Buches der «Idea dell'Architettura Universale» reduzierten deutschen Übersetzung von 1678 und 1697 wiedergegeben sind: «Wenn man das Herrn-Hauss und die Vorwercks-Gebäude an einander setzen will / so kan solches folgender Gestalt geschehen. Das Herren-Hauss muss unten in einem weiten Hofe stehen / mit der Haupt-Seite gegen Mittag / fornen kan es einen ansehnlichen Hofe haben / in viereckichte Felder vertheilet mit Gängen mitten durch und umher / weil die grünen Plätze dem Gesichte annehmlich seyn / und die Sonne nicht so heiss drauf scheinet / als auf die platte Erde / und das Pflaster. Hinten kan der Garten kommen in viereckichte Felder abgetheilet / mit schönen Kräutern und wolriechenden Blumen / und Gängen längst den Mauren hin / in deren grünen Schatten man hin und wieder gehen kan / samt einen schönen Spring-Brunnen in der Mitten / worhinter man ferner einen Citronen-Platz machen kan mit hohem oder niedrigen Geländer / welches der letzte Platz vom Garten seyn kan. Besser hin aber kan ein Baum- und Wein-Garten seyn / mit einigen Weyhern / und diss alles muss zu dem Herren-Hause gehören. An den Seiten des Hofes längst der Förder-Seite des Herren-Hauses sollen andre Höfe seyn / und Schopfen zum Vorwerck gehörig / einer zur Rechten / und gegen Abend / zu der Haushalterey / und zum Geträyde auch Wein und dergleichen / zur Lincken aber können Ställe seyn / vor Pferde und ander Vieh / auch Schopfen für Pflüge und Wagen / auch Schäfer-Karren und dergleichen. Vor diesen beyden Seiten und neben dem Hofe des Herrn sollen wieder Höfe seyn / einer auf dieser / der ander auf der andern Seiten gegen Mittag zu / vor andre Vorwercks-Sachen / allwo neben der Mauer dieser dreyen Höfe die Haupt-Strassen längst vorbey gehen sollen / wiewol man auch gegen der Förderseite des Herren-Hauses zu einen langen und ziemlich weiten Weg machen kan / mit Rüsterbäumen auf beyden Seiten um des Schattens willen / damit die so der Enden herkommen / von fernen das gantze Gebäude im Gesicht haben können ...» (211). Im Gegensatz zu dieser barocken Auffassung von einem streng symmetrischen, architektonisch reglementierten Garten fand der um 1720 in England entstandene Landschaftsgarten erst nach der Jahrhundertwende unter Giuseppe Jappelli im Veneto eine entsprechende Verbreitung, als sich im beginnenden Ottocento auch die Funktion der Landsitze und damit verbunden die Herrschaftsstrukturen tiefgreifend verändert hatten, was indirekt die von Anthony Ashley Cooper, dem 3. Earl of Shaftesbury, nachhaltend forcierte politische Interpretation des Gegensatzes von Barock- und Landschaftsgarten zu bekräftigen scheint. Die ihrem eigenen Wesen entfremdete Natur wie im französischen Garten galt Lord Shaftesbury als Synonym für despotische Ordnung; Alexander Pope kritisierte die Beschneidung der Pflanzen in entindividualisierte tektonische Gebilde und lächerliche immergrüne Skulpturen in einer Analogie zu dem durch Etikette zurechtgestutzten Höfling, während dem Dichter der frei wachsende Baum zum Sinnbild des freien Menschen in seiner natürlichen Entfaltung wurde (212). Dieses auf naturreligiösen Traditionen basierende Gedankengut mit seiner liberalen Gesellschaftsethik konnte bei den damaligen und grösstenteils seit Jahrhunderten gefestigten politischen Verhältnissen im Gebiet der Serenissima keinen baldigen Nachhall finden. Die fortschrittlichsten Repräsentanten des venezianischen Landadels und besonders jene im Vicentino bemühten sich vielmehr um eine Sanierung der einseitig genutzten Landwirtschaft, um eine rigorose Verbesserung und Differenzierung der Anbaumethoden. Und da waren die 1779 von Bertotti für den Conte Gio. Battista Orazio Porto in Thiene vorgeschlagenen Laubarkaden einerseits noch ganz der barocken, für das Auge und weniger zum Gebrauch geschaffenen Prospektkunst verhaftet, wobei zu beachten gilt, dass Jacques-François Blondel sogar in seinem ab 1771 erschienenen «Cours d'architecture» noch den französischen Park gegen den aufkommenden englischen Garten verteidigt hatte (213). Andrerseits wären die Arkaden Bertottis mit ihrer Evokation der Serlianaform der Vicentiner Basilica in dieser speziellen Gattung das sicher in der Provinz Vicenza einzige Beispiel gewesen und hätten zu jenem Zeitpunkt, als in England nun der ursprünglich moralische Anspruch der Gartenkunst bereits auf den rein ästhetischen Begriff des Pittoresken reduziert wurde, wiederum die höchst moderne Rolle einer blossen Staffage, eines Versatzstückes mit nur noch bildhaft-assoziativer Funktion innegehabt.

Ansicht der Hauptfassaden des Teatro Eretenio in einer alten Fotografie vor der im Jahre 1944 erfolgten Bombardierung.

Teatro Eretenio in Vicenza

Viale Eretenio
1779–84
Auftraggeber: die Vicentiner Conti Girolamo Giuseppe di Velo,
Alvise Trissino, Francesco Quinto,
Girolamo Muttoni und Gualdinello Bissaro

Das Teatro Eretenio wurde von fünf Vicentiner Adelsleuten, die sich 1777 zu einer privaten Gesellschaft formiert und das baufällige Teatro di Piazza erworben hatten, auf dem Grundstück der ehemaligen Liegenschaft des Co. Francesco Quinto an der viale Eretenio im Jahre 1779 begonnen. In einem Ideenwettbewerb, dessen Programm bereits auf das Teatro Balbi in Mestre als mögliches Vorbild hinwies und an die Venezianer Alvise Grandi, Bernardino Maccaruzzi, Pietro Checchia, Antonio Mauri und Giammaria Monaco verschickt wurde, erwählten die fünf Initianten das Projekt von Antonio Mauri. Als «Capo Marangone» wurde Giammaria Monaco und als «Capo Muratore» Vicenzo Squarcina verpflichtet; Ottavio Bertotti Scamozzi war ab 1781 als Architekt für die Nebengebäude und die Gestaltung der Fassaden verantwortlich und nach den überlieferten Honorarzahlungen schon seit 1779 wohl als Berater beigezogen worden. Neben dem Bildhauer Francesco Leoni waren dann ab März 1784 auch die Maler Paolo Guidolini und Davide Rossi im Teatro Eretenio tätig, das nach einem ursprünglichen Terminplan erst mit etlicher Verspätung am 10. Juli 1784 feierlich eröffnet wurde. Man führte zu diesem Anlass «L'Olimpiade» des Pietro Metastasio in der neuen Vertonung von Domenico Cimarosa auf. Bereits 1789 wurde den Leitern des Teatro Eretenio der Ausbau der oberen Galerie in 13 Logen gestattet, ab 1818 trug man sich mit Erneuerungsarbeiten, welche 1826–28 mit neuen Malereien von Giuseppe Borsato (1771–1849) verwirklicht wurden, und erst 1838 fanden grössere Renovationen statt, denen eine durchgreifende Modernisierung ab 1852 unter den Architekten Giovanni Battista Meduna (1800–1878) und seinem Bruder Tommaso Meduna folgte, assistiert vom Figurenmaler Sebastiano Santi (1789–1866). Weitere Eingriffe fanden auch von 1925–26 statt, als die Ingenieure Marco Dondi Dall'Orologio, Fausto Franco und Luigi Cappellari neue Sicherheitstreppen und technische Räume einbauten (214). Während der schweren Luftangriffe im Frühling 1944 wurde das Teatro Eretenio ausgebombt und nach Kriegsende die stehengebliebenen Aussenmauern — trotz der heftigen Proteste von Renato Cevese — niedergerissen. Heute wird das Grundstück des ehemaligen Theaters als grosser Parkplatz des Automobile Club d'Italia benutzt. Da auch alle anderen, vorab im 19. Jahrhundert errichteten Schauspielhäuser wie das imposante Teatro Verdi spätestens im Zweiten Weltkrieg zerstört wurden, repräsentiert zur Zeit das palladianische «Olimpico» noch das einzige Theater in der Stadt Vicenza, wo zwar seit über einem Jahrzehnt und mit viel Mühe sich ein «Nuovo Teatro Civico» an der contrà delle Canove Vecchie in Planung befindet.

Nach venezianischem Vorbild gründeten am 27. April 1777 die Conti Girolamo Giuseppe di Velo des Co. Girolamo Scipion di Velo, Alvise Trissino des Co. Gasparo Trissino, Francesco Quinto des Co. Andrea Quinto, Girolamo Muttoni des Co. Gio. Battista Muttoni und Gualdinello Bissaro des Co. Ascanio Bissaro eine Theatervereinigung und kauften für 2600 Dukaten am 3. Mai 1777 das an der contrà delle Pescherie Vecchie gelegene Teatro di Piazza, auch Teatro delle Garzarie genannt, das damals je zur Hälfte den Brüdern N.N.H.H. Leonardo und Francesco Angaran sowie dem Marchese Antonio Repeta gehörte. Trotz des noch gleichzeitigen Erwerbs der angrenzenden Osteria für 4000 Dukaten war man sich jedoch nicht sicher über den Ausbau dieses in unmittelbarer Nähe der Piazza dei Signori sich befindenden, aber ansonsten an enge Gassen grenzenden Theaters, dessen deplorabler Zustand und höchste Feuergefährlichkeit noch durch ein Gutachten des Pubblico Perito Ingegnere Antonio Trecco und des Pubblico Perito Giuseppe Mezzalira vom 24. November 1777 bestätigt wurden. Als weitere Standorte wurden die Piazza dell'Isola, die Piazzetta del Duomo und die Piazza della Porta Castello in Betracht gezogen und untersucht, wobei der angefragte Architekt Co. Ottone Calderari die letztere Möglichkeit als gänzlich ungeeignet für einen Theaterbau erklärte. Am 16. Mai 1779 schrieb jedenfalls Co. Alvise Trissino dem Co. Girolamo Giuseppe di Velo über einen Bauplatz, der an der Ecke zwischen der viale Eretenio und der contrà Carpagnon direkt gegenüber dem Fluss Retrone liegt sowie von seinem Besitzer, dem Co. Francesco Quinto, auch verkauft würde. In der gleichen Briefsammlung ist eine am 27. Mai 1779 von Alvise Trissino angefertigte Ideenskizze erhalten, die das trapezoidförmige

Grundstück zwar idealisiert, aber ziemlich klar die erwünschte Situation mit Portiken längs der viale Eretenio und der gegen die contrà delle Grazie orientierten Bühne schon zu diesem frühen Zeitpunkt darstellt. Für 7500 Dukaten wurde die Liegenschaft samt ihren alten Gebäuden, für die Ottone Calderari um 1772 einen grandiosen Neubau geplant hatte, am 1. August 1779 von den fünf Conti erworben. Am 24. August bestätigte die Cancelleria Pretoria di Vicenza den Eingang des Gesuchs um einen Transport des Teatro di Piazza von der contrà delle Pescherie Vecchie an die viale Eretenio, mit 15. September 1779 ist die vom Gio. Battista Persico Nodaro Ducale unterzeichnete Bewilligung datiert, welche drei wichtige Auflagen enthielt. So musste gemäss einem Gesetz der Serenissima, das «in città suddite» nur zwei Theater erlaubte, das Teatro di Piazza niedergerissen werden, so dass wirklich ein Standortwechsel und nicht etwa die Errichtung eines zusätzlichen Theaterbaues stattfand; dann wurde die Grundrissfläche des neu aufzubauenden Theaters auf 94×92 Vicentiner Fuss beschränkt sowie jegliche zahlenmässige Vergrösserung oder veränderte Anordnung der Logen untersagt. Diese obrigkeitlichen Verordnungen beendeten auch die andauernden Streitigkeiten mit fünf Logenbesitzern im Teatro di Piazza — mit den Conti Antonio Ignazio Porto Barbaran, Ottavio Trento, Arnaldo Arnaldi Tornieri, Panisaco Giuseppe Trissino und Cesare Ferramosca, welche gegen die Neubaupläne opponiert und das alte Theater an der contrà delle Pescherie Vecchie noch für erhaltungswürdig befunden hatten (215). Namentlich Ottavio Trento als Besitzer des ganz in der Nähe an der Strassenecke zwischen der stradella della Racchetta und der contrà Mure Pallamaio gelegenen Teatro delle Grazie befürchtete unliebsame Konkurrenz, liess im gleichen Jahr 1779 das einst nach den Plänen von Giuseppe Marchi 1711—13 wiederaufgebaute Theater renovieren und verursachte aber nach dem tatsächlichen Baubeginn des Teatro Eretenio vielleicht selbst den Brand, der am 24. September 1783 sein eigenes Theatergebäude einäscherte (216). Jedenfalls hielten diese Umstände den Conte Ottavio Trento nicht davon ab, im neuen Theater eine Loge zu erwerben sowie später im 1792 eröffneten Teatro La Fenice in Venedig ebenfalls einen Platz zu kaufen.

In der Zwischenzeit hatten sich die fünf Conti di Velo, Trissino, Quinto, Muttoni und Bissaro über die damals neuesten Theaterbauten im Veneto und speziell in Venedig informiert: so über die zwei zu jener Zeit grössten Theater Venedigs, das 1748 von Romualdo und Alessandro Mauri wiedererrichtete S. Samuele und das nach einem Brand 1774 von Pietro Checchia neu aufgebaute S. Benedetto sowie das kleinere 1763 wiedereröffnete S. Cassiano, welches der Pubblico Perito Francesco Bognolo gebaut hatte, dann über das kurz nach 1748 errichtete Theater in Padova, das im Oktober 1778 von Bernardino Maccaruzzi fertiggestellte Teatro Balbi in Mestre und das in der Provinz Vicenza gelegene Theater in Lonigo, von Alvise Trissino in einem Brief vom 17. November 1779 an Girolamo Giuseppe di Velo erstmals empfohlen als «il gran Teatro di Lonigo dove due volte alla settimana v'è comedia di dilettanti, domani v'andrò se il tempo lo permetterè, ed il Teatro merita quasi d'esser copiato per modello del nuovo ...» (217). Neben der reinen Informationsbeschaffung existierten seit Mai 1777 engere Kontakte mit Antonio Mauri des Domenico Mauri und auch mit Pietro Checchia, der am 16. März 1779 eine erste Zahlung von 207 Lire erhielt und schon am 13. Oktober 1779 zuhanden des Conte Gualdinello Bissaro von baureifen Zeichnungen für das Vicentiner Theater samt dessen Nebengebäuden berichtete, wobei aber diese Pläne anscheinend nicht den Vorstellungen der fünf Auftraggeber entsprachen. Am 13. Dezember 1779 wurde nun Ottavio Bertotti Scamozzi ein Honorar von 66 Lire ausbezahlt, während im gleichen Jahr Ottone Calderari jegliche öffentliche Beratertätigkeit bei diesem Bauvorhaben abgelehnt hatte, so dass sich die Vermutung aufdrängt, Bertotti hätte die eingereichten Pläne des Checchia zu beurteilen gehabt, darauf den fünf Conti zu einem unter mehreren Architekten ausgeschriebenen Ideenwettbewerb geraten und bei der Aufstellung der entsprechenden Unterlagen mitgearbeitet (218). Diese «Istruzione agli Architetti, ed Impressarj» wurde anfangs Mai 1780 zusammen mit einem heute verschollenen Situationsplan an die Venezianer Alvise Grandi, Bernardino Maccaruzzi, Antonio Mauri und Giammaria Monaco verschickt und enthielt 25 Kapitel mit genauesten, sich immer wieder auf die beigelegte Zeichnung beziehende Angaben. So sollten beispielsweise die Nebengebäude nur entworfen werden — ohne Kostenaufstellung, da jene erst nach dem Theaterbau verwirklicht würden, und für das Theater selbst wurden vier Reihen mit je 25 Logen gewünscht, die mindestens den Ausbaustandard des Theaters von Padova, wenn nicht gar jenen des Theaters in Mestre erreichen sollten. Des weitern wurde bereits in dieser «Istruzione» bemerkt, dass alle Schreinerarbeiten möglichst von Giammaria Monaco gemäss der von ihm gebrauchten Holz- und angewandten Arbeitsqualität beim Theater von Mestre durchgeführt würden, und überhaupt der Bau des neuen Theaters nach der Vertragsunterzeichnung innert zwei Jahren fertiggestellt sein sollte (219). Die Vorschläge der eingeladenen Architekten sind bis heute noch nicht wiederaufgefunden, aber anscheinend wählten die fünf Conti schon gegen Ende Mai 1780 das Projekt von Antonio Mauri aus, liessen nach seinen modifizierten Plänen bei Giammaria Monaco ein Holzmodell herstellen, das anfangs September fertig vorlag, so dass die Auftraggeber noch in jenem Herbstmonat 1780 eine detaillierte Schilderung ihres geplanten Theaters veröffentlichen konnten. In dieser Publikation «Estragiudiziale d'invito in relazione al Progetto 4. Agosto 1777. con dichiarazioni come segue.» wurden nicht nur die Gesamtkosten des Theaters auf ca. 46000 Dukaten geschätzt, sondern auch gleichzeitig die Besitzer von Logen im alten Teatro di Piazza und Neuerwerber zur Subskription der Logenplätze aufgefordert (220):

Eſtragiudiziale d'invito in relazione al Progetto 4. Agoſto 1777. con dichiarazioni come ſegue.

FIn dal momento nel quale con Sovrano ampliſſimo Spazzo del Conſiglio Sereniſſimo di XL. C. N. fu aſſicurata a' 5. Compadroni la facoltà di rifabbricare in altro ſito il da eſſi acquiſtato Teatro di Piazza coll' oggetto di ridurlo ampio, decoroſo, e capace di moderni Spettacoli, un ſol giorno non è traſcorſo ſenza che ſi diano la più ſeria cura per rintracciarlo; il che ſe non credeſſero abbaſtanza notorio, ne potrebbero produrre le teſtimonianze, e documenti i più irrefragabili.

Dovendoſi però in eſſo ſito unire (ſpecialmente in queſta preciſa circoſtanza di coſe) la legal ſicurezza, diſcrezione di prezzo, ed una non facile a rinvenirſi (maſſime in queſta Città) eſtenſione di terreno, ſi è preſentato ad eſſi Compadroni lo Stabile Dominicale del Signor Co: Franceſco Quinto, non molto diſtante dal centro della Città, unico certamente, che tutte e tre adempia le ſuddette indiſpenſabili qualità.

Fat-

«Estragiudiziale d'invito» vom September 1780 mit der Beschreibung des geplanten Theaters und mit der Aufstellung der Subskriptionsbedingungen.

Fattone però sollecitamente l' acquisto a Pertica, e Stima si sono rassegnati all' Eccelso Consiglio di X., e nacque il favorevole Decreto 15. Settembre. 1779. con cui restò ad essi promesso il supplicato trasporto in detto sito.

Quindi scelto, tra molti Disegni esibiti da più esperti Architetti nel proposito, quello del Signor Antonio Mauri, (che per quanto porta la differenza dei Piani) s' approssima maggiormente al Teatro di Mestre di simmetria universalmente applaudita, ne abbiamo fatto dal Signor Gio: Maria Monaco costruire il Modello. Questo ora si presenta unitamente alla spesa pella di lui verificazione, onde ottenga la sua esecuzione il Progetto 4. Agosto 1777.

Sicuri poi li cinque Compadroni di essere stati guidati fin dal principio dell' impresa dall' unico oggetto del comune vantaggio, non diffidano in questo momento di ottenere dall' equità degl' interessati tale corrispondenza, che gli animi al compimento collo stesso spirito, e costanza.

Si dichiara in primo luogo, che chiunque vorrà ritenere, o prendere di nuovo Palco, o Palchi nel rinnovato Teatro a sentimento del Progetto 4. Agosto 1777, dovrà sottoscrivere il presente dentro un

Me-

Mese dal giorno della notizia della sua presentazione, e nel caso in cui non venga sottoscritto dentro esso termine da alcuno de' vecchj Possessori, s' intenderà rinunziato il loro respettivo Palco, e gli sarà fatta l' immediata restituzione dell' esborsato Regalo, o Capitale con Deposito sopra il Santo Monte, in tutto e per tutto come nell' ottavo Capitolo di esso Progetto.

Secondo. Per quello riguarda il Teatro, e necessarie adiacenze sarà in tutto eseguito esattamente dentro anni due, che incominceranno il giorno della scadenza della prima Rata, in cadauna sua parte a somiglianza del Modello, e respettivo Disegno presentato, ed a norma della spiegazione degli stessi, che in foglio sarà annessa al presente marcato A.

Terzo. Che per l' esecuzione di detto Modello, e riduzione della Casa Quinto in necessarie adiacenze, compera dello Stabile, restituzione, e bonificazione de' regali esborsati dai Possessori di Palchi nel vecchio Teatro, come dal Capitolo ottavo del Progetto 1777, ed altre spese sostenute fin ora dalli cinque Compadroni, risulta la totale spesa a Ducati 46006 correnti, mille più, mille meno.

Quar-

Quarto. Che a questa summa si dovrebbe aggiungere, per sentimento del secondo Capitolo del Progetto 1777, la spesa per l' acquisto, e riduzione da farsi dei Stabili di Piazza, ma questa si ommette a minorazione d' aggravio trattenendosi essi Stabili per conto di essi Compadroni sino al compimento della Rifabbrica; dopo di che saranno esibiti alla Compagnia del rinnovato Teatro per il puro costo, con piena libertà alla medesima di riceverli per costituire un fondo di rendita certa al proprio Teatro, o di rifiutarli.

Quinto. Che per formare la summa espressa nel terzo Capitolo del presente resta infisso a cadaun Palco in proporzione del di lui Ordine, e situazione un Regalo, come minutamente resta espresso nel Foglio B., e questo per chiunque riterrà, o acquisterà di nuovo Palco, o Palchi sarà inalterabile, nè sarà mai responsabile in alcun tempo, o caso, se non della summa per cui si è obbligato con una sottoscrizione, esclusa ogni insolidanza, salvo soltanto il Capitolo nono del Progetto 1777, al caso, compita l'impresa, risultasse minore, o maggiore la spesa di quella espressa nel Capitolo terzo della presente.

Sesto. Che l' esborso di detto Regalo, dal quale però sarà detratto a' vecchi Possessori il

re-

regalo, che faceſſero conſtare di aver esborſato in mano de' paſſati Compadroni, come dal Capitolo ſecondo del Progetto 4. Agoſto 1777 dovrà eſſer fatto in mano del Sig. Co: Franceſco Quinto Caſſier ex Offitio Nobili, e ſarà diviſo in quattro eguali Rate, di ſei in ſei meſi, e la prima dovrà esborſarſi da cadaun Poſſidente, o acquirente Palco ſei meſi dopo la data del preſente, e così ſucceſſivamente di ſei, in ſei meſi le altre.

Settimo. Si dichiara, che tanto gli Strati, quanto la Pittura interna dei Palchi dovrà eſſer eſeguita da ciaſcun avente Palco a ſomiglianza del Campione, che sì degli uni, come dell' altra verrà eſeguito dalli Compadroni nei propri loro Palchi, acciocchè il totale rieſca all' occhio più armonico, e ſoddisfacente.

Ottavo. Se alcuno de' ſottoſcritti mancaſſe al pronto pagamento delle ſuddette Rate ai tempi ſtabiliti, decaderà dal diritto del Palco, e s' intenderà immediate a libera diſpoſizione della Compagnia, per diſponerne come degli altri, previo l' avviſo di giorni otto, nel qual caſo di decadenza dovrà eſſere reſtituita al decaduto la ſomma che aveſſe antecedentemente esborſata.

Nono. Finalmente ſi conferma in ogni, e qualunque ſua parte alla preſente non ripugnante il Progetto 4. Agoſto 1777, di cui la preſenſente non è che una pura dipendenza con nuove aggiunte, facilità, e ſpiegazioni, reſtando a maggior lume di tutti anneſſo al preſente.

Alla eſecuzione di quello, e quanto fu di ſopra dichiarito colle relazioni in tutto e per tutto come ſopra, s' obbliga cadauno delli ſottoſcritti cinque Compadroni del Vecchio Teatro con principalità, & inſolidanza, e coll' obbligazione de' loro Beni preſenti, e venturi ovunque poſti ed eſiſtenti in ogni più ſtretta ed efficace forma, in fede di che &c.

Foglio A.

IL Sotto-Pepiano, e gli Anditi tutti saranno pavimentati di Terrazzo, e soffittati, e di tratto in tratto vi saranno delle Nicchie per l' illuminazione, e dei luoghi occorrenti.

Le Scale, le Porte d' ingresso e regresso, e le Finestre saranno di pietra, e queste ultime avranno le ferrate, e le imposte, o sia scuri.

La Platea sarà pavimentata di Tavole colle sue Panche a semicircolo, agiate secondo l' ultimo costume, e così vi dovrà essere tutto l' apprestamento per l' Orchestra.

I Palchi saranno essi pure pavimentati di Terrazzo, e dovranno essere tutti lavorati dal Marangone Gio: Maria Monaco, come i tre del Terzo Ordine Num. 18, 19, e 20, che sono gli unici che nel Modello sieno ridotti intieramente alla loro perfezione, con Porte, Serrature, Grilletto, Saracinesca o sia Ribalza verso la Platea, divisa in due per poterla con maggior facilità alzare, e calare. Quelli poi del Terzo Ordine avranno anche le loro Panche, credendole inutili negli altri; e in ogni Ordine li Proscenj vicini alla Scena comprenderanno la corrispondente porzione di Andito.

Per

Per non ingombrar la Scena con Iscale, tanto quella che servirà agli Attori, quanto l' altra che salirà sino all' alto, dando accesso sopra la Scena, e sopra la Platea, saranno collocate esternamente dalla parte del Fiume, e ad esse metterà una Porta nel sottopepiano corrispondente.

Vi dovrà esser un Sipario istoriato, una Tenda per i Balli, ed otto mutazioni di Scena dipinte dal Signor Antonio Mauri. I giochi poi pelle Quinte, e pelle Arie, alzamento ed abbassamento dei Lumi-ni saranno a perfetta somiglianza di quelli di Mestre; come anche dovrà esser lavorato tutto il Teatro, sì per la qualità de' materiali, che pella mano d' Opera.

Sopra i Letti di Catena del Coperto vi sarà fatta una intavolatura, e si verrà in tal modo a formare un luogo assai comodo per i Pittori.

Vi saranno tutto all' intorno dello sporto del Coperto dei Canali di latta, che riceveranno l' acqua, e col mezzo di Cannoni pure di latta la porteranno a scolare unitamente alle immondizie in uno Scolo, che metterà nel Fiume.

Quanto alle necessarie Adjacenze

Al Pian Terreno vi sarà uno spazioso Atrio, che col mezzo di una Scalinata servirà d' ingresso;

so; sarà egli pavimentato di Terrazzo. In testa da una parte vi sarà la Bottega di Caffè, appresso d'essa Camerini per i Virtuosi, e in seguito l'Arsenal delle Scene. Superiormente poi sarà ridotta l'esistente Fabbrica a decoroso uso e comodo dell'Accapemia, nel miglior modo possibile.

Foglio B.

Li Palchi Proscenj del Primo Ordine, e Pepiano vicini alla Scena Ducati correnti ottocento l'uno, dico ——— D. 800 l'uno

Li due secondi Proscenj Primo Ordine, e Pepiano Duc. c. settecento cinquanta l'uno, dico ——— D. 750 l'uno

Il N. 1. e il N. 21. del Primo Ordine, e Pepiano Duc. c. settecento cinquanta l'uno, dico ——— D. 750 l'uno

Li Numeri 2, 3, 4, 5, 6, 16, 17, 18, 19, e 20. del Primo Ordine, e Pepiano Duc. c. cinquecento sessanta l'uno, dico ——— D. 560 l'uno

Li Numeri 7, 8, 9, 10, 12, 13, 14, e 15. Facciate del Primo Ordine, e Pepiano Duc. c. settecento l'uno, dico ——— D. 700 l'uno

Il N. 11. Pergoletto del Pepiano Duc. c. mille, dico ——— D. 1000

Die Theaterbegeisterung in Vicenza muss derart gross gewesen sein, dass die mit dem Logenverkauf angestrebte Finanzierung bald gesichert erschien. Am 24. September 1780 wurde der Vertrag mit Vicenzo Squarcina «Capo Muratore» aufgesetzt und am 20. Oktober 1780 mit der Bedingung unterzeichnet, dass noch in jenem Herbst die Fundamente errichtet würden; die Kosten für die Maurerarbeiten des alleinigen Theaters ohne Nebengebäude waren mit 52000 Lire veranschlagt worden, wovon die Auftraggeber bis zur Fertigstellung der Dächer eine Kaution von 20000 Lire zurückbehielten. Ebenfalls am 20. Oktober wurde der Vertrag mit Giammaria Monaco «Capo Marangone» unterzeichnet, der die Schreiner- und Tischlerarbeiten nach dem Holzmodell und den Anleitungen des «Sig.r Antonio Mauri Architetto, e Direttore» für 17000 Dukaten «correnti da L. 6.4», in Raten bis September 1782 ausbezahlt, bis Mitte Mai 1782 herzustellen hatte. Überhaupt beschrieben die ausführlichen Verträge zwar die detaillierten Arbeitsleistungen und die Qualität des Baumaterials, aber häufig beschränkten sich die näheren Angaben auch auf «a piaccimento del Sig.r Antonio Mauri» oder «... che sarà dal Direttore S.r Antonio Mauri creduta addattata»; das oft zitierte Holzmodell hatte nach diesen Vertragstexten gar die Funktion von Detailplänen (221). Die Bauarbeiten begannen wirklich noch im Herbst 1780, und bereits am 28. Juli 1781 wurde mit der Familie Mauri — Domenico Padre, Antonio e Fratello, Figli Mauri — der Vertrag für acht Szenenbilder sowie je einen Bühnenvorhang mit architektonischen und figürlichen Motiven unterzeichnet. Waren dazwischen die bei grossen Bauvorhaben üblichen Zusatzverträge mit den Unternehmern aufgestellt worden, so hatten die Auftraggeber noch immer keine Einigung mit Antonio Mauri wegen der Gestaltung der Nebengebäude erreicht, für die anfänglich die Compadroni jene auf dem Grundstück entlang der viale Eretenio stehenden Altbauten oder wenigstens deren Fassaden mitverwenden wollten. Gewiss erst nach dem mit 29. Dezember 1780 datierten Schreiben des Mauri über weiterhin bestehende Divergenzen bezüglich der Theateranbauten wurde dann Ottavio Bertotti Scamozzi mit der Planung auf diesem kleinen und verwinkelten Grundstückteil beauftragt. Vor dem 1. August 1781 hatte Bertotti seine Pläne fertiggestellt, da diese in einem an jenem Tag entworfenen Maurervertrag ausdrücklich erwähnt wurden. Die definitive Ausschreibung für die Maurerarbeiten der Nebengebäude des Theaters fand am 11. August 1781 statt und basierte weitgehend auf sechs detaillierten, heute unbekannten Zeichnungen von Bertotti; das im Zusammenhang mit dessen Baupraxis aber äusserst seltene Dokument soll hier in extenso wiedergegeben werden (222):

«Adi 11. Agosto 1781. Vicenza

Capitoli per regola delli Capi Murari, che aplicheranno all'impresa della Fabrica delle Adjacenze del nuovo Teatro in conseguenza dei Dissegni annessi, eseguiti dal Sig.r Ottavio Bertoti Architetto.

Pmo Dovranno disfare tutte le Fabriche sino ai Fondamenti e questi pure se impedissero la costruzione, o il passaggio dei nuovi Muri, e la Facciata Dissegno No I. Seg.ta A. solo sino l'imposto degl'Archi, riffacendo o rimettendo affatto li Pilastri secondo che abbisogneranno.

2.do Li Fondamenti in conseguenza della Facciata A. Dissegno No I non si faranno da nuovo giudicandosi gli esistenti sufficientissimi.

3.o Si faranno bensì tutti li altri Fondamenti, cosi della Facciata B. Dissegno No I come delle Colonne, Scalle, e di tutti li altri Muri vivi. Questi dovranno essere di Sasso bianco, larghi nella base al doppio dei rispettivi alzati, e piantati sul sodo terrenno; e caso non si trovasse ovunque si dovranno fare degl'Archi di Cotto, o anche pallificare quando si giudichi necessario dall'Architetto: e in quest'ultimo caso li Palli si somministreranno dalli Ss.ri Coo. Compad.ni, el il ridurli, e ponerli in opera sara a carico del Murer.

4.to La grossezza del Muro di tutta la Facciata A.B. Dissegno No I, che si farà esattamente con quelli ornamenti, che appariscono nello stesso Dissegno, sarà di Onzie 20. sino sotto al Secondo Pjano Nobile, e di là sino al fine d'Onzie 15.

5.to Si potranno usare di tutte le vecchie Pietre, rimettendole a dovere, e quelle non fossero poi assolutamente buone, si faranno fare da nuovo di Pietra tenera; La Cornice C. Dissegno No I, che ora non esiste si farà fare tutta nuova; all'incontro si metteranno in opera le Finestre del 3.zo Piano, che ora esistono, e nel Dissegno No I non vi sono. Farà pure tutte le Nicchie per Bassirillievi, che sono segnate nel No I nella Facciata A. e li Bassirilievi poi non saranno a peso suo.

6.to Si faranno tutti li Ornati contrassegnati No I. nella Facciata B. nuovi di Pietra tenera; Le Colonne, e li Pilastri poi saranno di cotto e Nota che forse in luogo dell'unica Finestra Seg.ta nella Facciata B. al Terzo Piano se ne faranno due: Qui pure farà le Nicchie contrassegnate; ma non farà Statue.

7.mo Dovrà eseguire anco tutta la picciola aggiunta nel Dissegno No I. Segnata D. facendovi il Fondamento, e l'alzato nelle stesse misure come nella Facciata B.

8.vo Farà pure l'Alzato risguardante Carpagnon come nel Dissegno No VI. col respettivo Fondamento in accompagnamento di ciò ch'è già fatto, con suoi ornamenti di Pietra tenera come nello stesso Dissegno.

9.no Dovrannosi dare posti in Opera tutti li Scallini delle Scalle di Pietra di Montecchio, della Cava d.ta di Membro Seg.te nel Dissegno No II, e III; e negli Alzati No IV. No V. fuorchè le Segnate nel Dissegno No II. colle Lettere A.B. facendo a tutte ove occorrono li rispettivi Fondamenti neccessarj come nel Capitolo 3.o.

10.mo Il Muro interno, che và dal basso all'alto nei Dissegni No II. e III. Seg.to C. sarà di Onzie 20. sino al Secondo Piano; poi di On.e 15. sino al fine, e cosi egualmente il Muretto, che và dal basso all'alto Seg.to nei Dissegni No II. e III. D.

11.mo Tutti li altri Muri nei Dissegni No II. e III. contrassegnati colla Lettera E. che vanno dal basso all'alto dovranno esser di Oncie 15. sino al Piano Nobile; poi di Onc.e 10. sino al Coperto con i rispettivi Fondamenti come nel Capitolo III.

12.mo L'Anima F. della Scala della grossezza, che apparisce nei rispettivi Dissegni No II. e III.

13.o Li Muri nel Dissegno No II. Seg.ti G. anderanno dal basso sino sotto il Secondo Pjano, e non più, e saranno d'On.e 15. con i rispettivi Fondamenti come nel Capitolo 3.o.

14.o Li Muri nel Dissegno No II. Segnati H. anderanno solo sino sotto al Pjano Nobile, e saranno di Onc.e 10. colli rispettivi Fondamenti come nel Cap.lo 3.o.

15. Li Muri Seg.ti nel Dissegno No II. L. anderanno solo sino sotto al Piano Nobile, e saranno grossi On.ce 5. colli rispettivi Fondamenti come nel Cap.lo 3.o.

16.to Nel Dissegno No II. alla Lettera I. vi sarà un conveniente Pozzo con una Vera di Pietra, della fondezza neccessaria.

17.mo Nel Dissegno No II. alla Lettera K. vi saranno li Fornelli per l'uso della adjacente Bottega con sua Pietra, Nappa, e Canna, che sfoghi il fummo.

18.vo Il Muro nel Dissegno No II. Seg.to M. sussisterà, e solo si alzerà sino sotto li Travi del Pjano nobile. Oltre le Finestre Seg.te in d.to Muro si farà una Finestrella per dispensa de' Biglietti nel luogo ove è la Lettera N. e nel Muro L. una Porticella corrispondente nel luogo ov'è la Lettera O.

19.no No 8. Colonne della grossezza contrassegnate, con Capitelli della Sagome, che darà l'Architetto, tutto di pietra tenera, e il tutto seg.to P. nel Dissegno No II. più le Contracollone, sive Pilastrini con suoi Capitelli, e senza base coi loro rispettivi Fondamenti come nel Capitolo 3.o.

20.mo La Fascia d'imposta, che gira tutto intorno all'Atrio Seg.ta nei Spaccati No IV. e V. colla Lettera A. sarà di cotto a norma della Sagoma che si vede in d.ti Spaccati, o che dasse l'Architetto.

21.mo Farà il Ducale dell'Atrio ponendovi legname, e Fattura del Dissegno, e Sagome, che darà l'Architetto. Soffitterà la Bottega di Caffè, e il luogo adjacente, e il Portico per la sola parte che aspetta al Murer, colla più solida stabilidura non facendosi più volto sopra il Portico stesso.

22.do Tutte le divisioni interne, che non sono contrassegnate con Lettere nel Dissegno No III. si dovranno fare di Strazzaparè. Questi si faranno di Cantinelle doppij con in mezzo Strame, a metodo infatti di quanto sugerirà l'Architetto, e dovranno riuscire in grossezza di Onc.e 5.

23.o La divisione poi Seg.ta G. nel Dissegno No III. si farà di cotto, di Onc.e 10. e in essa forse s'introdurà una Finestra, o due; anderà di tutta altezza sino sotto il Coperto, dovendo rinserrare una Corticella Pensile segnata nello stesso Dissegno H. nel Piano della quale vi dovranno essere sue Tavelle, e Coppi, che scolino nella Corticella nei Dissegni No II. e III. Segnata R.

24.to Farà tutte le Nicchie interne per Bassi-rillievi, e Statue contrassegnate nei Dissegni, e Spaccati; Non dovrà fare ne Bassi-rillievi, ne Statue.

25.to Farà di Pietra tenera le due Sottonicchie Seg.te B. nello Spaccato No IV.

26.to Tutte le Porte, e Finestre interne, ed esterne apparenti dai Dissegni, e Spaccati si faranno di pietra tenera di buona qualità di tutta larghezza dei rispettivi Muri, soazate come nei detti Dissegni, e Spaccati, e secondo le Sagome, che darà l'Architetto, salvo il detto raporto alla Facciata A. Diss.o No I. Non si faranno Sogiali dovendovi andar Terrazzi. Le Porte, e Finestre, che appariscono nei Dissegni, e Spaccati nelli Strazzaparè si faranno di Legno soazate come quelle di pietra. Le Porte poi del 3.o Piano tutte, e le Finestre sopra luoghi interni, e anche quelle del p.mo e 2.do Piano inservienti all'uso dei Camerini dei Virtuosi siano o di Legno, o di Pietra saranno liscie senza Soaza.

27.mo Si posceranno le Ferrate a tutte le Finestre che sono lungo il Muro contrassegnato nel Dissegno No II. E.G.M.

28.vo Farà tre Griglie di Ferro ai Fori Seg.ti C. nello Spaccato No IV.

29.o Nella Camera Seg.ta I. nel Dissegno No III. lascierà il luogo per un Camino collocato ov'è la Lettera stessa I. ma non vi metterà il Marmo, e farà la corrispondente Canna, e un simile luogo per il Camino lascierà, e farà la Canna nel Muro ove sono le Lettere C.N. Diss.o No III.

30.mo Dividerà con uno Strazzaparè simile a quelli del 2.do Pjano la Camera del 3.o Piano sopra la Seg.ta I. nel Dissegno No III. e a piombo del Camino ora detto da farsi nella Camera I., ne farà uno per il Custode mettendovi le Pietre neccessarie, ma ordinarie; nella stessa Camera farà un Secchiaro di Pietra dura colla corrispondente Canna sittuata ove si crederà meglio al momento.

31.mo Occorrendo farsi anche forse alcuni altri Strazzaparè per addattare l'Abitazione al Custode, che deve essere nel 3.o Pjano sopra i Luoghi Segnati nel Diss.o No III. e I.K.L. La farà secondo la distribuzione che farà sul momento l'Architetto.

32.do Il Muro divisorio col Figin nei Dissegni No II. e III. Seg.to Q. dovrà essere rifatto tutto, o in parte, eccettuati li fondamenti della stessa grossezza che esiste, e l'alzato quanto porta lo Spaccato No V.

33.zo La Scala, e tutti li luoghi compresi nel Diss.o No III. fuorchè lo Spazio M. dovranno esser soffittati colla più salda Stabilidura, colle loro Cornici imbiancati, d'altro colore, o grezzi a piacere dell'Architetto per quello riguarda la fattura di Muraro, e cosi saranno stabiliti a perfezione tutti li Strazzaparè, che saranno nella presente Fabrica, e cosi tutti li Muri vivi si interni, che esterni delle Facciate, che vanno bugnati come nel Dissegno No I. e VI.

34.to Nello Spazio M. nel Diss.o No III. si dovranno fare due o tre divisioni di Strazzaparè eguali alli detti nel Capitolo 22. e cosi pure nel luogo corrispondente all'ora detto Spaccio M. nel 3.o Pjano affine di cavarvi alcuni Camerini, e ciò a norma del Dissegno, e della direzione, che darà sul momento l'Architetto.

35.to Dovrannosi fare tutte le Gorne capaci con suoi Canoni piutosto lunghi acciò non gettino sopra le Carozze, che si accosteranno al Portico, e distribuiti secondo che si crederà opportuno nella Facciata verso il Fiumme, e di Carpagnone ponendovi materiali, e fattura, e mettendoli in opera; di conveniente grossezza, e decenza, e cosi pure si dovranno mettere tutti li ferri neccessarj a sostenerle lungo le Facciate, che guardano e Carpagnone, e il Fiumme; e collo stesso mettodo si metteranno, e poranno in opera le Gorne intorno alla Corticella Pensile H. nel Diss.o III. e alla Corticella R. nel Diss.o II. e III. e sopra il Muro nel Dissegno II. e III. Seg.to D. e in qualunque altro luogo occorrino portando l'acqua di queste ultime Gorne con Canoni di Banda lungo li Muri, che metteranno poi nel Gattolo del Teatro, o in un altro, che si farà espressamente si si crederà assolutamente neccessario, che porti nel Fiumme, o nel Gattolo Pubb.co.

36.to Coprirannosi tutte le presenti Fabriche di Tavelle, e Coppi, e solo questi ultimi saranno somministrati del Capo Mistro Squarcina.

37.mo Si ajuterà per quello può occorrer di Murer in tutto, e per tutto li Marangoni.

38.vo Le Armadure tutte neccessarie, dovrannosi fare ponendovi Matteriali, e fattura, e le più forti, e acconcie in vista specialmente di che deve montarle per esaminar il lavoro.

39.o Dovrà il Murer ponervi tutti li Matteriali nuovi della più perfetta qualità occorrenti al compim.to intero di questa Fabrica, e delli particolari in questi Capitoli espressi, e la fattura di metterli in opera.

40.mo Dovrà agire coll'intelligenza, e direzione del Sig.r Bertoti, e dei Ss.ri Coo. Compad.ni, che potranno esaminare li Materiali, e il lavoro in ogni momento, e quelli escludere quando non siano buoni, e questo sospendere, e far rinovare.

41.mo Dovrà dare un idonea preggieria di stare a patti, o rilasciare a cauzione un terzo del prezzo, che si converrà sino doppo terminata, e approvata l'impresa.

42.do Tutti li Materiali niuno eccettuato, che si troveranno nella demolizione della Fabrica vecchia si daranno al Capo Murer; e cosi pure tutte le Pietre, e Legname rimaste di ragione delli Ss.ri Coo. Compadroni nell'errezione del Teatro, e che sono sopra luogo; Cosi pure il vecchio Legname esistente sotto il Portico del vecchio Teatro di Piazza.

43.o Di questi vecchi Materiali saranno usati nelle nuova Fabrica solamente li guidicati buoni, e ne'luoghi, che non sono di pregiudizio alla sussistenza, e decenza del lavoro.

44.to Qualunque variazione, che sul momento si credesse di fare dall'Architetto non importerà maggior prezzo del fissato, e nemmeno qualche alterazione, o diminuzione quando sia lieve; se poi sarà rimarcabile, sarà dato un accrescimento, o minorazione dal fissato prezzo a guidizio dell'Architetto, o d'altra persona, che si credesse opportuna.

45.to Dentro otto giorni dal giorno, che si consegneranno questi Capitoli, e li Dissegni, saranno portate le dimande specificate, o sia pretese in una minuta di Matteriali, e fatture sigilate al Sig.r Ottavio Bertoti, e tutte raccolte saranno alla presenza di tutti li Capi Murari aperte, e deliberata la Fabrica a chi prettenderà il minor prezzo; e in caso di uguaglianza, o di minima differenza sarà presciolto lo Squarcina Capo Mistro del Teatro. Tanto promettendo onoratamente li Ss.ri Coo. Compadroni sottoscritti; e solo si risservano al caso che esorbitanti fossero le Dimande tutte di far eseguir la fattura a opera colla direzione di chi meglio loro piacerà.

46.to Se restasse alcun dubbio, ovvero non bene si capiscono questi Capitoli, o li Dissegni, si ricorra prima di prestare la minuta sigilata dal Sig.r Bertoti, che darà le opportune dillucidazioni.

47.to Tutto dovrà esser compito quanto in questi si contiene prima del primo Maggio 1782. sicchè per quel giorno sia anche in Coperto affatto tutta la Fabrica. Girolamo Giuseppe di Velo per ...»

Nachdem zwischen dem 19. August und Mitte September 1781 neben Vicenzo Squarcina immerhin noch die drei Capi Murari Gio.Maria Negrin, Pietro Barrera und Gio.Martino Pantellinj e Compagni Offerten eingereicht hatten, beschlossen die Compadroni zusammen mit Bertotti am 19. September eine «Aggiunta alli Capitoli 11. Agosto passato», welche — mit derselben Bevorzugungsklausel für Squarcina — einen eigentlichen Generalunternehmervertrag für die Errichtung der Nebengebäude beinhaltete. Unter den zwischen dem 20. September und 2. Oktober von denselben vier Fachleuten unterbreiteten Angeboten wurde tatsächlich jenes von Squarcina ausgewählt, aber erst am 19. April 1782 der endgültige Vertrag unterzeichnet, dessen Grundlagen weiterhin die bertottianischen Pläne sowie die entsprechenden «Capitoli, 11. Agosto, e 19. Settembre 1781» darstellten (223). Der Grund für diese grosse Verzögerung, die auch den einst für den 1. Mai 1782 angesetzten Termin der Fertigstellung verunmöglichte, ist nicht bekannt. Am 16. Juni 1782 erhielt Ottavio Bertotti Scamozzi 54 Lire ausbezahlt und der Bildhauer Francesco Leoni am 27. Oktober 1782 ein Honorar von 164 Lire, was auf eine zu jenem Zeitpunkt bereits fortgeschrittene Bautätigkeit an den Nebengebäuden schliessen lässt. Beim Theaterbau selbst war per Dekret vom 12. April 1782 im Dachstuhl der Einbau einer Galerie «a solo sfogo, e comodo de' Domestici» unter der Bedingung erlaubt worden, dass die Anzahl von 100 Logen nie überschritten und die Form des Theaters nicht verändert würde; im Dezember 1782 und am 19. März 1783 stellte der Capo Marangon Giammaria Monaco eine Aufstellung seiner Mehrausgaben im Betrage von 1589.10 und 14050.10 Lire zusammen. Sämtliche Bauarbeiten im Theater und den Nebengebäuden waren bis zum 14. März 1784 dann soweit vollendet worden, dass an jenem Datum der Vertrag mit den beiden Malern Paolo Guidolini und Davide Rossi ausgefertigt wurde, die sich verpflichteten, ihren Auftrag bis Mai 1784 auszuführen, da die Eröffnung des neuen Theaters in den ersten Julitagen stattfinden sollte (224). Dieses grosse und langersehnte Ereignis fand am 10. Juli 1784 statt; im Herbst begannen die Compadroni mit der Gründung der Akademie und beglichen die letzten Baurechnungen am 18. Dezember 1784, so wurde unter anderem 264 Lire ausbezahlt «Al Sig.r Ottavio Bertoti Architetto per sua ricogniz.e di fatture, e direzione per le adjacenze». Die Bilanzaufstellung vom 14. Februar 1785 zeigte, dass die im Jahre 1780 geschätzte «totale spesa a Ducati 46000 correnti, mille più, mille meno» einesteils sehr genau eingehalten wurde: die Errichtung des Theaters und der Nebengebäude kostete 281818.14 Lire. Dazu kamen aber die beträchtlichen Ausgaben für den Erwerb der Liegenschaften, Anwalts- und Gerichtsspesen sowie Zins und Zinseszinsen, so dass der Bau andernteils doch wieder auf 436842.6 Lire zu stehen kam — beispielsweise immer noch 140000 Lire weniger als das kaum grössere Teatro Balbi in Mestre, das 1778 rund 90000 Dukaten gekostet hatte und bereits 1811 abgerissen wurde (225).

Der erfahrene venezianische Theaterarchitekt und Bühnenmaler Antonio Mauri hatte für das Vicentiner Vorhaben die damals grösste Breite des unregelmässigen Grundstücks voll ausgenützt, um auf einem Rechteck von gerade 23×30 m Grundrissfläche das in Bühnen- und Zuschauerraum unterteilte Theatergebäude errichten zu können. Die im Norden einst bündig zur contrà delle Grazie verlaufende Bühne, die erst unter den Meduna im 19. Jahrhundert um 4 m vergrössert wurde, wies so nur eine Tiefe von 10 m auf, während der in Hufeisenform angelegte Zuschauerraum mit senkrecht übereinandergestellten Logen samt Umgang genau doppelt so lang war, aber gegen Süden an das von Carlo Antonio Figin bewohnte Haus und gegen Westen ebenfalls an Privatgebäude angrenzte, so dass die für den Theaterbetrieb notwendigen Nebenräume und vom damaligen Publikum geforderten Aufenthaltssäle sowie überhaupt der Eingang nur auf dem übriggebliebenen, fast dreieckigen Grundstückabschnitt zwischen der östlichen Längsseite des Theaters und der viale Eretenio noch situiert werden konnten (226). Im Gegensatz zur klassischen Anordnung des Eingangs auf der Längsachse des Theaters hatte Bertotti hier den Eingang, die Hauptfassade und auch die «Adjacenze» seitlich anzuordnen. Der inneren Gliederung des Theaters in «Peppiano» und vier Logenreihen folgte der fünfgeschossige Anbau mit zahlreichen Treppen und Erschliessungsgängen, kleineren Abstellkammern und Übungszimmern sowie mit drei wichtigen, sich über zwei Etagen erstreckende Räume — im Erdgeschoss das rechteckige Atrium und die beinahe ovalförmige «Bottega di Caffé», darüber im Piano Nobile das grosse «Odeo» mit einer zu den Logenreihen hin abgerundeten Längsseite, während im Dachgeschoss die Abwartswohnung untergebracht war. Auf die bei der Disposition dieser Räume zu bewältigenden Schwierigkeiten wies Bertotti dann selber bei der Beschreibung der Vespasiansthermen in seiner Publikation von 1785 hin: «Nel nuovo Teatro ultimamente eretto in Vicenza fui incaricato di fare il disegno di una Fabbrica da alzarsi adiacente allo stesso Teatro già costrutto. L'Area propostami avea la figura di una mezza piramide, la base della quale era larga piedi 42, e la sommità di essa avea piedi 12. di larghezza. Vincolato e stretto da tali confini, pensai di piantare una Sala nel mezzo con un lato quasi semicircolare. Questo fra gli altri molti ripieghi, che mi convenne praticare, mi ridusse una Sala di sufficiente grandezza, e di non infelice figura; quando altrimenti riuscita ad evidenza sarebbe e picciola, e mostruosa. Questo ripiego però ad alcuni non piacque; eppure tanti secoli prima l'Architetto di queste Terme, trovandosi in quasi simili circostanze, seguì la stessa regola per conservare nelle accennate parti una tollerabile regolarità di figura» (227). Nicht erwähnt wurden in diesem Zusammenhang weitere auffallende Innovationen wie die Verbindung des mit drei Stufen über dem Strassenniveau liegenden, fünfgeschossigen Anbaus mit einer monumentalen zweigeschossigen Hauptfassade, deren Einteilung wiederum die Höhe der wichtigsten Räume dahinter widerspiegelte, oder die sowohl praktisch bedingte als auch eminent städtebauliche Funktion der hohen Erdgeschossarkaden — Elemente, die gerade Francesco Milizia als einer der härtesten Kritiker des damals modernen Logentheaters ausdrücklich in seinem 1771 erschienenen und 1773 in Venedig neu aufgelegten Traktat anhand der von Vincenzo Ferrarese gezeichneten

Idealdarstellung eines kreisrunden Theaters und anhand seiner detailliert beschriebenen Reformvorstellungen gefordert hatte. So finden sich unter Milizias Grundsätzen des öffentlichen Nutzens, der Sittlichkeit und Vernünftigkeit sehr konkrete Hinweise auf die prinzipiellen Anforderungen eines Theaterbaus: «... Niuno edificio può essere solido, se non è premunito contro l'umidità, dannosa non meno alle fabbriche, che alla salute degli uomini. E pure v'è qualche teatro, in cui appena fatto, si sono trovate tutte le sue travature fondamentali infracidate dall'umido, non so con quanto vantaggio della sanità degli spettatori. Necessariamente deve ciò accadere in tutti quelli, dove le platee sono del pari, o in giù del livello delle strade ... La molteplicità delle nostre carrozze, effetto e causa più della nostra vanità e debolezza, che del nostro comodo e bisogno, esige ne' nostri teatri una situazione più vantaggiosa. Non basta che molte e larghe strade conducano ai medesimi speditamente per ogni parte, ci vogliono ancora d'ogni intorno delle piazze, e piazze variamente porticate, alcune per ricovero delle carrozze e de' servitori, ed altre per riparo e sicurezza del maggior numero che fa uso delle proprie gambe ... In ogni fabbrica la facciata deve subito annunciare il destino dell'interno, come la modificazione del viso, e il portamento del corpo palesano l'animo e il cuore. È una vergogna il parlare delle facciate de' nostri teatri. Questa esteriore miseria si crede però ben compensata dall'interno tutto vagamente dipinto e messo in oro con gran copia di cristalli e di ceri, che fanno all'occhio un mirabil incanto; puerile bellezza a petto di quella virile e stabile, con cui gli antichi ornavano superiormente i portici con colonne e statue ...» (228). Es erstaunt nicht wenig, dass Nicolò Maina in seiner Beschreibung des Vicentiner Theaters vorab dessen «solidità», «comodità» und «convenienza» schilderte, die Milizia zehn Jahre zuvor als Hauptbedingungen jeglicher baulichen Theaterreform aufgestellt hatte. Und Ottavio Bertotti Scamozzi kannte damals neben dem Teatro Olimpico und den diesbezüglichen, die Deckenrenovation betreffenden Querelen der Vicentiner Conti Enea Arnaldi und Ottone Calderari vielleicht auch die von Tommaso Temanza entworfenen Projekte des nie ausgeführten Teatro del Ridotto in Venedig und — nach dem Verzeichnis seiner eigenen Bibliothek — mit Gewissheit das antike Theater von Taormina, das spärlich erhaltene römische Teatro di Berga in Vicenza, das von Scipione Maffei wiederaufgebaute Teatro Filarmonico in Verona, das Teatro Comunale von Antonio Bibiena in Bologna, das von Francesco Maria Preti entworfene Teatro Accademico in Castelfranco Veneto, das von Cosimo Morelli noch vor der Eröffnung publizierte Teatro dei Cavalieri Associati in Imola sowie die von Lorenzo Manini 1778 edierten Schriften des Francesco Algarotti, den im Jahre 1768 erschienenen Vitenband von Francesco Milizia und wohl die bereits in den späten 70er Jahren des 18. Jahrhunderts angeforderte, heute unter den Bauakten des Teatro Eretenio archivierte Plankopie des von Giuseppe Piermarini entworfenen Grundrisses des Teatro della Scala in Mailand (229). Konnte Bertotti um 1780/81 das Teatro Regio und das Teatro Carignano in Turin gesehen haben, so sind aber Kenntnisse von weiteren Theaterbeispielen aus Rom, Neapel oder gar aus Frankreich oder Deutschland nicht anzunehmen. Es ging in Vicenza auch nicht um einen Bruch mit dem Illusionstheater spätbarocker und venezianischer Prägung oder um eine Auflösung der hierarchischen, genau nach Ständen aufgeteilten Gliederung des Zuschauerraums, sondern nach dem einmal gefassten Entschluss, Theatergebäude und Nebenbauten von zwei verschiedenen Architekten ausführen zu lassen, hatte Bertotti nun nach der Fertigstellung des Theaterraums durch Antonio Mauri die rationalistisch-aufklärerischen Reformbestrebungen mit der einheimischen Architekturtradition in Einklang zu bringen und natürlich die schwierige topografische Situation zu bewältigen (230). Nach der Bombardierung des Theaters und des anschliessenden Abbruchs zeugen heute noch vereinzelte, in Vicentiner Privatsammlungen erhaltene Fotografien, die vor 1944 aufgenommen worden sind, von den bertottianischen Bemühungen um eine dem Bautypus «Theater» entsprechende Fassadengestaltung. Wegen der geltenden Baulinie wurde die dem Retrone gegenüberliegende, an die dazumal schon breite viale Eretenio grenzende Strassenfront leicht abgewinkelt, die 20 Vicentiner Fuss breite Eingangsfront bündig zur Flucht des Palazzo Civena-Trissino und der Casa Figin errichtet und dann in einem Winkel von 19° die restliche Fassade von ca. 26 m Länge fortgesetzt bis zur Kreuzung mit der schmalen, ansteigenden contrà delle Grazie und der ins engste Stadtzentrum führenden contrà Carpagnon. Das Verhältnis zwischen den beiden ungleichen Fassadenteilen beschrieb bereits Nicolò Maina als eine in funktioneller und auch in dekorativer Hinsicht erfolgte Aufteilung in Haupt- und Nebenfront. Die erstere zeichnete sich durch reiche Säulenarchitektur aus; das Erdgeschoss wies ein hohes Rundbogenportal auf, flankiert von je zwei ionischen Halbsäulen, in deren schmäleren Seiteninterkolumnien sich noch zusätzlich zwei kleine, hochrechteckige Eingänge befanden, und wurde von einem ausladenden, verkröpften ionischen Gebälk mit Zahnschnitt abgeschlossen. Das Piano Nobile hatte in dem mit einem Dreieckgiebel bekrönten Mittelinterkolumnium ein von zwei gekoppelten, kannelierten ionischen Pilastern gerahmtes hohes Fenster und analog zu den seitlichen Erdgeschossöffnungen schmale, aber rundbogig geschlossene Nischen, die von je einem kannelierten Eckpilaster begrenzt wurden. In der Attikazone waren seitlich zwei kleine quadratische Fenster eingelassen und dazwischen — über dem breiten Fenstergiebel des Piano Nobile — das Relief von Francesco Leoni mit der Allegorie des Retrone in der Gestalt eines sitzenden alten Mannes mit Lyra und der Inschrift «Nunc purior unda» (231). An diese Eingangsfront grenzte der abgewinkelte Fassadenabschnitt mit einem rustizierten Erdgeschossportikus, der sich zur Strasse hin mit fünf Arkadenbogen öffnete, in den Mauerpfeilern wieder klei-

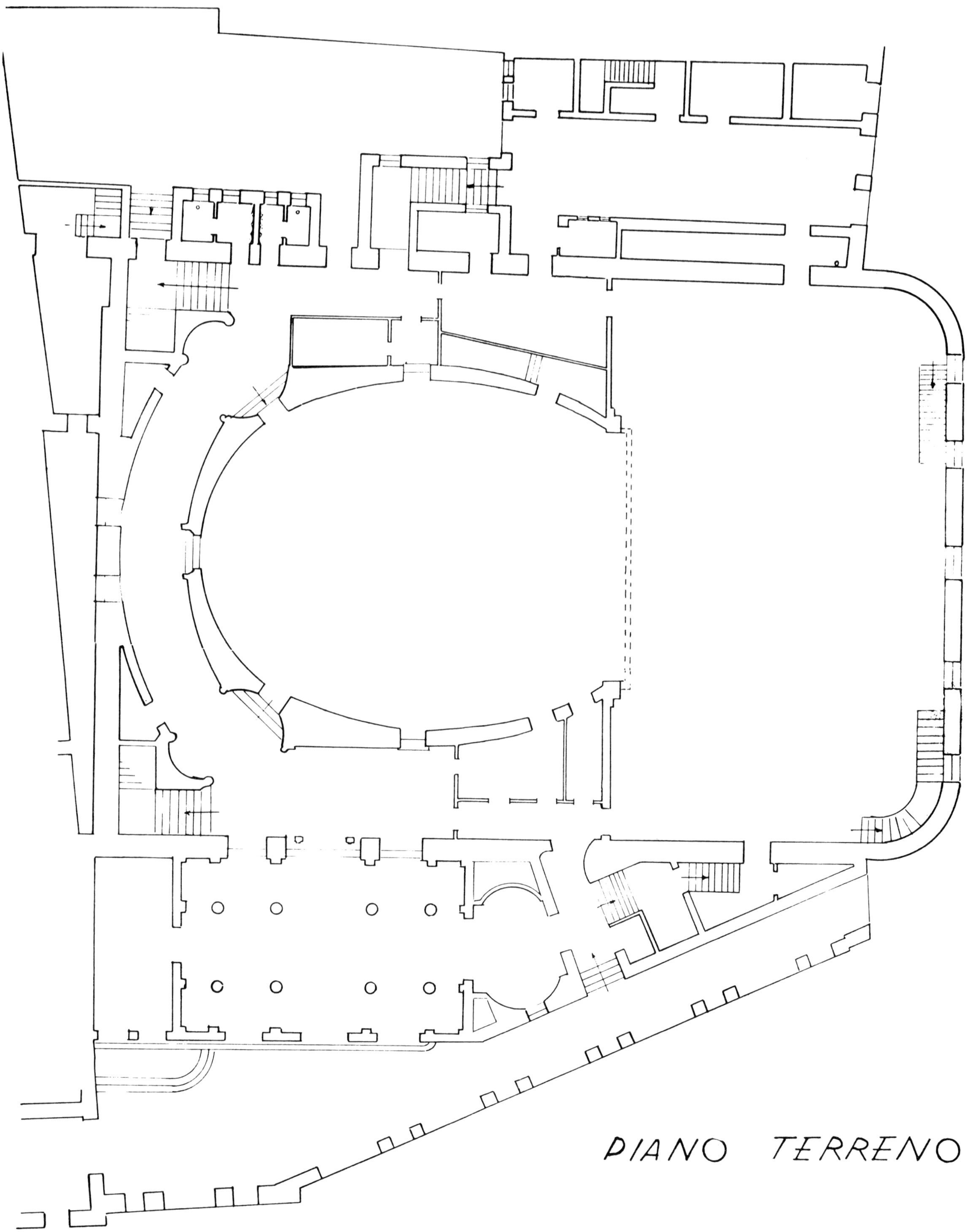

Teatro Eretenio in Vicenza. Grundriss des Erdgeschosses nach einem Plan von c. 1925–1926, auf den Massstab 1:200 verkleinert.

nere, hochrechteckige Eingänge und darüber reliefierte Medaillons mit Porträts von Sophokles, Giangiorgio Trissino, Metastasio und Goldoni aufwies. Das nur flach rustizierte Piano Nobile gliederten fünf hochrechteckige Fenster, die von kannelierten ionischen Pilastern flankiert und in alternierender Folge mit einem Rund- oder Dreieckgiebel bekrönt wurden, während die Zwischenflächen — in der Achse der Porträtmedaillons des Erdgeschosses — schmale und ebenfalls hochrechteckige Reliefs mit der Theaterwelt entnommenen Trophäenbündel von Francesco Leoni zierten. Wurde die unbefensterte Attika von einem reichen Dachgebälk mit fünf schmalen, querrechteckigen Öffnungsschlitzen im Friesfeld abgeschlossen, so waren im Gegensatz zur Eingangspartie die übrigen Horizontalgliederungen als einfache Mauergurten ausgeführt, unterbrochen nur von den verkröpften Fensterbrüstungen und -verdachungen. Auf der zur beginnenden contrà delle Grazie hin orientierten, ebenfalls offenen Schmalseite des Portikus war folgende Inschrift angebracht: «VETUSTO THEATRO / AD FORUM DIRUTO / ELEGANTIUS HOC / AB AFFLUENTE AMNE / ERETENIUM NUNCUPATUM / QUINQUEVIRI / COMMUNI SUMPTU / ACCADEMICORUM ER. CUR. / AERAE VULG. A. / MDCCLXXXII», wobei der latinisierte Ausdruck «Eretenio» für Retrone als Zusatzbezeichnung des «Nuovo Teatro» erst ab 1802 geläufig wurde (232). Hatte sich Ottavio Bertotti Scamozzi bei der Gestaltung der Strassenfront des Teatro Eretenio eindeutig von zwei palladianischen Palazzi in der Stadt Vicenza selbst inspirieren lassen, so zeigt einerseits bereits diese im Veneto eher seltene Verbindung zweier unterschiedlicher, aber von demselben Architekten geschaffenen Vorbilder die hier mögliche Variationsbreite auf und erhellt andrerseits auch die eine Entstehung des spezifischen Fassadentypus «Theater». Bei der Portikusfront wiederholte Bertotti ein Fassadenmotiv des gegenüber dem Ponte Furo ebenfalls an der viale Eretenio gelegenen Palazzo Civena-Trissino und erreichte trotz der kleineren Dimensionen dieselbe fünfachsige Gliederung durch bedeutend schmälere Öffnungen sowie durch den Verzicht auf die grosse Säulenordnung im Piano Nobile, dessen Pilaster nun in die Fensterädikulä eingebunden wurden und gleichzeitig an den rahmenden Aufbau der Statuennischen in der Hauptfront des festen Bühnenbildes vom Teatro Olimpico erinnerten. Neben dem auch durch die Rustikabehandlung mächtig wirkenden Portikus, der sowohl von der contrà delle Grazie als auch von der viale Eretenio betretbar war und nach Schilderungen aus dem Settecento den Besuchern willkommenen Schutz vor den vorfahrenden Wagen bot, fiel das monumentale Piano Nobile durch die grosszügig leerbelassenen Flächen auf, die diesem Oberbau eine spielerisch-luftige Leichtigkeit und elegante Anmut vermittelten, welche gleichzeitigen Innenraumgestaltungen eigen waren. Und mit dieser wohl bewusst angestrebten Verschiebung der einzelnen Ebenen von innen und aussen, der Projektion einer Innendekoration auf die Aussenwand, wurden symbolisch der spezifi-

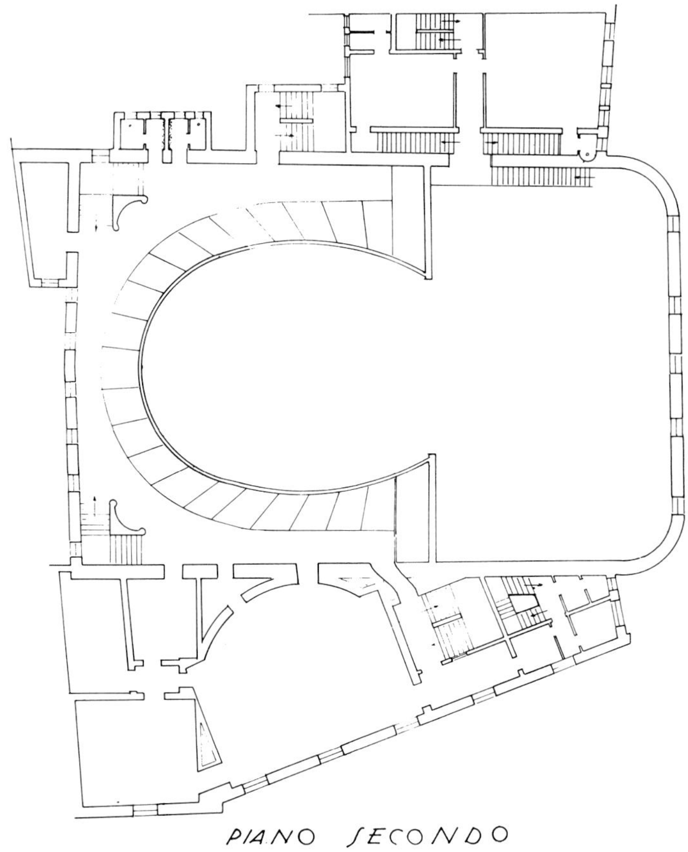

Teatro Eretenio. Grundriss des zweiten Obergeschosses nach einem Plan von c. 1925–1926.

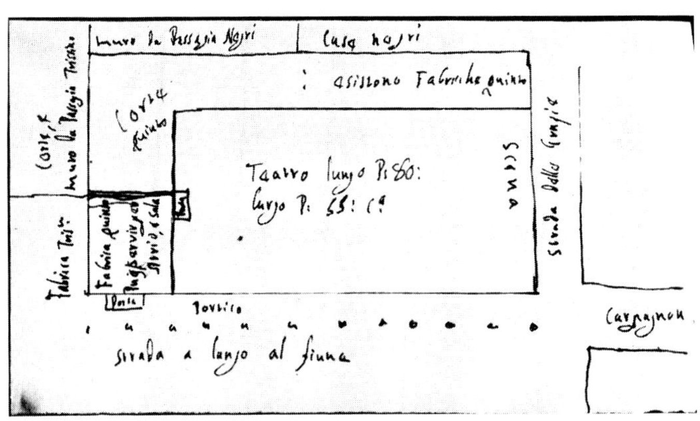

Ideenskizze für den Theaterneubau aus einem Brief des Alvise Trissino vom 27. Mai 1779 an Girolamo Giuseppe di Velo. B.B.Vi. Sammlung Theaterakten

sche Charakter des Gebäudes zum Ausdruck gebracht und überhaupt die Funktionen des Inneren dieses Haustypus im Aussenbau abgebildet (233). Für den Haupteingang des Eretenio griff Bertotti auf die berühmte Fassade der Casa Cogollo am Corso Palladio zurück und erweiterte die Übereinanderstellung von den Rundbogen flankierenden Halbsäulen und eine Rechteckfläche rahmenden Pilastern durch zusätzliche Eckstützen sowie allgemein durch eine reichere Instrumentierung beispielsweise mit Doppelpilastern und Dreieckgiebel, was nur durch erheblich gestreckte Proportionen erreicht werden konnte, da die Strassenfront der Casa Cogollo noch um einen Vicentiner Fuss breiter war als diejenige des Theatereingangs. Beschrieb Nicolò Maina zuerst ausführlich die funktionelle Plazierung dieser Eingangspartie, die in der ungefähren Mitte des Strassenstücks zwischen Ponte Furo und contrà Carpagnon gelegen und beidseits von Portikusfassaden umgeben die bestmögliche Zu- und Wegfahrt für die Wagen offerierte und den Fussgängern einen Spaziergang unter bequemen Arkaden erlaubte, so wies derselbe Schreiber anschliessend auf die «più significante Architettura» dieses Fassadenteils im Vergleich zur Portikusfront hin und erwähnte, dass dieser Abschnitt gewissermassen einen kleinen Triumphbogen darstelle. Damit wurde implizit auf eine weitere Motivquelle Bertottis gelenkt, und zwar auf die bei der palladianischen Loggia del Capitaniato als Ehrenmal gestaltete seitliche Portalfassade, deren manifeste Verherrlichung der Staatspolitik Venedigs nun für die Eingangsfront des Teatro Eretenio ohne weiteres in eine Verherrlichung der Vicentiner Kulturpolitik umgewandelt und aufgrund des allgemein verständlichen Symbolgehalts auch entsprechend aufgefasst werden konnte. Anstelle der figürlichen Allegorien von Sieg und Frieden wurden zwei zusätzliche hochrechteckige Eingänge geschaffen, die das Rundbogenportal flankierten, und das Relief in der Attikazone war dem mit der Lyra Apollos spielenden Flussgott Eretenio gewidmet, einem Sinnbild des benachbarten Retrone und überhaupt der gesamten Stadt Vicenza. Ottavio Bertotti Scamozzi verwirklichte mit dem Anbau und der Fassadengestaltung des Teatro Eretenio nicht nur eines der originellsten Werke im Vergleich mit seinem gebauten Œuvre, sondern auch in europäischer Hinsicht einen den fortschrittlichsten Tendenzen aufgeschlossenen Bau. «Das Theater ist neu, lieblich, schön, modestprächtig, alles uniform, wie es einer Provinzialstadt geziemt, jede Loge hat ihren übergeschlagenen gleichfarbigen Teppich, die des Capitan Grande ist nur durch einen etwas längern Überhang ausgezeichnet ...» notierte Goethe am 20. September 1786 in sein Tagebuch (234).

Ottavio Bertotti Scamozzi und Gaetano Vicchi. Druckreife Zeichnung eines nicht realisierten Palazzoprojekts. Avery Library der Columbia University of New York Ms AA5–30 [Box 5].

Idealprojekt für einen Palazzo, vermutlich in Vicenza

Ortslage unbekannt
ca. 1780
Auftraggeber: unbekannt

Das bertottianische Projekt mit der Darstellung einer grandiosen Gebäudefront ist in einer druckreifen Tuschzeichnung von 35,0×53,0 cm überliefert, die unten links und unten rechts mit «Ottav: Bertotti Scamotius Inv:» beziehungsweise mit «Cajet. Vichj del:» signiert sowie oben links mit «Ta: IV.» bezeichnet ist. Loredana Olivato entdeckte das bis anhin unbekannte Blatt in der Sammlung der Avery Library, Columbia University of New York und deutete die abgebildete Architektur versuchsweise als Theatergebäude (235). Doch aufgrund der von Bertotti beim Eretenio angestrebten, funktionellen und expressiven Gestaltung kann diese Zeichnung kaum als ein fast gleichzeitiges Theaterprojekt interpretiert und muss vielmehr als Idealentwurf eines Palazzo für einen exzentrischen, vermutlich sogar Vicentiner Bauherrn aufgefasst werden, was durch das Statuenprogramm auf diesem Projekt noch bestärkt wird.

Die Zeichnung zeigt eine mehrfach gegliederte und mit reicher Bauplastik dekorierte Fassade, die knapp 100 Vicentiner Fuss lang ist, über einem hohen rustizierten Sockelgeschoss eine einzige dorische Kolossalordnung mit einer abschliessenden Attika aufweist und von zwei grossen Ecktürmen flankiert wird, die — wie übrigens auch der mittlere Hausteil — von mächtigen Kuppeln überwölbt sind. Die zentrale Fassadenpartie ist in sieben Achsen unterteilt: im Erdgeschoss flankieren das rundbogige Eingangsportal je ein halbkreisförmiges und ebenfalls durch besonderen Rustikaschnitt hervorgehobenes Fenster, gefolgt von zwei querrechteckigen, gewändelosen Öffnungen. Im Piano Nobile entsprechen dieser Gliederung sieben hochrechteckige, durch dorische Kolossalsäulen voneinander getrennte, schmal profilierte Fenster, von denen die mittleren drei durch Balusterbrüstungen sowie alternierende Rund- oder Dreieckgiebel ausgezeichnet und von Doppelsäulen zusammengefasst sind, wobei ebenfalls dorische Doppelsäulen den Übergang zu den Eckrisaliten markieren. Anstelle der zum Hauptportal führenden Rampe ist der hochrechteckige, von zwei kleinen Reliefs flankierte Eingang der symmetrisch gestalteten Ecktürme über fünf Treppenstufen erhöht. Das Obergeschoss dieser Risaliten wiederholt ohne Säulenordnung die Fensterform des Piano Nobile: je zwei, nun gewändelose Öffnungen rahmen eine rundbogig geschlossene Statuennische. Im Mittelbau und bei den Ecktürmen wird das glatt verputzte Piano Nobile von einem dorischen Gebälk mit einem wuchtigen Triglyphenfries, dessen Metopen abwechselnd mit Bukranien und Kreisscheiben dekoriert sind, und einem vierfach profilierten, über der Mittelpartie noch mit einer Zahnschnittleiste bereicherten Gesims abgeschlossen. Darüber erhebt sich entlang der gesamten Fassadenlänge die Balusterbrüstung der leicht zurückgesetzten Attika, die bei den Ecktürmen sogar zu einem vollen Geschoss mit einer vorgesetzten ionischen Tempelfront ausgebildet ist. Innerhalb dieser Balustrade finden sich kleine Pilaster, zehn in der Achse der dorischen Halbsäulen des zentralen Piano Nobile und vier in der Achse der ionischen Vollsäulen der Eckrisalite angeordnet, als Piedestals für gestikulierend dargestellte, männliche und weibliche Statuen. Die Attika des Mittelbaus ist mit einem schmalen Dachgesims auf der Höhe der Skulpturen abgeschlossen und über der Länge der dreiachsigen Eingangspartie mit einer halbrunden, oben abgeflachten Kuppel überdacht, deren Höhe annähernd dem Scheitelpunkt des Dreieckgiebels der seitlichen Tempelfronten entspricht sowie analog zu den drei figürlichen Giebelakroterien auch mit zwei Statuen geschmückt ist. Die Eckrisalite weisen über der Tempelfront einen mit einem profilierten Gesims abgegrenzten Tambour auf, über den sich eine kleine, halbkreisförmige Kuppel mit einer winzigen, spitz zulaufenden Bekrönung erhebt. Von der gesamten Fassadenlänge von ca. 35 m beanspruchen die zwei Ecktürme je eine Breite von 5,75 m und bis zur Kuppelscheitel eine Gesamthöhe von 21,40 m, während der Mittelbau 23,50 m breit, einschliesslich der Attika 11,50 m hoch und mit der Kuppel sogar 17,85 m hoch ist.

Neben den beträchtlichen Ausmassen dieses Projekts, dessen Fassadenlänge nur wenig kürzer geplant ist als beispielsweise jene des von Bertotti umgebauten Palazzo Franceschini in Vicenza, fällt besonders die aussergewöhnliche, fast irreale Komposition des Gebäudes auf, die eher an ein Exempel aus der Gattung der Architekturcapricci mahnt. In freier Kombination wird hier ein Repertorium palladianischer Einzelformen und palladianischer Detailproportionen zu einer Neufindung verschmolzen, die den traditionellen Palazzotypus, bestehend aus rustiziertem Sockelgeschoss und durch eine Kolossalordnung betontem Piano Nobile, sowohl mit einer formal der Vicentiner Basilicakuppel verwandten Verdachung bekrönt, als auch mit hohen Flankentürmen erweitert, deren Ausguck als ionisches Tempelchen geformt und zusätzlich mit einer halbrunden Kuppel überhöht wird. Des weitern gilt zu beachten, dass gerade für die Kolossalordnung des Piano Nobile im Mittelbau die von Palladio nie an dieser Stelle verwendete dorische Ordnung eingeplant ist, aber dafür diese zentrale Gebäudepartie auch nicht mit einem sakralen Giebelmotiv als Zeichen des Nobilitätsanspruchs, sondern mit jener Dachform ausgezeichnet wird, die zahlreichen Palazzi della Ragione auf der Terraferma eigen ist und in dem Sinne als ein Emblem für «öffentliches Wirken» aufzufassen ist. Die Tempelfront selbst ist aus der beherrschenden Mittelstellung weggerückt und in zweifacher Ausführung isoliert den Flügelbauten vorgesetzt. Diese auf luftiger Höhe als kleine Loggien ausgebildete Säulenarchitekturen sind mit je drei Giebelfiguren geschmückt, von denen nun das Hauptakroterion beider Tympana ein grosses geflügeltes Pferd darstellt, das mit seinen vor dem Kuppelrund ausgebreiteten Schwingen gleichsam das Patrozinium dieser profanen Tempelchen übernimmt und ein weitherum sichbares Signet des Gebäudes sowie dessen Benutzer darstellen sollte. Und dieser Pegasos, das Sinnbild der Dichtkunst, wurde zu Beginn des 19. Jahrhunderts von Andrea Alverà im Zusammenhang mit einem Vicentiner Bau erwähnt, den Ottavio Bertotti Scamozzi östlich des Ponte Furo — auf der dem Palazzo Civena-Trissino und dem Teatro Eretenio gegenüberliegenden Uferseite des Retrone — im Jahre 1780 für den Baron Giulio Ferrari errichtet hatte. Im Vicenza des Settecento war Giulio Ferrari ein hochgeschätzter, eifriger Dichter, der für seine Kunst sogar vom Preussenkönig Friedrich II. grosszügig mit Adelstiteln beschenkt wurde. Seine von Bertotti erbaute Loggia — «in essa quel poeta si andava a studiare e vi avea posto il cavallo Pegaso» — ist nun dem linken Flankentum des Projekts derart ähnlich, dass sie sich geradezu als eine stark vereinfachte, ohne Statuten- und Kuppeldekoration ausgeführte Teilrealisierung der grandios geplanten Dichterresidenz ausweist (236). Andrerseits kann das Idealprojekt auch als eine gleichzeitige oder nachträgliche Überarbeitung des Loggia-Auftrags gedeutet werden, wobei stets die Frage offenbleibt, ob die Zeichnung auf Wunsch des Baron Ferrari oder für einen anderen, musisch beflissenen Auftraggeber oder aus persönlichem Interesse des Architekten selbst entstanden ist. Zu berücksichtigen ist ferner, dass die von Bertotti entworfene und von seinem Schwager Gaetano Vicchi reingezeichnete Darstellung für einen Druck bestimmt war, der neben dieser Tafel IV mit Sicherheit noch andere Zeichnungen enthalten sollte (237). Solange diese Blätter aber noch verschollen sind, können Inhalt und Zweck dieser Edition nur hypothetisch als ein Versuch zur Veröffentlichung eigener Bauten und Projekte im Gefolge der «Fabbriche»-Bände bestimmt werden.

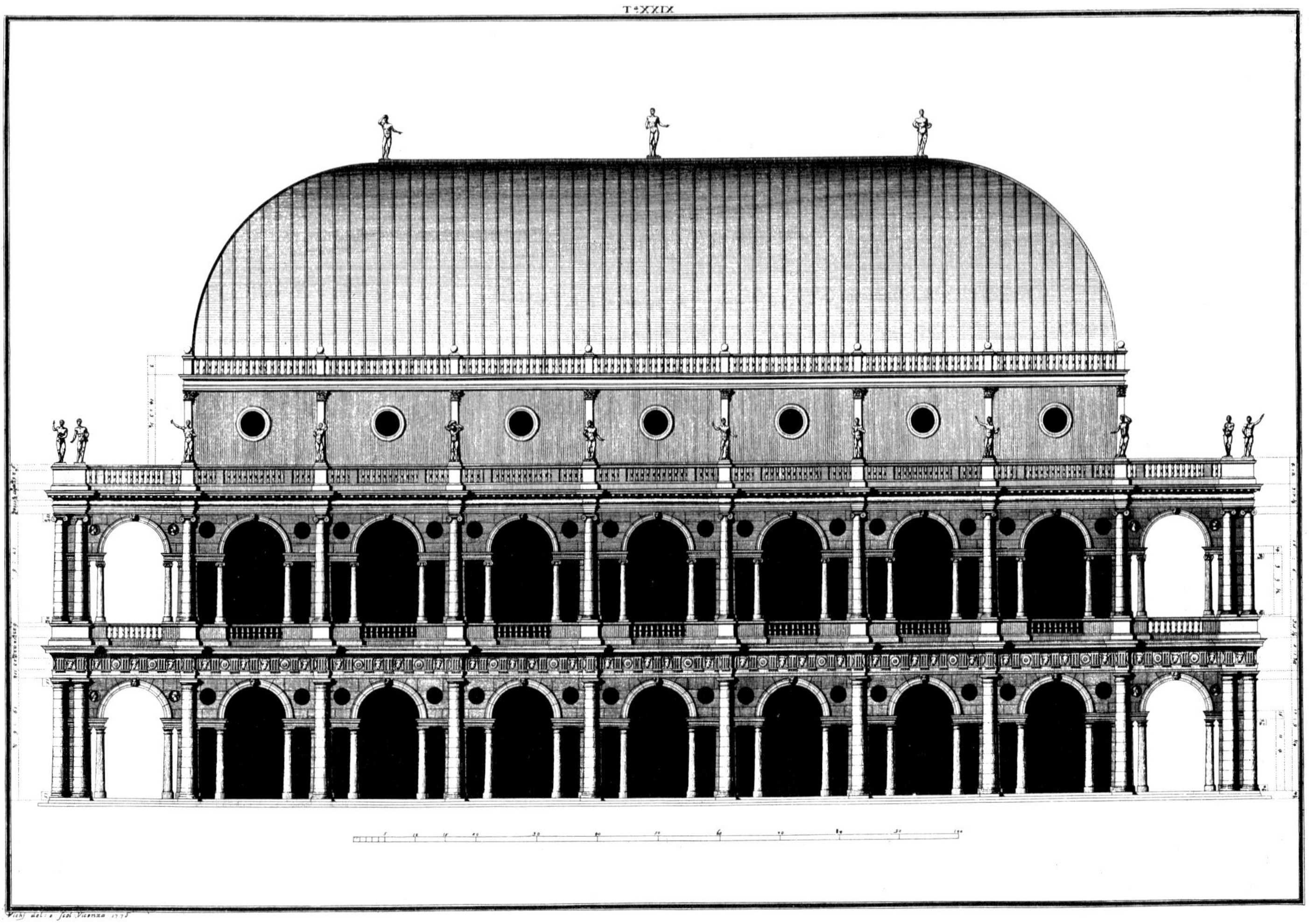

Tav. XXIX mit der Ansicht der Basilica Palladiana aus dem ersten Band der «Fabbriche» von 1776.

Loggia Giulio Ferrari an der contrà Ponte Furo 4 in Vicenza.

Loggia Giulio Ferrari in Vicenza

Contrà Ponte Furo 4
1780
Auftraggeber: Baron Giulio Ferrari,
ein exzentrischer und eifriger Poet,
der im Juni 1780 vom Preussenkönig Friedrich II. noch mit
den Titeln eines Kammerherrn
und eines Rats seiner Majestät geehrt wurde

Die tempelförmige Loggia über einem turmähnlichen Anbau an der contrà Ponte Furo 4 in Vicenza gehört zu den durch gleichlautende Quellen aus dem 19. Jahrhundert eindeutig gesicherten Werken im Œuvre von Ottavio Bertotti Scamozzi und ist aufgrund des kürzlich in amerikanischem Museumsbesitz entdeckten Idealprojekts in einem grösseren baulichen und auch geistigen Kontext zu würdigen, der die in der modernen Forschung zur Zeit übliche Interpretation einer «illogica collocazione» und eines «puro esibizionismo accademico» etwas differenziert (238). Dabei kann gerade anhand der kleinen Loggia für den Dichterfürsten die Bemühung Bertottis um die Charakterisierung und die Ausarbeitung einer spezifischen Typologie für diese individuelle Bauaufgabe dargestellt werden. Der inmitten eines im 18. Jahrhundert von den Seidenfabrikanten für ihre Spinnerei- und Färbereibetriebe neu erschlossenen Gebiets — südlich der alten Stadtmauer und gegen Westen an den Retrone grenzend — realisierte Bau gehörte dann im 19. Jahrhundert zur Spinnerei Maruzzo und wurde kurz vor 1871 renoviert. Heute befindet sich die Loggia samt dem östlich angebauten Gebäude im Besitz der Erbengemeinschaft Galla-Sperotti.

Nach dem Vicentiner Stadtplan des Giacomo Monticulo von 1611 war das Terrain südlich des innern Stadtmauerrings vom Retrone bis zur Porta del Luzzo noch ziemlich unbewohnt; als frühestes auf der östlichen Uferseite direkt beim Ponte Furo an die Stadtmauer angrenzendes Gebäude wurde 1666 ein Haus des Francesco Muzio erwähnt, der entlang des Retrone acht Seidenmühlen betrieb. Nach zwei Zeichnungen der Provveditori sopra i Beni Inculti aus den Jahren 1718 und 1723 gehörten die dortigen Gebäude einem Conte Giovanni Da Schio und grenzten gegen Osten an den Grundbesitz des Conte Francesco Gualdo sowie gegen Süden an den schmalen Lauf der Seriola, von der Wasser in unterirdischen Kanälen bis zur Piazzola S. Giuseppe abgezweigt wurde, um die im Hof des Santo Battistella plazierten Seidenmühlen anzutreiben (239). In der beginnenden zweiten Hälfte des 18. Jahrhunderts muss dann der Baron Giulio Ferrari die einstigen Schio-Bauten am Ponte Furo erworben und nach der 1780 wohl nur teilweisen Erneuerung durch Bertotti bis wenige Jahre vor seinem Tod im Jahre 1792 bewohnt haben. Jedenfalls gehörten 1799 dieser und der weiter südlich der Seriola entlang des Retrone situierte Komplex bereits den Seidenfabrikanten Milan, die hier mit einem Aufwand von 72000 Lire eine kostspielige Färberei mit 24 Kesseln einrichten liessen. Nach dem Zusammenbruch der Firma Milan kurz nach 1822 übernahmen Nicola und Agostino Maruzzo noch vor 1829 diese Liegenschaften und installierten eine Seidenspinnerei. 1872 hiessen die neuen Besitzer Gebrüder Cesare Tacchi des Gio. Battista Tacchi, doch erst unter Cesare Sperotti wurden gegen Ende der dreissiger Jahre unseres Jahrhunderts die südlich der Loggia um 1800 errichteten Anbauten niedergerissen (240).

Heute präsentiert sich der für Giulio Ferrari errichtete Bau als ein loggiabekrönter, dreigeschossiger Turm mit Kellergeschoss und Mezzanin, der auf drei Seiten — zur contrà Ponte Furo, zum Retrone und gegen Süden hin — freigestellt ist und gegen Osten an ein wenig niedrigeres, auch dreigeschossiges Gebäude angrenzt. Auf einem rechteckigen Grundriss von ca. 5,75×8,00 m ist dieser Turm mit seiner schmäleren Giebelseite in Richtung Monte Berico orientiert, öffnet sich im Erdgeschoss mit einem ca. 2,50 m tiefen, bis zur Flucht der angrenzenden Hausfassade vorangestellten, dreibogigen und flach rustizierten Portikus, dessen Auskragung im Piano Nobile dann als mit einer Balusterbrüstung abgeschlossene Terrasse dient. Die ebenfalls flach reliefierte Rustika des Piano Nobile wird nur von einem in der Mittelachse angeordneten, mit einem ionisch profilierten Gewände und einem Dreieckgiebel ausgezeichneten Portal unterbrochen und mit einem glatten Mauerband vom oberen Geschoss getrennt. Über einer unreliefierten Brüstung mit verkröpften, hohen Piedestals stützen vier ionische Vollsäulen ein ausgebildetes Gebälk der gleichen Ordnung sowie einen mit Zahnschnittleisten dekorierten Dreieckgiebel, dessen Tympanon zwei wappentragende Genien schmücken. An der Rückwand dieser wieder ca. 2,50 m tiefen Loggia sind in der Achse des nur leicht grösseren Mittelinterkolumniums eine hochrechteckige Türe mit profiliertem Gewände und in der Achse des östlichen Interkolumniums ein schmales hochrechteckiges Mez-

Strassenfront der Loggia Giulio Ferrari.

zaninfenster ohne Rahmung ersichtlich, während eine grosse rundbogige Öffnung auf der westlichen Schmalseite dieser Loggia nun den Ausblick auf den Retrone und den Campo Marzo ermöglicht. Ansonsten ist diese Flussfassade ziemlich schmucklos gestaltet mit je einem in derselben Achse angeordneten Fenster pro Geschoss, wobei im Mezzanin eine quadratische Öffnungsform im Gegensatz zu den unteren hochrechteckigen Fenstern gewählt und im Erdgeschoss deren Anzahl verdoppelt wurde. Die auffallende Ecklisene mit abwechselnd grossen und kleinen Rustikaquadern sowie der unter der Traufleiste angebrachte Rundbogenfries sind wohl ebensosehr als eine Zutat der kurz vor 1871 stattgefundenen Renovation aufzufassen wie die neoromanisch anmutende Strassenfront mit drei Rundbogenfenstern im rustizierten Erdgeschoss und den in der Mittelachse darüber eingesetzten drei Fenstern mit Bossenfassung, die von den zwei Ecklisenen auch hier wiederholt wird. Das an diesen Turmbau anschliessende Gebäude mit einfachen, durch Fenster und Mauergurten gegliederten Fassaden, deren Südfront mit einem dreibogigen Portikus aufgelockert wird, findet sich bereits auf dem napoleonischen Katasterplan von 1814 eingezeichnet und ist wohl in die Zeit der grossen Milanschen Umbautätigkeit von 1799 zu datieren. Dabei muss aber an dieser Stelle ein unbekannter Vorgängerbau, vielleicht sogar noch aus dem einstigen Besitz des Co. Giovanni Da Schio, existiert und für den bertottianischen Anbau, der im Innern nur einen einzigen Raum je Geschoss aufweist, überhaupt die Erschliessung der einzelnen Stockwerke mit Treppen übernommen haben. Des weitern ist zu beachten, dass jener grosse, längs des Retrone situierte Rechteckbau, der in kleineren Dimensionen schon auf der Beni Inculti-Zeichnung von 1723 dargestellt ist, gemäss des napoleonischen Katasterplans bereits im Jahre 1814 grosszügig erweitert und der südlichen Turmfront angebaut war und dass dieser 6,30 m hohe Komplex erst vor einem halben Jahrhundert niedergerissen wurde (241). Daraus resultiert natürlich, dass über die halbe Höhe der Gartenfassade des bertottianischen Baues schon vor 1814 verändert worden war, der heute vorgelagerte, rustizierte Portikus samt der Terrasse im Piano Nobile erst in den dreissiger Jahren des 20. Jahrhunderts in historisierender Art erbaut wurde und selbst die Rustikaverkleidung des Piano Nobile aus dieser jüngsten Zeit stammt. Unverändert erhalten geblieben seit 1780 sind so nur die Loggia mit der ionischen Tempelfront und die Verteilung der Öffnungen auf der zum Retrone hin orientierten Westfassade.

Der Auftraggeber des turmähnlichen Anbaues mit dem tempelförmigen Ausguck war ein berühmt-berüchtigter Exponent der Vicentiner Gesellschaft des Settecento. Am 24. Dezember 1712 in Vicenza geboren als Sohn des Alessandro Ferrari, der sich im Jahre 1710 den Adelstitel eines Conte mit 5000 Dukaten erkauft hatte und so in den Vicentiner Rat der 150 zugelassen worden war, besuchte Giulio Ferrari das «Collegio dei Nobili» in Modena, wo er sich besonders in der

Ausschnitt aus dem napoleonischen Katasterplan von 1814 bzw. dessen Kopie von 1816 im Staatsarchiv Vicenza.

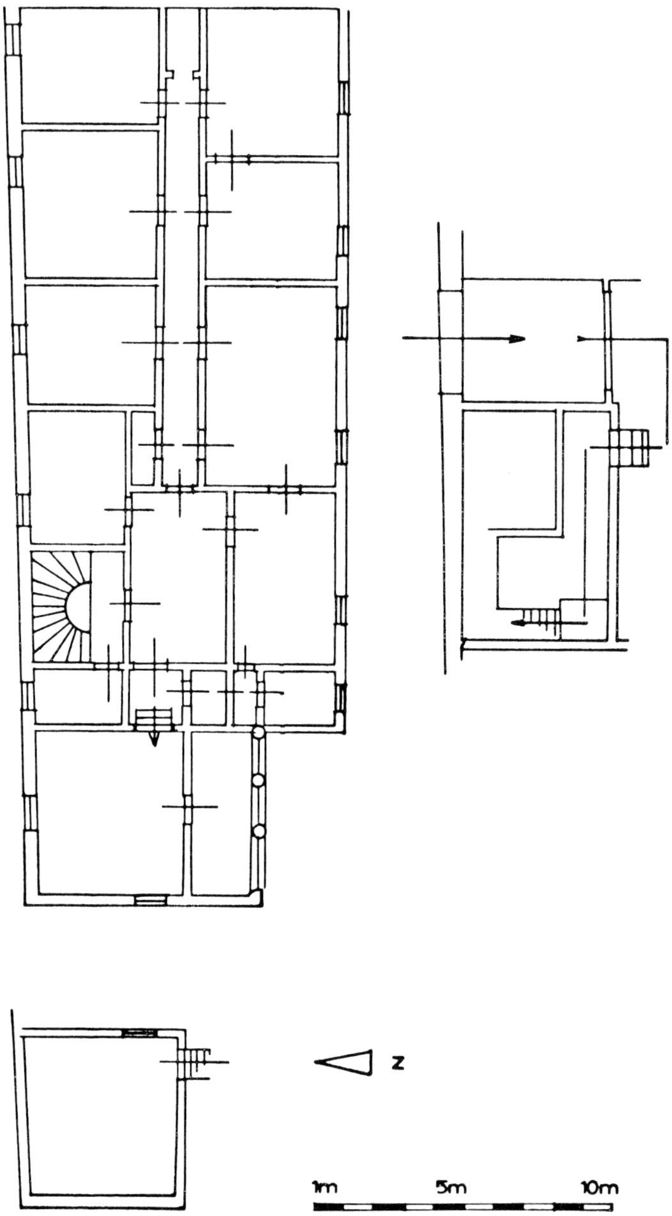

Loggia Giulio Ferrari. Grundriss des zweiten Obergeschosses.

Dichtkunst auszeichnete. Aus Eifersucht auf das ebenfalls dichterische Schaffen eines seiner beiden Brüder ermordete er am 11. April 1750 Agostino Ferrari mit fünf Messerstichen, konnte jedoch der Justiz ungestraft entkommen. Als «fecondo e non infelice cultore delle Muse, scrisse per dame e cavalieri, e molte poesie dettò pure in onore di Federico il Grande Re di Prussia ...» noch von Sebastiano Rumor charakterisiert, erhielt Giulio Ferrari vom Preussenkönig als Dank für die «Poesie italiane sopra l'ultima guerra consecrate alla S.R.M. di Federico il Grande Re di Prussia» den Rang eines Barons mit Diplom vom 7. Juli 1768 geschenkt und im Juni 1780 zusätzlich noch den Titel eines Kammerherrn und Rats seiner Majestät. Gemäss den zeitgenössischen Chronisten fand dann ein weiterer, tragischer Zwischenfall im Jahre 1787 statt; wegen des von Cristoforo Dall'Acqua gestochenen Porträts für eine N.D. Laura Pisani Zusto gewidmete Poesiesammlung, gerieten der Stecher und der Autor des Buches in einen derartigen Streit, dass Dall'Acqua nur durch seine Flucht aus Vicenza einem Anschlag entkommen konnte und nach zwei Monaten am 11. November 1787 dennoch plötzlich verstarb. «Si dice che fu attossicato per opera del d.o Sig. Ferrari», notierte Giuseppe Corona in seiner Fortführung der von Michele Pavanello begonnenen Aufzeichnungen (242). Seit der Ausbildung in Modena, seit 1731 bis 1789, hatte Baron Ferrari immerhin 34 kleinere und grössere Werke verfasst, viele von ihnen anlässlich adliger Hochzeiten oder der Verabschiedung eines venezianischen Statthalters komponiert und vor 1787 auch öfters mit Kupfertafeln von Cristoforo Dall'Acqua versehen. Und gerade dieser Künstler hatte für Bertotti sämtliche Tafeln für die «Descrizione dell'Arco Trionfale», für den «Forestiere istruito» sowie im ersten Band der «Fabbriche» 18 Tafeln von insgesamt 52 Abbildungen gestochen, so dass sich der künftige Bauherr und sein Architekt auch über diesen Stecher kennengelernt haben konnten, mit dem dann beide — sowohl Ferrari als auch Bertotti — sich unwiderruflich überwarfen. Im hohen Alter übersiedelte Giulio Ferrari von seinem Dichtersitz am Ponte Furo nach dem nördlich der Porta S. Croce gelegenen Moracchino, wo sein Vater Alessandro Ferrari 1719 ein grosses Landgut erbauen lassen hatte, und starb am 18. September 1792, während ihn sein Ruf als grössenwahnsinniger Poet noch hundert Jahre überlebte. Mit dem jüngeren Bruder Gaetano als letztem Abkommen dieser Familie starben die Ferrari aus (243).

Vergleicht man die bereits erwähnte Zeichnung eines Idealprojekts für einen Palazzo mit dem heutigen Baukomplex am Ponte Furo in Vicenza, so fallen neben der übereinstimmenden Position des einen turmartigen Anbaues und dessen tempelförmiger Loggia die einzelnen Massverhältnisse auf. Die Länge der einzelnen Turmfassaden des Idealprojekts entspricht genau jener verwirklichten und auf den neueren Grundrissplänen auch festgehaltenen Länge des turmartigen Baues für Giulio Ferrari. Auch der mit einer Kolossalordnung ausgezeichnete Mittelbau des Idealprojekts weist eine Fassadenlänge auf, die mit jener des an das loggiabekrönte Gebäude angrenzenden Hauses übereinstimmt und der bereits 1723 feststehenden Grundstücksausdehnung entspricht. Damit hätte jedoch der rechte Flankenturm mit seiner vollen Länge auf dem benachbarten Land der Conti Gualdo errichtet werden müssen, wo aber sicher 1814 ein kleines Gebäude innerhalb einer ausgeschiedenen Parzelle eines anderen Besitzers stand, so dass Giulio Ferrari seinen Landbesitz wohl nie gegen Osten erweitert hatte, um auch nur die notwendige Voraussetzung für eine allfällige Realisierung des Idealprojekts zu schaffen (244). MIt dieser Erkenntnis ist zwar der Stellenwert des in amerikanischem Museumsbesitz befindlichen Zeichnungsblatts nicht näher definiert, aber seine Darstellung eines Idealpalazzo ermöglicht erst die entsprechende funktionelle und ideelle Interpretation der für Giulio Ferrari errichteten Loggia. Der exzentrische Bauherr, der sich nach dem Tod seiner Eltern von seinem jüngeren Bruder Gaetano Ferrari trennte, wünschte sich einen seinem Stande und seiner Berufung gemässen Bau, wo er in aller Ruhe und Annehmlichkeit sich seinen Neigungen widmen konnte. Dazu passten nun einerseits die Turmidee mit Ausguck, welche einen ungestörten Blick auf den Monte Berico gestattete und an sich eine gewisse Abgeschiedenheit von weltlichen Dingen ausdrückte, und andrerseits dann die geradezu übertriebenen allegorischen Anspielungen auf die wichtige Mission des Bewohners, der mit der ausgefallenen Loggiaform ein Zeichen für den wahren Tempel der Muse und so seiner im Dienste einer gewissen Öffentlichkeit stehenden Dichtkunst setzte. Und diese Botschaft hat der von Bertotti realisierte kleine Bau den anvisierten Zeitgenossen auch ohne das im Idealprojekt vorgesehene Statuenprogramm oder dessen Kuppelbekrönungen deutlich vermittelt und gleichzeitig anhand seiner beherrschenden Stellung am Ponte Furo sowie der ungewohnten Komposition traditioneller Architekturformen eine über den privaten Bereich hinausreichende Bedeutsamkeit beansprucht, welche den Wohn- und Arbeitssitz eines Dichters gleichsam zu einem städtischen Monument erhob.

Palazzo Alessio Giambattista Braghetta am Corso Andrea Palladio 38—40 in Vicenza.

Palazzo Alessio Giambattista Braghetta in Vicenza

Corso Palladio 38–40
1780
Auftraggeber: Dr Alessio Giambattista Braghetta,
ein junger Mediziner, der in Bologna studiert hatte, aber
seinen gelernten Beruf nicht ausübte

Von der Piazza del Castello her erblickt man nach den Palazzi Piovene und Bissari den Palazzo Braghetta als drittes Gebäude auf der rechten Seite des Corso Andrea Palladio. Bertottis Autorschaft und die Datierung dieses Baues in das Jahr 1780 waren schon immer unbestritten. Dafür schwankte neuerdings innert eines kurzen Zeitraums die künstlerische Beurteilung von «un chiaro ma frigido pensiero architettonico, espresso attraverso timida calligrafia, assolutamente remota da ogni esperienza spaziale del Palladio» zu «un piccolo gioiello di calcolato equilibrio», ohne jedoch die in den Quellenschriften stets erwähnten und das betreffende Grundstück einst schwer belastenden Servituten überhaupt zur Kenntnis zu nehmen. Der Palazzo Braghetta wurde 1854 an den Conte Pier Angelo Caldogno verkauft, gehörte 1877 den Nobili Maria und Gio. Battista Pagello, dann anschliessend der Familie Beltrame und befindet sich seit den fünfziger Jahren unseres Jahrhunderts im Besitz der Assicurazioni Generali S.p.A. (245).

Der Corso Andrea Palladio, die Vicentiner Hauptstrasse im Stadtzentrum, basiert auf dem Decumanus Maximus des römischen Veicetia und verbindet von Osten nach Westen die Piazza dell'Isola, die heutige Piazza Matteotti, mit der Piazza del Castello. Seit der Unterwerfung Vicenzas unter die Herrschaft der Republik Venedig im Jahre 1404 wurde dieser Corso im Verlaufe der Jahrhunderte zu einer eigentlichen Prunkstrasse mit grossartigen Wohn- und Repräsentativbauten des sich anfänglich noch oft in fremden Kriegsdiensten bereichernden Vicentiner Landadels ausgebaut, und zwar unter Mithilfe der bedeutendsten einheimischen Architekten aus der Zeit der Spätgotik bis ins Ottocento. Das Grundstück, auf dem später der Palazzo Braghetta errichtet wurde, gehörte 1563 den Conti Gasparo und Benedetto Porto, 1665 dem Conte Alfonso Loschi und war mit einem niedrigen Torgebäude versehen, das den dahinterliegenden, auf die contrà Piazza del Castello orientierten Bauten einen weiteren Zugang vom Corso her ermöglichte (246). Zu einem nicht bekannten Zeitpunkt, aber vermutlich kurz vor 1780, erwarb Alessio Giambattista Braghetta teils von den Brüdern Francesco und Alfonso Loschi, teils von der Familie Stovari das gegen den Corso hin knapp 23 m breite und gegen Süden ca. 27 m tiefe Grundstück, das mit privaten Dienstbarkeiten belastet war, die zwei freie Druchgänge zur Erschliessung der hinteren Liegenschaften vorschrieben und insofern ein dortiges Bauvorhaben gewaltig einschränkten (247).

Ottavio Bertotti Scamozzi hatte nun diese Bauaufgabe auf eine derart subtile Weise gelöst, dass die auferlegten Wegerechte mit all ihren baulichen Konsequenzen selbst von der neueren Forschung vergessen werden konnten. Die auf den Corso Andrea Palladio orientierte Fassade ist in fünf Fensterachsen unterteilt, von denen die mittleren drei leicht vorstehen, im Erdgeschoss mit einer groben Rustika und darüber im Piano Nobile sowie im Mezzanin mit einer flachen Quadrierung verputzt. Die beiden seitlichen, einachsigen Bauteile werden im Erdgeschoss von je einem hohen, rundbogigen Portal mit einer zusätzlich akzentuierten Rustikafassung dominiert, während diesen zwei Toren dann im Mittelrisalit drei hochrechteckige, rahmenlose Fenster entsprechen. In der Achse dieser Öffnungen finden sich im Piano Nobile fünf, wiederum hochrechteckige Fenster, jetzt ausgezeichnet mit Balusterbrüstungen, ionisch profiliertem Gewände und mit von Volutenkonsolen gestützten Dreieck- und Rundgiebeln in alternierender Folge, wobei die über den seitlichen Rundbogenportalen des Erdgeschosses angeordneten Eckfenster oberhalb ihrer Verdachung mit Dreieckgiebeln noch mit einem gewaltigen, vorgeblendeten Überfangbogen geschmückt sind; das Mezzanin ist mit fünf kleinen, querrechteckigen und profilierten Öffnungen befenstert. Als Ausgleich zu den breiteren Seitenachsen sind jene drei des Mittelrisalits mit die beiden Obergeschosse zusammenfassenden, sechs kannelierten und an den Ecken gekoppelten ionischen Kolossalpilastern gegliedert. Der horizontale Aufbau mit Mauergurten und Gesimsen beginnt bereits beim hohen Gebäudesokkel aus glatt behauenem Stein und wird im rustizierten Erdgeschoss fortgesetzt von der flach verputzten, unprofilierten Fensterbank, die als ein über die gesamte Fassadenbreite durchgezogenes Mauerband gestaltet ist. Vom Erdgeschoss zum Piano Nobile leitet ebenfalls eine flache Mauergurte über zu den hohen Piedestals der Kolossalpilaster und den dazwi-

C. Barrera c. 1780. Fassadenriss des Palazzo Braghetta. Städtisches Museum Bassano del Grappa Ms varie.

schenliegenden Balusterbrüstungen, die von einem schmalen, profilierten und um die Piedestals verkröpften Gesims abgeschlossen werden. Auf der Höhe der Volutenkonsolen der Piano-Nobile-Fenster wird die reich gegliederte Rahmung als breites Gesims über die ganze Fassade geführt, während gerade unterhalb der Mezzaninfensterchen die Mauergurte nun mit einem laufenden Hund dekoriert ist, dessen wellenförmiges Spiralband in der Mitte der Fensterachsen jeweils seine Laufrichtung ändert. Das gesamte Gebäude wird von einem vollständig ausgebildeten und um den Mittelrisalit verkröpften ionischen Kranzgebälk mit Zahnschnitt abgeschlossen. Dieser reich instrumentierten Fassade entspricht ein T-förmiger Grundriss, dessen ca. 10 m tiefer Kopfbalken mit der nördlichen Längsseite an den Corso grenzt, während der schmale, aus der Mittelachse leicht gegen Osten verrückte und sich nach Süden noch verjüngende Flügelbau mit einst ca. 17 m Länge errichtet wurde und somit beidseits eine offene Passage von den Rundbogenportalen bis zu den am südlichen Hofende situierten Gebäude ermöglichte. Erst nach 1841 erhielt dieser Flügel dann durch den Erwerb der zwei südlichen Anbauten, die ihrerseits zu sich weit in den Innenhof hinein erstreckenden Flügeln von an der contrà Piazza del Castello gelegenen Palazzi gehörten, die heute noch bestehende Ausdehnung (248). Sind in diesem Flügelbau die Räume in einer Enfilade aneinandergereiht und entlang der östlichen Hoffassade zusätzlich durch einen schmalen Korridor miteinander verbunden, so widerspiegelt die dreigeschossige Strassenfassade zum Corso die innere Disposition dieses Hauptgebäudes. Im Piano Nobile wird ein grosser, querrechteckiger Saal in der Breite des Mittelrisalits flankiert von je einem kleineren, annähernd quadratischen Raum, der sich mit einem Fenster zur Strasse öffnet und sowohl vom grossen Saal als auch von einem schmalen, der südlichen Längsfront entlanglaufenden Flur her zugänglich ist. In der Verbindung dieses Hauptgebäudes des Palazzo Braghetta mit dem langen Flügelbau ist auf quadratischem Grundriss ein imposantes, offenes Treppenhaus mit vier aufeinanderfolgenden Stiegen pro Etage untergebracht — eine für Vicentiner Verhältnisse nicht gerade übliche Erschliessungsform, welche aber, nun mit Mittelstützen versehen, gleichzeitig von Ottone Calderari für den Neubau des benachbarten Palazzo Loschi projektiert wurde (249). Der Palazzo Braghetta ist heute verhältnismässig noch sehr gut erhalten, nur der rechte Portaldurchgang wurde in ein Merceriegeschäft umgebaut.

Bertottis Auftraggeber war hier der 1744 geborene Alessio Giambattista Braghetta des Gio.Maria Braghetta. Nach dem Medizinstudium in Bologna nach Vicenza zurückgekehrt, übte er seinen gelernten Beruf nicht aus, sondern erhielt unter dem vorletzten Dogen N.H. Paolo Renier, der von 1779 bis 1789 regierte, das einträgliche Amt eines Steuereinnehmers zugeteilt. Denselben Beruf übte auch sein Schwager Giovanni Andrea Spada aus, der für die Republik Venedig die gesamten Öl- und Salzsteuern einzuziehen hatte, später im Dezember 1796 aber als leidenschaftlicher Jakobineranhänger und Freimaurer zusammen mit seinen zwei Söhnen Pietro und Giuseppe zu zwei Jahren Kerkerhaft verurteilt und nach einem halben Jahr von den in Venedig einmarschierenden Franzosen befreit wurde. Über Alessio Giambattista Braghetta sind bis anhin keine derartigen Aktivitäten bekannt; Giovanni Da Schio beschrieb Braghettas Meisterschaft im Elsternrupfen und berichtete von einer eher unharmonischen Ehe mit Francesca Spada sowie von grösseren Unstimmigkeiten mit dem einzigen Sohn Andrea (250). Neben dem von Bertotti erbauten Wohnhaus am Corso besass Braghetta noch jenen grossen Palazzo an der contrà Piancoli, der in der Mitte des 16. Jahrhunderts Gio. Battista Dalla Negra gehört hatte, und erwarb in den Jahren 1810 und 1811 aus klösterlichem Besitz an der contrà S. Maria Nuova gelegene Liegenschaften samt grösserem Umschwung. Alessio Giambattista Braghetta starb am 15. April 1824 in Vicenza, sein Sohn Andrea wurde 1828 zum Präsidenten der Accademia Eretenia gewählt und war anschliessend bis über 1839 «Presidente Cassiere» dieser für den Betrieb und den Unterhalt des Teatro Eretenio verantwortlichen Organisation (251).

Dass der im Jahre 1780 noch junge, erst 36jährige Bauherr Alessio Giambattista Braghetta gerade Ottavio Bertotti Scamozzi als Architekten für seinen Neubau wählte, ist einerseits mit der beschränkten Auswahl damals vorhandener einheimischer Fachleute auf diesem Beruf zu erklären, und andrerseits war zu jener Zeit Ottone Calderari bereits mit der Projektierung eines neuen Palazzo auf der benachbarten Liegenschaft der Conti Loschi engagiert, so dass der nichtadlige Braghetta den sich schon mit einigen repräsentativen Bauten ausgezeichneten und auch mit dem Teatro Eretenio beschäftigten Bertotti vor dem dilettierenden Architekten Co. Enea Arnaldi bevorzugte. So hatte Bertotti neben der Bewältigung der den Bau komplizierenden Servituten vorab auch dessen Einordnung in das westlich angrenzende, intakte Strassenbild mit den beiden Palazzi aus dem 17. Jahrhundert zu meistern. Mit dem letzteren Anliegen fand er seine Bestätigung in dem von Palladio beim Vicentiner Palazzo Valmarana angewandten «Ausweg», den Bertotti 1776 in den «Fabbriche» mit folgenden Worten gelobt hatte: «La direzione della pubblica strada e delle case vicine all'Area, in cui doveva piantarsi questo Palagio, ha servito ad imbarazzare l'ingegnoso Maestro, il quale trovossi necessitato o a seguire l'andamento del fabbricato vicino, o a ritirare da un lato per varj piedi la linea del Prospetto. Abbracciando il primo partito, è facile l'intendere come gl'interni luoghi spettanti al Prospetto riuscir dovevano della figura d'un trapezzo; e nel secondo caso fatta avrebbe un'infelice comparsa la posizione d'una Fabbrica sì nobile, deviata dal corso delle case contigue e della pubblica strada. Chi ben intende il valore di tali obbietti non può a meno di non celebrare il ripiego seguito dal Palladio nel superarli con saggio discernimento» (252). Nun hatte Bertotti keinen schrä-

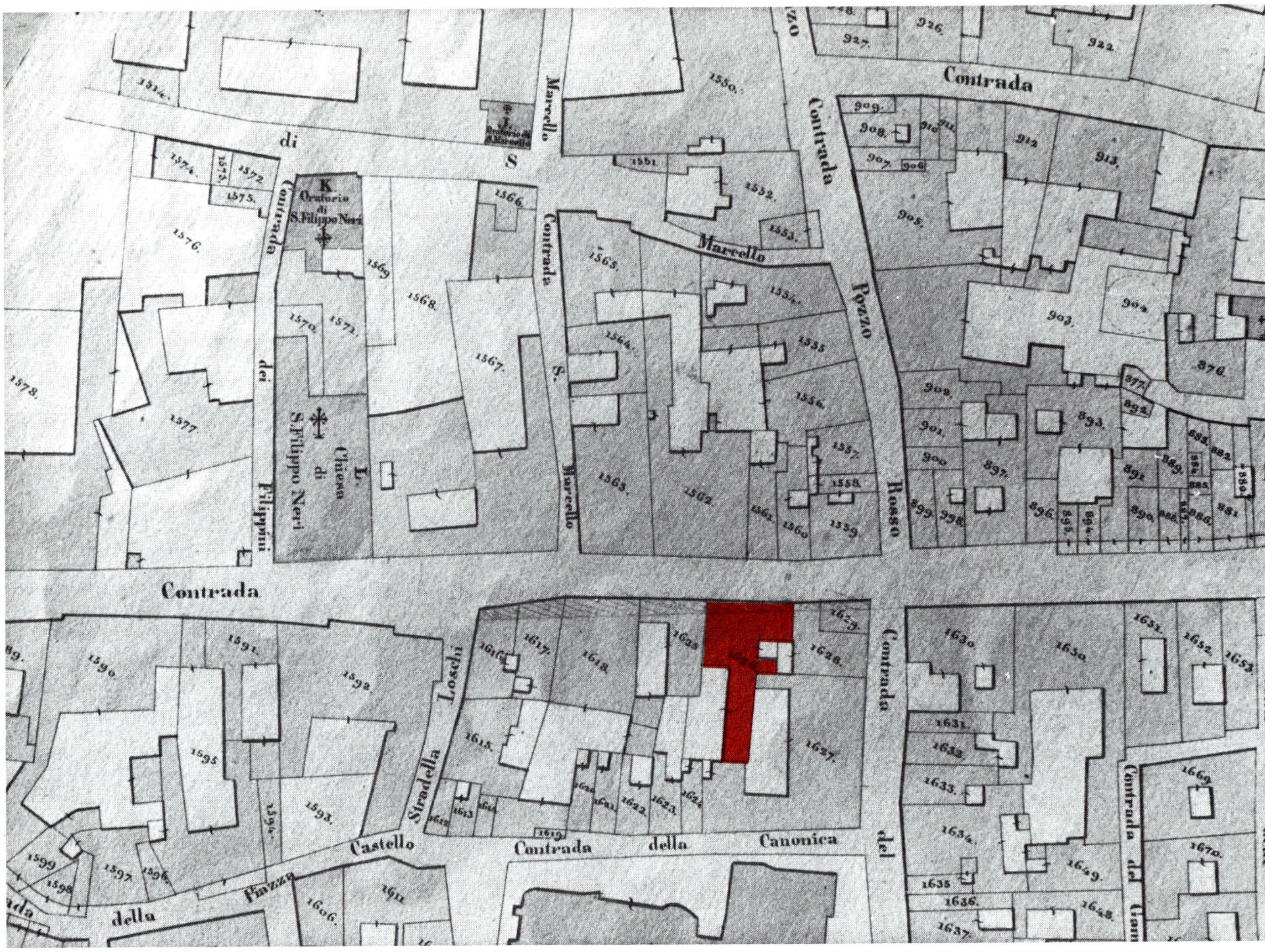

Ausschnitt aus dem österreichischen Katasterplan von 1841 bzw. dessen Kopie von 1842 im Staatsarchiv Vicenza.

gen Fassadenverlauf zu errichten, aber er bemühte sich, das Gebäude mitsamt den zwei grossen, seitlichen Durchgängen als logische Fortsetzung der erwähnten Palazzi zu gestalten. Dies erreichte er nun nicht mit historisierend nachempfundenen Architekturformen, sondern mit einem zeitgemässen Formenrepertorium, das jedoch die Gliederung und die Proportionen der angrenzenden Gebäude aufgriff und verstärkte. Dazu zählen die gewählten Geschosshöhen wie die betonte Vertikale mit den flachen Kolossalpilastern und die Anordnung der horizontalen Architekturelemente, welche alle gesamthaft derart dicht komponiert sind, dass diese Fassade des Palazzo Braghetta mit ihrer ausgeprägten Tektonik ansonsten eher in eine frühere Schaffenszeit von Bertotti zu datieren wäre, aber hier mit einer dennoch zurückhaltenden, wenig bewegten Modulierung ein selten harmonisches Gleichgewicht zwischen vertikaler und horizontaler Gliederung erreicht, das erst ein spätes Werk in dieser Vollkommenheit auf sich vereinen kann. Die in der modernen Forschung beliebte Aufzählung von zeitgenössischen Mailänder und Londoner Architekturbeispielen als mögliche und über Stichwerke verfügbare Inspirationsquellen erscheint da beim näheren Betrachten der betreffenden baulichen Situation am Corso eher als spannende Überinterpretation, die der bertottianischen Lösung einen gewissen Internationalismus attestiert, aber der von Bertotti erarbeiteten, von den nächstliegenden, lokalen Quellen des Seicento ausgehenden Neuformulierung überhaupt nicht gerecht wird. Dass der Autor des Palazzo Braghetta selbst überzeugt war von seinem geschaffenen Werk oder bereits von dem entworfenen Projekt, davon zeugt eine im Museo Civico di Bassano erhaltene, kleine Tuschzeichnung von 25,90×32,50 cm, welche mit Ausnahme des leicht höher ausgeführten Erdgeschosses eine genaue Darstellung der Strassenfassade wiedergibt und innerhalb der von Bertotti zur Publikation der «Fabbriche» und der «Terme dei Romani» gebildeten Gruppe von «Schülern» nun von Carlo Barrera gezeichnet wurde (253). Die genaue Zweckbestimmung dieses Fassadenrisses, der übrigens fälschlicherweise stets als eigenhändige Zeichnung Bertottis angesehen wurde, ist unbekannt und dürfte in diesem Fall auch erst nach dem Auffinden weiterer, nach Antonio Magrini ebenfalls von Carlo Barrera gezeichneten Blätter mit bertottianischen Bauten geklärt werden können.

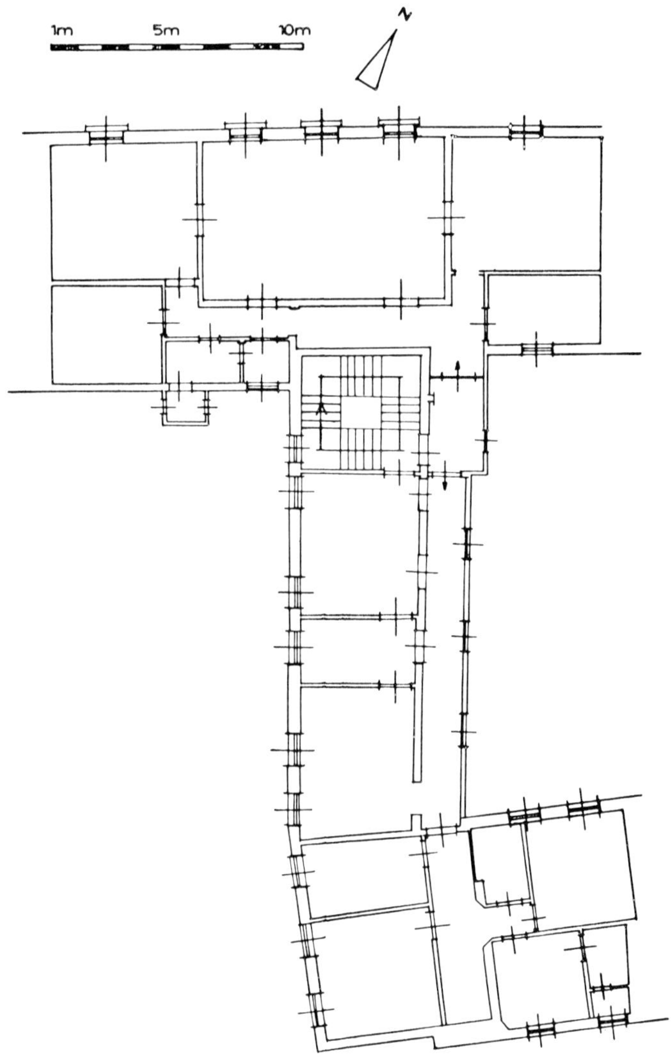

Palazzo Alessio Giambattista Braghetta.
Grundriss des zweiten Obergeschosses.

Palazzo Carlo Filippo Morozzo della Rocca in Turin. Ansicht der Hauptfassade in einer alten Fotografie vor den Bombardierungen in den Jahren 1943 und 1944.

Palazzo Carlo Filippo Morozzo della Rocca in Turin

Via Giolitti 29
ca. 1780—84
Auftraggeber: Marchese Carlo Filippo Morozzo della Rocca, der den von seinem Urgrossvater, Francesco Morozzo di Roccadebaldi, begonnenen Palazzo fertigstellte

Verläuft in Turin die via Giolitti, die einstige contrada dell'Ospedale, von der Mitte der Piazza S. Carlo in östlicher Richtung direkt zum Po-Ufer, so befand sich der Palazzo Morozzo della Rocca westlich der Kreuzung mit der via S. Francesco da Paola, einer Parallelstrasse der gegen Norden zur Piazza Carlo Emanuele II führenden via Accademia Albertina. 1959 wurde von Daria De Bernardi Ferrero im Archivio Storico Municipale eine Zeichnung entdeckt, die als zumindest für die Fassade des Palazzo Morozzo della Rocca verantwortlichen Architekten nun den Vicentiner Ottavio Bertotti Scamozzi angibt. Für eine genauere Zeitbestimmung der bertottianischen Tätigkeit in Turin sind zwei von Leonardo Marini stammende Dekorationsentwürfe aus dem 1974 von Mercedes Ferrero Viale publizierten Album zu berücksichtigen, die zusammen mit stilistischen Analogien zum 1780 erbauten Vicentiner Palazzo Braghetta die übliche Datierung ins Jahr 1789 widerlegen und auch im Anschluss an den Casaleser Palazzo Gozzani di Treville eine Datierung in die Jahre 1780—1784 stützen. Nach der endgültigen Fertigstellung wurde der imposante Palazzo bereits am 4. Februar 1818 an den Conte Giuseppe Maria Galleani d'Agliano verkauft, dessen Familie ihrerseits das Gebäude am 28. März 1868 dem Istituto Internazionale Italiano verkaufte, und am 21. Juli 1871 erwarb die Turiner Handelskammer den Palazzo Morozzo della Rocca. Durch zwei schwere Bombentreffer im Dezember 1942 und im August 1943 zerstört, wurde dieser «Palazzo della Camera di Commercio», beziehungsweise seine Ruinen, nach Kriegsende abgebrochen (254). An seiner Stelle steht seit 1973 der von Carlo Mollino (Turin 1905—1973) projektierte Neubau der Turiner Handelskammer.

Anschliessend an das im Jahr 1680 von Amedeo di Castellamonte begonnene und von Gian Francesco Baroncelli unter Mitarbeit von Michelangelo Garove nach 1683 vollendete Ospedale Maggiore, östlich des späteren Palazzo Morozzo della Rocca an der via Giolitti gelegen und von zwei Querstrassen — der via Accademia Albertina und der via S. Massimo — begrenzt, beauftragte der Marchese Francesco Morozzo di Roccadebaldi um 1690 den jungen Michelangelo Garove, Hauptmann und Ingenieur des savoyischen Herrschers sowie des Fürsten von Carignano, mit der Planung und Ausführung einer neuen Familienresidenz. Jedenfalls muss sofort mit der Realisierung begonnen worden sein: auf einem U-förmigen Grundriss wurde der Palazzo mit einer ca. 48 m langen Fassade gegen Norden auf die via Giolitti orientiert und wies gegen Süden eine Gebäudetiefe von ca. 40,50 m auf. Im Jahre 1699 waren die zwei Flügel je eingeschossig erbaut und das Hauptgebäude drei monumentale Geschosse hoch errichtet sowie auch die eindrückliche, in der Mittelachse angeordnete Zugangspartie mit quadratischem Eingang, der sich auf ein querrechteckiges Säulenatrium hin öffnet, das durch einen Portikus derselben Breite in den grossen, längsrechteckigen Ehrenhof führt, bereits fertiggestellt, so dass nach dem in jenem Jahr erfolgten Tod des Auftraggebers dessen Sohn, Marchese Gaspare Maria Morozzo della Rocca, diesen Palazzo bereits bewohnen konnte, sich im Erdgeschoss des Ostflügels und in den entsprechenden Räumen auf die via Giolitti einrichtete. Unter Gaspare Maria Morozzo della Rocca wurde von Garove noch die über dem Portikus liegende Galerie des Piano Nobile ausgeschmückt, während im übrigen weitere bauliche Aktivitäten eingestellt worden waren und der Architekt Michelangelo Garove im Jahre 1713 verstarb. Erst nach über dreissig Jahren beschäftigte sich der Sohn von Gaspare Maria und Enkel von Francesco, Marchese Giuseppe Francesco Ludovico Morozzo della Rocca, mit dem weiteren Ausbau des ererbten Palazzo, erwarb das südlich angrenzende Grundstück bis zur heutigen via Cavour und beauftragte nach 1748 den am 1. Juni 1739 zum «primo architetto regio» ernannten Benedetto Alfieri mit der Aufstockung der Flügelbauten auf die Höhe des Hauptgebäudes, mit der Systematisierung der Gartenanlage, dem Bau von Orangerien und grösseren Stallungen. 1751 wurde unter dem Capomastro Fiorina der einst von Garove zweigeschossig geplante, aber nur mit einem Geschoss errichtete Ostflügel auf insgesamt drei, dem Hauptgebäude entsprechende Etagen erhöht und mit einer eigenen Treppe versehen, die diesen, den engsten Familienmitgliedern vorbehaltenen Gebäudeteil von der umständlichen Benützung der entfernteren, westlich des Haupteingangs angelegten, grossen

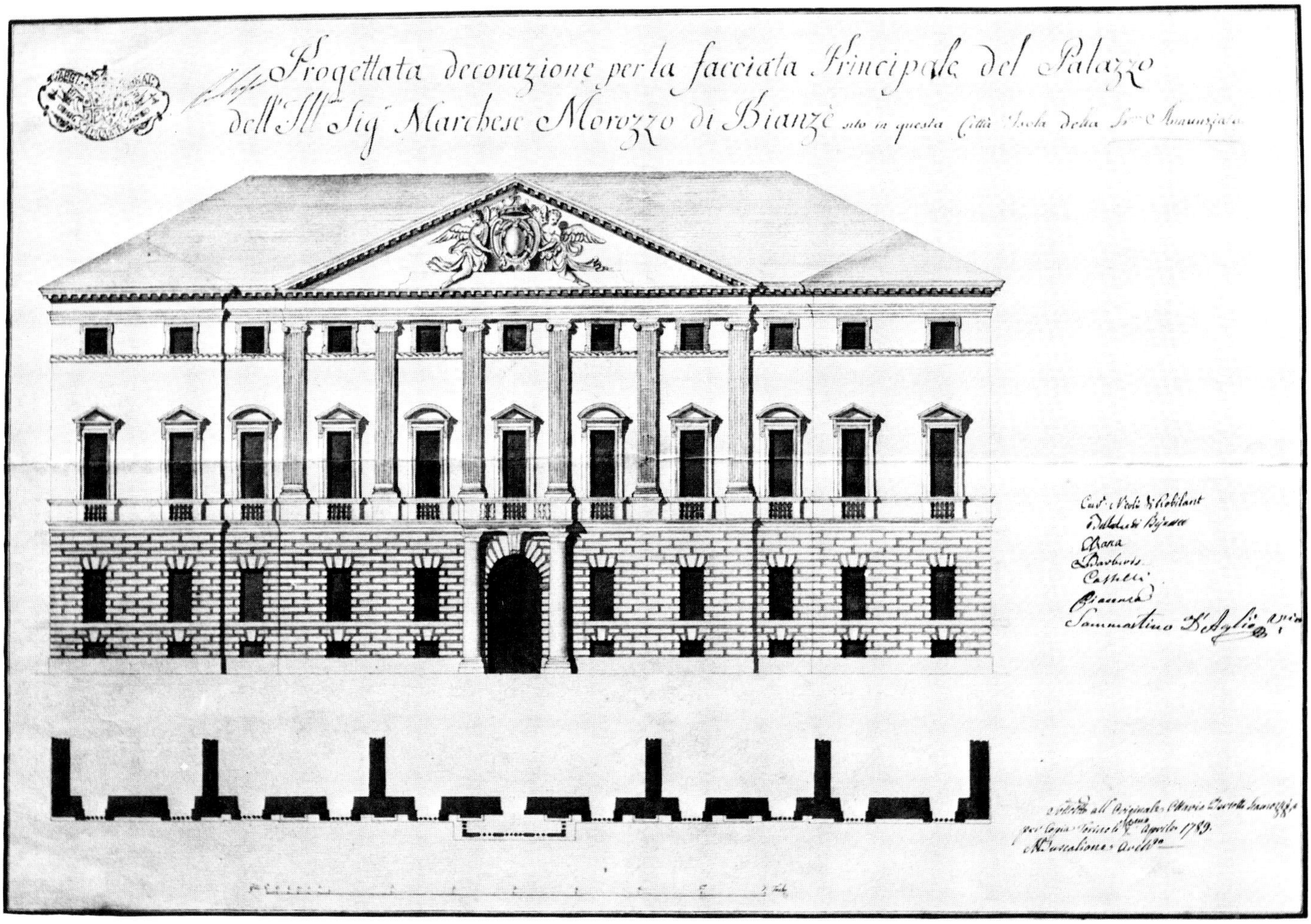

Ottavio Bertotti Scamozzi. Fassadenriss des Palazzo Morozzo della Rocca.
Kopie des Turiner Architekten Michele Buscaglione vom 10. April 1789. Stadtarchiv Turin Ms Car. 62, Fasc. 5 No 1.

Treppe befreite. Und 1752 wurde der Westflügel aufgestockt; die von Garove stammende Unterteilung in ein niedrigeres Erdgeschoss mit Mezzanin, die zusammen die Höhe der Erdgeschossräume des Ostflügels erreichten, wiederholte nun Alfieri im Piano Nobile, so dass hier der Westflügel vier Geschosse anstelle jener zwei des benachbarten Anbaues aufwies, während das Dachgeschoss als fünfte Etage dem dritten Geschoss des Hauptgebäudes sowie des Ostflügels entsprach. Des weitern schloss Alfieri das ausserhalb des Palazzo, westlich der Eingangsfassade von Garove angeordnete 3 m breite Gässchen, das zu den einstigen Stallungen führte, richtete ein kleines Atrium samt einer weiteren, nur zur Erschliessung dieses Westflügels dienenden Treppe ein. Ende 1754 waren die beiden Flügelbauten vollendet «con le loro finestre, porte e così cornici, camini e tavolati nella forma in cui si veggono presentemente», und der vom übrigen Palazzo nun unabhängig gestaltete Westflügel wurde 1755 an den «Sig. Conte di Merci, inviato straordinario di S.M. Imp. la Regina d'Ongheria» vermietet (255). Die neuen Stallungen und Gewächshäuser hatte Benedetto Alfieri als «point de vue» am südlichen Ende des Grundstücks entlang der heutigen via Cavour mit einem eigenen Zugang von dieser «strada pubblica che conduce alla Madonna degli Angeli» erbaut. Nach 1755 wurde ebenfalls unter der Leitung von Alfieri der grosse Garten mit ca. fast 80 m Länge vom Ehrenhof bis zu den Stallungen in zwei Ebenen unterteilt; im südlicher gelegenen Teil entstanden «due sole pezze di broderia all'inglese», im oberen, dem Ehrenhof vorgelagerten Teil vier breite Reihen mit symmetrisch angeordneten Statuen und Vasen auf hohen Piedestals sowie einer schmäleren Reihe mit einer kleinen Freitreppe als Verbindung zum unteren Garten. Der Ehrenhof mit der einen noch von Michelangelo Garove erbauten Fassade und den zwei von Alfieri errichteten Flügelfronten erhielt auf seiner vierten, zum Garten hin orientierten Seite ein die ganze Breite einnehmendes Gittertor, unterbrochen von weiteren Piedestals mit Statuten und Vasen, welche bereits optisch auf die Skulpturenallee hinwiesen und auch ein Pendant zu den Säulen des Atriums sowie des anschliessenden Portikus bildeten. Diese Gartenanlage muss vor 1759 vollendet worden sein, da sie vom Marchese Giuseppe Francesco Ludovico Morozzo della Rocca in seinen «Notizie» aus jenem Jahr ausführlich verteidigt wurde gegen anscheinend laut gewordene Kritiken, die die vielen vertikalen Elemente dieses Obergartens bemängelten und als Stö-

Leonardo Marini. Dekorationsentwurf für das Treppenhaus im Palazzo Morozzo della Rocca. B.R.To. Ms varia 218 Dis. 108.

Leonardo Marini. Dekorationsentwurf für den Hauptsaal im Palazzo Morozzo della Rocca. B.R.To. Ms varia 218 Dis. 221.

rung der Gesamtansicht empfanden. Die vage Vermutung, dass der Marchese mit seinen Aufzeichnungen eine Art Rechenschaftsbericht über die Bautätigkeit und die Baukosten erstellte, anschliessend weitere Aktivitäten aus finanziellen Gründen einstellen musste und so Alfieri beispielsweise keine Modernisierung mehr im Hauptgebäude durchführen konnte, ist nicht von der Hand zu weisen und wird durch das aufgefundene Album mit für diesen Palazzo gezeichneten Interieurs aus den beginnenden 80er Jahren des Settecento bestärkt (256). Der auftraggebende Marchese und sein Architekt starben dann beide im Jahre 1767. Nach einem Unterbruch von zwanzig Jahren begann der Sohn von Giuseppe Francesco Ludovico, Marchese Carlo Filippo Morozzo della Rocca, im Jahre 1780 die väterliche Bautätigkeit fortzusetzen und nun die von Garove erbaute Hauptfassade sowie die ebenfalls aus dem Ende des 17. Jahrhunderts stammende, westlich des Atriums gelegene Treppe und den grossen Saal im Piano Nobile dem neuen Zeitgeschmack entsprechend zu modernisieren. Für dieses Bauvorhaben berief er die bereits am Palazzo Gozzani di Treville in Casale beschäftigte Künstler-Equipe mit Leonardo Marini und Ottavio Bertotti Scamozzi nach Turin, wobei sowohl Marini als auch der ihn begleitende Bildhauer Giovanni Battista Bernero in der piemontesischen Hauptstadt zu den angesehensten Dekorateuren zählten und beide ja 1778 als Professoren an die neugegründete königliche Akademie gewählt worden waren. Die bertottianische Hauptfassade des Palazzo Morozzo della Rocca ist in einer nachträglich im April 1789 von Michele Buscaglione nach einem Originalriss des Vicentiner Architekten gezeichneten Kopie überliefert, die — nach den spärlichen Vorkriegsaufnahmen des später zerstörten Baues zu beurteilen — eine getreue Wiedergabe der ausgeführten Strassenfront darstellt (257). Mit der Gliederung der ca. 48 m langen Fassade folgte Bertotti der Dreigeschossigkeit der dahinterliegenden Gebäudepartie und zeigte anhand einer auch vertikalen Dreiteilung die Anordnung des Palazzo in einen Hauptblock und zwei Seitenflügel auf, ohne sich aber für die Gestaltung der Risalite genau an deren Ausmassen zu orientieren. Ein breiter, fünfachsiger Mittelrisalit wurde von einem Dreieckgiebel bekrönt und seitlich je von einem nur leicht zurückspringenden, einachsigen Fassadenteil flankiert, den wiederum je ein zweiachsiger Eckrisalit begrenzte. Das über einem hohen, glatt behauenen Steinsockel nun rustizierte Erdgeschoss wies in der Mittelachse ein mächtiges

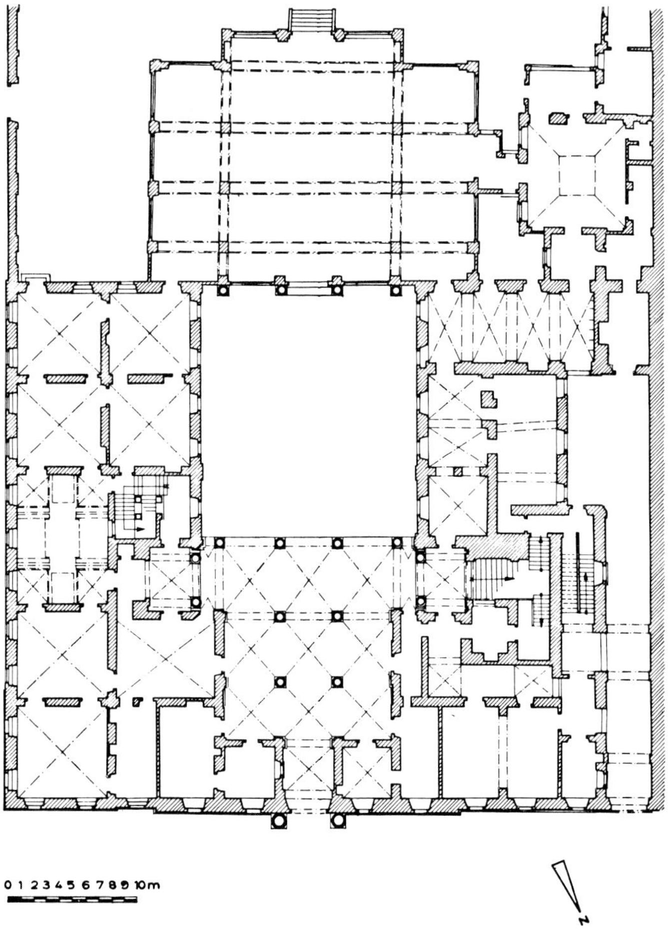

Palazzo Morozzo della Rocca. Grundriss des Erdgeschosses.

Rundbogenportal mit zwei vorgestellten, dorischen Vollsäulen auf sowie links und rechts fünf Fensterachsen, bestehend aus einer kleinen quadratischen Öffnung direkt oberhalb des Sockels und darüber einem ebenfalls gewändelosen, grossen Hochrechteckfenster. In der Linie dieser Öffnungen wurden im glatt verputzten Piano Nobile zehn mit Balusterbrüstungen, ionisch profiliertem Gewände und von Volutenkonsolen gestützten, alternierenden Rund- oder Dreieckgiebelverdachungen ausgezeichnete Hochrechteckfenster angeordnet, denen dann im Mezzanin quadratische Fensterchen mit geohrtem Gewände entsprachen. Der 24 m breite Mittelrisalit, dessen Ausdehnung genau die Hälfte der gesamten Fassadenlänge beanspruchte, war dabei etwas stärker akzentuiert als die kaum vortretenden Eckpartien und in den zwei Obergeschossen mit sechs kannelierten, ionischen Kolossalpilastern zusätzlich betont. Die horizontale Gliederung mit dem erwähnten Steinsockel, einem flach verputzten, sich über die gesamte Fassade erstreckenden Mauerband als Ersatz für Fensterbänke im rustizierten Erdgeschoss, dem mehrfach profilierten und um die dorischen Säulen verkröpften Stockwerkgesims, das um die Piedestals der ionischen Pilaster und um die Balusterbrüstungen verkröpfte, schmale Fenstergesims im Piano Nobile samt dem mit einem laufenden Hund dekorierten Mauerband unterhalb der Mezzaninfenster und dem abschliessenden, reichen ionischen Kranzgebälk mit Zahnschnitt bildet zusammen mit der langen Reihung gleichförmiger Öffnungen einen harmonischen Ausgleich zur strengen Vertikalbetonung. Und gerade der mit dem Dreieckgiebel überhöhte Hauptrisalit wurde in der Mittelachse zusätzlich ausgezeichnet durch die im Tympanon angeordnete, halbplastische Verzierung mit zwei wappentragenden, beschwingten Genien sowie einem oberhalb des Rundbogenportals vorgezogenen und von den dorischen Säulen gestützten kleinen Balkon, dessen Breite jener des Säulen- bzw. Pilasterabstands entsprach. Bei dieser allein durch ihre Dimensionen schon beeindruckenden Fassade wurde jener von Benedetto Alfieri stammende, nur 3 m breite Anbau westlich des rechten Eckrisalits nicht miteinbezogen und so als selbständiger Bauteil zur Erschliessung des fremdvermieteten Westflügels auch optisch vom Palazzo getrennt. Inwieweit Bertotti ebenfalls die südliche Seitenfassade auf die via S. Francesco da Paola modernisierte, kann aufgrund der fehlenden zeichnerischen und fotografischen Dokumentation heute nicht mehr beurteilt werden.

Dagegen ist neben der Errichtung der Hauptfassade eine Mitarbeit von Ottavio Bertotti Scamozzi an der Umgestaltung zweier Innenräume des Palazzo Morozzo della Rocca mit grosser Sicherheit anzunehmen. Zwei im Turiner Album «Studi diversi di decorazione inventati, disegnati ed in gran parte eseguiti di Leonardo Marini, disegnatore del Gabinetto del re di Sardegna, pittore professore della reale Accademia delle Bell'Arti» befindliche Zeichnungen beinhalten je eine Detailansicht des Treppenhauses und des grossen Piano-

Nobile-Saals und müssen um 1780, jedenfalls bestimmt vor 1784 entstanden sein (258). Bertotti ordnete die Treppenanlage auf einem grosszügigen, quadratischen Grundriss an jener bereits von Michelangelo Garove ausgewählten Stelle rechts des das Atrium begrenzenden Portikus und führte vier langsam ansteigende Treppenstiegen offen zu der über dem Portikus liegenden Galerie des Piano Nobile hinauf. Auf dem Blatt von Marini nicht eingezeichnet ist das Treppengeländer mit die Balusterreihung unterbrechenden, rechteckigen Piedestals, welche mit hohen, reliefierten Vasen geschmückt waren und jeweils den Treppenabsatz mit dem nachfolgenden Richtungswechsel markierten. Festgehalten hat Marini dagegen die vom Portikus her bereits sichtbare Westwand des Treppenhauses mit einer strengen, durch Lisenen und Pilaster gegliederten Felderstruktur, die samt ihren dekorativen Füllungen in leicht modifizierter Form ausgeführt wurde. Die einfachere Sockelzone war mit zwei Lisenen, die als schwach reliefierte dorische Pilaster verwirklicht wurden, in drei grosse hochrechteckige Flächen unterteilt, von denen die linke gegen Süden hin eine halbrunde Nische mit einer grossen Apollo-Statue beherbergte, und von einem mit dem laufenden Hund dekorierten Mauerband abgeschlossen. In der oberen, dem Piano Nobile entsprechenden Zone folgten den dorischen dann ionische Pilaster, die im Gegensatz zur Zeichnung durchgehend kanneliert wurden; das mittlere Feld war mit Kriegstrophäen stuckiert, die Eckfelder wiesen anstelle der geplanten und formal von der Hauptfassade übernommenen Blendfenster mit Balusterbrüstung und Dreieckgiebelverdachung nun wieder im Halbkreis geschlossene, hochrechteckige Nischen auf, deren Bogenfeld mit einem blumenbekränzten Bukranion stuckiert wurde, und waren mit einem durchgehenden, ionischen Gebälk vom ansetzenden Spiegelgewölbe getrennt. Bei der zweiten, vorwiegend in Tusche hergestellten Zeichnung von Marini handelt es sich um den Ausführungsplan der Westwand im grossen quadratischen Zentralsaal des Piano Nobile. Dieser Raum hatte auf der Nord- und Südseite drei Fenster auf die via Giolitti, beziehungsweise drei Öffnungen auf die Galerie hin, und je zwei Ecktüren in der westlichen und östlichen Zimmerwand. Marini betonte diese vorgegebene, streng axialsymmetrische Gliederung des zwei Geschosse hohen Saals mit ionischen Doppelpilastern, die einerseits die Mittelfenster flankierten, andrerseits ein grosses in Stuck gearbeitetes Relief rahmten und ein ringsum laufendes, voll ausgebildetes ionisches Gebälk stützten, das gegen Westen und Osten von einer Holzbrüstung abgeschlossen wurde, hinter der sich die Mezzaninzimmer öffneten. Die Stuckreliefs auf den unbefensterten Seitenwänden waren mythologischen Themen gewidmet; «I gran quadri in bassorilievo Rapr.ti i fatti de Achille eseguiti dal Celebre Bernero», notierte Marini auf seiner Zeichnung, die in reichem Rahmenwerk ein Relief mit der Darstellung des mit der Venus plaudernden Mars festhält, während auf der gegenüberliegenden Ostwand Giovanni

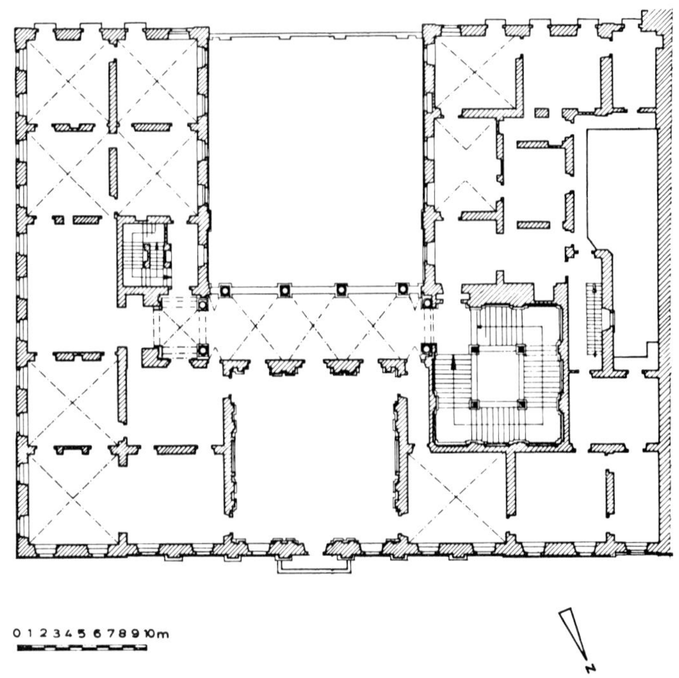

Palazzo Morozzo della Rocca. Grundriss des Piano Nobile.

Battista Bernero ein Bild des siegreichen Achilles mit dem ermordeten Hektor skulpierte. Ebenfalls Bernero oder seinem Schwiegersohn Biagio Antonio Ferrero sind die ausladenden Türbekrönungen zuzuschreiben; über einem von Volutenkonsolen gestützten, verkröpften Rundbogengiebel, dessen Tympanon wieder mit einem Bukranion gefüllt war, flankierten vor einer als Rechteckrahmen geformten Sopraporte zwei Sphingen eine Amphora mit Pinienaufsatz (259). Trotz der bewegten Detailformen war diese Raumdekoration — im Gegensatz zu den barocken, mit kräftigen Modulierungen erarbeiteten Innengestaltungen des Michelangelo Garove — in ihrem Gesamteindruck stark zurückhaltend und in die Fläche eingebunden, wiederholte mit den durchwegs kannelierten ionischen Pilastern auf subtile Weise immer wieder das Hauptmotiv der Palazzofassade, das selbst in der revidierten Ausführung der Treppenwände wiederkehrte, und vermochte jene anmutige Eleganz zu verbreiten, die in ihrer Einfachheit nicht einer gewissen Monumentalität entbehrte. Weitere Räume im Palazzo Morozzo della Rocca wurden von Guglielmo Levera, Vittorio Amedeo Rapous und Vittorio Amedeo Cignaroli ausgemalt, und vor 1787 entstanden von Bernero die grossen Marmorfiguren im Ehrenhof, die Athene, Perseus, Apollo und Hermes als Allegorien der vier Jahreszeiten darstellten, sowie von François Ladatte die dort einst aufgestellten hohen Gussvasen (260).

Die Marchesi Morozzo della Rocca gehörten zu den dem regierenden Herrscherhaus nahestehenden Familien in Turin. Der ursprüngliche Initiant des Neubaues an der via Giolitti, Marchese Francesco Morozzo della Roccadebaldi, war Vizegouverneur und anschliessend Gouverneur des damaligen Herzogs und späteren Königs von Sardinien Viktor Amadeus II. Der Sohn Gaspare Maria Morozzo war mit diplomatischen Missionen beschäftigt, die ihm zeitlich keine aktive Weiterführung der väterlichen Bautätigkeit mehr erlaubt hatten. Dafür konnte der Marchese Giuseppe Francesco Ludovico Morozzo della Rocca, der den von seinem Grossvater begonnenen Bau ererbt hatte, die erforderliche Bauherrenfunktion nun für knapp über zehn Jahre ausüben. Dass er sein dem Architekten Benedetto Alfieri anvertrautes Vorhaben genau geplant und während der Ausführung mitverfolgt hatte, davon zeugt der 1759 geschriebene Rechenschaftsbericht, in dem sich der Bauherr übrigens auch über die aus dem Ende des 17.Jahrhunderts stammenden Repräsentationsräume beklagte, die nach seiner Ansicht zu grosszügig im Verhältnis zu den alltäglich benützten Zimmern errichtet worden waren. In der Tat wohnte der Marchese selbst nach der von Alfieri vollendeten Aufstockung der Seitenflügel weiterhin lieber im Erdgeschoss, weil dessen Räume «riescono i più ovvii a chi entra nella casa tanto nell'inverno, quanto nella state, sì per l'attiguità del giardino, a cui nella bella stagione si passa immediatamente dagli appartamenti senza discendere alcuna scala» (261). Um überhaupt die Kosten für die Fertigstellung des grossen Palazzo unter Kontrolle zu halten und nicht das gesamte Familienvermögen in den Bau investieren zu müssen, hatte Giuseppe Francesco Ludovico Morozzo della Rocca einen Finanz- und Terminplan aufgestellt: «Perchè non mi trovavo in fondo di denaro da poter consumare nello spazio di due o tre anni la disegnata impresa, perciò deliberai di partirla in più annate, avendo già d'allora calcolato fra me stesso, che l'opera terminata doveva ascendere a lire centocinquantamila circa, e così fu eseguito.» Dennoch musste sich der Bauherr noch mindestens 25000 Lire für die Restfinanzierung ausleihen und bevorzugte dann aus kostensparenden Gründen den Bau der weiträumigen Gartenanlage: «La spesa di una tal fabbrica riusciva assai minore di quella della costruzione di un intero casino, e liberava in certo modo i miei posteri dall'impegno di entrare in nuove spese per il compimento di esso, da cui anzi che comodo, e lucro, avrebbero riportato suggezione, e dispendio.» Und als Fazit der Unternehmung fand sich der Marchese zur resignierten Erkenntnis durch, dass «per quanto si vantino da taluno i vantaggi, che si conseguiscono dall'impiego del denaro nella fabbrica della casa, non poss'io certamente sottoscrivere al sentimento loro, dacchè la sperienza ed i calcoli mi hanno insegnato evidentemente il contrario» (262). Nach dem Tod von Giuseppe Francesco Ludovico im Jahre 1767 vergingen dann dreizehn Jahre, bis der Sohn Marchese Carlo Filippo Morozzo della Rocca, Kanzler bei der savoyischen Kurie, sich für ein erneutes Bauvorhaben engagierte, welches radikale Modernisierungen der langen Hauptfassade, des grossen Zentralsaals und des Treppenhauses bezweckte. Dass dafür und gerade zu jenem Zeitpunkt der Vicentiner Ottavio Bertotti Scamozzi als Architekt beauftragt wurde, könnte in direktem Zusammenhang mit einem erfolgreichen Abschluss der Arbeiten für den Marchese Giacomo Giuseppe Gozzani di Treville gestanden haben, dessen Casaleser Palazzo noch grössere Dimensionen aufwies, aber ebenfalls in einer dritten Bauphase von Bertotti modernisiert worden war. Der Palazzo Morozzo della Rocca zählte nach dem bertottianischen Eingriff zu den modernsten und eindrücklichsten Privatbauten in der Stadt Turin. Und unter den 54 Porträts illustrer nationaler Persönlichkeiten, die um 1840 von König Karl Albert für die zu einem savoyischen Pantheon umgestaltete Galleria del Daniele im Turiner Palazzo Reale zugelassen wurden, findet sich in der Gruppe VII «Magistrats célèbres» das von Pietro Ayres postum gemalte Bildnis des Marchese Carlo Filippo Morozzo della Rocca, «cancelliere difensore della curia piemontese contro quella romana» (263).

Für Bertotti stellten sich bei der Umgestaltung des Palazzo Morozzo della Rocca in Turin ähnliche Probleme wie beim gleichzeitigen Neubau des Vicentiner Palazzo Braghetta am Corso Andrea Palladio. Auch in Turin ging es um die Einführung moderner Bausubstanz in ein vorab von repräsentativen Gebäuden des späten 17. und frühen 18.Jahrhunderts beherrschtes Strassenbild, anstelle der einschränkenden Servituten im Falle Braghetta war in Turin wieder ein bereits existierender Bau, der im Innern nur wenig verändert werden konnte und dessen neue Fassade die alte Raumdisposition entsprechend zu berücksichtigen hatte (264). Des weitern war in Turin gewiss eine finanzielle Limite strikt einzuhalten, die wohl auch bei Dr Alessio Giambattista Braghetta, der im Zweitberuf Steuereinnehmer im Dienste der Serenissima war, als eine bei der Auftragserteilung gestellte Bedingung vorausgesetzt werden kann. Der grosse Unterschied der beiden bertottianischen Bauaufgaben in Turin und in Vicenza bestand in ihren Dimensionen, die Hauptfassade des Palazzo Morozzo della Rocca war mehr als doppelt so lang wie jene des Palazzo Braghetta, forderte naturgemäss eine differenziertere Gliederung und einen höheren repräsentativen Anspruch. Beides war mit der traditionellen Aufteilung in drei Risalite erreicht worden, deren Verbindungsteil dann auf das kleinstmögliche Mass einer einzigen Fensterachse beschränkt wurde, während der mächtige Mittelrisalit mit fünf, auf eine Länge von 24 m verteilten Fensterachsen nicht nur durch den hohen Dreieckgiebel ausgezeichnet wurde, sondern mit Hilfe der kannelierten ionischen Kolossalpilaster das gesamte Fassadenbild beherrschte. Aber zusammen mit der die ganze Fassadenlänge einbeziehenden und um die Risalite verkröpften, horizontalen Gliederung, die durch die gleichmässige Anordnung gleichförmiger Fenster in den einzelnen Stockwerken weiter verstärkt wurde, entstand jene bestechende Ausgewogenheit, welche auch den kleinen Vicentiner Palazzo Braghetta auszeichnet. Die gleichen, fein gearbeiteten Detailformen und derselbe erreichte Einklang in der Strukturierung der Fassaden, etwas geraffter und dichter formuliert in Vicenza und leicht auseinandergezogen und breiter in Turin, lassen hier nicht nur auf eine, durch andere Dokumente bereits belegte Gleichzeitigkeit der zwei Entwürfe schliessen, sondern zeigen konkret die Variationsmöglichkeiten innerhalb des einen Modells «Palazzo» für verschiedene Ausdrucks- und Würdefunktionen auf. Dazu gehört auch das in beiden Palazzi auf annähernd quadratischem Grundriss errichtete und aus der Mittelachse seitwärts gerückte, offene Treppenhaus, welches in Turin einfach doppelt so gross und mit reicherem Schmuck gestaltet wurde. Nach Casale erwies sich im Palazzo Morozzo della Rocca die erneute Zusammenarbeit zwischen Ottavio Bertotti Scamozzi und dem Dekorateur Leonardo Marini als noch enger und mehr aufeinander abgestimmt; die architektonischen Wandverzierungen wurden vereinfacht und nach dem klassischen Kanon ausgerichtet, um nicht nur in Details, sondern auch in der Gesamterscheinung ein Äquivalent zur monumentalen Aussenfront zu erhalten.

Villa Pompeo und Giacomo Rubini an der contrà Businello 22 in S. Pietro Intrigogna.

Villa Pompeo und Giacomo Rubini in S. Pietro Intrigogna (Prov. Vicenza)

Contrà Businello 22
ca. 1780–84
Auftraggeber: die Brüder Conti Pompeo und Giacomo Rubini, die grössten dortigen Landbesitzer und Inhaber des Pfarrrechts über S. Pietro Apostolo

Auf der Strada della Riviera südlich der Stadt Vicenza folgt nach 8,5 km die Ortschaft Debba mit einer Abzweigung in östlicher Richtung, wo sich jenseits des Bacchiglione der Weiler S. Pietro Intrigogna findet, der jetzt politisch zur Gemeinde Vicenza gehört. Das grosse Landgut der Conti Rubini liegt nordöstlich der Ansiedlung noch heute allein auf weitem Feld. Die ersten vorsichtigen Attributionen des Wohnhauses dieser Villenanlage an Ottavio Bertotti Scamozzi äusserten Renato Cevese im Jahre 1971 und unabhängig davon wenige Monate später Franco Barbieri anfangs 1972. Beide Historiker zählten dabei stilistische Ähnlichkeiten mit gesicherten bertottianischen Bauten in der Stadt Vicenza auf, so mit dem Palazzo Braghetta am Corso Andrea Palladio einerseits und mit dem Palazzo Muzzi an der Piazza Matteotti andrerseits. In der Zwischenzeit haben sich weder die Autorschaft Bertottis direkt bestätigende noch widerlegende Dokumente gefunden (265). Fest steht immerhin, dass es sich hier um einen aus der späten zweiten Hälfte des Settecento stammenden Umbau inmitten eines Landgutes aus dem 16. Jahrhudert handelt, und dass als Terminus ante quem für die genauere Datierung das Grundsteuerregister aus dem Jahre 1784 gilt, welches das Wohnhaus damals bereits als «Palazzo» bezeichnete. Des weitern sind die von den zwei Vicentiner Historikern angeführten Vergleichsbeispiele derart überzeugend, und die Auswahl der in Frage kommenden Architekten für diesen, im Verhältnis zur gesamten Villenanlage bescheidenen Bau höchst beschränkt, so dass hier einer Zuschreibung an Ottavio Bertotti Scamozzi voll zugestimmt und die betreffende Datierung sogar auf die Jahre 1780–1784 eingeengt werden kann. Nach dem Tod der beiden kinderlosen Brüder Rubini kam das Gut mit den ausgedehnten Ländereien in den Besitz der Contessa Lucietta Rubini Quinto, der Witwe des Conte Pompeo Rubini, welche 1807 verstarb und den Villenkomplex von S. Pietro Intrigogna dem Ospizio del Soccorso e Soccorsetto vermachte. Der Hof gehört heute immer noch der karitativen Nachfolgeorganisation, den Istituzioni Pubbliche di Assistenza e Beneficenza, und wird von einer Pächterfamilie bewirtschaftet.

Die Villenanlage der Conti Rubini, ein ⊓förmiger, nach Süden geöffneter Komplex mit zwei Barchessen und einem überlangen Verbindungstrakt, der aus weiteren Ökonomiebauten und einem aus der Mittelachse nach Osten verschobenen Herrenhaus besteht, wurde aufgrund der Öffnungsformen im linken, den Hof gegen Westen begrenzenden Barchessenflügel schon versuchsweise als Umbau eines aus dem 15. Jahrhundert stammenden Gutsbetriebes erklärt. Doch «die Elemente, die Cevese zu einer Datierung eines vorhergehenden Komplexes aus dem '400 bewegen, die einfachen, quadratischen Fenstergewände und das Portal, sind in ihrer einfachen Ausprägung auch in späteren Jahrhunderten verwendet worden. Eine eindeutige Aussage für das Quattrocento als Konstruktionsepoche eines heute nicht mehr nachweisbaren Villenkomplexes ist nicht möglich» (266). So erscheint es nicht ausgeschlossen, dass die Anfänge dieser Hofanlage ins 16. oder gerade ins 17. Jahrhundert zurückzudatieren sind, da sich bei ländlichen Zweckbauten die überlieferte Formensprache auffallend langsam veränderte und anhand einer rein stilkritischen Untersuchung nicht einzuordnen ist. Auf eine spätere Entstehung der einzelnen Bauten deutet ebenfalls ihre ziemlich symmetrische Anordnung, die nach der von Martin Kubelik aufgezeigten typologischen Entwicklung für das 15. Jahrhundert noch nicht nachweisbar ist. Bemerkenswert sind bei der westlich an das Wohnhaus angebauten und nach Süden orientierten Barchessa die wuchtigen, ohne Basen und ohne Kapitelle gestalteten Backsteinsäulen, die mit einer abschliessenden, quadratischen Deckplatte den Holzarchitrav stützen und überweite Interkolumnien aufweisen.

Das Wohnhaus der Villa, gegen Osten und Westen eingebunden in unterschiedlich lange, aber gleich tiefe Barchessen, besitzt zwei identische Fassaden. Auf der Nordfront führt von der contrà Businello ein rechtwinklig abzweigender Weg, flankiert von einem rustizierten dorischen und mit einer Vase geschmückten Pilaster samt kurzem Maueransatz, direkt zur Mittelachse des Herrenhauses, teilt sich hier und verläuft entlang der Barchessenmauern zu den in den äussersten Ecken der Hofanlage situierten Durchgängen für die Stallungen, deren westliche Bauten aber auch durch einen gemeinsamen Zugang über die Felder zu erreichen sind. Fügt sich die nördliche Eingangsfassade des Herrenhauses mit ihrer schwach geformten Plastizität unaufdringlich in die vom architektonischen Schmuck her bescheidene, unverputzte Barchessenfront, so zeigt die südliche, auf den Hof orientierte Hausfassade mit ihrer identischen Gestaltung eine weitere Eingangssituation auf, nun bestimmt durch die umliegenden Ökonomiebauten und deren Verbindung untereinander, welche allein über den Weg vor dieser Hoffassade führt. Das Herrenhaus ist zweigeschossig, mit flacher Rustika verputzt und mit sieben rhythmisch verteilten Fensterachsen gegliedert, von denen die mittleren drei durch einen schwach profilierten Risalit mit vier ionischen Kolossalpilastern und einem hohen Dreieckgiebel betont werden. Im breiteren Mittelinterkolumnium führt beidseits eine kleine Freitreppe zum ionisch gerahmten, hochrechteckigen Portal, das mit einem eigenen Dreieckgiebelchen ausgezeichnet ist, während die übrigen hochrechteckigen Öffnungen im Erdgeschoss sowie darüber die quadratischer Fenster im Obergeschoss ohne Gewände senkrecht in die Mauer eingeschnitten sind. Die horizontale Fassadengliederung wurde auf ein Minimum beschränkt; ein glatt verputzter Gebäudesockel in derselben Höhe der Piedestals wird von einem flachen, um die Pilasterstühle verkröpften Mauerband begrenzt, und erst das Obergeschoss von einem vollständig ausgebildeten und um den Mittelrisalit verkröpften ionischen Kranzgebälk abgeschlossen, dessen Gesimsprofilierung die Schrägseiten des Giebels wiederholen. Dieser Mittelrisalit wurde zusätzlich bereichert durch je drei, auf hohe Piedestals gestellte, figürliche Akroterien und das im nördlichen Tympanon angebrachte Familienwappen. Und der drei Achsen breiten Mittelpartie entspricht im Innern der sowohl die gesamte Gebäudetiefe als auch -höhe einnehmende Zentralsaal, nun links und rechts flankiert von zwei Zimmern, die mit je zwei Fenstern auf die Nord-, beziehungsweise auf die Südseite orientiert und im Obergeschoss mit einer schmalen Galerie längs der Nord- und Südwand dieses offenen Zentralsaals verbunden sind. Dieser längsrechtekkige, zwei Geschosse hohe Salon, der beinahe die räumliche Hälfte des gesamten Herrenhauses beansprucht, ist von Süden und Norden direkt durch das Hautportal zugänglich, und auf seinen Längsseiten führen je zwei ionisch profilierte und mit einer eleganten Gesimsverdachung versehene Türen zu den Seitenräumen. Die beiden Öffnungen flankieren dabei beidseits ein riesiges Leinwandbild, von dem seit längerer Zeit nur noch die reich profilierten Stuckrahmen erhalten sind. So wurden auch die zwei, einst in Holz errichteten Laufgänge vor zirka zwanzig Jahren niedergerissen, und das einstige Prunkzimmer des Herrenhauses dient heute wegen seiner bequemen Zugänglichkeit als Mehrzweckraum, wo anfallende Büroarbeiten ausgeführt, Geräte abgestellt, Pflanzen überwintert und sogar Kleinmaschinen repariert werden. Die Pächterfamilie bewohnt die seitlichen Räume sowie die gegen Osten angrenzende kleine und die Hälfte der westlichen grossen Barchessa.

Die Auftraggeber dieses Herrenhauses sollen in direkter Linie von der berühmten Bildhauerfamilie Rubini abstammen, deren Begründer Lorenzo Rubini (aktiv seit 1543—1574 Vicenza) mit Margherita Vittoria, der Schwester seines Berufskollegen Alessandro Vittoria (Trento 1525—1608 Venedig), verheiratet gewesen war. Giacomo Marzari zählte 1604 die Rubini bereits unter den Familien mit dem Vicentiner Bürgerrecht auf. Vincenzo Rubini erkaufte sich im Jahre 1699 den Adelstitel und wurde in den Rat der 150 zugelassen, dem von seinen drei Söhnen Marco Rubini in den Jahren 1752 und 1753 sowie Pompeo Rubini 1753 wieder angehörten, während Giacomo Rubini «dottore di collegio a Vicenza» die kirchliche Laufbahn einschlug und am 13. März 1765 als Nachfolger des verstorbenen Pier Paolo Bissari ins Domkapitel von Vicenza gewählt wurde (267). Die «Nobb. Ssri. Co. Co. Pompeo, e Giacomo Canonico Fr.telli Rubini» finden sich gemeinsam erwähnt in dem am 6. Juli 1784 aufgestellten Grundsteuerregister von S. Pietro Intrigogna, wo ihnen die Hälfte der in dieser damals selbständigen Gemeinde befindlichen Ländereien gehörte, einen Viertel die Marchesi Marzio und Gabriele Capra besassen sowie der restliche Viertel fast genau zur Hälfte je im Besitz des Conte Antonio Fontana und des Abtes Arrigoni mit seinen drei Pächtern war. Die Conti Rubini hatten des weitern das Recht der Pfarrwahl für die sich in ihrem Eigentum befindende Kirche S. Pietro Apostolo, welche sie am 21. April 1786 samt Pfarrhaus mit Garten der Gemeinde als Zeichen «della loro Benevolenza» schenkten (268). Was den Conte Pompeo Rubini betrifft, so war er mit der Contessa Lucietta Quinto verheiratet, der Schwester jenes Conte Francesco Quinto, der sich aktiv an der Errichtung des Teatro Eretenio beteiligt hatte und das grosse, seit dem beginnenden 17. Jahrhundert im Familienbesitz befindliche Landgut in Monticello di Fara besass. Nachdem Marco Rubini bereits vor 1784 gestorben war, folgten ihm seine Brüder Giacomo Rubini im Juni 1789 und Pompeo Rubini am 7. Oktober 1791; in den «Libri dei nomi dei possessori dei fondi» sind sämtliche Immobilien dieses von Vicenzo Rubini abstammenden Familienzweigs — die Palazzi an der contrà Carpagnon und an der contrà S. Paolo in Vicenza, die Villenanlage in S. Pietro Intrigogna sowie Gebäulichkeiten in der Coltura S. Felice und in Sarcedo — auf den Namen der Contessa Lucietta Rubini Quinto eingetragen. Die Witwe des Conte Pompeo Rubini starb ihrerseits in den ersten Julitagen des Jahres 1807 und vermachte testamentarisch die Vicentiner Palazzi sowie das Landgut in S. Pietro Intrigogna dem Ospizio del Soccorso e Soccorsetto. Und am 12. Juli 1807 nahm der Notaio Pubblico Bortolo Finozzi des Francesco Finozzi in der Villa Rubini ein Inventar «della Facoltà Mobiliare, Effetti preziosi, e smoventi» auf, das peinlich genau den Hausrat und gleichzeitig die Funktion der einzelnen Räume beschreibt (269). Diese notarielle Darstellung ergibt zwar keinen Hinweis auf die damals die

Südfassade des Herrenhauses der Villenanlage Pompeo und Giacomo Rubini.

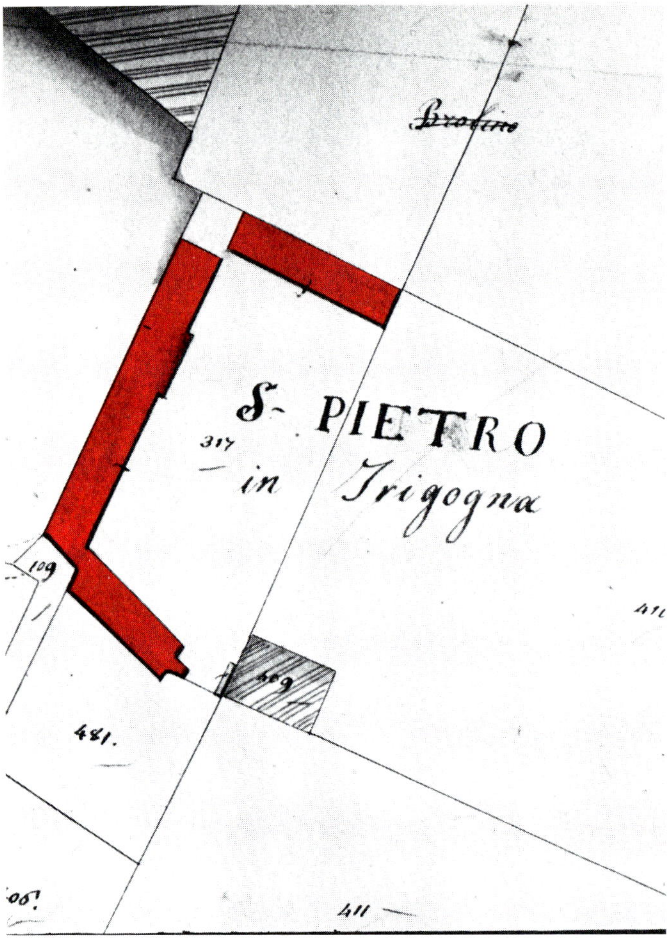

Ausschnitt aus dem österreichischen Katasterplan von 1830 bzw. dessen Kopie von 1832 im Staatsarchiv Vicenza.

Längswände des Zentralsaals im Herrenhaus schmückenden und in der Zwischenzeit verlorengegangenen zwei Gemälde, die nur als «due quadri grandi contornati da soaza stucco» erwähnt werden, aber zeigt auf, dass beispielsweise das Esszimmer sich im südlichen Raum rechts des Zentralsaals befand und mit der östlichen, kleinen Barchessa verbunden war, in der gegen den Hof ein Speisezimmer für den Sommer und nach Norden die Küche eingerichtet war, während der nördliche Raum rechts des Zentralsaals als Studierzimmer mit Sekretär und Büchern über die Landwirtschaft diente. Weiter geht aus der amtlichen Bestandesaufnahme hervor, dass die Conti Rubini neben dem Herrenhaus auch drei Räume im Erdgeschoss und im darüberliegenden Obergeschoss der links des Hauptgebäudes angrenzenden westlichen Barchessa bewohnten, wo im ersten Erdgeschosszimmer eine kleine Bibliothek aufgestellt war, die neben belletristischen und historischen Werken auch wieder Bücher über die Landwirtschaft wie eine Ausgabe des «Ricordo d'agricoltura» von Camillo Tarello oder ein Traktat über die «Coltivazione del frumento» enthielt. Die Tatsache, dass im Obergeschoss des Herrenhauses ein «Camerino ad uso di Cappellina» mit einem Schrankaltar eingerichtet war, vervollständigt das Bild über die einstigen Besitzer dieser Villa.

Auffallend bei diesem in eine lange Barchessenreihe eingefügten Umbau eines wohl bereits früher an dieser Stelle situierten Herrenhauses der Villenanlage ist die veränderte Stellung des Piano Nobile, das nun nicht mehr nach üblicher Sitte im Obergeschoss, sondern im Parterre untergebracht ist, wo sich sämtliche Haupträume – Salon, Studier- und Esszimmer sowie weitere Aufenthaltsräume – befinden. Und diese gewandelte Disposition zeigt sich auch in der äusserlichen Gestaltung der Architektur; die Fassaden des Herrenhauses strömen eine betonte Einfachheit und neue Intimität aus, anstelle des hohen rustizierten Sockelgeschosses tritt eine niedrige, glatt verputzte Sockelzone, die Pilasterordnung ist ins Erdgeschoss heruntergesetzt und die Freitreppe auf wenige Stufen in der Breite der Haustüre begrenzt. Analogien mit der von Bertotti in den Jahren 1774 bis 1776 errichteten Hauptfassade des Palazzo Muzzi in Vicenza sind klar erkennbar bezüglich der feinen netzartigen Rustikaquadrierung und des von ionischen Kolossalpilastern gestützten, giebelbekrönten Mittelrisalits. Doch weist das städtische Modell ein zwar kleines Sockelgeschoss und darüber zwei gleichwertige Etagen auf, die durch profilierte Brüstungsgesimse voneinander betont abgesetzt sind, und das breite Rundbogenportal führt über ein Atrium ins Treppenhaus hinauf zum leicht erhöhten ersten Hauptgeschoss. Das Herrenhaus der Villa Rubini wirkt ohne Sockelgeschoss und mit sieben anstatt fünf Fensterachsen bedeutend niedriger und breiter, was durch die Aneinanderreihung der grossen, hochrechteckigen Erdgeschossfenster noch verstärkt wird, obwohl auf jegliche horizontal gliedernde Zwischengesimse verzichtet wurde. Gerade diese Vereinfachung des noch beim Palazzo Muzzi vorherrschenden tektonischen Fassadenaufbaues zugunsten eines reduzierten, architektonischen Formenapparates, gepaart mit einer wenig bewegten Modulierung und einem kaum vortretenden Risalit, deutet hier auf ein späteres Werk, das zeitlich eher den flächig artikulierten Palazzi Braghetta in Vicenza und Morozzo della Rocca in Turin nahesteht. Und dafür sprechen auch Details in der Villa Rubini wie die Wanddekoration des Prunksaals, welche in ihrer Aufteilung mit den seitlichen Türen, die ein Riesengemälde mit wuchtigen Stuckrahmen flankieren, und mit den die Mezzaninräume verbindenden, zum Zentralsaal hin offenen Galerien an das Vorbild der von Bertotti und Leonardo Marini gemeinsam erarbeiteten Lösung für den zweigeschossigen Salon des Turiner Palazzo erinnert. Lassen diese Vergleichsbeispiele von städtischen Architekturen eindeutig in Ottavio Bertotti Scamozzi den verantwortlichen Entwerfer des Herrenhauses Rubini erkennen, so wird damit einerseits erneut die ambivalente, von der villenähnlichen Dreiteiligkeit des Palazzo Chiericati abhängige Fassadengestaltung des Palazzo Muzzi verdeutlicht, und andrerseits wird im Hinblick auf eine früher erbaute Villenanlage wie jene des Monsignore Bonaventura Fadinelli die Entwicklung des bertottianischen Schaffens in Richtung einer grösseren Unabhängigkeit von traditionellen Vorbildern und einer auffallenden Simplifizierung des klassischen Kanons manifest. Dass die Bauherren als «Nobili nuovi» mit einem erst von ihrem Vater erworbenen Adelstitel gerade Bertotti als Architekten für die radikale Modernisierung eines Teils ihrer Villenanlage wählten, konnte auf einer möglichen Empfehlung ihres Schwagers Conte Francesco Quinto basieren, der seinerseits ein Palazzoprojekt des Ottone Calderari auf seiner Liegenschaft an der viale Eretenio zugunsten des neuen Theaterbaues aufgegeben hatte und von dem seit 1779 für die Verwirklichung des «Eretenio» beigezogenen Architekten samt dessen Arbeitsweise derart überzeugt war, dass er ihn selbst für ein späteres Bauvorhaben in Monticello di Fara beizog. Und der Kanoniker Giacomo Rubini musste einen weiteren bertottianischen Auftraggeber, Bonaventura Fadinelli, gekannt haben, der ebenfalls dem Domkapitel von Vicenza angehörte, während Pompeo Rubini — nach den Büchern in der Villa S. Pietro Intrigogna zu schliessen — sich mit den neuen Tendenzen der Vicentiner Agrarreformer auseinandersetzte und damit auch vertraut war mit jenen Anhängern und Förderern des tarellianischen Anbausystems, unter denen sich namhafte Auftraggeber und Freunde von Bertotti befanden.

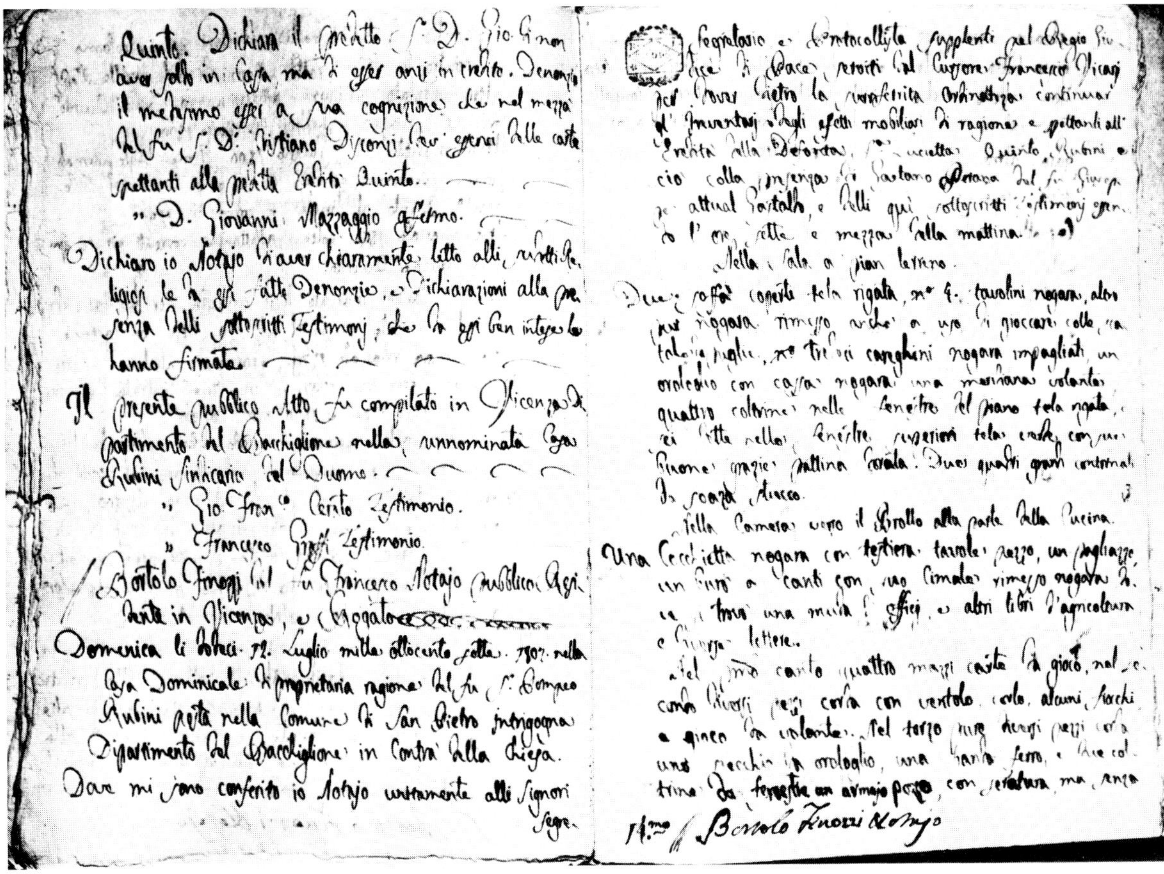

Quinto. Dichiara il predetto S.r D. Gio: Simon aver fatto in Casa ... di esser anni in credito. Denonzia il medesimo esser a sua cognizione che nel mezzo del fu S.r D. Cristiano Disconzi ... generi delle carte spettanti alla ... Eredità Quinto.

" D. Giovanni Mazzaggio affermo.

Dichiaro io Notajo di aver chiaramente letto alli ... le su espresse Denonzie, e Dichiarazioni alla presenza delli sottoscritti Testimonj, che ... hanno firmate.

Il presente pubblico Atto fu compilato in Vicenza Dipartimento del Bacchiglione nella sunnominata Casa Rubini ... del Duomo.

" Gio: Fran.co ... Testimonio.

" Francesco ... Testimonio.

Bortolo Finozzi del fu Francesco Notajo pubblico Residente in Vicenza, e ...

Domenica li dodeci 12. Luglio mille ottocento sette 1807 nella Casa Dominicale di proprietaria ragione del fu S.r Pompeo Rubini posta nella Comune di San Pietro Intrigogna Dipartimento del Bacchiglione in Contrà della Chiesa.

Dove mi sono conferito io Notajo unitamente alli Signori Segue.

... supplenti nel Regio ... di Pace ... Francesco ... la ... continuar l'Inventario degli effetti mobiliari di ragione e spettanti all'Eredità della Defonta ... Quinto Rubini e ciò colla presenza di ... alle ore sette e mezza della mattina.

Nella Sala a pian terreno.

Due soffà coperte tela rigata, n.o 4 tavolini nogara, altro ... nogara ... a uso di giocar ... carreghini nogara impagliati, un orologio con cassa nogara ... quattro coltrine nelle fenestre del piano tela rigata, ... fenestre superiori ... Due quadri ...

Nella Camera verso il Brollo alla parte della Cucina.

Una Cuccetta nogara con testiera tavole, pezzo, un pagliazzo, un ... a canti con suo ... nogara ... altri libri d'agricoltura e ... lettere.

... canto quattro mazzi carte da gioco, ... con ventolo, ... a gioco da volante. Nel terzo ... un specchio in orologio, una ... un armajo ...

14.mo Bortolo Finozzi Notajo

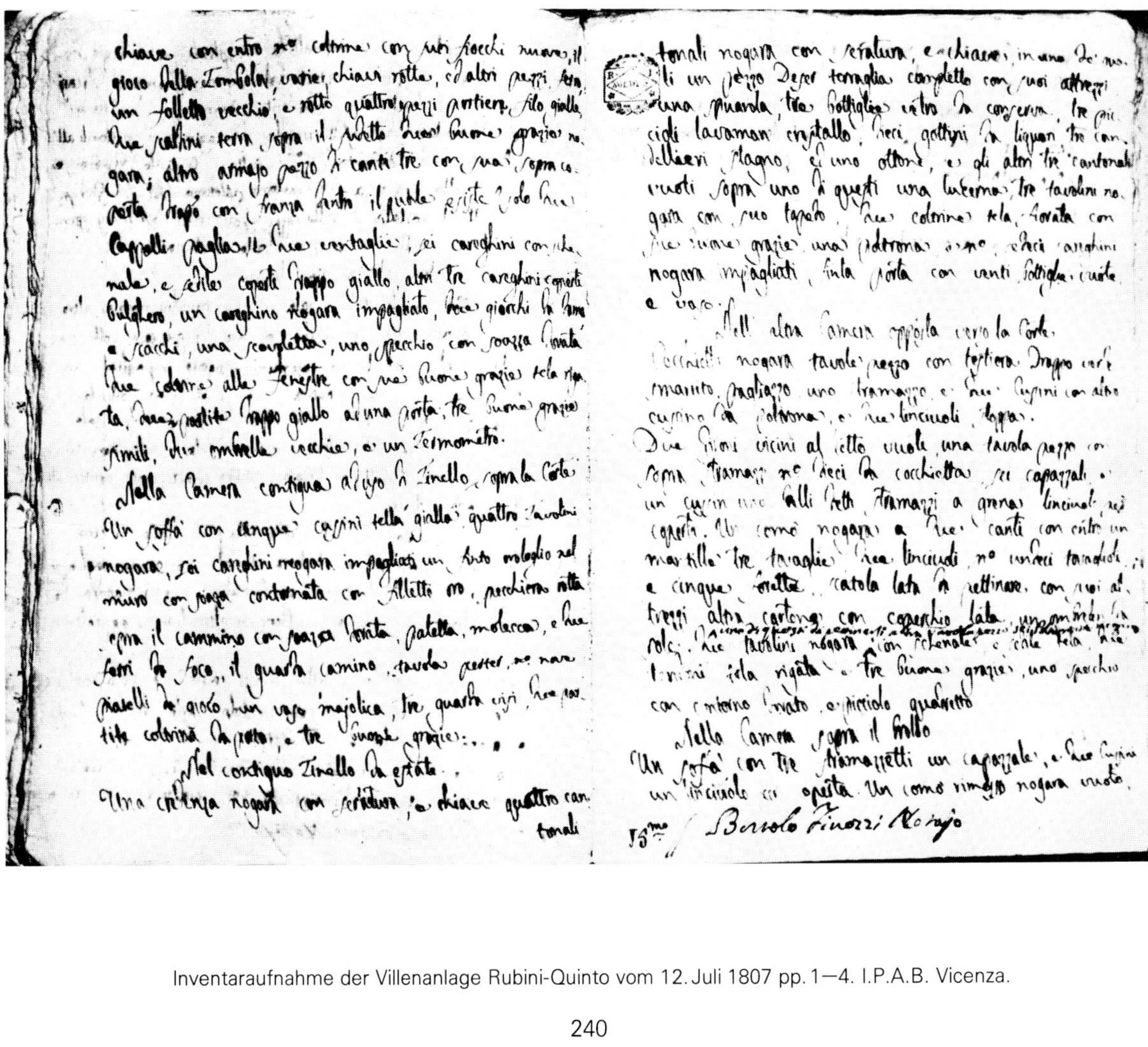

chiave con entro n.o ... coltrine con ... fiocchi nuove, il gioco della Tombola, ... chiavi rotte, ed altri pezzi, ... un folletto vecchio, e sotto quattro pezzi portiere, ... altro armajo pezzo di canti tre con sua ... Cappelli paglia, ... ventaglie, ei carreghini ... giallo, altri tre carreghini coperti ... un carreghino nogara impagliato, ... giochi ... una scopetta, uno specchio con soazza ... coltrine alla fenestra con sue ... una porta, tre ... ombrelle vecchie, e un termometro.

Nella Camera contigua all'uso di Tinello, sopra la Corte.

Un soffà con cinque cussini ... giallo, quattro tavolini nogara, sei carreghini nogara impagliati, un ... orologio nel muro con ... contornata con ... sopra il cammino con soazza ... patella, molecca, e due ferri da foco, il quarto camino, tavola ... piatelli da gioco, un vaso majolica, tre ... coltrina da porta, e tre ... grazie.

Nel contiguo Tinello da estate.

Una credenza nogara con seradura, e chiave quattro cantonali nogara con seradura, e chiave, in uno de' quali un pezzo ... terraglia completto con suoi attrezzi, una ... bottiglie entro ... lavaman cristallo, dieci ... tre ... otton, e gli altri tre cantonali vuoti sopra uno di questi una lanterna, tre tavolini nogara con suo tapeto, ... coltrine tela ... nogara impagliati, ... porta con venti ... e vaso.

Nell'altra Camera opposta verso la Corte.

... nogara tavole, pezzo con testiera ... uno stramazzo ... cussini con ... coltrina ... lenzuoli ...

Due ... al letto ... una tavola pezzo con ... stramazzi n.o dieci ... capezzali ... cussini ... alli letti stramazzi a ... nogara a ... canti con entro ... tre ... coperte ... tela rigata, ... tre ... grazie, uno specchio con contorno ... piccolo quadretto.

Nella Camera sopra il Brollo.

Un sofà con tre stramazzetti un capezzale, e due cussini ... Un comò ... nogara vuoto.

15.mo Bortolo Finozzi Notajo

Inventaraufnahme der Villenanlage Rubini-Quinto vom 12. Juli 1807 pp. 1—4. I.P.A.B. Vicenza.

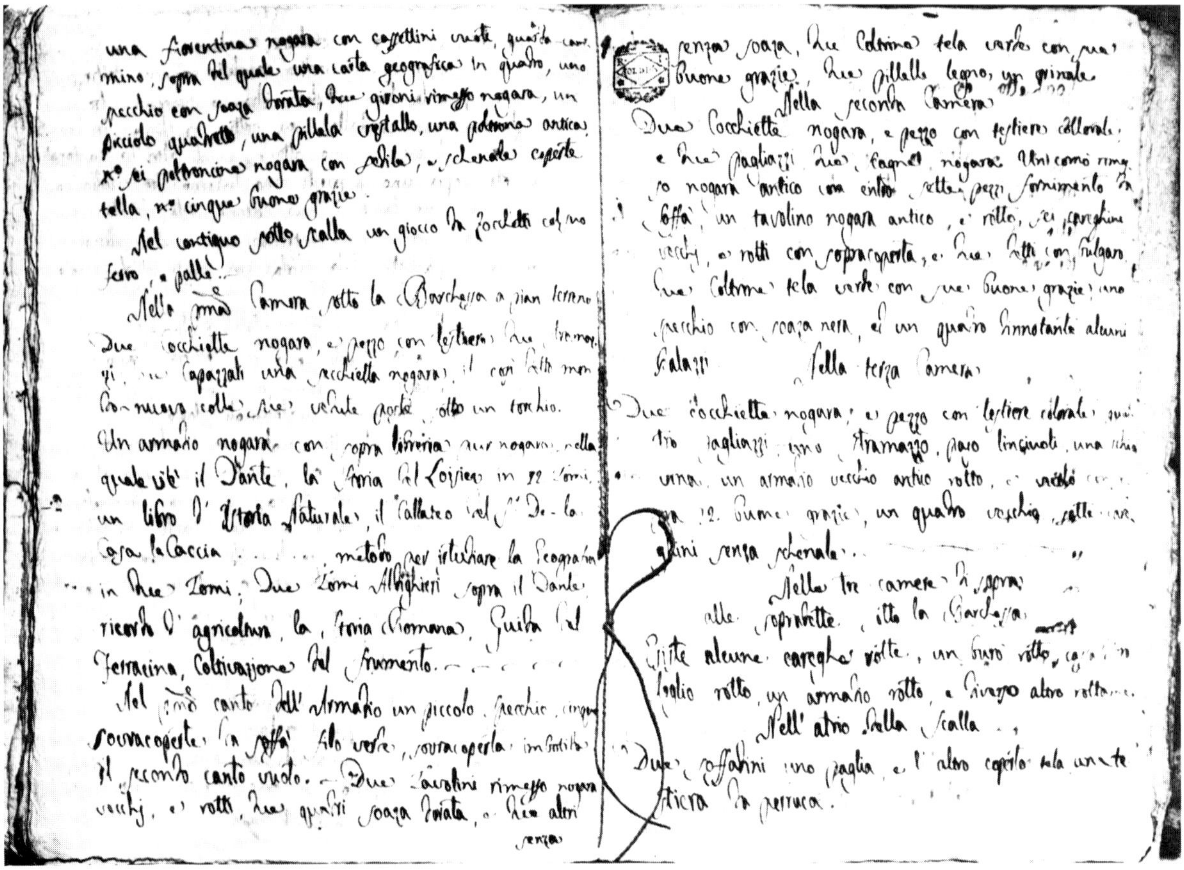
una fiorentina nogara con cassettini vuoti, quarto com-
mino, sopra del quale una carta geografica in quadro, uno
specchio con soaza dorata, due gironi rimesso nogara, un
picciolo quadretto, una pilella cristallo, una poltrona antica,
n° sei poltroncine nogara con schila, e schenale coperte
tella, n° cinque buone grazie.
Nel contiguo sotto scalla un giocco de zocchetti col suo
ferro, e palle.
Nella prima Camera sotto la Barchessa a pian terreno
Due cocchiette nogara, e pezzo con testiere, due stramaz-
zi, e capezzali una rocchetta nogara, il [illegible]
[illegible] colle, due [illegible] sotto un torchio.
Un armario nogara con sopra libreria [illegible] nogara, nella
quale vi è il Dante, la Storia del [illegible] in 22 tomi,
un libro d'Istoria Naturale, il Catalogo del [illegible]
[illegible] la Caccia ... metodo per [illegible] la Geografia
in due tomi; due tomi Alighieri sopra il Dante,
ricordi d'agricoltura, la Storia Romana, Guida del
Ferracina, Coltivazione del Frumento. —
Nel primo canto dell'armario un piccolo specchio [illegible]
sovracoperte in sotto [illegible], sovracoperta [illegible]
il secondo canto vuoto. — Due tavolini rimesso nogara
vecchj, e rotti, due quadri soaza dorata, e due altri
senza
senza soaza, due coltrine tela verde con sue
buone grazie, due pilelle legno, un orinale.
Nella seconda Camera
Due cocchiette nogara, e pezzo con testiere colorate.
e due pagliazzi [illegible], cagnol nogara. Un comò rim-
esso nogara antico con entro [illegible] pezzi fornimento da
caffè, un tavolino nogara antico, e rotto, sei carreghine
vecchj, e rotti con sopracoperta, e due [illegible] con fulgaro,
due coltrine tela verde con sue buone grazie, uno
specchio con soaza nera, ed un quadro [illegible] alcuni
palazzi. Nella terza Camera
Due cocchiette nogara, e pezzo con testiere colorate, [illegible]
tre pagliazzi, uno stramazzo, paro linziuoli, una [illegible]
[illegible], un armario vecchio antico rotto, e [illegible]
n° 12. buone grazie, un quadro vecchio, sotto [illegible]
[illegible] senza schenale. —
Nelle tre camere di sopra
alle soprafette, sotto la Barchessa
Sette alcune careghe rotte, un [illegible] rotto, [illegible]
[illegible] rotto, un armario rotto, e diverso altro rottame.
Nell'atrio sotto scalla,
Due caffettini uno paglia, e l'altro coperto tela [illegible]
tiera da perruca.

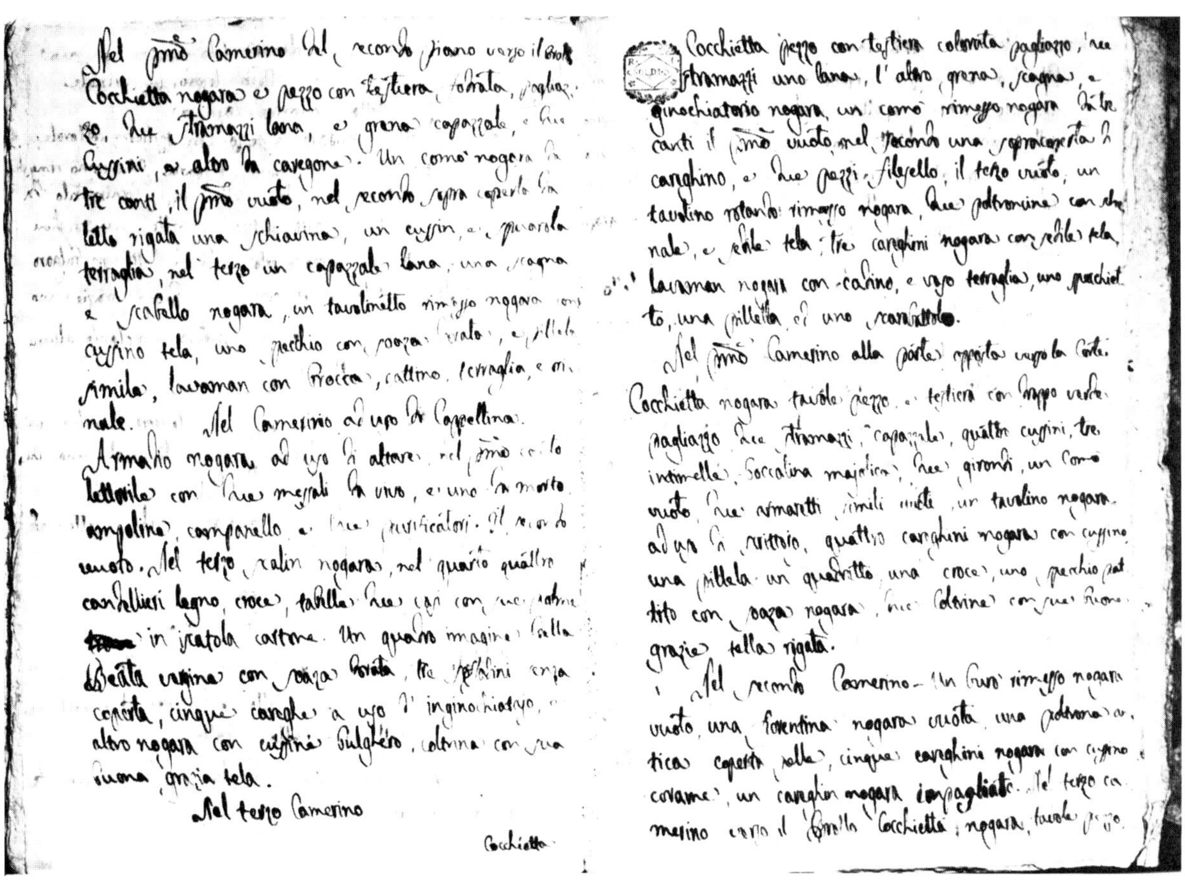
Nel primo Camerino del secondo piano verso il [illegible]
Cocchietta nogara e pezzo con testiera, dorata, pagliaz-
zo, due stramazzi lana, e grana capezzale, e due
cussini, e altro da caregone. Un comò nogara da
tre canti, il primo vuoto, nel secondo sopra coperta da
letto rigata una schiavina, un cussin, e [illegible]
terraglia, nel terzo un capezzale lana, una scagna
e scabello nogara, un tavolinetto rimesso nogara con
cussino tela, uno specchio con soaza [illegible], e pilella
simile, lavaman con brocca, cattino, terraglia, e ori-
nale. Nel Camerino ad uso di Cappellina.
Armario nogara ad uso di altare nel primo [illegible]
letterile con due messali da vivo, e uno da morto,
ampolline, campanello e due purificatori. Il secondo
vuoto. Nel terzo, calice nogara, nel quarto quattro
candellieri legno, croce, tabelle, due [illegible] con [illegible]
[illegible] in scatola cartone. Un quadro imagine della
Beata Vergine con soaza dorata, tre [illegible] senza
coperta, cinque careghe a uso d'inginocchiatojo, e
altro nogara con cussino bulgaro, coltrina con sua
buona grazia tela.
Nel terzo Camerino
Cocchietta
Cocchietta pezzo con testiera colorata, pagliazzo, due
stramazzi uno lana, l'altro grana, scagna, e
ginocchiatorio nogara, un comò rimesso nogara da tre
canti il primo vuoto, nel secondo una sopracoperta da
carghino, e due pezzi [illegible], il terzo vuoto, un
tavolino rotondo rimesso nogara, due poltroncine con sche-
nale, e schile tela; tre carghini nogara con schile tela,
lavaman nogara con catino, e vaso terraglia, uno specchiet-
to, una pilletta, ed uno [illegible].
Nel primo Camerino alla parte opposta verso la Corte.
Cocchietta nogara tavole pezzo, e testiera con [illegible] verde
pagliazzo due stramazzi, capezzale, quattro cussini, tre
[illegible], [illegible] majolica, due gironi, un comò
vuoto, due armaretti simili vuoti, un tavolino nogara
ad uso di scrittojo, quattro carghini nogara con cussino
una pillela un quadretto una croce, uno specchio [illegible]
tito con soaza nogara, due coltrine con sue buone
grazie tella rigata.
Nel secondo Camerino — Un [illegible] rimesso nogara
vuoto, una fiorentina nogara vuota, una poltrona an-
tica coperta schile, cinque carghini nogara con cussino
corame, un carghin nogara impagliato. Nel terzo ca-
merino verso il [illegible] Cocchietta; nogara, tavole pezzo.

Inventaraufnahme der Villenanlage Rubini-Quinto vom 12. Juli 1807 pp. 5—8. I.P.A.B. Vicenza.

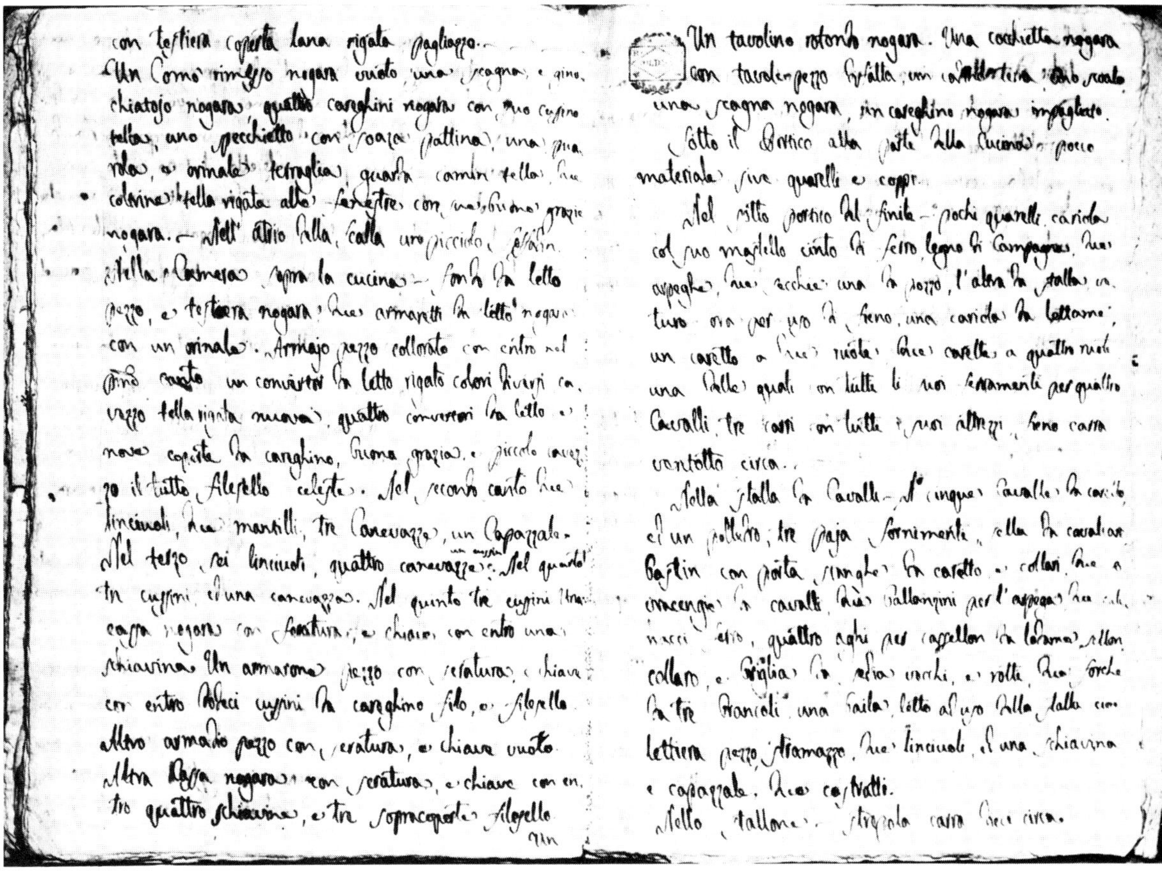

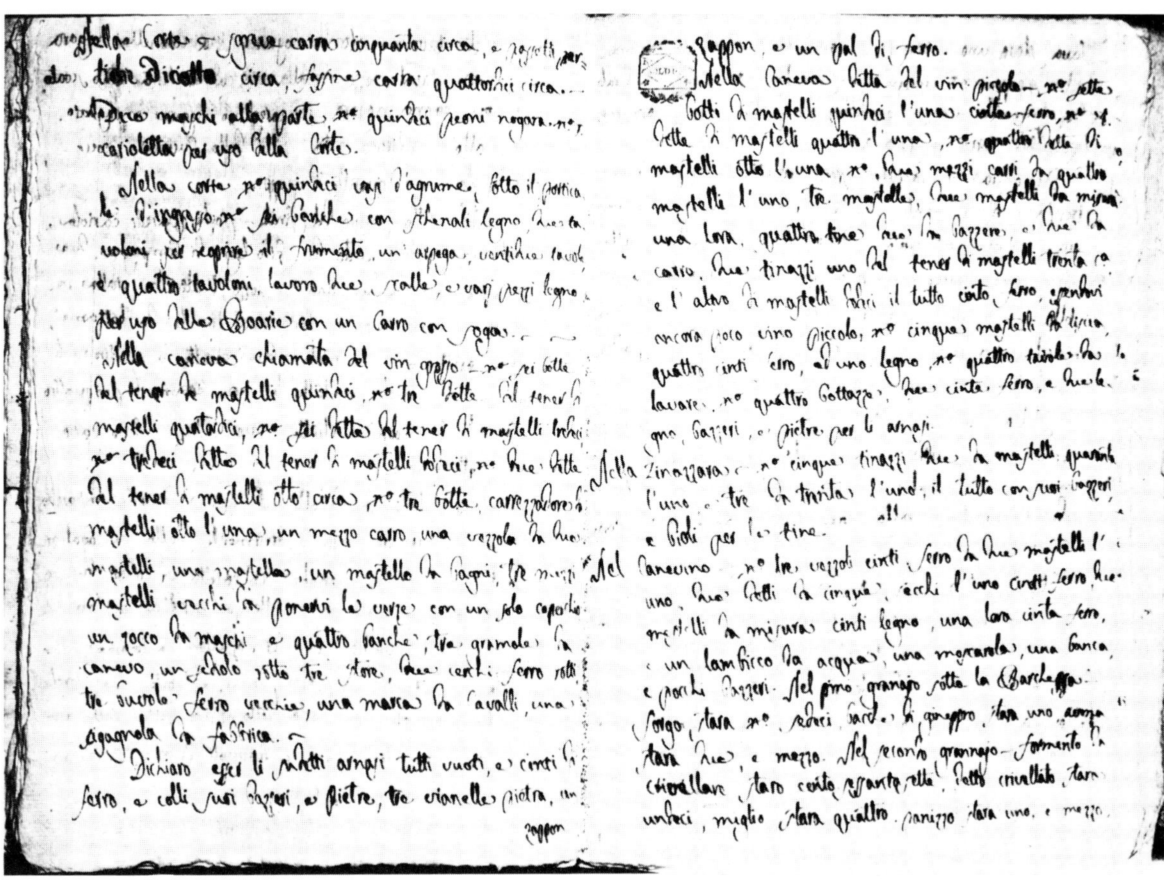

Inventaraufnahme der Villenanlage Rubini-Quinto vom 12. Juli 1807 pp. 9–12. I.P.A.B. Vicenza.

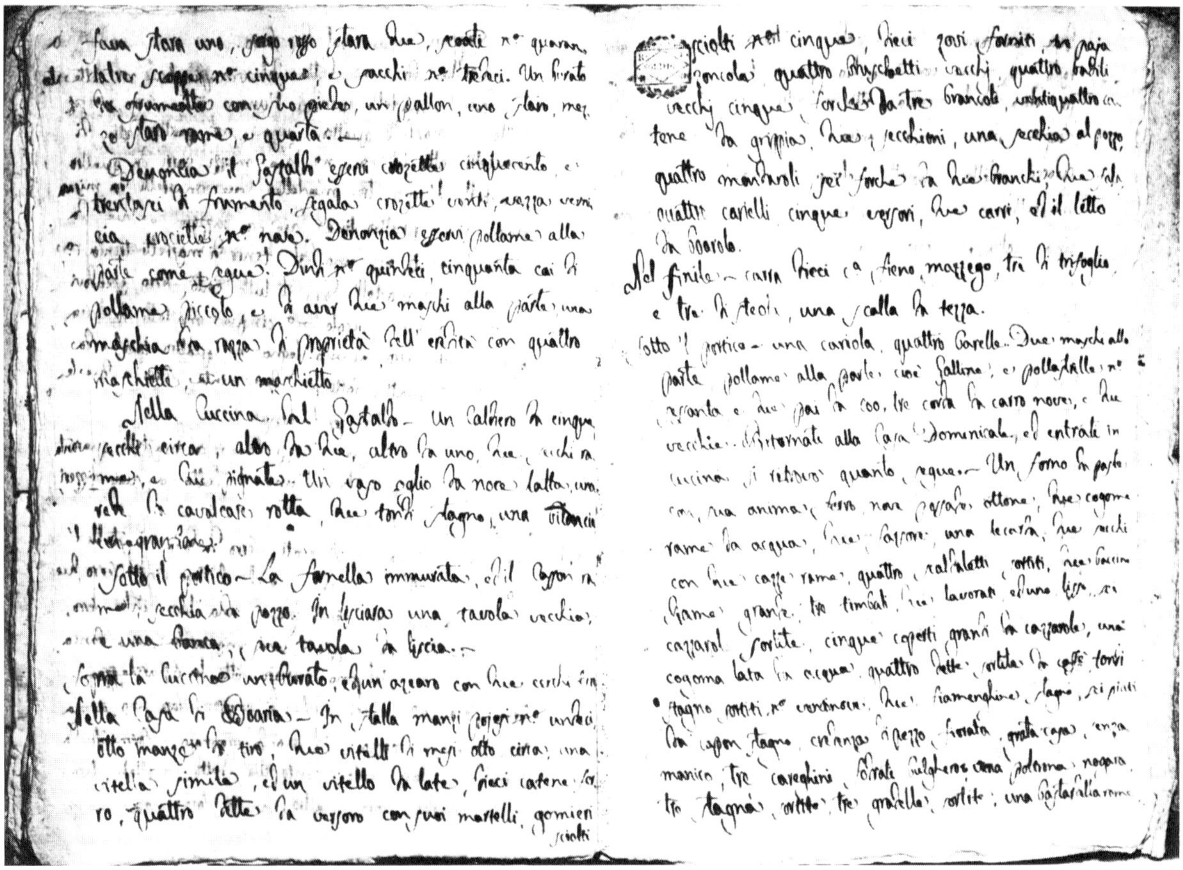

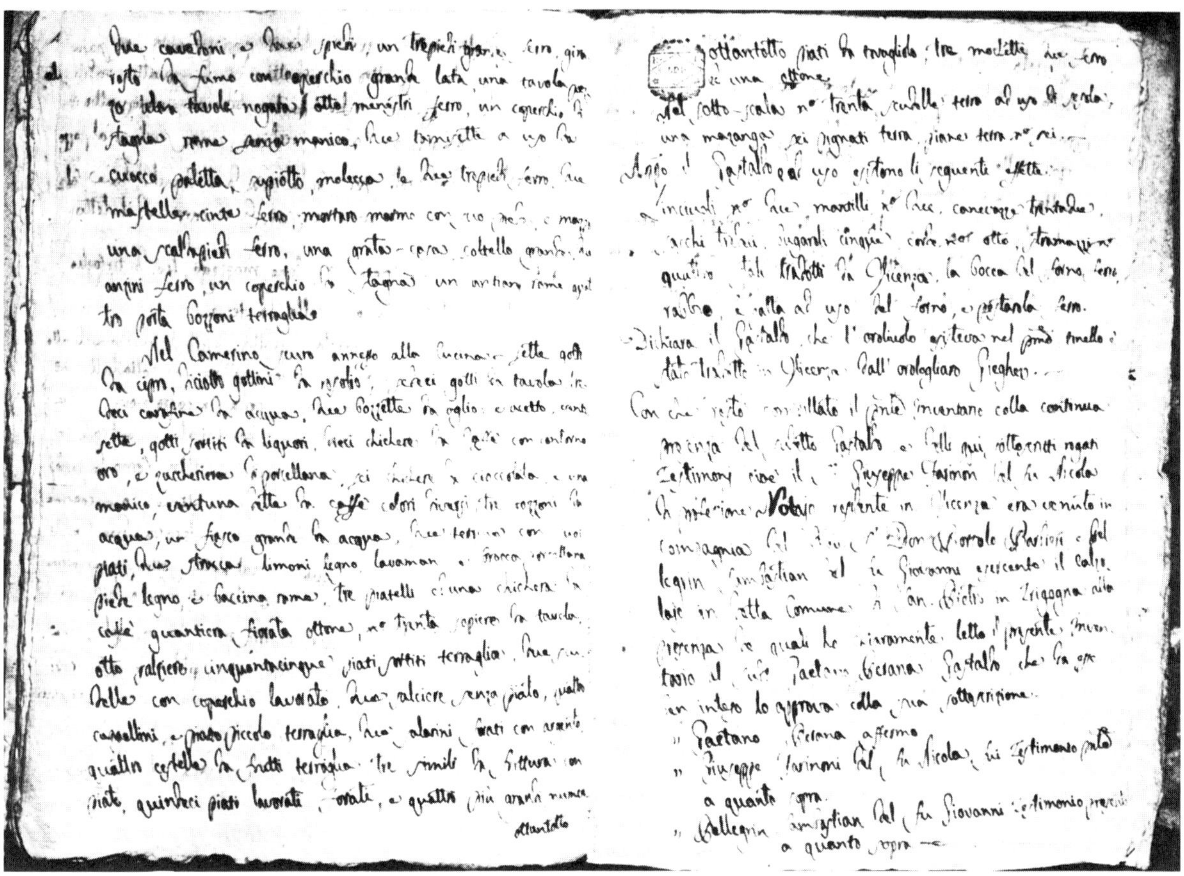

Inventaraufnahme der Villenanlage Rubini-Quinto vom 12. Juli 1807 pp. 13–16. I.P.A.B. Vicenza.

Villa Frignano Sesso an der via S. Gaetano in Sandrigo.

Villa Frignano Sesso in Sandrigo

Via S. Gaetano
ca. 1780–89
Auftraggeber: Ein Enkel des Conte Frignano Sesso, dessen Vorfahren im 14. Jahrhundert das Lehen Sandrigo vom Bischof zu Vicenza verliehen bekamen

In Sandrigo, wo Bertotti bereits zwischen 1766 und 1773 die Villa des Conte Giangiorgio Trissino modernisiert hatte, besassen die Conti Sesso mindestens drei ausgedehnte Villenkomplexe mit eigenen Kapellen. Der Umbau ihres heute an der via S. Gaetano gelegenen, gotischen Stammgutes wurde von Giulio Fasolo mit absoluter Sicherheit demselben Architekten zugeschrieben, der schon bei der Villa Trissino tätig gewesen war. Diese ohne Quellenangaben 1929 publizierte Attribution wurde in der Folgezeit stets übernommen (270). Dabei ist aber zu beachten, dass die betreffende Villenanlage am 13. November 1904 zu einem grossen Jugendheim, dem «Patronato Ruffini», umgebaut worden war, und dass kurz nach 1940 über die Hälfte des einstigen Bauvolumens abgebrochen wurde. Der erhaltene Villenteil gehört heute der Pfarrei und befindet sich in deplorablem Zustand. Der Stammsitz der Conti Sesso wurde bei der Erbteilung des Palmiero Sesso im Jahre 1496 dem Conte Frignano Sesso als «Casa grande de Sandrigo» samt 229 Acker Land zugeschlagen, während beispielsweise seine Brüder Ugolino Sesso «due Case in Sandrigo, in contrà delle Maregnole» und 329 Acker sowie Bernardino Sesso unter anderem «la Casa Dominicale di Vicenza» an der heutigen contrà Giacomo Zanella 2–4 erhielten. Martin Kubelik datierte die aus jenem Jahrhundert noch erhaltenen Bauteile der jetzigen Anlage aufgrund folgender Kriterien in die Mitte des Quattrocento: «Nur noch das vierbogige Portico stammt aus dem '400. Fünf Säulen und Kapitelle aus rotem Marmor, die beiden äussersten zur Hälfte in die späteren Nebengebäude eingemauert, tragen die Bogen. Die Basen, ebenfalls aus rotem Marmor, stehen auf Steinsockeln. Die Kapitelle haben vier Knollenvoluten mit dazwischen plazierten Rosetten oder Familienwappen. — Obwohl die Kapitelle zu einer Form gehören, die im Veneto im Zusammenhang mit der Villenarchitektur eine lange Tradition haben, ist es doch am wahrscheinlichsten, dass sie um die Mitte des '400 geschaffen wurden» (271). Anscheinend starb Conte Bernardino Sesso bereits 1510, seine Witwe Cassandra Sesso wohnte mit ihren vier Söhnen 1532 in dieser «Casa grande» und beherbergte mit grossem Pomp den deutschen Kaiser Karl V., der sich auf der Durchreise von Wien nach Mantova und Bologna befand. Auffallenderweise fehlt gerade dieser Villenkomplex auf einer im Jahre 1605 von den Provveditori sopra i Beni Inculti aufgenommenen Zeichnung, die aber das benachbarte Landgut der Sesso, für das später ein Conte Bernardino Sesso des Camillo Sesso 1714 die der «Assunzione di Maria Vergine» geweihte Kapelle errichtete, zwar ohne Namensnennung darstellt, während die dritte, 1570 von Conte Silvio Sesso an der südlichen Ausfallstrasse nach Lupia erbaute Villa wiederum nicht eingezeichnet ist. Dafür zeigt ein im Auftrag des Proto Bernardino Conti im Oktober 1638 angefertigter, grossdimensionierter Plan der Ortschaft nun alle drei Landgüter der Familien der Conti Sesso, die zusammen mit den Conti Trissino und den Conti Conte die prächtigsten Bauten in Sandrigo besassen (272). An der Strasse, die vor der Villa des Co. Rinaldo Conte an der heutigen Piazzetta Zannini nach Westen abzweigt, findet sich in der ersten Kurve ein länglicher, zweiteiliger Villenkomplex eingezeichnet, dessen grosses Wohnhaus mit der Giebelfassade an die Strasse grenzt, die nach Südwesten orientierte Traufseite des zweigeschossigen Baues einen zentralen Portikus aufweist und gegen Nordwesten eine mit Stützen gegliederte Barchessa leicht abgewinkelt dem Hauptgebäude angebaut ist. Diese Anlage war 1638 im Besitz eines Co. Frignano Sesso, der über grosse Ländereien vor allem im nördlichen Gebiet von Sandrigo verfügte, das benachbarte und ebenfalls nach Südwesten orientierte Landgut gehörte damals dem Co. Carlo Sesso sowie das an der Strasse nach Lupia situierte Gehöft dem Co. Oliviero Sesso. Weitere Ländereien dieser Familien Sesso sind nach dieser Karte auf die Namen der Conti Antonio und Camillo eingetragen. Zwei Generationen später erbauten die nachfolgenden Besitzer innert zwanzig Jahren je eine Privatkapelle auf ihrem Landsitz: 1696 der Conte Lorenzo Benedetto Sesso des Alessandro Sesso die S. Lorenzo geweihte Kapelle für das Gut des einstigen Co. Oliviero Sesso, 1714 der Conte Bernardino Sesso des Camillo Sesso die bereits erwähnte Marienkapelle für den ehemals Co. Carlo Sesso gehörenden Bautenkomplex und 1716 der Conte Frignano Sesso zusammen mit der Contessa Maddalena Sesso Bissari die S. Francesco di Paola

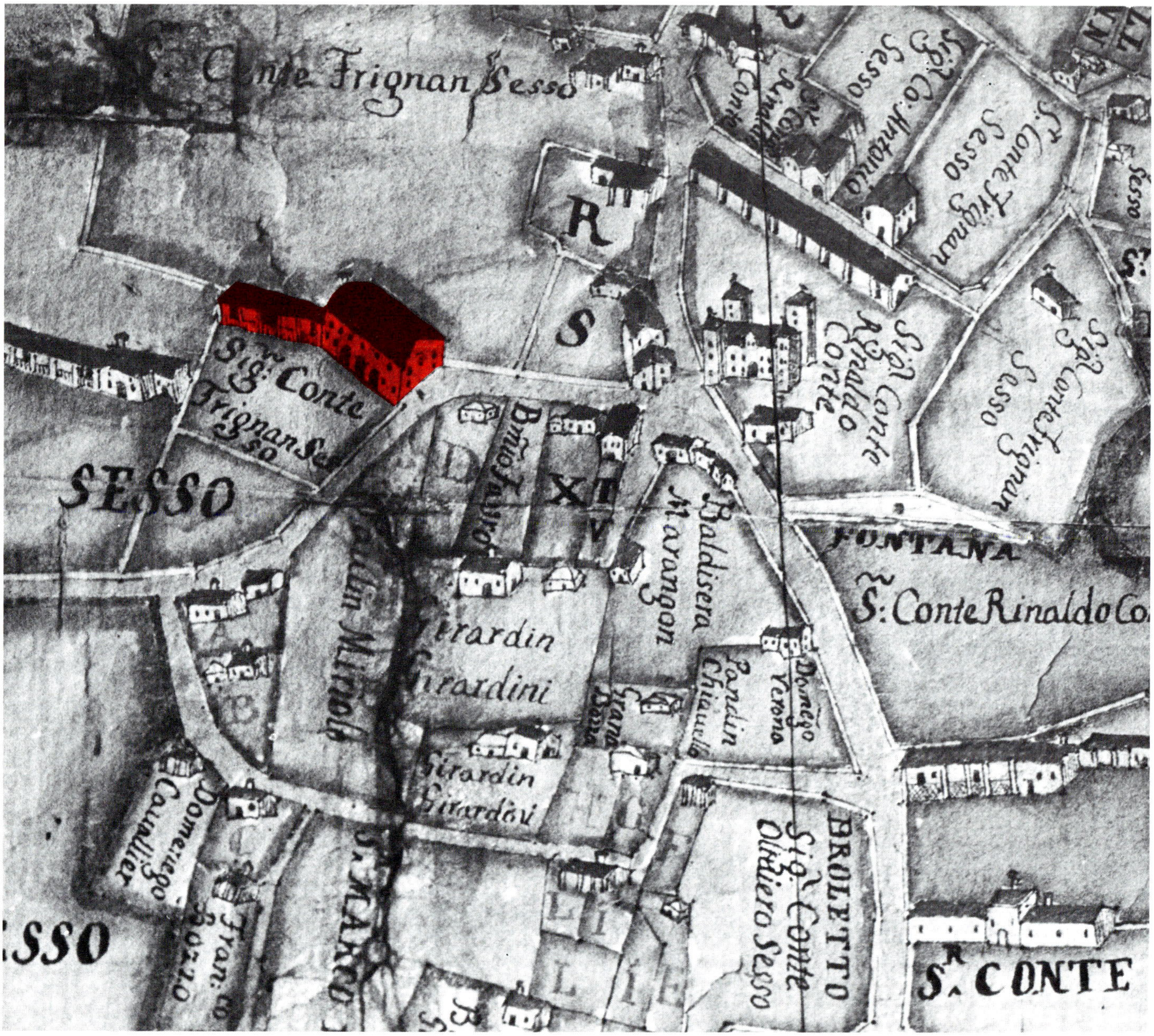

Ausschnitt aus der Landkarte des Proto Bernardino Contino vom Oktober 1638. Kopie des Perito Carlo Crestani vom 27. Oktober 1759. Gemeindearchiv Sandrigo.

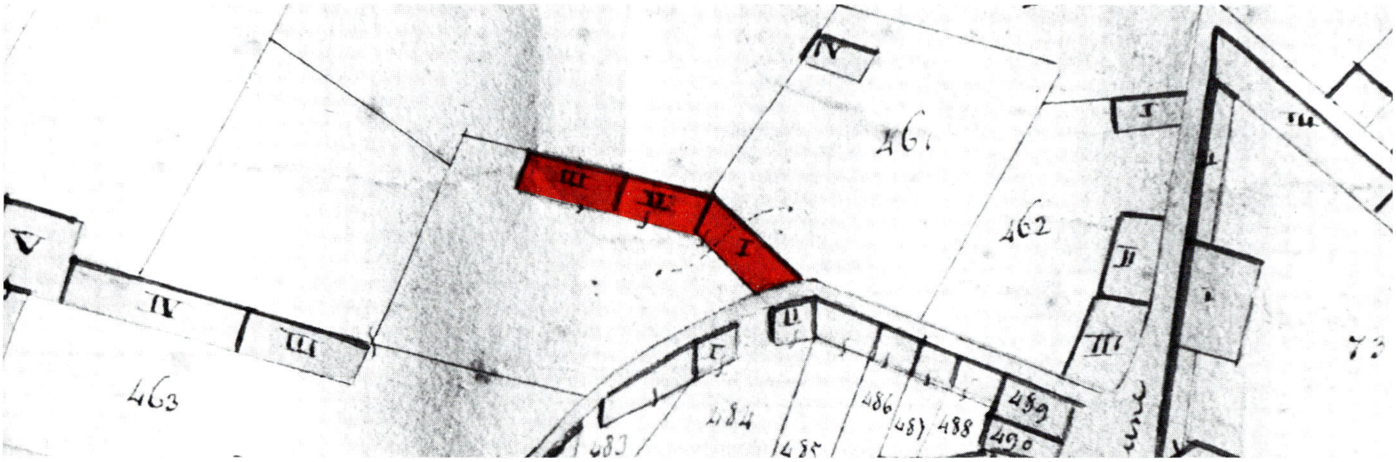

Ausschnitt aus dem napoleonischen Katasterplan von 1809 bzw. dessen Kopie im Staatsarchiv Vicenza.

geweihte Kapelle auf der gegenüberliegenden Strassenseite des 1638 auf einen gleichnamigen Vorfahren eingetragenen Landsitzes (273). Ob die zeitliche Konzentration in der Errichtung dieser kleinen Kirchenbauten mit den neu aufgeflammten Eroberungszügen der Serenissima zusammenhängt, die nach dem österreichischen Sieg über die Türken vor Wien im Jahre 1683 sich das griechische Festland, die Peloponnes und einige Inseln neu erkämpfte, jedoch im Frieden von Passarowitz 1718 endgültig auf diese Besitzungen verzichten musste, ist trotz der von hohen Militärkarrieren geprägten Familiengeschichte nicht nachzuweisen.

Der Villenkomplex an der via S. Gaetano, der 1716 dem Conte Frignano Sesso gehörte, war um 1800 vermutlich im Besitz jenes Conte Camillo Sesso, der neben diesem «Palazzo con Casa per il Gastaldo» noch über weitere beträchtliche Immobilien in Sandrigo sowie unter anderem über den Vicentiner Palazzo in der Nähe von S. Stefano und über ein grosses Landgut in Barbarano verfügte. Die einstigen Dimensionen dieser Anlage in Sandrigo sind nach der Abbildung von 1638 auf den napoleonischen und österreichischen Katasterplänen von 1809 bis 1830 und auf einer modernen Grundrissaufnahme von 1940 festgehalten, wobei diese Dokumente nun aufzeigen, dass beim Eingriff im 18. Jahrhundert kein vergrössertes Bauvolumen entstand, sondern dass es sich dabei vielmehr um eine radikale Modernisierung innerhalb der existierenden Gebäude handelte (274). Dies begründet wohl die herbe Verschlossenheit des erhalten gebliebenen Villenteiles, dessen zur Strasse gewandte Schmalseite nur gerade von drei leicht nach links verschobenen Fensterachsen, bestehend aus je einer hochrechteckigen und darüber einer quadratischen Öffnung, unterbrochen wird, wobei das mittlere Erdgeschossfenster durch eine hochrechteckige Türe ersetzt ist. Als einziger Fassadenschmuck dienen die ionisch profilierten Fenstergewände, im Erdgeschoss zusätzlich mit einem Sturzgesims ausgezeichnet, und ein mehrfach profiliertes, elegantes Kranzgebälk. Mit Hilfe derselben einfachen Öffnungen und unter Einbezug des gotischen Portikus versuchte der Architekt im 18. Jahrhundert auch die 33 m lange Hauptfront dieses zweigeschossigen Herrenhauses zu systematisieren. Die Mittelpartie besteht aus acht Fensterachsen, von denen jene des Erdgeschosses durch die vier Arkadenbogen des Portikus aufgelockert sind, wird rechts zur Strasse hin von einem schmalen, kaum akzentuierten Eckrisaliten mit einer gewändelosen, kleinen Tür abgeschlossen und links von einem gleichen Seitenrisaliten flankiert, der zusätzlich ein gewändeloses Hochrechteckfenster im Obergeschoss aufweist und seinerseits von einem zweiachsigen Gebäudeteil begrenzt wird. Ein wieder elegant geformtes, um die Risalite verkröpftes Kranzgebälk schliesst diese Hauptfassade ab und verbindet gleichzeitig die einzelnen Gebäudepartien, die nur durch Öffnungen gegliederten und ansonsten schmucklos gehaltenen Seitenbauten mit dem mittleren, durch fein profilierte Fensterrahmen und die fünf roten Marmorsäulen des Portikus ausgezeichneten Bauteil. Der Grundriss des Wohnhauses wurde analog der Fassadengestaltung hergerichtet und ist – abgesehen von den unterschiedlichen Raumhöhen – in beiden Geschossen mehr oder weniger identisch. Den Arkaden entspricht eine querrechteckige Halle, flankiert von je einem seitlichen Raum mit zwei Fenstern auf den Hof und untereinander durch eine Enfilade verbunden, die gleichzeitig zu den Risaliten führt, die als Treppenhäuser ausgebaut sind und zur weiteren Erschliessung der hinteren drei Räume dienen, welche auch vom Portikus und dessen Seitenzimmern her zugänglich sind. Links des Seitenrisalits entspricht den zwei Fenstern ein längsrechteckiger Raum, der auf dem Plan von 1940 als Kirchensaal eingezeichnet ist und einst einen direkten Zugang zur eingeschossigen Barchessa aufwies. Diese war mit einer ca. 45 m langen Nord- und einer ca. 41 m langen Südfront leicht schief angebaut und hatte in der westlichen Hälfte einen seit 1830 sicher dokumentierten vorspringenden Teil, der für das Jugendheim dann als Theatersaal umfunktioniert wurde. Nun im Vergleich mit der Darstellung der Villenanlage auf der Karte von 1638 und unter Berücksichtigung, dass auf den Plänen der Beni Inculti das Verhältnis der Bauvolumen untereinander und überhaupt deren Anzahl – ganz im Gegensatz zu den wenig sorgfältig gezeichneten Fensterachsen und Portikusöffnungen – immer genau wiedergegeben wurden, zeigt die im 18. Jahrhundert erfolgte Modernisierung trotz zusätzlicher Zimmereinbauten eine jedenfalls für das Herrenhaus nachweisbare, grösstmögliche Respektierung des alten Baubestandes und eine sehr sparsame Lösung ausserdem.

Die Sesso gehörten dem alteingesessenen Vicentiner Landadel an, stellten vom 13. bis zum 16. Jahrhundert immer wieder bedeutende Militärs und hatten ihre Ländereien trotz der im Laufe der Zeit angewachsenen, weitverzweigten Familienmitglieder grösstenteils auf das Gebiet von Sandrigo begrenzt. Ein altes Sprichwort: «A Sandrigo tutti esse: Sesso, Sassi, Sassini» verdeutlicht in knappster Form die Stellung jener Feudalherren, die schon lange vor der im Jahre 1350 erfolgten bischöflichen Investitur als Guts- und Gerichtsherren in Sandrigo amtierten. Spannend ist auch die von Giacomo Marzari präsentierte Auswahl von Sesso-Vertretern, die 1265 mit einem Henrico Sesso «chiarissimo Cavaliere, essercitò per le molte virtù sue questi anni la Pretura di Verona, commendato di haver con somma prudenza ugualmente amministrata giustitia in peso di tanta importanza» beginnt, für das Jahr 1346 jenen Azzo Sesso «risplendè questo tempo Cavalier di molte virtù dotato» erwähnt, der am 6. Februar 1332 der Gemeinde Sandrigo sämtliche dortigen Ödländer samt allen Rechten mit Ausnahme der Blutgerichtsbarkeit schenkte, und für 1445 denjenigen Frignano Sesso aufführt, der als Militärgouverneur der Visconti 1404 in Bassano für dessen freiwillige Unterwerfung von der Serenissima reichlich entschädigt wurde und anschliessend im

Dienste Venedigs als «Sopraintendente delle Fortezze» stand. Unter dem Datum 1510 gedenkt Marzari des Bernardino Sesso «Cavaliere, & Soldato di molta esperienza, & valore, honorò grandemente la Patria questo tempo con le preclare operationi sue ne' fatti della guerra somministrate, nel servigio di Prencipi diversi, & Condottiere ultimamente di gente d'arme alla Venetiana Republica»; die Witwe Cassandra Sesso wohnte 1532 im Villengut ihres Schwagers Frignano Sesso in Sandrigo, wo im November jenes Jahres der bereits erwähnte kaiserliche Gast übernachtete und zum Dank vier der Söhne von Cassandra Sesso zusammen mit drei anderen jungen Sessoleuten sowie Vincenzo Capra und Giacomo Loschi zu «Cavalieri» ernannte. 1522 starb ein Gottifredo Sesso «Cavaliere, fu i medesimi anni per la scienza nelle Greche, & Latine lettere havuto in molto concetto da letterati huomini, & da Papa Clemente VII. Sommo Pont. sopra modo, della cui Beatitudine hebbe l'ordine di Cavalleria, & rimase appresso d'altre dignità, & honori con la famiglia decorato», und 1580 folgte ihm jener Oliverio Sesso, der den langjährigen Streit zwischen Nove, Mure, Molvena und Mason im Norden von Sandrigo zu schlichten wusste und von seinem Zeitgenossen Marzari gelobt wird als «Canonico, vive Cavaliere etiandio di molto grido per le heroiche, et eccellentissime virtù predicate della persona sua non pur nella Patria, ma in tutta Italia, non essendo stato inferiore ad alcun'altro di nome, c'habbia servito alle corti de' Prencipi, onde vien da tutti i bell'ingegni, & intelletti fatto universal giudicio, che se egli si fusse ritrovato à tempo, quando fu dal Signor Balthessare Castiglione scritto il Cortigiano suo, non gli sarebbe forse accaduto fare fatica tanta, poiche in lui solo haverebbe scoperte, & conosciute le virtù, qualità, & conditioni tutte, delle quali volle, che sia un vero, & perfetto Cortigiano dotato ...» (275). Die Conti Sesso des 16. Jahrhunderts liessen wie die Capra keinen ihrer Villenkomplexe vom damals berühmtesten Architekten Vicenzas, von Andrea Palladio, umbauen; ein Giulio Sesso war aber als Nachfolger des Giacomo Antonio Barbarano vom November 1556 bis Mai 1557 «Provveditore alle logge della Basilica», während der mit Maria di Castilla, einer Nichte des Bischofs von Calahorra, vermählte Carlo Sesso der Häresie angeklagt wurde und am 7. Oktober 1559 auf dem Scheiterhaufen starb (276). Aus dem Jahre 1584 ist ein Schreiben der Dominikaner von S. Corona, der bevorzugten Grabstätte der Sesso, überliefert, und die Brüder beklagten sich darin über die Familien der Conti Sesso, Trissino, Monza, Angarano und Chiericati wegen deren Nichteinhaltung von für den Kirchenschmuck bestimmten testamentarischen Verfügungen. Der schwerwiegendste Vorwurf betraf gerade die Conti Sesso, deren Urgrossvater Palmiero Sesso anlässlich der Vergrösserung von S. Corona den Steinboden und das Altargemälde für den Chor gestiftet hatte, aber mitten in der Ausführung dieser Arbeiten verstorben war und deren Vollendung mit Testament vom 20. September 1489 seinen Erben übertragen hatte. Aus nicht bekannten Gründen

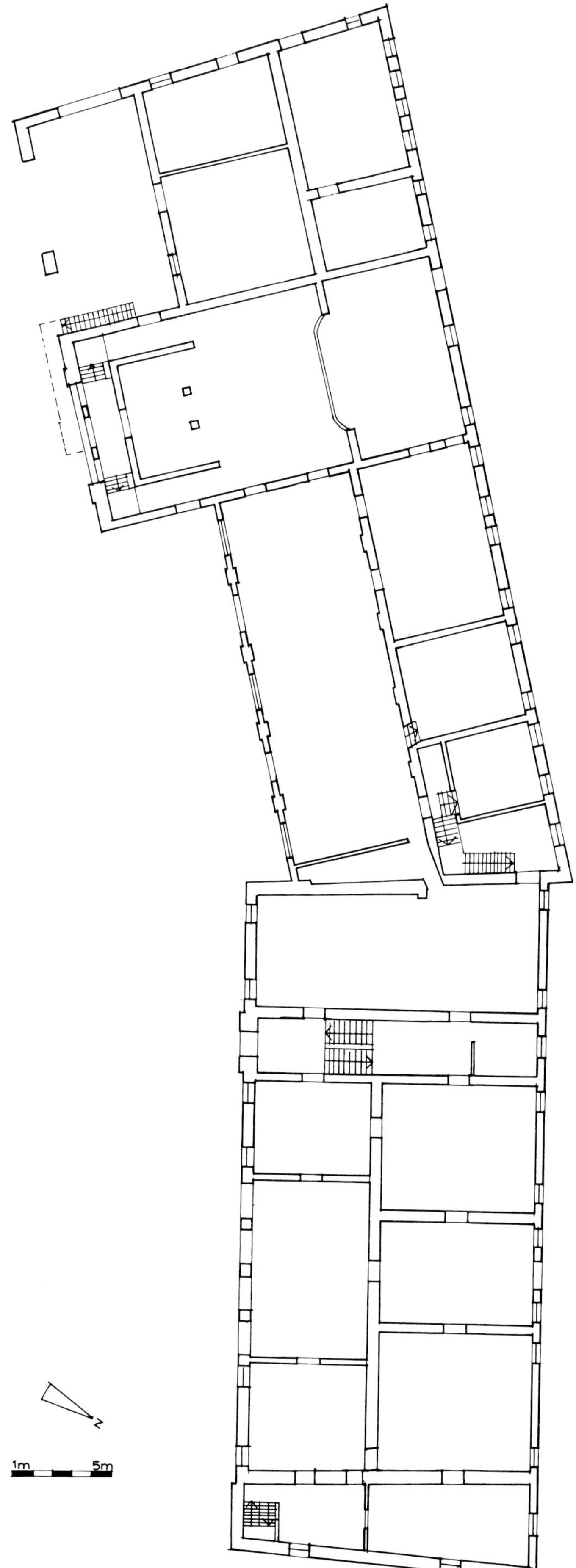

Villa Frignano Sesso. Grundriss des Erdgeschosses vor dem Abbruch der langen Barchessen.

führten weder die Söhne des Conte Palmiero Sesso seinen letzten Willen aus, noch wurde der 1544 gefasste Beschluss der Enkel realisiert, und das 1562 bei Giacomo Tintorello beauftragte Altargemälde ebenfalls erst nach 1584 vollendet (277). Aus dem 17. Jahrhundert sind — mit Ausnahme der beiden Landkarten — über die Familien Sesso nur wenig archivalische Hinweise bekannt: Elena Sesso, Tochter des Gasparo Sesso und verheiratet mit jenem Conte Benedetto Sesso, dessen Namen auf der Beni-Inculti-Zeichnung von 1605 eingetragen ist, vermachte mit Testament vom 11. Februar 1624 ein Legat zugunsten der Vicentiner Kirche S.S. Filippo e Giacomo; doch bekannter war Valentina Sesso, in erster Ehe mit Conte Scipione Bonagente verheiratet, der bereits 1608 starb, und anschliessend mit Conte Battista Thiene des Marco Attilio Thiene verbunden, den die Contessa Valentina Sesso ebenfalls überlebte und bis zu ihrem Tod im Jahre 1658 bei ihrer Tochter Isabella Bonagente, verheiratet mit Co. Nicola Repeta, an der Piazza S. Lorenzo wohnte, wo mit Hilfe ihrer Hinterlassenschaft der Enkel Scipione Repeta den Familiensitz von Francesco Muttoni erweitern liess (278). Mit der verringerten politischen und militärischen Macht der Republik Venedig werden auch im 18. Jahrhundert die Notizen über die Sessofamilien immer spärlicher, deren Mitglieder sich nun einerseits mit der Bewirtschaftung ihrer Ländereien begnügen mussten und andrerseits auch keine grossartigen Einkommen mehr aufzuweisen hatten. Von 1696 bis 1716 liessen zwar die Conti Lorenzo Benedetto, Bernardino und Frignano noch die einzelnen Kapellen für ihre Landgüter in Sandrigo errichten, und aus stilistischen Gründen wird der Umbau der Villenanlage des Bernardino Sesso kurz vor der 1714 geweihten Kapelle um das Jahr 1700 datiert, während der Ottavio Bertotti Scamozzi zugeschriebene Umbau des 1716 Frignano Sesso gehörenden Landsitzes erst unter einem nachfolgenden Besitzer entstand. Dieser bertottianische Auftraggeber wäre dabei weniger der Sohn als vielmehr ein Enkel des Conte Frignano Sesso gewesen; nur ist leider der mit grossen Besitzungen in Sandrigo besteuerte Conte Camillo Sesso in den «Libri dei nomi dei possessori dei fondi» ohne väterlichen Zunamen aufgeführt und ansonsten in der Zwischenzeit eine unbekannte, vergessene Persönlichkeit geworden, deren anonymes Schicksal stellvertretend den Untergang der mächtigen Familie symbolisiert (279).

Die autoritativ aufgestellte Zuschreibung an Bertotti wird durch die bis anhin vorhandenen Kenntnisse über die Familiengeschichte der Gutsbesitzer weder bestätigt noch widerlegt. Die Plandokumente von 1638 und 1809 sowie die baulichen und stilistischen Merkmale des erneuerten Landgutes an der via S. Gaetano in Sandrigo erhärten aber eindeutig die von Giulio Fasolo gewagte Attribution, wobei dieser Historiker über anderes aufschlussreiches Quellenmaterial verfügt haben muss. Doch sowohl die einfache, möglichst geradlinige Disposition der Innenräume samt ihrer Erschliessung mit in derselben Achse angeordneten Türen und verhältnismässig grossen Treppen als auch die durchgehend nur durch Öffnungen gegliederten Fassaden mit ihren einheitlichen Fenstergewänden, deren Profilierung sogar selbst beim Hauptportal in der Portikushalle wiederholt wird, weisen hier auf ein Werk von Bertotti, das auch in der herben Funktionalität der Frontgestaltungen eine mit dem Herrenhaus der Villenanlage Rubini in S. Pietro Intrigogna verwandte Architekturauffassung widerspiegelt. Dazu sind in Sandrigo ebenfalls die Haupträume nun im Parterre angeordnet und mit einem zitatartig verwendeten Nobilitätszeichen markiert — anstelle des von Pilastern gestützten Dreieckgiebels nun ein Arkadenportikus mit gotischen Marmorsäulen, die neben dem kostbaren Materialwert gleichzeitig ein Symbol der jahrhundertealten Familienmacht darstellen. Dass die fünf gotischen Säulen, deren Kapitelle mit Knollenvoluten und Rosetten geschmückt sind und eine doppelte Abakuslage tragen, mit ebenfalls aus rotem Marmor bestehenden Basen zusätzlich auf gewöhnlichen Steinsockeln stehen, könnte ihre Ursache in der einen Terrainsenkung haben, die anlässlich der bertottianischen Sanierungstätigkeit für die Erhöhung der Erdgeschossräume ausgenützt wurde (280). Die betonte Horizontalität der Hauptfassade, durch das abschliessende Gebälk noch verstärkt, samt dem weitgehenden Verzicht auf eine klassische Wandstrukturierung und den entsprechend stark in die Fläche eingebundenen Architekturelementen deuten auf ein Entstehen im letzten Dezennium der bertottianischen Schaffensperiode, in die Jahre nach 1780 und vor 1789.

Villa Francesco Quinto an der via S. Giustina in Monticello di Fara.

Villa Francesco Quinto in Monticello di Fara (Prov. Vicenza)

Via S. Giustina
ca. 1780–89
Auftraggeber: Conte Francesco Quinto,
Universalerbe des Conte Giulio Saraceno
und Mitinitiant des Teatro Eretenio

Im Südwesten der Provinz Vicenza liegt die Ortschaft Monticello di Fara an der Strasse von Sarego nach Montebello Vicentino. Der grosse, allgemein «Ca' Quinta» genannte Villenkomplex findet sich ausserhalb des Dorfkerns und noch nach dem Aufgang zur «La Favorita» in nordwestlicher Richtung an der Hauptstrasse. Das Gut muss bereits vor 1610 im Besitz der Conti Quinto gewesen sein und wurde im Laufe der Jahrhunderte immer weiter ausgebaut. Das rechts des im 17. Jahrhundert modernisierten Herrenhauses errichtete Wohngebäude wurde zuerst von Renato Cevese dem Architekten Bertotti zugeschrieben und in die Jahre 1760 bis 1790 datiert. Dieser aufgrund stilistischer Übereinstimmungen mit der Villa Trissino in Sandrigo aufgestellten Attribution wurde anschliessend nie widersprochen und kann hier auch wegen der Persönlichkeit des Auftraggebers voll zugestimmt werden. Dagegen ist die vage bezifferte Entstehungszeit auf das letzte Dezennium der bertottianischen Schaffensperiode einzuengen. Der Landsitz repräsentierte um 1800 weiterhin das Hauptgut des Conte Francesco Quinto und wurde nach dessen Tod von der einzigen Schwester, der Contessa Lucietta Rubini Quinto, geerbt, welche es 1807 dem Ospizio del Soccorso e Soccorsetto vermachte. 1910 gehörte die Ca' Quinta noch dieser karitativen Organisation, war aber seit über einem halben Jahrhundert bereits von der Pächterfamilie Peruffo bewirtschaftet und wurde dann vor 1940 Privateigentum des Sig. Silvio Peruffo des Giuseppe Peruffo. Zwischen 1971 und 1978 übernahm die Familie Luigi Marzotto den gesamten Villenkomplex (281).

Auf dem Areal der Ca' Quinta wurden seit 1904 Spuren eines römischen Landsitzes aus dem 1. und 2. Jahrhundert n. Chr. entdeckt. Die Hypothese jedoch eines im 15. Jahrhundert entstandenen, dreigeschossigen Herrenhauses widerlegte Martin Kubelik mit folgenden Worten: «Die Erklärung, dass die Verteilung der Geschosshöhen auf eine Datierung in das '400 schliessen lässt, ist aus zwei Gründen nicht zulässig: Erstens kann eine visuelle Disproportion nicht mit 2 Bauphasen gleichgesetzt werden, zweitens sind an dem Gebäude keine Spuren eines Baues aus dem '400.» Im Jahre 1604 führte dann Giacomo Marzari die «Quinti» unter den «Casate, et Famiglie nobili et antiche, con le moderne, che hanno civiltà hora viventi in Vicenza» auf, und zu diesem Zeitpunkt besassen die Quinto wahrscheinlich bereits ihren Landsitz in Monticello di Fara, dessen S. Giustina geweihte Privatkapelle die drei Brüder Leonida, Giulio und Fabio Quinto des Andrea Quinto 1610 renovieren liessen: «Veterimam hanc aedem / Divino cultui ab atavis excitatam / Iniuria temporum hominum incuria / paene desertam / Julius Leonidas Quintus Fabius / e Quinta Gente Fratres / pietati ac Religioni / restituerunt / Anno MDCX». Eine weitere, ebenfalls von Gaetano Maccà überlieferte Inschrift aus dieser Kirche erwähnt eine zweite Renovierung des Gotteshauses unter Andrea Quinto, dem Sohn des Fabio Quinto: «Antiquitatis majestati / ne vero elegantiae recentioris / decus absit / Andreas Quintus / pys Avorum exemplis inhaerens / pium Nepotibus exemplar / daturus ornavit / Anno MDCLXXVI» (282). Und in jenen Jahren um 1676 ist auch eine Totalrenovation des Herrenhauses anzusetzen, das in einem rechten Winkel zu den längs der Strasse errichteten Barchessen liegt und gegen Süden in Richtung Monticello di Fara orientiert ist, so dass sich die Einfahrten nun seitlich, auf dieser senkrecht zum Hauptgebäude der Villa angeordneten Ostseite befinden – auf der Höhe seiner Fassadenflucht ein schmales Portal in der Einfriedungsmauer und in der Südostecke ein grosser offener Durchgang zum Hof. Hier ist auf der Schmalseite der einen, teils aus dem 17. Jahrhundert stammenden Barchessa ein imposantes, von dorischen Pilastern flankiertes Rundbogenportal eingemauert, über dessen Scheitelstein eine 1709 datierte Tafel angebracht ist, die sich auf eine damalige Renovation beziehen könnte. Die zweite, nördlich angebaute Barchessa wurde durch einen Brand im Jahre 1922 halb zerstört und präsentiert sich heute mit entsprechend kürzeren Ausmassen. Als Ersatz dafür wurde in neuerer Zeit ein grosses Ökonomiegebäude entlang der Westflanke des Hofbezirkes erstellt. Das Herrenhaus selbst ist links von einer weiteren Barchessa flankiert und hatte einst zu seiner Rechten ein kleines, freistehendes Ökonomiegebäude, dessen Aussenmauern jedoch beim Bau des neuen Wohnhauses teilweise mitverwendet wurden (283).

Ansicht des um 1676 renovierten Hauses der Villenanlage Francesco Quinto.

Nun, für das 18. Jahrhundert und speziell für seine zweite Hälfte fehlen bis anhin kartografische Dokumente mit der Darstellung der Ca' Quinta. Ein Plan der Provveditori sopra i Beni Inculti von 1783 zeigt nur knapp die Ländereien im Besitz des Conte Francesco Quinto an und hält dafür detailliert Wiesland der Conti Giangiorgio und Teodoro Trissino des Conte Gaetano Trissino fest, die als Erben des Conte Alvise Trissino ein Gesuch um die Bewilligung von Reisfeldern eingereicht hatten (284). Das dem gegen die Nordostecke der Hofanlage situierten Herrenhaus auf der rechten Seite angebaute und sich mit ca. 23 m Länge bis zur Strasse erstrekkende Wohngebäude ist mit seiner leicht zurückversetzten Hauptfassade ebenfalls nach Süden, auf den Hof hin, orientiert und übernimmt die vertikale Dreiteilung der Villa mit ihrem giebelbekrönten Mittelrisaliten insofern, als der Rhythmus seiner acht Fensterachsen von zwei seitlichen Portalen im Erdgeschoss unterbrochen wird, die damit die breite, mit je vier hochrechteckigen und darüber vier quadratischen Fenstern gestaltete Mittelpartie umrahmen. Im Gegensatz zur dreigeschossigen Villa ist aber der Anbau trotz derselben Traufhöhe nur zwei Geschosse hochgeführt; ein hohes Piano Nobile im Erdgeschoss entspricht den zwei unteren Etagen des Haupthauses und wird vom Obergeschoss durch ein flaches Mauerband getrennt, das das profilierte und um den Mittelrisaliten verkröpfte Stockwerkgesims der Villa fortsetzt, während das Obergeschoss mit denselben ionisch profilierten Quadratfenstern gegliedert ist, die auch das Dachgeschoss der den Risaliten flankierenden Villenteile prägen. Und das reich ausladende, mit Zahnschnitt versehene ionische Kranzgebälk, dessen Profilierung auf den Schrägseiten des Risalitgiebels wiederkehrt, schliesst vereinfacht und ohne Zahnschnitt dann die Fassade des Anbaues ab. Analog zur ohne Säulen und ohne Pilastern gegliederten Villenfront ist auch die Fassade des Wohngebäudes ohne Ordnungen gestaltet. Betont sind dagegen die zwei Seitenportale, die je über eine kleine Freitreppe von vier Stufen zu erreichen sind und entsprechend dem breiten, in einem Halbkreis geschlossenen Hauptportal wieder in Sandstein gefasst sowie ihre rundbogige Öffnungen von zwei toskanischen Pfeilern gestützt und mit einer weiblichen Maske im Schlussstein ausgezeichnet wurden. In der Höhe der Freitreppen leitet ein niedriger Steinsockel zu dem mit einer flachen Rustika verputzten Erdgeschoss über, dessen hochrechteckige Fenster direkt in die Wand eingeschnitten sind, während das Oberge-

Ansicht des bertottianischen Anbaues der Villenanlage Francesco Quinto.

schoss mit den profilierten Fenstergewänden glatt verputzt ist. Im Erdgeschossinnern entsprechen den beiden Seitentüren samt der äussersten Fensterachse je ein längsrechteckiger Raum, dessen hintere Hälfte beidseits von einer Treppe eingenommen wird und der sich links und rechts mit zwei Türen in den querrechteckigen Salon öffnet, der mit vier Fenstern auf den Hof hin orientiert ist und die halbe Gebäudetiefe einnimmt. Von diesem Hauptraum führen drei Türen in die Nordzimmer, in das grosse nordwestliche Eckzimmer und die zwei mittleren Nordzimmer, die untereinander mit einer Enfilade verbunden sind, die auch das nordöstliche Eckzimmer erschliesst, welches wiederum vom Eingangsraum her zugänglich ist. Der Salon und das mit zwei Fenstern zur Strasse geöffnete Nordostzimmer dienten beide als Speisezimmer, wogegen der nordwestliche Raum als Kaminzimmer beschrieben wurde. Und die gleiche Raumeinteilung findet sich im Obergeschoss, wo aber anstelle der durchgehenden Enfilade ein Quergang die Zimmer erschliesst und über dem Salon nun drei Räume angeordnet sind (285). Der hohe Dachstock des Anbaues ist allein von der Strassen- und Nordseite her ersichtlich, die beide äusserst karg gestaltet sind und nur von den Fenstern mit ihren unprofilierten Rahmen belebt werden. Die schmucklose Strassenfront kann versuchsweise auch mit der Übernahme von bestehenden Mauern einer einst an dieser Stelle längs der Strasse errichteten Barchessa erklärt werden. Auffallend ist immerhin die elegante und grosszügige Art des Anbaues, der sich trotz seiner über hundert Jahre differierenden Architektursprache an den Formen des Herrenhauses inspiriert hatte, diese in zeitgemässer Vereinfachung wiederaufnahm und ein harmonisches Gegengewicht bietet, ohne jedoch die auch durch den Risalitgiebel angekündigte Vorrangstellung der Villa zu gefährden.

Einen Terminus ante quem für die Datierung des Anbaues bilden die Fresken in den Räumlichkeiten des Erdgeschosses. Im Salon und in drei Nordzimmern sind sämtliche Wände und Spiegelgewölbe mit vorwiegend hellbraunen und hellgrünen Farbtönen in rechteckige Felder unterteilt und mit zierlichen Blumenranken sowie mit kleinen Medaillons, Vögelchen, Musikinstrumenten, Amphoren usw. bemalt. Das Deckenfresko des Salons zeichnet sich dabei durch ein figürliches Ovalbild aus, dessen Motiv mit dem von Putten gezogenen Wagen des Liebesgottes eine Kopie des Tiepolo-Fresko im Zimmer des «Orlando Furioso» der Villa Valmarana ai Nani zu Vicenza darstellt. Doch vor allem die zarten Grotesken mit

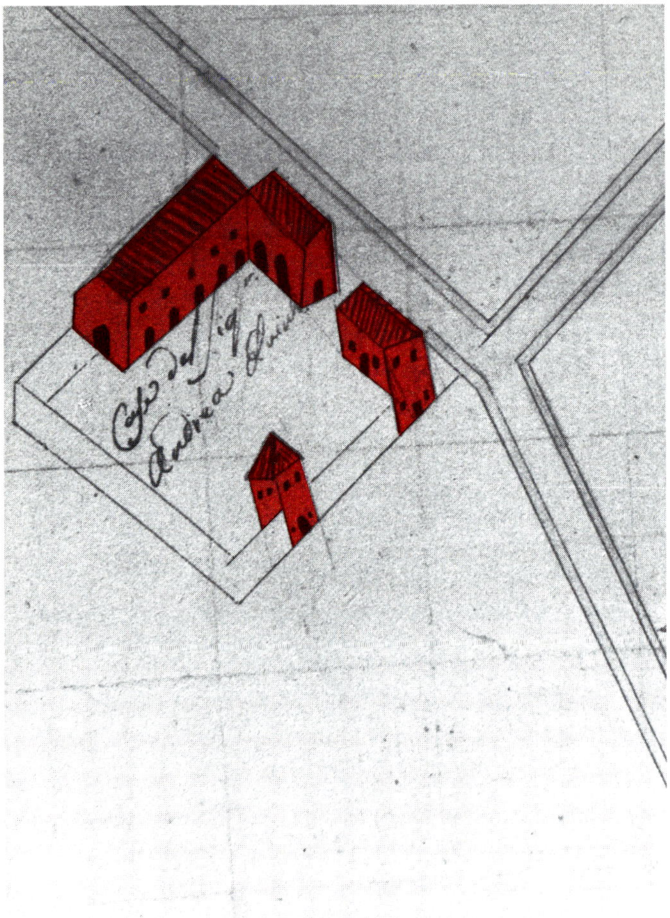

Ausschnitt aus dem Plan des Perito Dante Dante mit der Darstellung der Ca' Quinta vom 4. Mai 1672. Kopie des Perito Cristoforo Carrara vom 24. März 1805. B.B.Vi. Archivio di Torre Dis. 673.

ihrer eigenartigen Leichtigkeit und Labilität sind verwandt mit den 1790 von Paolo Guidolini und Giacomo Ciesa gemalten Fresken in der Villa Franceschini in Arcugnano, nur ist das Gesamtprogramm im Anbau der Villa Quinto bescheidener und umfasst auch keine Architekturmalereien. So können diese Fresken trotz des teilweise schlechten Erhaltungszustandes in die Jahre um 1790 bis 1800 datiert werden, während ihre Autoren noch unbekannt sind (286). Im Zusammenhang mit der Zuschreibung des rechten Villenflügels an Ottavio Bertotti Scamozzi dürften aber die Maler im engeren Umkreis seiner häufigen Mitarbeiter wie gerade Paolo Guidolini und Giacomo Ciesa gesucht werden.

Die Besitzer der Ca' Quinta stammten ursprünglich aus der nordöstlich von Vicenza gelegenen Ortschaft Quinto, deren Lehen Marco Thiene und seine Söhne im 15. Jahrhundert zugesprochen erhielten. Dass Quinto Vicentino an jener römischen via Postumia lag, die auch in der Nähe von Monticello di Fara vorbeiführte, sei hier nur nebenbei erwähnt. Ob die Quinto vor der zweiten Hälfte des 16. Jahrhunderts bereits in Monticello di Fara ansässig geworden waren, ist ungewiss. Das Bürgerrecht der Stadt Vicenza besassen sie jedenfalls vor dem Jahre 1604, und die drei Söhne des Andrea Quinto, Leonida, Giulio und Fabio, liessen 1610 die ihrem Landsitz gegenüberliegende Kapelle S. Giustina renovieren, was auf ein schon bedeutendes Alter auch des dazugehörigen Gutsbetriebes zu schliessen erlaubt. Während Leonida Quinto 1659 verstarb, unternahm der gleichnamige Enkel des Andrea Quinto und Sohn des Fabio Quinto eine wiederholte Renovation des Gotteshauses im Jahre 1676 — nach dem Vorbild seiner Ahnen und als Beispiel für die Nachkommen. In der direkten Linie von Andrea Quinto, der in der zweiten Hälfte des Cinquecento gelebt hatte, folgte über Fabio, Andrea, Giovanni Francesco und Carlo jener Conte Andrea Quinto, der mit der Contessa Isabella Gualdo verheiratet war (287). Dieser Ehe entstammten nun der Conte Francesco Quinto und die Contessa Lucietta Quinto, später verheiratet mit Conte Pompeo Rubini. Und Francesco Quinto wurde vom Conte Giulio Saraceno des Paolo Emilio Saraceno am 26. März 1740 testamentarisch zu seinem Haupterben bestimmt, erhielt nach seinem 25. Lebensjahr so unter anderem auch die an den väterlichen, früher ebenfalls im Besitze der Saraceno befindlichen Palazzo Quinto an der viale Eretenio angrenzenden Häuser des Conte Giulio Saraceno wie auch die aus dem Quattrocento stammende Villenanlage «Delle Trombe» in Finale mit dem Michele Sanmicheli zugeschriebenen Herrenhaus samt dem als Pfarrhaus dienenden Nachbargebäude und der Kapelle S. Bernardino (288). Dass sich der Conte Francesco Quinto ernsthaft mit der Landwirtschaft und ihren Problemen auseinandersetzte, zeigt seine Mitgliedschaft bei der «Pubblica Accademia di Agricoltura di Vicenza». So besuchte er am 25. Juni 1769 zusammen mit dem damaligen Sekretär der Akademie, Giovanni Arduino, und mit den Conti Alfonso Loschi, Biagio Ghellini und Girolamo Bissari die als Mustergut angesehene Ca' Latina des Conte Agostino Negri, der in jenen Jahren als einer der beiden Akademiepräsidenten amtierte (289). Um 1772 entwarf für Francesco Quinto dann Ottone Calderari eines seiner frühesten Palazzo-Projekte — einen grossartigen Neubau, der anstelle der älteren Häuser an der viale Eretenio hätte errichtet werden sollen und aus unbekannten Gründen nicht realisiert wurde. Am 27. April 1777 zählte Conte Francesco Quinto zusammen mit den Conti Girolamo Giuseppe di Velo, Alvise Trissino, Girolamo Muttoni und Gualdinello Bissaro zu den Gründern einer privaten Theatervereinigung, die am 3. Mai 1777 das an der contrà delle Pescherie Vecchie in Vicenza gelegene Teatro di Piazza und die angrenzende Osteria erwarben, um dort ein neues und grösseres Theater zu erbauen. Doch ein geeigneter Bauplatz für dieses Vorhaben wurde erst mit Hilfe dieses Francesco Quinto gefunden, der am 1. August 1779 seine Liegenschaften an der viale Eretenio der Theatergesellschaft verkaufte, der er selber angehörte. In dem 1784 eröffneten Neubau hatte der Conte Quinto dann auch eine der kostspieligsten Proszeniumslogen gekauft, und Giovanni Da Schio berichtete um 1857 noch: «Certo alli tempi miei durava a Vicenza la fama della sua splendidezza. Fu il promotore principale del Teatro Eretenio ...» (290). Spätestens

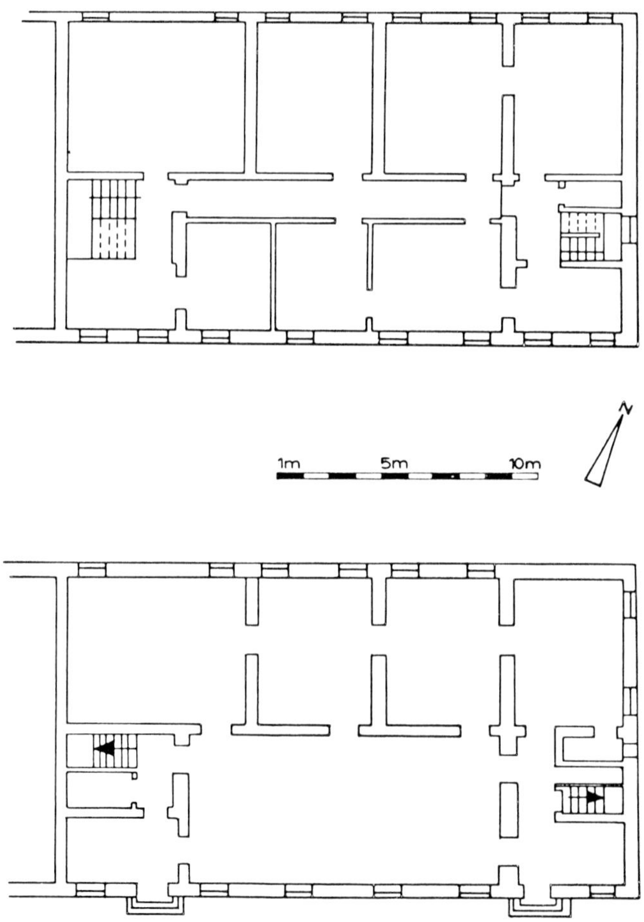

Villa Francesco Quinto. Grundriss des Erdgeschosses und des ersten Obergeschosses vom Anbau Bertottis.

seit 1779 kannte der Conte Francesco Quinto den Architekten Ottavio Bertotti Scamozzi persönlich, von dem er aber auch anhand dessen früheren Publikationen oder über andere Mitglieder der Accademia Agraria gewusst haben konnte. So ist das vor 1784 modernisierte Herrenhaus der Villa Rubini in S. Pietro Intrigogna, welche den Schwagern des Conte Quinto gehörte, mit grosser Sicherheit Bertotti zuzuschreiben. Und dass der Conte Quinto für einen Anbau in seinem eigenen Gut ebenfalls den sich beim Bau des Eretenio bewährten Architekten beizog, wäre eigentlich zu vermuten. Die Ca' Quinta wies neben dem Herrenhaus — «un Palazzo con Giardino», dessen Anbau und verschiedenen Ökonomiebauten — ein «Molino con due Ruote» auf, das in den «Libri dei nomi dei possessori dei fondi» mit mehr als dem doppelten Steuerbetrag des Herrenhauses eingetragen wurde. Auch Gaetano Maccà schrieb noch 1812 von dieser respektablen Mühlanlage. Mit Conte Francesco Quinto starb nach 1800 der letzte männliche Nachkomme dieser Familie, seine Schwester Lucietta starb 1807 ebenfalls kinderlos und vermachte neben dem Landgut in S. Pietro Intrigogna auch die Ca' Quinta dem Ospizio del Soccorso e Soccorsetto (291).

Die formalen Analogien, die Renato Cevese bei den Villen Giangiorgio Trissino in Sandrigo und Francesco Quinto in Monticello di Fara sowohl im Aufriss als auch im Grundriss entdeckte, deuten wohl auf einen gemeinsamen Architekten hin, aber nicht auf eine in derselben Zeit stattgefundene Umbautätigkeit. Im Gegensatz zur strengen Tektonik des Herrenhauses in Sandrigo, unterstützt durch zwar unvollendete ionische Pilaster auf der Strassenfront und eine starke Horizontalgliederung mit diversen flachen und profilierten Gesimsen, zeigen beide Längsfassaden des Wohngebäudes der Ca' Quinta eine Loslösung von diesen hierarchischen Strukturen und insofern überhaupt keine Säulenordnungen mehr. Der Fassadenaufbau ist freier und entsprechend einfacher gestaltet, dazu ist die Hof- oder Gartenfront die einzige Schaufassade mit zwei Eingängen, während die Nordseite auf die Felder hin allein durch die Fensteröffnungen gegliedert ist. Das im Erdgeschoss situierte Piano Nobile ist über noch weniger Stufen zu erreichen und nach aussen nicht einmal mehr durch Fenstergewände hervorgehoben, weist denselben Grundriss wie das Obergeschoss auf, hat aber nun einen von den beiden Entrées flankierten, querrechteckigen Saal, der möglicherweise von der Portikushalle der Villa Sesso in Sandrigo inspiriert sein könnte. Überhaupt ist der Rhythmus der Fensterverteilungen mit den grossen, ungegliederten Wandflächen und wieder knappen Trennmauern näher der bertottianischen Lösung der Villa Sesso als bei jener der Villa Trissino. Nur gilt zu beachten, dass der Anbau der Ca' Quinta auf die Formensprache des Herrenhauses einzugehen hatte, obwohl er als selbständiges Wohngebäude ohne interne Verbindungen zur Villa errichtet wurde. Aber die grosse Vereinfachung und auch Simplifizierung in der Gestaltung dieses Villenflügels lässt neben der architektonischen Handschrift Bertottis ebenfalls eine späte Entstehungszeit dieses Anbaues erkennen. Und zusammen mit stilistischen und formalen Gründen sprechen für eine Datierung in das letzte Dezennium der bertottianischen Schaffensperiode sowohl der Zeitlauf der Aktivitäten des Bauherrn selbst, der sich vor den 80er Jahren mit anderen Plänen beschäftigt hatte, als auch die 1807 vom Notar Bortolo Finozzi angewandte Bezeichnung «nuovo fabbricato» für das bertottianische Wohngebäude und «casa vecchia» für das Herrenhaus (292). Den «Libri dei nomi dei possessori dei fondi» und speziell dem Inventar des Finozzi ist weiter zu entnehmen, dass der Gutsbesitzer und später seine Schwester den Anbau als Wohngebäude gegenüber dem Herrenhaus bevorzugt hatten.

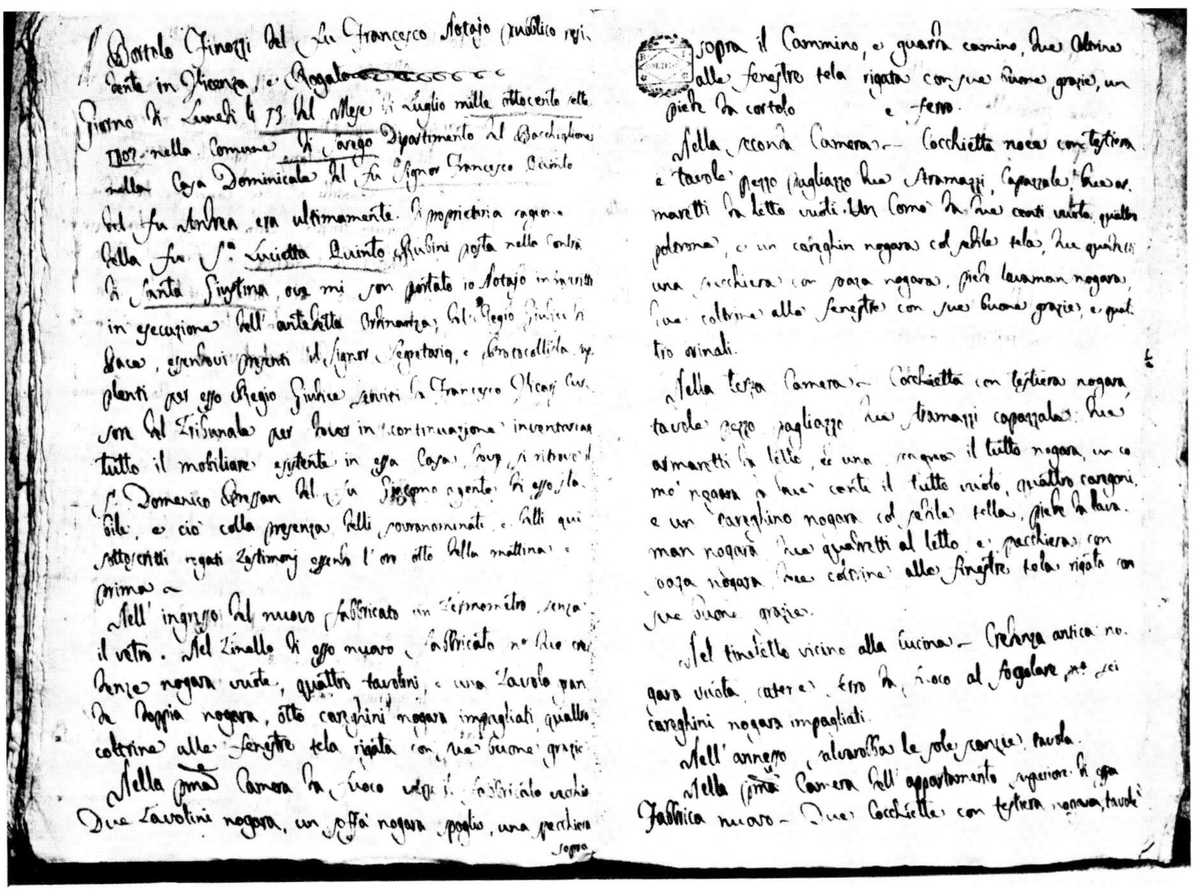

Inventaraufnahme der Villenanlage Quinto vom 13. Juli 1807 pp. 1–2. I.P.A.B. Vicenza.

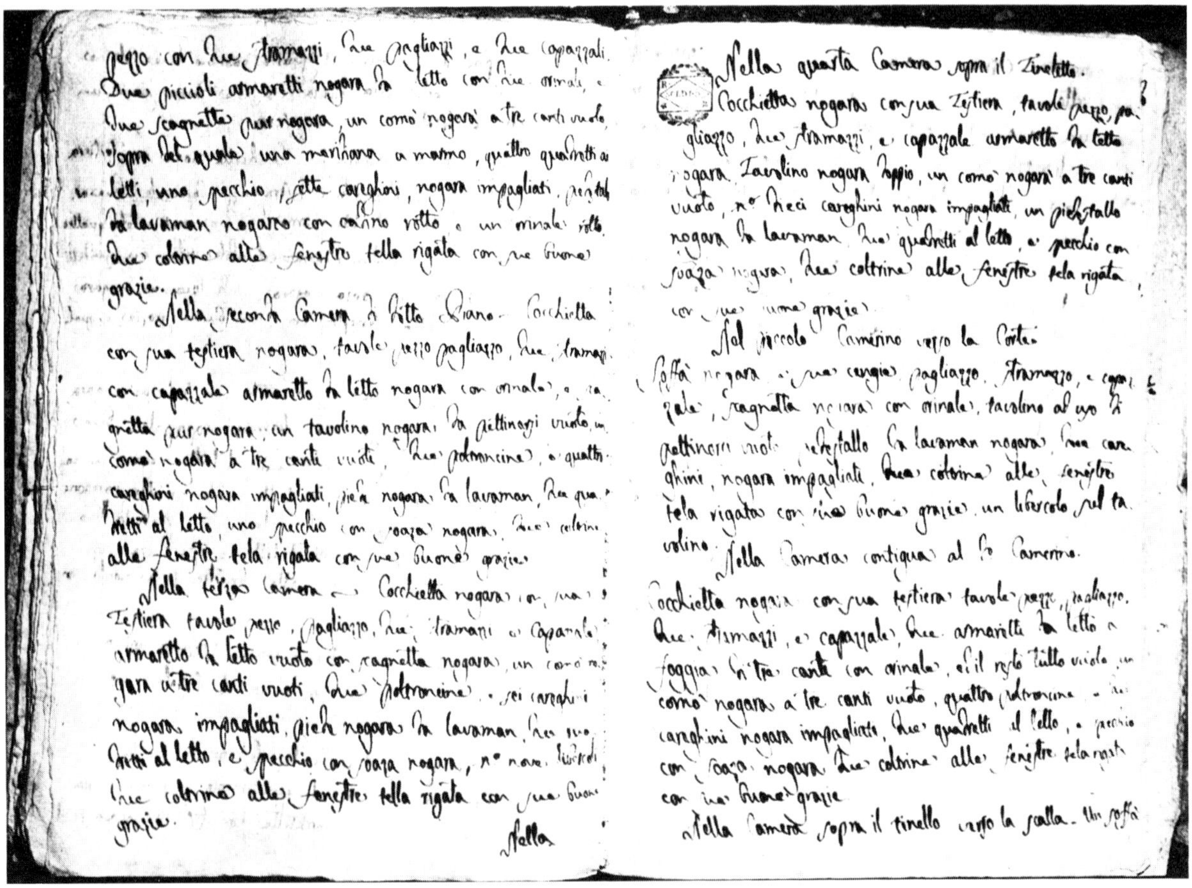

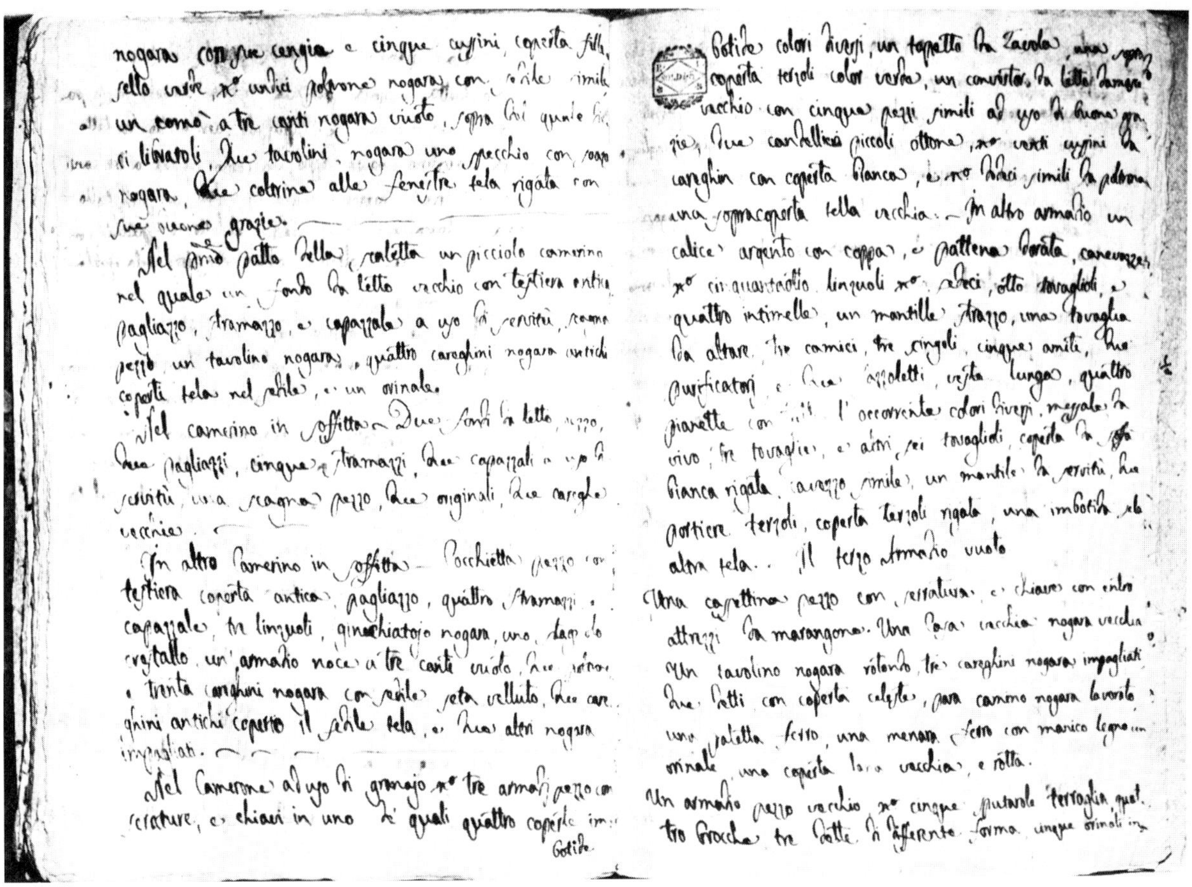

Inventaraufnahme der Villenanlage Quinto vom 13. Juli 1807 pp.3–6. I.P.A.B. Vicenza.

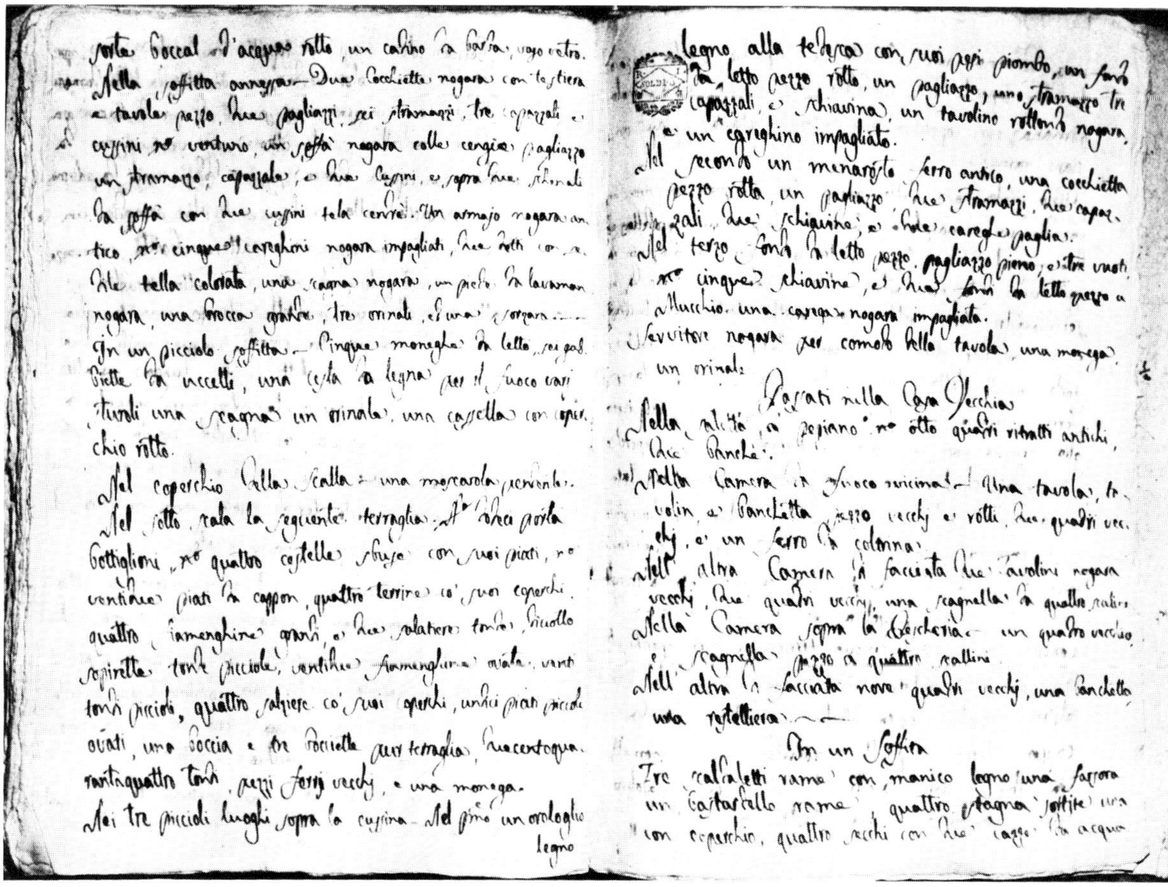

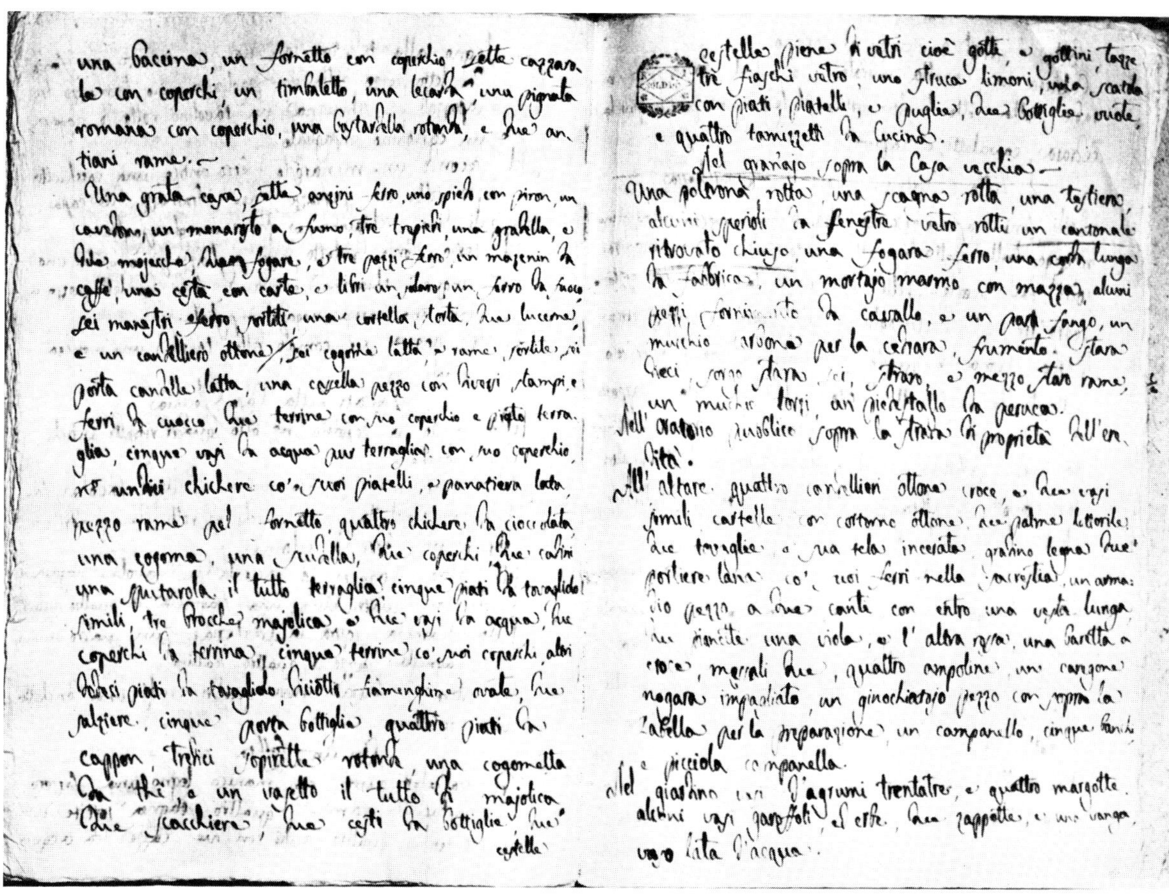

Inventaraufnahme der Villenanlage Quinto vom 13. Juli 1807 pp. 7–10. I.P.A.B. Vicenza.

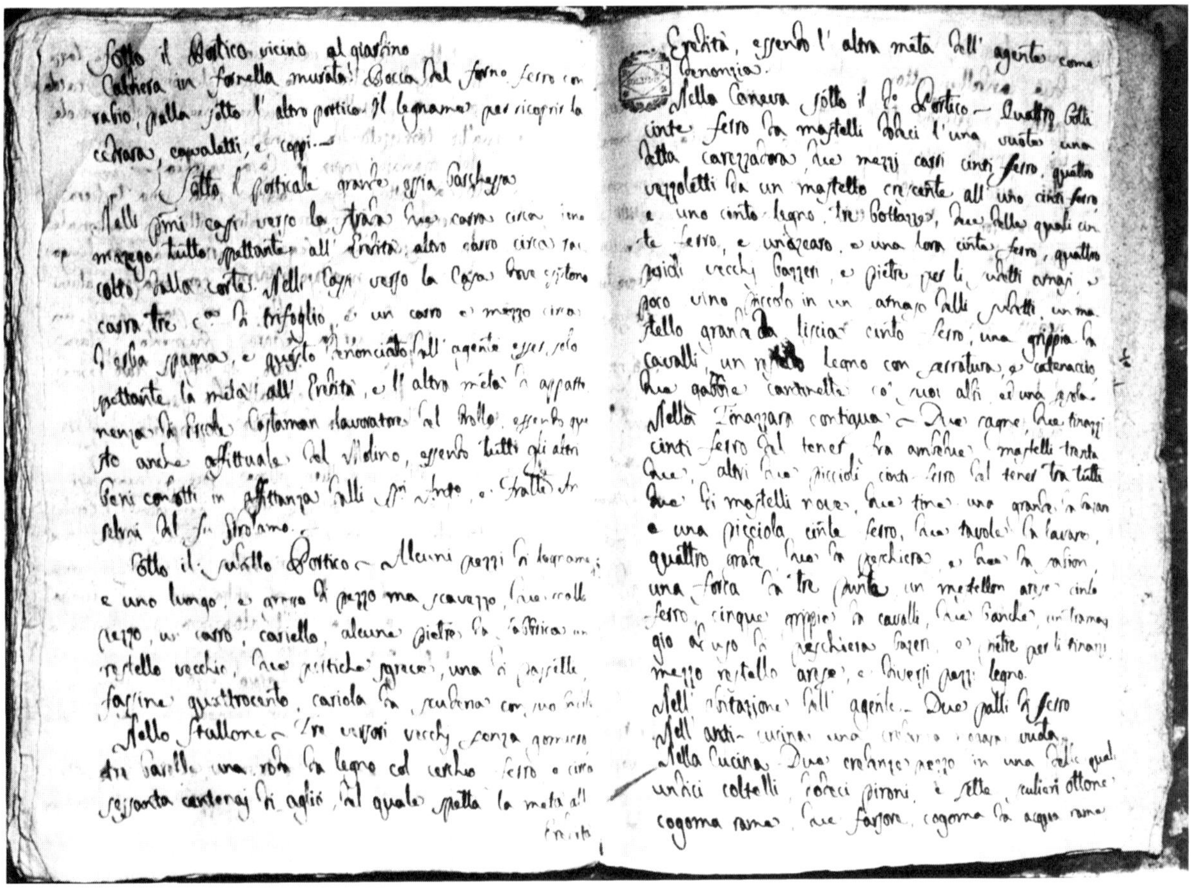

Sotto il Portico vicino al giardino
Caldiera in fornella murata. Bocca del forno ferro con rabio, palla sotto l' altro portico. Il legname per ricoprir la caldara, cavaletti, e coppi.
Sotto il portico grande, ossia barchessa
Nelli primi capi verso la strada due carri circa [illegible] mezzo tutto spettante all' Eredità, altro carro circa [illegible] colto dalla corte. Nelli capi verso la casa [illegible] carri tre c.a di trifoglio, e un carro e mezzo circa d' erba spagna, e questo denonciato dall' agente esser solo spettante la metà all' Eredità, e l' altra metà [illegible] Bortolamio lavoratore del Brollo, essendo questo anche affittuale del Vidino, essendo tutti gli altri beni condotti in affittanza dalli Sig.ri [illegible] Fratelli [illegible] del fu Girolamo.
Sotto il sudetto Portico – Alcuni pezzi di legname e uno lungo, e un pezzo ma scavezzo, due scalle, pezzo, un carro, cariolo, alcune pietre [illegible] rastello vecchio, due [illegible] una [illegible] fassine quattrocento, cariola [illegible]
Nello Stallone – Tre carri vecchi senza [illegible] tre [illegible] una rota da legno col cerchio ferro e circa sessanta [illegible] di aglio, del quale spetta la metà all' Eredità

Eredità, essendo l' altra metà dell' agente come denonzia.
Nella Caneva sotto il d.o Portico – Quattro botte cinte ferro da mastelli dieci l' una vuote, una detta carezzadora, due mezzi carri cinti ferro, quattro vezzoletti da un mastello crescente all' uno cinti ferro e uno cinto legno, tre Bottazzi, due delle quali cinte ferro, e uno [illegible], e una loro cinta ferro, quattro [illegible] vecchi [illegible] e pietre per li [illegible] poco vino [illegible] in un [illegible] dalli [illegible]
Nello granaro da [illegible] cinto ferro, una grippia da cavalli, un [illegible] legno con serratura, e catenaccio, due gabbie [illegible]
Nella Tinazzara contigua – Due cagne, due tinazzi cinti ferro dal tener da [illegible] mastelli trenta due, altri due piccioli cinti ferro dal tener tra tutti due di mastelli nove, due tine una grande [illegible] e una picciola cinte ferro, due tavole da lavare, quattro [illegible] da [illegible], una forca da tre punte, un [illegible] cinto ferro, cinque grippie da cavalli, due banche [illegible] di uso da [illegible] mezzo rastello [illegible] e diversi pezzi legno.
Nell' Abitazione dell' agente – Due pali di ferro
Nell' anti-cucina una [illegible]
Nella Cucina Due [illegible] mezzo in una [illegible] undici coltelli, forci pironi, e sette cucchiari ottone, cogoma rame, due [illegible] cogoma da acqua rame

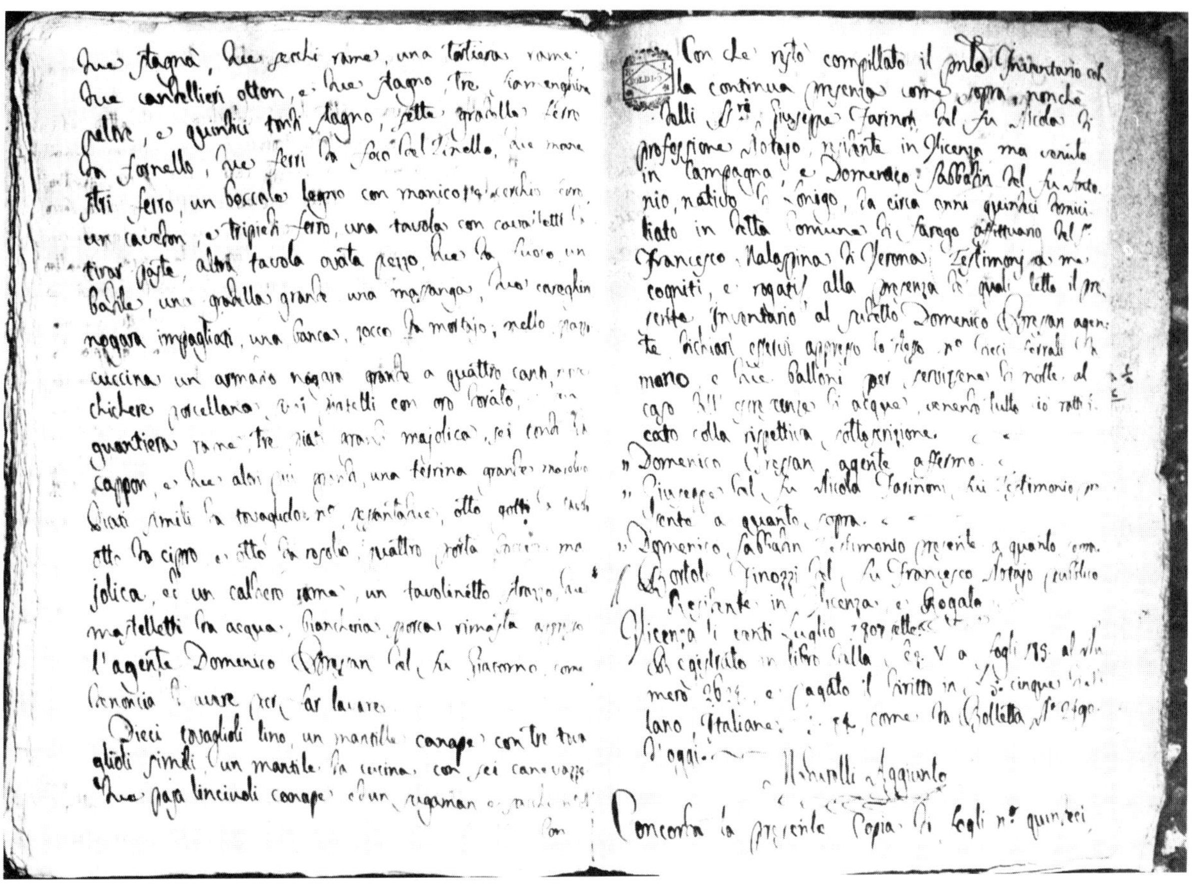

due stagnà, due secchi rame, una tortiera rame, due candellieri otton, e due stagno, tre [illegible] peltre, e quindici tondi stagno, sette [illegible] ferro da fornello, due ferri da [illegible] due [illegible] ferro, un boccale legno con manico [illegible] un cavedon, e tripiedi ferro, una tavola con cassettini [illegible] tirar [illegible], altra tavola ovata pezzo, due da [illegible] un bambile, una [illegible] grande, una massanga, due careghe nogara impagliate, una banca, [illegible] da mastelo, nello [illegible] cuccina un armario nogaro grande a quattro [illegible] chichere porcellana, [illegible] piatelli con oro dorato, [illegible] quartiera rame tre [illegible] majolica, sei [illegible] cappon, e due altri [illegible] una terrina grande majolica [illegible] simili da [illegible] otto [illegible] otto da [illegible] e otto da rosolio, quattro [illegible] majolica, e un caldero rame, un tavolinetto [illegible] mastelletti da acqua, biancheria [illegible] rimasta appresso l' agente Domenico Gregan del fu Giacomo come denoncia di aver [illegible] far lavare.
Dieci tovaglioli lino, un mantile canape con tre tovaglioli simili, un mantile da cucina con sei canovazze, due para lenzuoli canape [illegible]

Con che resto compilato il sud.o Inventario col la continua presenza come sopra, nonché dalli Sig.ri Giuseppe Farinon del fu Nicolò di professione Notajo, residente in Vicenza ma venuto in Campagna e Domenico Babban del fu Antonio, natido di Lonigo, da circa anni quindici domiciliato in detta Comune di Carago affittuario del [illegible] Francesco Malaspina di Verona, Testimonj a me cogniti, e rogati, alla presenza de' quali letto il presente Inventario al sudetto Domenico Gregan agente [illegible]
Domenico Gregan agente affermo.
Giuseppe del fu Nicola Farinon fui testimonio [illegible] a quanto sopra.
Domenico Babban testimonio presente a quanto sopra.
Bortolo Tinozzi del fu Francesco Notajo pubblico Residente in Vicenza, e Rogato
Vicenza li tredici Luglio 1807 [illegible]
[illegible]
Concorda la presente Copia di fogli n.o quindeci

Inventaraufnahme der Villenanlage Quinto vom 13. Juli 1807 pp. 11–14. I.P.A.B. Vicenza.

Villa Gaetano Cogollo an der via Ca' d'Oro 27 in Bolzano Vicentino.

Villa Gaetano Cogollo in Bolzano Vicentino (Prov. Vicenza)

Via Ca' d'Oro 27
1781
Auftraggeber: Conte Gaetano Cogollo,
Doktor der Theologie und ein Schulfreund
von Don Michele Pavanello

In Bolzano Vicentino, nordöstlich der Stadt Vicenza und genau nördlich der Ortschaft Quinto gelegen, findet sich der Villenkomplex der Cogollo ausserhalb des Dorfes an jenem Feldweg, der in gerader Linie gegen Westen führt und vor Monticello Conte Otto in die Strasse einbiegt, die vom südlicheren Lisiera gen Norden über Monticello Conte Otto, Vigardolo und Lupia nach Sandrigo verläuft. Das Herrenhaus der Villa Cogollo wurde erstmals von Renato Cevese dem Architekten Ottavio Bertotti Scamozzi zugeschrieben: «Qui il neoclassicismo vicentino ripiega verso il comodo manierismo cinquecentesco di timbro scamozziano ...», explizit begründet mit der auf der Südfassade erhaltenen Inschrifttafel von 1781 und des «suo aspetto severo di palazzo; aspetto ch'essa presenta anche verso il giardino». Von Loredana Olivato Puppi im Index der Bertotti zugeschriebenen Werke mit falsch abgeschriebenem Datum aufgeführt, kann hier die von Cevese gewagte Attribution für das Herrenhaus anhand formaler und stilistischer Übereinstimmungen mit dem späteren Œuvre von Bertotti sowie aufgrund der Person des Auftraggebers bestärkt werden. Dabei handelte es sich aber auch hier nicht um einen Neubau, sondern um die Teilmodernisierung einer seit 1621 kartografisch dokumentierten Villenanlage, deren östliche Barchessa dann erst nach 1834 von den neuen Besitzern in ein zweigeschossiges Wohnhaus mit Veranda umgebaut wurde. In der ersten Hälfte unseres Jahrhunderts gehörte das Landgut Sig. Francesco Peruzzi des Federico Peruzzi, 1971 erwähnte Renato Cevese die Familien Marchioro und Biasia als Besitzer, und heute hat im Herrenhaus die Branntweinbrennerei C. Spigolon eine Flaschenabfüllanlage eingerichtet (293).

Eine der ältesten Abbildungen der Villa Cogollo stammt von Gio. Battista di Munari, genannt il Dante, aus dem Jahre 1621 und zeigt zwei lange Barchessen mit einem turmartigen, höheren Gebäude dazwischen, das im Erdgeschoss eine rundbogige Durchfahrt aufweist. Auf der von Giustino Dante «agrimensor publico di Vicenza» 1640 angefertigten Landkarte von Bolzano ist der Villenkomplex des Attilio Cogollo wiederum in drei Gebäudeteile gegliedert, deren mittlerer durch ein rundbogiges Portal ausgezeichnet ist, während der Südfront dieser Häuser nun ein querrechteckiges Hofgelände vorgelagert ist, dessen südliche Begrenzungsmauer mit einem kleinen Turm versehen ist, der erst nach 1621 und vielleicht als Taubenschlag erbaut worden war. Der vom Perito Ordinario Antonio Benoni auf ein Gesuch der Gebrüder Angelo Cumani 1685 gezeichnete Plan zeigt neben dem südlichen Turm ein Wasserbecken für die Quellenfassung sowie in der nordöstlichen Hälfte der Einfriedungsmauer ein zusätzliches Gebäude, rechtwinklig zum früher schon bestehenden Villenkomplex situiert. Auf einer vom Perito Ordinario Angelo Minorelli stammenden Karte aus dem Jahre 1709 sind weder das Wasserbecken noch der südliche Turm mit der Umfassungsmauer festgehalten, aber das zwischen 1640 und 1685 errichtete, freistehende Gebäude sowie auf der gegenüberliegenden Westseite des Hofes die 1690 erbaute Kapelle eingezeichnet. Die Häuser entlang der Strasse sind wieder in zwei niedrigere Bauten mit einem dazwischenliegenden, höheren Turmgebäude gegliedert. Weitere, grösstenteils vom Vicentiner Ospedale dei Proti als Besitzer von ausgedehnten, dortigen Ländereien in Auftrag gegebene Karten aus dem 18. Jahrhundert zeigen in vereinfachender Darstellung nur noch die Wasserläufe und einige Feldbegrenzungen, eine auf Gesuch des Co. Giovanni Cogollo hergestellte Karte aus dem Jahre 1760 stellt allein das westlich der Villa Cogollo angrenzende Terrain dar (294). So müssen die heute noch existierenden, grossen Wirtschaftsbauten, die rechtwinklig an den nach Süden orientierten Villenkomplex anstossen und sich entlang der einstigen Hofmauern bis über die Höhe der Kapelle ins weite Feld erstrecken, sicher nach 1709 entstanden sein und können aus stilistischen Gründen versuchsweise in die frühe erste Hälfte des 18. Jahrhunderts datiert werden. Da nach einem bischöflichen Visitationsbericht aus dem Jahre 1746 der bauliche Zustand der 1690 S. Antonio geweihten Kapelle noch sehr zufriedenstellend war und in dieser Kirche jeden Sonntag, an zwei Werktagen pro Woche sowie an den Namenstagen der Heiligen Antonio und Gaetano Gottesdienst gehalten wurde, beschränkte sich folglich die Tätigkeit von Bertotti auf eine Modernisierung des Hauptgebäudes der Villenanlage (295). Trotz der auf den

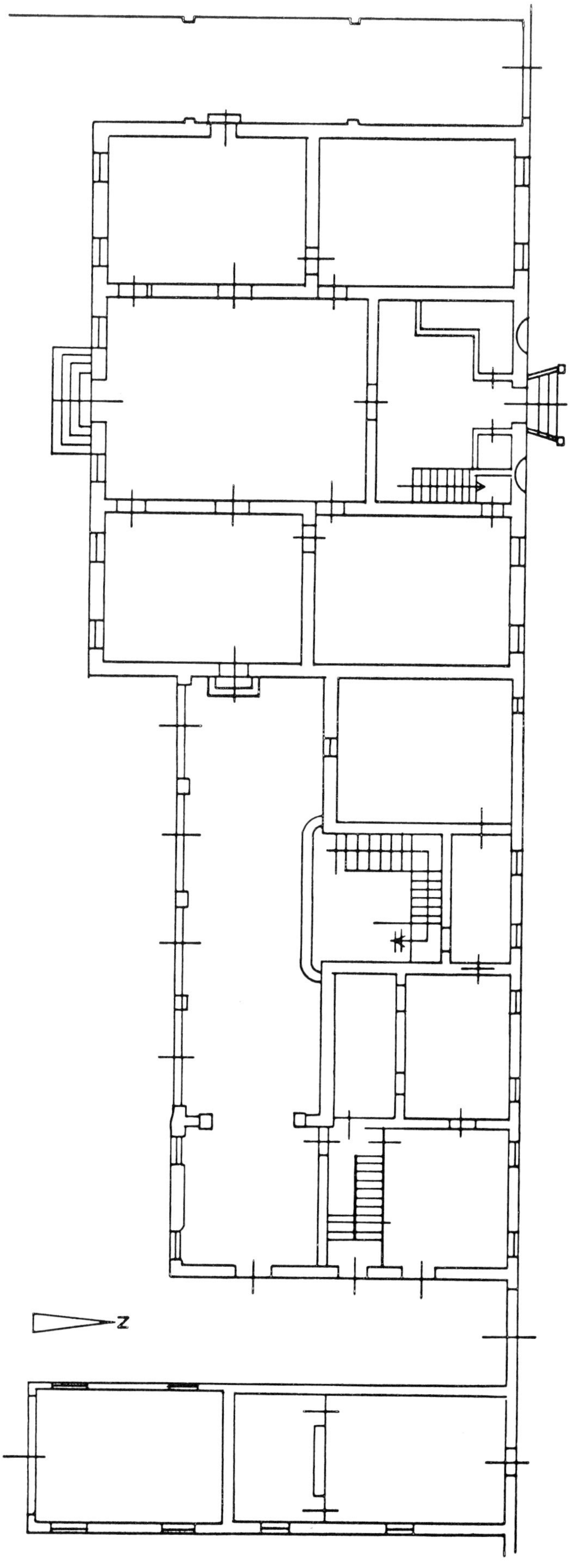

Villa Gaetano Cogollo. Grundriss des Erdgeschosses des Wohnhauses und der im 19. Jahrhundert erneuerten Anbauten.

erwähnten Plänen in den Details variierenden Darstellungen des Bautenkomplexes, bedingt durch andersartige Zeichenstile und eine nicht immer der Realität entsprechende, sondern einer früheren Abbildung entnommenen Formensprache, ist das später von Bertotti umgebaute Herrenhaus mit dem jeweils mittleren Gebäude innerhalb des längs der Strasse eingezeichneten Komplexes zu identifizieren.

Das zweigeschossige Hauptgebäude hat eine ca. 19 m lange Südfront, deren einzige Vertikalgliederung die sieben Fensterachsen mit gleich grossen Öffnungen im Erdgeschoss und im Obergeschoss darstellen. Dabei wird aber die Mittelachse zusätzlich betont durch das schmale, hochrechteckige Portal mit ionischem Gewände und einem von Voluten gestützten, kleinen Dreieckgiebel, dann durch die über dem Obergeschossfenster angebrachte Tafel mit der Inschrift: «HAS MIHI TUM SEDES ET VILLAE TECTA PARABAM CUM QUINQUAGENOS AETAS MEA CLAUDERET ANNOS CAIETANUS COGOLO MDCCLXXXI» sowie durch den nur die drei mittleren Fensterachsen bekrönenden Dreieckgiebel mit einem Rundfenster als Tympanonschmuck (296). Die horizontale Gliederung beschränkt sich auf einen niedrigen Gebäudesockel von der Höhe der kleinen, aus vier Stufen bestehenden Freitreppe, einem flachen Mauerband unterhalb der Erdgeschossfenster, derselben Mauergurte als Stockwerkgesims und einem weiteren unprofilierten, aber um die Sohlbank der Obergeschossfenster verkröpften Mauerband sowie dem abschliessenden Kranzgebälk, dessen Profilierung von den Giebelschrägseiten erweitert aufgenommen wird. Ebenfalls zur Betonung der Horizontalen tragen die sieben aneinandergereihten Verdachungsgesimse über den Fenstern des Obergeschosses bei, ohne aber etwa dieses Stockwerk als Piano Nobile zu kennzeichnen. Entsprechend dieser Fassadengestaltung haben beide Geschosse dieselben Raumhöhen von 5,50 m und dieselbe Grundrisseinteilung. Ein vom Gartenportal her direkt erreichbarer, längsrechteckiger Saal von ca. 10 m Tiefe leitet mit der in der Portalachse situierten Nordtüre zum Treppenhaus über, während in den seitlichen Wänden dieses Zentralraumes je zwei Türen in die südlichen und je eine Tür in die nördlichen Eckzimmer führen, die mit je zwei Fenstern auf die Strassen- oder Hoffront orientiert sind, wobei die zwei südlichen Eckräume eine zusätzliche Türe nach Westen, auf die Hofeinfahrt, beziehungsweise nach Osten, in den Barchessenflügel, aufweisen. Dem drei Achsen breiten Zentralsaal entspricht der kleinere, ca. 5,50 m tiefe Eingangsraum, der von der Strasse über vier Stufen einer geradlinig geführten Freitreppe zu betreten ist und gleichzeitig als Treppenhaus mit einer dreiläufigen Stiege ausgestattet ist, welche an der östlichen Schmalseite beginnt, über die nördliche Eingangswand weiter zur Westseite führt und auf der Höhe des Obergeschosses in eine schmale Galerie entlang der südlichen Längsseite dieses offenen Treppenhauses mündet (297). Im Gegensatz zum Obergeschoss zeichnet sich das Parterre durch teil-

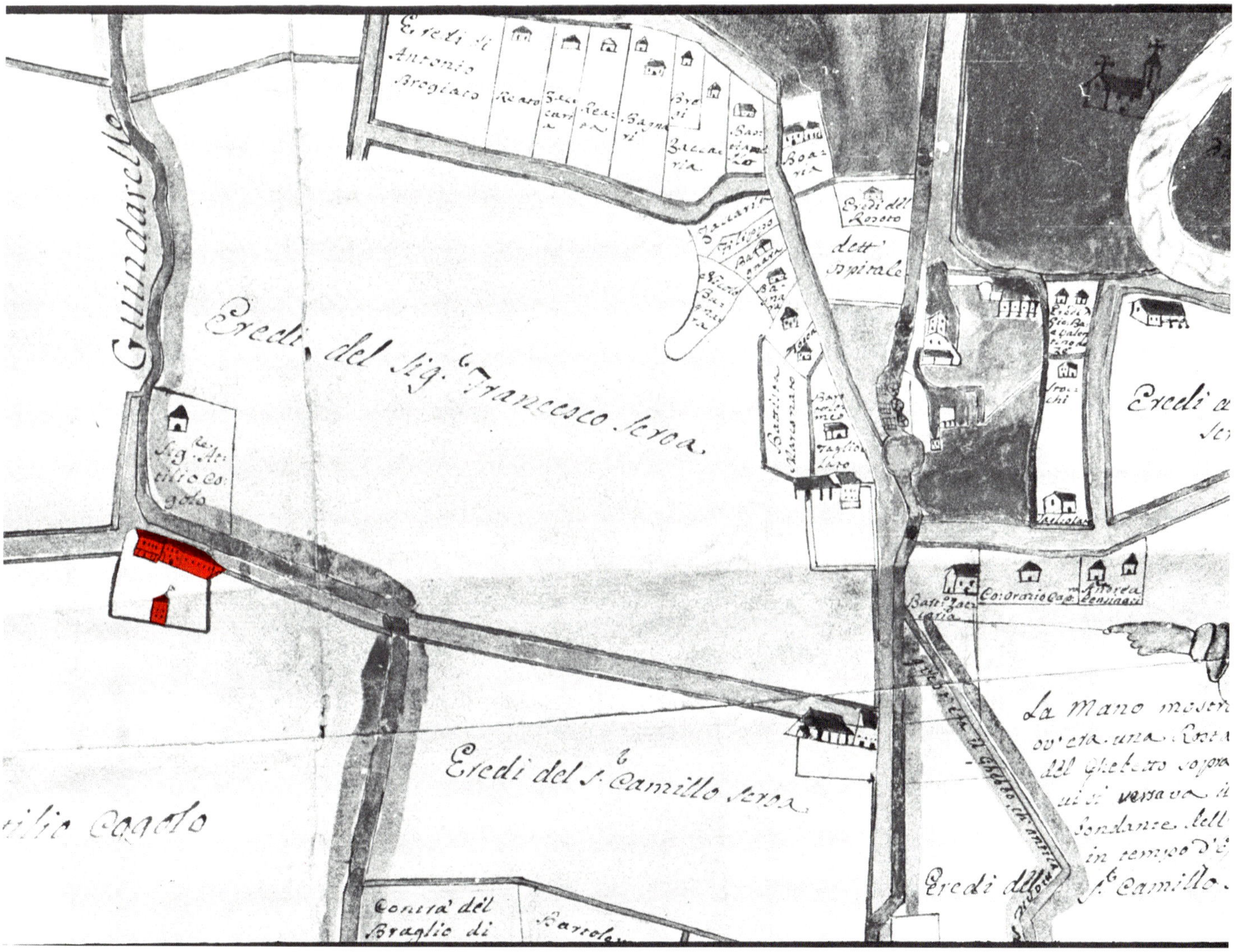

Ausschnitt aus dem Plan des Agrimensor Giusto Dante mit der Darstellung der Villenanlage Cogollo vom März 1640.
Kopie des Perito Bortolamio Peruzzi vom 27. Dezember 1763. B.B.Vi. Archivio di Torre Dis. 460.

weise erhaltene Innendekorationen aus, zu denen die Sopraporten im Zentralsaal zählen: reiche, stets verschieden gearbeitete Stukkaturen mit Blumen- und Rankenwerk, vorab gerollten Akanthusblättern und gerafften Fähnchen, die entweder muschelförmig angeordnete Blattspitzen oder Porträtmedaillons umrahmen. In der Treppenhalle ziert die eine Wand eine Steintafel mit folgendem Zitat: «Fabbrica pur la casa ornata e bella / Ma pari all'esser tuo: che'l saggio appella / Talpa, chi l'ha minor: e chi maggiore / Del Palazzo e' Castaldo, e non signore. / Alamanni.» Die heute stark verwitterte Strassenfront zeichnet sich durch die von der Südseite her bekannte Fensterreihung aus, wobei die profilierten Obergeschossfenster nicht mehr verdacht sind und ihre Sohlbank unverkröpft als flaches Mauerband über die gesamte Fassadenbreite führt, die Erdgeschossfenster ein glattes Gewände haben und mit eleganten Schmiedeisengittern geschützt sind, welche grosse Ähnlichkeit mit den quadratischen Gittern auf der Nordseite der Ca' Quinta in Monticello di Fara besitzen. Das hohe Rundbogenportal wird von einer rustizierten Steinfassung betont und über dem Scheitelstein von einem flachen Steinband mit der Inschrift «DOMUS AUREA» abgeschlossen. Das Steinband selbst ist als verputzte, unprofilierte Mauergurte über den Erdgeschossfenstern weitergeführt, während unterhalb dieser Öffnungen dasselbe verputzte Mauerband die einzelnen Sohlbänke ersetzt. Anstelle der das Strassenportal flankierenden Fenster sind in ihren Achsen halbkreisförmig geschlossene Statuennischen gebildet, deren auf Piedestals gestellten Figuren derart stark zerstört sind, dass sie nur noch in männlich und weiblich unterschieden werden können. Die im Vergleich zur Hoffassade noch verhaltenere und strengere Strassenfront wird aber zusätzlich von sieben quadratischen Fensterchen oberhalb der Erdgeschossöffnungen aufgelockert, die vorab der Beleuchtung der Treppenhalle dienen. Ist die östlich des Herrenhauses angrenzende Barchessa nun nach 1834 umgebaut worden, so entstand das weiter östlich und auch an der

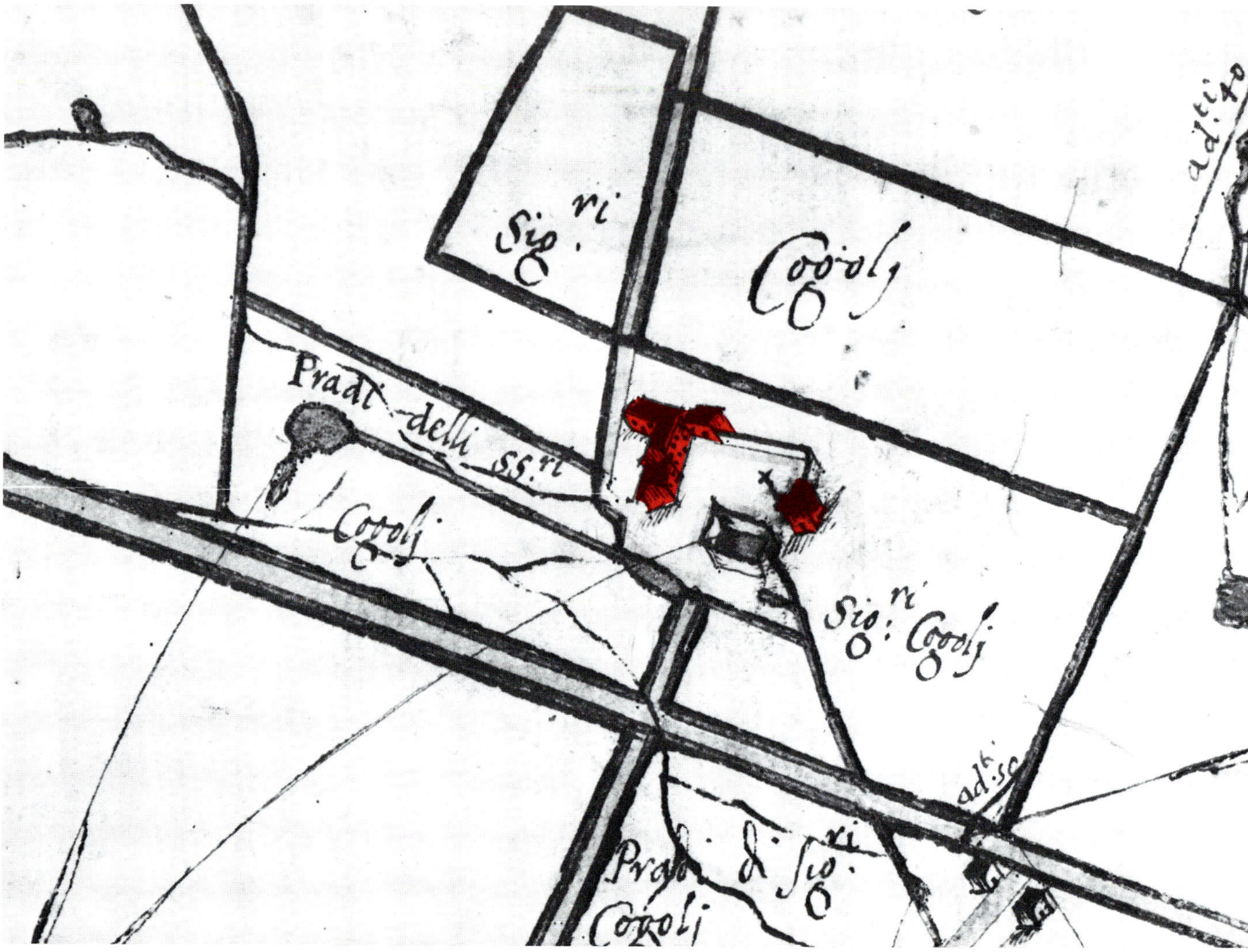

Ausschnitt aus dem Plan des Perito Ordinario Antonio Benoni mit der Darstellung der Villenanlage Cogollo vom 4. Januar 1685. Staatsarchiv Venedig BIVI 77 A.

Durchgangsstrasse gelegene, neue Gotteshaus bereits vor 1813. Wurden in der Kapelle S. Antonio im Jahre 1782 weiterhin Gottesdienste abgehalten, so ist auf dem napoleonischen Katasterplan dieses Gebäude nicht mehr mit einem Kreuz bezeichnet, während der gleiche Plan schon die zweite Kapelle aufzeigt, die nach ihrem heutigen Äusseren noch mehrmals renoviert worden ist. Aus einem Visitationsbericht von 1825 geht hervor, dass damals keine Messen mehr in S. Antonio gefeiert wurden, und eine Relation von 1833 erwähnte diese ursprüngliche Kapelle gar nicht mehr (298). Dass die Bezeichnung «Domus Aurea» für die Villenanlage der Cogollo in der Zeit der bertottianischen Umbautätigkeit vom damaligen Gutsbesitzer eingeführt wurde, kann nur vermutet werden, da dieser Name sich auf keiner der früheren Landkarten findet, die das betreffende Gebiet jeweils mit «Cogolo» oder «Cogoli» angeschrieben hatten. Auf den napoleonischen und österreichischen Katasterplänen von 1813 und 1834 ist als Flurname «Canova» verzeichnet und die nördlich der Villenanlage vorbeiführende Strasse mit «lo stradone del Cogolo» beschrieben, welche heute den Namen «via Ca' d'Oro» führt. Auch die zeitgenössischen italienischen Militärkarten erwähnen das Gut als «Ca' d'Oro». Doch der Flurname auf den Katasterplänen findet sich schon als «contrà della Canova» in einem mit 18. Mai 1676 datierten Eintrag im Grundsteuerregister der Gemeinde Bolzano, und in denselben Registern ist unter den Daten 3. Juni 1692 und 21. Mai 1788 der Name «contrà della Ca lombarda, o Dominicale» oder nur «Ca Lombarda» zu entdecken, was möglicherweise auf einen viel älteren als den durch kartografisches Material belegten Ursprung dieses Landgutes zu schliessen erlaubt (299). Nun entstammten die Familien Cogollo der gleichnamigen, im Norden der Provinz Vicenza zwischen Caltrano und Arsiero gelegenen Ortschaft. Ein «Illust. Sig. Sillano Cogolo» kaufte dann am 24. Dezember 1619 in Bolzano 30 Acker Land von der «Sign. Alba Figliola del qu. Sig. Caprello Capra», während dem 1676 begonnenen Grundsteuerregister zu entnehmen ist, dass derselbe Sillano Cogollo bereits vor diesem Handel mit den Capra von einem anderen grossen Landbesit-

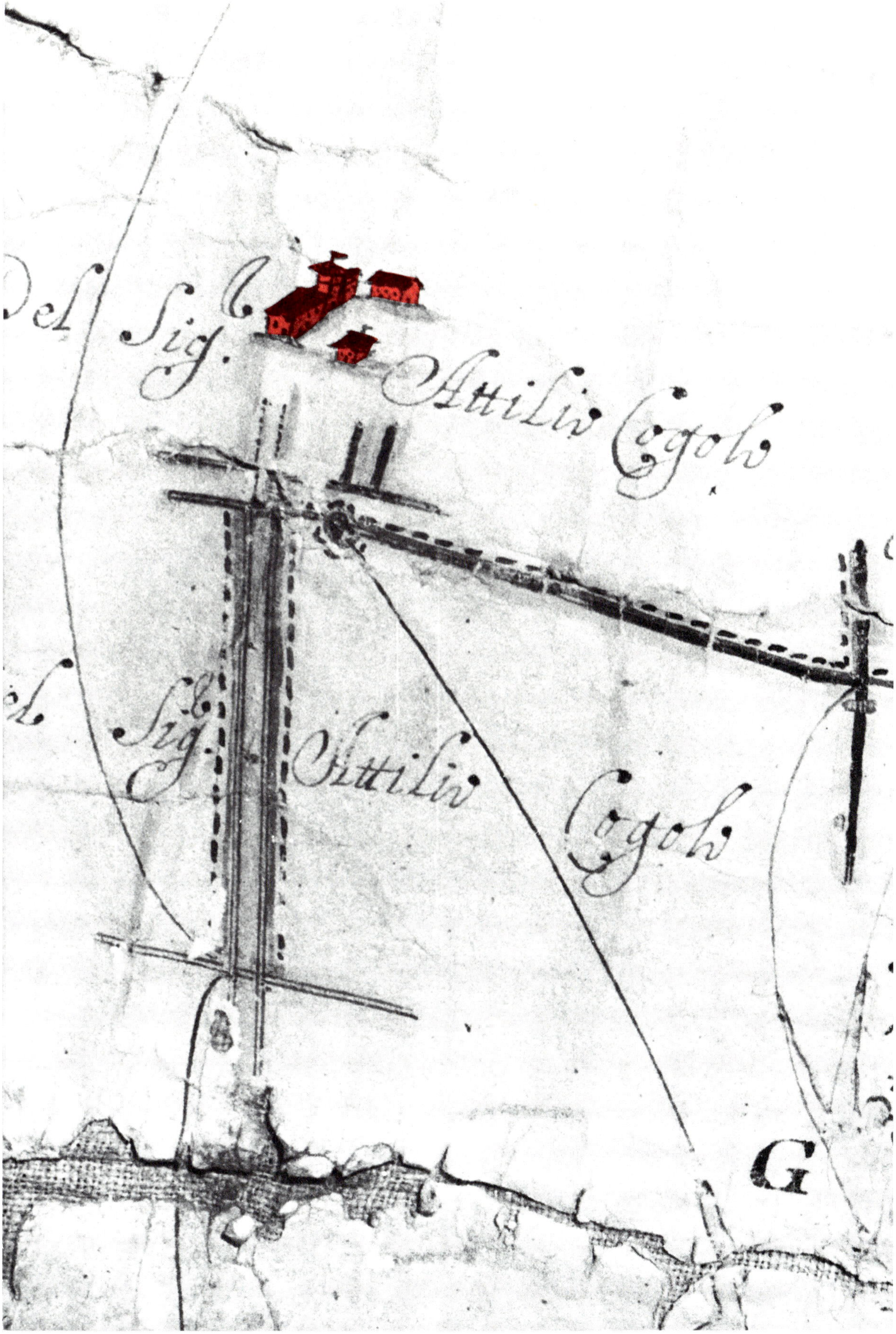

Ausschnitt aus dem Plan des Perito Ordinario Angelo Minorelli mit der Darstellung der Villenanlage Cogollo vom 22. November 1709. B.B.Vi. Archivio di Torre Dis. 308.

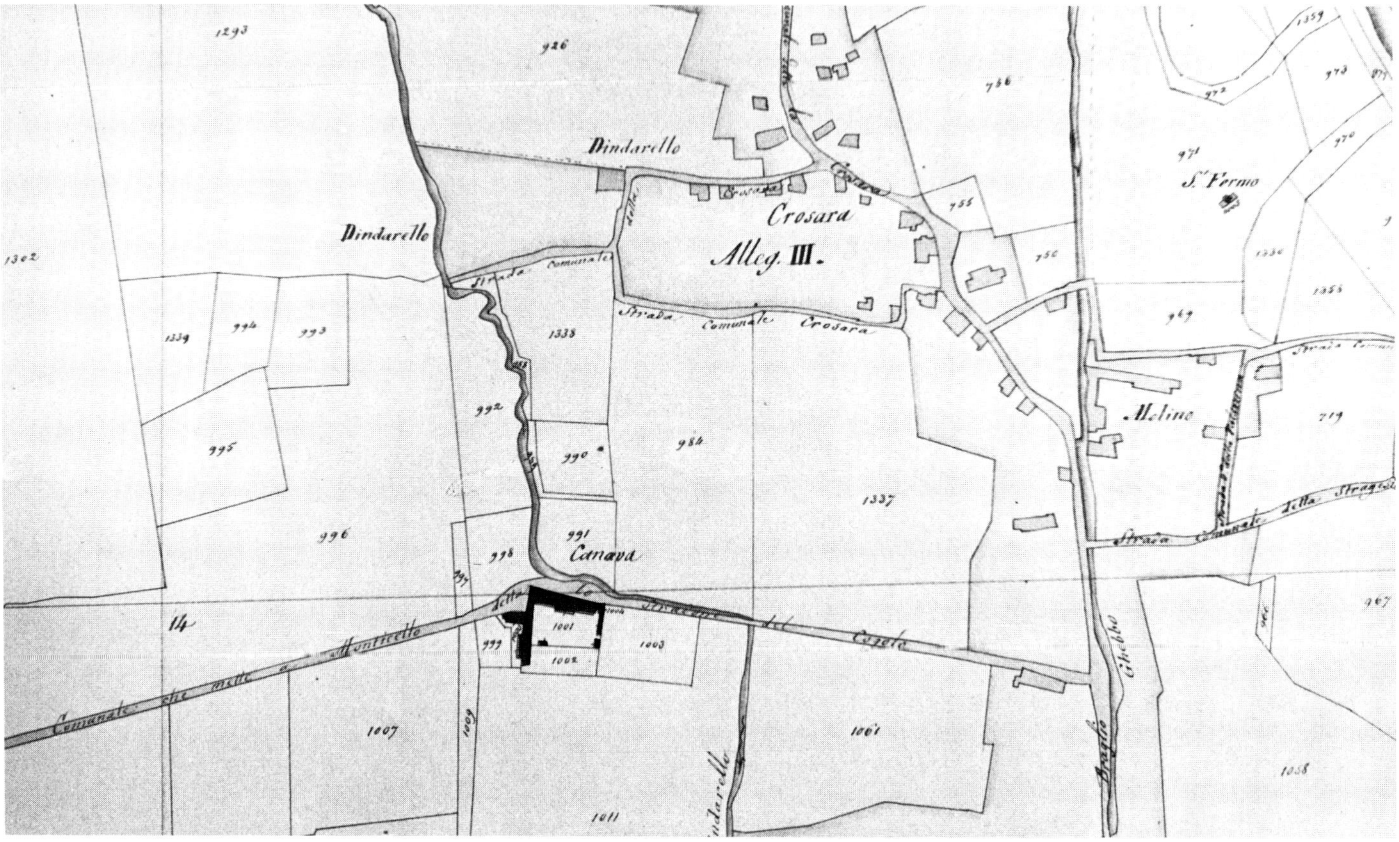

Ausschnitte aus dem napoleonischen Katasterplan von 1813 bzw. dessen Kopie (rechts) und aus dem österreichischen Katasterplan von 1834 bzw. dessen Kopie von 1839 (links) im Staatsarchiv Vicenza.

zer in Bolzano, von Conte Valerio Chiericati, ausgedehnte Güter erworben hatte, wobei dieser Valerio Chiericati mit jenem 1575 auf Zypern verstorbenen Capitano zu identifizieren ist (300). Doch scheint der in Bolzano ansässig gewordene Zweig der Cogollo nicht direkt mit jenem des berühmten Vicentiner Notars Pietro Cogollo verwandt gewesen zu sein. So folgte dem Sillano Cogollo der auf den Karten der ersten Hälfte des 17. Jahrhunderts genannte Attilio Cogollo, dessen Nachfahren — 1684 als «Sig.ri Cogoli» erwähnt — wohl jener im Grundsteuerregister von 1676 bis 1682 aufgeführte Giovanni Cogollo und der in den Akten der «Affrancazione Cogolo à Cozza» 1684 zitierte «Sig. Co. Giacomo Cogolo Eredi del predetto qu. Sign. Sillano suo Avo Paterno» waren. Gegen Ende des 17. Jahrhunderts und im Jahre 1709 trat erneut ein Conte Attilio Cogollo als Eigentümer der betreffenden Besitzungen in Bolzano Vicentino auf, während in den Prozessakten Cozza-Miotti für das Jahr 1746 ein Giacomo Cogollo erwähnt und auf einer Beni-Inculti-Zeichnung von 1760 der Conte Giovanni Cogolo als Gesuchsteller für eine Wasserentnahme aus dem Grundstück der Contessa Camilla Cogollo bezeichnet werden. Das Steuerregister der Gemeinde Bolzano führte dann ab 1787 aus dem Geschlecht der Cogollo nur noch die folgenden zwei Landbesitzer auf: Contessa Camilla Cogollo Marzari und Conte Gaetano Cogollo. Der letztere war der am 3. Januar 1730 M.e V.o geborene Sohn des Co. Attilio Cogollo und der Auftraggeber von Ottavio Bertotti Scamozzi für die Modernisierung des ererbten Herrenhauses in Bolzano, die nach der auf der Südseite der Villa angebrachten Inschrift vom 50jährigen Besitzer im Jahre 1781 beordert wurde. Gaetano Cogollo hatte das von Don Vincenzo Vicari geleitete Salesianer-Kollegium S. Francesco zu Vicenza besucht — zusammen mit dem wenig älteren Don Michele Pavanello, dem er 1750 ein selbstverfasstes lateinisches Epigramm widmete. Seine Studien beendete er mit einem Abschluss in Theologie, ohne aber praktizierender Priester zu werden. «Fu uomo benefico e dotto; tradusse con lode dal latino e dal greco» lobte ihn noch nach hundert Jahren Sebastiano Rumor und zählt neben vereinzelten lateinischen Gedichten vorab «Nozze»-Schriften auf, von denen die ersten bereits 1748 erschienen und postum sogar anlässlich der Hochzeit Cogollo-Girotto im Jahre 1863 gedruckt wurden (301). Neben dem grossen Landgut in Bolzano besass der Conte Gaetano Cogollo einen in Vicenza am Corso Andrea Palladio gelegenen Palazzo, der im 17. Jahrhundert noch dem Conte Antonio Porto gehörte, sowie ein weiteres Gebäude in der contrà Porta S. Lucia, wobei diese städtischen Liegenschaften im Jahre 1805 schon auf «Cogolo Co. D.r Gaetano, e Nipote» gemeinsam eingetragen wurden (302). Nachdem Gaetano Cogollo ebenfalls den Bau der neuen, an der Strasse situierten Kapelle auf seinem Gutsbetrieb zwischen 1783 und

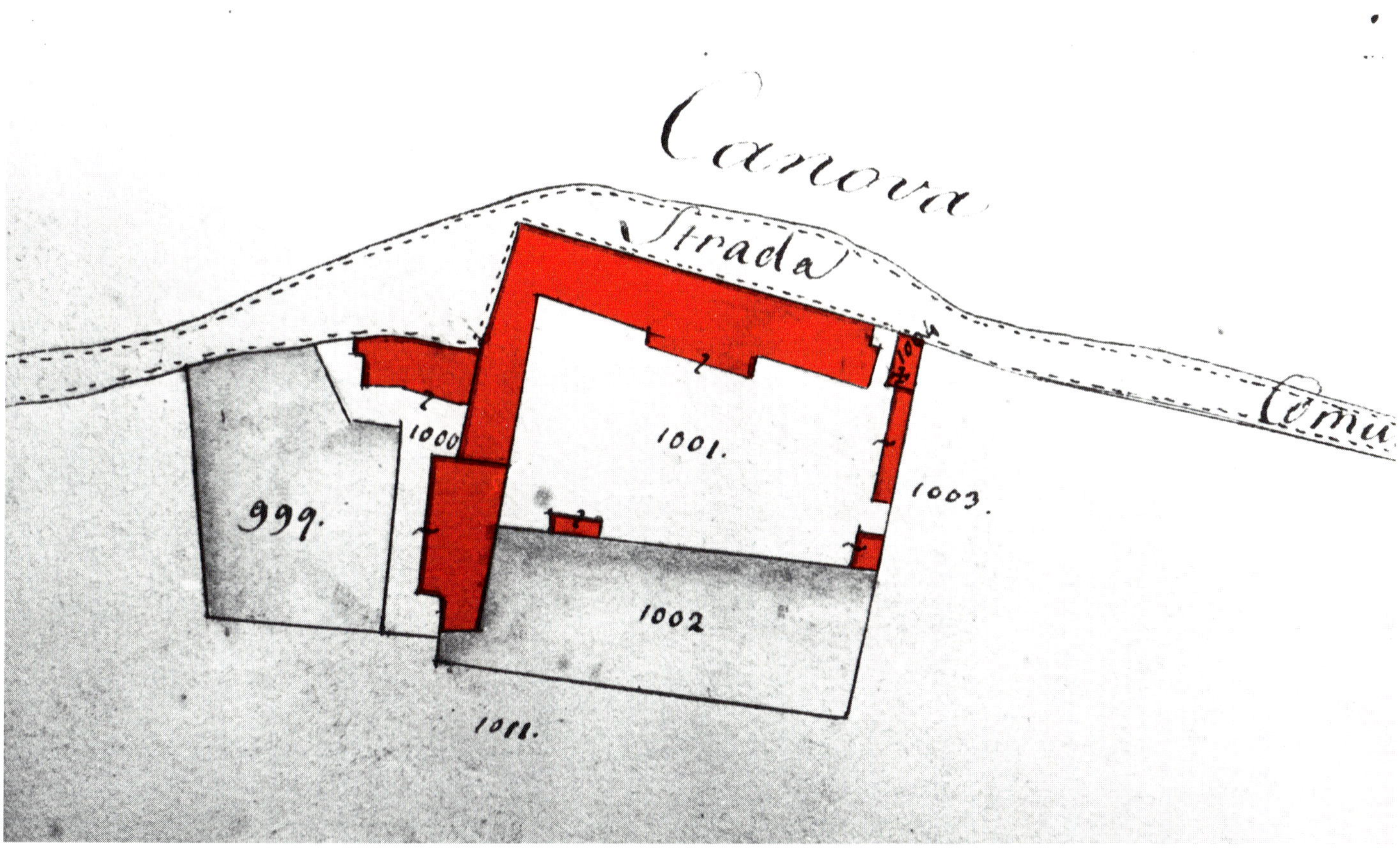

1813 veranlasst hatte, starb er in seiner Villa in Bolzano am 7. September 1816.
Dass der Conte Gaetano Cogollo für die Realisierung seiner Renovationsvorstellungen Ottavio Bertotti Scamozzi beizog, konnte möglicherweise durch die Freundschaft des Auftraggebers mit Michele Pavanello sowie durch die enge Nachbarschaft vorab mit zwei anderen, von demselben Architekten 1766 und ca. 1776 modernisierten Palazzi des Giacomo Milan an der contrà Porta S. Lucia beeinflusst worden sein. Jedenfalls stellt das Herrenhaus der Villa Cogollo in Bolzano die einzig festdatierte Artbeit Bertottis für ein Landhaus im letzten Dezennium seiner Schaffensperiode dar. Und im Vergleich mit den auch in jenes Jahrzehnt zu datierenden Villen der Conti Rubini, Quinto und Sesso fällt trotz der durch die Übernahme vorhandener Baukörper bedingten, unterschiedlichen Erscheinungsweise eine gemeinsame Tendenz zu einer Vereinfachung des architektonischen Formenapparates und entsprechend zu einer immer stärkeren Loslösung von scamozzianischen und palladianischen Vorbildern auf. Gewisse traditionelle Herrschaftssymbole wie Dreieckgiebel und klassische Ordnungen wurden — falls überhaupt verwendet — nur noch als singuläre Zeichen gesetzt, ohne die Gesamtgestaltung des Wohnhauses zu beherrschen, das nun als kubischer Block mit grossen, undekorierten Wandflächen streng und verschlossen wirkt und keinesfalls mehr mit einem vorgelagerten Portikus in die Landschaft ausgreift. Mit dem Verzicht auf das Sockelgeschoss wurden die von Bertotti in den «Fabbriche» immer wieder zitierten veränderten Lebensgewohnheiten berücksichtigt, das Piano Nobile ins Parterre versetzt und das Obergeschoss mit gleichwertigen Räumen gestaltet, um vermehrt private, grosse Gemächer zu erhalten, die eine Benützung nicht nur während den Zeiten der Villeggiatura, sondern während des ganzen Jahres ermöglichten. Diese neue Wohnstruktur, die auf weniger Repräsentationsmacht und mehr familiärer Intimität beruhte, war auch eine der Folgeerscheinungen des politischen Machtzerfalls der Serenissima, überhaupt des auf der Terraferma sich ausbreitenden Desinteresses an der Republik, und widerspiegelte insofern die gesellschaftliche Abkapselung auf den engeren, dörflichen und häuslichen Bereich, auf private Zirkel und verschiedenste kleinere Akademien.

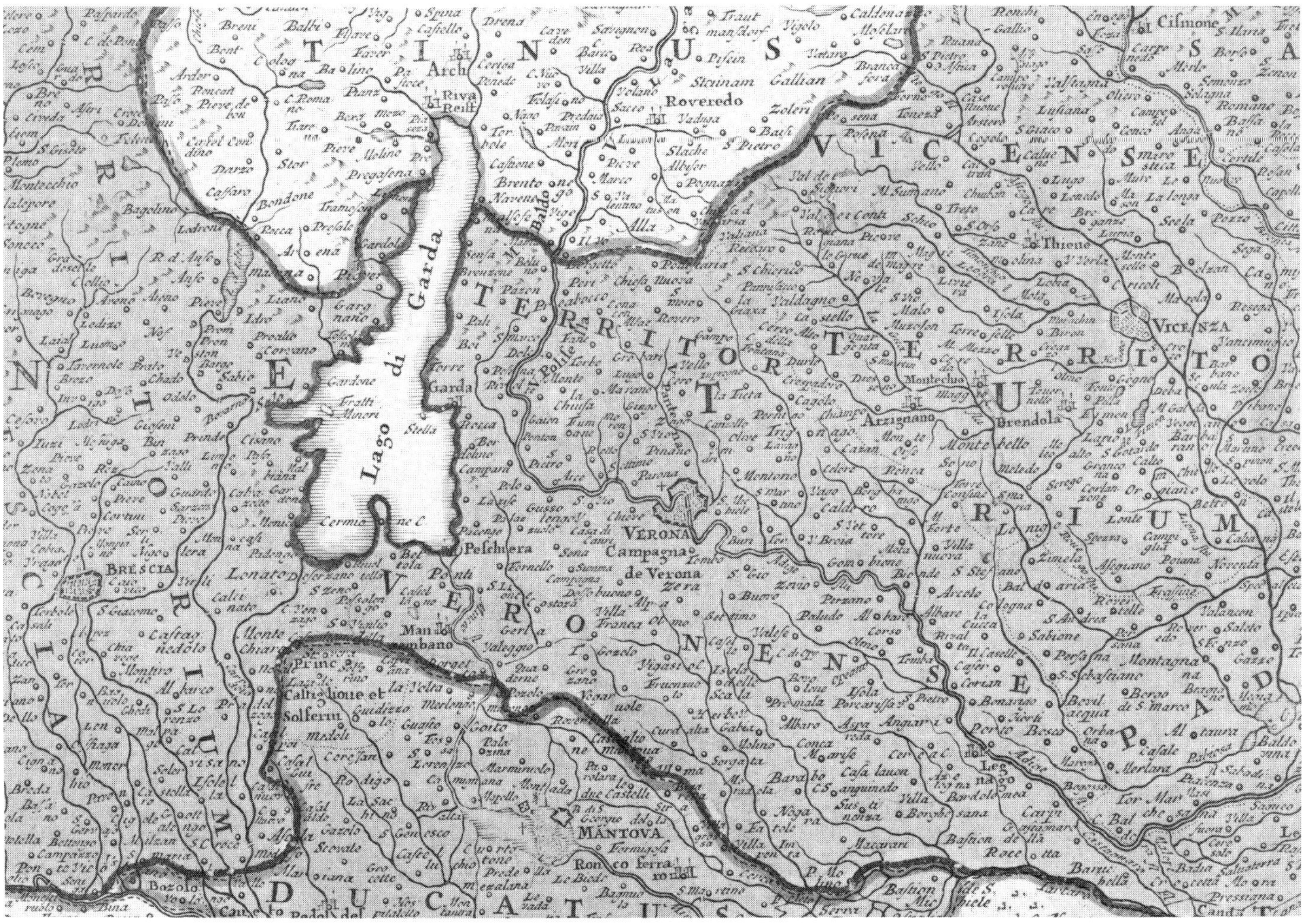

Ausschnitt aus der «Nova Descriptio Dominii Veneti» des Nürnbergers Johann Baptist Homann um 1720.

Projekt für die Domfassade in Legnago (Prov. Verona)

Piazza della Libertà
1781
Auftraggeber: unbekannt

Dass Ottavio Bertotti Scamozzi mit Vorschlägen und der Anfertigung eines Holzmodells für den Neubau der Kirche in Legnago beschäftigt war, geht aus den dem «Libro Uscita nella fabbricazione del nuovo tempio in riguardo agli Architetti di Legnago» entnommenen Aufzeichnungen von Leonardo Trissino hervor, der gleichzeitig die Architekten Paolo Pozzo und Don Francesco Antonio Ziggiotti erwähnt, die vor Bertotti schon 1778 und 1779 Pläne gezeichnet und entsprechende Zahlungen erhalten hatten (303). Den überlieferten Honorarentschädigungen nach zu urteilen, stammte das Kirchenprojekt von Ziggiotti, während Bertotti für die Fassadengestaltung beigezogen wurde. Doch gerade diese Eingangsfront wurde nie verwirklicht, und noch heute präsentiert sich in der südöstlich von Verona an der Etsch gelegenen Stadt Legnago die auf die Piazza della Libertà orientierte Domfassade als unverputzte Backsteinwand.

Aus dem erwähnten Rechnungsbuch zitierte Trissino die folgenden Ausgaben: «Anno 1778. 12 Novbre. Pagate Lire ottant'otto al Sigr. Paolo Pozzi Architetto di Mantova, per essersi qui portato a bella posta a prendere in disegno il Luogo per l'erezione del nuovo tempio, e fattogli aver tal soldo in dono dal Sig. Antonio Maran, dico = L.88. / 11. Marzo 1779. Pagati dodici zecchini effetti al Revdimo D. Antonio Ziggiotti Arciprete della Miega Architetto, a conto del disegno fatto della nuova Parochial Chiesa, dico = L. 264. / 9. Luglio 1781. Contati all'Ill.mo Sig. Giovanni Faraoni nel mese decorso di Maggio ducati effetivi No 50 da spedire al Sig. Ottavio Bertotti Scamozzi Architetto in Vicenza, per sua ricognizione nella facciata di altro disegno regolato, ed aver fatto eseguire sopra il medesimo il Modello di questo tempio, come da lettera di ricevuta del pred.to segnata li 19 Giugno prossimo passato, dico = L.400» (304). Weder das in Auftrag gegebene Kirchenmodell noch das von Bertotti überarbeitete Fassadenprojekt des Ziggiotti sind anscheinend erhalten geblieben. Dass aber nach Paolo Pozzo dann der dilettierende Architekt Don Ziggiotti mit der Planung des neuen Gotteshauses beordert wurde, mag auch im Zusammenhang mit dessen neuer Stellung als Pfarrherr in der Legnago benachbarten Ortschaft Miega gestanden haben. Und Bertotti und Ziggiotti mussten spätestens bei dem heftigen Disput um die «Fabbrica de' Lanzi» in Vicenza voneinander Kenntnis genommen haben, als im Jahre 1769 ein Freund von Bertotti, der Venezianer Antonio Locatelli, mit einer Schmähschrift erneut die allgemeine Aufmerksamkeit auf diesen von Ziggiotti erbauten Palazzo an der Ecke zwischen der Piazza XX Settembre und der contrà Porta S. Lucia gelenkt hatte. Die Tatsache, dass selbst im veronesischen Legnago der Vicentiner Architekt Ottavio Bertotti Scamozzi zur Begutachtung des von Ziggiotti eingereichten Kirchenentwurfs und zur Projektierung der Hauptfassade eingeladen wurde, erhellt einerseits die damalige Position der beiden unterschiedlichen Architekten, des Hauswarts der Accademia Olimpica zu Vicenza und des neugewählten Pfarrherrn in Miega, und zeigt andrerseits den mittlerweile gefestigten Ruf und die hohe Wertschätzung Bertottis in kirchlichen Kreisen auch über die Grenzen der Provinz Vicenza hinaus.

Warum schlussendlich das bertottianische Fassadenprojekt nicht verwirklicht wurde, ist unbekannt. Wohl mögen ein spärlicher Fluss der Spendengelder und die auch ansonsten eher prekären dortigen kirchlichen Finanzen dazu beigetragen haben, dass sich der Dombau bis ins Jahr 1814 hin erstreckte. Ob dessen Vollendung dann wirklich nur durch die politischen Verhältnisse gestoppt worden war, ist ebenfalls noch ungeklärt.

Dom S.S. Prosdocimo e Donato an der Piazza Pierobon in Cittadella.

Dom S.S. Prosdocimo e Donato in Cittadella (Prov. Padova)

Piazza Pierobon
1783–1829
Auftraggeber: Don Giambattista Moratelli, Pfarrherr von Cittadella, und Dr Federico Mastini als Präsident des Kirchenbauamts

Im Zentrum von Cittadella bei der Kreuzung der zwei Hauptstrassen, die vom südlicher gelegenen Padova nach Bassano im Norden und vom westlich situierten Vicenza nach Castelfranco Veneto gen Osten führen, beherrscht der grosse Dom mit seiner südlichen Eingangsfassade den heutigen Marktplatz, die Piazza Pierobon. Für diese Kirche hat die Lokalhistorikerin Gisla Franceschetto einen 1821 vom Präsidenten der damaligen Kirchenbaukommission verfassten Rechenschaftsbericht entdeckt, der nun neben dem Baubeschluss vom Jahre 1774 auch explizit den Architekten Bertotti erwähnt, welcher nach einer bereits notwendig gewordenen Baueinstellung zu Hilfe geholt wurde. Der einschiffige Dom S. S. Prosdocimo e Donato wurde jedoch nicht mehr zu Lebzeiten Bertottis fertiggestellt, und da auch der Pfarrherr Giambattista Moratelli 1798 starb, hatte sein 1799 gewählter Nachfolger Don Giambattista Grigno, der einer einheimischen Adelsfamilie entstammte, den Kirchenbau fortzuführen und berief dazu um 1813 den Vicentiner Carlo Barrera, einen der engsten Mitarbeiter Bertottis in den 80er Jahren des Settecento. Nach einem weiteren Gutachten war die Kirche dann im Jahre 1823 eingedacht und wurde am 1. September 1826 geweiht, während 1829 noch die «ornati superiori» der Eingangsfront vollendet wurden. Im Jahre 1913 entstanden als zusätzlicher Fassadenschmuck die drei figürlichen Reliefs und die zwei Statuen von Giovanni Fusaro sowie im Giebelfeld das Medaillon mit der Christusbüste von Attilio Fabbri (305).

Cittadella wurde als nördlicher Vorposten von den Padovanern 1220 bis 1221 erbaut zum Schutz ihres Territoriums gegen die Trevisaner, die kurz zuvor an der Westgrenze ihres eigenen Gebiets die Festung Castelfranco errichtet hatten. Eine annähernd ellipsenförmige und noch heute beinahe tadellos erhaltene Stadtmauer mit 12 grösseren und 16 kleinen Türmen umschliesst die «Zitadelle» mit den rechtwinklig auf das zentrale Strassenkreuz orientierten Häuserzeilen. Wurde die erste Kirche innerhalb des Mauerrings bei der Porta Padova im Süden der Stadt erbaut, so entstand neben diesem Oratorium Torresino noch im 13. Jahrhundert eine grössere, dreischiffige Kirche im Zentrum der Festungsanlage. Diese war nun mit einem Portikus auf die nach Bassano führende Strasse orientiert und hatte auf der südlichen Längsseite einen angebauten Kirchturm, dem weiter gegen Süden zur Strasse nach Castelfranco hin ein zusätzlicher Bautenkomplex angefügt war. Die romanische und traditionell geostete Kastellkirche war mit unzähligen Renovierungen bis über die Mitte des 18. Jahrhunderts in Gebrauch, als sich der ursprünglich südlich der «Loggia», des heutigen Palazzo del Comune, an der Strasse nach Padova angelegte Marktplatz schon längst auf die gegenüberliegende Strassenseite ausgedehnt hatte und im Norden von der Strasse nach Castelfranco begrenzt wurde (306). Nachdem dann in den kleinen Nachbardörfern San Martino di Lupari und Tombolo neue Pfarrkirchen von Giorgio Massari und Francesco Maria Preti errichtet worden waren und die Kirche von Cittadella selbst sich «in stato rovinoso, vecchia, angusta, insufficiente» präsentierte, wurde in den beginnenden 70er Jahren des 18. Jahrhunderts deren Abbruch und der Bau einer neuen Hauptkirche beschlossen. Am 28. Juni 1774 billigte der Rat von Cittadella den Neubau «a norma del disegno approvato colla predetta parte» und erhielt dazu die offizielle Zustimmung der Serenissima am 7. Juni 1775: «L'autorità del Senato veneto discende ad accordare la sua approvazione.» Dieser 1774 dem Rat vorgelegte Ausführungsplan für den Neubau wird von der Tradition her Domenico Cerato zugeschrieben, dessen Namen aber bis anhin in keinem der Dokumente aufgefunden und auch nicht im Bericht von Federico Mastini erwähnt wurde. Der Präsident des Kirchenbauamts nannte für jene Jahre nur den einheimischen Baumeister Domenico Bertoldo, «il quale fermò inalterabilmente la pianta della chiesa», womit aber eine fremde Urheberschaft des Entwurfs eher bestätigt erscheint. Jedenfalls traten bereits im frühesten Ausführungsstadium beträchtliche Schwierigkeiten auf, die selbst die Fundamentierung des Bauwerkes über Jahre verzögerten. Vor allem wegen des gegen Süden zur Strasse nach Castelfranco vergrösserten Bauplatzes, der eine neue Orientierung der Kirche auf den damals schon gegenüberliegenden Marktplatz, die heutige Piazza Pierobon, erlaubte, gab es langwierige Streitigkeiten mit privaten

Innenansicht des Doms S.S. Prosdocimo e Donato mit Blick auf den Hauptaltar.

Grundbesitzern, den Brüdern Zampezzi, die Mastini noch 1821 namentlich aufführte (307). So steht fest, dass zwischen 1774 und 1783 nur gerade die Fundamente für den künftigen Dom errichtet werden konnten.

Rückblickend erwähnte Federico Mastini für das Jahr 1785, dass «il celebre architetto Ottavio Bertotti Scamozzi ... modificò, corresse l'interno spaccato e la facciata, tanto negli ornati che nelle proporzioni ...» Und diese Aussage wird durch Bertotti selbst bestätigt, der bei der Beschreibung von S. Giorgio Maggiore im vierten Band der «Fabbriche» von 1783 auf jene Baustelle — zwar ohne örtliche Bestimmung — verwies: «Fabbricasi presentemente una Chiesa di mole non ordinaria, da me inventata in tutto, fuorchè nelle fondamenta. A queste ho dovuto per legge uniformarmi, ordinando le mie idee a norma di ciò ch'esisteva. E come puossi in tal guisa distribuire, e combinare con armonico legame le parti componenti il tutto? Io mi lusingo, ciò nonostante, d'una sufficiente riuscita: non ispero però di vederla, pria di morire, terminata, per l'inevitabil ritardo prodotto da un dispendio grandissimo. Essa verrà censurata; nè troverassi alcuno dopo la mia morte che dica: L'Architetto è stato obbligato a contenersi dentro a certi limiti prescrittigli da insuperabili obbietti» (308). Neben den neuen Schwierigkeiten bei der Übernahme bestehender Grundmauern werden mit diesem Passus nun auch die selbst für die damaligen Zeitgenossen beträchtlich erscheinenden Dimensionen dieses Gotteshauses und folglich immensen Kosten angezeigt. Auf längsrechteckigem Grundriss wurde der Dom mit gegen Norden eingezogenem Chor und halbkreisförmiger Apsis erbaut, das Kirchenschiff mit einer grossen, seitlich von je drei Thermenfenstern unterbrochenen Tonne sowie Chor und Apsis mit einer Pendentif- beziehungsweise mit einer Halbkuppel überwölbt. Ein hohes Kranzgebälk mit profiliertem Architrav, glatt verputztem Fries und reichem Gesims mit Zahnschnitt trennt im gesamten Kircheninnern die Gewölbezone von den Wandflächen und wird auf der West- und Ostseite des Langschiffs von je vier kolossalen kompositen Halbsäulenpaaren gestützt, die drei gleich hohe, flache Kapellennischen flankieren, welche halbkreisförmig

Innenansicht des Doms S.S. Prosdocimo e Donato mit Blick auf die rechte Seite des Kirchenschiffs.

geschlossen sind und im Bogenfeld ein kleineres Pendant zum Thermenfenster des Tonnengewölbes aufweisen. Unter den zwei nördlichsten, ebenfalls auf hohen Piedestals stehenden Säulenpaaren ist dabei die an die Chorwand grenzende Stütze jeweils als Eckpilaster ausgebildet, während links und rechts der hohen, in einem halbkreisförmigen Bogen geöffneten Chorwand eine weitere komposite Halbsäule das Gebälk stützt, welches um die Kämpfer des Chorquadrats verkröpft auf dem Apsisrund weitergeführt ist. Und analog zu diesem nördlichen Abschluss des Langhauses ist auch die Eingangswand gestaltet. Auffallendste Merkmale dieses Innenraumes sind die durch die zahlreichen Thermenfenster erreichte Helligkeit, die dadurch hervortretenden weiss verputzten Wandflächen und die im Gegensatz dazu in Hellgrau gehaltenen Architekturelemente, die wohl ursprünglich als einziger Schmuck neben den Altären geplant gewesen waren. So ist die Kolossalordnung von einer weiteren, von den seitlichen Nischen ausgehenden, kleinen Ordnung durchbrochen, die mit einem profilierten Kämpfergesims die Wandflächen auch zwischen den Säulenpaaren parallel zum abschliessenden Kranzgebälk gliedert. Diese von den auf einzelne Piedestals gestellten Halbsäulen eingerahmte Zwischenwand ist noch durch eine ionisch profilierte, hochrechteckige Türe und darüber durch eine schmälere, halbkreisförmig geschlossene Nische aufgelockert, wobei diese Gliederung nun zwölfmal wiederholt ist und entsprechend dann diese Nischen mit Apostelstatuen gefüllt wurden. Die nach Süden auf den Marktplatz orientierte Portalfassade wurde als riesige Tempelfront gestaltet; über hohen, aus Stein geschaffenen Piedestals, die ihrerseits noch auf Basen stehen, erheben sich sechs kolossale Halbsäulen, die ein grosses Kranzgebälk mit Zahnschnitt und einen breiten Dreieckgiebel stützen. Im breiteren Mittelinterkolumnium ist über eine flache Freitreppe das ebenfalls sehr hohe und mit einem Dreieckgiebel bekrönte Kirchenportal zu erreichen, dessen Türfassung ionisch profiliert und mit seitlichen Voluten verziert ist. Dieses Hauptinterkolumnium wird links und rechts von einem schmäleren Seiteninterkolumnium flankiert, während je zwei komposite Halbsäulen als optische Eckverstärkung gekoppelt sind und um die Fassadenecke herum von einer dritten Halbsäule auf der Kirchenlängsseite unterstützt werden. Die horizontale Gliederung der Fassade beschränkt sich auf die elegant profilierten Gesimse der Piedestals und ein zusätzliches, weniger ausladendes Gesims weit unterhalb der Kapitellzone, das gleichsam eine zweite Ordnung antönt und die Höhe des Kranzgebälks im Kircheninnenraum bezeichnet, sowie auf die vom Halsring der Kompositsäulen ausgehende schmale Profilleiste und das mehrfach gegliederte Abschlussgebälk. Aber trotz des 1790 auch im Mauerwerk noch nicht einmal halbvollendeten Baues und seiner späteren Weiterführung unter Barrera, der «non dipartissi dalle norme additate dal suo precettore nella sorveglianza esecutiva di così gran mole, provvedendo talvolta colla propria intelligenza a quelle evenienze che all'atto pratico insorgono non attese ...», erweist sich der Dom S. S. Prosdocimo e Donato gerade mit seiner wuchtigen und der Einschiffigkeit des Innenraums entsprechenden Fassade als eine von Bertotti geprägte weitere Vereinfachung jenes von der palladianischen Kirche S. Giorgio Maggiore inspirierten und bei der kleinen Kirche S. S. Faustino e Giovita errichteten Fassadentypus des isolierten Mittelteils (309). Am 10. Juni 1820 konnte Carlo Barrera über die Dombaustelle in Cittadella berichten, dass «sono ultimati il coro e porzione della chiesa fino a metà, le mura dell'altra metà sarà finita a fine anno, nel venturo anno il tetto e poi il lavori interni ...», und ein Gutachten aus dem Jahre 1823 bestätigte, «che la chiesa esternamente è compiuta, salvo gli ornati superiori della facciata e internamente non mancano più che due altari, il pavimento e qualche altra opera da poco ...» (310). Und damit wäre nicht auszuschliessen, dass Ottavio Bertotti Scamozzi selbst für den Entwurf einzelner, mit klassischen Tempelfronten aufgebauter Nischenaltäre verantwortlich zeichnete, die dann sein Schüler Barrera ausführen liess — zugegebenermassen eine Hypothese, die aber insofern ihre gewisse Berechtigung verdient, als für Bertotti eine im beginnenden 19. Jahrhundert entstandene Zuschreibung eines anderen Altaraufbaues in der Vicentiner Kirche S. Stefano vorliegt.

Was nun die direkten Auftraggeber Bertottis für den Dom von Cittadella betrifft, so stammten Don Giambattista Moratelli und Federico Mastini, der bereits 1774 einer der vier Mitglieder des dortigen Kirchenbauamtes war, beide aus der Provinz Vicenza. Letzterer war zwar kein Nachfahre der Brüder Antonio und Angelo Mastini aus Valdagno, die anscheinend beide kinderlos starben, aber in erster Generation von Vicenza nach Cittadella übersiedelt, während Don Moratelli des Andrea Moratelli aus Noventa Vicentina vom Kardinal N. H. Antonio Marino Priuli, Bischof von Vicenza, im Jahre 1763 als Pfarrherr von Cittadella eingesetzt worden war. Diese in kirchlichen Belangen stark nach Vicenza ausgerichtete Abhängigkeit war durch die damalige Diözeseneinteilung vorbestimmt, nach welcher das padovanische Cittadella noch jener von Vicenza angehörte. So ist es nicht erstaunlich, dass nach dem Tod des Don Giambattista Moratelli am 1. Mai 1798 dann jener aus Cittadella gebürtige Don Giambattista Grigno 1799 als sein Nachfolger bestimmt wurde, der zuvor als Verwalter im Priesterseminar von Vicenza amtiert hatte, und dass dieser ebenfalls mit den Vicentiner Verhältnissen bestens vertraute Pfarrherr einen Schüler Bertottis mit der Weiterführung des Dombaues beorderte. Unter der aktiven Bauherrschaft des Don Grigno wurde das Mauerwerk der Kirche vollendet und das Gotteshaus eingedacht, wobei die neue Diözesenverteilung von 1818, welche Cittadella nun jener von Padova unterordnete, keinen Einfluss auf das Baugeschehen ausübte. Da Giambattista Grigno am 14. Oktober 1821 starb, könnte der im gleichen Jahr von Federico Mastini dem Rat von Cittadella eingereichte Rechenschaftsbericht kurz nach dem Tod des Pfarrherrn verfasst worden sein (311). Auf Don Gigno folgte 1822 für Cittadella der erste vom Bischof zu Padova ernannte Pfarrherr, der Padovaner Don Pier Antonio Tomaso Berti, ein berühmter Prediger, der sich nun ebenfalls für die Vollendung des Domes von Cittadella einsetzte, bei bekannten Malern wie Lattanzio Querena, Sebastiano Santi und Giovanni Demin Altargemälde in Auftrag gab und auch dafür sorgte, dass ältere Gemälde aus einstigem Besitz von unter Napoleon aufgehobenen Klöstern wie beispielsweise die von Leonardo Bassano gemalte Darstellung einer «Sacra Conversazione» dem neuen Dom überlassen wurden. Don Berti starb nach knapp 9jähriger Tätigkeit 1831 in Cittadella und hatte kurz zuvor noch die Chorstühle eingeweiht, während seine Nachfolger im Jahre 1840 den vergoldeten Holzbaldachin über dem Hochaltar, 1846 die neue Sakristei und 1891 den neuen Hochaltar feiern konnten, dessen früheres und von der romanischen Kastellkirche übernommenes Altarblatt — ein von Jacopo Bassano stammendes «Mahl von Emmaus» — in die Sakristei verlegt wurde. Im September 1960 wurde mit einer sorgfältigen Renovation dieses Baues begonnen und auch die kurz vor 1927 in gold-, rosa- und elfenbeinfarbenen Übertünchungen entstandene Wand- und Deckendekoration entfernt; am 5. April 1964 fand dann unter Monsignore Aldo Pesavento die Eröffnung des restaurierten Domes statt (312). Auch wenn zu Lebzeiten von Ottavio Bertotti Scamozzi — gemäss seinem Hinweis in den «Fabbriche» von 1783 — der grosse, vom Hauptportal bis zur Apsis 57 m lange, im Schiff 24 m breite und 25,50 m hohe Dom von Cittadella keineswegs, ja nicht einmal im Mauerwerk vollendet und die gesamte Bauführung vom Architekten Carlo Barrera unternommen wurde, fallen selbst bei diesem eng in der Tradition der zahlreichen Landkirchen des Veneto stehenden Kirchenbau noch spezifische Kennzeichen des bertottianischen Spätstils auf, dessen Tendenzen während der nachträglichen Ausführung gar eher überbetont worden sind. Dazu zählen einerseits im Innenraum die fast karge Nüchternheit, das rationale Spiel mit der Lichtführung und den Elementen der Kompositordnung sowie das nun hallenartig gestaltete Langschiff, dessen Herkunft vom basilikalen Schema nur mit den flachen Altarnischen angetönt wird, während die Wandgliederung selbst mit ihren Doppelsäulen zwischen den Arkadenöffnungen für die Seitenaltäre offensichtlich in vereinfachender und durch die breiteren Säulenabstände auch schwerfälligeren Art dem palladianischen Vorbild im Langschiff des Redentore auf der Giudecca folgte. Und diese von Bertotti angestrebte, simplifizierende Lösung blieb nicht ohne Widerhall und beeinflusste ihrerseits dann Antonio Diedo beim Entwurf der Innenwandgliederung der nördlich von Jesolo im venezianischen S. Donà di Piave gelegenen Pfarrkirche, die zwischen 1838 und 1841 von Giambattista Meduna ausgeführt wurde und deren Innenraum trotz des modifizierten Wiederaufbaues nach dem Ersten Weltkrieg noch eine betonte Anlehnung an die bertottianische Variante von Cittadella verrät (313). Was die Tempelfront des Domes von Cittadella angeht, so ist diese als monumentale Schaufassade vor den tonnengewölbten Kirchenraum gestellt, ohne aber die zwar kaum vorstehenden Seitenkapellen in die Komposition miteinzubeziehen, und zeigt sich mit ihrer vertikalen Gliederung in drei Interkolumnien, von denen das mittlere traditionsgemäss breiter gestaltet ist, als neue Abwandlung des im 18. Jahrhundert im Veneto beliebten, von der palladianischen Kirche S. Giorgio Maggiore abgeleiteten Typus des isolierten Mittelteils. Entsprechend den andersartigen Grössenverhältnissen und der Ausrichtung auf eine tiefe Piazza griff Bertotti dabei nicht mehr auf die bei der Vicentiner Kirche S. S. Faustino e Giovita angewandte Ecklösung mit einer zurückgesetzten, schmalen Lisene zurück, sondern betonte den vertikalen Fassadenabschluss mit je zwei gekoppelten Halbsäulen, denen sich eine dritte Halbsäule auf den beiden Längsseiten zugesellte. Und im Vergleich mit der kleineren Kirche zu Vicenza wurden in Cittadella die Piedestals der Halbsäulen noch mächtiger und als gemeinsamer, nur horizontal gegliederter Unterbau gebildet, wobei diese auch in Steinquadern errichtete, überhohe Sockelzone erneut ein Erfordernis war, um die Proportionen der Kolossalstützen im Verhältnis zur beträchtlichen Fassadenhöhe wahren zu können. Die monumentale Säulenordnung der Domfassade wurde wieder dahingehend relativiert, als das gerade bei den Landkirchen von Giorgio Massari öfters vernachlässigte Zwischengesims von Bertotti über die volle Fassadenbreite durchgeführt wurde und einen letzten Hinweis auf das palladianische Schema zweier übereinandergelegter Tempelfronten darstellt. Abgesehen von dem heute noch imposanten und analog zum kirchlichen Auftrag das Stadtzentrum von Cittadella beherrschenden Bau, stellen sich nun hinsichtlich der augenfälligen Rezeption von zwei palladianischen Prototypen noch planerische und vielleicht sogar ideelle Analogien zum bertottianischen Vorgehen bei der Fassadengestaltung des Teatro Eretenio ein, wo ebenfalls zwei palladianische Vorbilder zu einem neuen, einheitlichen Ganzen verbunden worden waren. Neben den üblichen Wechselwirkungen zwischen sakraler und profaner Baukunst kündigt sich hier eine indirekte Verschmelzung dieser unterschiedlichen Bauaufgaben an: für beide Gebäudetypen liessen sich je zwei andersartige, aber vom gleichen Architekten geschaffene Vorbilder — einmal kirchliche, einmal weltliche Palazzi — miteinander verbinden, und in beiden Fällen resultiert eine in Stein verewigte Festtags- oder Feiertagsarchitektur mit szenografischem Charakter. Weisen die beiden Strassenfronten des Teatro Eretenio bereits allein auf die Funktion im Innern hin, so ist beim Dom in Cittadella neben der Fassade auch der gesamte Innenraum zeichenhaft auf die ersehnte Erwartung nun des sakralen Spiels ausgerichtet.

Altar S. Gaetano im rechten Querarm der Kirche S. Stefano an der Piazzetta S. Stefano in Vicenza.

Altar S. Gaetano in der Kirche S. Stefano zu Vicenza

Piazzetta S. Stefano
1784
Auftraggeber: der Pfarrherr von S. Stefano
oder Abgeordnete der Stadt Vicenza

Gerade nördlich der zur via S. Gaetano orientierten palladianischen Strassenfront des Palazzo Thiene öffnet sich auf einen kleinen Platz hin die Kirche S. Stefano, in deren rechtem Querarm eine Kapelle dem 1670 heiliggesprochenen Gaetano Thiene geweiht ist. Giuseppe Dian zählte im frühen 19. Jahrhundert als einziger Chronist den Aufbau dieses dem einen Stadtpatron gewidmeten Altars zu den gesicherten Arbeiten von Bertotti. In der Folgezeit wurde diese Attribution von Nita Maria Anesini-Berton wiederaufgenommen, ohne aber irgendwelche Quellen für ihre Zuschreibung zu erwähnen. Dagegen hat kürzlich Don Mario Saccardo noch eine vom Steinmetzen Domenico Angeli für diesen Altar angefertigte Werkzeichnung entdeckt und so ein nicht ausgeführtes Vorprojekt individualisieren können (314). Das Entstehungsjahr des bertottianischen Altarbaues ist vom zeitgenössischen Chronisten Giovanni Favetta, jedoch ohne Architektennennung, überliefert worden.

Die Kirche S. Stefano gehörte zu den sieben alten Pfarrkirchen der Stadt Vicenza, die von Papst Urban III. im Jahre 1186 anlässlich eines den Vicentiner Kanonikern gewährten Sonderrechts genannt worden waren, und wurde später ein Zentrum der nach dem Konzil von Trient begonnenen Reformbestrebungen, insbesondere der von Conte Gaetano Thiene 1524 gegründeten Theatinerkongregation, der der Vicentiner Bischof N.H. Michele Priuli im Jahre 1595 die Leitung dieser Kirche anvertraute. Nach der durch Papst Urban VIII. am 8. Oktober 1629 erfolgten Seligsprechung des Gaetano Thiene, der vom Vicentiner Rat der 150 am 20. Juli 1664 beschlossenen Festlegung des Jahrestages zu Ehren ihres seligen Mitbürgers auf den 7. August und der unter Papst Klemens X. am 11. November 1670 bewilligten Heiligsprechung, beschloss der Rat der 150 am 14. Februar und 21. März 1671, eine silberne Heiligenstatue bei Luigi Fiammingo in Mailand für 1200 Dukaten anfertigen zu lassen und der Theatinerkongregation zu schenken, sowie am 16. September 1673 sogar, in Rom um die Bewilligung zur Wahl von S. Gaetano als zweiten Stadtpatron neben S. Vincenzo zu ersuchen. Die Anfrage wurde gutgeheissen, und der Vicentiner Rat bewilligte darauf am 28. Januar und 8. Februar 1674 den Theatinern einen Neubau der Kirche mit dem Doppelpatrozinium S. Gaetano und S. Vincenzo und sicherte der Kongregation einen Beitrag von 20000 Dukaten zu (315). Doch bereits in der damaligen Kirche S. Stefano – nach einem bischöflichen Visitationsbericht aus dem Jahre 1584: «Ecclesia est longa et lata et bene posita, habet unicam navem, tectum laqueatum, pavimentum latericium ac altaria sex, altare maius noviter et eleganter constructum, altare SS. Sacramenti a latere, altare S. Crucis, altare beate Marie nobilium de Capra, altare Aurificum sine titulo [sic!], altare S. Jo. Baptiste» – war ein Altar im rechten Querraum dem seligen und später dem heiligen Gaetano gewidmet, da ein Pagello Monza des Antonio Monza mit Testament vom 2. Februar 1656 wünschte, in S. Stefano «nella Cappella del beato Gaetano» beerdigt zu werden, und mit Testament vom 20. Januar 1692 der Conte Ascanio Thiene des Galeazzo Thiene noch denselben Wunsch «nella chiesa di S. Stefano dei Padri Teatini, nella cappella di S. Gaetano, se si potrà» äusserte und gleichzeitig den Theatinern 1000 Dukaten vermachte: «Lascio alli padri Theatini di questa città ducati 1.000, dovendo esserli principiato a pagare quell'anno et allora quando facendo detti padri una chiesa nova o ampliando la vecchia faranno una riguardevole e sontuosa capella al glorioso S. Gaetano, obbligando detti padri ad erigere et spender tutto questo denaro nella detta capella e non altrimenti, particolarmente all'altare della medesima.» In der Zwischenzeit lagen dem Rat der 150 bereits im Jahre 1675 vom Theatiner Guarino Guarini entworfene Neubaupläne vor, die aber die Kirchenfassade auf den Corso Andrea Palladio ausgerichtet, zahlreiche fremde Liegenschaften und selbst Häuser der Theatiner miteinbezogen hatten, so dass dieses Projekt wegen der unüberwindlichen Schwierigkeiten im Terrainerwerb am 2. März 1685 abgelehnt wurde. Nach neuen, wiederum aus Rom eingetroffenen Zeichnungen wurde der Neubau grösstenteils auf dem alten Kirchengrundstück geplant und der einheimische Perito Carlo Borella mit der Ausführung beauftragt, wobei der römische Projektverfasser des realisierten Baues bis heute unbekannt geblieben ist. Am 25. Juni 1695 wurde der Grundstein gelegt: «La rifabbrica di questo tempio fu iniziata sino dal 1695 in cui, nel giorno 25 giugno, il rev.mo sig. don Andrea Ronzoni arcidiacono della cattedrale e Vicario Generale del card. Rubini pose la prima pietra, essendo capo dei deputati Francesco Floriano e presidenti dell'opera Sartorio Sangiovanni, Flavio Porto, Pietro Conti; e fu dedicato a S. Stefano e ai SS. Vincenzo e Gaetano. Il disegno di questa nuova chiesa è tratto dal magn.co tempio di S. Andrea della Valle di Roma ...» Doch am 7. September 1720 verliessen die Theatiner «per insorte controversie» den im Ausführungsstadium befindlichen Neubau, erhielten vom Kloster S. Corona Unterschlupf im dortigen Oratorium und beauftragten sofort den Padovaner Girolamo Frigimelica mit der Planung einer neuen Kirche am Corso Andrea Palladio, für die laut der Inschrifttafel der Bischof N.H. Sebastiano Valier bereits am 14. Mai 1721 den Grundstein legte. So wurde die an den Palazzo Schio grenzende Kirche S. Gaetano Thiene am 28. Juli 1725 feierlich eingeweiht, während der zusätzlich S. Gaetano und S. Vincenzo geweihte Neubau von S. Stefano erst auf Weihnachten 1726 für eine erste Messfeier fertiggestellt war und seine Fassade in den Jahren 1739 bis 1740 erbaut wurde (316). Der Tod von Carlo Borella im Jahre 1710 und der Weggang der Theatiner aus S. Stefano von 1720 hatten jedenfalls auch nicht zu einer rascheren Bauvollendung beigetragen. Und selbst der Aufbau des Hochaltars in dieser Kirche wurde erst 1753 begonnen von Domenico Cerato, der ihn bis zum 26. Dezember des gleichen Jahres zum grössten Teil fertiggestellt hatte, aber die beantragten 600 Silberdukaten für dessen Schlussarbeiten lehnte anschliessend der Rat der 150 am 19. Mai und am 23. Juni 1754 sowie noch am 16. März 1755 ab, um dann am 27. April 1755 nur gerade 300 Dukaten zu bewilligen (317). Und aus den frühen 60er Jahren des 18. Jahrhunderts ist ein Pfarrherr von S. Stefano ja namentlich bekannt: Don Giovanni Battista Fortuna, der am 28. Januar 1760 von Marina Rossi das Landgut auf dem Monte Berico erwarb, anschliessend von Ottavio Bertotti Scamozzi renovieren liess und am 6. Mai 1763 dem Conte Giambattista Valle verkaufte.

Die Theatiner hatten bei ihrem Wegzug von S. Stefano neben sakralen Geräten nun gemäss der Schenkungsurkunde vom 31. August 1671 vor allem die silberne Statue des S. Gaetano zurückzulassen, welche dann auch im Neubau des Borella ihren Platz im rechten Querarm der Kirche erhielt und sich noch heute dort findet – in einer massstabgetreuen Holzkopie, da die originale Silberstatue von den Truppen Napoleons am 27. Mai 1797 zerstört und für den Abtransport nach Paris in Barren gegossen wurde (318). Da aber nach der ersten Messfeier in der neuerstellten Kirche S. Stefano knapp dreissig Jahre vergingen, bis selbst der Hauptaltar vollendet werden konnte, ist anzunehmen, dass die definitive Aufstellung der Heiligenstatue erst nach 1755 erfolgte und wieder auf Spesen der Stadt Vicenza, da das Legat des Conte Ascanio Thiene aus dem Jahre 1692 ausdrücklich für die Theatinerpatres und einen von ihnen errichteten Altar zu Ehren des S. Gaetano bestimmt gewesen war. Der Altar S. Gaetano in S. Stefano ist feststehend an die südliche Wand im rechten Querarm gestellt und setzt sich zusammen aus einem einfachen, querrechteckigen Altartisch und einem die Statue umrahmenden Aufbau in Form einer Tempelfront, deren Giebelhöhe bis in die Kapitellzone der kolossalen Wandpilaster des Kirchenraumes reicht. Links und rechts des Altartisches stützen über je zwei gestaffelt angeordneten Piedestals, welche selbst auf steinernen Basen stehen, die noch höher als die Mensa gebildet sind, nun je zwei grosse, kannelierte Kompositsäulen ein mehrfach gegliedertes Gebälk mit abschliessender Zahnschnittleiste, wobei die zwei mittleren Säulen zusätzlich mit einem Dreieckgiebel bekrönt sind. In diesem, der Länge des Altartisches entsprechenden Interkolumnium ist die Heiligenstatue in einer halbkreisförmig geschlossenen Nische aufgestellt, umrahmt von einem gemalten, mit stilisierten Blumen in Feldern aufgeteilten Gewände und einer vorgeblendeten Rundbogenöffnung, deren reiche Profilierung der Wölbung sich im Kämpfergesims fortsetzt. Die gewaltigen Ausmasse dieses Altaraufbaues, der in Stein und Stuck gearbeitet ist, beherrschen den verhältnismässig wenig tiefen Raum des Querarms und entsprechen in ihrer Mächtigkeit der von römischen Barockkirchen beeinflussten Architektur von S. Stefano. Immerhin muss dieser Altar noch im Jahre 1831 in derart hohem Ansehen gestanden haben, dass damals im linken Querarm auf der gegenüberliegenden Seite ein Replikat für das Madonnengemälde des Palma Vecchio hergestellt wurde (319).

Gewiss ist der Altar S. Gaetano kein originelles Meisterwerk von Bertotti und steht in der üblichen Tradition von Kapellenaltären mit überhohen Piedestals, gestaffelten Säulenpaaren und vorkragendem Dreieckgiebel. Was den bertottianischen Altaraufbau aber von früheren Beispielen eines Giorgio Massari oder auch eines Ottone Calderari abhebt, sind die sachliche, kanonische Gliederung und eine betont in die Fläche zurückgebundene Struktur. Der Verzicht auf beinahe jegliches nichtarchitektonische Dekor und das strenge Festhalten am althergebrachten Formenrepertorium mochten einerseits zur Steigerung des ideellen und materiellen Werts der Heiligenstatue beigetragen haben und konnten andrerseits direkt durch vorausgesetzte Bedingungen der Auftraggeber mitbestimmt worden sein. Nun, die Auftraggeber sind namentlich noch nicht bekannt, dürften aber im Kreis der Deputierten der Stadt Vicenza als Finanziers und der Nachfolger von Don Giovanni Battista Fortuna im Pfarrherrenamt von S. Stefano zu finden sein. Dass Bertotti gerade in der 1785 zum Druck freigegebenen und 1786 erschienenen Publikation von Tommaso Riccardi als «Architetto della Città» erwähnt wird, lässt auf einen in jener Zeit erhaltenen städtischen Auftrag schliessen, der wohl den Bau des Altars S. Gaetano betreffen könnte (320). Für die Datierung in das Jahr 1784 spricht auch die damalige Entwurfstätigkeit Bertottis für den Dom von Cittadella, dessen Architektursprache trotz der späteren Ausführung allgemein und in Details verwandte Züge aufweist.

Erinnert sei dabei nur an einzelne Nischenaltäre in Cittadella, die den gleichen starren Aufbau nur mit glatt durchgehendem anstatt des vorkragenden Giebels besitzen, wobei diese Giebelvarianten durch die verschiedene Position der Altäre entstanden — in Cittadella sind diese Altäre in eine enge Nische gestellt, deren Abschlusswand in der gesamten Breite von den Altaraufbauten eingenommen wird, während der Altar S. Gaetano in dem kurzen, aber breiten Querarm der Kirche nicht von nahen Seitenmauern eingeschlossen wird, mit der traditionellen Auszeichnungsform des Mittelinterkolumniums sich trotz der flächigen Gestaltung von der Wand abzusetzen versucht und schlussendlich mit dieser einfachen Staffelung der Säulen ein Motiv der reich gegliederten Wandpilaster wieder aufnimmt.

Ottavio Bertotti Scamozzi. Triumphbogen für den Podestà Camillo Bernardino Gritti auf der Piazza Matteotti in Vicenza. Die Kupfertafel wurde von Gaetano Vicchi gestochen. Bibliothek des Museo Correr Venedig seg. Cicogna 1555.

Triumphbogen für Camillo Bernardino Gritti in Vicenza

Piazza Matteotti, zum Corso Andrea Palladio hin
31. Mai 1788
Auftraggeber: die drei Ratsmitglieder Vikar Rossidio Rossi,
Conte Alessandro Provini «Giudice alla Ragione» und
Conte Pietro Minotto «Giudice al Malefizio»
sowie Conte Pietro Sommariva,
Oberleutnant und Adjutant des Podestà,
und der Gerichtsschreiber Marco Vasselli

Der temporäre Triumphbogen zu Ehren des scheidenden Podestà N.H. Camillo Bernardino Gritti, der nach zweijähriger Statthalterschaft am 31. Mai 1788 Vicenza verliess, ist als Werk Bertottis vom Architekten selbst in einem Brief vom 11. März 1788 und einer in Kupfer gestochenen Darstellung der Festarchitektur dokumentiert. Des weitern wird in den zahlreichen, 1788 zu diesem Anlass erschienenen Festschriften und Flugblättern immer wieder ausdrücklich auf diese Arbeit von Bertotti hingewiesen, und auch die Chronisten des 19. Jahrhunderts erwähnen den Gritti-Triumphbogen unter ihren bertottianischen Œuvreverzeichnissen (321).

Neben den verschiedenen Gedicht- und Verspublikationen wurde anscheinend auch das von Ottavio Bertotti Scamozzi entworfene und von Gaetano Vicchi gestochene Folioblatt auf den 31. Mai 1788 hin ediert, da der Architekt am 11. März seinen Freund Davide Rossi in Venedig bat, bei Signor Gio. Maria Petralli für eine rasche Auslieferung der für die Darstellung des Triumphbogens bestellten Kupfertafel zu sorgen. Die Festarchitektur wurde in Holz und Leinwand freistehend und 45 Vicentiner Fuss (16,06 m) breit als Ehrenpforte errichtet, und zwar bei der Einmündung des Corso Andrea Palladio in die Piazza Matteotti. Die zwei Breitseiten waren mit vier gekoppelten, kompositen Halbsäulen gegliedert, die auf hohen, abgestuften Piedestals standen und ein verkröpftes Gebälk mit Architrav, Fries und Gesims mit Zahnschnittleiste stützen sowie anstelle eines Giebels von riesigen dekorativen Aufbauten bekrönt wurden. Das breitere Mittelinterkolumnium öffnete sich in einem grossen Halbkreisbogen, und in den schmalen Seiteninterkolumnien waren je eine halbrundförmig geschlossene Nische sowie darüber zusätzlich eine Porträtbüste mit Inschrifttafel angebracht (322). Das breit verkröpfte Kranzgebälk über dem Hauptinterkolumnium trug eine Tafel mit der Inschrift «CAMILLO. BERNARDINO. GRITTI / PRAETORI. OPTIME. MERITO / VICETINI», überhöht von einer mit dem Wellenband reliefierten Tafel, auf der der geflügelte Markuslöwe mit seinem aufgeschlagenen Buch sass. Die Verbindung von diesem dominierenden mittleren Aufbau zu den niedrigeren Eckaufbauten mit Kriegstrophäen stellten zwei sitzende Flussgottheiten dar, die die beiden Vicentiner Flüsse Retrone und Bacchiglione verkörperten. In den Seiteninterkolumnien waren die Nischen, die oberhalb der auf der Höhe der attischen Säulenbasen horizontal durchlaufenden Profilleiste angeordnet waren, mit weiblichen Statuen als Tugendallegorien besetzt, und über dem Kämpfergesims befanden sich zwei inschriftlich bezeichnete Porträtbüsten von berühmten Ahnen des Statthalters, so von N.H. Andrea Gritti, der als 77. Doge von 1523 bis 1538 amtierte, und von N.H. Triadano Gritti, einem der drei Prokuratoren, die diese Familie der Serenissima gestellt hatte. Die zweite, nicht überlieferte Schauseite des Triumphbogens war von der architektonischen Gliederung her identisch erbaut und differierte vermutlich allein im figürlichen Schmuck der Seiteninterkolumnien, der zwei andere Tugenden und zwei andere Gritti-Repräsentanten vorstellte.

«Fece un Reggimento onorato, e perciò della Città fu generosamente regalato, ed alcuni particolari in gradimento del suo governo fecero erigere in fine della strada del Corso un magnifico Portone, o sia Arco Trionfale inventato del Sig.r Ottavio Bertotti Scamozzi Architetto Vicentino», heisst es in einer zeitgenössischen Chronik. Und Giovanni Scola berichtete über die verschiedenen Auszeichnungen und Ehrungen, die dem hochangesehenen und geschätzten Statthalter zuteil wurden. So schenkte der Vicentiner Rat der 150 mit Beschluss vom 15. März 1788 N.H. Camillo Bernardino Gritti einen goldenen Degen, und die Accademia Olimpica ernannte in ihrer Sitzung vom 23. April 1788 den scheidenden Podestà zum Ehrenmitglied: «Animata questa Accademia da un doveroso sentimento di riconoscenza verso l'Eccellentissimo Monsignor Camillo Bernardin Gritti podestà di Vicenza, dichiaratosi non solamente protettore della medesima nelle circostanze di suoi presenti ricordi per i necessari restauri del suo teatro, ma ancora per il nobile genio della scienza, e alle lettere promotore degli studi della medesima ...» (323). Zu den weiteren Würdigungen zählten auch die auffallend vielen, dem Statthalter gewidmeten Publikationen, unter denen sich beispielsweise eine über 106seitige Broschüre «Tributo alla Verità» findet, die von Elisabetta Caminer Turra herausgegeben wurde und neben zwei eigenen Gedichten Beiträge freigeistiger Kritiker und Poeten wie Melchiorre Cesarotti, Alessandro Manzoni und Giuseppe Parini oder Verskompositionen einheimischer Freunde der Editorin wie Francesco Testa und Giuseppe Gastaldi enthielt. Huldigte letzterer mit folgenden Worten dem wegziehenden Statthalter: «Ma per voi mi risponde il trionfale / Arco, che su la via gli avete eretto / dell'amor certa prova ed immortale / che il vostro grato cor gli serba in petto ...», so publizierte Giulio Ferrari zu diesem Anlass eine eigene, 16seitige Sammlung von Sonetten «Nel comun lutto e dolore terminando il reggimento di Podestà in Vicenza Sua Eccellenza Camillo Bernardino Gritti», und Michele Pavanello edierte neben einer 15seitigen Broschüre mit dem lateinisch verfassten Festgedicht «Camillo Bernardino Gritti a Vicetina Praetura abeunte» sogar noch ein Flugblatt mit zusätzlichen Poesien, darunter «Pel superbo Arco trionfale / eretto in Vicenza / al suddetto Eccellentissimo Pretore / dagli ammiratori dell'esimie sue virtù / Sonetto fidenziano» (324). Allein diese hier erwähnten und in ihrer Vielzahl ansonsten eher ungewöhnlichen Privatinitiativen zur Ehrung eines scheidenden, venezianischen Statthalters zeigen die überaus grosse Beliebtheit, die N.H. Camillo Bernardino Gritti in Vicenza genoss, und zwar in politischen als auch in kulturellen Kreisen der Stadt. Neben den Bemühungen um Renovierungsarbeiten im Teatro Olimpico, welche übrigens unter der Leitung von Ottavio Bertotti Scamozzi durchgeführt wurden, erwarb sich der Podestà auch hohes Ansehen mit seiner aufgeschlossenen, liberalen Haltung gegenüber jenen aufkommenden Tendenzen, die sich für eine grössere Toleranz und besonders für die unzensurierte Verbreitung der französischen Aufklärungstheorien einsetzten. Nicht von ungefähr gehörten viele der aufgeführten Gedichtverfasser der Freimaurerbewegung an, die 1785 in Venedig und auch in Vicenza erstmals hart verfolgt wurde, und wohl auch nicht zufällig finden sich unter diesen Exponenten zahlreiche Auftraggeber von Bertotti oder andere, ihm nahestehende Freunde, die sich um die Realisierung oder um eine Neuedition seiner Schriften bemüht hatten; der junge Francesco Testa, ebenfalls aktiver Freimaurer, hatte brieflichen Kontakt mit dem 1783 nach London gereisten Gaetano Testolini, der im Auftrag Bertottis für alle vier Bände der «Fabbriche» sowie für die «Terme dei Romani» unzählige Tafeln gestochen hatte (325).

Der bertottianische Triumphbogen — als Durchgangspforte bei der Piazza Matteotti an jener Wegstrecke aufgebaut, die der über Padova nach Venedig zurückkehrende Magistrat einzuschlagen hatte — war im Typus und Stil eine Weiterentwicklung der für Kardinal N.H. Antonio Marino Priuli im Jahre 1758 errichteten Festarchitektur mit einem das Mittelinterkolumnium beherrschenden, halbkreisförmig geöffneten Bogen, dessen Profilierung vom Kämpfer und dem anschliessenden Gesims weitergeführt wurde. Im Gegensatz aber zum Priuli-Triumphbogen, der als westliche Abschlusswand der Piazza dei Signori geplant und beidseits von Galerien für die Musiker flankiert worden war, wurde der Gritti-Bogen freistehend und im ursprünglichen Sinn als Ehrentor errichtet. Dazu lagen auch fast dreissig Jahre Abstand zwischen den beiden temporären Festbauten, so dass trotz der traditionellen Bauaufgabe auch eine merkliche Stilveränderung festzustellen ist. Der Triumphbogen von 1788 zeichnete sich durch grosse Formen und knappere Details aus, welche zusammen mit der funktionellen Trennung der einzelnen Architekturelemente zur mächtigen Erscheinung der Kolonnade beitrugen. Die gekoppelten Ecksäulen waren zur Verstärkung der vertikalen Wandbegrenzung von den planerischen Erfahrungen Bertottis beim Dom von Cittadella beeinflusst, während die mittleren Säulenpaare der optischen Stützung des hohen zentralen Aufbaues dienten und gleichzeitig den einen vorgegebenen Durchgang markierten. War bei beiden Bauten die Bogenöffnung ungefähr gleich hoch gestaltet, so zeigte der Triumphbogen von 1788 eine sparsamere, nüchterne und entsprechend ruhigere Horizontalgliederung, die nicht mehr mit den Halbsäulen konkurrierte und auch anhand des glatten Friesbandes sowie der für die dekorativen Aufbauten ohne Gesimsleisten geformten Sockel die Priorität der vertikalen Architekturelemente unterstützte. Die für den Podestà Gritti errichtete Festarchitektur war des weitern nicht mehr von einem Palladio zugeschriebenen Vorbild direkt beeinflusst, sondern durch die persönliche Baupraxis und -erfahrung Bertottis geprägt worden und widerspiegelte insofern weniger eine neopalladianische als vielmehr eine klassizistisch-internationale Ausrichtung. Das Lokalkolorit wurde nun mit Hilfe allegorischer Figuren wie des Markuslöwen und der beiden Flussgottheiten dargestellt — Versatzstücke als subtil gebildete Allusion auf die politische Einstellung der Vicentiner Freunde des scheidendenen Magistraten.

Triumphbogen für Pietro Leopoldo Curti in Vicenza

Piazza dei Signori, östliche Querseite
19. März 1789
Auftraggeber: unbekannt

Der zum Abschluss der zweijährigen Militärstatthalterschaft des Capitano N.H. Pietro Leopoldo Curti errichtete Triumphbogen wurde von Giovanni Favetta als ein Werk von Ottavio Bertotti Scamozzi beschrieben, während andere Chronisten wie Michele Pavanello und Giuseppe Corona den Architekten gar nicht erwähnten, aber auf die Verfehlungen des Capitano hinwiesen, und Andrea Alverà zwar den Namen Bertotti nannte, jedoch denjenigen des Statthalters verstümmelt wiedergab (326).

Der temporäre Triumphbogen wurde auf der östlichen Querseite der Piazza dei Signori gegen die angrenzende Piazza delle Biade erbaut, und zwar nicht als Durchgangspforte, sondern wieder als abschliessende Platzdekoration, um die dahinterliegenden kleinen Häuser zu kaschieren. Überliefert ist ferner, dass diese Festarchitektur sehr beträchtliche Dimensionen aufgewiesen hatte und mit zwei übereinandergestellten Säulenordnungen gegliedert worden war, und dass am Abend des 19. März trotz des strömenden Regens ein grosses Feuerwerk auf der Piazza dei Signori veranstaltet wurde: «Per esaltare la carica tenuta fino ad oggi da S.E. Leopoldo Curti di Capitanio li generosi Vicentini gli fecero innalzare superb'Arco a foggia di Prospetiva posto in fondo della Pubb.ca Piazza architetato del celebre Ottavio Bertoti. Esso era di un'estrema grandeza, con due ordini Composito, e Corintio, ben disposto e di buon gusto. Alla sera si fece machina di Fuochi Artifiziali, fati da Forestieri, ed il preletto N.H. diede nel suo Palagio splendido rinfresco a tutti chi concoreva» (327). Weder wurde dieser Triumphbogen in einem Kupferstich der Nachwelt überliefert noch haben sich weitere Beschreibungen dieser Architektur gefunden, während dagegen die einzige zu diesem Anlass publizierte Gedichtsammlung im gleichen Jahr 1789 in einer um 9 Seiten vergrösserten Neuauflage erschien. Ob nun der Capitano N.H. Curti diese Poesien sogar selbst zusammengestellt hat, um im Vergleich mit dem vor einem Jahr weggezogenen Zivilstatthalter N.H. Camillo Bernardino Gritti wenigstens auch eine Widmungsschrift aufweisen zu können, ist nicht bekannt. Immerhin berichteten die zeitgenössischen Chronisten: «Si diceva che questa macchina [di Fuochi d'artificio in piazza de' Signori] fosse fatta a spese del sud.o N.H. Curti, per soffocar in parte i suoi demeriti, ma fu inutile; mentre questo N.H. l'anno seguente fu bandito» (328). Und ohne diese Verfehlungen zu präzisieren, erwähnten dieselben Chronisten unter dem Datum des 30. Juli 1790, dass der venezianische Rat der Zehn einen zwanzigjährigen Bann über Pietro Leopoldo Curti verhängte und ihn aus dem goldenen Buch der venezianischen Patrizier für immer ausschloss.

Teatro Olimpico in Vicenza nach einer alten Fotografie vom Theaterraum gegen die Bühne.

Gutachten für eine Restaurierung des Teatro Olimpico in Vicenza

Piazza Matteotti
24. August 1789
Auftraggeber: N.H. Giovanni Pindemonte,
venezianischer Statthalter in Vicenza

Dass der damalige Podestà und Nachfolger von N. H. Camillo Bernardino Gritti sich wie sein Amtsvorgänger um Instandstellungsarbeiten im Teatro Olimpico bemühte, geht nicht nur aus den Spesenaufstellungen des Hauswarts der Accademia Olimpica hervor, sondern ist auch anhand eines Bittgesuches überliefert, das N. H. Pindemonte zuhanden der Serenissima stellte. Nach den Aufzeichnungen von Niccolò Montanari, dem Sekretär der Accademia Olimpica, welche das Schreiben des Podestà für die Aktensammlung der Akademie kopiert hatte, legte N.H. Pindemonte seinem Gesuch ein Gutachten von Ottavio Bertotti Scamozzi bei: «... che ne sia il vero, la prova la Perizia di questo accreditato Architetto Ottavio Bertotti Scamozzio, che umilio inchiusa ...» (329).
Seit seiner am 7. April 1753 erfolgten Wahl zum Hauswart der Accademia Olimpica hatte Bertotti immer wieder für Ausbesserungen in dem von seinen Vorgängern in vernachlässigtem Zustand gehaltenen Teatro Olimpico gesorgt, wobei er Material und Handwerker jeweils in eigener Rechnung zu zahlen hatte und anschliessend diese Auslagen zusammen mit dem Jahresgehalt zurückerstattet erhielt. So sind in den Akten der Accademia Olimpica grosse Spesenvergütungen in den Jahren 1754 bis 1756, 1760 bis 1761 und speziell 1781 bis 1790 notiert (330). Auch bei den Sanierungsmassnahmen von 1789, für welche eine finanzielle Unterstützung der Serenissima beantragt wurde, ging es vor allem um technische und funktionelle Ausbesserungen des Theatergebäudes, ohne dabei die plastischen Raumdekorationen, das Deckengemälde oder die Bühnenarchitektur in die Renovation miteinzubeziehen. Den «Mandati di pagamento di 1790 e 1791 con annesse polizze» ist nun zu entnehmen, dass der 70jährige Bertotti auch 1789 seinen jungen Gehilfen Carlo Barrera mit der Durchführung der Ausbesserungsarbeiten beauftragt hatte und während des ganzen Jahres Spesenaufstellungen zugunsten dieses Barrera und zweier Handwerker unterzeichnete. Nach dem von Barrera angefertigten Fassadenriss des Vicentiner Palazzo Braghetta sowie den zusammen mit dem Stecher Gaetano Testolini realisierten Tafeln für den 1785 erschienenen Band der «Terme dei Romani» ist hiermit — neben der von Domenico Bortolan erwähnten Arbeit für Ottone Calderari bei der Errichtung des Palazzo Cordellina an der contrà Riale — eine weitere frühe Tätigkeit des angehenden Architekten belegt, der später unter anderem den von Bertotti begonnenen Dombau in Cittadella vollendete (331).
Hatte Ottavio Bertotti Scamozzi in seinem Gutachten vom 24. August 1789 die immense Summe von 83 025 Lire für die Sanierung des Teatro Olimpico errechnet, was eindeutig die Möglichkeiten der Theaterbesitzerin übersteigt, und aus diesem Grunde wohl der Podestà N. H. Pindemonte für die Accademia Olimpica bei der Serenissima und ihrem neugewählten Dogen N. H. Lodovico Manin um finanzielle Unterstützung ersuchte, so wurden anschliessend auch in den Jahren 1789 und 1790 nur die dringendsten Reparaturen im Wert einiger hundert Lire ausgeführt, was auf eine negative Beantwortung des Bittgesuches zu schliessen erlaubt. Die von Bertotti geforderten grossen Sanierungsmassnahmen wurden dann unter Einbezug der umstrittenen Deckenausstattung und der gesamten Dachkonstruktion in der ersten Hälfte des 19. Jahrhunderts von Bartolomeo Malacarne nach dessen eigenen Plänen durchgeführt, nachdem zuvor die Accademia Olimpica im Jahre 1813 ihr privates Theater der Stadt Vicenza überlassen und der am 4. Februar 1816 verstorbene Conte Gio. Battista Orazio Porto mit Testament vom 16. Juli 1814 der Trägerschaft des Teatro Olimpico 30 000 Lire als Beitrag für die nötigsten Reparaturen vermacht hatte (332). Die Bemühungen Bertottis um eine durchgreifende Renovierung des Teatro Olimpico samt dem 1790 erschienenen Führer über «L'origine dell'Accademia Olimpica di Vicenza con una breve descrizione del suo teatro» stellen seine letzte Arbeit dar; nach kurzer Krankheit starb der Architekt und Hauswart der Accademia Olimpica am 25. Oktober 1790 im 72. Lebensjahr und wurde in der Kirche S. S. Faustino e Giovita zu Vicenza begraben.

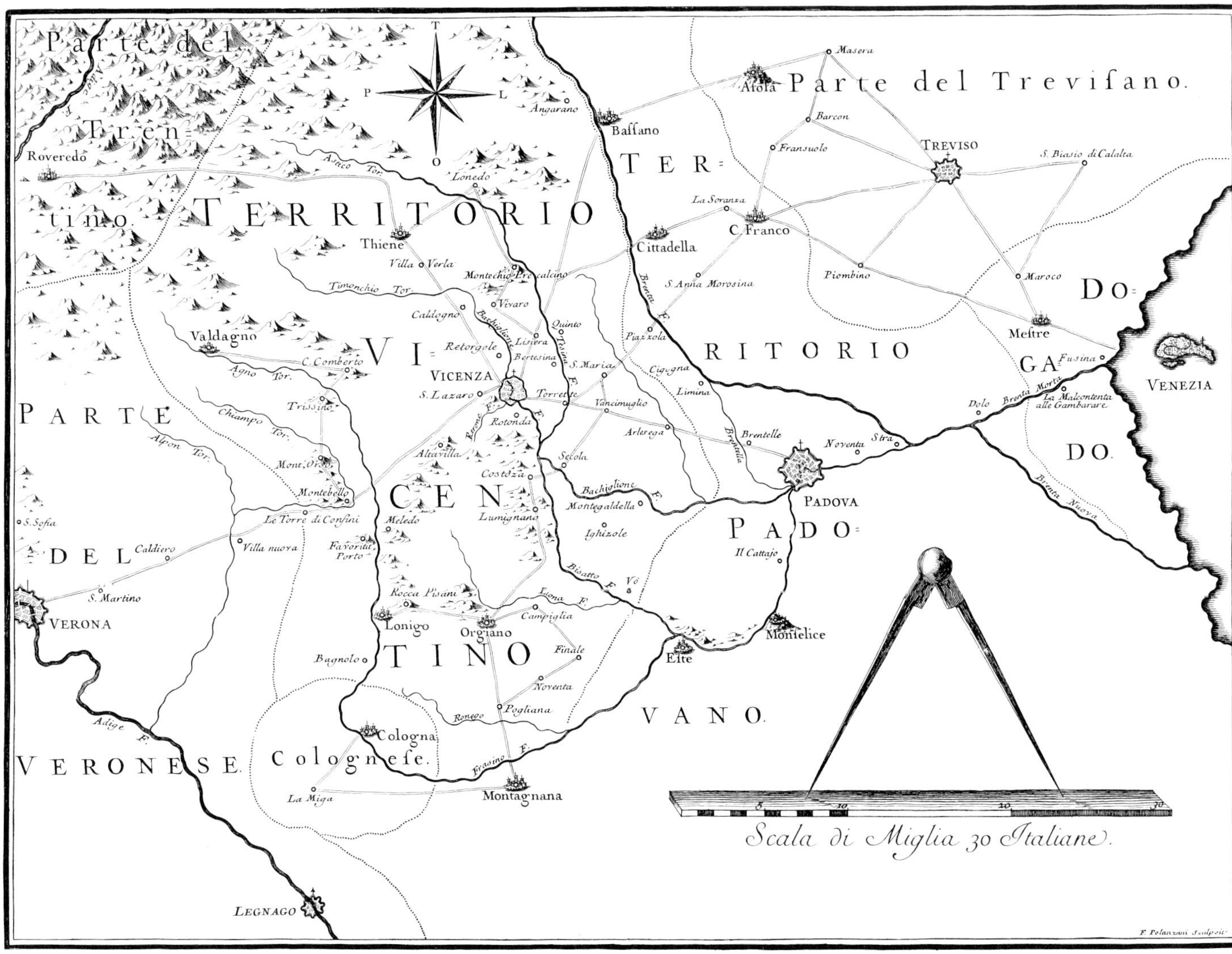

«Parte del Territorio Vicentino» aus dem ersten Band der «Architettura di Andrea Palladio» von Francesco Muttoni 1739/40.

Anmerkungen

1

Bertotti Scamozzi, Ottavio. Descrizione dell'Arco Trionfale e della Illuminazione fatta nella Pubblica Piazza di Vicenza la Notte 12 Novembre 1758 per la gloriosissima esaltazione alla dignità cardinalizia di Sua Eminenza Reverendissima Signor Antonio Marino Priuli Vescovo della medesima Città. Dedicata agl'Illustrissimi Sig.Sig. Deputati di Vicenza. Vicenza, nella Stamperia di Carlo Bressan e Francesco Mazzolini 1758.

Es handelt sich hier um die 2. Auflage: im Vorwort, datiert 22.11.1758, erwähnt Bertotti die erste Fassung dieser Schrift, die noch am Abend des 12. Novembers 1758 verteilt wurde und angesichts des unerwartet grossen Festerfolges sich offenbar als mangelhaft erwies. Diese erste Beschreibung (in Form eines Flugblattes?) ist bis heute nicht aufgefunden worden. Die zweite Beschreibung präsentiert sich als gebundene Broschüre im Format Klein-4°, umfasst neben einem zweiseitigen Vorwort die eigentliche Beschreibung auf sechs Seiten, paginiert von 5 bis 10, und vier mit «C. Dall'Acqua Vicentino Scolp.» signierte Kupfertafeln. — Die lokalen Chronisten des 18. und 19. Jahrhunderts kannten diese zweite Edition, die sie dann auch immer wieder auszugsweise zitierten, ohne dass aber Nennenswertes hinzugefügt wurde.

Ausgewählte Bibliografie zum Priuli-Triumphbogen:

Bertotti Scamozzi, Ottavio. 1758. op.cit.

Riccardi, Tommaso. Storia dei vescovi vicentini dedicata a sua Eccellenza Reverendissima Monsig. Marco Zaguri nel suo ingresso a questa sede di Vicenza. Vicenza, Gio. Batt. Vendramini Mosca 1786.

Anesini-Berton, Nita Maria. Ottavio Bertotti Scamozzi, Architetto e Storico dell'Arte. Tesi di laurea presso l'università di Padova (Prof. Relatore: Giuseppe Fiocco). Anno accademico 1945–46.

Barbieri, Franco. Illuministi e neoclassici a Vicenza. Vicenza, Accademia Olimpica 1972.

Olivato, Loredana. Ottavio Bertotti Scamozzi studioso di Andrea Palladio. Vicenza, Neri Pozza Editore 1975.

2

Ein Vicentiner Fuss ist im 18. Jahrhundert exakt 35,70 cm lang. Zu Palladios Zeiten war diese Masseinheit mit 34,70 cm noch etwas kleiner und vergrösserte sich schon im 17. Jahrhundert auf 35,40 cm. Dieser letztere Fuss, den beispielsweise Giovanni Battista Albanesi verwendete, kann nachgemessen werden auf einem im Jahr 1583 mit «Misure della M(agnifica) Communita» beschrifteten und später den neuen Längeneinheiten entsprechend angepassten, roten Marmorstein bei der Loggia der Kirche San Vincenzo an der Piazza dei Signori in Vicenza. Ferner sind dort die Standardgrösse für Ziegelsteine (30,20×15,50 cm), die Ellenmasse für Tuch (69,10 cm) und für Seide (63,70 cm) sowie die Dimensionen für Dachziegel angegeben. Es gehörte zu den Gepflogenheiten italienischer Städte, ihre offiziellen Masseinheiten in der Nähe des Hauptplatzes «auszustellen», wo diese von Händlern selbst gebraucht und von den Käufern nachgeprüft werden konnten. Siehe Forssman, Erik. Visible Harmony. Palladio's Villa Foscari at Malcontenta. Stockholm, Sveriges arkitekturmuseum and Kunsthögskolans arkitekturskola 1973 pp. 34–35 und p. 71. Burns, Howard (Hg). Andrea Palladio 1508–1580. The portico and the farmyard. London, The Arts Council of Great Britain 1975 p. 46 (Nr. 76) und pp. 209–210 (Nr. 372). Franzina, Emilio. Vicenza, storia di una città 1404–1866. Vicenza, Neri Pozza Editore 1980 mit Abb. 216.

3

Die Familie Priuli soll ursprünglich aus Ungarn stammen und liess sich 1297 in Venedig nieder. In den folgenden fünf Jahrhunderten stellte sie 3 Dogen, 14 Prokuratoren, 5 Kardinäle, viele Botschafter, Generäle und Statthalter. Zu den bedeutendsten Vertretern zählen Lorenzo Priuli, der von 1556–1559 das Amt des 82. Dogen der Serenissima innehatte, gefolgt von seinem Bruder Girolamo Priuli als 83. Doge von 1559–1567 und von Antonio Priuli als 94. Doge von 1618–1623. Matteo Priuli wurde als Nachfolger des Kardinals Giulio della Rovere zum Bischof von Vicenza (1565–1579) gewählt und machte sich — wie sein Neffe Michele, der ihm von 1579–1603 im Amt folgte — grosse Verdienste um die Verwirklichung der Tridentinischen Konzilbeschlüsse. Ein weiterer Lorenzo Priuli wurde im Januar 1591 zum XV. Patriarchen von Venedig ernannt. Und unter den verschiedenen Priuli-Statthaltern in Vicenza ist vorab der 1647 regierende Girolamo Priuli durch die 1649 vom Vicentiner Francesco Maffei gemalte «Glorificazione del podestà Girolamo Priuli» (Vicenza, Museo Civico) der Nachwelt in Erinnerung geblieben. Vgl. Venezia e le sue lagune. Offerto del Consiglio Comunale in occasione del IX Congresso degli Scienziati Italiani. Venezia, Tip. Giuseppe Antonelli 1847 Vol. I und Vol. II, par. II. Mantese, Giovanni. Memorie storiche della Chiesa Vicentina. Vicenza, Accademia Olimpica 1974 Vol. IV (dal 1563 al 1700), par. II.

4

Die Tafeln zeigen neben den beiden Frontalveduten der Süd- (Tav. II) und der Nordseite (Tav. IV) der Piazza dei Signori eigentlich nur zwei spezifisch festbezogene Ansichten: Tafel I mit dem bertottianischen Triumphbogen und Tafel III mit einer Serliana-Achse der Basilica, wobei auf diesen Tafeln besonders die Anordnung der für die Illumination verwendeten Fackeln und Kerzen festgehalten wurde.

Bilddokumente von Veranstaltungen auf der Piazza dei Signori sind ziemlich selten. Neben den üblichen Veduten aus dem 19. Jahrhundert, die das Markttreiben schildern, sind von den Turnier- und Ritterspielen, die u. a. im Februar 1553, im März 1642 und im Juni 1680 auf dem Hauptplatz von Vicenza stattfanden, nur gerade vom letzteren Ereignis zwei unsignierte Kupferstiche mit der Darstellung der Argonauten und ihrem Kampf um das Goldene Vlies erhalten. Vgl. Patin, Paolo. Le pompose feste di Vicenza, fatte nel mese di Giugno, del 1680. Padova, Gio. Batt. Pasquati 1680. Reprint: Vicenza, Libreria Traverso 1980. Da Schio, Giovanni. I Memorabili, Vol. Pas–Pu. B.B.Vi. Ms seg. Gonz. 5.9.5–16 und Gonz. 6.10.1–11 (3387–3404), unter dem Stichwort «Porto Antonio Maria di Giampaolo». Cabianca, Jacopo und Fedele Lampertico. Vicenza e il suo territorio. In: Grande Illustrazione del Lombardo-Veneto Vol. IV. Milano, Tip. Gugliemini 1861 p. 837. Reprint: Brescia, Editore Fausto Sardini 1975. Das Fest von 1680 wird ebenfalls zitiert von Mantese, Giovanni. 1974. op.cit. Vol. IV, par. V. p. 671 (mit zwar verfrühtem Datum, da der Historiker sich allein auf die Angaben der Libri Partium stützt, wo erst die Auflagen der Stadt vermerkt sind) und von Burns, Howard (Hg). 1975. op.cit. p. 27 (Nr. 28), der die Tafel mit der auf einem prunkvollen Wagen thronenden Medea in einem Abzug aus dem Vicentiner Museo Civico abbildet (ohne Literaturangaben). Siehe ferner Franzina, Emilio. Le feste dei nobili a Vicenza. Vicenza, Libreria Traverso 1980.

5

Erinnert sei beispielsweise an den Festschmuck mit u. a. den zwei doppelfrontigen Triumphbogen zum Einzug von Bischof Nicolò Ridolfi, der — 1517 von seinem Onkel Papst Leo X. zum Kardinal und 1524 von Papst Klemens VII., ebenfalls einem Blutsverwandten, zum Bischof von Vicenza ernannt — am 14. September 1543 erstmals persönlich in der ihm zugeteilten Bischofsresidenz eintraf und dann als Gast von Giangiorgio Trissino in dessen Villa in Cricoli wohnte. Für Gestaltung und Organisation dieses Festschmuckes soll Andrea Palladio verantwortlich gewesen sein. Vgl. Puppi, Lionello. Andrea Palladio. Milano, Electa Editrice 1973 Vol. II p. 257 (Nr. 16). Dt. Ausgabe: Andrea Palladio. Das Gesamtwerk. Stuttgart, Deutsche Verlags-Anstalt 1977 Vol. II p. 257 (Nr. 16). Und erinnert sei auch an den Einzug des Bischofs Matteo Priuli vom 3. September 1565, als die ihm Anfang des Jahres anvertraute Diözese neben anderem Festschmuck einen Triumphbogen beim Ponte degli Angeli errichten liess. Die szenische Organisation dieses offensichtlich nüchterneren Festprogrammes kann nach Puppi ebenfalls Palladio zugeschrieben werden. Vgl. Puppi, Lionello. 1973. op.cit. Vol. II pp. 371–372 (Nr. 97) und 1977. op.cit. Vol. II pp. 372–373 (Nr. 97).

Für die Dauer gedachte steinerne Triumphbogen wurden in Vicenza von venezianischen Statthaltern selbst errichtet und mit eigenen Mitteln finanziert, wobei die dafür notwendigen Summen grösstenteils aus den dem Capitanio persönlich zufallenden Geldstrafen von Verurteilten stammten. Dies gilt sicher für den unter der Obhut von Giacomo Bragadin 1595 errichteten Arco delle Scalette bei der Porta di Monte (heute Piazzale Fraccon), wo der früher einzige Zugangsweg zum Monte Berico und dem dortigen Marienheiligtum beginnt. Für die wechselvolle Attributionsgeschichte betr. den Arco delle Scalette siehe Zorzi, Giangiorgio. Le chiese e i ponti di Andrea Palladio. Venezia, Neri Pozza Editore 1967 pp. 152–154; Puppi, Lionello. 1973. op.cit. Vol. II p. 419 (Nr.130) und 1977. op.cit. Vol. II p. 418 (Nr.130). Auch Bragadins Amtsvorgänger, Gio. Battista Bernardo, finanzierte den palladianischen Neubau der Loggia del Capitaniato vorwiegend aus den obengenannten persönlichen Einkünften – die Schmalseite der Loggia gegen die contrà del Monte basiert ja sowohl formal als inhaltlich auf dem Triumphthema, ebenfalls ist hier die persönliche Widmungsinschrift verteilt auf die zwei Schauseiten vorhanden. Vgl. speziell Zorzi, Giangiorgio. Le opere pubbliche e i palazzi privati di Andrea Palladio. Venezia, Neri Pozza Editore 1965 pp. 109–124. Einen weiteren Triumphbogen liess 1608 Pier Paolo Battaglia in Erinnerung an seine Vicentiner Statthalterschaft ausserhalb der Porta Castello errichten. Dieser Arco in Campo Marzo, dem einheimischen Architekten Ottavio Bruti Revese zugeschrieben, wurde anlässlich eines Mussolini-Besuches in Vicenza 1938 aus Platzgründen niedergerissen. Vgl. Barbieri, Franco. 1972. op.cit. p. 164; Bressan, Bartolomeo. Serie dei Podestà e dei Vicari della città e territorio di Vicenza. Vicenza, Tip. Staider 1877.

6
Vgl. dazu Bertottis eigene Stellungnahme in Bertotti Scamozzi, Ottavio. Il Forestiere istruito delle cose più rare di Architettura, e di alcune Pitture della Città di Vicenza. Dialogo di Ottavio Bertotti Scamozzi dedicato al Nob. Sig. Marchese Mario Capra. Vicenza, Giovambattista Vendramini Mosca 1761 pp. 113–114 und Tav. XXXIV. Eine ausführlichere Stellungnahme findet sich in Bertotti Scamozzi, Ottavio. Le Fabbriche e i Disegni di Andrea Palladio raccolti ed illustrati. Opera divisa in quattro Tomi con Tavole in rame rappresentanti le Piante, i Prospetti, e gli Spaccati: con la traduzione francese. Vicenza, Francesco Modena 1776 Vol. I pp. 71–73 und Tav. XXXVII–XXXIX.

7
Bertotti Scamozzi, Ottavio. 1761. op. cit. p. 7.

8
Ausgewählte Bibliografie zur Villa Valle:
Muttoni, Francesco. Osservazioni intorno alle fabbriche fatte e da proseguirsi in onore della Beata Vergine Maria di Monte Berico di Vicenza raccolte dall'Architetto N. N. Vicenza, Berno 1741.
Arnaldi, Enea. Abbozzi autografi di lettere del Conte Enea Arnaldi sui progetti relativi ai Portici di Monte Berico (vier Briefkopien vom 1. Februar bis 30. April 1746). B.B.Vi. Ms seg. Gonz. 26.4.1.[8] (2798).
Crivellari, Francesco und Liceo Bernatti. Topografia della Regia Città di Vicenza. Lavoro d'una Società Topografica-Statistica dedicato al N. H. Marco Antonio Pasqualigo Ciambellano di S. M. Imperiale, Regio Delegato della Provincia Vicentina. Vicenza, Luigi Forti Editore 1821.
Berti, Giambattista. Topografia della R. Città di Vicenza corredata di memorie sulla Storia, sulla Statistica, sui Prodotti, sulle Manifatture, sugli Uomini Illustri, e sulle Opere di Belle Arti. Vicenza, Tip. Paroni 1823.
Rumor, Sebastiano. La villa Clementi a Monte Berico. Vicenza, Tip. S. Giuseppe 1902.
Bortolan, Domenico und Sebastiano Rumor. Guida di Vicenza. Vicenza, Tip. S. Giuseppe 1919.
Rumor, Sebastiano. Il Santuario di Monte Berico. Vicenza, G. Rossi & Co. 1926.
Barbieri, Franco; Cevese, Renato und Licisco Magagnato. Guida di Vicenza. Vicenza, Editrice Eretenia 1956 [2. Ed.].
Cevese, Renato. Ville della Provincia di Vicenza Vol. II. Milano, Edizioni Sisar 1971.
Olivato, Loredana. 1975. op.cit.

9
Rumor nennt irrtümlich das Jahr 1745; es handelt sich aber um den in einer Abschrift erhaltenen Brief vom 1. April 1746, adressiert an einen nicht näher bezeichneten Conte und wohl Vicentiner Mitbürger von Arnaldi. Vgl. Bibliografie zur Villa.

10
Rumor, Sebastiano. 1902. op.cit. pp. 12–13.

11
Zu den zahlreichen Freunden der Familie Valle zählte auch Leopoldo Cicognara, der beispielsweise am 16. November 1794 in einem Brief aus Padova einen Besuch mit seiner erst kürzlich angetrauten Gattin Massimiliana ankündigte. Vgl. dazu auch Malamani, Vittorio. Memorie del Co. Leopoldo Cicognara Vol. I. Venezia, Tip. dell'Ancora 1888.
Und François Menageot, ehemaliger Direktor der Académie de France in Rom, wohnte nach deren Suspension im Oktober 1792 für einige Jahre als Gast in der Villa Valle. Der Stadt Vicenza schenkte Menageot zum Dank das Gemälde «La Vergine Maria Regina degli Angeli», das mit Dekret vom 18. Juli 1796 ins Sanktuarium auf dem Monte Berico kam und heute noch einen der vier Altäre im barocken Kreuzkuppelraum der Wallfahrtskirche schmückt. Vgl. Trissino, Leonardo. Miscellanea di notizie Vicentine. B.B.Vi. Ms seg. Gonz. 23.11.2.[3] (3158). Zorzi, Giangiorgio. 1967. op.cit. p. 146 und Anm. 44.

12
Rumor, Sebastiano. 1902. op.cit. p. 14.

13
Der Vicentiner Architekt Caregaro Negrin (1821–1898) versuchte im Hinblick auf die italienische Gartenkultur, anstelle der Begriffe «stile francese» oder «stile inglese» die allgemeineren Definitionen «stile simetrico» und «stile paesista» einzuführen. Siehe Caregaro Negrin, Antonio. Dell'arte dei giardini. Parte storica. In: Prima Esposizione italiana di Architettura in Torino. Conferenze, ottobre–novembre 1890. Torino, Tip. L. Roux e C. 1891 pp. 257–291.
Was die Parkgestaltung bei der Villa Valle betrifft, so ist kein dafür verantwortlicher Architekt bekannt und nicht auszuschliessen, dass Giambattista Valle sich hier selbst als dillettierender Gartenarchitekt betätigte. Der weitgereiste Mann, der Ende Mai 1749 von einem einjährigen Istanbul-Aufenthalt zusammen mit dem Vicentiner Conte Sertorio Sangiovanni nach Vicenza zurückgekehrt war, besass profunde Pflanzenkenntnisse, was sich auch aus einem Briefwechsel mit dem Marchese Mario Capra schliessen lässt. Siehe Capra, Mario. Lettere autografe no 4 a Giambattista Valle, 1753–1763. B.B.Vi. Ms seg. G.1.1.3 [34] (Busta 105). Arnaldi, Fabio. Memorie scritte del Co. Fabio Arnaldi dall'anno 1740 sino al 1762 (in einer Kopie von Vincenzo Gonzati). B.B.Vi. Ms seg. Gonz. 21.10.26 (2517), unter den Daten 30. Mai 1749 und Oktober 1749.

14
Rumor, Sebastiano. 1902. op.cit. p. 10 und p. 15.
In diesem Zusammenhang sei auch der Vater von Alessandro und Luigi, nämlich Camillo Valle erwähnt, Sohn des Giambattista und Verfasser einer anonym erschienenen Broschüre: Memoria sull'agricoltura del Cantone di Valdagno, dipartimento del Bacchiglione. Milano, Silvestri 1811.

15
Maccà, Gaetano. Storia del territorio vicentino. Caldogno, Gio. Battista Menegatti 1812–1816 Vol.V p.30. Reprint: Bologna, Libreria Alpina Degli Esposti 1972.
Die Villa Valle in Valdogno, die später den Orsini und heute den Marzotto gehört, wird aufgrund stilistischer Überlegungen dem Padovaner Architekten Girolamo Frigimelica (1653–1732) zugeschrieben und kurz vor 1700 datiert mit Hilfe einer Inschrift auf dem Portalgitter: «Il S. Co. Alessandro al Kaval. Ottaviano Figlio 20 Maggio 1699 C.D.R.F.»
Vom ehemaligen gotischen Bau der Villa Valle in Lavo ist noch ein rechteckiges, mit einem Spiralband verziertes Fenstergewände aus dem Quattrocento erhalten. Doch das heutige Aussehen hat die Villa durch einen Neubau im Jahre 1757 sowie durch Umbauten der Jahre 1869 und 1930 erteilt bekommen; kurz vor den Erneuerungen im 19. Jahrhundert brachte Marina Valle den Landsitz als Mitgift in die Ehe mit Bernardino Girotto, dessen Familie die Villa noch heute besitzt. Siehe Cevese, Renato. 1971. op.cit. Vol. II p. 354 und pp. 618–619. Kubelik, Martin. Die Villa im Veneto. Zur typologi-

schen Entwicklung im Quattrocento. München, Süddeutscher Verlag 1977 Vol. I p. 143 (Nr.114) und Vol. II p. 616 Abb. 547.
Für die neuerdings vorgenommene Frühdatierung des Vicentiner Palazzo Valle ins beginnende 17.Jahrhundert siehe Barbieri, Franco. Giandomenico e Vincenzo Scamozzi. In: Pozza, Neri (Hg.). Vicenza illustrata. Vicenza, Neri Pozza Editore 1976 p. 316 und p. 322. Die Gartenanlagen der Familie Valle werden kurz erwähnt bei Cabianca, Jacopo. Dei giardini e della orticoltura nella provincia di Vicenza. In: Catalogo della prima mostra dei prodotti primitivi del suolo, della industria e belle arti della Provincia Vicentina, tenuta nel palazzo del Museo Civico il 25 Agosto 1855. Vicenza, Tip. Eredi Paroni 1855 pp. 49–67. Ansonsten fehlt eine diesbezügliche Studie über die kleineren, kaum bekannten Gärten im Veneto und im Vicentino insbesondere; für einen allgemeinen Überblick vgl. Puppi, Lionello. The Villa Garden of the Veneto from the Fifteenth to the Eighteenth Century. In: Coffin, David R. (Hg). Colloquium on the History of Landscape Architecture Vol. I. Washington, Dumbarton Oaks Trustees for Harvard University 1972 pp. 81–114.

16
Für die ausführlichen Angaben siehe Teil I dieser vorliegenden Arbeit. Eine Aufstellung mit den Besitzerverhältnissen der Rotonda findet sich bei Semenzato, Camillo. La Rotonda. Corpus Palladianum Vol. I. Vicenza, C.I.S.A. 1968 pp. 47–48.

17
Rumor, Sebastiano. 1902. op.cit. p. 12. Das Haus wurde auf 1573 Dukaten, 4 Troni und 5 Soldi geschätzt, das Terrain mit 295 Dukaten, 2 Troni und 4 Soldi bewertet. Da Fortuna die gesamte Liegenschaft später für 2300 Dukaten verkaufte, erscheinen seine eigenen, nicht nachkontrollierbaren Angaben über die von ihm getätigten Aufwendungen von 1300 Dukaten fragwürdig und eher spekulativ. Andrerseits nimmt Rumor einen entsprechend grossen Verlust des Fortuna an.

18
Über Domenico Cerato (1715–1792) ist bis heute noch keine umfassende Arbeit geschrieben worden, die über die ungedruckte Dissertation des frühverstorbenen Ettore Motterle hinausgeht. Und was die vielzitierte Beziehung zwischen Cerato und Bertotti betrifft, sei hier nochmals festgehalten, dass diese allein schon wegen des geringen Altersunterschiedes weniger durch ein Lehrer-Schüler-Verhältnis als vielmehr durch den fast missionarischen Eifer des Cerato geprägt war.
Den Hochaltar in der Kirche S. Stefano schreibt erstmals Motterle dem Cerato zu, während Arslan den – heute umgearbeitet erscheinenden – Altar noch Domenico Angeli attribuiert und Barbieri in einem ersten, auf der Arbeit Motterles basierenden Artikel die Zuschreibung aufnimmt, um sie in einer späteren Publikation mit einem Fragezeichen zu versehen. Motterles Sicherheit in der Attribution beruht auf seiner, in diesem Fall aber nicht erwähnten Kenntnis der entsprechenden Zeichnungen von Cerato in der Raccolta Iconografica Padovano des Museo Civico in Padova (Ms seg. R.I.P. Disegni Cerato, V. 863, Tav. 1–3 des gebundenen Heftes). Die genaue Datierung des Hochaltars in das Jahr 1753 findet sich auch bei Fabio Arnaldi, der zusätzlich erwähnt, dass der Altar zum Patroziniumsfest vom 26. Dezember grösstenteils fertiggestellt war, dass aber sowohl im Mai als auch im Juni 1754 der Rat der 150 die erforderliche Summe von 600 Silberdukaten für die Fortsetzung (Vollendung?) des Hochaltares ablehnte und erst im April 1755 dann 300 Dukaten bewilligte.
Vgl. Arnaldi, Fabio. Memorie Ms. op.cit. unter den Daten 30. Dezember 1753, 19. Mai und 23. Juni 1754. Arslan, Edoardo. Catalogo delle cose d'arte e di antichità d'Italia. Vicenza – I. Le Chiese. Roma, De Luca Editore 1956 p. 163. Motterle, Ettore. L'Abate D. Domenico Cerato, Architetto e Professore. Tesi di laurea presso l'università di Padova. Anno accademico 1959–60. Zanazzo, Giovanni Battista. L'abate architetto Domenico Cerato. In: Odeo Olimpico 1943–1963 Vol. IV. Vicenza, Accademia Olimpica 1964 pp. 83–92. Barbieri, Franco. I Precursori del «Neoclassicismo» vicentino. In: Bollettino C.I.S.A. 1963 Vol. V. Vicenza, C.I.S.A. 1964 pp. 115–125. Passadore, Giorgio. Domenico Cerato architetto a Padova. In: Bollettino C.I.S.A. 1963 Vol. V. Vicenza, C.I.S.A. 1964 pp. 318–329. Barbieri, Franco. 1972. op.cit. pp. 25–37.

19
Es seien hier die Zeichnungen für die im padovanischen Zovon (Gemeinde Vo) gelegene Villa des Francesco Paruta erwähnt; die Bestandesaufnahme der zu erneuernden Villa ist mit 22. August 1762 datiert. Einen ersten Vorschlag für den Umbau zeichnete Cerato am 25. August 1762 und lieferte ihn seinem Auftraggeber am 15. November 1762. Eine billigere Variante mit Verzicht auf die zuerst geplante Dreistöckigkeit des Mittelbaus ist mit 29. November 1762 bezeichnet und wurde am 28. Dezember des gleichen Jahres abgeliefert. Nach dem heutigen Aussehen der Villa wurde für deren Umgestaltung keiner dieser beiden Vorschläge verwertet, sondern mit Hilfe anderer Pläne (eines anderen Architekten?) begonnen. Die Familie Paruta stammte ursprünglich aus Lucca und wurde 1381 in den venezianischen Adelsstand erhoben; Francesco Paruta, Sohn des Lorenzo Paruta und wohnhaft in Mirano, verkaufte 1809 Haus und Felder in Zovon an Pietro Benato. Später kam die Liegenschaft in Besitz von Carlotta Romiati und gehört heute Hereward T. Watlington, der die Villa wieder mustergültig instandstellte. Vgl. Brunelli, Bruno und Adolfo Callegari. Ville del Brenta e degli Euganei. Milano, Fratelli Treves Editori 1931 pp. 202–204. Mazzotti, Giuseppe. Ville Venete. Roma, Carlo Bestetti Editore 1973 [5. Ed.] p. 385 Abb. 569. Die Zeichnungen von Cerato finden sich im Museo Civico in Padova, Ms seg. R.I.P. Disegni Cerato, V. 863, Tav. 33–35 des gebundenen Heftes. Bis anhin ist allein der erste Vorschlag auf Tav. 34 publiziert mit einer nicht gerade aussagekräftigen Feststellung: «... un suo disegno, steso tra agosto e novembre del 1762 per 'ristaurare', in economia non disgiunta da effetti di misurata eleganza, una vecchia casa di campagna.» Siehe Barbieri, Franco. 1972. op.cit. p. 32 und Abb. 10.
Ein anderes, ebenfalls nicht realisiertes Projekt des Cerato betrifft die seltsamerweise nur von Motterle erwähnte Villa Pigatti im Vicentinischen Mason, deren Ländereien sich längs des Baches Lavarda erstrecken. Zwar erwähnt Barbieri in seinem ersten Artikel über Cerato noch die ebenfalls nicht realisierte Fassadengestaltung des Palazzo Pigatti in Este (Barbieri, Franco. 1963 Vol. V. op.cit. p. 124 und Abb. 62), aber die Existenz einer Villa Pigatti in Mason wird sowohl von Barbieri als auch von Cevese nicht berücksichtigt, obgleich das Landhaus beispielsweise eingezeichnet und sogar namentlich erwähnt ist auf der heute gültigen, im Massstab 1:25000 gehaltenen Landkarte des Istituto geografico militare (Blatt 37.III.SE). Vgl. Motterle, Ettore. 1959–60. op.cit. pp. 81–83, 91. Kubelik, Martin. 1977. op.cit. Vol. II p. 689 Abb. 670.
Einen ersten Vorschlag von Cerato, «Disegno per il restauro della Casa Dominicale», ist mit 29. Oktober 1755 datiert und zeigt das dreigeschossige Gebäude mit einem Mittelrisalit, der im Erdgeschoss einen rundbogigen Portico und darübergestellt im Obergeschoss eine ebenfalls rundbogige Loggia aufweist. Zwei Zeichnungen vom 23. Mai 1758 sind einer anderen Bauaufgabe gewidmet und beinhalten Grundriss und Aufriss des «Luogo della Macina da Oglio esistente nel Monastero de P. P. Benedittini di Praglia, copiata per ordine dell'Illmo. Sig.r Lorenzo Pigatti». Der erwähnte Fassadenriss für den Palazzo Pigatti in Este stammt vom 16. Januar 1759, und vom 4. Februar 1763 existiert ein weiteres, nicht ausgeführtes Projekt «Disegno per regolare la Casa di Campagna posta in Mason dell'Illmi. Sig.ri Pigatti. Dominicale», das das dreigeschossige Herrenhaus auf sieben Achsen verkürzt und auffallenderweise drei verschiedene Fassadenlösungen bei gleichem Grundriss vorschlägt. Die dazugehörigen Wirtschaftsgebäude sind – verglichen mit dem Vorschlag aus dem Jahre 1755 – um zwei Fensterachsen tiefer und beinahe doppelt so lang geplant. Museo Civico in Padova, Ms seg. R.I.P. Disegni Cerato, V. 862, Tav. 1–5 des gebundenen Heftes.

20
Scamozzi, Vincenzo. Dell'Idea della Architettura Universale di Vincenzo Scamozzi Architetto Vicentino. Venetia, presso l'Autore 1615. Zitiert nach der deutschen Ausgabe: Scamozzi, Vincenzo. Klärliche Beschreibung der fünff Säulen-Ordnungen und der ganzen Bau-Kunst. Aus dem sechsten und dritten Buche Vincentii Scamozzi Baumeisters zu Venedig. Nürnberg, Stephan Rolcke für Johann Hoffmann 1697 pp. 177–178. Eine von Lichtenthaler ebenfalls für Hoffmann gedruckte Scamozzi-Ausgabe erschien 1678 in Nürnberg mit identischer Seiten- und Abbildungsanzahl.

21
Palladio, Andrea. I Quattro Libri dell'Architettura. Venetia, Domenico de'Franceschi 1570. Libro I Cap. XXI p. 52. Reprint: Milano, Ulrico Hoepli Editore 1945 ff.

22
Ausgewählte Bibliografie zur Casa Pavanello:
Pavanello, Michele. Memorie estese dall'Ab. Michele Pavanello e da Giuseppe Corona dal 1750 al 1783 – continuate dallo stesso Corona sino al 18. Mag.o 1814. B.B.Vi. Ms seg. Gonz. 21.10.26 (2517).
Faccioli, Giantommaso. Notizie biografiche su vari artisti, alla voce Michele Pavanello. B.B.Vi. Ms seg. Gonz. 26.5.34 (2002).
Faccioli, Giantommaso. Musaeum lapidarium Vicentinum. Vicetiae, ex typ. Brixiani 1776 und ex. typ. Vendramini Muscae 1803–1804.
Marchi, Giovanni. Memorie delle famiglie vicentine, Vol. V. B.B.Vi. Ms seg. Gonz. 26.7.1–7 (2991–2997).
Bortolan, Domenico. Guida di Vicenza, note e documenti, Vol. I. B.B.Vi. Ms seg. CB 36–43.
Barichella, Vittorio. Andrea Palladio e la sua scuola. Lonigo, Tip. Giovanni Gasparini 1880.
Kamm-Kyburz, Christine. Aspetti razionalistici nel Palladianesimo: Ottavio Bertotti Scamozzi. In: Bollettino C.I.S.A. 1979 Vol. XXI. Vicenza, C.I.S.A. 1982.
Kamm-Kyburz, Christine. Ottavio Bertotti Scamozzi und die Rezeption palladianischer Bautypologie im Veneto des 18. Jahrhunderts. In: Forster, Kurt W. und Martin Kubelik (Hg). Palladio – Ein Symposium. Bibliotheca Helvetica Romana Vol. XVIII. Rom, Ed. Schweizerisches Institut in Rom 1980.

23
Berlaffa, Antonio. Dissegno formato da me Antonio Berlaffa Perito ad Instanza del Sig.r Agostin Fadinelli di pianta della sua Casa, e cossi d'altra del Sig.r Tomaso Cressadoro, davanti alla quale a' piantato di nuovo 3. pilastri con muro alto sopra 'essi. il tutto nel Borgo di San Felice questo di 7. Aprile 1728. io Berlaffa sud.to. I.P.A.B. Vicenza, Archivio dell'Ospizio, Eredità Fadinelli – Mazzo Disegni. Von Interesse sind hier auch die zwei anderen Bauaufnahmen, die am 10. September 1722 von Giandomenico Dall'Acqua auf Verlangen des Klosters S.S. Felice e Fortunato und am 20. September 1722 von Antonio Berlaffa für Agostin Fadinelli gezeichnet wurden. Siehe dazu Soragni, Ugo. Fonti e documenti per la storia di Vicenza nei secoli XVI–XVIII. In: Storia della città 1977 Vol. 4. Milano, Electa Editrice 1977 p. 87 und Abb. 28, 29. Die Organisation der I.P.A.B. (Istituzioni pubbliche di assistenza e beneficenza) hat sich diese Benennung erst im Sommer 1978 zugelegt und hiess früher E.C.A. (Ente comunale di assistenza), ihr Sitz befindet sich an der contrà Oratorio dei Proti 3 in Vicenza.
Libri dei nomi dei possessori dei fondi, Vol. 9: M a Nardi. A.S.Vi. Ms seg. No 2650. Testament der Margaritta Briati Cressadoro. A.S.Vi. Notarile, Notaio Antonio Disconzi fu Cressan, Vol. 2 Testamenti-Proticollo No 14304, Test. No 13 vom 27. August 1762, geöffnet am 22. Juni 1764. Pavanello, Michele. Memorie Ms. op.cit. unter den Daten 3. September 1764 und September 1765. Faccioli, Giantommaso. Notizie Ms. op.cit. p. 4 verso. Testament des Michele Pavanello. A.S.Vi. Notarile, Notaio Bortolo Finozzi fu Francesco (1775–1831), L. 33° Minutari de' Testamenti No 16486, Test. No 196 vom 13. Juli 1801, geöffnet am 23. Juli 1801. Testament des Giuseppe Pavanello. A.S.Vi. Notarile, Notaio Marco Spranzi fu Giovanni (1807–1832), No 19, atti 87, Test. No 2461 vom 31. Oktober 1820.

24
Bortolan, Domenico. Guida Ms op.cit. Vol. I p. 236.

25
Von den vielen Beispielen sei hier nur das berühmteste erwähnt, die Casa Cogollo am Corso Andrea Palladio in Vicenza. Vgl. dazu auch Burns, Howard (Hg). 1975. op.cit. pp. 40–41 (Nr. 59) und p. 49.

26
Bortolan, Domenico. Guida Ms op.cit. p. 236.

27
Giacomo Ciesa (1733–1820), Paolo Guidolini (1742–1798), Francesco Lorenzi (1723–1787) und auch Giambattista Bendazzoli (1739–1812) sind bis heute keiner grösseren monografischen Untersuchung für würdig gehalten worden. Für Bendazzoli und Ciesa existieren immerhin ausführliche bio- und bibliografische Lexikonartikel; von Francesco Lorenzi wurden zwei aufschlussreiche Briefe aus den Jahren 1783 und 1784 publiziert, und Ciesa ist auch in einer kürzlich veröffentlichten Forschungsarbeit berücksichtigt worden. Vgl. Donzelli, Carlo. I pittori veneti del Settecento. Firenze, Sansoni Editore 1957. Barbieri, Franco. Bendazzoli Giovanni Battista; Ciesa Giacomo. In: Dizionario Biografico degli Italiani Vol. VIII und Vol. XXVI. Roma, Istituto della Enciclopedia Italiana 1966 und 1981. Puppi, Lionello. Carlo Cordellina committente d'artisti. Novità e appunti su G. Massari, G.B. Tiepolo, F. Guardi, F. Lorenzi e O. Calderari. In: Arte Veneta 1968 Vol. XXII. Venezia, Alfieri Edizioni 1969 pp. 212–216. Barbieri, Franco. 1972. op.cit. pp. 46, 52, 54, 75, 78–80, 82, 87, 100, 106–108, 127–134, 143, 160, 166 und 177. Rigon, Fernando. Pittori veneti minori del '700. Vicenza, G. Rumor Editrice 1981 pp. 36–62. Und immer noch wertvoll sind die Eintragungen bei Thieme, Ulrich und Felix Becker. Allgemeines Lexikon der bildenden Künstler von der Antike bis zur Gegenwart. Leipzig, Wilhelm Engelmann Verlag 1907–1910 und E.A. Seemann Verlag 1911–1950. Reprint: Leipzig, VEB Verlag E.A. Seemann o.J.
Was das Todesdatum von Ciesa betrifft, gibt Barbieri (1972. op.cit. p. 132) rückschliessend auf einen Text von Alverà das Jahr 1813 an; in einem anderen Manuskript desselben Andrea Alverà (1799–1845) findet sich eine ähnliche, aber genauer definierbare Bemerkung, nach der Ciesa – geboren am 23. Februar 1733, Schüler von Giambettino Cignaroli – vor ca. 6 oder 7 Jahren im Alter von 87 Jahren starb. Alverà, Andrea. Indice dei pittori, scultori ed architetti, che lavoravano in Vicenza, Vol. I. B.B.Vi. Ms seg. Gonz. 27.4.41–43 (1451–1453). Ebenfalls ist zu erfahren, dass Giacomo Sohn des Camillo Ciesa war und am 23. Mai 1795 sich im Vicentinischen aufhielt. Marchi, Giovanni. Memorie Ms op.cit. Vol. II. Rigon, Fernando. 1981. op.cit. p. 36.

28
Über Davide Rossi (1741–1820) finden sich noch immer die vollständigsten Angaben bei Diedo, Antonio. Delle lodi di Davide Rossi fu Professore di Prospettiva nella I.R. Accademia di Belle Arti in Venezia. In: Atti della Imp. Regia Accademia di Belle Arti in Venezia dell'anno 1844. Venezia, Tip. Gaspari 1844 pp. 7–27. Ferner siehe Artikel von Pallucchini, Rodolfo. Rossi Davide. In: Thieme, Ulrich und Felix Becker. 1907–1950. op.cit. Vol. 29, 1935 pp. 55–56. Und vgl. Saccardo, Mario. Notizie d'arte e di artisti vicentini. Vicenza, L.I.E.F. 1981. pp. 287–288. Bertotti wurde übrigens Taufpate der am 8. Dezember 1773 geborenen Tochter des Malers. Sowohl über Rossi als auch über Francesco Leoni, der in Vicenza in den späten 70er und in den 80er Jahren des 18. Jahrhunderts tätig war, vgl. in diesem Zusammenhang auch Barbieri, Franco. 1972. op.cit. pp. 59, 82, 106–108, 129.

29
Aufschlussreich ist hier ein von Goethe geschriebener Passus in der überarbeiteten Fassung seines Reisejournals: «Den 22. September (1786). Heute abend war ich in einer Versammlung, welche die Akademie der Olympier hielt. Ein Spielwerk, aber ein recht gutes, es erhält noch ein bisschen Salz und Leben unter den Leuten. Ein grosser Saal neben dem Theater des Palladio, anständig erleuchtet, der Capitan und ein Teil des Adels zugegen, übrigens durchaus ein Publikum von gebildeten Personen, viele Geistliche, zusammen ungefähr fünfhundert.» Zitat nach Goethe, Johann Wolfgang. Italienische Reise. Erster und zweiter Teil. München, dtv-Gesamtausgabe 1962 Band 25 pp. 47–48.

30
Bei der gemeinsamen Publikation von Pavanello und den beiden Söhnen des Marchese Capra handelt es sich um einen Sammelband mit verschiedenen Beiträgen mehrerer Autoren: In Nuptias Comitis Aloysii Miniscalchi Veronensis et Marchion. Octaviae Capra Vicetinae. Patavii, Jos. Cominus 1744. Vgl. Rumor, Sebastiano. Gli scrittori vicentini dei secoli decimottavo e decimonono. Venezia, Tip. Emiliana 1905–1909 Vol. I pp. 368–369.

31
So erarbeiteten Arnaldi und Capra — Sohn des Conte Gaetano Capra und der Teresa Sale, kein Verwandter des Marchese Mario Capra — zwei, zu Recht als «elefantiaci progetti» beurteilte Vorschläge für den an der heutigen contrà Cantarene gelegenen Palazzo des Advokaten Angelo Dalla Vecchia. Der Bauherr wählte aber das Projekt Giorgio Massaris von 1748, jenes Architekten also, der bereits für den Advokaten Carlo Cordellina eine Villa in Montecchio Maggiore errichtet hatte. Der Vorschlag Arnaldis ist bis heute erhalten geblieben, während die «Studi architettonici» des Capra im Verlaufe des 19. Jahrhunderts verlorengingen, das Projekt für den Palazzo Dalla Vecchia jedoch in einer Beschreibung von Leonardo Trissino überliefert ist. Arnaldi, Enea. Scritti originali divisi in due volumi in foglio, Vol. II. B.B.Vi. Ms seg. Gonz. 28.3.2. [1—2] (2800—2801), Projektbeschreibung in Facs. 11,3 und 24. Arnaldi, Enea. Disegni architettonici. B.B.Vi. Ms seg. Gonz. 30.7.1 (Ds 2), Zeichnung Nr. 13. Trissino, Leonardo. Artisti vicentini, Vol. I. B.B.Vi. Ms seg. Gonz. 26.5.4—5 (1949—1950) p. 169. Vgl. auch Barbieri, Franco. 1972. op.cit. pp. 10—11, 84—85.

32
«H.S.E. Michael Pavanello Vicentinus Presbyter integerrimus, & aureae mediocritatis amantissimus, omnimodae eruditionis Investigator, & Grecae, Lat. Ital., & Agrestis Linguae, & Poet. Peritissimus, ut centena ab eo edita Opuscula testantur; non sine Rei pub. Literariae jactura è vita decessit. Anno Dom. MDCCCI. die XXI. Juli aetatis LXXVI. Jacobus, & Filii Milan Amico, & Praecepturi Benem. P.C.» Faccioli, Giantommaso. 1776—1804. op.cit. Vol. II pp. 25—26.
Die Anspielung auf die Hausinschrift ist offensichtlich; die dort von Pavanello zitierte Ode des Horaz, der damit seinerseits auf die aristotelische Tugendlehre zurückgegriffen haben dürfte, lautet im betreffenden Abschnitt: «Auream quisquis mediocritatem / Diligit, tutus caret obsoleti / Sordibus tecti, caret invidenda / Sobrius aula», und in der deutschen Übersetzung: «Wer da wählt die goldene Mitte, sicher / Bleibt er fern vom Schmutze der morschen Hütte, / Bleibt, genügsam, fern von missgönntem Prunke / Fürstlichen Schlosses». Horaz. Sämtliche Werke. Tusculum-Bücherei. München, Ernst Heimeran Verlag 1964 pp. 82—85 Oden II, 10, 5—9. Für die wertvollen Hinweise, die zur Entdeckung des Zitats geführt haben, danke ich hier dem Altphilologen Dr. Josef Vonlaufen, Luzern.

33
Ausgewählte Bibliographie zum Palazzo Milan (heute Tacchi):
Magrini, Antonio. Dell'Architettura in Vicenza. Discorso con appendice critico-cronologica delle principali sue fabbriche negli ultimi otto secoli. Padova, Tip. del Seminario 1845.
Da Schio, Giovanni. I Memorabili Ms op.cit. Vol. B.
Bressan, Bartolomeo. Fabbriche di Vicenza. Studi. B.B.Vi. Ms seg. Gonz. 24.10.1 (3209).
Bressan, Bartolomeo. Palasti ed edifici Vicentini. B.B.Vi. Ms seg. Gonz. 24.10.1 (3209).
Bortolan, Domenico. Guida Ms op.cit. Vol. VII.
Anesini-Berton, Nita Maria. 1945—1946. op.cit.
Barbieri, Franco. Un episodio dell'architettura settecentesca vicentina: Francesco Antonio Ziggiotti. In: Bollettino C.I.S.A. 1962 Vol. IV. Vicenza, C.I.S.A. 1963.
Franco, Fausto. Ottavio Bertotti Scamozzi. In: Bollettino C.I.S.A. 1963 Vol. V. Vicenza, C.I.S.A. 1964.
Barbieri, Franco. 1972. op.cit.
Olivato, Loredana. 1975. op.cit.

34
Die wertvollen Vicentiner Häuserverzeichnisse, von denen die bereits unter Anm. 23 erwähnten «Liberi dei nomi dei possessori dei fondi» auch die Besitzungen in der Provinz enthalten, sind anscheinend bisher nur von Bortolan in grösserem Umfang benützt worden. Die entsprechenden Ergebnisse finden sich u. a. verstreut in seiner achtbändigen Notizsammlung für einen Stadtführer Vicenzas und wurden erstmals in einer auf sechs Strassenzüge beschränkten Publikation veröffentlicht.
Vgl. Libri dei nomi dei possessori dei fondi, Vol. 9: M a Nardi. A.S.Vi. Ms seg. No 2650. Del Caseggiato di Città compilato l'anno 1805, Vol. II. A.S.Vi. Ms seg. No 3163. Bortolan, Domenico. Guida Ms op.cit. Vol. VII pp. 580, 605. Bortolan, Domenico und Sebastiano Rumor. Le contrade del Monte — Porti — Pusterla — S. Marco — S. Francesco — S. Bortolo in Vicenza dal secolo XVI al finire del XIX. Vicenza, Tip. S. Giuseppe 1895.

35
Archivio del Comune. Civiltà e Cittadinanza, Processo Milana per l'abitazione in questa Città 1617—1708. B.B.Vi. Archivio di Torre Ms Inv. No 177.

36
Girolamo Milan soll sehr grosszügig gewesen sein, und fast alle Chronisten erwähnen, dass er viele Bedürftige während der grossen Hungersnot im Winter 1816—1817 mit Lebensmitteln versorgte. Von seinen zwei Kindern trat Margherita dem Orden der Salesianerinnen bei, und Giacomo (Vicenza 1796—1844 Ferrara) heiratete 1816 die Contessina Angelina Porto Barbaran. Diese anscheinend in Vicenza zum erstenmal stattfindende Heirat zwischen einem Bürgerlichen und einer Adligen hatte beträchtlichen Aufruhr verursacht und erklärt den harten Ton des Marchese Vincenzo Gonzati in seiner Beschreibung des Milan'schen Stammbaumes.
In den Zwanzigerjahren des 19. Jahrhunderts musste dann auch die Firma Milan den Bankrott erklären, Girolamo Milan zog sich nach Carpanè zurück, wo er mit dem Unterrichten der Dorfkinder begann und 1836 starb. Seinem Sohn Giacomo hinterliess später ein Onkel Massari aus Ferrara den erblichen Titel eines Conte, und Giacomo Milan-Massari wurde bei den Zeitgenossen als eleganter Prosaschriftsteller geschätzt. Er starb 1844 in Ferrara und wurde auf seinen Wunsch in Vicenza begraben. Von seinen vier Kindern überlebte nur der 1820 geborene Luigi die Mitte des 19. Jahrhunderts und starb ohne Nachkommen 1884 in Vicenza. Das Grabmonument der Milan-Massari, im frühen 20. Jahrhundert in einen Durchgang zwischen Kirche und Arkadenhalle des von Bartolomeo Malacarne erbauten Friedhofs verbannt, wobei das von Adele Negrin geschaffene und in eine dunkelblaue Marmorwand eingelassene Medaillon des Luigi Milan verlorenging, wird von Navarotto beschrieben: «Jacopo Milan-Massari, il patrizio letterato è inginocchiato dinanzi alla Vergine col Santo Bambino e libri da un lato su libri che, come dettò il Giordani, l'avea fatto 'noto in Italia per gli studi' mentre 'alle patria preparava una buona storia': l'artistico monumento, della scuola canoviana — canto del cigno dello scultore romano Finelli — era forse il più bello e pregiato dei tanti che numerano le grandi famiglie nostre nelle corsie della morte ...»
Vgl. Griselini, Francesco (?). Delle Fabbriche e Manifatture di Seta esistenti nella Città di Vicenza. In: Giornale d'Italia vom 1. September 1764. Venezia, Milocco 1765 Vol. I pp. 68—71. Pavanello Michele. Memorie Ms op.cit., unter dem Datum 1806. Favetta, Giovanni. Fatti successi in Vicenza dall'anno 1704 sino al 1814 diligentemente raccolti da Gio. Favetta. B.B.Vi. Ms seg. Gonz. 22.9.42 (3224), unter den Daten 10. November 1786 und 1806. Gonzati, Vincenzo. Famiglie vicentine, memorie genealogiche. B.B.Vi. Ms seg. Gonz. 27.8.7—8 (3228—3229) Vol. II pp. 31—32. Da Schio, Giovanni. I Memorabili Ms op.cit. Vol. M. Cabianca, Jacopo. Biografia di Giacomo Milan. B.B.Vi. Ms seg. Gonz. 26.9.20 (3294). Festari, Girolamo. A Jacopo Milan epistola poetica. B.B.Vi, Ms seg. Gonz. 25.7.30 (2782). Festari, Girolamo. Sonetto in morte di Jacopo Milan Massari. B.B.Vi. Ms seg. Gonz. 26.4.5 [1] (2898). Cabianca, Jacopo und Fedele Lampertico. 1861. op.cit. Vol. IV p. 817. Lodi, Emanuele. Cenni storici e statistici sul setificio in Vicenza nella seconda metà del secolo passato. Vicenza, Tip. Burato 1872. Rumor, Sebastiano. 1905—1909. op.cit. Vol. II p. 342. Navarotto, Adriano. «Ottocento» Vicentino. Padova, Istituto Veneto di Arti Grafiche 1937 pp. 56—57. Mantese, Giovanni. L'arte della lana e della seta nella ripresa economica vicentina del secolo XVIII. Vicenza, Ed. Camera di Commercio Industria Artigianato e Agricoltura 1977 pp. 35—48, 69—84.

37
Faccioli, Giantommaso. 1776—1804. op.cit. Vol. I p. 121.

38
Archivio del Comune. Stabilimenti e Regole rispetto al Corpo Mercantile della Seta ed all'Arte de'Testori. Approvati con Decreto dell'Eccellentiss.mo Senato 29. Decembre 1753. Venezia, per li Figliuoli del Qu.Z. Antonio Pinelli Stampatori Ducali 1754. B.B.Vi. Archivio di Torre Inv. No 643 Calto XXX No 58. Archivio del Comune. Terminazione dell'Illustrissimo, & Eccellentissimo Signor Inquisitor all'Arti, e Conferenza de Magistrati Eccellentissimi de Deputati al Commercio, Cinque Savi alla Mercanzia, Proveditori alla Giustizia Vecchia, e Consoli de Mercanti. In proposito de'Lavori pertinenti al Corpo Mercantile della Seda, & Arte de Testori. Approvata con Decreto dell'Eccellentissimo Senato 25. Maggio 1756. Venezia, per li Figliuoli del Qu.Z. Antonio Pinelli Stampatori Ducali 1756. B.B.Vi. Archivio di Torre Inv. No 642 Calto VVV No 62. Archivio del Comune. Calze di Seta A. 1762—1773. B.B.Vi. Archivio di Torre Ms Inv. No 756 Calto 62 No 2. Lodi, Emanuele. 1872. op.cit. p. 5. Caizzi, Bruno. Industria e commercio della Repubblica veneta nel XVIII secolo. Milano, Banca Commerciale Italiana 1965 pp. 109—113 mit vereinzelten, geringen Datenverschiebungen und ohne Berücksichtigung der lokalen Archivmaterialien. Vgl. ferner Mantese, Giovanni. Memorie storiche della Chiesa Vicentina. Vicenza, Accademia Olimpica 1982 [aber 1983 erschienen] Vol. V (dal 1700 al 1866), par. V pp. 595—607.

39
Sowohl di contrà Porta S. Lucia als auch die contrà S. Domenico und die contrà Porta Padova waren zu Beginn des 18. Jahrhunderts zu vernachlässigten Quartieren degradiert und erlebten dann langsam durch die wiederaufkommende Seidenindustrie eine neue Blütezeit. Nach einer Zählung von 1711 hatte die Stadt Vicenza 400 Webstühle, während nach der venezianischen Monopolverordnung von 1713 diese Anzahl sich drastisch verminderte, 1720 auf einen Drittel des ursprünglichen Bestandes gesunken war und viele Arbeiter nach Gorizia und Gradisca ausgewandert waren. Nachdem dann 1724 eine neue Regelung für Vicenza etwas grössere Produktionsfreiheit gestattete, kehrte ein Teil der Emigranten zurück. Man begann erneut über die erlaubte Prduktionsspanne hinaus zu schaffen, was wiederholte, verschärfte Massnahmen von seiten Venedigs nach sich zog. Und hatten die Vicentiner bereits 1738 ihre neuen, für die einheimische Seidenindustrie gültigen Satzungen den venezianischen Magistraturen vorgelegt, so wurden diese erst durch die Verordnungen der Fünfzigerjahre mehr oder weniger gebilligt. Aber die langen Reihen von bescheidenen Häuschen der «Samitari» waren von neuem Leben, von neuen Hoffnungen erfüllt. Vgl. Navarotto, Adriano. 1937. op.cit. p. 77. Caizzi, Bruno. 1965. op.cit. pp. 109—110.
In Vicenza selbst wurde im Dezember 1749 das Gesuch der Seidenhändler um die Errichtung einer Berufsorganisation vom Rat der 150 gebilligt. Derselben Chronik ist weiter zu entnehmen, dass das Jahr 1749 katastrophal ausgefallen sein muss für die Landwirtschaft und ihre Erträge, was dann auch die Seidenindustrie sehr hart traf. Die Produktion wurde vermindert zugunsten vermehrter Lagerverkäufe, da gleichzeitig eine grosse Teuerung entstand. Viele «Samitari» wurden arbeitslos und hatten auch keine Chance, einen anderen Beruf zu ergreifen. In der Stadt Vicenza mussten im März 1750 um die 900 Personen von Almosen leben. Siehe Arnaldi, Fabio. Memorie Ms op.cit., unter den Daten 30. Dezember 1749 und März 1750.

40
Da Schio, Giovanni. I Memorabili Ms op.cit. Vol. H—K.

41
Vgl. dazu den Abbildungsteil bei Barbieri, Franco. Giandomenico e Vincenzo Scamozzi. In: Pozza, Neri (Hg). 1976. op.cit. pp. 308—322. Bertotti Scamozzi, Ottavio. 1761. op.cit. pp. 63—64, 77, 79 und Tav. XX, XXIV, XXV.

42
«Die Jonische Ordnung hat in sich alle die schönen Theile / die sie können annehmlich und zierlich machen / und ist sie sehr ähnlich schönen wol gewachsenen Bäumen und ehrbaren ernsthafften Matronen; daher nicht ohne Ursach die Alten dieselbe mitten unter die 5. Ordnungen gesetzt / wie auch wir thun: Und hat wol keine der andern Ordnungen solche proportion, dass sie zur Stärcke / Bequemlichkeit und Schönheit dienen könne / und sich zu allerhand Arten von Gebäuden gebrauchen lassen / wie dise. Die Alten haben auch ihre Privat-Häuser nach diser Ordnung gebauet; und wir haltens gleichfalls für löblich / wenn man sich derselben zu Tempeln und andern öffentlichen und Privat-Gebäuden bedienet / wie man sehen kan an denen Wercken / so von uns angegeben sind.» Zitiert nach Scamozzi, Vincenzo. 1697. op.cit. p. 78. Scamozzi beruft sich in diesem 21. Kapitel seines VI. Buches ausdrücklich auf die Stelle bei Vitruv. Siehe Vitruv. Zehn Bücher über Architektur. Lateinisch und deutsche Übersetzung von Curt Fensterbusch. Darmstadt, Wissenschaftliche Buchgesellschaft 1964. Viertes Buch, I. Kap. pp. 170—173. Spannend ist in diesem Zusammenhang, dass in Palladios Quattro Libri jeglicher Hinweis auf diese attributiven Qualitäten der Säulenordnungen fehlt.

43
Franco, Fausto. 1963 Vol. V. op.cit. p. 157. Vgl. auch Milano, Comune di (Hg). Mostra dei Maestri di Brera (1776—1859). Milano, Società per le Belle Arti ed Esposizione Permanente 1975. Patetta, Luciano (Hg). L'Idea della Magnificenza Civile. Architettura a Milano 1770—1848. Milano, Electa Editrice 1978.

44
Ausgewählte Bibliografie zur Villa Trissino:
Milizia, Francesco. Memorie degli Architetti antichi e moderni Vol. II. Parma, Stamperia Reale 1781.
Alverà, Andrea. Notizie biografiche degli architetti vicentini. B.B.Vi. Ms seg. Gonz. 26.9.12 (3420).
Maccà, Gaetano. 1812—1816. op.cit. Vol. II, par. II.
Magrini, Antonio. Notizie sugli architetti vicentini. B.B.Vi. Ms seg. Gonz. 26.4.5 [12] (3314).
Magrini, Antonio. 1845. op.cit.
Da Schio, Giovanni. I Memorabili Ms op.cit. Vol. B.
Bressan, Bartolomeo. Palasti ed edifici Ms op.cit.
Bortolan, Domenico. Guida Ms op.cit. Vol. II.
Mistrorigo, Federico. Sandrigo e il suo nuovo tempio. Sandrigo, Tip. Costantini 1939.
Anesini-Berton, Nita Maria. 1945—1946. op.cit.
Cevese, Renato. Le ville vicentine. In: Mazzotti, Giuseppe (Hg). Le ville venete. Treviso, Editrice Canova 1953 [2. Ed.].
Cevese, Renato. Le ville vicentine. Treviso, Editrice Canova 1954.
Franco, Fausto. 1963 Vol. V. op.cit.
Cevese, Renato. 1971. op.cit. Vol. II.
Barbieri, Franco. 1972. op.cit.
Olivato, Loredana. 1975. op.cit.
Pallucchini, Rodolfo (Hg). Gli affreschi nelle ville venete dal Seicento all'Ottocento. Venezia, Alfieri Edizioni 1978.
Kamm-Kyburz, Christine. 1980 Vol. XVIII. op.cit.

45
Panatta, Iseppo Perito Ordinario und Pietro Vicelio Perito Estraordinario. Disegno ad Istanza del Co. Pietro di Conti. Venezia 7.12.1605. A.S.Ve. Beni Inculti, Disegni Vicenza, Mazzo 4. Öffentliche Beurkundung des Kirchenbaues und der damit verbundenen Gottesdienstordnung, ausgestellt am 27. Juli 1618 von Quintilianus Gargarius «publicus ac curiae Capitolii notarius». A.C.V.Vi. Busta Stato delle Chiese, Sandrigo, No 212. Das Dokument wurde wiederentdeckt von Zordan, Adelia. San Carlo Borromeo nel culto e nell'insegnamento religioso popolare vicentino durante gli anni delle controriforma. Tesi di laurea presso l'università di Padova (Prof. Relatore: Giovanni Mantese). Anno accademico 1973—74 pp. 338—339. Die im Oktober 1638 unter dem Proto Bernardino Contino wahrscheinlich für das venezianische Amt der Savi ed Esecutori, e Collegio alle Acque ausgeführte Landkarte von Sandrigo kenne ich nur in Kopien des 18. Jahrhunderts und berufe mich hier auf jene am 27. Oktober 1759 von Carlo Crestani, Pubblico Perito von Vicenza, gezeichnete Kopie, welche aber immerhin das Original von 1638 sowie die früheren Kopien vom 29. Mai 1647 und vom 13. Juli 1744 erwähnt. Archivio del Comune di Sandrigo, Sandrigo. Die grosse Karte ist zurzeit im lokalen Polizeipräsidium aufgehängt, der sich im Palazzo del comune befin-

det, und wurde — ohne irgendwelche Angaben — erstmals in einem kommunalen Rechenschaftsbericht publiziert. Sandrigo, Comune di (Hg). Sandrigo un quinquennio amministrativo 1964—70. Vicenza, OTV Stocchiero 1970. Martin Kubelik hat in der Bertoliana von derselben Karte eine andere, mit 22. November 1709 datierte Kopie entdeckt, die aber weder das Original noch die frühere Kartenkopie von 1647 nennt (B.B.Vi. Archivio di Torre, Raccolta Disegni No 308). Vgl. Kubelik, Martin. 1977. op.cit. Vol. I pp. 190—191 (Nr. 191) und Vol. II p. 749 Abb. 769 sowie p. 748 Abb. 768 für die Karte der Provveditori sopra i Beni Inculti von 1605.

46
Für die Entwicklung des Kapitells im Quattrocento, welche von der einfachsten Form des nackten Kelchkapitells mit doppelter Abakuslage über die Verzierung mit stilisierten, über den Kelch hinausragenden Eckblättern bis zur daraus entstehenden, komplizierteren Kapitellform mit Voluten führt, wobei diese bald von einem «invertierten» Akanthusblatt gestützt, oder ihre Spiralen durch gerollte Akanthusblätter gar ersetzt werden, vgl. die grundlegende Arbeit von Kubelik, Martin. 1977. op.cit. Vol. I pp. 48—49, 70—71 (Nr. 18), 167 (Nr. 152) und Vol. II pp. 401, 686 Abb. 160—161, 666—667.

Ebenfalls in die Mitte des 15. Jahrhunderts werden die fünf Porticokapitelle der im Settecento auch von Bertotti Scamozzi renovierten Villa Sesso in Sandrigo datiert. Diese Kelchkapitelle haben vier Knollenvoluten mit dazwischen plazierten Rosetten oder Familienwappen; Basis, Säulenschaft und Kapitell sind in rotem Marmor geschaffen.

47
Catasto Antico (Napoleonico). Kopie des Ing.re Peluti und Ing.re Pinchetti nach den Originalen vom 10. September 1809 (Mappa) und 4. Juni 1813 (Caseggiato), die sich im A.S.Ve. befinden. A.S.Vi. Catasto Antico, Sandrigo Cassetta No 5. Catasto Vecchio (Austriaco). Kopie des Damiano Visetti Capo del Disegno vom 29. Dezember 1832 nach dem Original vom 23. April 1830, das sich im A.S.Ve. befindet. A.S.Vi. Catasto Vecchio, Sandrigo Cassetta No 27. Planimetria degli immobili urbani. Comune di Sandrigo, Scheda 9227503 vom 31. März 1940. UTE Vicenza. Dabei ist hinzuweisen, dass die Planimetria Generale im Massstab 1:500 nur schematisch und höchst ungenau gezeichnet ist: zwar stimmt die Breite des Hauptgebäudes ungefähr, aber seine Länge ist auf diesem Plan zu kurz geraten, auch nach dem Abbruch des 19. Jahrhunderts erstreckt sie sich weiter nach Osten. Ebenfalls sind der südliche Flügelanbau und die Barchessa grob verzeichnet wiedergegeben.

48
Maccà, Gaetano. 1812—1816. op.cit. Vol. XIII pp. 138—163, 239—259.

49
Eine Monographie über die Familie Trissino existiert noch nicht; für «Palladio's Patrons» hat aber Howard Burns sowohl an dem vom Schweizerischen Institut in Rom veranstalteten Palladio-Kolloquium (Juni 1977) als auch am «Convegno internazionale su 'Palladio e il Palladianesimo' in Vicenza (August/September 1980) die in minutiöser Kleinarbeit zusammengestellten Stammbäume präsentiert und wird sie später publizieren.
In der Kirche S. Lorenzo, dem Pantheon des Vicentiner Adels, in Vicenza stiftete Bartolomeo Trissino 1404 im vierten Joch des linken Seitenschiffes den S. Lorenzo gewidmeten Altar und erinnerte damit an die im gleichen Jahr stattgefundene Eingliederung Vicenzas in die venezianische Republik. Der Altar wurde um 1615 renoviert und mit einem Gemälde des Alessandro Maganza versehen. Von den beiden damals angebrachten Inschriften wurde die eine vom Pompeo Trissino seinem berühmten Onkel Giangiorgio gewidmet, und die andere nennt die Geldgeber der Altarerneuerung, unter denen sich auch die Söhne des Alvise Trissino finden: «D.O.M. divisque Laurentio martiri ac seraphico Francisco Serranus Pauli V pontificis maximi a dapibus et intimo cubiculo, Scipio prothonotarius apostolicus, Johannes Hierosolimitanus miles et commendatarius Octavius et Iustinus Aloysii filii, Achilles Achillis Sereneque Poliane filius ac Petri Francisci S.C. comitis et equitis nepos, Pompeius Cyri com. et equitis filius, omnes ex familia Trissinea altaris huius patroni idipsum vetustate exesum ornamentis instructum divinisque indultis insigne reddere curaverunt Redemptionis seculo MDCXV.»
Vgl. Libri dei nomi dei possessori dei fondi, Vol. 14: T. A.S.Vi. Ms seg. No 2655. Morsolin, Bernardo. Ricordi Storici di Trissino. Vicenza, Tip. Burato 1881. Mantese, Giovanni. 1974. op.cit. Vol. IV, par. IV p. 614 und par. VII pp. 1145—1146. Der Aufsatz von Don Federico Mistrorigo weist derart viele Irrtümer auf, dass es nicht einmal der Mühe wert ist, diese Fehler hier zu berichtigen.

50
Für die Baugeschichte des Palazzo Civena-Trissino in Vicenza vgl. Barbieri, Franco. 1972. op.cit. pp. 28—29. Puppi, Lionello. 1973. op.cit. Vol. II pp. 242—245 (Nr. 8) und 1977. op.cit. Vol. II. pp. 243—245 (Nr. 8). Berger, Ursel. Palladios Frühwerk. Köln und Wien, Böhlau Verlag 1978 pp. 50—56, 199—203. Unbekannt waren bis anhin die beiden Gesuche um Erweiterungen sowohl des Palazzo Civena-Trissino — also vor den beidseitigen Anbauten durch Giacomo Fontana im Jahre 1822 — als auch des Palazzo Trissino am Corso Andrea Palladio aus den frühen sechziger Jahren des 18. Jahrhunderts. Siehe Archivio del Comune. Liber Partium 1757—1770. B.B.Vi. Archivio di Torre Ms Inv. No 878 Vol. XVI, unter den Daten 16. Mai 1762 und 23. Januar 1764.

51
Cabianca, Jacopo und Fedele Lampertico. 1861. op.cit. pp. 763—768. Barbieri, Franco. 1972. op.cit. pp. 27—28. Francovich, Carlo. Storia della massoneria in Italia dalle origini alla rivoluzione francese. Firenze, La Nuova Italia Editrice 1974 pp. 41, 139, 279—280. Olivato, Loredana. Rapporti fra massoneria e architettura neo-palladiana: Ottavio Bertotti Scamozzi. In: Forster, Kurt W. und Martin Kubelik (Hg). Palladio — Ein Symposium. Bibliotheca Helvetica Romana Vol. XVIII. Rom, Ed. Schweizerisches Institut in Rom 1980 pp. 71—78.

52
Rückblickend auf die 1765 entstandenen Fassadenfresken der Casa Pavanello in Vicenza erscheint es mir hier legitim, als Autor der beiden Zimmerdekorationen Giacomo Ciesa vorzuschlagen, der genau ein Jahr vor den beginnenden Arbeiten in der Kapelle der Villa Da Porto in Pilastroni auch im benachbarten Sandrigo tätig gewesen sein könnte. Keine namentliche Zuschreibung findet sich bei Pallucchini, Rodolfo (Hg). 1978. op.cit. Vol. I pp. 226—227: «decoratore qui attivo nel 1773».

53
Ausgewählte Bibliografie zur Galerie und zum Gästehaus Cornaro:
Milizia, Francesco. 1781. op.cit. Vol. II.
Federici, Domenico Maria. Memorie trivigiane sulle opere di disegno. Venezia, presso F. Andreola 1803.
Moschini, Giannantonio. Della Letteratura Veneziana del Secolo Decimottavo Vol. I. Venezia, Tip. Palese 1806.
Dian, Giuseppe. Notizie delli due Secoli XVIII e XIX spettanti alla città di Vicenza. B.B.Vi. Ms seg. Gonz. 20.10.1—7 (2958—2964) Fasc. III.
Alverà, Andrea. Notizie biografiche Ms op.cit.
Bortolan, Domenico. Saggio di un dizionario biografico di artisti vicentini. Vicenza, Tip. S. Giuseppe 1886.
Bordignon Favero, Giampaolo. Castelfranco Veneto e il suo Territorio nella storia e nell'arte Vol. I. Castelfranco Veneto, Ed. Banca Popolare di Castelfranco Veneto 1975.

54
Zitiert nach Scamozzi, Vincenzo. 1697. op.cit. p. 174. Siehe auch Barbieri, Franco. Vincenzo Scamozzi. Vicenza, Tip. S. Giuseppe 1952. Pallucchini, Rodolfo. Profilo di Vincenzo Scamozzi. In: Bollettino C.I.S.A. 1961 Vol. III. Venezia, Neri Pozza Editore 1962. Barbieri, Franco. Le ville dello Scamozzi. In: Bollettino C.I.S.A. 1969 Vol. XI. Vicenza, C.I.S.A. 1970. Mazzotti, Giuseppe. 1973. op.cit. pp. 515, 532.

55
Vgl. die Monografie über Preti von Favaro Fabris, Mario. L'architetto Francesco Maria Preti di Castelfranco Veneto (1701—1774). Treviso, Ed. trivigiana 1954. Der Entwurf von Preti ist in Heftform überliefert mit 71/2 Seiten Text und 14 separaten Tuschzeichnungen: «Palaggio di Castelfranco detto del Paradiso appartenente à N.N.U.U. Corneri. 1766.» Biblioteca Comunale di Castelfranco Veneto, Ms seg. 15015.

56
Bertotti Scamozzi, Ottavio. Appunti e schizzi di fabbriche. 1770. B.B.Vi. Ms seg. Acc.8/87 [II] p. 17. Publiziert von Olivato, Loredana. Per la genesi dell'edizione palladiana di O. Bertotti Scamozzi. In: Arte Veneta 1973 Vol. XXVII. Venezia, Alfieri Edizioni 1974 pp. 300—308. Vgl. auch die Monografie derselben Autorin. 1975. op.cit. pp. 117—124.

57
Pavelli, Cristoforo Perito Pubblico. Castelfranco con il suo territorio esente da dazi. Fanzolo 10.10.1799. A.S.Ve. Miscellanea Gregolin Dis. 648. Catasto Antico (Napoleonico). Mappe di Castelfranco Veneto (Treviso) 1809. A.S.Ve. Mappa seg. 1323.

58
Melchiori, Nadal. Repertorio di Cose appartenenti a Castelfranco nostra Patria fedelmente, e con diligenza raccolte da me Nadal Melchiori 1715—1718 (in einer Kopie von Mamerto Voltolina aus dem Jahre 1869). Biblioteca Comunale di Castelfranco Veneto, Ms seg. N.-145 / Ms 166. Bordignon Favero, Giampaolo. Palazzo e parco Revedin (ora Bolasco Piccinelli) al Paradiso di Castelfranco. Treviso, Editrice Canova 1958. Pallucchini, Rodolfo (Hg). 1978. op.cit. Vol. I pp. 146—147.

59
Die Villenliteratur ist bis anhin immer geografisch, chronologisch oder nach den einzelnen Architekten gegliedert, aber gerade bei einzelnen Venezianergeschlechtern wäre es unter vielen Aspekten höchst aufschlussreich, ihre Stadt- und Landhäuser einmal nach Familienbesitz zu untersuchen. So war beispielsweise Giovanni Cornaro auch für die Erneuerung jener Kapelle verantwortlich, welche im Garten der Villa Cornaro in Romano d'Ezzelino 1772 von dem im benachbarten Bassano tätigen Architekten Antonio Gaidon (1738—1829) vergrössert worden war und im Kircheninnern folgende Inschrift aufweist: «Sacellum hoc Divo Josepho sacrum quod religiosissimus Nicolaus aeques Joannis ducis filius a fundamentis erexit, Joannes nepos et Corneliorum familia, pietissimus immitator ampliavit et auxit — Anno MDCCLXXII.» Vgl. Pavan, Maria Teresa. Profilo di architetti bassanesi del secolo XVIII: G. Miazzi e A. Gaidon. In: Bollettino C.I.S.A. 1962 Vol. IV. Vicenza, C.I.S.A. 1963 pp. 239—252. Cevese, Renato. 1971. op.cit. Vol. II pp. 543—544. Wichtige Daten zur Geschichte der Familie Cornaro liefert auch Lewis, Douglas. La datazione della villa Corner a Piombino Dese. In: Bollettino C.I.S.A. 1972 Vol. XIV. Vicenza, C.I.S.A. 1973 pp. 381—393. Siehe ferner Lewis, Douglas. Girolamo II Corner's completion of Piombino with an unrecognized building of 1596 by Vincenzo Scamozzi. In: Architectura. Zeitschrift für Geschichte der Baukunst. Band 7.I. München, Deutscher Kunstverlag 1977 pp. 40—45; derselbe Artikel auch in: Bollettino C.I.S.A. 1975 Vol. XVII. Vicenza C.I.S.A. 1978 pp. 401—405. Lewis, Douglas. La villa Cornaro di Piombino Dese. Corpus Palladianum. Vicenza, C.I.S.A. (in Vorbereitung).

60
Moroni, Gaetano. Dizionario di erudizione storico-ecclesiastica da S. Pietro sino ai nostri giorni. Venezia, Tip. Emiliana 1840—1879 Vol. XVII pp. 142—146.

61
Kubelik, Martin. 1977. op.cit. Vol. I p. 22.

62
Fortis, Alberto. Lettera al Co. Giorgio Marchesini a Vicenza (in einer Kopie von Francesco Testa). B.B.Vi. Ms seg. C.4.4.1. (LE 24). Der Brief ist vollständig wiedergegeben bei Giarrizzo, Giuseppe; Torcellan, Gianfranco und Franco Venturi. La letteratura italiana. Storia e testi Vol. 46 To. VII — Illuministi italiani. Milano e Napoli, Ed. Riccardo Ricciardi 1965 pp. 357—361.

63
Für die beiden Priuli-Villen in Treville siehe Lewis Kolb, Carolyn. Portfolio for the villa Priuli: dates, documents and designs. In: Bollettino C.I.S.A. 1969 Vol. IX. Vicenza, C.I.S.A. 1970 pp. 353—369.

64
Ausgewählte Bibliografie zur Villa Modena:
Magrini, Antonio. 1845. op.cit.
Da Schio, Giovanni. I Memorabili Ms op.cit. Vol. L und M.
Zanotto, Francesco. Appendice alla Raccolta e Parallelo delle Fabbriche classiche di tutti i tempi, di ogni popolo e di ciascun stile di J.N.L. Durand. Venezia, Tip. Giuseppe Antonelli 1857.
Bressan, Bartolomeo. Palasti ed edifici Ms op.cit.
Bressan, Bartolomeo. Le fabbriche antiche e moderne nella Provincia di Vicenza. Appunti per una guida. Vicenza, Tip. S. Giuseppe 1897.
Segato, Gino. Sarmego. Notizie storico-descrittive. Vicenza, Tip. Commerciale 1935.
Anesini-Berton, Nita Maria. 1945—1946. op.cit.
Cevese, Renato. 1953. op.cit.
Cevese, Renato. 1954. op.cit.
Franco, Fausto. 1963 Vol. V. op.cit.
Cevese, Renato. 1971. op.cit. Vol. II.
Olivato, Loredana. 1975. op.cit.
Kamm-Kyburz, Christine. 1980 Vol. XVIII. op.cit.

65
Mattei, Michiel Angelo Perito Ordinario und Domenico Rizzi Perito Estraordinario. Disegno formato sopra la Supplica del Signor Francesco Modena. Venezia 30.5.1767. A.S.Ve. Beni Inculti, Disegni Vicenza, Mazzo 69 B. Die Vermutung, dass die westlichen Anbauten entlang dem Gemeindesträsschen, das nach Grumolo führt, älteren Datums sein könnten, wird in vorsichtigster Weise von Renato Cevese formuliert in seinem Villenband von 1971. op.cit. Vol. II pp. 432—433. Barbieri dagegen attribuierte den gesamten Villenkomplex Antonio Piovene zu und datierte die Gebäude gemäss der Friesinschrift des Wohnhauses ins Jahr 1831. Für Angaben über die Landkarten der Provveditori sopra i Beni Inculti vgl. Kubelik, Martin. 1977. op.cit. Vol. I pp. 25—27.

66
Catasto Antico (Napoleonico). Kopie des Ing.re Pinchetti und Ing.re Peluti nach den Originalen vom 20. September 1813 (Mappa und Caseggiato), die sich im A.S.Ve. befinden. A.S.Vi. Catasto Antico, Vancimuglio Cassetta No 6. Catasto Vecchio (Austriaco). Kopie des Damiano Visetti Capo del Disegno vom 10. August 1838 nach dem Original vom 7. April 1829, das sich im A.S.Ve. befindet. A.S.Vi. Catasto Vecchio, Vancimuglio Cassetta No 55.

67
Da Schio, Giovanni. I Memorabili Ms op.cit. Vol. M. Pavanello, Michele. Memorie estese Ms op.cit., unter dem Datum 5. September 1768. Dagegen vgl. Olivato, Loredana. 1980 Vol. XVIII. op.cit. pp. 77—78.

68
Libri dei nomi dei possessori dei fondi, vol. 9: M a Nardi. A.S.Vi. Ms seg. No 2650. Was das bei Benedetto Milocco in Venedig gedruckte «Giornale d'Italia» betrifft, so änderte diese Zeitschrift beim Ausscheiden Griselinis im Jahre 1776 ihren Titel in «Nuovo Giornale d'Italia» und wurde weiter bis 1784 herausgegeben.
Nach einem fünfjährigen Unterbruch erschien das «Giornale d'Italia» beim neuen Drucker Perlini in Venedig und wurde 1797 endgültig eingestellt. Gerade für die Verbreitung und den Zweck der Agrarrevolution überhaupt stellt diese Wochenzeitschrift eine der imposantesten Quellen dar und zeigt vorab sehr deutlich die sich wandelnden Tendenzen auf. Ging es anfänglich um die Sanierung der Felder, um eine ertragreichere Bewirtschaftung mit

neuen, technischen und naturwissenschaftlichen Mitteln und Methoden, so verlagerte sich darauf das Interesse der Agrarreformer zugunsten der Bauern selbst, der ungesunden Arbeitsweise in den Reisfeldern, dem argen Pachtsystem und der prekären Situation der Taglöhner. Die in den ersten Dezennien sehr kritisch abgefassten Beiträge im «Giornale d'Italia» müssen ein derartiges Echo gefunden haben, dass verschiedene Auszüge auch separat wieder publiziert wurden. Dazu gehört die kaum bekannte Broschüre: Raccolta d'opuscoli appartenenti all'Agricoltura che servono di continuazione all'Agricoltore esperimentato di Cosimo Trinci. Venezia, Stamperia Dorigoni 1768. Mit dem Aufkommen der Agrarakademien, die gemäss dem «Giornale d'Italia» des 20. Mai 1769 damals bereits in Bergamo, Verona, Vicenza, Brescia, Belluno, Feltre, Rovigo und Udine institutionalisiert waren, bekam die Zeitschrift insofern einen noch grösseren Auftrieb, als sie die einzelnen prämierten und auch nicht prämierten Vorträge, die als «Dissertazione» oder «Memoria» an diesen Versammlungen gehalten wurden, ausführlich publizierte. Diese Beiträge finden sich wiederum in: Raccolta di Memorie delle pubbliche Accademie di Agricoltura, arti e commercio dello Stato veneto. Venezia, Perlini 1789–1797.
Die im Text zitierten Artikel des «Giornale d'Italia» seien hier der Übersicht halber nochmals mit ihrem Erscheinungsdatum aufgeführt: 22. September 1764. Venezia, Milocco 1765 Vol. I. 16., 23. und 30. September 1769. Venezia, Milocco 1770 Vol. VI. 1. Oktober 1774. Venezia, Milocco 1775 Vol. XI. Doch dazu siehe auch Teil I dieser vorliegenden Arbeit mit weiteren Hinweisen auf Vicentiner Exponenten dieses «Giornale».
Die beiden Brüder Giovanni und Pietro Arduino werden in den einschlägigen biografischen Lexika berühmter Persönlichkeiten des 18. Jahrhunderts aufgeführt. Giovanni Arduino (1714–1795) in: Gamba, Bartolommeo. Galleria dei Letterati ed Artisti più Illustri delle Provincie Austro-Venete che fiorirono nel secolo XVIII Vol. I. Venezia, Tip. Alvisopoli 1822. Der zweite, 1824 auch bei Alvisopoli erschienene Band trägt den leicht veränderten Titel «Galleria dei Letterati ed Artisti Illustri delle Provincie Veneziane nel secolo decimottavo». Reprint: Sala Bolognese, Arnaldo Forni Editore 1975. Pietro Arduino (1728–1805) in: Tipaldo, Emilio (Hg). Biografia degli Italiani Illustri nelle Scienze, Lettere ed Arti del secolo XVIII, e de Contemporanei. Venezia, Tip. Alvisopoli 1834–1841 und Tip. Gio. Cecchini 1844–1845 Vol. V (1837) pp. 43–49.

Über die Agrarrevolution siehe vorab Georgelin, Jean. Venise au siècle des lumières. Paris e La Haye, Mouton Editeur 1978. Berengo, Marino. La società veneta alla fine del Settecento. Firenze, Sansoni Editore 1956. Berengo Marino (Hg). Giornali veneziani del Settecento. Milano, Feltrinelli Editore 1962. Mantese, Giovanni. 1982 [aber 1983]. op.cit. Vol. V, par. V pp. 579–591.

69
Für die Biografie des Reformatoren und Publizisten Francesco Griselini (1717–1787) siehe Giarrizzo, Giuseppe; Torcellan, Gianfranco und Franco Venturi. 1965. op.cit. Vol. 46 To. VII. Unerlässlich für die italienische Freimaurerbewegung bleibt das Werk von Carlo Francovich. 1974. op.cit. pp. 133–147.

70
Die früheren Vicentiner Historiker verschweigen die Freimaurertätigkeit von Felice Lioy. Vgl. Rumor, Sebastiano 1905–1909. op.cit. Vol. II pp. 188–189. Segato, Gino. 1935. op.cit. pp. 115–118. Gerade Rumor erwähnt auch nicht die diesbezüglichen Schriften Lioys, verzeichnet aber die landwirtschaftlichen Themen gewidmeten Broschüren: Memoria per la manipolazione dei vini. Palermo, Reale Stamperia 1800. Memoria per l'economia della farina che svolazza da'molini, e da ragli a mano nel cernerla dalla crusca. Palermo, Reale Stamperia 1800. Memorie sopra gli usi dell'alga marina nell'agricoltura e nelle arti. Palermo, Reale Stamperia 1800. Felice Lioy als Freimaurer wird ausführlich erwähnt von Francovich, Carlo. 1974. op.cit. pp. 187–212. Auch war er Mitglied der Vicentiner Loge, die 1785 ihren Sitz in der contrà Carpagnon hatte, aber nicht erst in jenem Jahr gegründet wurde, wie Ermenegildo Reato etwas voreilig annimmt. Siehe Reato, Ermenegildo. Il lungo cammino di Vicenza, verso l'unità nazionale. In: Pozza, Neri (Hg). 1976. op.cit.p. 393.

71
Cevese, Renato. 1971. op.cit. Vol. I pp. 44–53. Kubelik, Martin. 1977. op.cit. Vol. I pp. 104–105 (Nr. 58), 201 (Nr. 207) und Vol. II pp. 510–511 Abb. 350–353, 779–781 Abb. 832–835. Doch vgl. auch den Treppenturm bei der Villa Ferramosca im benachbarten Barbano sowie die Treppenanlagen der Villa Porto in Montorso.

72
Dass Treppen auch in der Freimaurerei symbolische Bedeutung haben, zeigt sich anhand eines österreichischen Beispiels aus der Mitte des 18. Jahrhunderts. Im Schloss Rosenau bei Zwettl, dass Leopold Christoph Graf Schallenberg (1712–1800) gehörte, ist die Aufgangshalle mit den Fresken Rincolins (1747) entsprechend interpretiert worden: «Die erste Entscheidung hat der Eintretende bereits unten in der Torhalle zu treffen, wenn er sich zwei Stiegenaufgängen gegenüber sieht. Derjenige, dem die Bilder etwas sagen, wird den linken, also den nördlichen wählen. Hier empfängt ihn das Bild eines Menschen, hier sieht er an der gemalten Palastarchitektur die Fenster einladend offen; am Palast der rechten Seite sind sie vergittert. Während der Eintretende nun unter den Rosen streuenden Putten emporsteigt, wird die getroffene Entscheidung bald bestätigt. Am Fuss eines Obelisken sieht er über gefesselten Sklaven Athena, die Göttin der Weisheit mit dem Medusenhaupt am Schild, während der Obelisk auf der rechten Seite figurenlos ist. Links und rechts des Ostfensters der grossen Halle, die der Besucher nun betritt, sieht er auch die beiden Säulen des Salomonischen Tempels. An der Decke finden sich kreisrunde Fresken, die Juno und Jupiter vorstellen sollen, eine sinnbildhafte Götterreihe, die bei Pallas Athene beginnt und bei dem höchsten Gott endet.» Siehe Museumsverein Schloss Rosenau (Hg). Österreichische Freimaurerlogen. Humanität und Toleranz im 18. Jahrhundert. Wien, Verlag Löcker & Wögenstein 1976.

73
Ausgewählte Bibliografie zur Barchessa Porto:
Magrini, Antonio. 1845. op.cit.
Cevese, Renato. 1971. op.cit. Vol. II.
Puppi, Lionello. 1973. op.cit. Vol. II p. 297 (Nr. 42) und 1977. op.cit. Vol. II p. 296 (Nr. 42)

74
Giovanni Chiericati war ein Bruder des Girolamo Chiericati, der bereits 1550 Andrea Palladio mit der totalen Erneuerung seiner Stadtresidenz an der heutigen Piazza Matteotti in Vicenza beauftragt hatte. Siehe dazu vor allem Magrini, Antonio. Il palazzo del Museo Civico in Vicenza descritto ed illustrato. Vicenza, Tip. Eredi Paroni 1855. Barioli, Gino (Hg). Il Restauro a Vicenza negli anni sessanta. Vicenza, Comune di Vicenza 1972 pp. 7–46. Barbieri, Franco. Il palazzo Chiericati di Vicenza. Corpus Palladianum. Vicenza, C.I.S.A. (in Vorbereitung).
Die Kontroverse um die Autorschaft der Villa Chiericati-Porto ist immer noch im Gang, ja hat sogar durch die Forschungen von Antonio Marco Dalla Pozza neuen Auftrieb erhalten; doch die RIBA-Zeichnungen XVIa und XVIb werden sowohl von den Gegnern als von den Befürwortern des palladianischen Projektes für ihre entgegengesetzten Argumentationen erwähnt. Vgl. Dalla Pozza, Antonio Marco. Palladio. Vicenza, Edizioni del Pellicano 1943. Dalla Pozza, Antonio Marco. Palladiana IX – Nuovi documenti e notazioni sulle ville di Lonedo e di Vancimuglio. In: Odeo Olimpico 1943–1963 Vol. IV. Vicenza, Accademia Olimpica 1964 pp. 125–131. Zorzi, Giangiorgio. Le ville e i teatri di Andrea Palladio. Venezia, Neri Pozza Editore 1969 pp. 156–160. Cevese, Renato. 1971. op.cit. Vol. II pp. 428–431. Puppi, Lionello. 1973. op.cit. Vol. II pp. 296–297 (Nr. 42) und 1977. op.cit. Vol. II pp. 295–296 (Nr. 42). Berger, Ursel. 1978. op.cit. pp. 181–182, 278. Burns, Howard. Le opere minori del Palladio. In: Bollettino C.I.S.A. 1979 Vol. XXI. Vicenza, C.I.S.A. 1982 p. 10.

75
Die Inschrift, überliefert von Leonardo Trissino und Giovanni Da Schio, lautete: «Bernardinus et Jo. Baptista de Portis Arierum Generalis Jnstructoris ... restauravit MDCLXII.» Siehe Trissino, Leonardo. Notizie per una guida artistica del territorio vicentino. B.B.Vi. Ms seg. Gonz. 23.11.2 (3158). Da

Schio, Giovanni. I Memorabili Ms op.cit. Vol. Pas—Pu. Loukomski, auf den Puppi sich hier allein beruft, las fälschlicherweise die Jahrzahl 1669 und hielt diese auch für das Entstehungsdatum der ionischen Vorhalle. Vgl. Loukomski, Georgy K. Andrea Palladio, sa vie, son œuvre. Paris, Auguste Vincent & Cie. 1927 p. 96.

76
Mattei, Michiel Angelo Perito Ordinario und Domenico Rizzo Perito Estraordinario. Disegno formato sopra la Supplica del Signor Francesco Modena. Venezia 30.5.1767. A.S.Ve. Beni Inculti, Disegni Vicenza, Mazzo 69 B.
Mattei, Michiel Angelo Perito Ordinario und Gerolamo Soardi Perito Estraordinario. Disegno formato sopra la Supplica del Signor Co. Gio. Batt.a Orazio Porto. Venezia 1.2.1772. A.S.Ve. Beni Inculti, Disegni Vicenza, Mazzo 68.
Mattei, Michiel Angelo Perito Ordinario und Pietro Antonio Montan Perito Estraordinario. Disegno formato sopra la Supplica del Nob. Sig.r Co. Gio. Batt.a Orazio Porto. Venezia 6.3.1779. A.S.Ve. Beni Inculti, Disegni Vicenza, Mazzo 140.
Foin, Steffano Perito Ordinario und Giulio Zulliani Perito Estraordinario. Disegno formato sopra la Supplica della Nob. S.a Co.a Violante Godi Pigaffetta Porto; Nonchè del Nob. S.r Co. Gio. Batt.a Orazio Porto. Venezia 25.7.1782. A.S.Ve. Beni Inculti, Disegni Vicenza, Mazzo 115.

Neben den Villenkomplexen zeigen die Karten aus den Jahren 1767 und 1782 auch noch eine kleine, S. Silvestro geweihte Kirche, die ebenfalls von Gaetano Maccà 1813 und noch von Gino Segato 1935 erwähnt wird. Da aber heute von diesem Gotteshaus überhaupt keine Spuren mehr übriggeblieben sind, sei hier die entsprechende Beschreibung von Segato wiedergegeben:
«È una chiesa dedicata a S. Silvestro. Si trova presso la strada provinciale Vicenza-Padova, a 8 Km. da Vicenza; è lontana circa un miglio dalla parrocchiale ed è ufficiata da un curato.
Secondo lo storico Maccà in questa chiesa già da tempo antico s'insegnava la dottrina cristiana e si cantava il vespero tutte le feste. Nel verbale della visita pastorale fatta dall'ordinario Diocesano nel 1544 dicesi che il Rettore della Chiesa parrocchiale di Sarmego celebra la santa Messa una volta la settimana nella chiesa di S. Silvestro di Vancimuglio. Più tardi tale consuetudine cessò; il parroco celebrava a Vancimuglio nella sola IV domenica del mese; ciò fino alla fine del secolo scorso.
Nel 1759 questa chiesa fu restaurata, come si raccoglie dal libro Diversorum del Febbraio 1759, alla data del 14 aprile, ove leggesi: licenza d'innalzare il tetto e pavimento della chiesa campestre di S. Silvestro di Vancimuglio, soggetta alla chiesa parrocchiale di Sarmego. Quivi non vi è Cimitero.
Questa piccola chiesa, bellina nel suo disegno architettonico e armonico nelle sue tinte, misura m. 14 di lunghezza e m. 6,50 di larghezza. Ha un solo altare dedicato alla Maternità di Maria S.S. La pala dell'Altar maggiore è abbastanza bella, forse con colori troppo sgargianti; nel mezzo è ritratta la Vergine col Bambino; ai lati S. Giuseppe e S. Silvestro papa, compatrono e antico titolare della Chiesa.
La solennità annuale si celebra la II. domenica di Ottobre nel qual giorno il Parroco di Sarmego deve cantare la S. Messa e celebrare le Sante Funzioni del pomeriggio. A destra e a sinistra dell'altare stanno due capitelli con le effigi del S. Cuore di Gesù e della Madonna del Rosario.
Il campanile, eretto per la munificenza del signor maggiore Pietro Vaccari di Vicenza nel 1909, è alto m. 19. Dalla cella campanaria squillano tre piccole campane fuse a Bassano nella fonderia del sig. Pietro Calbacchini; esse pesano complessivamente q. 6.430 e furono acquistate con le offerte dei fedeli della parrocchia e della Curazia.» In: Segato, Gino. 1935. op.cit. pp. 26—27. Vgl. auch Maccà, Gaetano. 1812—1816. op.cit. Vol. VI (1813) p. 378.

77
Die Villa Porto mit all ihren Nebengebäuden findet sich jeweils auf demselben Blatt der Katasterplansammlung wie das benachbarte Landgut Modena. Siehe die detaillierten Angaben unter Anm. 66.

78
Bertotti Scamozzi, Ottavio. 1761. op.cit. pp. 117—118 und Tav. XXXVI. Bertotti Scamozzi, Ottavio. Le Fabbriche e i Disegni di Andrea Palladio raccolti ed illustrati. Opera divisa in quattro Tomi con Tavole in rame rappresentanti le Piante, i Prospetti, e gli Spaccati: con la traduzione francese. Vicenza, Francesco Modena 1781 Vol. III pp. 48—49 und Tav. XLVII—XLIX.

79
Die von Giovanni Da Schio aufgestellten Ahnenverzeichnisse der Familie Porto im Vol. Pas—Pu seiner «Memorabili» sind nicht sehr verlässlich. Für die Ausstattung des Vicentiner Palazzo Porto siehe Forssman, Erik. Il palazzo Da Porto Festa di Vicenza. Corpus Palladianum Vol. VIII. Vicenza, C.I.S.A. 1973. Für die Villa Porto in Thiene, die 1816 die Familie Colleoni geerbt hat und heute im Besitz der Conti Thiene ist, vgl. Kubelik, Martin. 1977. op.cit. Vol. I pp. 203—205. Was übrigens die Schreibweise des Namens Porto betrifft, so wird er oft mit der Vorsilbe «De» oder dem neuzeitlicheren Präfix «Da» kombiniert, wobei zahlreiche Autoren den Namen gleichzeitig mit und ohne Vorsilbe schreiben. Ich halte mich hier an die letztere Schreibart, die früher durchwegs üblich gewesen war und sich auch in der Nomenklatur der erwähnten Beni Inculti-Karten findet.

80
Crosato, Luciana. Gli affreschi nelle ville venete del Cinquecento. Treviso, Editrice Canova 1962 pp. 194—197. Sehr spät, in die Jahre 1790—1795, werden die Arbeiten von Davide Rossi und Gaetano Costalonga (1726—1816) datiert bei Pallucchini, Rodolfo (Hg). 1978. op.cit. Vol. I pp. 248—249. Vgl. auch die Angaben unter Anm. 28 dieser Arbeit.

81
Trissino, Leonardo. Materiali per biografie di artisti e scrittori. B.B.Vi. Ms seg. Gonz. 27.4.21 (3152). Diedo, Antonio. 1844. op.cit. pp. 7—27. Bei Forssman werden diese Fresken im kleinen Korridor und die Sopraporten im grossen Saal des Erdgeschosses als anonyme Werke erwähnt, die Frage der Autorschaft von Giandomenico Tiepolo für das heute in Seattle befindliche Deckengemälde wird offengelassen. Siehe Forssman, Erik. 1973. op.cit. pp. 66—67. Vgl. dagegen Rizzi, Aldo (Hg). Mostra del Tiepolo. Catalogo dei dipinti. Milano, Electa Editrice 1971 [2. Ed.] p. 142 und Abb. 73.

82
Gio. Battista Orazio Porto schrieb sein Testament am 26. Juli 1814 und starb am 4. Februar 1816. Seine letztwilligen Verfügungen wurden in einer Broschüre mit 32 Seiten publiziert: Disposizioni testamentarie (26 Luglio 1814) pubblicate li 5 e 7 Febbraio 1816. Vicenza, Tip. Paroni 1816. Für die Errichtung des Denkmals siehe Magrini, Antonio. Memorie intorno la vita e le opere di Andrea Palladio pubblicate nell'inaugurazione del suo monumento in Vicenza li 19 Agosto 1845, colla serie di ventisette scritture del medesimo architetto in parte inedite ed ora la prima volta unite. Padova, Tip. del Seminario 1845 [aber 1846 erschienen] pp. 234—235. Rumor, Sebastiano. 1905—1909. op.cit. Vol. II p. 581.

83
Tomadelli, Gio. Maria Perito Ordinario und Steffano Foin Perito Estraordinario. Disegno formato sopra la Supplica del Sig.r Fran.co Modena. Venezia 24.2.1758. B.B.Vi. Archivio di Torre, Raccolta Disegni No 610. Es handelt sich hier um eine genaue Kopie, hergestellt am 10.3.1758 von Pietro Antonio Montan Perito Estraordinario. Diese Landkarten wurden immer in doppelter Ausführung hergestellt: das Original war für das Amt der Provveditori sopra i Beni Inculti selbst bestimmt und findet sich heute im Staatsarchiv in Venedig, während die stets etwas später datierte Kopie dem Antragsteller überreicht wurde und dann entweder in dessen Privatarchiv oder als Schenkung in der öffentlichen Sammlung wie der Biblioteca Bertoliana in Vicenza aufbewahrt wird oder grösstenteils heute überhaupt verschollen ist.

84
Cevese, Renato. 1971. op.cit. Vol. II p. 432. Dieser Passus war Franco Barbieri nicht bekannt, der die Villa Modena gar nicht erwähnt unter den Werken Bertottis und sie vollumfänglich Antonio Piovene zuschreibt. Vgl. Barbieri, Franco. 1972. op.cit. p. 157. Eine Zusammenfassung dieser beiden Ansichten bietet Olivato, Loredana. 1975. op.cit. p. 140.

85
In der Biblioteca Bertoliana sind von Ottavio Bertotti Scamozzi drei Briefe erhalten, die alle im Juli 1774 an den sich gerade in Venedig aufhaltenden Giuseppe Gastaldi geschrieben wurden. Alle fünfzehn von Bertotti zwischen dem 19. Oktober 1770 und dem 11. März 1788 verfassten Briefe, die Loredana Olivato wiederentdeckt hat, sind transkribiert in: Olivato, Loredana. 1975. op.cit. pp. 91–107. Von den an Gastaldi adressierten Briefen sind zwei mit 12., respektive mit 21. Juli 1774 datiert, und der im Zusammenhang mit dem Conte Porto erwähnte Brief ist undatiert. B.B.Vi. Ms seg. G.2.2.2 [23] (Busta 115).

86
Ausgewählte Bibliografie zur Villa Da Schio:
Milizia, Francesco. 1781. op.cit. Vol. II.
Dian, Giuseppe. Notizie delli due Secoli XVIII e XIX Ms op.cit. Fasc. III.
Alverà, Andrea. Notizie biografiche Ms op.cit.
Magrini, Antonio. 1845. op.cit.
Da Schio, Giovanni. I Memorabili Ms op.cit. Vol. B und L.
Bressan, Bartolomeo. Palasti ed edifici Ms op.cit.
Bortolan, Domenico. 1886. op.cit.
Anesini-Berton, Nita Maria. 1945–1946. op.cit.
Franco, Fausto. 1963 Vol. V. op.cit.
Olivato, Loredana. 1975. op.cit.
Kamm-Kyburz, Christine. 1980 Vol. XVIII. op.cit.

87
Bressan, Bartolomeo. 1897. op.cit. p. 23. Das Werk wurde zwanzig Jahre nach dem Tod des Verfassers von Sebastiano Rumor herausgegeben. Aber Bressan muss die Notiz der «Storia del Territorio Vicentino» von Maccà entnommen haben, der unter «Storia di Rampazo» schreibt: «S. Martino già tempo di casa Tiene, ed ora di casa Schio, situata verso la villa di Grossa, lontana dalla parrocchiale circa un miglio e mezzo. Fu fabbricata da Valeriano Tiene del 1472 come indica la seguente iscrizione scolpita in pietra nella sua facciata: ECLESIA. SANCTI. MARTINI. CONDITA. PER. SPETABILEM. VIRUM. DOMINUM. VALERIANUM. DE. THIENIS. PATRONUM. 1472. Il luogo, nel quale trovasi questa chiesa si chiama Alperio, il quale anticamente formava da se comune e villa, ed è registrato nella lista delle ville del territorio Vicentino, che trovasi in fine del 'Jus Municipale Vicentinum' col nome di Alperium. Così pure nella lista delle ville vicentine del codice A. dell'archivio della città ch'è del 1262 ed ivi chiamasi: 'Adalperium', e così appellasi anche nella lista dello statuto ms. in pergamena del 1264. Nella lista dello statuto ms. del 1311 si appella 'Alperium' e così anche nella lista del 1389 del nostro codice diplomatico Vicentino ms. ove sta unito con Grossa.» Maccà, Gaetano. 1812–1816. op.cit. Vol. VI pp. 355–356.

88
Maccà, Gaetano. 1812–1816. op.cit. Vol. VI pp. 348–350. Vom alten Landsitz der Thiene in Rampazzo kündet heute noch der südlich der Ortschaft gelegene «Torrone». Und Rampazzo wird auch von Marzari in seiner Aufzählung der Burgen erwähnt, die ehemals im Territorium von Vicenza standen: «Soleva havere oltre di ciò Vicenza in contrade diverse di molte Torri di particolari Cittadini, & per il Territorio non poche Castella, come Bassano, Cologna, Percene, Leonico, Marostica, Angarano, Bregantio, Santo Giorgio, la Peola, Montecchio Precalcino, Piovene, Velo, Meda, Barbarano, Belvedere, Celsano, Orgiano, Arcignano, Chiampo, Brendole, Montursio, Montecchio maggior, Montebello, Sant'Orso, Schio, Valdagno, Trissino, C. Comberto, Brogiano, Cereda, Pan'in Sacho, Santo Giovanni Ilarione, Gambugliano, Costa, Caldogno, Vivaro, Valmarana, Montegalda, Carmignano, Marola, & Rampazzo, parte delle quali erano di mura cinte, & di fossa munite, & da diverse potenti famiglie, hora quasi tutte estinte, sotto nome di Castellante, & di Contee possedute, avvenga hoggidì poche, & di esse Torri, & di dette Castelle ne siano in essere, & del restante ne apparano a pena i vestigy, rispetto alle tante stragi, rovine, incendy ...» Marzari, Giacomo. La Historia di Vicenza Vol. I. Vicenza, appresso Giorgio Greco 1604 [2. Ed.] p. 89. Reprint: Sala Bolognese, Arnaldo Forni Editore 1973.
Das Kartenmaterial der Provveditori sopra i Beni Inculti über diese Gegend ist anscheinend nur spärlich vorhanden; Martin Kubelik, der sämtliche dieser ca. 5000 Karten gesichtet hatte, entdeckte für den romanischen Wohnturm der Villa Basso in Gazzo als frühestes Dokument der Beni Inculti eine Karte vom 5. September 1796. Vgl. Kubelik, Martin. 1977. op.cit. Vol. I p. 66 (Nr. 12) und Vol. II p. 383 Abb. 121. Nach einer mündlichen Mitteilung desselben Autors befinden sich im Privatarchiv Porto aber eine ganze Reihe von Landkarten über S. Maria di Camisano, wo die Familie Porto neben Ländereien auch einen Vorgängerbau der heutigen Villa Capra besass. Die Brüder Ottaviano und Camillo Capra des Alvise Capra kauften dieses Landgut am 2. März 1601 für 3000 Dukaten von Orazio Porto, der den Besitz von seinem Onkel Francesco Porto des Giovanni Porto laut Testament vom 5. März 1584 ererbt hatte. Siehe Mantese, Giovanni. 1974. op.cit. Vol. IV pp. 1109, 1168–1170.

89
Catasto Antico (Napoleonico). Kopie des Ing.re Pinchetti nach dem Original vom 30. April 1813 (Caseggiato), das sich im A.S.Ve. befindet. A.S.Vi. Catasto Antico, Grossa und Grantorto Cassetta No 2. Catasto Vecchio (Austriaco). Kopie des Luigi Sacchi vom 14. April 1834 nach dem Original vom 12. Juni 1826 (Corografia), das sich im A.S.Ve. befindet. A.S.Vi. Catasto Vecchio, Camisano Vicentino Cassetta No 1.
Der napoleonische Katasterplan verzeichnet als Besitzer im Jahre 1813 die Familie Grimani. Vgl. dagegen Da Schio, Giovanni. I Memorabili Ms op.cit. Vol. B. Ein ähnlicher Erbschaftsfall liegt für den Palazzo Da Schio in contrà Pusterla in Vicenza vor, der 1563 dem Co. Bernardo Da Schio gehörte und 1566 von seinem Bruder Fabrizio geerbt wurde. 1665 war der Palazzo im Besitz der Co. Sebastiano und Fratelli Schio, im «Forestiere» von 1761 erwähnt Bertotti den Co. Lodovico Da Schio als Eigentümer und in den «Fabbriche» von 1776 bereits den Sig. Girolamo Franceschini, während die von Bortolan und Rumor publizierten Katasterverzeichnisse für 1780 «eredità giacente Grimani» und für 1800 den Besitzer Girolamo Franceschini angeben. Vgl. Bortolan, Domenico und Sebastiano Rumor. 1895. op.cit.

90
Diese Fresken, die vielleicht nachträglich im 19. Jahrhundert entstanden, werden nicht erwähnt von Pallucchini, Rodolfo (Hg). 1978. op.cit.

91
Der Passus von Giovanni Da Schio ist nicht eindeutig zu verstehen, bezieht sich aber mit Gewissheit auf die Säulen der Barchessa Porto und nicht auf jene der Villa Modena-Lioy in Vancimuglio. Was aber nun den Austausch dieser Säulen zwischen den Landgütern des Gio. Battista Orazio Porto und des Almerico Da Schio betrifft, so erscheint es zutreffender, dass der durch seine Grosszügigkeit weitbekannte Conte Porto für ihn errichtete Stützen an den Conte Da Schio abtrat. Diese Annahme wird auch durch die von Magrini aufgestellte Chronologie unterstützt, der die Barchessa ins Jahr 1768 und die Villa Da Schio ins Jahr 1770 datierte. Siehe Magrini, Antonio. 1845. op.cit. p. 59. Vgl. auch das vorangegangene Kapitel über die Barchessa Porto in dieser Arbeit. Der entgegengesetzten Meinung ist Loredana Olivato, die aber in ihrer Publikation über Bertotti die Barchessa Porto mit keinem Wort erwähnt: «La fabbrica (Villa Lioy a Grumolo delle Abbadesse, Vancimuglio) fu iniziata su disegno di Ottavio nel 1768 adoperando anche, a quanto pare, materiale precedentemente destinato alla Casa Schio di Alpiero ...» Olivato, Loredana. 1975. op.cit. p. 140.

92
Palladio, Andrea. 1570. op.cit. Libro I Cap. XII pp. 16–21 und Libro III Cap. XX pp. 41–43. Bertotti Scamozzi, Ottavio. 1776. op.cit. Vol. I p. 64 und Tav. XXXI.

93
Marzari, Giacomo. 1604. op.cit. Vol. II p. 122.

94
Das vom nicht gerade schreibgewandten Pizzocaro verfasste Dokument findet sich im Privatarchiv des Co. Berardo Da Schio, Vol. LXX, unter dem Datum 6. März 1641, und wurde von Giovanni Mantese erstmals entdeckt. Auch für die weiteren Angaben über die Familie Da Schio siehe Mantese,

Giovanni. 1974. op.cit. Vol. IV pp. 676, 750–754, 966, 1080–1081, 1334. Puppi, Lionello. 1973. op.cit. Vol. II pp. 288, 375–376 (Nr.37, 99) und 1977. op.cit. Vol. II pp. 288, 374–376 (Nr.37, 99). Zorzi, Giangiorgio. 1969. op.cit. pp. 257–319 und Abb. 491. Magrini, Antonio. 1845 [1846]. op.cit. pp. 280–281, XIII. Für die Besitzerverhältnisse der einzelnen Landgüter im Vicentino vgl. jeweils Anm. 1 der betreffenden Villen bei Cevese, Renato. 1971. op.cit. Vol. I und II.

95
Maccà, Gaetano. 1812–1816. op.cit. Vol. IV pp. 128–129, Vol. V pp. 46–47 und Vol. XIII pp. 109–115. Libri dei nomi dei possessori dei fondi, Vol. 13: S a Tessari. A.S.Vi. Ms seg. No 2654. Gonzati, Vincenzo. Famiglie Vicentine Ms op.cit. Vol. II pp. 140–142. Brentari, Ottone und Scipione Cainer. Guida storico-alpina di Vicenza, Recoaro e Schio. Vicenza, Tip. S. Pozzato 1887 pp. 87–89, 145. Reprint: Sala Bolognese, Arnaldo Forni Editore 1977. Cevese, Renato. 1971. op.cit. Vol. I pp. 188–201, Vol. II pp. 356, 442–445.

96
Palladio, Andrea. 1570. op.cit. Libro II Cap. XV p. 61. Muttoni, Francesco. Architettura di Andrea Palladio Vicentino di nuovo ristampata, di Figure in Rame diligentemente intagliate arricchita, corretta, e accresciuta di moltissime Fabbriche inedite, con le Osservazioni dell'Architetto N.N. e con la traduzione francese. Venezia, appresso Angiolo Pasinelli 1739/1740–1760. Vol. I (1740) pp. 35–36 und Tav. XXXII–XXXV. Reprint: Trento, Editrice La Roccia 1974 [aber ohne den postum von Giorgio Fossati edierten 9. Band]. Bertotti Scamozzi, Ottavio. 1781. op.cit. Vol. III pp. 16–17 und Tav. X–XI. Cevese, Renato. 1971. op.cit. Vol. II pp. 370–371. Puppi, Lionello. 1973. op.cit. Vol. II pp. 318–320 (Nr.56) und 1977. op.cit. Vol. II pp. 317–320 (Nr.56). Kubelik, Martin. Gli edifici palladiani nei disegni del magistrato veneto dei Beni Inculti. In: Bollettino C.I.S.A. 1974 Vol. XVI. Vicenza, C.I.S.A. 1976 pp. 460–461 und Abb. 226–227.
Für die palladianische Villa Repeta in Campiglia zeigen die von Martin Kubelik publizierten zwei Karten der Provveditori sopra i Beni Inculti aus den Jahren 1692 und 1769/1770 noch sehr genau die Überreste der vom Brand verschonten Gebäudeanlage, die zusammen mit dem 1672 errichteten Neubau in ihren exakten Ausmassen auch von Muttoni festgehalten wurden.

97
Ausgewählte Bibliografie zum Casino Muzzi:
Magrini, Antonio. 1845. op.cit.
Bressan, Bartolomeo. Fabbriche di Vicenza Ms op.cit.
Bressan, Bartolomeo. Palasti ed edifici Ms op.cit.
Bortolan, Domenico. 1886. op.cit.
Anesini-Berton, Nita Maria. 1945–1946. op.cit.
Franco, Fausto. 1963 Vol. V. op.cit.
Cevese, Renato. 1971. op.cit. Vol. II.
Barbieri, Franco. 1972. op.cit.
Olivato, Loredana. 1975. op.cit.

98
Diese Kupfertafeln wurden von Nita Maria Anesini-Berton in der Biblioteca Bertoliana entdeckt, von Franco Barbieri erwähnt und dann von Loredana Olivato publiziert. Auf dem Umschlag der Tafeln ist mit einer Schrift des 19. Jahrhunderts vermerkt: «Bertotti Scamozzi, Ottavio. Casino per la famiglia Muzzi edificato nel luogo suburbano fuori di Porta S. Lucia, alterato dal canonico Smiderle diventato proprietario.» B.B.Vi. Racc. Gonz. 207.10. Die Abbildungen selbst sind unnumeriert und differieren etwas in der Grösse: 13,5×18,5 cm (Fassade), 13×19 cm (Schnitt) und 19,5×16 cm (Grundriss). Nur das eine Blatt mit der Fassadendarstellung ist beschriftet und vom Stecher signiert: «Prospetto del Casino del Sig.r Gaetano Muzzi a Rielo. Vi. Brunello Scol.» Dieser Vincenzo Brunello gehörte nicht Bertottis Equipe von Malern und Stechern an, zeichnete aber Tafeln für den ersten, 1808 erschienenen Band der Werke Calderaris, die postum von Antonio Diedo, Giambattista Marangoni, Andrea Rigato und Agostino Vivorio herausgegeben und Antonio Canova gewidmet wurden: Calderari, Ottone. Disegni e scritti d'Architettura. Vicenza, Tip. Paroni 1808 und 1815. Des weitern ist im Kunsthandel ein Kupferblatt desselben Brunello bekannt, das 1824 in Vicenza ediert wurde und betitelt ist mit: «Descrizione della maestosa macchina detta la Ruota ecc. strascinata nella giornata del Corpus Domini nella R. Città di Vicenza, ecc.» Vgl. A.M. Comanducci. Dizionario illustrato dei Pittori, Disegnatori e Incisori Italiani Moderni e Contemporanei Vol. I. Milano, Luigi Patuzzi Editore 1970–1974 p. 443. Und für Malaspina di Sannazzaro entwarf Brunello die acht Kupfertafeln in dessen Werk: Memorie storiche della fabbrica della Cattedrale di Pavia. Milano, Tip. Bernardoni 1816. Ebenso erwähnt Bortolan ein dem Denkmal Calderaris gewidmetes Kupferblatt des gleichen Stechers, den er aber ohne Lebensdaten im «Dizionario biografico» anführt. Siehe Bortolan, Domenico. 1886. op.cit. p. 17. Die im beginnenden 19. Jahrhundert datierten Arbeiten von Vincenzo Brunello lassen nun keineswegs darauf schliessen, dass die vom Casino Muzzi gestochenen Tafeln noch zu Lebzeiten und unter Anleitung Bertottis entstanden, sondern lassen vielmehr die logischere Vermutung zu, dass die Illustrationen sogar nach dem Tode Bertottis gestochen wurden – vielleicht zwar nach Vorlagen von Bertotti, von einem seiner «Schüler» wie beispielsweise von Carlo Barrera (1760–1837), oder auch nach von Brunello selbst gezeichneten Aufnahmen.

99
Vgl. auch das Kapitel über die Casa Michele Pavanello und die betreffenden Anm. 27 und 28 dieser Arbeit. Die Villa Da Porto in Pilastroni wurde nach der Errichtung der Kapelle zwischen 1776 und 1778 von Ottone Calderari für Antonio Maria Porto neu erbaut, wobei dieser Conte Porto einem anderen Zweig der Familie angehörte als der Co. Gio. Battista Orazio Porto. Von Calderari selbst sind sechs lavierte und numerierte Tuschzeichnungen erhalten: Palazzo Del Nob. Sig. Co. Antonio Maria Porto Nella Villa Di Vivaro Territor. Vic. Architetto Il Nobile Signor Ottone Calderari. B.B.Vi. Racc. Gonz. 29.8.4. Die druckbereiten Tafeln wurden irrtümlich für bereits gedruckte Abzüge gehalten und deshalb nicht der Manuskriptsammlung zugeordnet. Vgl. Cevese, Renato. 1971. op.cit. Vol. II pp. 404–406. Barbieri, Franco. 1972. op.cit. pp. 104–108, 137–138. Cevese, Renato. Il palladianesimo in Italia. In: Palladio. La sua eredità nel mondo. Quarto centenario della morte di Andrea Palladio. Milano, Electa Editrice 1980 p. 235.

100
Libri dei nomi dei possessori dei fondi, Vol. 9: M a Nardi. A.S.Vi. Ms seg. No 2650. Maccà, Gaetano. 1812–1816. op.cit. Vol. XIII p. 109. Rumor, Sebastiano. 1905–1909. op.cit. Vol. II p. 423 und Vol. III p. 257.

101
Die Autorschaft Palladios ist durch keine Dokumente belegbar, und die erstmals von James S. Ackerman aufgestellte Frühdatierung in die 40er Jahre des Cinquecento hat zur Folge, dass der 1530 geborene Girolamo Forni nicht der Auftraggeber gewesen sein kann, wohl aber für die spätere Ausschmückung der Innenräume besorgt war. Andrerseits wird das Landgut auch dem Bildhauer Alessandro Vittoria zugeschrieben und dann in die 70er Jahre des 16. Jahrhunderts datiert. Vgl. die unterschiedlichen Meinungen bei Ackerman, James S. Palladio. Harmondsworth, Penguin Books Inc. 1966 pp. 14, 61. Zorzi, Giangiorgio. 1969. op.cit. pp. 230–231. Cevese, Renato. 1971. op.cit. Vol. II pp. 486–488. Puppi, Lionello. 1973. op.cit. Vol. II pp. 247–248 (Nr.11) und 1977. op.cit. Vol. II pp. 247–248 (Nr.11). Berger, Ursel. 1978. op.cit. p. 272. Burns, Howard. 1979 Vol. XXI. op.cit. pp. 14–15.

102
Muttoni, Francesco. 1739/40–1760. op. cit. Vol. I: Indice delle Città, Castelli e Ville. Bertotti Scamozzi, Ottavio. 1778. op. cit. Vol. II p. 44 und Tav. XXXIII–XXXV.
Hat Muttoni die Villa Forni-Cerato nur im Index angegeben und auf eine Beschreibung verzichtet, so lautet bei Bertotti der betreffende erste Abschnitt: «L'Eleganza della presente Fabbrichetta la fece supporre d'invenzione del nostro Palladio, abbenchè non siavi alcun documento che ce ne assicuri. Per proseguire coll'incominciato mio metodo, risolsi di porla nel numero delle Fabbriche della di lui Scuola; e a ciò m'indusse lo scoprire in essa quelle parti spiranti grandiosità, che ad onta della picciolezza delle invenzioni ammirano nelle Fabbriche nel nostro Architetto, e della Scuola singolare che ci ha lasciata.»

103

Ausgewählte Bibliografie zum Palazzo Franceschini:

Dian, Giuseppe. Notizie delli due Secoli XVIII e XIX Ms op. cit. Fasc. III und VI.

Berti, Giambattista. Guida per Vicenza. Venezia, Tip. Francesco Andreola 1822.

Alverà, Andrea. Notizie biografiche Ms op. cit.

Berti, Giambattista. Nuova Guida per Vicenza. Padova, Tip. Crescini 1830.

Magrini, Antonio. 1845. op. cit.

Da Schio, Giovanni. I Memorabili Ms op. cit. Vol. B und F.

Bressan, Bartolomeo. Monumenti pubblici e privati antichi e moderni. B.B.Vi. Ms seg. Gonz. 24. 10. 1 (3209).

Bressan, Bartolomeo. Fabbriche di Vicenza Ms op. cit.

Bressan, Bartolomeo. Palasti ed edifici Ms op. cit.

Ciscato, Antonio. Guida di Vicenza. Vicenza, Tip. Bortolo Paroni 1871.

Bortolan, Domenico und Sebastiano Rumor. 1919. op. cit.

G.g. La «Casa del Littorio» a Vicenza. In: Il Popolo d'Italia vom 10. 6. 1928 Vol. XV (Anno VI). Milano, Tip. Popolo d'Italia 1928.

Anesini-Berton, Nita Maria. 1945—1946. op. cit.

Barbieri, Franco; Cevese, Renato und Licisco Magagnato. 1956. op. cit.

Franco, Fausto. 1963 Vol. V. op. cit.

Barbieri, Franco. 1972. op. cit.

Olivato, Loredana. 1975. op. cit.

Kamm-Kyburz, Christine. 1980 Vol. XVIII. op. cit.

Mantese, Giovanni. 1982 [aber 1983]. op. cit. Vol. V, par. V und par. VII.

104

Für Auszüge der Häuserverzeichnisse siehe Bortolan, Domenico und Sebastiano Rumor. 1895. op. cit. p. 29. Die sogenannte «Pianta Angelica», welche von den Forschern in die Jahre 1571 und 1580 datiert wird, befindet sich in Rom, Biblioteca Angelica, früher Miscell. Rari 1. 7. 22, 48/81, heute im Inkunabeln-Saal, und wurde erstmals von James S. Ackerman publiziert: Palladio's Vicenza: A bird's-eye plan of c. 1571. In: Studies in Renaissance and Baroque Art presented to Anthony Blunt. London, Phaidon Press 1967 pp. 53—61. Vgl. auch Barbieri, Franco. Pianta prospettica di Vicenza del 1580. Vicenza, Neri Pozza Editore 1973. Barbieri, Franco. La Pianta Angelica (1580). In: Pozza, Neri (Hg). 1976. op. cit. Monticulo, Giacomo. Urbis Vicentiae cum vetustate ac nobilitate florentis, tum prae caeteris privilegiariae typus ad amussim auspiciis praesentibus perillustris Com. De Hieronymi de Comitibus dicatus a Francisco Vallegio et Catharino Doino atque solerti artificio D. Jacobi Monticuli elucubratus MDCXI. Stefano Scolari Forma. Vgl. Barbieri, Franco. 1972. op. cit. Tav. I. Für weitere Aktivitäten des Monticulo siehe Puppi, Lionello. Un inedito progetto di Pre' Giacomo Monticulo. In: Arte Veneta 1976 Vol. XXX. Venezia, Alfieri Edizioni 1977 pp. 172—175. Beide Stadtpläne von 1580 und von 1611 sind ebenfalls abgebildet bei Soragni, Ugo. 1977 Vol. 4. op. cit. pp. 67—87. Zur damaligen Stadtausdehnung und ihren Befestigungswerken vgl. Soragni, Ugo. Vicenza nel Cinquecento. In: Storia della Città 1979 Vol. 10. Milano, Electa Editrice 1979 pp. 35—64.

105

Zu den wichtigsten, im Text erwähnten Dokumenten zählen:

Gornizai, Antonio Perito Ordinario und Pietro Zambelli Perito Estraordinario. Disegno per eseguir la Supplica del Sig.r Zuanne Mantoan. Venezia 31. 8. 1725. I.P.A.B. Vicenza, Archivio dell'Ospizio, Eredità Fadinelli — Mazzo Disegni.

Cornello, Andrea Perito Ordinario und Pietro Zambelli Perito Estraordinario. Disegno formato sopra la Supplica del Sig.r Giacomo Franceschini. Venezia 2. 5. 1727. A.S.Ve. Beni Inculti, Disegni Vicenza, Mazzo 111 A.

Cornello, Andrea Perito Ordinario und Pietro Zambelli Perito Estraordinario. Disegno formato sopra la Supplica del Sig.r Giacomo Franceschini. Venezia 30. 1. 1727 M.e V.o (= 30. 1. 1728). A.S.Ve. Beni Inculti, Disegni Vicenza, Mazzo 110 B.

Archivio del Comune. Città contro Franceschini A. 1749; enthält auch das 20 Jahre früher ausgestellte Gesuch samt der betreffenden Erlaubnis. B.B.Vi. Archivio di Torre Ms Inv. No 551 Calto M No 3.

106

Die neu erworbenen Liegenschaften des Giovanni Franceschini in den «Chiodare» und das bereits seit 1729 mit Druckwasser betriebene Filatorium zeigt die erwähnte Karte von Codroigo, Steffano Perito Ordinario und Michiel Angelo Mattei Perito Estraordinario. Disegno formato sopra la Supplica del S.r Gio. Franceschini. Venezia 30. 10. 1748. A.S.Ve. Beni Inculti, Disegni Vicenza, Mazzo 111 A. Die Interventionen seitens der Stadtbehörde und dann des Marchese Sale sind datiert mit 14. 11. 1748, 18. 11. 1748, 14. 12. 1748 und 27. 2. 1749. Archivio del Comune. Città contro Franceschini A. 1749. B.B.Vi. Archivio di Torre Ms Inv. No 551 Calto M No 3.

Was den bis anhin ebenfalls unbekannten Schanzenbau östlich der Porta S. Bortolo betrifft, so hatte dessen Einbruch insofern katastrophale Folgen für die Nutzniesser des Astichello, als sich nun die Wassermengen grösstenteils durch den Graben zwischen den beiden 1735 errichteten Festungswällen ergossen und für den Betrieb der Mühlräder nur noch ein Rinnsal durch das ursprüngliche Bachbett floss. Neben dem Gutachten des Pubblico Perito Gio. Domenico Dall'Acqua vom 22. 7. 1737 sind die Bittschrift der Anlieger und anschliessend eine Bestandesaufnahme der beiden städtischen Vermesser zu beachten. Dall'Acqua, Gio. Domenico Perito Pubblico und Carlo Crestani Perito Pubblico. Disegno fatto in ordine delle verbali commissioni di Sua Ecc.za Pod.tà V. Cap.o di Vicenza. Vicenza 25. 7. 1738. I.P.A.B. Vicenza, Archivio dell'Ospizio, Eredità Fadinelli — No 55 dell'inventario, Mazzo 14, Processo No 346. Im gleichen Nachlass und unter derselben Archivnummer sind auch das obengenannte Gutachten und die Bittschrift aufzufinden, letztere in einer zeitgenössischen Kopie mit folgendem Wortlaut:

«Nell'atto di riaprire al Lavoro, et all'impiego di questa numerosa povertà gl'Edificij da Orsoglio alla Bolognese che noi Giacomo Franceschini, Gio. Mantoan, et altri Consorti mercanti, e Fabricatori d'Orsoglij nella Città di Vicenza per graziosa concessione di V.a S.tà possediamo sopra il Fiume Astichello di quella Città, per apprestare alla necessità del Commercio per quella, et altre Città ridotte in Orsoglij di Sette, che nella presente stagione per opera Eccelsa della Real Magnificenza sono state lavorate con insolita perfettione, ci vediamo minaciato pur troppo vicino l'interompimento de nostri lavori da una Rotta di detto Fiume, che disalveando dal naturale loro corso le acque del Fiume stesso dissecate che siano fra pocco le sovra bondanze delle passate escrescenze, non è per lasciare la quantità necesaria al giro degl'Edificij stessi. E' stata acausata detta Rotta dall'escavazione della Fossa fatta d'ordine della S.ta V.a al Sitto della Porta di San Bortolamio nell'occasione di premunire con provisionali Fortificazioni quella Città dalle passate gelosie, e come fu la fossa troppo averanzata a scarnare l'arzere del Fiume, così avendo lo stesso con facilità diccorata la sottiglieza dell'arzere, che vi fu lasciato, ha potuto farsi strada per altra parte anco con spatiosa intesseratione della Linea medima delle Fortificazioni esposte visibilmente in progresso ad una vastissima devastazione. Confidandosi però L'umiltà nostra che sia la S.tà V.a per accorere un pronto riparo alla persecutione delle fortificazioni, che con Regia profusione del Pub.o Evavio s'è compiaciuto far eriggere per la sicurezza di quella sua Fedelissima Città. Imploriamo umilmente che degni V.a S.tà nello stesso tempo con la promessa manutenzione dell'acque concesse agl'usi de predetti nostri Edificij di provedere alla sussistenza dell'importantissimo commercio delle Sette Lavorate, all'avvanzamento del quale ha' la S.tà V.a sagrificato, attenzione, e tesori non meno che all'impiego dell'industria di tanti miserabili sudditi, li quali non hanno altro modo di poter vivere che quello delle giornaliere mercedi. Gratie. — 1738. 19 Luglio in colleggio che sia rimessa a Savij. Consiglieri: Bernardo Memo, Anarchiò Cabriel, Zan Batt.a Loredan, Giac.o Zustinian, And.a da Leze, Piero Mocenigo.»

107

Zu den wichtigsten Planunterlagen der Provveditori sopra i Beni Inculti zählen hier aus den frühen 60er Jahren des Settecento:

Mattei, Michiel Angelo Perito Ordinario und Gio. Antonio Tomadelli Perito Estraordinario. Disegno formato in ordine alla Supplica del Sig.r Giovanni Franceschini. Venezia 10. 1. 1759 M.e V.o (= 10. 1. 1760). A.S.Ve. Beni Inculti, Disegni Vicenza, Mazzo 111 A.

Mattei, Michiel Angelo Perito Ordinario und Domenico Rizzi Perito Estraor-

dinario. Disegno formato sopra la Supplica delli Sig.ri Francesco e Fratello Guerra q.m Giacomo. Venezia 13. 1. 1762 M.e V.o (= 13. 1. 1763). A.S.Ve. Beni Inculti, Disegni Vicenza, Mazzo 141.
Mattei, Michiel Angelo Perito Ordinario. Disegno formato ad istanza delli Sig.ri Francesco e Fratello Guerra. Venezia 6. 8. 1763. A.S.Ve. Beni Inculti, Disegni Vicenza, Mazzo A 2.

108

Lalande, Joseph Jérôme. Voyage d'un François en Italie, fait dans les années 1765 & 1766. Venise—Paris 1769. Hier zitiert nach der zweiten und ebenfalls ohne Druckervermerk erschienenen Ausgabe: Yverdon 1769—1770 Vol. XVIII p. 203. Vgl. auch Volkmann, Johann Jakob. Historisch-kritische Nachrichten von Italien, welche eine genaue Beschreibung dieses Landes, der Sitten und Gebräuche, der Regierungsform, Handlung, Ökonomie, des Zustandes der Wissenschaften, und insonderheit der Werke der Kunst nebst einer Beurtheilung derselben enthalten. Leipzig, Caspar Fritsch 1770—1771 und 1777—1778 [2. Ed.] Vol. III p. 746: «Seit einigen Jahren hat ein gewisser Franceschini hier eine beträchtliche Seidenfabrik angelegt, worinn auf funfzehn hundert Menschen arbeiten. Er versteht die Sache sehr gründlich, und man sieht mit Vergnügen die artige Einrichtung, wie er einen kleinen Bach zu nutzen gewusst hat. Die Haspel und Mühle sind alle mit solchem Vortheil angelegt, dass so wenig Hände, als möglich, dazu gebraucht werden. Ein einziges Rad treibt vier tausend Haspel, um die Seide zu drehen, und zwo Personen sind hinlänglich, statt der vollen Haspel neue aufzustecken, und die zerrissenen Fäden anzuknoten. Man verfertigt zu Vicenza viel seidene Zeuge, welche in Italien und Deutschland vertrieben werden.» Des weitern siehe Arnaldi Tornieri, Arnaldo. I passeggi suburbani fuori dalle porte della città di Vicenza. B.B.Vi. Ms seg. Gonz. 25. 2. 26 (3106) Canto quarto 1791 p. 37.

109

Planimetria degli immobili urbani. Comune di Vicenza, Scheda 15 241 403 vom 12. Dezember 1939. UTE Vicenza.

110

Dian, Giuseppe. Notizie delli due Secoli XVIII e XIX Ms op. cit. Fasc. VI p. 1360. Dal Ferro, Giovanni. Memorie intorno alcune famiglie Nobili Vicentine compilate dal Co. Scipion Dal Ferro, e tratte dal Manoscritto originale. B.B.Vi. Ms seg. Gonz. 27. 4. 56 (3026). Da Schio, Giovanni. I Memorabili Ms op. cit. Vol. F.
Die erst im Auftrag der Familie Folco entstandene Ausschmückung einzelner Innenräume lässt die Vermutung zu, dass die Brüder Giovanni und Girolamo Franceschini für ihren Palazzo keine Wandmalereien vorgesehen hatten und wahrscheinlich ihre Räume mit Erzeugnissen der eigenen Firma wie beispielsweise seidenen Prunkstoffen dekorieren liessen. Wenn Franco Barbieri bedauert, dass hier nicht etwa passendere Künstler «legati all'humus settecentesco locale: un Guidolini, ad esempio, od un Ciesa» (1972. op. cit. p. 78) beschäftigt wurden, so ist dennoch zu beachten, dass auch das 19. Jahrhundert jene berühmte «civiltà veneta» zu pflegen wusste, und im Zusammenhang mit dem Aufkommen einer neuen Bauherrenschaft nicht nur — und zwar unter Zerstörung älterer Bausubstanz — neue Residenzen errichtet, sondern auch und sogar grösstenteils ältere Gebäude nach erfolgtem Besitzerwechsel nun mit grosszügigen, dem eigenen Zeitverständnis verpflichteten Freskenzyklen ausgestattet wurden. Vgl. Coletti, Luigi. L'arte dal neoclassicismo al romanticismo. In: La Civiltà veneziana nell'età romantica. Firenze, Sansoni Editore 1961 pp. 129—154. Pavanello, Giuseppe. L'Ottocento. In: Pallucchini, Rodolfo (Hg). 1978. op. cit. Vol. I pp. 105—115.
Im Palazzo Franceschini-Folco bemalte Sebastiano Santi (1789—1866) die Decke des Hauptsaals mit einer tondoförmigen Allegorie der Aurora und die entsprechenden Langseiten mit die Tugenden symbolisierenden Statuen, die zwischen marmorierten ionischen Säulen stehen, welche vom einheimischen Giovanni Picutti als Vordergrund seiner hinter den weiblichen Figuren weiterführenden, illusionistischen Architekturmalerei entworfen wurden. Das Deckenfresko über der zweiarmigen Treppe mit einer sinnbildlichen Darstellung der Gastlichkeit stammt von Giovanni Demin (1786—1859), der auch die Fresken in den drei gegen Westen orientierten Räumen des Piano Nobile malte. In den beiden ersten, südwestlich ausgerichteten Zimmern sind die Deckenbilder dem Titanensohn Prometheus sowie der Begegnung von Amor und Psyche gewidmet, während der nordwestliche, ebenfalls an den Hauptsaal angrenzende Raum von einem Dekkenfresko mit der Darstellung der vor Apollon hintretenden Venus, begleitet von Minerva, der Kunst und der Grazie, geschmückt wird, und auch die einzelnen Wände mit gräzisierenden Allegorien der vier Künste Architektur, Malerei, Skulptur und Musik bemalt sind. Sämtliche Stuckdekorationen dieser Räume, die reichen Bildumrahmungen, die grosse Kassettendecke im Zentralsaal und dessen eleganten Sopraporten, die kleinere Kassettentonne über der Treppe und die grazilen Spiegelgewölbe der drei Seitenzimmer stammen von Antonio Bagutti, der hier seine Arbeiten mit einem noblen gold-weissen Anstrich versah.
Was die Kenntnis dieser in der ersten Hälfte des Ottocento tätigen Künstler und ihres Œuvre anbetrifft, so zeigt sich einmal mehr eine grosse Lücke der Forschung, bedingt auch durch ein geradezu totales Desinteresse der lokalen Historiker bezüglich des künstlerischen Erbes aus dem vergangenen Jahrhundert. Von Giovanni Picutti und von Antonio Bagutti sind nicht einmal die Lebensdaten bekannt, letzterer ist vermutlich ein Abkömmling der bekannten Stukkateur-Familie aus dem tessinerischen Rovio, welcher auch jener «stuccatore signorile» Jacopo Bagutti angehörte, der zwischen 1720 und 1758 in England tätig war und meist in Zusammenarbeit mit Giuseppe Artaria die Innenräume zahlreicher Bauten vor allem von James Gibbs sowie in den 20er Jahren auch von Colen Campbell und Lord Burlington dekorierte, während ein weiterer Pietro Martire Bagutti (1719—1805?) nachweislich von 1753 bis 1782 in Bologna arbeitete. Antonio Bagutti soll seit 1802 in Vicenza wohnhaft gewesen sein; Barbieri schreibt ihm die um 1803 entstandenen Stukkaturen im Palazzo Capra zu, die im Salon ein Dekkenfresko von Antonio Rossi und im angrenzenden Südzimmer ein Ölbild von Agostino Comerio einrahmen. Nach den Arbeiten im benachbarten Palazzo Franceschini-Folco von 1821 bis 1822 ist eine weitere Tätigkeit von Antonio Bagutti erst wieder um 1840 bekannt, als er beim Umbau des Vicentiner Palazzo Dalla Vecchia-Romanelli für die Stuckrahmungen des 1843 fertiggestellten Deckenfreskos von Pietro Paoletti beigezogen wurde. Vgl. auch die spärlichen Hinweise von Trissino, Francesco. Vita di Stefano Madonetta pittore vicentino cavata dalle di lui opere e dalle memorie del medesimo da anonimo scrittore contemporaneo. Vicenza, Tip. Tramontini 1856. Bossaglia, Rossana. Jacopo Bagutti, Pietro Martire Bagutti. In: Dizionario Biografico degli Italiani Vol. V. Roma, Istituto della Enciclopedia Italiana 1963 pp. 272—273. Arslan, Edoardo (Hg). Atti del Convegno di Varenna sugli stuccatori lombardi e ticinesi, maggio 1961. In: Arte e artisti dei laghi lombardi Vol. II — Gli stuccatori del barocco al rococò. Como, Società archeologica comense 1964. Barbieri, Franco. 1972. op. cit. pp. 13, 77, 160. Crivelli, Aldo. Artisti e artigiani ticinesi nel mondo. In: Ronner, Heinz (Hg). Schweizer bauen im Ausland. Zürich, Organisationsstelle für Ausstellungen der Architekturabteilung ETH 1978 p. 19.
Giovanni Picutti war gebürtiger Vicentiner und hatte sich auf illusionistische Architekturmalerei spezialisiert. Die Fresken im Palazzo Franceschini-Folco, die unbekümmert das einst von Paolo Guidolini oft angewandte Motiv der ionischen Kolonnade auf vereinfachende Weise wiederaufnehmen, gehören zum frühesten bis anhin bekannten Werk des Picutti. Nach der unter Anleitung des Bartolomeo Malacarne 1819 begonnenen Renovation des Teatro Olimpico gewann Picutti im Jahre 1827 den öffentlichen Wettbewerb für die Dekoration der Decke, welche er nun einheitlich-illusionistisch mit einem von Seilen gestützten Zelt bemalte; aber 1902 erhielt dann diese umstrittene Gestaltung wiederum die heutige, an Stichwerke des frühen 17. Jahrhunderts anlehnende Form mit einer Kassettendecke über der Bühne und einem vorgetäuschten, offenen Himmel über dem abgetreppten Zuschauerrund. In der zwischen 1827 und 1831 grösstenteils von Carlo Barrera erbauten Villa Velo Scroffa in Isola Vicentina war Giovanni Picutti zusammen mit Marco Picutti verantwortlich für die Wandmalereien des ebenerdig liegenden Piano Nobile, wobei in dem gegen Westen orientierten Saal die datierte Signatur «Giovanni Picutti 1832» und im Südzimmer jene von Marco Picutti zu lesen ist. Erneut im Teatro Olimpico zu Vicenza wurde mit Hilfe von Malacarne 1838 eine illusionistische Himmelsdecke über den Architekturkulissen hinter dem Bühnenprospekt in Auftrag gegeben, der vielleicht auch von Picutti ausgeführt wurde. Und 1839 renovierte

Antonio Piovene die Innenräume des am Corso Palladio situierten Palazzo Piovene, dessen neues Atrium sowie eine Gartenmauer Giovanni Picutti mit perspektivischen Malereien dekorierte, die heute aber nicht mehr existieren. In der Bertoliana findet sich dagegen ein handschriftliches Verzeichnis über Architekturzeichnungen im Vicentiner Museo Civico, wo unter Busta XII A «Schizzi di decorazioni da camera e da teatro» von Picutti erwähnt werden. Siehe Elenco di disegni architettonici nel Museo Civico di Vicenza. B.B.Vi. Ms seg. Gonz. 25. 8. 46 (3277). Vgl. auch Magrini, Antonio. 1845 [aber 1846]. op. cit. pp. 234—235. Ciscato, Antonio. 1871. op. cit. pp. 36—37. Cevese, Renato. 1971. op. cit. Vol. II pp. 435—436. Barbieri, Franco. 1972. op. cit. pp. 42, 77, 157—158. Pallucchini, Rodolfo (Hg). 1978. op. cit. Vol. I pp. 174—175.

Der in Murano am 6. August 1789 geborene Sebastiano Santi studierte an der von Napoleon zur öffentlich-staatlichen Kunsthochschule institutionalisierten Accademia di Belle Arti in Venedig und arbeitete dann bis zu seinem Tode (18. Juni 1866) an zahlreichen grossen Kompositionen in Öl und an unzähligen, weiten Freskenzyklen vorab für Kirchen von Venedig und der Terraferma. Zu den frühesten Werken zählt das Deckenfresko mit dem Triumph Neptuns im monumentalen, 1810 bis 1814 von Giuseppe Soli errichteten Treppenhaus der einstigen Reggia Napoleonica (heute Ala Napoleonica mit den Schausammlungen des Civico Museo Correr) in Venedig. Und wahrscheinlich noch vor den Arbeiten im zentralen Saal des Vicentiner Palazzo Franceschini-Folco von 1821 bis 1822 malte Santi zusammen mit Giuseppe Borsato (1771—1849) die Freskenzyklen im Palazzo Pisani-Gritti am Canal Grande und mit dem ebenfalls älteren Giovanni Demin (1786—1859) im Palazzo Emo-Treves dei Bonfili auch am Canal Grande in Venedig. Von den sakralen Themen gewidmeten Fresken seien hier nur gerade jene in den venezianischen Kirchen S. Giorgio dei Greci, S. Maria del Pianto, S. Luca, S. Maria della Salute sowie in Triest in den Kirchen S. Giusto, S. Maria Maggiore und S. Antonio Nuovo erwähnt, während von den vielen Altarbildern gerade jene für die Kirchen S. S. Apostoli und S. Silvestro in Venedig und für S. S. Prosdocimo e Donato in Cittadella genannt seien — stellvertretend auch für die zahlreichen, noch unbekannt gebliebenen Werke in den Landkirchen der an Venedig angrenzenden Provinzen. In den «Atti» der venezianischen Accademia di Belle Arti wurde Santi in den 40er Jahren des 19. Jahrhunderts als «Pittore di Storia, e prof. di ristauro» unter den «Consiglieri ordinarj semplici» erwähnt, sein Gefährte Giuseppe Borsato «decorato della grande medaglia d'oro con nastro, Socio della I. R. Accademia di Vienna, Onor. dell'Istituto degli Architetti Britannj, Professore di Ornamenti» als Mitglied der «Consiglieri ordinarj Professori» aufgeführt. Borsato und Santi waren gemeinsam bei der Modernisierung des in Teatro Apollo umbenannten, ehemaligen Teatro di S. Luca in Venedig beschäftigt, und letzterer zeichnete auch für den 1852 fertiggestellten Zwischenvorhang mit der Verherrlichung Dantes im städtischen Theater von Ravenna verantwortlich. Und in der Bibliothek des Museo Vetrario auf Murano, heute eine Sektion des Museo Correr, findet sich ein grosser Schatz an Skizzen von Sebastiano Santi. Siehe beispielsweise Atti della Imp. Regia Accademia di Belle Arti in Venezia dell'anno 1842. Venezia, Tip. Giuseppe Antonelli 1843 pp. 42—43. Lorenzetti, Giulio. Venezia e il suo estuario. Milano, Tip. Bestetti e Tumminelli 1926. Zitiert nach dem Reprint der römischen Ausgabe von 1963: Triest, Edizioni Lint 1974 pp. 128, 316, 353, 420, 490, 534, 608, 615, 617, 710. Ferner in Thieme, Ulrich und Felix Becker. 1907—1950. op. cit. Vol. 29, 1935 p. 446. Coletti, Luigi. 1961. op. cit. p. 139. Barbieri, Franco. 1972. op. cit. pp. 77—78.

Wie Sebastiano Santi gehörte auch der am 24. Oktober 1786 bei Belluno geborene Giovanni Demin zu den Schülern jenes Teodoro Matteini (1754-1831), der aus Pistoia stammend dann in Rom bei Pompeo Battoni studiert, später in Florenz, Mailand und Bergamo gearbeitet hatte und nach der 1802 erfolgten Berufung an die Accademia von Venedig schlussendlich am 3. April 1807 zum Professor für Malerei gewählt worden war. Nach den Studienjahren in Venedig hielt sich nun Giovanni Demin von 1809 bis ca. 1817 in Rom auf und 1831 bis 1833 in Mailand. Sowohl in den Veneto-Provinzen als auch in jenen des Friaul zählte er zu den meistbeschäftigten Künstlern, war als «Pittore di Storia» Mitglied der Accademia di Belle Arti in Venedig und wurde in der anlässlich des IX. italienischen Wissenschafterkongresses von 1847 erschienenen Buchgabe zusammen mit einigen seiner Zeitgenossen folgenderweise erwähnt: «... molti artisti viventi, che sostengono con lode le venete arti sia in patria che fuori. — Francesco Hayes, Giovanni Demin, Lodovico Lipparini, Michelangelo Grigoletti, Sebastiano Santi, i due Schiavoni Natale e Felice, Giuseppe Lorenzi, Lattanzio Querena, Giovanni Busato, Giovanni Servi, Giovanni Darif, Placido Fabris, Cosroe Dusi pittori di storia, e Giuseppe Borsato, Francesco Bagnara, Marco Comirato, Giambattista Zecchini, Tommaso Viola, Eugenio Bosa pittori prospettici e di genere, qui nominiamo fra gli altri, perchè ascritti con note d'onore dalla R. Accademia, non perchè siano i soli che tengano in fiore la scuola nostra; molti essendone tuttavia da noi taciuti, sui quali riposano le speranze della generazione presente». Bei seinem Tod am 25. November 1859 in Tarzo hinterliess Demin als Maler, Freskant und Stecher ein reiches Œuvre. Neben Arbeiten beispielsweise in den Pfarrkirchen von Crespano del Grappa, Possagno, Cittadella, Este, Conegliano, Paderno del Grappa, Mel, Agordo, Villagrande und Villapiccola sowie im Palazzo del Municipio und im Museo Civico in Belluno, in den Loggien Cenedese und Serravallese in Vittorio Veneto trugen damals besonders die grossen mythologischen und historischen Freskenzyklen in Privathäusern auf dem Land und in den Städten Venedig, Padova, Vicenza, Mailand und Serravalle (dem heutigen Vittorio Veneto) zu Demins Ruhm bei. Noch vor den Dekorationen im Vicentiner Palazzo Franceschini-Folco sind die Malereien in den beiden Palazzi am Canal Grande in Venedig, im Palazzo Emo-Treves dei Bonfili (zusammen mit Sebastiano Santi) und im Palazzo Papadopoli Aldobrandini (zusammen mit dem Bildhauer Angelo Pizzi [1775—1819]), zu datieren sowie jene in den Palazzi Trento-Papafava (1819) und Gaudio in Padova. Während der Arbeiten in Vicenza war Giovanni Demin gleichzeitig im Palazzo Rusconi (1821-1824) in Padova beschäftigt und in derselben Stadt malte er u. a. auch in den Palazzi Orsato, Trieste und Revedin (1828), dann malte er in Mailand beispielsweise im Palazzo Samailoff und nach seiner Rückkehr ins Veneto im Palazzo Lucheschi in Serravalle und sofort anschliessend — gemeinsam mit Pietro Paoletti (1801—1847) — in der Villa De Manzoni (1836—1837) in Sedico sowie in der ebenfalls von Giuseppe Jappelli errichteten Villa Gera (1837 und 1844) in Conegliano, deren Innenausstattung nicht nur ein Hauptwerk von Giovanni Demin, sondern überhaupt eines der qualitativ hervorragendsten Beispiele der Freskenkunst aus dem Ottocento darstellt. Siehe Zanotto, Francesco. Pittura. In: Venezia e le sue lagune. 1847. op. cit. Vol. I par. II pp. 382—384. Dann Thieme, Ulrich und Felix Becker. 1907-1950. op. cit. Vol. 9, 1913, p. 57. Barbieri, Franco. Gli affreschi ignorati di Giovanni Demin. In: Vicenza. Rivista della provincia No 4 luglio—agosto 1962 (Anno IV). Vicenza, Coop. tip. Operai 1962 pp. 25—26. Barbieri, Franco. 1972. op. cit. pp. 77—78, 160. Lorenzetti, Giulio. 1974. op. cit. pp. 128, 331, 615. Sartori, Antonio. Documenti per la storia dell'arte a Padova (edizione postuma a cura di Clemente Fillarini). Vicenza, Neri Pozza Editore 1976. Pallucchini, Rodolfo (Hg). 1978. op. cit. Vol. I pp. 124, 154—155, 237—238, 261 (mit weiteren bibliografischen Hinweisen). Für die einstige Wertschätzung von Angelo Pizzi vgl. auch Diedo, Antonio. Elogio del Prof. Angelo Pizzi. In: Atti della Imp. Regia Accademia. 1842. op. cit. pp. 3—19.

111

Berti, Giambattista. 1822. op. cit. pp. 61—61 und 1830. op. cit. p. 56. Da Schio, Giovanni. I Memorabili Ms op. cit. Vol. F.

112

Wichtige Angaben über Carlo Barrera und Bartolomeo Malacarne finden sich noch immer bei Magrini, Antonio. 1845. op. cit. pp. 58—80 und bei Da Schio, Giovanni. I Memorabili Ms op. cit. Vol. B und M. Vgl. auch Cevese, Renato. Le due fabbriche più notevoli di Carlo Barrera. In: Bollettino C.I.S.A. 1962 Vol. IV. Vicenza, C.I.S.A. 1963 pp. 235—237. Zanolin, Domenico. Bartolomeo Malacarne architetto vicentino. Tesi di laurea presso l'università di Padova (Prof. Relatore: Lionello Puppi). Anno accademico 1970—71. Rigon, Fernando. Un progetto del Barrera per l'ampliamento di palazzo Cordellina di Vicenza. In: Bollettino C.I.S.A. 1971 Vol. XIII. Vicenza, C.I.S.A. 1972 pp. 349—353. Olivato Puppi, Loredana. Per la storia di un lascito: da Vincenzo Scamozzi a Bartolomeo Malacarne. In: Atti dell'Istituto Veneto di Scienze, Lettere ed Arti Vol. CXXXIII. Venezia, Istituto Veneto 1975 pp. 347—369. Und speziell für stilistische Vergleiche beispielsweise anhand der von Malacarne 1832 errichteten Barchessa rechts der Villa Barbaran-Scroffa (heute Opere Parrocchiali dell'Araceli) im Vicentiner Borgo Scroffa oder des 1834 angebauten Portikus der Villa Disconzi-Bortolan (heute Casa del pellegrino) auf dem Monte Berico: Cevese, Renato. 1971. op. cit. Vol. II pp. 642, 661—662. Barbieri, Franco. 1972. op. cit. pp. 163—164 und Abb. 148, 162.

113
Lodi, Emanuele. 1872. op. cit. pp. 5—7. Siehe auch Anm. 105 und 106 der vorliegenden Arbeit. Tagliaferri, Amelio (Hg). Podestaria e Capitanato di Vicenza. Milano, Giuffrè Editore 1976 pp. 449—454.

114
Die Abschrift der Anlieger ist unter Anm. 106 nachzulesen. Vgl. ferner Franzina, Emilio. 1980. op. cit. pp. 529-548.

115
Die Relationen der erwähnten venezianischen Statthalter sind wiedergegeben bei Tagliaferri, Amelio (Hg). 1976. op. cit. pp. 505—519.

116
Berti, Francesco. Elogio del P. D. Francesco Franceschini Chier. Regol. Som. recitato il primo giorno di Febbraio 1803. Vicenza, Tip. Paroni 1803. Ein unvollständiger Stammbaum der Familie Franceschini findet sich bei Da Schio, Giovanni. I Memorabili Ms op. cit. Vol. F.
Da Schio erwähnt noch zwei weitere Familien mit Namen Franceschini, die beide aber keine verwandschaftlichen Beziehungen zu jener Familie im Palazzo an der contrà S. Marco hatten. So wurde auf den ebenfalls in der Seidenindustrie tätigen Gaetano Franceschini bereits im «Giornale d'Italia» vom 1. September 1764 mit folgenden Worten hingewiesen: «Nella Città v'hanno Fabbriche di Trame ad uno e a due fili, e tutte provvedute di eccellenti Torcitoj. I Fabbricieri sono i Signori Pietro Basso, Girolamo Portenaro, Francesco Soro, Gaetano Franceschini, Francesco Guerra, e Gaetano Fontanella«. — Eine zweite, dem Vicentiner Feudaladel angehörige Familie Franceschini hatte in der ersten Hälfte des 16. Jahrhunderts die «Ca' d'Oro» am heutigen Corso Palladio in Vicenza erworben und besass Ländereien in Castelnovo, die später in den Besitz der Familie Da Schio kamen. «S. Carlo di casa Schio situata in piano poco distante dalla parrocchiale, senza uficiatura. Ai tempi del P. Barbarano questa chiesa era di casa Franceschini», schrieb Maccà, Gaetano. 1812—1816. op. cit. Vol. VII p. 123. Damit wären nun für die Villa Bertolini in Castelnovo, für die Renato Cevese als frühesten Besitzer noch Thomas Bertolini angab, der die Villa 1828 erworben und 1840 renoviert hatte, auch die vorangegangenen Eigentümer bekannt. Vgl. Cevese, Renato. 1971. op. cit. Vol. II p. 437. Die Conti Franceschini sind im 18. Jahrhundert ausgestorben.
Für die Datierung des 1773 auch von Bertotti umgebauten Hauses Giuseppe Gastaldi vgl. Arnaldi Tornieri, Arnaldo. Memorie di Vicenza che cominciano dall'anno 1767, 18 Giugno, e terminano nel 1812 (in einer Kopie von Arnaldo III Muzio Tornieri). B.B.Vi. Ms seg. Gonz. 20.10.10—13 (3108—3111) Lib. II pp. 76r, v. Nur Fausto Franco hat den Passus bei Arnaldo Arnaldi Tornieri über die Fassadendekoration richtig verstanden, während Franco Barbieri das Medaillon im Fries übersehen haben muss und so irrtümlich in der den Belisario vorstellenden Büste gleichzeitig ein Porträt von Giovanni Franceschini zu entdecken wusste. Siehe Franco, Fausto. Il «Palazzetto di Belisario» a Vicenza. In: Rassegna di architettura 1936 Vol. VIII numero Maggio. Milano, Edizioni di Rassegna di architettura 1936 pp. 174—175. Franco, Fausto. 1963. Vol. V. op. cit. p. 159. Barbieri, Franco. 1972. op. cit. p. 52. Vgl. auch den in der vorliegenden Arbeit enthaltenen Abschnitt über den Palazzo Gastaldi.

117
Die hier erstmals exakt wiedergegebenen Besitzerverhältnisse basieren auf den Eintragungen in: Libri dei nomi dei possessori dei fondi. Vol. 6: F a Giorgianello. A.S.Vi. Ms seg. No 2647. Del Caseggiato di Città compilato l'anno 1805, Vol. I. A.S.Vi. Ms seg. No 3162. Über Giovanni Franceschini notierte der verlässliche Marchi: «Gio. Franceschini benem. Fabric. de' drappi di seta, e meraviglioso meccanico m. 1774». Siehe Marchi, Giovanni. Memorie Ms op. cit. Vol. III.
Hinweise über die einzelnen Staatsvisiten oder sonstige für die Vicentiner wichtig erscheinende Besuche sind vorab zu finden bei Dian, Giuseppe. Notizie delli due Secoli XVIII e XIX Ms op. cit. Fasc. II und III. Favetta, Giovanni. Fatti successi Ms op. cit. Vgl. auch Tecchi, Bonaventura. Goethe in Italia e particolarmente a Vicenza. Vicenza, Accademia Olimpica 1976 pp. 10—14, 31—37. Goethe, Johann Wolfgang. 1962 (Ed. dtv). op. cit. Band 25 pp. 47—48. Vor Francesco Berlendis sprach an jenem Abend des 22. September 1786 Arnaldo Arnaldi Tornieri in der Accademia Olimpica, seine «L'Architettura» betitelte Stanze wurde anonym 1789 im «Giornale poetico o sia poesie inedite di Italiani viventi» publiziert.

118
Eine detaillierte Schilderung der Kriegsplätze im Veneto und um Vicenza sowie der tragischen Auswirkungen ist nachzulesen bei Dian, Giuseppe. Notizie delli due Secoli XVIII e XIX Ms op. cit. Fasc. III. Siehe auch Favetta, Giovanni. Fatti successi Ms op. cit. unter der Jahreszahl 1806. Von den modernen Historikern vgl. vor allem Berengo, Marino. 1956. op. cit. pp. 58—60 und Caizzi, Bruno. 1965. op. cit. pp. 111—113. Marino Berengo zitiert auch die Relation des 1792 in Vicenza amtierenden Capitano und Vice Podestà N. H. Andrea Bon, der am 9. April 1793 in seinem Regierungsbericht zuhanden der Serenissima schrieb: «Se però da un tal ramo di attiva industria [la seta] la plebe che cui abbonda, trova una sorgente di sussistenza, il gran rovescio di questo affare si è che allorquando per alcuna impreveduta combinazione derivante da interne o da esterne cause, le manifatture di seta soffrono arrenamento o altro sinistro accidente, che ne impedisca uno smercio ubertoso, li mercadanti onde sollevare passibilmente la propria economia, licenziano all'improvviso il numero degli operai ch'è richiesto dalle loro convenienze ...»

119
Catasto Antico (Napoleonico). Kopie des Ing.re Capo Gaetano Gallaroti und Dis.re Gio. Antonio Amati vom 17. Juni 1816 nach dem Original vom 5. November 1814 (Caseggiato), das sich im A.S.Ve. befindet. A.S.Vi. Catasto Antico, Vicenza Cassetta No 8. Catasto Vecchio (Austriaco). Kopie des Damiano Visetti Capo del Disegno vom 1. Februar 1842 nach dem Original vom 31. Dezember 1841, das sich im A.S.Ve. befindet. A.S.Vi. Catasto Vecchio, Vicenza Cassetta No 46.
Was den Park der Familie Capra (heute «Giardino Querini») anbetrifft, so liess Co. Antonio Capra im Jahre 1820 unter der Leitung des Architekten Co. Antonio Piovene den heute noch existierenden, kleinen ionischen Tempel errichten und begann wohl kurz vorher mit der entsprechenden Neuordnung der Gartenanlage, für deren Erweiterung derselbe Capra bereits 1811 das aus der Mitte des 13. Jahrhunderts stammende Klarissenkloster S. Maria dell'Araceli niedergerissen hatte. Vgl. Barbieri, Franco. 1972. op. cit. pp. 159—161 mit weiteren Literatur- und Quellenangaben. Barbieri, Franco. Il giardino Querini. In: Pozza, Neri (Hg). 1976. op. cit. pp. 344—345.

120
Für den Palazzo Thiene in Vicenza vgl. speziell Berger, Ursel. 1978. op. cit. pp. 137—161, 218—228. Für den Auftraggeber siehe Burns, Howard (Hg). 1975. op. cit. pp. 9, 36, 83 und 191. Seit längerer Zeit ist auch eine ausführliche Monografie über den Palazzo Thiene angekündigt: Cevese, Renato. Il palazzo Thiene di Vicenza. Corpus Palladianum. Vicenza, C.I.S.A. (in Vorbereitung). Dann vgl. die Abbildungen bei Azzi Visentini, Margherita. I palazzi senza «nome». in: Pozza, Neri (Hg), 1976. op. cit. pp. 298—304. Barbieri, Franco. Il seicento architettonico urbano. In: Pozza, Neri (Hg). 1976. op. cit. pp. 329—341. Cevese, Renato. Invito a Palladio. Milano, Rusconi Immagini 1980 pp. 38—45.

121
Ausgewählte Bibliografie zur Villa Franceschini:
Milizia, Francesco. 1781. op. cit. Vol. II.
Dian, Giuseppe. Notizie delli due Secoli XVIII e XIX Ms op. cit. Fasc. III.
Alverà, Andrea. Notizie biografiche Ms op. cit.
Magrini, Antonio. 1845. op. cit.
Cabianca, Jacopo. 1855. op. cit.
Da Schio, Giovanni. I Memorabili Ms op. cit. Vol. B und F.

Bressan, Bartolomeo. Monumenti Ms op. cit.
Bressan, Bartolomeo. Palasti ed edifici Ms op. cit.
Ciscato, Antonio. 1871. op. cit.
Barichella, Antonio. 1880. op. cit.
Bortolan, Domenico. 1886. op. cit.
Rumor, Sebastiano. La famiglia Anti. Vicenza, Tip. Rumor 1904.
Bortolan, Domenico und Sebastiano Rumor. 1919. op. cit.
Fasolo, Giulio. Le Ville del Vicentino. Vicenza, Tip. Arti Grafiche delle Venezie 1929.
Anesini-Berton, Nita Maria. 1945–1946. op. cit.
Cevese, Renato. 1953. op. cit.
Cevese, Renato. 1954. op. cit.
Cevese, Renato. 1962 Vol. IV. op. cit.
Franco, Fausto. 1963 Vol. V. op. cit.
Cevese, Renato. 1971. op. cit. Vol. II.
Barbieri, Franco. 1972. op. cit.
Olivato, Loredana. 1975. op. cit.
Pallucchini, Rodolfo (Hg). 1978. op. cit. Vol. I und II.
Cevese, Renato. 1980 [Ausstellungskatalog]. op. cit.
Kamm-Kyburz, Christine. 1980 Vol. XVIII. op. cit.
Rigon, Fernando. 1981. op. cit.

122
Arcugnano, Comune di (Hg). Libro delle revisioni de L'estimo del' comun d'Arcugnan comintia l'anno 1742 usque ad annu 1765 inclussivo. A.S.Vi. Ms seg. Estimo Comunale di Arcugnano No 61. Arcugnano, Comune di (Hg). Revisioni dell'Estimo comintia l'anno 1800 usque ad annu —. A.S.Vi. Ms seg. Estimo Comunale di Arcugnano No 62.

123
Die Bestätigung des Liegenschaftenverkaufs der Angela Galvan Brucher an Giovanni Franceschini stellte der Notar Giuseppe Miotti am 19. April 1758 aus. B. B. Vi. Archivio privato Porto Godi Vol. IV Catasto Istrumenti 1680–1769 No 4521. Für die Villa Galvanini-Franceschini in Lanzè bei Quinto Vicentino ist das Baudatum inschriftlich überliefert: «Franciscus et Jo. Bapta. Fratres Filii Gasparis Galvanini pro se et successoribus suis fecerunt Anno Domini 1717». Vgl. Cevese, Renato. 1971. op. cit. Vol. II pp. 541–542, wo aber weder die nachfolgenden Besitzer Franceschini noch die 1781 errichtete Kapelle erwähnt werden. Ein ausführlicher Hinweis findet sich dagegen bei Maccà, Gaetano. 1812–1816. op. cit. Vol. VI pp. 344–345: «L'altra picciola chiesa è de' signori Franceschini di Vicenza, e fu fabbricata del 1781. Rapporto al suo principio arrecherò qui ciò che leggesi nel libro 'Diversorum secundus' che comincia del 1777. Ivi adunque alla data del 1781, 7 maggio sta scritto: Aloysius etc. = Col tenore delle presenti Nostre concediamo licenza al M. R. Gio. Maria Dot. Larese Arciprete di S. Pietro Engù di questa Diocesi, e Vicario Nostro Foraneo, quale deleghiamo specialmente per questa volta in Nostra vece, di poter benedire e ponere la prima pietra dell'Oratorio pubblico, che con Sovrana Autorità e licenza Nostra è per erigere il Signor Girolamo Franceschini di questa Città presso la sua Casa Domenicale ne' confini della Parrocchia di Quinto pure di questa Diocesi, essendo stato visitato il sito, e ritrovato conveniente, e quale il deve essere ec. Dat. Vicentiae ex Cancell. Episcopali die 7 Maii 1781.»
Für die unter anderen auch Costantino Pasqualotto zugeschriebenen Fresken in der Villa Galvanini vgl. neben der Beschreibung von Renato Cevese auch Pallucchini, Rodolfo (Hg). 1978. op. cit. Vol. I p. 176.

124
Catasto Antico (Napoleonico). Kopie des Ing. re Capo Gaetano Gallaroti vom 17. Juni 1816 nach dem Original vom 17. Juni 1814 (Caseggiato), das sich im A.S.Ve. befindet. A.S.Vi. Catasto Antico, Arcugnano Cassetta No 1. Catasto Vecchio (Austriaco). Kopie des Damiano Visetti Capo del Disegno vom 19. September 1838 nach dem Original vom 15. Januar 1834, das sich im A.S.Ve. befindet. A.S.Vi. Catasto Vecchio, Arcugnano Cassetta No 48. Und als Vergleich siehe die moderne Grundrissaufnahme bei Cevese, Renato. 1971. op. cit. Vol. II p. 298.

125
Für die Zusammenarbeit dieser Maler mit Ottavio Bertotti Scamozzi siehe hier die Beschreibung der einzelnen Bauten in diesem Teil der vorliegenden Arbeit.

126
Die Identifikation der Medaillonthemen mit jenen der von Giambattista Tiepolo geschaffenen «Capricci» ist Giuseppe Pavanello zu verdanken, der in seinem Beitrag über die Freskenausstattung der Villa Franceschini in Arcugnano auch die entsprechende Numerierung von De Vesme angibt. Siehe Pallucchini, Rodolfo (Hg). 1978. op. cit. Vol. I p. 126 und Vol. II Abb. 1204–1212. Von den zehn Aquarellen der «Capricci»-Reihe, die sich heute im Museo Civico in Triest befindet und die als autonome Stichpublikation erstmals 1785 unter folgendem Titel erschien: «VARJ CAPRICCJ Inventati, ed Incisi DAL CELEBRE GIO. BATTISTA TIEPOLO nuovamente Pubblicati, E DEDICATI al Nobile Signore L'Ill.mo S. GIROLAMO MANFRIN MDCCLXXXV», wurden von Giacomo Ciesa die Motive «Tre soldati e un ragazzo», «Donna che posa le mani su un vaso, soldato e schiavo», «Ninfa con piccolo satiro e due capre» und «L'astrologo e il giovane soldato» ausgewählt. Vgl. auch Rizzi, Aldo (Hg). Mostra del Tiepolo. Catalogo dei disegni e acque-forti. Milano, Electa Editrice 1971 pp. 61–86 und die Katalognr. 30, 32, 33, 37.

127
Die Fresken der Villa Franceschini werden überhaupt nicht erwähnt bei Precerutti Garberi, Mercedes. Affreschi settecenteschi delle Ville Venete. Milano, Silvana Editoriale d'Arte 1975. Dagegen würdigt Giuseppe Pavanello die betreffenden Malereien mit diesen Worten: «Gli affreschi sono opera degli artisti vicentini Giacomo Ciesa e Paolo Guidolini (cui spettano gli ornati), il quale dopo la morte del Lorenzi, di cui era assiduo collaboratore, operò sovente insieme al Ciesa. La decorazione appare siglata da un gusto neoclassico di transizione, con l'uso di soluzioni nel genere del 'classicismo dei cammei', dal medaglione, ai fregi ercolanesi, ai motivi di grottesca, dipinti sovente su fondo color rosso pompeiano (le scene di caccia e i cigni nella stanza nord-ovest; i grifoni nel soffitto dell'atrio) come raffinati rilievi 'Wedgwood'. Ancora si possono notare la compartimentazione in spazi regolari, la predilezione del monocromo e delle finte specchiature marmoree: unici sfondamenti sull'esterno sono le due scene coi putti nella stanza a nord-ovest, che sembrano ispirate a stampe contemporanee, di un genere assai diffuso alla fine del Settecento, specie in Inghilterra. Neppure la posizione delle porte (dettata da pratiche necessità) fa variare la rigorosa simmetria degli elementi, per cui una di esse viene a tagliare parte di un medaglione tiepolesco. — La decorazione s'ispira prevalentemente a temi di caccia e di vendemmia, con ricca ornamentazione vegetale: una natura da Arcadia tardosettecentesca, nello spirito di Ludovico Savioli o di Jacopo Vittorelli, nobilitata dai cammei e dai medaglioni. Anche i bizzarri motivi dei 'Capricci' del Tiepolo subiscono un processo di archeologizzazione diventando simili a rilievi classici, e le 'Stagioni' sono simboleggiate da raffinate figure femminili che si stagliano nitide e ben cesellate su medaglioni di finto marmo. Notevole infine è l'importanza riservata al fondo chiaro, per cui ciascun elemento acquista evidenza e valore autonomo e l'insieme della decorazione nasce dall'accostamento, che non diventa mai fusione, dei singoli particolari. Si riscontra ovunque un senso di misura e di eleganza che induce a ritenere questa decorazione uno degli esiti di maggiore qualità nell'ambito di gusto del 'classicismo dei cammei'.» In: Pallucchini, Rodolfo (Hg). 1978. op. cit. Vol. I p. 126. Über Wedgwoods Jasperware und Flaxmans Reliefentwürfe siehe den ausführlichen Katalog von Hofmann, Werner (Hg). John Flaxman, Mythologie und Industrie. München, Prestel-Verlag, und Hamburger Kunsthalle 1979.

128
Maccà erwähnt die Villa Franceschini samt der dazugehörigen Kapelle gemäss der damaligen politischen Ordnung unter der Gemeinde Pilla, die aber keine eigene Pfarrkirche besass und so kirchlich zu Arcugnano gehörte. Maccà, Gaetano. 1812–1816. op. cit. Vol. V pp. 182–183, 198. Cevese, Renato. 1971. op. cit. Vol. II p. 297.
Der Tessiner Bildhauer Vincenzo Vela (1820–1891) hielt sich 1852–1866

auch in Turin auf, wo er sich persönlich für das Risorgimento engagierte und in der Folge gerade in Italien höchste Anerkennung fand. So erstaunt es nicht weiter, dass dieser Vela mit den Eleonoro und Valentino Pasini darstellenden Skulpturen beauftragt wurde, da mehrere Mitglieder der Familie Pasini zu den wichtigsten Exponenten der auch in Vicenza während der Jahre 1848 bis 1866 heftig geführten Einigungsbestrebungen zählten. Sein oberhalb Ligornetto 1863 von Isidoro Spinelli (1824—1900) erbautes Wohnhaus vermachte Vincenzo Vela testamentarisch der Eidgenossenschaft, und seit 1898 ist das Gebäude als Museo Vela öffentlich zugänglich. Vgl. Schweizerische Kunstgeschichte, Gesellschaft für (Hg). Kunstführer durch die Schweiz. Zürich und Wabern, Büchler-Verlag 1976 [5. Ed.] Vol. II pp. 636—637. Für die Arbeiten von Vela siehe auch die kürzlich im Druck erschienene amerikanische Monografie von Scott, Nancy J. Vincenzo Vela. In: Garland Series of Outstanding Dissertations in the Fine Arts. New York und London, Garland Publishing, Inc. 1980.

129
Für die Familienkapellen der Vicentiner Villen finden sich die ausführlichsten Belege nach Gemeinden orientiert bei Maccà, Gaetano. 1812—1816. op. cit. Vol. I—XIV und bei Cevese, Renato. 1971. op. cit. Vol. I und II.

130
Die von Palladio angestrebte Modernisierung der «nach gotischer Manier gebauten» Villa Ragona in Ghizzole di Montegaldella war seit dem beginnenden 18. Jahrhundert nicht mehr erkenntlich, ja höchstwahrscheinlich überhaupt nie verwirklicht worden. Vgl. dazu Palladio, Andrea. 1570. op. cit. Libro II Cap. XV p. 57. Muttoni, Francesco. 1739/40—1760. op. cit. Vol. I pp. 29—30. Bertotti Scamozzi, Ottavio. 1778. op. cit. Vol. II p. 37 und Tav. XXVI—XXVIII. Cevese, Renato. 1971. op. cit. Vol. II pp. 499—500. Puppi, Lionello. 1973. op. cit. Vol. II pp. 295—296 (Nr. 41) und 1977. op. cit. Vol. II pp. 294—295 (Nr. 41).

131
Die erste Zuschreibung der Villa Fracanzan an Francesco Muttoni stammt von Giulio Fasolo, dem später Renato Cevese in seiner detaillierten Beschreibung dieses Landsitzes zustimmt und auch die ausführlichen Inschriften des Bauherrn Co. Giovan Battista Fracanzan, Sohn des Francesco Fracanzan, aus dem Jahre 1710 erwähnt, wobei Cevese neben einer weiteren Jahreszahl — nämlich 1671 — in einer der Barchessen dann zahlreiche Spuren eines gotischen Vorgängerbaues aus dem Quattrocento entdeckte. Dass eine grosse Gutsanlage hier schon zu früherer Zeit bestand, bestätigt die 1668 von Co. Francesco Fracanzan auf der der Villa gegenüberliegenden Strassenseite erbaute Kapelle:» 'S. Francesco d'Assisi' di casa Fracanzana. Nella facciata di questa chiesa v'è la seguente iscrizione scolpita in pietra indicante la sua fondazione: 'D. O. M. Divoque Francisco Patrono, majori pietate ut coleret Franciscus Fracanzanus erexit Anno MDCLXVIII'. Nel libro intitolato 'Extra-ordinariorum Primus ab anno 1665. etc.' della Canc. Vesc. alla data dell'anno 1669, 15 novembre evvi la donazione fatta dal conte Fabio Piovene nobile Vicentino procuratore del conte Francesco Fracanzano pur nobile Vicentino della chiesa pubblica intitolata S. Francesco fabbricata, come leggesi ivi, dal suddeto conte Francesco Fracanzano in Orgiano, e per dote le furono assegnati ducati dodici correnti de' frutti di certa pezza di terra di campi sette situata nelle pertinenze di Orgiano, e dovevano servire 'pro dote et perpetua manutenzionis illius, ac suppellectilium sacrarum ejus'.» Zwar wird die Villa Fracanzan nicht im Katalog der Quattrocento-Landbauten erwähnt, den Martin Kubelik anhand von 233 überprüften Villen mit beachtlicher Systematik zusammengestellt hat, aber dafür ist jetzt nach dem Auffinden der Originalzeichnungen zu dem nie publizierten, zehnten Band der «Architettura di Andrea Palladio Vicentino di nuovo ristampata, di Figure in Rame diligentemente intagliate arricchita, corretta, e accresciuta di moltissime Fabbriche inedite...» die Autorschaft Muttonis für den 1710 datierten Landsitz endgültig gesichert. Das Album in der Library of Congress in Washington enthält unter den dreissig Blättern auch vier Zeichnungen, die über zwei Blatt verteilt Grundriss, Aufriss, Quer- und Längsschnitt der Villa Fracanzan festhalten. Die aufsehenerregende Entdeckung, die auch allgemein neue Einblicke in die Vicentiner Architekturtätigkeit vermittelt und überhaupt die Persönlichkeit Muttoni sogar in einen grösseren, europäischen Rahmen zu stellen vermag, wurde veröffentlicht von Lewis, Douglas. A new book of drawings by Francesco Muttoni. In: Arte Veneta 1976 Vol. XXX. Venezia, Alfieri Edizioni 1977 pp. 132—146. Vgl. auch die frühere Literatur: Maccà, Gaetano. 1812—1816. op. cit. Vol. X pp. 30—31. Fasolo, Giulio. 1929. op. cit. p. 115. Franco, Fausto. Francesco Muttoni, l'architetto di Vicenza N. N. In: Bollettino C.I.S.A. 1962 Vol. IV. Vicenza, C.I.S.A. 1963 pp. 147—155. Puppi, Lionello. Spigolature d'archivio per la storia dell'architettura a Vicenza tra '600 e '700 (A. Pizzocaro, C. Borella, F. Muttoni). In: Bollettino C.I.S.A. 1966 Vol. VIII par. II. Vicenza, C.I.S.A. 1967 pp. 315—333. Vgl. auch Anm. 4 im Teil I dieser Arbeit.

132
Maccà, Gaetano. 1812—1816. op. cit. Vol. V pp. 182—183. Es gilt hier zu beachten, dass das Klima in der Provinz Vicenza nicht derart mild ist, um beispielsweise Zitronen-, Mandarinen- und Orangenbäume im Freien überwintern zu können.

133
Ausgewählte Bibliografie zur Villa Fadinelli:
Scola, Bartolomeo. Creazzo — Ricordi storici. Vicenza, Tip. S. Giuseppe 1885.
Cevese, Renato. 1953. op. cit.
Cevese, Renato. 1954. op. cit.
Franco, Fausto. 1963 Vol. V. op. cit.
Cevese, Renato. 1971. op. cit. Vol. II.
Olivato, Loredana. 1975. op. cit.
Zoppé, Leandro. Ville Venete. Bologna, Edizioni Calderini 1975.
Pallucchini, Rodolfo (Hg). 1978. op. cit. Vol. I und II.
Cevese, Renato. 1980 [Ausstellungskatalog]. op. cit.
Kamm-Kyburz, Christine. 1980 Vol. XVIII. op. cit.

134
Archivio del Comune. Processo delli SSri Antonio Zio, Don Bonaventura D.r, e Rocco Nipoti Fadinelli concernente la suplic.ta Nobiltà. Estimo di Nostro Padre il Sig. Gio. Batt.a Fadinelli qm Sig. Rocco. Estimo del nostro Zio Sig. Antonio Fadinelli qm Sig. Rocco. B.B.Vi. Archivio di Torre Ms Inv. No 615 Calto DDD No 18, unter den Eintragungsnummern 8159 und 9097. Siehe auch Muttoni, Francesco. Disegno delineato con Venti, e misure da me Fran.co Mutoni publico Perito nelle pertinenze di Creazzo ad' Istanza del Sr. Dr Pier Fran.co Farinoni giusto li confini additatimi da Bortolamo Melisan nel quale ho fatto la distintione delle Basse colorite di Rossetto dalle terre Montuose, e Rivose colorite di gialetto, come mostrano li seguenti numeri... Vicenza 17. 4. 1734. B. B. Vi. Archivio di Torre, Raccolta Disegni No 476.

135
Libri dei nomi dei possessori dei fondi. Vol. 5: C a Fioraso. A.S.Vi. Ms seg. No 2646. Vgl. auch Mantese, Giovanni. 1982 [aber 1983]. op. cit. Vol. V, par. I pp. 37—38.

136
Bertotti Scamozzi, Ottavio. Villa Bonaventura Fadinelli in Creazzo. Aufriss- und Grundrissentwurf. Tusche, farbig laviert. 51,5 x 37,5 cm. Grundrissplan, Tusche. 49 x 105 cm. I.P.A.B. Vicenza, Archivio dell'Ospizio, Eredità Fadinelli — Mazzo Disegni.

137
Catasto Antico (Napoleonico). Kopie des Ing.re Peluti nach dem Original vom 23. November 1809 (nur Entwurf zur Mappa, ohne Caseggiato), das sich im A.S.Ve. befindet. A.S.Vi. Catasto Antico, Creazzo Cassetta No 2. Catasto Vecchio (Austriaco). Kopie des Damiano Visetti Capo del Disegno vom 17. Februar 1838 nach dem Original vom 13. Januar 1832, das sich im A.S.Ve. befindet. A.S.Vi. Catasto Vecchio, Creazzo Cassetta No 51.
Noch später als die erwähnten baulichen Veränderungen sind die Wand- und Deckenfresken im nördlichen Salotto zu datieren, dessen Bemalung mit einem strengen Ornamentenschatz auf klassizistische Motive zurückgreift und zwischen 1870 und 1880 von einem noch unbekannten Künstler ausgeführt wurde. Die Wände sind mit einer illusionistischen Architektur-

malerei in Form einer ionischen Kolonnade verziert, deren kannelierte Säulen vier gemalte und von wuchtigen Kriegstrophäen flankierte Nischen mit grossen weissgrundigen Vasen einrahmen. Die Decke des hier zweigeschossigen Raumes ist stichbogenförmig gewölbt und mit gelb-blau-gold-weiss-farbigen Grotesken geschmückt, während das zentrale Rundbild ein Schiff mit Seglern und darüber in den Lüften einen Merkur vorstellt. Es drängt sich hier die Vermutung auf, dass der teils in der Literatur aufgeführte Zuname der Villa Fadinelli, die «Villa dei Veneziani», im Zusammenhang mit dieser eigenartigen Freskenausstattung entstanden sein könnte. Leider ist die Besitzerfolge des Landguts nicht geklärt, und die Namen der Eigentümer nach Agostino Brocchi, dem neuen Bewohner seit 1805, und vor den Suppiej sind unbekannt.

138

Wichtige Hinweise über die Familie Fadinelli finden sich in: Dal Ferro, Giovanni. Notizie ed albero genealogico della famiglia Fadinelli. B.B.Vi. Ms seg. Gonz. 27.4.56 (3026). Da Schio, Giovanni. I Memorabili Ms op. cit. Vol. F. Gonzati, Vincenzo. Famiglie vicentine Ms op. cit. Vol. I p. 160r und 160v. Testa, Francesco. Memorie tratte del Libro intitolato «Partium Decimusquintus 1743 usque 1757» esistente nell'Archivio Municipale di Vicenza. B.B.Vi. Ms seg. Gonz. 25.10.13 (2948) pp. 198–200v. Archivio del Comune. Processo delli SSri Antonio Zio, Don Bonaventura D.r, e Rocco Nipoti Fadinelli concernente la suplica.ta Nobiltà. Esami per la Cittadinanza, 30 Aprile e 12 Maggio 1721. Disposizione del Negocio, 10 Maggio 1747 in Vicenza. B.B.Vi. Archivio di Torre Ms op. cit.
Was die Seidenfabrikation betrifft, so gehörte Giambattista Fadinelli († 16.7.1740) ebenfalls zu den Nutzniessern des Astichello und zwar zusammen mit den Franceschini, dem Marchese Antonio Nicolò Sale, Vincenzo Guerra und dessen Bruder sowie mit Giovanni Mantoan. Vgl. die Anmerkungen 105 und 106 der vorliegenden Arbeit und die ausführlichen Unterlagen in den I.P.A.B. Vicenza, Archivio dell'Ospizio, Eredità Fadinelli — No 55 dell'inventario, Mazzo 14, Processo 346.

139

Von Monsignore Bonaventura Fadinelli sind die folgenden Schriften und Gedichte überliefert:
Physico-mechanicae theses ex vegetabilium et animalium tractatibus praesertim depromptae, quas ex Olimpica Accademia sub felicissimis auspiciis Ludovici a Portu pubblice defendendas exponit Bonaventura Fadinelli Vicetinus. Vicetiae, Berni 1741.
Sonetto. In: Rime per le felicissime nozze del sig. co. Jacopo Fattori con la nob. signora Elisabetta Fadinelli dedicate al nob. signor Antonio Fadinelli zio amantissimo della sposa. Vicenza 1748.
Sonetto. In: Rime per le felicissime nozze del nobil signor Rocco Fadinelli con la nobil signora contessa Maria Colonnese dedicate al nobil signor Antonio Fadinelli zio amantissimo dello sposo. Vicenza, Tip. Lavezari 1751.
Sonetti. In: Per le nozze della nob. sig. co. Lavinia Porto e del nob. sig. co. Gio. Battista Orazio Porto. Vicenza, Tip. Vendramini Mosca 1761.
Sonetto. In: Per le nozze della sig. Laura Maria contessa Ghellini nob. di Vicenza con il sig. Nicola marchese Colocci nob. di Jesi. Vicenza, Tip. Vendramini Mosca 1765.
Sermoni alle Monache nelle loro vestizioni e professioni coll'aggiunta di alcune riflessioni sopra lo stato religioso, consecrati a Sua Ecc. Rev.ma Monsig. Marco Cornaro Vescovo di Vicenza. Vicenza, Tip. Vendramini Mosca 1773.
Neben diesen Arbeiten von Bonaventura Fadinelli ist auch ein Sonett seines Onkels Agostino erhalten: Per le feste solenni fatte da S.E. Farsetti nel Teatro Olimpico, con sontuosissimo rinfresco, et superbissima illuminazione. In: Applausi ossequiosi tribulati al merito dell'Ill.mo et Ecc.mo sig. Antonio Francesco Farsetti Capitanio di Vicenza nell'occasione della sua partenza. Vicenza, Tip. Lavezari 1709.
Vgl. dazu Gonzati, Vincenzo. Famiglie vicentine Ms op. cit. Vol. I p. 160r und 160v. Rumor, Sebastiano. 1905–1909. op. cit. Vol. I pp. 554–555. Für Bauinschriften im Zusammenhang mit der Familie Fadinelli siehe Faccioli, Giantommaso. 1776–1804. op. cit. Vol. I p. 219 und Vol. II pp. 87, 96.
Ausser in den «Libri dei nomi dei possessori dei fondi» ist der städtische Immobilienbesitz auch festgehalten in: Del Caseggiato di Città compilato l'anno 1805, Vol. II. A.S.Vi. Ms seg. No 3163. Bortolan, Domenico. Guida Ms op. cit. Vol. II p. 575. Für Giovanni Miazzi (1698–1797) vgl. Pavan, Maria Teresa. 1962 Vol. IV. op. cit. pp. 239–252. Semenzato, Camillo. Giovanni Miazzi e Antonio Gaidon: profilo critico. In: Bollettino C.I.S.A. 1962 Vol. IV. Vicenza, C.I.S.A. 1963 pp. 253–261. Pilo, Giuseppe Maria. L'Architettura nell'età neoclassica a Treviso, Castelfranco e Bassano (Miazzi, Preti, Giordano e Francesco Riccati, i Gaidon). In: Bollettino C.I.S.A. 1963 Vol. V. Vicenza, C.I.S.A. 1964 pp. 228–238. Doch ist zu beachten, dass die gewöhnlich mit 1780 datierte Modernisierung des Palazzo Fadinelli gemäss der Anmerkung in den Libri dei nomi dei possessori dei fondi «per agg.ta fatta del 1748 di nuova rifabrica per £ 186.—» mit Sicherheit also bereits vor diesen 1748 neu erhobenen Steuern stattgefunden hatte. Die entsprechende Aufrisszeichnung findet sich im Nachlass Fadinelli. Tusche, braun, laviert. 37,5x51,5 cm. Grundriss, Tusche. 50,5x39 cm. I.P.A.B. Vicenza, Archivio dell'Ospizio, Eredità Fadinelli — Mazzo Disegni.
Für den Landsitz in Povolaro siehe auch Maccà, Gaetano. 1812–1816. op. cit. Vol. XIII p. 299 und Cevese, Renato. 1971. op. cit. Vol. II pp. 408–409. Aus dem reichen Zeichnungsbündel des Archivio dell'Ospizio sind hier vorab zwei Risse mit der Darstellung einer Kapellenfassade und des entsprechenden Grundrisses zu erwähnen. Die beiden Zeichnungen sind auf einem einzigen Blatt (51,5 x 37,5 cm) in Tusche und Bleistift ausgeführt, und ihr Motiv unschwer mit der dem Kreuz Christi geweihten Kapelle auf dem Landgut Fadinelli in Povolaro zu identifizieren. Was die Autorschaft dieser Zeichnungen und entsprechend des kleinen, privaten Kirchenbaues anbetrifft, so könnte aus chronologischen und stilistischen Gründen der verantwortliche Architekt im Umkreis von Francesco Muttoni gefunden werden. Dafür sprechen die künstlerische Anlage der Zeichnung samt den barockisierenden Akroterien, als auch das inschriftlich dokumentierte Baudatum von 1738 auf der Kapellenfassade. Auf meine Anfrage bestätigte mir Ugo Soragni, der zahlreiche Plansammlungen von Muttoni in der Bertoliana, im Archivio Storico Municipale und im Museo Civico di Vicenza entdeckte und zurzeit aufarbeitet, in einem Schreiben vom 25. Juli 1980: «Per quanto riguarda la sua attribuzione al Muttoni penso di poter concordare con te con un sufficiente grado di 'sicurezza'. La 'mano' mi sembra proprio quella dell''architetto N.N.', soprattutto nella definizione dei particolari dei capitelli delle lesene e nella definizione dei profili delle modanature degli ordini. Punti nei quali il Muttoni, per abitudine, tende a rafforzare il 'ductus'. Qualche motivo di perplessità potrebbe forse aversi per l'uso della riga e della squadra nella definizione della cornice del timpano e della sottostante trabeazione. Come sai il Muttoni evitava generalmente di ripassare a penna, con riga e squadra, i disegni a matita, ma preferiva operare a 'mano libera'. L'intero corpus della Bertoliana relativo al palazzo Sale Capra a S. Stefano è realizzato con tale tecnica, e così pure i disegni muttoniani dell'archivio Storico Municipale di Vicenza, del Museo Civico di Vicenza, della Library of Congress in Washington e la maggior parte degli altri sparsi in altri luoghi. Tuttavia gli altri summenzionati particolari mi convincono a concordare senza particolari problemi con la tua attribuzione, senza contare sia la possibilità che il Muttoni si sia avvalso di collaboratori nella rifinitura del disegno sia che, stante l'età piuttosto avanzata, abbia usato di proposito gli strumenti da disegno per garantire una maggiore chiarezza di segno.» Vgl. auch Soragni, Ugo. Appunti su Francesco Muttoni trattatista e architetto (in Vorbereitung).

140

Bertotti Scamozzi, Ottavio. 1778. op. cit. Vol. II pp. 52–53 und Tav. XLIII–XLV. Cevese, Renato. 1971. op. cit. Vol. I pp. 132–147. Puppi, Lionello. 1973. op. cit. Vol. II pp. 259–261 (Nr. 20) und 1977. op. cit. Vol. II pp. 259–260 (Nr. 20). Der Frühdatierung der Villa Caldogno in Caldogno stimmte Ursel Berger nicht bei: «Die Jahreszahl 1570 an der Fassade sollte aber nicht ohne weiteres übergangen werden. Wie bei der Villa Saraceno spricht auch hier die Einfachheit und Konzentration von Fassade und Grundriss nicht für eine Gleichzeitigkeit mit der kompliziert zusammengesetzten Villa Pisani in Bagnolo. Warum sollte P. den Bugnato rustico, eine allgemein beliebte und wirkungsvolle Art der Wandgestaltung, nur in den 40er Jahren benutzt haben, in denen er eher ein Neben- als ein Hauptmotiv ist?» Berger, Ursel 1978. op. cit. p. 273. Siehe ferner Rigon, Fernando. Palladio. Bologna, Editrice Capitol 1980 mit Tav. 6–7.

141
Vgl. auch Suitner Nicolini, Gianna. Per una lettura urbanistica delle ville venete. Proposta di una tipologia territoriale. In: Bollettino C.I.S.A. 1973 Vol. XV. Vicenza, C.I.S.A. 1975 pp. 447—465.

142
Ausgewählte Bibliografie zur Villa Capra:
Cevese, Renato. 1971. op. cit. Vol. II.
Kubelik, Martin. 1977. op. cit. Vol. I und II.

143
Den Versuch, das Konstruktionsdatum einer Villa durch die Bestimmung des Zeitpunktes der Materialverarbeitung zu ermitteln, hat Martin Kubelik mit Hilfe der Dendrochronologie — einer Methode zur Datierung des Holzalters — unternommen. «Die Dendrochronologie untersucht dabei den relativen Abstand der Jahresringe in Bäumen, durch den das Datum der Fällung des Baumes genau bestimmt werden kann; vorausgesetzt, dass der äusserste Ring erhalten ist. Die Zeitspanne zwischen Fällung des Baumes und seiner Verwendung am Bau ist ein Parameter, der durch die holzbiologischen Untersuchungen nicht beantwortet wird. Jedoch ist im Veneto des Quattrocento die Annahme zulässig, dass sich dieser auf ein absolutes Minimum beschränkte: da 1. die Venezianische Republik Holz für den Schiffsbau dringend brauchte und auch vor Enteignungen nicht zurückschreckte, 2. das Holz sich leichter in nicht gelagertem Zustand verarbeiten liess und 3. die Bautoleranzen nicht minimal sein mussten.» Siehe Kubelik, Martin. 1977. op. cit. Vol. I pp. 31, 164—165 (Nr. 147, 148) und Vol. II pp. 678—681 Abb. 652—660.

144
Maccà, Gaetano. 1812—1816. op. cit. Vol. XI, par. II pp. 138—139.
Piccoli, Domenico Perito Ordinario. Disegno formato da Me Domenico Piccolj Perito Ordinario del Magistrato Ecc.mo Sop.a li Beni Inculti, nel quale ho delineato li Pradi, che vengono irrigati, con le formalità dichiarite nel Disegno, e relatione il tutto formato da Dno Jseppo Panata fu Perito Ordinario l'ano 1617 = 8 = Febraro, et sono li Beni Coloriti di Verde, et l'irrigationi distinte con linee Rosse; gl'Altrj poi, che non sono compresi nel med.mo Disegno, e relatione sono li coloriti di rossetto, et l'irrigationi arrzure il tutto come nel p.nte s'osserva, et il Sitto delli sottoscrittj Benj è sotto la Villa di Maran al Luoco delli due ultimi Molini; et unità à Ovest' s'habbi rifflesso alla mia Relatione segnata sotto il giorno d'oggi, et sic... Venezia 22. 7. 1700. B.B.Vi. Archivio di Torre, Raccolta Disegni No 351. Diese Zeichnung trägt den Vermerk des Domenico Piccoli, dass sich eine weitere, von ihm angefertigte Kopie der Karte aus dem Jahre 1617 M.e V.o (=1618) in der Magistratur der Beni Inculti befindet: Venezia 14. 7. 1700. A.S.Ve. Beni Inculti, Disegni Vicenza, Mazzo 92. Das Original der anderen Karte vom 20. 9. 1626 ist ebenfalls verschollen und nur in einer am 5. 7. 1773 gezeichneten Kopie zugänglich. Privatarchiv Thiene, Villa Porto-Colleoni-Thiene in Thiene, Sammlung Capra o.Nr. Vgl. Kubelik, Martin. 1977. op. cit. Vol. I Farbtafel gegenüber p. 52 und Vol. II p. 679 Abb. 653—655.

145
Catasto Antico (Napoleonico). Kopie des Ing.re Peluti nach den Originalen vom 30. März 1814, die sich im A.S.Ve. befinden. A.S.Vi. Catasto Antico, Marano Vicentino Cassetta No 17. Catasto Vecchio (Austriaco). Kopie des Damiano Visetti Capo del Disegno vom 12. November 1830 nach den Originalen vom 7. Februar 1830, die sich im A.S.Ve. befinden. A.S.Vi. Catasto Vecchio, Marano Vicentino Cassetta No 39.

146
Planimetria degli immobili urbani. Comune di Marano Vicentino, Scheda o.Nr. vom 2. Mai 1941. UTE Vicenza. Gezeichnet wurde dieser unvollständige Grundriss der Barchessa vom damaligen Besitzer selbst, vom Ing. Nino Savardo des Pietro Savardo; auch die Gebäudetiefe wurde nur zur Hälfte angegeben.

147
Marzari, Giacomo. 1624. op. cit. Vol. II pp. 123, 125. Kubelik, Martin. 1977. op. cit. Vol. I pp. 70—71, 145—146, 164—165, 167, 182, 198 (Nr. 17, 18, 119, 147, 148, 152, 177, 203).

148
Palladio, Andrea. 1570. op. cit. Libro II Cap. III pp. 20—21. Magrini, Antonio. 1845 [aber 1846]. op. cit. Appendice pp. 45—47, wo ein in der Zwischenzeit als Fälschung des 18. Jahrhunderts anerkannter Brief Palladios an den Co.Giulio Capra erneut publiziert wird; Annotazioni p.LX für weitere Hinweise zu diesem Brief und p.LXXII für das Besitzerverzeichnis der palladianischen Bauten in den Jahren 1570, 1776 und 1846. Zorzi, Giangiorgio. 1965. op. cit. pp. 260—263. Puppi, Lionello. 1973. op. cit. Vol. II pp. 349—350 (Nr. 83) und 1977. op. cit. Vol. II pp. 349—350 (Nr. 83).
Die grausame Fehde zwischen den Familien der Porto und der Capra wurde immer wieder in den Regierungsberichten erwähnt, muss aber laut der Relation des 1633 in Vicenza amtierenden Capitano N. H. Alvise Valier endgültig aufgehört haben, nachdem die Familien untereinander endlich Frieden geschlossen und so die Stadt Vicenza wieder Ruhe gefunden hatte. Siehe die Relationen vom 14. Oktober 1581 des N. H. Dardi Bembo, 1579 Capitano in Vicenza; vom 1. August 1600 des N. H. Taddeo Contarini, 1598 Podestà in Vicenza; vom 10. Oktober 1614 des N. H. Pietro Giustinian, 1613 Capitano in Vicenza; vom 8. Januar 1622 des N. H. Francesco Zen, 1620 Podestà in Vicenza; vom 7. Mai 1623 des N. H. Pietro Memmo, 1622 Podestà in Vicenza; vom 6. April 1629 des N. H. Pietro Bassadonna, 1627 Podestà in Vicenza; vom 16. Februar 1633 des N. H. Zaccaria Mocenigo, 1631 Capitano in Vicenza; vom 11. Juli 1634 des N. H. Alvise Valier, 1633 Capitano in Vicenza. Alle Berichte wiedergegeben in: Tagliaferri, Amelio (Hg). 1976. op. cit. pp. 70, 118, 229, 275, 287, 326, 339, 350.

149
Libri dei nomi dei possessori dei fondi, Vol. 1: A a Bertuzzo. A.S.Vi. Ms seg. No 2642. Da Schio, Giovanni. I Memorabili Ms op. cit. Vol. Q-Sca.

150
Calderari, Ottone. 1808—1815. op. cit. Vol. I pp. 39—40 und Tav. XLIII—XLV. Der Text zu den drei von Antonio Mugnon gezeichneten und gestochenen Tafeln zitiert zuerst eine handschriftliche Notiz des Architekten selbst, gefolgt von einer Erläuterung jenes Autorenkollektivs, das diese postume Ausgabe in die Wege geleitet hatte: «'Il ridurre une fabbrica vecchia mal ordinata in buona forma è per lo più cosa difficile e dispendiosa: ma pure alcuna volta accade che agevolmente si possa fare, e con non molta spesa. La casa ideata, come ne'disegni qui appresso, fu del signor Vincenzo Capra in Marano villa del vicentino, la quale così ridotta avrebbe sedici luoghi fra stanze e gabinetti, e, per quanto comporta la sua estensione, riuscirebbe comoda, decente e di poco dispendio'. Questa succosa relazione, che dà idèa del progetto presente, è presa da uno scritto autografo, dove non si può ammirare abbastanza la insigne modestia del Calderari, il quale ben lunge dal procacciarsi gloria, come alcuni usano, coll' ingrandire le difficoltà che si oppongono alla produzione de'proprj parti, qui anzi coll'impiccolirle sembra che abbia voluto in certa guisa spogliarsi di quella porzione di merito, che egli pur ha grandissima in questa leggiadra riforma, che però non fu eseguita. Avverte l'autore, che a cagion di un torrente vicinissimo a detta fabbrica, il quale nelle sue maggiori escrescenze minaccia di entrare per le finestre del pianterreno, lasciandovi molta umidità, si è determinato di elevarne il suolo quasi di quattro piedi, dando la forma di zoccolo al primo piano, ma per niente alterando nè le impalcature, nè il tetto...» Das zweibändige Werk Calderaris ist übrigens kürzlich in einem verkleinerten Reprint aufgelegt worden: Sala Bolognese, Arnaldo Forni Editore 1978. Für das Projekt der Villa Capra in Marano siehe auch Barbieri, Franco. Il Neoclassicismo vicentino: Ottone Calderari. In: Arte Veneta 1953 Vol. VII. Venezia, Alfieri Edizioni 1954 pp. 63—78. Die eher negative Beschreibung lautet: «Nel passare dal palazzo alla villa, i problemi si facevano sempre più ardui all'interpretazione neo-palladiana del Calderari. Di fronte al modello sublime e difficilissimo e quasi irripetibile, stava il più facile formulario scamozziano. Tra i poli del dilemma non possiamo dire, ad essere sinceri, che il Calderari sappia trovare sempre una via propriamente sua. Spesso egli si

perde negli inutili sforzi di un macchinoso accademismo, accostando con eccessiva disinvoltura gli elementi più contrastanti: basti per tutti l'esempio di villa Capra a Marano (A parziale scusa dell'architetto si potrebbe ricordare che si tratta di adattamento a fabbrica preesistente).» In der späteren Arbeit über die «Illuministi e neoclassici a Vicenza» von 1972 erwähnte Barbieri diesen Entwurf und die Villa überhaupt nicht mehr.

151
Palladio, Andrea. 1570. op. cit. Libro II Cap. XV p. 62. Bertotti Scamozzi, Ottavio. 1781. op. cit. Vol. III pp. 20—22 und Tav. XV—XVII. Zorzi, Giangiorgio. 1969. op. cit. pp. 101—106. Puppi, Lionello. 1973. op. cit. Vol. II pp. 311—313 (Nr. 53) und 1977. op. cit. Vol. II pp. 310—313 (Nr. 53).
Was die von Bertotti erwähnten Algarotti-Worte betrifft, so entnahm er dieses Zitat dem Aufsatz «Saggio sopra l'Architettura» in der bei Giambatista Pasquali 1757 in Venedig erschienenen Ausgabe «Opere varie del Conte Francesco Algarotti Ciamberlano di S.M. il Re di Prussia e Cavaliere dell'Ordine del Merito». Bertotti selbst besass in seiner eigenen Bibliothek die zehnbändige Ausgabe: Opere del Conte Algarotti Cavaliere dell'Ordine del Merito e Ciambellano di S.M. il Re di Prussia. Cremona, per Lorenzo Manini 1778. Siehe auch Teil I der vorliegenden Arbeit.

152
Ausgewählte Bibliografie zur Loggia Vicentini Dal Giglio:
Magrini, Antonio. 1845. op. cit.
Da Schio, Giovanni. I Memorabili Ms op. cit.
Bressan, Bartolomeo. Fabbriche di Vicenza Ms op. cit.
Bressan, Bartolomeo. Palasti ed edifici Ms op. cit.
Anesini-Berton, Nita Maria. 1945—1946. op. cit.
*Barbieri, Franco.*1972. op. cit.
*Olivato, Loredana.*1975. op. cit.

153
Catasto Antico (Napoleonico). Kopie des Ing.re Capo Gaetano Gallaroti und Dis.re Gio.Antonio Amati vom 17. Juni 1816 nach dem Original vom 5. November 1814 (Caseggiato), das sich im A.S.Ve. befindet. A.S.Vi. Catasto Antico, Vicenza Cassetta No 8. Catasto Vecchio (Austriaco). Kopie des Damiano Visetti Capo del Disegno vom 1. Februar 1842 nach dem Original vom 31. Dezember 1841, das sich im A.S.Ve. befindet. A.S.Vi. Catasto Vecchio, Vicenza Cassetta No 46.

154
Del Caseggiato di città compilato l'anno 1805, Vol. II. A.S.Vi. Ms seg No 3163. Formenton, Francesco. Memorie storiche della città di Vicenza dalla sua origine fino all'anno 1867. Vicenza, Tip. Giuseppe Staider 1867 p. 706. Caizzi, Bruno. 1965. op. cit. pp. 153—157.
Ein Verwandter des Carlo Vicentini Dal Giglio war jener Francesco Vicentini, der sich 1795 als einziger Kandidat für das Amt des diplomatischen Vertreters der Stadt Vicenza bei der Serenissima zur Verfügung gestellt hatte. Über die entsprechenden Schwierigkeiten eines bürgerlichen Bewerbers schreibt Berengo, Marino. 1956. op. cit. p. 23: «La difficile sopravvivenza delle autonomie è poi spesso ostacolata dal carattere disorganico e contraddittorio assunto dagli statuti in seguito alle modifiche apportatevi dal Senato veneziano. Tale è il caso di Vicenza ove sull'originario schema giuridico le varie revisioni, e specie quelle del 1540, 1592 e 1593, hanno generato un inestricabile sviluppo di norme. A lato di un Consiglio Maggiore, chiuso ed ereditario di 500 membri, si ha quello minore dei 150 con l'intervento degli 'anziani' delle arti, che in teoria è aperto a tutti i cittadini ed ha la facoltà di eleggere nel suo seno i successori. Dai due Consigli vengono poi nominati 30 membri che a loro volta eleggono i 5 'deputati ad utilia', sorta di giunta amministrativa. Tale, nel succedersi delle modifiche, e nell'ostinato sopravvivere di vecchie strutture, sembra il Consiglio di Vicenza che — per la sua stessa costituzione — è la più tumultuosa e discorde delle assemblee cittadine venete dopo quella di Brescia. In questa, come in quasi tutte le altre città, l'accesso della borghesia è sempre contrastato e limitatissimo, e si avranno esempi di cariche rimaste a lungo vacanti per l'assenza di candidati nobili: per l'elezione alla carica di nunzio (rappresentante a Venezia delle città, comunità, o valli) di Vicenza nel 1795, l'unico candidato, il borghese Francesco Vicentini, è bocciato due volte e succedono gravi disordini alla terza ballottazione ...»

155
Eigenartigerweise ist in der modernen Forschung der Sammler Carlo Vicentini Dal Giglio nie mit dem Bauherrn der «Loggia Dal Giglio» in Verbindung gebracht worden. Einer der Gründe dafür könnte im frühen Besitzerwechsel liegen, da bereits 1845 Antonio Magrini das Gebäude als «Casa Conti» aufgeführt hatte. Wenige Jahre später notierte Bartolomeo Bressan in seinen Manuskripten aber wieder sehr präzis «Casa Conti (era Dal Giglio)». Vgl. auch die genauen Hinweise bei Berti, Giambattista. 1822 und 1830. op. cit. Was dessen Stadtplan von 1823 anbetrifft, so wurde er ohne die vielen Anmerkungen, ohne die wichtigen Haus- und Namenslisten in einem Ausschnitt wiedergegeben bei Barbieri, Franco. 1972. op. cit. Abb. IV.
Für die Gemäldesammlung siehe auch das anonyme Manuskript: Galleria di Pitture del Sig. Carlo Vicentini Dal Giglio legate alla Comune di Vicenza, 1834. B.B.Vi. Ms seg. Gonz. 25. 10. 13 (3277). Barioli, Gino (Hg). 1972. op. cit. pp. 87, 106—108, 114, 121—124, 128—129, 150—152. Speziell für die Werke von Francesco Maffei vgl. auch Barbieri, Franco. Il Maffei al Museo di Vicenza. Estratto dal volume «Questa è Vicenza», catalogo dell'Ente Fiera di Vicenza 1955. Vicenza, Tip. G. Rumor 1956 pp. 8, 15.
Im Zusammenhang mit den erwähnten Guiden aus der ersten Hälfte des 19. Jahrhunderts sei noch kurz auf ihren Autor hingewiesen. Giambattista Berti, 1787 zufällig in Cittadella geboren, lebte immer in Vicenza, schrieb um die 20 Werke, die sich grösstenteils mit einheimischer Architektur befassen, und wurde 1842 der Nachfolger von Bartolomeo Malacarne im Amt eines städtischen Ingenieur-Architekten, das er bis zum Jahre 1854 ausübte. Berti starb kurz nach seinem 70. Geburtstag am 25. November 1857 in Vicenza. Noch postum erschien sein «Dizionario d'architettura teorico-pratica» 1863 bei der Vicentiner Druckerei Paroni. Vgl. Rumor, Sebastiano. 1905—1909. op. cit. Vol. I pp. 147—150.

156
Für das Quattrocento hat Martin Kubelik die drei konstruktiven Typen von Portikus mit darübergestellter Loggia beschrieben. 1. Portikus und Loggia mit Rundbogen als eine Form, die in der Provinz Verona am meisten verbreitet ist und den Namen «Veroneser Typus» erhielt. 2. Portikus und Loggia sind beide architraviert, wobei der früheste festdatierte Bau dieser Art die Villa Dal Zotto im trevisanischen Venegazzù aus den Jahren 1405—1409 darstellt, und die nach 1506 erbaute Villa Rasia Dani in Villaga, Provinz Vicenza, als spätestes Beispiel jener Epoche gilt. 3. Portikus mit Rundbogen und architravierte Loggia finden sich in Superposition seltener, aber dennoch ist auch dieser Typus, der im Quattrocento eine Übergangsstufe zwischen den beiden anderen Ausformungen bildet, ziemlich weit verbreitet. Siehe Kubelik, Martin. 1977. op. cit. Vol. I pp. 44—46.
Eine annähernd brauchbare moderne Grundrissaufnahme des bertottianischen Anbaues samt den angrenzenden Bauteilen findet sich unter der Planimetria degli immobili urbani. Comune di Vicenza, Scheda 15 253 657 vom 22. Dezember 1939. UTE Vicenza.

157
Auf die palladianischen Normabweichungen und die freien Säulenfussgestaltungen machte Renato Cevese in einem Artikel aufmerksam, ohne aber die entsprechende Rezeption durch Ottavio Bertotti Scamozzi zu erwähnen. Der mit grossem Einfühlungsvermögen geschriebene Aufsatz, der über die Basilica, die Loggia del Capitaniato, die Villen Malcontenta und Pojana, den Palazzo Valmarana Braga sowie über die Kirchen San Giorgio Maggiore und Il Redentore, den Palazzo Porto-Festa und die Villa Barbaro handelt, sei hier auszugsweise mit den für unsere spezielle Thematik interessierenden Überlegungen zitiert: «La Basilica. Esaminando il primo e il secondo ordine — il dorico inferiore e lo jonico superiore — troviamo che le colonne binate in profondità, sulle quali cioè insistono gli archi, presentano una base singolarissima: essa si configura come un tamburo rigido — alto quanto la base della semicolonna vicina — che, se non vado errato, non ha riscontro alcuno con espressioni antiche, recenti o contemporanee (il tamburo alla base della colonna tuscanica è presente nei rustici della non realizzata Villa Trissino a Meledo, forse nemmeno eseguiti dal Palladio e in ogni

caso più tardi della Basilica. Il tamburo è anche presente nel porticato a destra del corpo padronale di Villa Ferramosca, ora Beggiato a Barbano di Grisignano di Zocco, opera realizzata nel 1568 da Giandomenico Scamozzi). Nella scelta di una forma così inusitata, Palladio doveva ubbidire ad una precisa ragione: in questo caso, l'indole squisitamente pratica.
... L'ordine che il Palladio usa nelle Logge inferiori potrebbe rispondere al dorico illustrato nel primo Libro del suo Trattato, sia per la trabeazione, sia per le basi delle semicolonne, ma ne differiscono il fusto — nella realtà dell'esecuzione liscio, nel Trattato scanalato — e il capitello. Pertanto ricorrendo alle basi a tamburo, non solo contraddice a se stesso nel modo più palese e imprevedibile, ma anche alle norme della tradizione vitruviana.
E quanto abbiamo osservato si ripresenta nell'ordine jonico: qui le colonne binate poggiano la loro base a tamburo cilindrico su di un plinto che registra la medesima altezza di quello sul quale sta la base della semicolonna gigante. A dire il vero il nesso — tamburo cilindrico e plinto — non appare in se stesso gradevole, ma lo si accetta in nome di una logica coerenza compositiva, in quanto, dovendo coincidere l'inizio della base della colonna minore con quella della semicolonna gigante, il tamburo cilindrico, nell'assenza del plinto, sarebbe stato eccessivamente alto, tale da compromettere le proporzioni armoniche della colonna ed il congruo rapporto con le basi delle semicolonne adiacenti ......» Cevese, Renato. Licenze nell'arte di Andrea Palladio. In: Odeo Olimpico 1968—1969 Vol. VII. Vicenza, Accademia Olimpica 1970 pp. 69—79. Siehe auch Anm. 92 der vorliegenden Arbeit.

158
Ausgewählte Bibliografie zum Palazzo Gastaldi:

Arnaldi Tornieri, Arnaldo. Memorie Ms op. cit.
Faccioli, Giantommaso. Notizie Ms op. cit.
Alverà, Andrea. Notizie biografiche Ms op. cit.
Franco, Fausto. 1936 Vol. VIII. op. cit.
Barbieri, Franco; Cevese, Renato und Licisco Magagnato. 1956. op. cit.
Jacini, Cesare. Veneto, città e ville di Terraferma. In: Il viaggio del Po. Traccia storico-estetica per la visita ai monumenti ed ai luoghi della Valle Padana Vol. VII. Milano, Ulrico Hoepli Editore 1958.
Barbieri, Franco. I 188 anni di casa Gastaldi. in: Vicenza. Rivista della provincia No 2 marzo—aprile 1961 (Anno III). Vicenza, Coop.tip. Operai 1961.
Franco, Fausto. 1963 Vol. V. op. cit.
Barbieri, Franco. 1972. op. cit.
Kamm-Kyburz, Christine. 1980 Vol. XVIII. op. cit.
Saccardo, Mario. 1981. op. cit.

159
Für Giacomo Monticulo vgl. Anm. 104 der vorliegenden Arbeit. Siehe auch den von Franco selbst gezeichneten Grundrissplan in Franco, Fausto. 1936 Vol. VIII. op. cit. p. 174.

160
«I grotteschi mascheroni, incastonati nel basamento bugnato, non contrastano con la fine plastica ornamentale neoclassica del piano superiore, perchè il tocco maestro ne ha prodotto una nota sola, fusa nella dorata tonalità del colore: il complesso, così garbatamente svincolato dalle norme stilistiche d'obbligo, presenta oggi un singolare interesse appunto per la libertà d'ispirazione architettonica che lo impronta ...» Sie wiederum Franco, Fausto. 1936 Vol. VIII. op. cit. p. 173, wo der Verfassr auch eine von ihm angefertigte Zeichnung reproduziert, die oberhalb der Rustika des Erdgeschosses einen feineren Quaderputz für das Piano Nobile aufzeigt. Doch bereits auf der damals publizierten Foto — und wie auch heute noch — sind keine Spuren dieser Quader mehr vorhanden, Piano Nobile und Attika sind mit einem glatten, tiefgelben Putz versehen, wobei diese auffällige und in Vicenza höchst seltene Farbe des Hausanstrichs auch eine spätere Zutat sein könnte.

161
Für den 1774 verstorbenen Giovanni Franceschini siehe auch die Beschreibung der im Auftrag seiner Söhne von Bertotti errichteten Bauten und speziell Anm. 116 der vorliegenden Arbeit.
Trissino, Giangiorgio. La Italia liberata da Gotthi. Venezia, presso T. Ianiculo 1547. «Im Jahre 1547 erschien 'L'Italia liberata dai Goti' von Giangiorgio Trissino. Es war das erste der grossen Heldenepen des 16. Jahrhunderts, schulgerecht nach klassischen Regeln aufgebaut. Der Verfasser rühmte sich wiederholt, Aristoteles zu seinem 'maestro' und Homer 'per duce, e per idea' erwählt zu haben. Dieses Epos hatte ein aktuelles Interesse. Es erzählte die Vertreibung der Goten aus Italien durch Belisar, den Feldherrn Justinians; diese Waffentat sicherte die Erhaltung der klassischen Tradition in Italien und machte es zu einem Teil des östlichen Reiches, dem Ursprungsland der griechischen Kultur. Aber als dieses Gedicht entstand, herrschten die Ungläubigen über das alte oströmische Reich, und so geziemte es sich, das Buch Kaiser Karl V. als einem neuen Justinian zu widmen, der nun von Westen kommend den Osten befreien sollte.» Siehe Wittkower, Rudolf. Grundlagen der Architektur im Zeitalter des Humanismus. München, Verlag Oscar Beck 1969 [1. dt. Ausgabe] p. 51. Übrigens hatte Belisar einen Schutzengel als Wegbereiter, der die erläuternde Beschreibung der Orte vorzutragen hatte, und nach dessen Namen nannte dann Trissino auch den jungen Andrea di Pietro della Gondola aus Padova nun «Palladio», wobei heute eindeutig feststeht, dass Giangiorgio Trissino den Namen zuerst für den in der Architektur wohlbewanderten Engel in seinem Epos wählte.

162
Libri dei nomi del possessori dei fondi, Vol. 6: F a Giorgianello. A.S.Vi. Ms seg. No 2647. Arnaldi Tornieri, Arnaldo. Memorie Ms op. cit. Lib. II pp. 75r, v. Da Schio, Giovanni. I Memorabili Ms op. cit. Vol. G — K. Rumor, Sebastiano. 1905—1909. op. cit. Vol. II p. 33, wo die folgenden Schriften des Giuseppe Gastaldi verzeichnet sind:
Sonetto per le nobilissime nozze Pisani. Vicenza, ohne Druckerangaben [foglio volante] 1775.
Lettera al P. Gio. Tommaso Faccioli domenicano relativa all'opera pubblicata delle lapidi Vicentine. Vicenza, ohne Druckerangaben [foglio volante] 1784.
Versi. In: Tributo alla Verità. Raccolta di versi nella partenza di Camillo Gritti. Vicenza, Tip. Turra 1788.
Sonetto. In: Raccolta di sentimenti ingenui presentati al Reverendiss. sig. D. Bartolomeo Fiorese nel suo solenne ingresso alla Pieve di S. Angelo. Vicenza, Tip. Turra 1790.
Was den Lokalpoeten Francesco Berlendis (1740—1803) betrifft, so war dieser geweihter Priester und Pfarrer zuerst in Rossano Veneto, später in S. Michele in Vicenza, um schlussendlich auf jedes Amt zu verzichten und sich ganz der Dichtkunst zu widmen. Vgl. Rumor, Sebastiano. 1905—1909. op. cit. Vol. I pp. 139 ff. sowie Anm. 117 dieser vorliegenden Arbeit.

163
Die an Gastaldi gerichteten Briefe sind im Original oder in Kopien des frühen 19. Jahrhunderts erhalten. B.B.Vi. Ms seg. G.2.1.2 [40] (Busta 111), G. 1. 1. 1 [1] (Busta 104), G. 2. 1. 4 [32] (Busta 112), G. 1. 1. 5 [33] (Busta 106 b), G. 2. 1. 5 [16, 17] (Busta 113), G. 2. 2. 2 [23] (Busta 115) und G. 1. 1. 3 [15] (Busta 105). Siehe auch Anm. 85 dieser vorliegenden Arbeit.

164
Capra, Mario und Giuseppe Gastaldi. Relazione della funzione solennissima fatta nella pubblica piazza della città di Vicenza nella notte 12 novembre 1758 in occasione dell'esaltazione al Cardinalato del Vescovo Antonio Marino Priuli. B.B.Vi. Ms seg. Gonz. 25. 10. 2 (3271). Dieses Manuskript wurde auch von Leonardo Trissino in seinen «Materiali biografici di artisti e scrittori in parte vicentini» bereits erwähnt. B.B.Vi. Ms seg. Gonz. 27. 4. 44 (1954).

165
Die drei im Original erhaltenen Briefe des Pietro Milan aus Augsburg sind datiert mit 28. 1. 1769, 18. 2. 1769 und 8. 3. 1769. B.B.Vi. Ms seg. G. 2. 1. 2 [40] (Busta 111). Ein früherer Auftraggeber von Bertotti und späterer Hauslehrer bei der Familie Giacomo Milan, Don Michele Pavanello, verfasste zur Heimkehr des Pietro Milan eine kleine Broschüre, illustriert mit zwei allegorischen Darstellungen von Antonio Vecchia und Giuseppe Dall'Acqua sowie

einem unsignierten Autorenbildnis. Pavanello, Michele. All'ottimo ed illustre Giovane il Signor Pietro Milan pel felicissimo ritorno dalla Germania in Vicenza sua Patria. Vicenza, Tip. Giovanni Rossi 1790. Aufgrund dieser Schrift konnten übrigens die an Gastaldi gerichteten und stets nur mit «Amico Milan» unterschriebenen Briefe eindeutig Pietro Milan zugewiesen werden, jenem der vier Kinder des Giacomo Milan, das Vincenzo Gonzati nur mit dem Hinweis «aveva macchie rosse su tutto il viso» charakterisiert hatte. Siehe Gonzati, Vincenzo. Famiglie vicentine Ms op. cit. Vol. II pp. 31–32.

166

Ausgewählte Bibliografie zur Kirche S. S. Faustino e Giovita:

Quarenghi, Giacomo. Schreiben vom Juli 1775 an Tommaso Temanza. Biblioteca del Museo Correr di Venezia, Epistolario Moschini: Voce Quarenghi No 21.
Baldarini, Pietro. Descrizione delle Architetture, Pitture, e Scolture di Vicenza con alcune osservazioni. Vicenza, Tip. Francesco Vendramini Mosca 1779 Vol. I.
Faccioli, Giantommaso. Notizie Ms op. cit.
Alverà, Andrea. Notizie biografiche Ms op. cit.
Alverà, Andrea. Note autografe sopra alcuni oggetti di architettura, pittura o scultura esistenti in Vicenza o suoi dintorni. B.B.Vi. Ms seg. Gonz. 25.8.82 (1454).
Berti, Giambattista. 1830. op. cit.
Magrini, Antonio. 1845. op. cit.
Da Schio, Giovanni. I Memorabili Ms op. cit. Vol. B.
Gonzati, Lodovico. Memorie sulla Chiesa dei Sti. Faustino e Giovita. B. B. Vi. Ms seg. Gonz. 25.10.69 (3222).
Bressan, Bartolomeo. Fabbriche di Vicenza Ms op. cit.
Bressan, Bartolomeo. Palasti ed edifici Ms op. cit.
Ciscato, Antonio. 1871. op. cit.
Bortolan, Domencio. 1886. op. cit.
Bortolan, Domenico. Guida Ms op. cit. Vol. II.
Veggian, Michele. La Chiesa di San Faustino, e la società per cui fu riaperta al culto. Vicenza, Tip. di L. Fabris 1898.
Bortolan, Domenico und Sebastiano Rumor. 1919. op. cit.
Anesini-Berton, Nita Maria. 1945–1946. op. cit.
Barbieri, Franco; Cevese, Renato und Licisco Magagnato. 1956. op. cit.
Arslan, Edoardo. 1956. op. cit.
Franco, Fausto. 1963 Vol. V. op. cit.
Barbieri, Franco. 1972. op. cit.
Olivato, Loredana. 1975. op. cit.
Saccardo, Mario. 1981. op. cit.

167

Für die Zunftgeschichte der Schmiede siehe Bortolan, Domenico. La fraglia dei fabbri. Vicenza, Tip. S. Giuseppe 1891. Mantese, Giovanni. 1974. op. cit. Vol. II pp. 693–699. Brunello, Franco. Fragile e società artigiane a Vicenza dal XII al XVII secolo. In: Pozza, Neri (Hg). 1976. op. cit. pp. 86–116.

168

Das Pfarrarchiv von S. Faustino wurde mit jenem von S. Stefano zusammengelegt. Beide Archive hat Don Mario Saccardo aufgearbeitet und ihre wichtigsten Dokumente veröffentlicht. Die speziell zahlreichen Unterlagen zur Kirchengeschichte bis ins frühe 18. Jahrhundert publizierte Mantese, Giovanni. 1974. op. cit. Vol. IV pp. 1124–1129, wo sich auch der nachfolgende Vertrag findet:
«Capitali et obbligationi del muraro che prenderà il carco di fare il Coro, Sacristia... Primo. Doverà demolire il Coro, sacristia e campanile che vi sono al presente nel qual sito che doverà esser ampliato si doverà lungare la chiesa piedi 7 nella longhezza... 2. Doverà fare il Coro, Sacristia e loco di servitio nella medesima giusta il disegno... 9. Doverà pure fare un campanile sopra li muri del coro overo ove gli venirà ordinato nel quale dovrà ponere in opera le campane per il bisogno della chiesa qual [campanile] dovrà esser fatto come quello della chiesa delli Angeli. 10. Haverà pure obligo il muraro che prenderà il carico come sopra di tor d'opera li due altari che sono nella facciata del coro vecchio cioè quello del SS.mo Crocifisso e quello di S. Alò [Dialektform für S. Eligio], con tutta diligenza aciò non si rompano in qualche parte e questi riponerli in loco sicuro e dopo fatto la fabrica doverà di nuovo ponerli in opera nella parte laterale della chiesa ove li venirà ordinato... Et io Pietro Pozzo mi obligo et affermo quanto di sopra. Et io. Gio.Maria Soré mi obligo e prometto quanto di sopra si contiene. Et io Iseppo Campanari gastaldo et uno delli eletti. Et io Zuanne Pozzo gastaldo affermo quanto di sopra. Et io Stefano Orsato eletto sopra la fabrica affermo quanto sopra. Et io padre Gio. Gianberlan eletto sopra la fabrica. Et io Pietro Casara eletto sopra la fabrica...» Der Architekt des «disegno», auf das sich die Vertragsverfasser am 23. April 1681 berufen haben, ist unbekannt geblieben und bestimmt nicht mit jenem Francesco Muttoni zu identifizieren, der, um 1668 in Cima geboren, erst 1696 zusammen mit seinem Vater Defendente nach Vicenza übersiedelte.

169

Der Hauptaltar von S. S. Faustino e Giovita, der auf der Mensafront mit «Marinalium ictus animarunt 1684» datiert und signiert ist, wurde nach der Schliessung des Gotteshauses von der Gemeine Villaverla für ihre neue, von 1806 bis 1813 erbaute Pfarrkirche S. Domenico erworben und zwar mitsamt dem ebenfalls in Carraramarmor errichteten Tabernakel, das Enea Arnaldi 1754 als korinthisches Tempelchen mit Kuppeldach entworfen hatte sowie einem Altargemälde von Alessandro Maganza, welches aus der Kirche von S. Corona stammte. Vgl. Maccà, Gaetano. 1812–1816. op. cit. Vol. XII pp. 293–294. Über den Maler Alessandro Maganza (1556–1630) und Orazio Marinali (Angarano 1643—Vicenza 1720) sowie dessen Bildhauerbottega siehe den gerafften Beitrag von Carpeggiani, Paolo. Pittura e scultura nel XVI e XVII secolo. In: Pozza, Neri (Hg). 1976. op. cit. pp. 273–284 mit weiterer Literatur. Vgl. auch Barbieri, Franco. Terrecotte, marmi e disegni dei Marinali presso il Museo Civico di Vicenza. In: Dani, Aristide (Hg). Studi in onore di Federico M. Mistrorigo. Vicenza, Tip. S. Giuseppe 1958 pp. 111–197. Das in derselben Druckerei hergestellte Estratto ist kurioserweise bereits 1957 erschienen. Und vgl. weiter Crosato, Luciana. 1962. op. cit. vorab pp. 65–69.
Das wiedergegebene Zitat von der Grundsteinlegung findet sich bei Dian, Giuseppe. Notizie delli due Secoli XVIII e XIX Ms op. cit. Fasc. I, unter dem Datum 22. 7. 1710. Der als «Capomaestro» erwähnte Francesco Buttironi könnte ein Sohn jenes Carlo Bottiron oder Butiron (Vicenza 1626–1696) sein, der im 17. Jahrhundert ein wichtiges Mitglied der Zunft der Maurer und Bildhauer war und mit seinen Brüdern eine florierende Bauunternehmung führte, ein Freund der Borella, Merlo und Marinali war und wohl die Fassade des Oratoriums von San Nicola zwischen 1671 und 1678 errichtete, nachdem Antonio Pizzocaro bereits 1671 den Entwurf für die Aufstokkung des kleinen Oratoriums vorgelegt hatte. Vgl. Barbieri, Franco. L'Oratorio di San Nicola a Vicenza. Vicenza, Neri Pozza Editore 1973 pp. 22–23.
Gutachten, Bittgesuch und Beleg des Monte di Pietà über 70 Dukaten für die statische Sanierung des Gotteshauses finden sich im Archivio del Comune. Chiesa S. S. Faustino e Giovita A. 1696–1718. B.B.Vi. Archivio di Torre Ms Inv. No 618 Calto FFF No 52. Das Gutachten vom 18. 4. 1718 lautet: «Essendo ricercatto lo sottoscritto Muraro Peritto Dal M. Rdo Mg. D. Camilo Zampieroni Parocho della Chiesa de SS. Faustino e Giovita della spesa che si ricerca per ripararne la med.ma et divertir il Pericollo che minacia rovina, stimo per mia opinione asendere la medesima tra matteriali opere di muraro manualli et, altro à Ducati trecento e cinqu.ta circa e cio con giuramento. Io Gaetano Farina Perito Muraro...» Das Bittgesuch des Don Camillo Zampieroni (1663–1747) vom 22. 4. 1718 an die Deputierten der Stadt hat folgenden Inhalt: «... La Chiesa Parochiale de SS. Faustino e Giovita è così debilitata nel muro laterale respiciente la strada, e nelle Corde Maestre, che già minaccia evidente rovina, come dalla Fede ingionta del Perito. Il sostener il Tempio di Dio è opera non sola pietosa, mà eminente sovra tutte l'altre, e ben degna de i pietosi riflessi di V.e.SS. Ill.me. L'attenzione del Paroco s'è adoperata con tutto il zelo in raccogliere dalla Pietà de' Parochiani le possibili Elemosine, mà come grave è la spesa, e queste non corrispondenti, all'incontro necessario il subito rimedio, altro non resta che implorare la publica Beneficenza, perche colle Regalie del Monte destinate a gli usi pij si soccorra il pericolo imminente di questa Chiesa. Salvando a Dio la sua Casa, e l'asilo...»

170
Für das weitere Œuvre von Francesco Muttoni siehe Anm. 131 und den letzten Abschnitt von Anm. 139 dieser vorliegenden Arbeit. Costantino Pasqualotto (Vicenza 1681-1755) war ein Schüler des «zoppo» genannten Antonio De Pieri und malte zahlreiche Fresken vorab in Villen der Provinz Vicenza. Vgl. Cevese, Renato. Il pittore Costantino Pasqualotto detto il Costantini. In: Vita Vicentina No 9 novembre—dicembre 1954. Vicenza, Tip. S. Giuseppe 1954. Cevese, Renato. 1971. op. cit. Vol. I und II. Pallucchini, Rodolfo (Hg). 1978. op. cit. Vol. I und II. Dagegen wird das Deckenfresko in die Jahre 1729—1730 datiert von Saccardo, Mario. 1981. op. cit. p. 261. Eine Beschreibung der Kirchweihe von S.S. Faustino e Giovita findet sich bei Riccardi, Tommaso. 1786. op. cit. pp. 231—232.

171
Dall'Acqua, Gio. Domenico. Descrizione Iconografica della Città di Vicenza con il sito ove s'attrovano e prospetto di tutte le Chiese e Palazzi più cospicui oltre moltissimi altri di minor magnificenza, rilevata e delineata da me Gio. Dom.co dall'Acqua Citt.no di detta Città e nel Seren.mo Dominio Veneto Pubblico perito 1711. Des weitern trägt diese Karte folgende Widmung: «All'Ill.mo Sig. Pro.n Col. il Sig. Co. Massimiliano Godi Nob. Vicentino. Gio. Dom.co Dall'Acqua. DD». Da der Stadtplan mit den Grundrissen der Kirchen und wichtigsten Privathäusern von Vicenza in der Fachliteratur stets ohne die Randveduten reproduziert wurde, blieb auch die alte Ansicht von S. S. Faustino e Giovita (mit No 50 bezeichnet) bis anhin unbekannt. Für die Bautätigkeit in den Jahren 1747 und 1750 vgl. die neu gefundenen Dokumente bei Saccardo, Mario. 1981. op. cit. pp. 261—265 mit vielen Anmerkungen.

172
Quarenghi, Giacomo. Schreiben vom Juli 1775 Ms op. cit. Faccioli, Giantommaso. 1776-1804. op. cit. Vol. I (1776) pp. 226-232. Baldarini, Pietro. 1779. op. cit. Vol. I pp. 37-39; den Architekturteil schrieb hier Enea Arnaldi, während für die Skulpturen Orazio Vecchia und für die Malereien Ludovico Buffetti beigezogen wurden. Vgl. auch Arslan, Edoardo. 1956. op. cit. pp. 76-77, der im Gegensatz zu Faccioli den genauen Wortlaut der ausgeführten Inschrift wiedergibt. Barbieri, Franco. 1972. op. cit. pp. 79-80 und für weitere Hinweise zu Giambattista Bendazzoli vgl. Anm. 27 dieser vorliegenden Arbeit.

173
Aus der reichen Literatur über S. Giorgio Maggiore in Venedig siehe Muttoni, Francesco. 1739/40—1760. op.cit. Vol. IV (1743) pp. 9—16 und Tav. VIII—XIX. Bertotti Scamozzi, Ottavio. Le Fabbriche e i Disegni di Andrea Palladio raccolti ed illustrati. Opera divisa in quattro Tomi con Tavole in rame rappresentanti le Piante, i Prospetti, e gli Spaccati. Con la traduzione francese. Vicenza, Francesco Modena 1783 Vol. IV pp. 19—21 und Tav. V—VIII. Zorzi, Giangiorgio. 1967. op.cit. pp. 36—77. Wittkower, Rudolf. 1969 [dt. Ausgabe]. op.cit. pp. 74—79. Puppi, Lionello. 1973. op.cit. Vol. II pp. 363—369 (Nr. 94) und 1977. op.cit. Vol. II pp. 362—369 (Nr. 94). Ackerman, James S. Palladio e lo sviluppo della concezione della chiesa a Venezia. In: Bollettino C.I.S.A. 1977 Vol. XIX. Vicenza, C.I.S.A. 1980 pp. 9—26. Zur Rezeption von S. Giorgio Maggiore im 17. und besonders im 18. Jahrhundert siehe Wittkower, Rudolf. L'influenza del Palladio sullo sviluppo dell'architettura religiosa veneziana del Sei e Settecento. In: Bollettino C.I.S.A. 1963 Vol. V. Vicenza, C.I.S.A. 1964 pp. 61—72. Cevese, Renato. Fabbriche religiose di derivazione palladiana fiorite nel Veneto durante la stagione neoclassica. In: Bollettino C.I.S.A. 1967 Vol. IX. Vicenza, C.I.S.A. 1968 pp. 37—48. Massari, Antonio. Giorgio Massari architetto veneziano del Settecento. Vicenza, Neri Pozza Editore 1971. Oechslin, Werner. Die Kirche San Stae in Venedig. Die palladianische Fassade des Tessiner Architekten Domenico Rossi. In: Unsere Kunstdenkmäler Vol. XXV Heft 4 Dezember 1974. Bern, Stämpfli und Cie AG 1974 pp. 225—235. Eine Untersuchung über den grossen Einfluss der Fassade von S. Giorgio Maggiore im Vergleich zu den übrigen palladianischen Kirchenfronten auf die spätere sakrale Architektur im Veneto existiert nicht.
Die von Domenico Cerato begonnene Chiesa dei Gesuiti in der contrà Riale von Vicenza wurde vorzeitig abgebrochen wegen des Jesuitenverbotes, das 1773 durch die Bolla Pontificia erlassen worden war und ziemlich rasch auch in den Veneto-Staaten befolgt wurde. So wurden in Vicenza bereits 1774 zahlreiche Kirchen- und Klosteraufhebungen durchgeführt sowie per Dekret vom 9. April des gleichen Jahres neue öffentliche Schulen eröffnet, nachdem vorher über ein Jahrhundert der Schuldienst von den Jesuiten geleitet worden war. Vgl. auch Savi, Ignazio. Memorie antiche e moderne intorno alle Pubbliche Scuole in Vicenza. Vicenza, Tip. Dipartimentale 1815 pp. 96—100. Reprint: Sala Bolognese, Arnaldo Forni Editore 1978.

174
Magrini, Antonio. 1845. op.cit. pp. 57, 60. Das von Ottone Calderari 1756 für die Kirche S. Girolamo degli Scalzi, heute S. Marco degli Scalzi, entworfene Projekt wurde erst 1824 von Antonio Piovene für S. Filippo Neri am Corso Palladio ausgeführt, während Carlo Corbellini aus Brescia die Fassade von S. Marco errichtete. Cevese, Renato. 1980 [Ausstellungskatalog]. op.cit. p. 251.

175
Ausgewählte Bibliographie zum Palazzo Muzzi:
Faccioli, Giantommaso. Notizie Ms op.cit.
Faccioli, Giantommaso. 1776—1804. op.cit. Vol. II.
Alverà, Andrea. Notizie biografiche Ms op.cit.
Magrini, Antonio. 1845. op.cit.
Da Schio, Giovanni. I Memorabili Ms op.cit. Vol. B.
Bressan, Bartolomeo. Monumenti Ms op.cit.
Bressan, Bartolomeo. Fabbriche di Vicenza Ms op.cit.
Bressan, Bartolomeo. Palasti ed edifici Ms op.cit.
Bortolan, Domenico. Guida Ms op.cit. Vol. VIII.
Bortolan, Domenico und Sebastiano Rumor. 1919. op.cit.
Anesini-Berton, Nita Maria. 1945—1946. op.cit.
Barbieri, Franco; Cevese, Renato und Licisco Magagnato. 1956. op.cit.
Franco, Fausto. 1963 Vol. V op.cit.
Barbieri, Franco. 1972. op.cit.
Olivato. Loredana. 1975. op.cit.

176
Dall'Acqua, Cristoforo. Vedute di Vicenza, ristampate con introduzione di Licisco Magagnato. Vicenza, Ed. Banca Popolare di Vicenza 1952. Magagnato, Licisco. Le vedute vicentine di Cristoforo Dall'Acqua. In: Pozza, Neri (Hg). 1976. op.cit. pp. 384—390. Aufgrund der verschiedenen Dekorrahmen und der teils bemerkbaren, baulichen Veränderungen von Vicenza können diese Ansichten nicht in einem einzigen Jahr gezeichnet worden sein und werden heute allgemein in die Jahre 1770—1780 datiert. Da die im Text erwähnte Tafel Nr. XVI noch den ursprünglichen Zustand der Muzzi-Gebäude darstellt, muss sie mit Sicherheit vor 1774 entstanden sein, da Pietro Muzzi in jenem Jahr bereits ein drittes, an das Eckhaus anschliessendes Gebäude besass und eine Umbaubewilligung für die zwei letzteren erteilt bekam. Siehe dazu auch die nachfolgende Anm. 177.

177
Archivio del Comune. Liber Partium 1770—1790. B.B.Vi. Archivio di Torre Ms Inv. No 879 Vol. XVII, unter den Daten 16. März, 29. März und 19. Juni 1774. Mantese, Giovanni. 1982 [aber 1983]. op. cit. Vol. V, par. VII p. 859 mit abweichender Datumsangabe.
Die Vicentiner Obrigkeit war übrigens immer sehr darauf bedacht, dass die Bürger wohlanständige Hausfassaden auswiesen. So wurde bei einem Antragssteller für das Bürgerrecht der Stadt Vicenza jeweils besonders hervorgehoben, ob dieser «Casa molto propria, et onorevole» vorzuzeigen hatte (vgl. Anm. 138 dieser vorliegenden Arbeit). Im negativen Falle konnte eine Verleihung mit der Auflage für den Neubürger verbunden werden, die Strassenfront des eigenen Wohnhauses innert einer vorgeschriebenen Zeit zu renovieren. Als berühmtestes Beispiel sei hier der Notar Pietro Cogollo erwähnt, den der Rat der 500 am 31. Mai 1559 verpflichtete, innert drei Jahren die Summe von 250 Dukaten für die Verschönerung seiner Hausfassade in der Nähe der Kirche S. Corona am Corso Palladio aufzuwenden. Kostenlos öffentlichen Grund zur Errichtung eines Portikus längs der gesamten Palazzofassade hatte der Co. Girolamo Chiericati am 19. März

1551 vom Rat der 100 zugesprochen erhalten, er überliess dafür der Stadt jene wenigen Quadratmeter Boden, die durch das leichte Zurückstellen der Seitenfront des projektierten Palazzo verfügbar wurden. Bei bescheideneren Gesuchen aus dem 18. Jahrhundert, wo es sich um vereinzelte Quadratmeter für die Arrondierung handelte, zeigten sich die Behörden stets sehr verständnisvoll und stimmten im Sinne des öffentlichen Interesses an modernisierten Bauten und angesichts der beträchtlichen, privaten Aufwendungen für Hausrenovationen meistens auffallend rasch den entsprechenden Anfragen zu. Unter anderen Bittstellern erhielten die Zuwilligung beispielsweise der Co. Giangiorgio Trissino am 16. Mai 1762 anlässlich der Umbauten an seinem beim Ponte Furo gelegenen Palazzo (siehe auch Anm. 50 dieser vorliegenden Arbeit), am 14. Dezember 1768 die Signora Anna Lanzi aufgrund des Um- und Neubaues von ihrem Palazzo an der heutigen Piazza XX Settembre und eben Pietro Muzzi am 19. Juni 1774 für sein Bauvorhaben an der Piazza Matteotti. Siehe Archivio del Comune. Liber Partium 1757—1770. B.B.Vi. Archivio di Torre Ms Inv. No 878 Vol. XVI, unter den entsprechenden Daten. Für die palladianischen Beispiele vgl. Zorzi, Giangiorgio. 1965. op.cit. pp. 196—197, 203, 232—234, 237.
In diesem Zusammenhang soll aber auch eine Auseinandersetzung zwischen Gaetano Franceschini, der nicht mit der gleichnamigen Familie der Seidenfabrikanten verwandt war, und den Vicentiner Behörden erwähnt werden, wobei der Inhalt dieses im September 1771 stattgefundenen Disputs in einer zeitgenössischen Kopie eines vertraulichen Informationsschreibens überliefert wurde und vorab für die damalige Eigentumssituation der zahlreichen Laubengänge in der Stadt Vicenza wichtige Hinweise liefert. Nachdem Gaetano Franceschini in einem Brief vom 11. September 1771 als seinen eigenen Besitz sowohl die an sein Gebäude in der contrà S. Michele angrenzende Strasse als auch den diesem Haus angebauten und einen öffentlichen Weg überdachenden Portikus reklamiert hatte, wurde folgende Erklärung notiert: «... Egli [Gaetano Franceschini] sopra essa strada, tanto per il Salizo, quanto per quella del sotto portico, non hà, nè può avere alcun diritto, e perciò non può, nè deve impedire la permissione concessa da'Spp. K.ri di Comun all'Arsella, ed'ecco la Giustizia delle ottenute Lette.e declaratorie 19. Settembre. — La Città contiene molti Portici, e sottoportici, in questi, e sotto questi, vi sono molti che espongono la vendita de' Frutti, et altri effetti, lo che fanno, quando loro è permesso da'Spp. K.ri di Comun, che nè hanno la legal Auttorità, come la hanno per impedirne tale uso, e guai, che il tentativo ann.o avvesse luoco, perchè oltre il sovvertire, anzi distruggere le leggi, e giurisdizioni della Città, produrebbe l'effetto pregiudiziale al commercio, e commodo degli Abitanti, massime nelle parti distanti dalla Pubblica Piazza, e leverebbe a molti quel Provedimento, che colmezzo di tali usi permessi à loro nè deriva ...» Siehe Archivio del Comune. Scritture contro Assessori e Cancellieri 1722—1770, contro Gaetano Franceschini et altri A.1771. B.B.Vi. Archivio di Torre Ms Inv. No 320 Miscellanea No 11.

178
Catasto Antico (Napoleonico). Kopie des Ing.re Capo Gaetano Gallaroti und Dis.re Gio.Antonio Amati vom 17. Juni 1816 nach dem Original vom 5. November 1814 (Caseggiato), das sich im A.S.Ve. befindet. A.S.Vi. Catasto Antico, Vicenza Cassetta No 8. Catasto Vecchio (Austriaco). Kopie des Damiano Visetti Capo del Disegno vom 1. Februar 1842 nach dem Original vom 31. Dezember 1841, das sich im A.S.Ve. befindet. A.S.Vi. Catasto Vecchio, Vicenza Cassetta No 46.
Planimetria degli immobili urbani. Comune di Vicenza, Scheda o.Nr. vom 8. Dezember 1939. UTE Vicenza.

179
Das genaue Datum des Dachausbaues findet sich bei Bortolan, Domenico. Guida Ms op.cit. Vol. VIII pp. 14, 17 und 30. Eine Bestätigung dieser Angabe gibt eine aus der Fotosammlung von Neri Pozza stammende, historische Aufnahme, die am linken Bildrand gerade noch zur Hälfte sowie stark beschattet die ursprüngliche Fassade des Palazzo Muzzi festhält und aus anderen Gründen in die Jahre 1869—1870 datiert werden kann. Vgl. die entsprechende Illustration bei Olivato, Loredana. 1975. op.cit. Abb. 91 und p. 172 mit den Abbildungsnachweisen.

180
Vertrag zwischen Pietro Muzzi des Francesco Muzzi und dem Kloster S. Michele über ein Darlehen von 900 Dukaten. A.S.Vi. Notarile, Notaio Carlo Antonio Marzari, Vol. 1 Istrumenti 1718—1774 No 13453, Vertrag No 208 vom 31. Dezember 1756. Testament der Margaritta Briati Cressadoro. A.S.Vi. Notarile, Notaio Antonio Disconzi fu Cressan, Vol. 2 Testamenti-Proticollo No 14304, Test. No 13 vom 27. August 1762, geöffnet am 22. Juni 1764. Libri dei nomi dei possessori dei fondi, Vol. 9: M a Nardi. A.S.Vi. Ms seg. No 2650. Da Schio, Giovanni. I Memorabili Ms op.cit. Vol. M.
Zum Haupterben des Nachlasses bestimmte übrigens Margaritta Briati Cressadoro ihren Kaplan und Beichtvater Michele Pavanello, der das ererbte Haus anschliessend von Ottavio Bertotti Scamozzi in den Jahren 1764—1765 umbauen liess. Vgl. das diesbezügliche Kapitel dieser vorliegenden Arbeit.

181
Vertrag zwischen «Sigg.i Giovanni padre, ed Antonio figlio Muzzi» und Dr Marco Peruzzi über Landverkäufe. A.S.Vi. Notarile, Notaio Marco Spranzi fu Giovanni, Vol. 19 über die Jahre 1807—1832 (busta senza numero), Vertrag No 2443 vom 23. September 1820, wo auch auf den Vertrag vom 23. Juni 1819 hingewiesen wird. Siehe auch den betreffenden Abschnitt über das Casino Gaetano Muzzi in dieser vorliegenden Arbeit sowie die bibliografischen Hinweise bei Anm. 100. Über eine mögliche Verwandtschaft zwischen Gaetano Muzzi und Pietro Muzzi gibt der von Giovanni Da Schio aufgezeichnete Stammbaum keine Auskünfte.

182
Zorzi, Giangiorgio. 1965. op.cit. p. 203. Siehe dazu auch Anm. 177 dieser Arbeit und die baugeschichtliche Analyse des Palazzo Chiericati bei Forssman, Erik. Palladios Lehrgebäude. Studien über den Zusammenhang von Architektur und Architekturtheorie bei Andrea Palladio. Uppsala, Almqvist & Wiksell 1965 pp. 79—86.

183
Muttoni, Francesco. 1739/40—1760. op.cit. Vol. I (1740) pp. 7—8. Bertotti Scamozzi, Ottavio. 1776. op.cit. Vol. I pp. 39—43.

184
Ausgewählte Bibliografie zum Palazzo Milan (heute Zengiaro):
Bortolan, Domenico und Sebastiano Rumor. 1919. op.cit.
Franco, Fausto. La scuola architettonica di Vicenza. Palazzi minori dal sec. XV al XVIII. In: Monumenti italiani. Rilievi raccolti a cura della Reale Accademia d'Italia, Fascicolo III. Roma, Libreria dello Stato 1934.
Barbieri, Franco; Cevese, Renato und Licisco Magagnato. 1956. op.cit.
Franco, Fausto. 1963 Vol. V. op.cit.
Barbieri, Franco. 1972. op.cit.

185
Vgl. Libri dei nomi dei possessori dei fondi, Vol. 9: M a Nardi. A.S.Vi. Ms seg. No 2650. Del Caseggiato di Città compilato l'anno 1805, Vol. II. A.S.Vi. Ms seg. No 3163. Bortolan, Domenico. Guida Ms op.cit. Vol. VII pp. 579—580, 605. Für die Familien- und Firmengeschichte Milan siehe in dieser vorliegenden Arbeit das Kapitel über den 1766 umgebauten Palazzo Giacomo Milan sowie die entsprechenden Anm. 33—43.

186
Da auf den Katasterplänen des frühen Ottocento die Laubengänge vom Palazzo Angaran bis und mit dem ersten Palazzo Milan durchgehend eingezeichnet sind, hatte der zwischen den beiden Palazzi liegende Verbindungsbau im Jahre 1776 ebenfalls noch eine hohe, zur Strasse hin orientierte Öffnung und erhielt vermutlich seine heutige Fassade erst in der zweiten Hälfte des 19. Jahrhunderts, als ihn der neue Besitzer Vincenzo Rossi (oder dessen Sohn Giuseppe Rossi) gleichzeitig mit dem angrenzenden Palazzo Milan durch interne Erschliessungen verbunden hatte. Siehe Catasto Antico (Napoleonico). Kopie des Ing.re Capo Gaetano Gallaroti und Dis.re Gio.Antonio Amati vom 17. Juni 1816 nach dem Original vom 5. November 1814 (Caseggiato), das sich im A.S.Ve. befindet. A.S.Vi. Catasto

Antico, Vicenza Cassetta No 8. Catasto Vecchio (Austriaco). Kopie des Damiano Visetti Capo del Disegno vom 1. Februar 1842 nach dem Original vom 31. Dezember 1841, das sich im A.S.Ve. befindet. A.S.Vi. Catasto Vecchio, Vicenza Cassetta No 46. Franco, Fausto. 1934. op.cit. Fasc. III Tav. XXI.

Von dem leidenschaftlich geführten Disput um den Palazzo Lanzi (später Giaconi-Bonaguro) sind zwei Büchlein erhalten: Ziggiotti, Francesco Antonio. Discorso Apologetico spettante la Fabbrica de' Signori Lanzi di Vicenza. Vicenza, Tip. Bressan 1769. Und Locatelli, Antonio. Lettere di due amici sopra una mostruosa fabbrica eretta di fresco in Vicenza. O.o. und o.J. (aber Venedig 1769).

Im zweiten Brief dieser anonym publizierten Schrift, deren Autor bereits im letzten Jahrhundert mit Antonio Locatelli identifiziert worden war, wird auf ein von Ziggiotti anonym herausgegebenes Flugblatt hingewiesen, das aber zurzeit nicht mehr auffindbar ist: Ziggiotti, Francesco Antonio. Aggiunta, e difesa del Discorso Apologetico. Vicenza, Tip. Bressan 1769. In der von Domenico Caminer in Venedig gegründeten Zeitschrift «L'Europa letteraria» wurde am 1. September 1769 kurz auf diese drei Publikationen hingewiesen und erklärt, dass ein gerechtes Urteil ohne grössere Kenntnis des Vicentiner Baues und seines Architekten nicht möglich sei, wobei aber dennoch der anonyme Herausgeber und Autor der «Lettere di due amici» als ein «uomo che conosca solidamente la buona Teorica, e la Pratica architettura» charakterisiert wurde. Überhaupt erweckt die kurze Notiz den Anschein einer positiven Stellungnahme zugunsten der gegen Ziggiotti erhobenen Vorwürfe, ohne dass jedoch der Name des venezianischen Anklägers preisgegeben wurde. Vgl. «L'Europa letteraria» vom 1. September 1769. Venezia, Tip. Palese 1769 Vol. I pp. 98—99. Die Wochenzeitschrift existierte bis 1773 und wurde dann vom «Giornale Enciclopedico» abgelöst, dessen erstes Heft im Januar 1774 bei der Stamperia Fenziana in Venedig erschien und ebenfalls unter der Leitung von Domenico Caminer und seiner Tochter Elisabetta stand. Im Januar 1777 hatte die nach Vicenza sich verheiratete Elisabetta Caminer Turra die Alleinredaktion übernommen und eröffnete 1780 gemeinsam mit dem Naturwissenschafter Antonio Turra eine eigene Druckerei an der contrà delle Canove Nuove. «Ma, tra le inquiete proteste di curialisti e conservatori, a Vicenza si stampava quel Giornale enciclopedico che era l'unica voce risoluta della battaglia illuministica 'contro la superstizione ed il fanatismo' nelle provincie della Repubblica» schreibt Marino Berengo, und es ist nicht weiter erstaunlich, dass bei den der Redaktorin nahestehenden Kreisen in Vicenza damals auch Ottavio Bertotti Scamozzi und einige seiner Auftraggeber anzutreffen waren. Vgl. Berengo, Marino. 1956. op.cit. pp. 153—154. Berengo, Marino (Hg.). 1962. op.cit. pp. LI—LVIII und pp. 343—515. Für die Beziehungen zwischen Bertotti und den Caminers siehe Teil I dieser vorliegenden Arbeit.

Was den Architekten des Palazzo Lanzi betrifft, so sind bis anhin nur wenige Angaben über Don Francesco Antonio Ziggiotti eruiert worden. Er lebte in der zweiten Hälfte des 18. Jahrhunderts in der Provinz Vicenza und in jener von Verona und stand im Gegensatz beispielsweise zu Domenico Cerato in einem auch finanziell grossen Abhängigkeitsverhältnis zum jeweiligen Bischof seines Arbeitsortes — wohl ein Grund dafür, dass die dem geweihten Priester und dilettierenden Architekten Ziggiotti zugeschriebenen Werke meist nicht von ihm, sondern von einem fremden Baumeister ausgeführt worden sind. Neben dem Palazzo Lanzi in Vicenza, der sehr rasch — nämlich vom Dezember 1768 bis Sommer 1769 — erbaut wurde, werden Ziggiotti drei in der Nähe von Schio gelegene Pfarrkirchen zugeschrieben: S. Michele in Arsiero (1762—1776), S. Maria in Valli del Pasubio, früher Valli de' Signori e de' Conti genannt (1763—1772) und S. Martino in Velo d'Astico (1773). Eine Attribution von S. Maria in Santorso erscheint dagegen eher zweifelhaft, da selbst Gaetano Maccà keine diesbezügliche Bautätigkeit für die Pfarrkirche notierte, während dann anschliessend der von Calderari errichtete Neubau der Sant'Orso geweihten Wallfahrtskapelle auf dem bei der Ortschaft Santorso gelegenen Monte Summano ausführlich beschrieben wurde. Im Jahre 1779 war Ziggiotti Pfarrherr von Miega, einem Dorf zwischen Cologna Veneta und Legnago, und entwarf im gleichen Jahr Fassadenprojekte für den Dom in Legnago, für den Bertotti zwei Jahre später ebenfalls mit Planungsarbeiten beschäftigt war (vgl. das entsprechende Kapitel in dieser vorliegenden Arbeit). Aus der Vicentiner Zeit von Ziggiotti ist noch ein Büchlein zu Ehren des neuen Bischofs N.H. Marco Cornaro überliefert: Nell'occasione che fa il solenne suo ingresso nella Chiesa Cattedrale di Vicenza Mons. Ill.mo e Rev.mo Marco Cornaro Vescovo della stessa. Vicenza, Tip. Bressan 1767. Wahrscheinlich ist Don Francesco Antonio Ziggiotti vor 1804 gestorben, da sein Name zusammen mit den anderen, bereits verstorbenen Vicentiner Architekten Co. Giulio Porto, Co. Enea Arnaldi, Giuseppe Cerchiari, Ottavio Bertotti Scamozzi und Domenico Cerato am 29. Juni 1804 in einer Stanze des Co. Giacomo Tornieri erwähnt wurde — einer Stanze, die anlässlich einer Feier zum Gedenken an den verstorbenen Calderari im Teatro Olimpico vorgetragen worden war. Vgl. Tornieri, Giacomo. In Morte dell'Impareggiabile Architetto Co. Ottone Maria Calderari Nobile Vicentino. Stanze recitate nel Teatro Olimpico illuminato la sera 29 giugno 1804. Vicenza, Tip. Bartolommeo Paroni 1804 Stanza VII. Maccà, Gaetano. 1812—1816. op.cit. Vol. XI, par. II pp. 15—19, 284—287, 315—318 und Vol. XII, par. II pp. 147—151. Trissino, Leonardo. Artisti Ms op.cit. Vol. II p. 731. Busato, Giuseppe. La Chiesa Arcipretale di Arsiero. In: A Mons. Francesco Dal Santo nel 50. Anniversario della Sua Consacrazione sacerdotale. Arsiero, Tip. Zola & Fuga 1931 pp. 11—13. Barbieri, Franco. 1962 Vol. IV op.cit. pp. 227—234. Cevese, Renato. 1967 Vol. IX. op.cit. pp. 37—48. Barbieri, Franco. 1972. op.cit. pp. 86—91.

Um auf die Auftraggeber des Palazzo Lanzi an der Piazza XX Settembre zurückzukommen, so ist unter Anm. 177 dieser vorliegenden Arbeit bereits vermerkt, dass am 14. Dezember 1768 der Signora Anna Lanzi die Überbauung von einem Stück öffentlichen Landbesitzes gestattet wurde. Die Lanzi waren in Vicenza Kaufleute und führten eine Bottega mit Gewürzwaren. Der Vater von Anna Lanzi war jener Tomaso Lanzi, der von 1704 bis 1742 eine handgeschriebene Chronik verfasst hatte, die von einem anonymen Autor bis 1758 weitergeführt wurde und später in den Besitz von Giantommaso Faccioli kam, während der Marchese Vincenzo Gonzati sich eine Kopie für seine Privatsammlung beschaffte. Tomaso Lanzi des Marc'Antonio Lanzi starb am 13. Juni 1743 und hinterliess neben der Tochter Anna, die das Stadthaus weiterbewohnte, die zwei Söhne Francesco und Gaetano Lanzi, die auf ihrem Landsitz in Arcugnano dann 1771 eine S. Teresa gewidmete Kapelle errichteten, welche 1772 geweiht wurde. Siehe Maccà, Gaetano. 1812—1816. op.cit. Vol. V pp. 200—201. Gonzati, Vincenzo. Famiglie vicentine Ms op.cit. Vol. I pp. 249—250.

187

Ausgewählte Bibliografie zum Gutachten über den Hauptaltar für S. Clemente in Valdagno:

Bertotti Scamozzi, Ottavio. Brief vom 6. Januar 1776 M.e V.o (=6.1.1777) an Dr Antonio Mastini in Valdagno. B.B.Vi. Ms seg. Epistolario Mastini E.71 (50).

Olivato, Loredana. 1975. op.cit.

188

Maccà, Gaetano. 1812—1816. op.cit. Vol. XIII pp. 36—42. Soster, Giovanni. Memorie sulla erezione della Chiesa parrocchiale di S. Clemente in Valdagno. Padova, Tip. del Seminario 1878 pp. 4—23. Pavan, Maria Teresa. 1962 Vol. IV op.cit. p. 240. Semenzato, Camillo. 1962 Vol. IV. op.cit. p. 257. Mantese, Giovanni. Storia di Valdagno. Valdagno, Edizione del Comune 1966. Die Arbeit von Soster enthält aufschlussreiche Angaben über die verschiedenen, an Periti und Handwerker ausbezahlten Löhne sowie eine Aufstellung der von 1748 bis 1778 erreichten Gesamtkosten.

189

Sowohl Giovanni Mantese als auch Giovanni Soster berufen sich in ihren Darstellungen auf die «Memorie di Bernardo Bocchese», die von Soster noch mit Auszügen aus dem «Registro delle Spese» der Gemeinde Valdagno ergänzt werden. Vgl. Mantese, Giovanni. 1966. op.cit. pp. 487—490. Soster, Giovanni. 1878. op.cit. pp. 4—23, wo auch der folgende Brief des Architekten Miazzi an Dr Antonio Mastini wiedergegeben ist: «Ill.mo Sig.r Sig.r Pad.ne Col.mo / Le accuso la riceputa della riverita sua 19 cor. ed ho fatta passare l'annessa a chi era diretta. Ora le rassegno, che potrò passar a Valdagno per servir questi Signori ed il Pubblico nelli ultimi giorni della ventura settimana, o li primi affatto dell'altra. Devo però avvisarla che io non mi sento animo bastante per far il viaggio in Sediola da me solo, avendo per

l'età mia scapitato in coraggio ed in veduta, ed il condurmi un compagno mi sembra dover essere di troppo aggravio, specialmente non sapendo quanti giorni avrò da trattenermi costì. Io pensavo che potrei farmi accompagnar sino a Vicenza, e se in quel tempo dovesse ritrovarsi a Valdagno il Sig. Fontana potressimo unirsi sin da Lei. Io dipenderò da un solo preventivo aviso, giacchè vi è tempo di mezzo. Avrò meco il Disegno dell'Altare con Tabernacolo, mentre a quest'ora è bene avanzato. Per fine umiliandole il mio ossequio ed a tutti questi Sig.ri e sua famiglia divotamente. / Di V.S. Ill. Umil. Devot. Ob. Servitore / Giovanni Miazzi.» Das Schreiben wurde am 22. Februar 1779 in Bassano abgefasst.
In der Forschung über die Veneto-Architektur sind die Altarbauten nie speziell berücksichtigt worden, obwohl gerade die Hauptaltäre meistens auch von dem für die Kirche verantwortlichen Architekten geplant wurden. Für die Symbolfunktion des Altarziboriums vgl. vor allem Reinle, Adolf. Zeichensprache der Architektur. Symbol, Darstellung und Brauch in der Baukunst des Mittelalters und der Neuzeit. Zürich und München, Verlag für Architektur Artemis 1976 pp. 339—341. Über damalige landschaftliche Differenzierungen und Geschmacksunterschiede, die von den Zeitgenossen selbst oft stärker empfunden wurden und so zu Bezeichnungen wie «à l'italienne» oder «à la Romaine» führen konnten, siehe die Hinweise von Oechslin, Werner. Aspetti dell'internazionalismo nell'architettura italiana del primo Settecento. In: Barocco europeo, barocco italiano, barocco salentino. Atti del Congresso internazionale sul Barocco, 21—24 settembre 1969. Lecce, Editrice L'Orsa Maggiore 1971 p. 145.

190
Vgl. dazu die von Braunfels zwar anhand grosser Stadtkomplexe aufgestellten drei Thesen, die die Grundbedingungen einer schöpferischen Entwicklung zu erfassen versuchen: Braunfels, Wolfgang. Abendländische Stadtbaukunst. Köln, Verlag M. DuMont Schauberg 1976 pp. 322—326.

191
Für Antonio Mastini junior siehe Maccà, Gaetano. 1812—1816. op.cit. Vol. XIII pp. 25—28. Cabianca, Jacopo und Fedele Lampertico. 1861. op.cit. Vol. IV p. 986. Rumor, Sebastiano. 1905—1909. op.cit. Vol. II p. 313. Mantese, Giovanni. 1966. op.cit. pp. 274—275. Das Schriftenverzeichnis umfasst u. a. folgende Werke:
Canneti, Pierfrancesco und Antonio Mastini. Dell'uso e dell'abuso delle acque minerali di Recoaro esposto dal signor dottor Pierfrancesco Canneti, aggiuntavi una lettera intorno alle acque istesse del dott. Antonio Mastini M.F. Venezia, Tip. Corona 1749.
Mastini, Antonio. Delle acque di Recoaro, sua scoperta e metodo d'usarle. In: Vincenti, Domenico (Hg). Raccolta di opuscoli inediti riguardanti l'acque minerali dello Stato della Serenissima Repubblica di Venezia. Venezia, ohne Druckerangaben 1760.
Mastini, Antonio. A short account of the Waters of Recoaro, near Valdagno, in the Venetian State. In a Letter from Antonio Mastini, M.D. To Sir C. Bunbury, Bart. Translated from the Italian. London, Tip. J. Dodsley in Pall-Mall 1770.
Mastini, Antonio. Lettere sopra alcune sue osservazioni termometriche, e circa l'infezione dei gelsi, in risposta al sig. Giovanni Arduino. In: Giornale d'Italia vom 1. Oktober 1774. Venezia, Milocco 1775 Vol. XI pp. 104—105.
Mastini, Antonio. Osservazioni Medico-Pratiche intorno alle facoltà e virtù delle acque minerali di Recoaro. Vicenza, Tip. Turra 1781 [1. und 2. Ed.] und Tip. Bartolommeo Paroni 1802 [3. Ed.].
Der am 18.8.1769 an Carlo Bunbury gerichtete Brief ist in einer Kopie erhalten, die in dem von der Biblioteca Bertoliana aufbewahrten Sammelband der Mastini-Schriften eingeklebt ist. B.B.Vi. seg. Racc.Gonz. 11.4.27. Übrigens wurde im Jahre 1817 eine grössere Strasse von Valdagno nach Recoaro eröffnet, nachdem dort die Republik Venedig 1788 ein erstes Schutzgebäude über den Quellen errichtet hatte. In der Zwischenzeit ist Recoaro Terme ein beliebter Sommerkurort geworden, während das höher gelegene Recoaro Mille vor allem seine Wintersportanlagen kräftig ausbaut; das Mineralwasser von Recoaro ist heute in der Provinz Vicenza das übliche, in Flaschen abgefüllte Tafelgetränk. Siehe auch Brentari, Ottone und Scipione Cainer. 1887. op.cit. pp. 101—119.

192
Die erwähnten Briefe von Lord Bute sind datiert mit: Venedig 23.1.1770, Venedig 4.5.1770, Valdagno 26.5.1770, Venedig 13.9.1770, Venedig 2.11.1770, Venedig 23.11.1770 und sind heute in der Bibliothek des Britischen Museums aufbewahrt. The British Library in London, Department of Private Letters, sign. Eg. 1, 648. Der von Bertotti am 19.10.1770 an Pietro Edwards geschriebene Brief findet sich jetzt in der Biblioteca del Seminario Patriarcale di Venezia, seg. Ms 788/4 — also unter jener Archivnummer, die den wichtigen Faszikel «Tutto quel che rimane intorno al progetto dell'Edizione di Palladio ideata da Pietro Edwards e maneggiata col Signor Ottavio Bertotti Scamozzi e col Signor Locatelli Vicenti l'anno 1770» bezeichnet. Ein weiterer Brief Bertottis vom 15.3.1771 an Pietro Edwards ist heute in der Biblioteca del Museo Correr di Venezia, Epistolario Moschini: Voce Bertotti Scamozzi Ottavio; eine Kopie dieses Briefes in B.B.Vi. LE 27 Ms Gonz. 26.4.5 (n. 33) VI. Siehe Olivato, Loredana. 1973 Vol. XXVII. op.cit. pp. 300—308. Olivato, Loredana. 1975. op.cit. pp. 91—117 mit der gesamten Transkription der von der Autorin entdeckten Briefe Bertottis und der Manifeste im genannten Faszikel.
Für die von der englischen Kolonie in Venedig im grossen Stil getätigten Kunstkäufe siehe auch Moschini, Giannantonio. Della Letteratura Veneziana del Secolo Decimottavo fino a nostri giorni. Venezia, Tip. Palese 1806—1808 Vol. III (1806) pp. 50—53.

193
Ausgewählte Bibliografie zum Palazzo Gozzani di Treville:
De Conti, Giuseppe. Ritratto della Città di Casale ossia Descrizione compendiosa de' principali edifici, pitture e sculture più rimarcabili, che esistono in essa città a tutto l'anno corrente 1794. Prefazione e note del Dott. Gabriele Serrafero. Casale Monferrato, Ed. Rotary Club 1966.
De Conti, Vincenzo. Notizie storiche della Città di Casale e del Monferrato (1742—1799). Casale, Tip. Casuccio e Bagna 1838—1841.
Gabrielli, Noemi. L'Arte a Casale Monferrato dal XI al XVIII secolo. Torino, Tip. di Miglietto, Milano & C. 1935.
Anesini-Berton, Nita Maria. 1945—1946. op.cit.
Bazzi, S. L'Arte a Palazzo Gozzani di Treville, Casale Monferrato. Casale Monferrato, Tip. Milano & C. 1955.
Tornielli, Vittorio. Architetture di otto secoli del Monferrato. Casale Monferrato, Tip. Arti Grafiche 1963.
Viale, Vittorio (Hg). Mostra del Barocco Piemontese, giugno—novembre 1963. Torino, Ed. Città di Torino 1963.
Ferrero Viale, Mercedes. Ritratto di Casale. Torino, Ed. Istituto Bancario San Paolo di Torino 1966.
Baudi di Vesme, Alessandro. Schede Vesme. L'arte in Piemonte dal XVI al XVIII secolo. Torino, Ed. Società Piemontese di Archeologia e Belle Arti 1963—1968.
Carboneri, Nino. Il palladianesimo in Piemonte. In: Bollettino C.I.S.A. 1969 Vol. XI. Vicenza, C.I.S.A. 1970.
Barbieri, Franco. 1972. op.cit.
Casale Monferrato, Città di und Società Piemontese di Archeologia e Belle Arti (Hg). Quarto Congresso di Antichità e d'Arte, 20—24 aprile 1969. Torino, Editrice Marietti 1974.
Olivato, Loredana. 1975. op.cit.
Kamm-Kyburz, Christine. 1980 Vol. XVIII. op.cit.

194
Für die Bedeutung der vom Friulaner Germanico Savorgnan (1554—1600) im Auftrag des Herzogs von Mantova, Vincenzo I Gonzaga, zwischen 1590 und 1595 erbauten Zitadelle von Casale Monferrato siehe die Kongressbeiträge von Marani, Ercolano. Sui rapporti d'arte fra Casale Monferrato e Mantova. Amoretti, Guido. La piazzaforte di Casale. Nasalli Rocca, Emilio. Le fortezze sul Po. Cornaglia, Emma. Perizia dell'ingegnere Don Antonio Leni. Alle in: Casale Monferrato, Città di und Società Piemontese di Archeologia e Belle Arti (Hg). 1974. op.cit. pp. 345—357, 661—675, 677—698, 699—716. Reiches Abbildungsmaterial findet sich bei Peyrot, Ada. Casale nei secoli. Vedute e piante nel disegno e nell'incisione dal Cinquecento all'Ottocento. Torino, Ed. Società Piemontese di Archeologia e Belle Arti 1969.

195

Zu den wichtigsten Beiträgen über Giovanni Battista Scapitta (1653–1715) und seinen Neffen Vincenzo Scapitta (?–1750) zählen die Untersuchungen von Tornielli, Vittorio. 1963. op.cit. pp.69–74. Viale, Vittorio (Hg). 1963. op.cit. Vol.I Architettura (schede di Nino Carboneri) pp.64–65. Ferrero Viale, Mercedes. 1966. op.cit. pp.80–86, 168. Cornaglia, Emma. Giovanni Battista Scapitta architetto e Vincenzo Scapitta agrimensore. Torino, Editrice Marietti 1968. Carboneri, Nino. Aspetti e problemi dell'arte a Casale dal barocco al neoclassicismo. Cornaglia, Emma. Un progetto del Magnocavallo per la facciata di Santa Croce e un disegno di G.B. Scapitta per Tonco. Beide in: Casale Monferrato, Città di und Società Piemontese di Archeologia e Belle Arti (Hg). 1974. op.cit. pp.381–384, 450–456.
Die Maler Pier Francesco Guala (Casale 1698–1757 Mailand) und Giovanni Antonio Bettini (Bologna ?–1773) wurden als Autoren der reichen Freskendekoration von Giuseppe De Conti in seinen 1794 abgeschlossenen Aufzeichnungen vermerkt, wobei zwar der Chronist im Anhang fälschlicherweise Domenico Bettini (Florenz 1644–1705 Bologna) aufführte, was jedoch bereits von Noemi Gabrielli mit der bei De Conti öfters vorhandenen Verwechslung der Vornamen erklärt worden ist. Guala hielt sich 1722–1723 zusammen mit dem Quadraturisten Selvino (Casale 1698 ?–1724 Turin) zu Studienzwecken in Bologna auf, und die frühesten Werke dieser beiden Maler in Casale sind kurz nach ihrer Rückkehr im Palazzo Ardizzone-D'Arco um 1723/1724 entstanden. Erst nach dem plötzlichen Tod des jungen Selvino begann dann der Figurenmaler Guala eine neue Arbeitsgemeinschaft mit dem Quadraturmaler Giovanni Antonio Bettini; das im Palazzo Treville gemeinsam errichtete Deckenfresko, welches eine nicht identifizierte Allegorie darstellt, ist mit den luftig-leichten Wolkenmalereien, den zart-voluminösen Figuren sowie den eindrücklichen Architekturillusionen, die bewusst auch auf die Fassadengestaltung des Quertraktes Bezug nehmen, sicher kein Frühwerk, sondern mit seiner Ausgewogenheit eher in die Zeit der beginnenden Reife der beiden Künstler zu datieren. Giovanni Agostino Rattis (Savona 1699–1775 Genua) Tätigkeit als Figurenmaler im Palazzo Treville wurde erstmals von seinem Sohn Carlo Giuseppe Ratti 1769 bezeugt, der auch generell auf die Zusammenarbeit seines Vaters mit dem sich für acht Jahre in Casale aufhaltenden Giovanni Battista Natali (Pontremoli 1698–1765 Cremona), genannt Piacentino, hinwies. Diesen beiden Malern wird das Deckengemälde mit dem «Urteil des Paris» in dem zum Ehrenhof hin orientierten Vorzimmer des Piano Nobile zugeschrieben, während die Fresken der westlichen Längswand mit ihren illusionistischen Architekturdarstellungen grosse Ähnlichkeit mit den perspektivischen Malereien des Erdgeschosses aufweisen und nach Mercedes Ferrero Viale eher dem Bettini zu attribuieren sind.
Siehe dazu die Hinweise bei Ratti, Carlo Giuseppe. Delle vite de' pittori, scultori ed architetti. Tomo secondo, in continuazione dell'opera di Raffaello Soprani. Genova, Tip. Casamara 1769 pp.370–371. Reprint: Sala Bolognese, Arnaldo Forni Editore 1970. De Conti, Giuseppe. 1966 [Ed. des Manuskripts von 1794]. op.cit. pp.30, 48–52. Gabrielli, Noemi. 1935. op.cit. pp.85–92, 95–96 mit zahlreichen Abbildungen. Viale, Vittorio (Hg). 1963. op.cit. Vol.II Pittura (schede di Andreina Griseri) pp.94–97. Ferrero Viale, Mercedes. 1966. op.cit. p.170. Baudi di Vesme, Alessandro. 1963–1968. op.cit. Vol.II pp.549–550 (Guala) und Vol.III p.733 (Natali). Vgl. auch die Angaben in Thieme, Ulrich und Felix Becker. 1907–1950. op.cit. Vol.3, 1909 p.544 (Bettini); Vol.15, 1922 pp.162–163 (Guala); Vol.25, 1931 p.352 (Natali) und Vol.28, 1934 p.34 (Ratti).

196

Die anlässlich der im Herbst 1968 organisierten Scapitta-Ausstellung in Casale nur spärlich aufgefundenen Hinweise über die Tätigkeit von Vincenzo Scapitta, die sich zudem auf Tiefbau- und Feldmesserarbeiten beschränkten, können gerade auch wegen dessen Stellung als «Perito» eigene Architekturschöpfungen nicht ausschliessen. Für den dem Palazzo Gozzani di Treville gegenüberliegenden Palazzo Magnocavallo-Mossi, dessen irrtümliche Zuschreibung an Benedetto Alfieri auf einer Falschinformation bereits des Giuseppe De Conti basiert, findet sich im betreffenden Familienarchiv ebenfalls der Name eines Feldmessers, «Agrimensore e Misuratore Piazzatto» aus Varese, der zusammen mit einem Mastro Francesco Trezzino als für den Bau verantwortlicher Architekt am 28. Januar 1738 eine Rechnung von 4210 Lire ausstellte. Siehe Biblioteca Civica di Casale Monferrato, Archivio Magnocavallo. Spese della fabbrica Ms seg. Cartella 3, Fascicolo 4. Und einem Capomastro Giacomo Bandelli aus Turin wird der 1740 im «gusto rococò scapittiano» fertiggestellte Palazzo Grisella an der Casaleser via Garibaldi zugeschrieben, während der bereits um 1720 vollendete Palazzo Ardizzone-D'Arco an der benachbarten via Palestro sowie der um 1740 zu datierende Palazzo Sannazzaro an der via Mameli noch der vagen Scapitta-Schule zugeordnet werden und eine Autorschaft von Vincenzo Scapitta nur als eine der möglichen Hypothesen gelten kann. Vgl. dagegen Cornaglia, Emma. 1968. op.cit.

197

Vgl. Woolf, Stuart J. Studi sulla nobiltà piemontese nell'epoca dell'assolutismo. In: Memorie dell'Accademia delle Scienze di Torino Serie 4a, No 5. Torino, Ed. Accademia delle Scienze 1963 pp.5, 144–147. Coppo, Secondino. Un secondo aspetto della vicenda urbanistica di Casale a commento delle mappe dell'Istituto di Architettura Tecnica: con punto di prospettiva settecentesco, tra Barocco e Neoclassico. In: Casale, Città di und Società Piemontese di Archeologia e Belle Arti (Hg). 1974. op.cit. pp.593–614 und Allegato VIII mit der Grundrissaufnahme des Palazzo Treville im Massstab 1 : 1000 (L–M, 8–7).

198

De Conti, Giuseppe. 1966 [Ed. des Manuskripts von 1794]. op.cit. p.30. Lorenzi, Francesco. Brief vom 23.11.1783, vermutlich an Giovanni Battista Fontanelli, einen engen Freund des Advokaten Carlo Cordellina, adressiert. B.B.Vi. Ms seg. G.2.2.1 (Busta 16). Vgl. dazu Puppi, Lionello. 1968 Vol.XXII. op.cit. pp.212–216.

199

De Conti, Giuseppe. 1966 [Ed. des Manuskripts von 1794]. op.cit. pp.29–30. Gabrielli, Noemi. 1935. op.cit. pp.46, 49, 93–94, 96. Die frühere «Soprintendente alle Gallerie e alle Opere d'Arte medioevali e moderne del Piemonte», Noemi Gabrielli, ist die einzige Historikerin, die die Motive der von Lorenzi und Guidolini gemalten Fresken aufzählt. Während meines Casaleser Aufenthalts war es nicht möglich sämtliche Räume des Palazzo Treville zu besichtigen, der neben der nur über das Wochenende geöffneten und dazumals noch in Reorganisation befindlichen Pinakothek, die zu einem städtischen Museum ausgeweitet wird, auch die 1827 gegründete Accademia Filarmonica beherbergt, welche heute als private Vereinigung in diesem Palazzo Übungslokale und Abstellräume zur Verfügung hat, sowie weiteren kleinen Organisationen wie der Mensa ACLI oder dem Zirkel C.A.A.C. Platz bietet und in den obersten Geschossen teils auch private Wohnungen aufweist. Für weitere Hinweise bezüglich der beiden Maler aus dem Veneto siehe Baudi di Vesme, Alessandro. 1963–1968. op.cit. Vol.II p.635 und Anm.27 dieser vorliegenden Arbeit sowie auch Teil I dieser Untersuchung.
Für die in Turin hochangesehenen Architekten Filippo Nicolis di Robilant (Turin 1723–1783 Turin), Giovanni Battista Borra (San Giorgio Canavese 1712–1786 Turin) und Pietro Bonvicino (Lugano 1741–1796 Turin) siehe Viale, Vittorio (Hg). 1963. op.cit. Vol.I Architettura (schede di Nino Carboneri) pp.73–75, 78, 80–81. Zur Erweiterung der knappen Angaben in diesem Katalog siehe speziell für Bonvicino und Borra die Transkription des Vesme-Manuskripts: Baudi di Vesme, Alessandro. 1963–1968. op.cit. Vol.I pp.159–160, 177–178. Vgl. auch die neuesten Forschungsergebnisse zur Turiner Architektur im Ausstellungskatalog von Castelnuovo, Enrico und Marco Rosci (Hg). Cultura figurativa e architettonica negli Stati del Re di Sardegna 1773–1861, maggio–luglio 1980. Torino, Stamperia Artistica Nazionale 1980 Vol.III mit ausführlicher Bibliografie, zusammengestellt von Ugo Gherner.

200

Waren die von Leonardo Marini (Notizen über Tätigkeit von 1760–1798) stammenden 16 Alben der Biblioteca Reale di Torino und die 2 Alben in Privatbesitz mit Zeichnungen von Theaterkostümen bereits bekannt, so wurde das Album von 58 Seiten mit über 400 eingeklebten Zeichnungen «Studi diversi di decorazione inventati, disegnati ed in gran parte eseguiti di

Leonardo Marini, disegnatore del Gabinetto del re di Sardegna, pittore e professore della reale Accademia delle Bell' Arti» (B.R.To. Ms seg. varia 218) erstmals auf dem Casaleser Kongress von 1969 erwähnt. Siehe Ferrero Viale, Mercedes. Disegni e progetti di Leonardo Marini per decorazioni eseguite in palazzi di Casale. In: Casale Monferrato, Città di und Società Piemontese di Archeologia e Belle Arti (Hg). 1974. op.cit. pp. 485—504. Die nach 1782 zusammengestellte Sammlung enthält teils bereits mit 1778 datierte, aber keine später als in den Jahren 1784—1786 entstandene Zeichnungen, die Entwürfe für verschiedene Auftraggeber beinhalten, so für das regierende Herrscherhaus des Königs von Sardinien, für hohe Turiner Aristokraten und reiche Turiner Bürger, für piemontesische Landadelsleute, für Pfarr- und Dorfgemeinden der Provinz. Eine weitere Sammlung von Marini-Entwürfen für piemontesische Intérieurs wurde vom Metropolitan Museum New York erworben und wird zurzeit von Mary Myers aufgearbeitet.

201
Die im Text erwähnten Zeichnungen finden sich im Album der B.R.To. Ms seg. varia 218 unter folgenden Angaben: Sala di ricevimento no 340, 339; Camera da letto del S.r M.e Odalengo no 341, 238; Sala a Mangiare no 90; Boudoir no 356, 395, 397; Galleria no 74.
Im gleichen Album finden sich unter den no 9, 88 und 146 Zeichnungen für das bei Venaria gelegene Casino des Marchese Ottavio Falletti di Barolo, der als Freimaurer und begeisterter Anhänger der Aufklärung in der Zeit der napoleonischen Besetzung Mitglied der Turiner Wissenschaftsakademie war und bei Marini eine Innenausstattung in Auftrag gab, welche nun in hartem Gegensatz zur amourösen Welt des Marchese Gozzani eines der frühesten Piemonteser Beispiele für das wiedererwachte Interesse an der ägyptischen Antike darstellt. Die handschriftlichen Erläuterungen weisen dabei deutlich auf Marinis Motivquellen hin: die im Turiner Universitätshof damals plazierten Schaustücke, wie die «Mensa Isiaca» oder jene Statuen, die der Padovaner Vitaliano Donati, Botanikprofessor in Turin, von seiner 1759 im Auftrag Karl Emanuels III. unternommenen Ägyptenreise nach Turin geschickt hatte. Ob bei der in Turin herrschenden Ägyptenbegeisterung, die sich bis auf Theateraufführungen erstreckt hatte, und dem naheliegenden Anschauungsmaterial sich Marini noch zusätzlich von den aus den späten 60er Jahren des 18. Jahrhunderts stammenden, römischen Beispielen des «gusto neo-egizio» sowie von den entsprechenden Piranesi-Publikationen inspirieren liess, erscheint eigentlich eher zweifelhaft. Siehe Ferrero Viale, Mercedes. 1974. op.cit. pp. 485—504. Castelnuovo, Enrico und Marco Rosci (Hg). 1980. op.cit. Vol. I pp. 308, 311 (schede di Lucetta Levi Momigliano) und 309—310 (schede di Enrichetta Leospo).
Für die zusammen mit Marini im Jahre 1778 unter die sechzehn Professoren der «Reale Accademia di pittura e scultura» gewählten Turiner Bildhauer Ignazio (1724—1793) und Filippo Collino (1737—1800), die sich in den Jahren 1750 bzw. 1754 bis 1767 in Rom aufhielten, siehe Thieme, Ulrich und Felix Becker. 1907—1950. op.cit. Vol. 7, 1912 pp. 234—235. Castelnuovo, Enrico und Marco Rosci (Hg). 1980. op.cit. Vol. I pp. 32—41, 72—73 (schede di Michela Di Macco) sowie pp. 12 und 21. Was den kaum bekannten Bildhauer Biagio Antonio Ferrero betrifft, der vorab mit Hilfe seines einflussreichen Schwiegervaters Giovanni Battista Bernero (Cavallerleone 1736—1796 Turin) zahlreiche Aufträge erhielt und unter Marini in den Palazzi Gozzani di Treville in Casale, Morozzo della Rocca, Turinetti di Priero und Ferrero d'Ormea in Turin arbeitete, siehe die Hinweise von Ferrero Viale, Mercedes. 1974. op.cit. p. 491.

202
Die Angaben über die Familie Gozzani di Treville sind dem zwar unvollständig erhaltenen Familienarchiv der Conti Magnocavallo entnommen. Biblioteca Civica di Casale Monferrato, Archivio Magnocavallo. Lettere e scritture relative alla lite tra il Co.Magnocavallo ed il Marchese di Treville; quietanza rilacciata ... al Marchese Giacomo Giuseppe Gozzani; testimoniali di presentazione di decreto, istrumento dotale e descrizione del fardello della Contessa Eleonora Gozzani di Treville vedova del Co.Guiseppe Antonio Ferrero di Lavierno con remissione dello stesso fardello; carte di lite tra il Co.Giacinto Magnocavallo, il Marchese Giacomo Gozzani ed il Conte Bonaventura Ferrero di Lavierno; notizie per formare la discendenza della famiglia Gozzani Ms seg. Cartella 6, Fasc. 1; Cartella 7, Fasc. 49; Cartella 11, Fasc. 6; Cartella 31, Fasc. 8 und Cartella 67, Fasc. 11. Für Giacinto Magnocavallo (1738—1808) siehe Torre, Luigi. Scrittori Monferrini. Note ed aggiunte al catalogo di Gioseffantonio Morano sino al 1897. Casale Monferrato, Tip. Giovanni Pane 1898 p. 121. Reprint: Sala Bolognese, Arnaldo Forni Editore 1974.

203
Conte Francesco Ottavio Magnocavallo (Casale 1707—1789 Moncalvo) begann sich erst nach dem Studium der Rechte für Architektur zu interessieren und beschäftigte sich später erfolgreich auch mit dem Schreiben von Tragödien. Zu einem unbestimmten Zeitpunkt (wahrscheinlich zwischen 1737 und 1748) besuchte er Vicenza, um sich an Ort und Stelle über die palladianischen Bauten zu informieren.
In seinem gebauten Œuvre, das Renovierungen von Stadthäusern befreundeter Familien und von kleineren Kirchen umfasst, ist dabei eine deutliche Distanzierung von den Rokokoströmungen der Scapitta-Schule und eine Hinwendung zum klassisch-inspirierten Formenkanon erkenntlich, wobei allfällige Vicentiner Eindrücke eindeutig von lokalen Strömungen zeitgenössischer Architekturen eines Alfieri oder Vittone verdrängt wurden. Magnocavallo hinterliess auch zahlreiche Manuskripte, die aber grösstenteils aus «Memorie», aus Zusammenfassungen von verschiedensten, sich mit konstruktiven Details befassenden Abhandlungen bestehen. Ein Verzeichnis dieser Handschriften findet sich bei Rosso, Antonietta. L'opera dell'architetto Magnocavallo in Piemonte. Tesi di laurea in Architettura presso il politecnico di Torino (Prof. Relatore: Daria De Bernardi Ferrero). Anno accademico 1975—1976 pp. 39—32. Mit Ausnahme noch von den Notizen bei Baudi di Vesme, Alessandro. 1963—1968. op.cit. Vol. III pp. 639—640 hat Nino Carboneri ein vollständiges Literaturverzeichnis über Magnocavallo im Anhang seines dem Briefwechsel Arnaldi-Magnocavallo gewidmeten Artikels publiziert. Siehe Carboneri, Nino. Riflessi palladiani nell'epistolario Arnaldi-Magnocavallo. In: Arte Veneta 1978 Vol. XXXII. Venezia, Alfieri Edizioni 1979 pp. 441—447.
Von Francesco Lorenzi (Mazzurega 1723—1787 Verona) erwähnt Diego Zannandreis 305 Werke und notierte in seinen Vitenbeschreibungen veronesischer Künstler von 1891 unter anderem: «Era il Tiepolo un grande Maestro, ma essendo poco erudito occorreva talvolta che da altri si proponesse il soggetto, quindi è, che invitato a dipingere a fresco la grande sala del Re di Spagna ebbe da Lorenzi per iscritto tutta l'idea che era necessaria e cioè l'allegoria 'della grandezza di un regno sul quale non tramonta mai il sol'. Lo scritto era di quattro fogli ed il maestro rispose che si sarebbe attenuto scrupolosamente e n'ebbe grazie al discepolo, com' egli ebbe premio ed onore da quella corte! ...» Zitiert nach Donzelli, Carlo. 1957. op.cit. pp. 137—138. Siehe auch Anm. 199 dieser vorliegenden Arbeit.
Die im Text publizierten Auszüge aus den Registern der Volkszählungen von 1734 und 1858 entstammen dem Artikel von Cavallari-Murat, Augusto. Introduzione critica ai rapporti tra forma urbana e architettura nel concentrico di Casale. In: Casale, Città di und Società Piemontese di Archeologia e Belle Arti (Hg). 1974. op.cit. pp. 535—572 und Allegato V.

204
Eine Aufzählung der damals modernisierten oder neu von den Fundamenten her errichteten Bauten gibt Vincenzo De Conti: «1777: Tra quest' anno e il 1784 furono da'fondamenti edificate varie fabbriche. / Il bel palazzo de' marchesi Gozani di san Giorgio, sul disegno del conte di Rubillant, eseguito dall'ingegnere Buonvicino, con sculture del Bernero e Collini. / La nuova casa de'Filippini a fronte della piazza de' cappuccini. / L'ospedale degl'infermi continuò il dormitorio sino al cantone verso sant'Ilario, e comprò un sito fuori di porta di Po per formare un cimiterio pei morti dell'ospedale. / Il palazzo del sig. conte Leardi presso sant'Antonio, ove già esisteva quello del conte Biandrà di san Giorgio, atterrato per ribellione (Peccato che non sii terminato, mentre sarebbe il più bello della città per la sua località e disegno). / Quello del marchese Gozani di Treville ampliato ed abbellito con gran dispendio. / Innalzato intieramente quello del conte Pico Gonzaga d'Oviglio sul disegno del conte Ottavio Magnocavalli. / Ampliato e riedificato l'orfanotrofio di san Giuseppe sul disegno dell'architetto Baretti. / Fuori di porta castello fu riedificata in buona forma la chiesa di sant' Anna

'ad colles', a spese del marchese Ricci, che ne ha il padronato presentemente, benchè si creda che altre volte fosse 'juris pubblici'». Siehe De Conti, Vincenzo. 1838—1841. op.cit. Vol. X pp. 314—315.

205
Für die eleganten und fein gearbeiteten Stuckdecken des Palazzo Treville, die von anonymen, wahrscheinlich lombardischen Meistern herstammen, um 1730 sowie um 1750 und in die späten 70er Jahre des 18. Jahrhunderts datiert werden, was den drei Bauphasen des Gebäudes entspräche, vgl. Bossaglia, Rossana. Caratteri dello stuccco decorativo settecentesco a Casale. In: Casale, Città di und Società Piemontese di Archeologia e Belle Arti (Hg). 1974. op.cit. pp. 471—484.

206
De Conti, Giuseppe. 1966 [Ed. des Manuskripts von 1794]. op.cit. p. 34. Über den Palazzo Pallio di Rinco (dann Rivetta, später Aducco, heute Giovanni Barberis Da Moleto) siehe auch Gabrielli, Noemi. 1935. op.cit. p. 45. Olivero, Eugenio. Il Conte Francesco Ottavio Magnocavalli architetto di Casale Monferrato (1707—1789). In: Palladio 1940 Vol. IV. Roma, Casa Ed. Colombo 1940 p. 226. Tornielli, Vittorio. 1963. op.cit. p. 66. Baudi di Vesme, Alessandro. 1963—1968. op.cit. Vol. III p. 639—640. Rosso, Antonietta. 1975—1976. op.cit. pp. 109—110. Der imposante Palazzo mit der für seine Aufstockung und Vollendung ungeklärten Autorschaft wird nicht erwähnt in: Viale, Vittorio (Hg). 1963. op.cit. Vol. I Architettura (schede di Nino Carboneri) pp. 75—76, wo neben sechs Kirchen im Monferrato nur gerade der 1785 vollendete Palazzo Leardi an der gleichnamigen Strasse in Casale zitiert wird. Vgl. auch die Angaben über die Conti Pallio di Rinco in dem kurz nach 1790 verfassten Manuskript von De Morani, Giuseppe Antonio. Memorie istoriche della Città e della Chiesa di Casale Monferrato raccolte e divise in due parti una civile, l'altra ecclesiastica. Biblioteca Civica di Casale Monferrato, handschriftliche Kopie des sich in Privatbesitz befindenden Originals Ms seg. De Morani o.Nr. Reprint: Casale Monferrato. Ed. Partito Repubblicano Italiano (in Vorbereitung). Für eine Zuschreibung an Bertotti siehe Barbieri, Franco. 1972. op.cit. p. 54 und Olivato, Loredana. 1975. op.cit. p. 144.

207
Ausgewählte Bibliografie zum Projekt für Laubarkaden:
Kamm-Kyburz, Christine. 1979 Vol. XXI. op.cit.

208
Zur Baugeschichte, zur Klärung der «allzu strammen Operetten-Zinnen auf den Flankentürmen» der Villa Porto-Colleoni, heute Thiene, und für die umfangreiche Literatur siehe Kubelik, Martin. 1977. op.cit. Vol. I pp. 203—205 (Nr. 211) und Vol. II pp. 782—790 Abb. 839—860. Hier wird auch die erwähnte Beni Inculti-Zeichnung zwar ohne Zeichnerangaben erstmals von Martin Kubelik publiziert (Vol. II p. 788 Abb. 851): Disegno formato sopra la Supplica del Nob. Sig.r Co. Gio.Batt.a Orazio Porto. Venezia 1.3.1767. B.B.Vi. Archivio di Torre, Raccolta Disegni No 639. Ferner siehe auch Kubelik, Martin (Hg). Palladio in der Architektur des Vicentino. Rom, Ed. Schweizerisches Institut in Rom 1977 pp. 66—67.

209
Ich habe hier Martin Kubelik einerseits für die prächtigen Farbdias der Beni Inculti- und der Bertotti-Zeichnungen zu danken, andererseits gilt ihm mein herzlichster Dank für seine grosszügige Bereitwilligkeit, in den entsprechenden Porto-Akten des in der Villa Porto-Colleoni, heute Thiene, aufbewahrten Privatarchivs Thiene nach Hinweisen über den Auftrag an Bertotti zu forschen — eine zeitraubende Unternehmung, die leider ergebnislos verlief, und so scheint sich die Vermutung zu bestätigen, dass es sich bei dem vorliegenden bertottianischen Entwurf eher um einen Gunstbeweis des Architekten zuhanden seines Mäzens, des Conte Gio. Battista Orazio Porto, handelte.

210
Siehe beispielsweise Volkamer, Johann Christoph. Nürnbergische Hesperides, oder Gründliche Beschreibung der edlen Citronat-Citronen- und Pomerantzen-Früchte, wie solche in selbiger und benachbarten Gegend recht mögen eingesetzt, gewartet, erhalten und fortgebracht werden. Nürnberg, Tip. Johann Andreas Endter 1708. Volkamer, Johann Christoph. Continuation der Nürnbergischen Hesperidum. Nürnberg, Tip. Johann Andreas Endter 1714. Reprint der das Veneto betreffenden Abbildungen: Concina, Ennio (Hg). Ville, giardini e paesaggi del Veneto nelle incisioni dell'opera di Johann Christoph Volkamer con la descrizione del lago di Garda e del monte Baldo. Milano, Edizioni Il Polifilo 1979 und speziell Tav. LV, LVI. Vgl. auch Puppi, Lionello. 1972. op.cit. Vol. I pp. 81—114. Puppi, Lionello. Le Esperidi in Brenta. Semenzato, Camillo. Una proposta per il giardino di Valsanzibio. Beide in: Arte Veneta 1975 Vol. XXIX. Venezia, Alfieri Edizioni 1976 pp. 212—218, 219—223.

211
Scamozzi, Vincenzo. 1697. op.cit. pp. 171—172. Siehe dazu auch das anonym erschienene Werk: Anmuthigkeiten des Landlebens, oder sonderbare Anmerkungen, wie man Landhäuser und Gärten anlegen, und die Plätze gehörig eintheilen und auszieren könne; Nebst einer vollständigen Nachricht von der Wartung allerley Obst- und wilder Bäume, Orangerien, und Gewächse, so in Treib- und Glashäusern, auch sonsten gezogen werden, ingleichen aller übrigen Erdfrüchte und Küchengewächse; so wie eine fünfzigjährige Erfahrung solches gelehret hat. Aus dem Holländischen und Französischen übersetzt. Göttingen und Leipzig, im Verlage Elias Luzac des jüngern 1758.
Für das Veneto auffallend ist immerhin die Konzentration gewisser Gartenanlagen im Gebiet zwischen Venedig und Padova. Als weitere Beispiele für bestimmte Laubarchitekturen seien hier das Labyrinth der Villa des Dogen N.H. Alvise Pisani in Stra und jenes später errichtete im Villengarten des Prokurators N.H. Angelo Querini in Altichiero erwähnt sowie die grossen Laubarkaden des Neuadligen Filippo Farsetti in seiner Villa in Santa Maria di Sala oder im Norden Venedigs die vor 1726 erbauten, heute zerstörten Laubbögen im Garten der Villa Sagredo in Marocco di Mogliano.

212
Nach Buttlar, Adrian von. Der Landschaftsgarten. München, Wilhelm Heyne-Verlag 1980, speziell pp. 7—12. Vgl. dazu auch die spannende Arbeit desselben Autors: Der englische Landsitz 1715—60. Symbol eines liberalen Weltentwurfs. München-Mittenwald, Mäander-Verlag 1982. Für Giuseppe Jappelli (Venedig 1783—1852), einen Schüler von Giannantonio Selva, siehe den gerafften Überblick von Mazza, Barbara. Jappelli e Padova. Padova, Liviana Editrice 1978.

213
Blondel, Jacques-François. Cours d'architecture, où Traité de la décoration, distribution et construction des bâtiments, contenant les leçons données en 1750 et les années suivantes. Paris, Tip. Desaint 1771—1777. Zitiert nach Kaufmann, Emil. Von Ledoux bis Le Corbusier. Ursprung und Entwicklung der Autonomen Architektur. Wien, Verlag Dr. Rolf Passer 1933 pp. 13—15. Vgl. auch Fichet, Françoise. La théorie architecturale à l'âge classique. Essai d'anthologie critique. Brüssel und Lüttich, Pierre Mardaga éditeur 1979.

214
Ausgewählte Bibliografie zum Teatro Eretenio:
Accademia Eretenia. Documenti del Teatro Nuovo, avvisi teatrali, epistolari per rappresentazioni, corrispondenze varie ecc. B.B.Vi. Ms seg. T.E.1—19.
Maina, Nicolò. Descrizione del Teatro Nuovo in Riva al Retrone ossia del riedificato Teatro di Piazza di Vicenza. Vicenza, Stamperia Camerale 1784.
Arnaldi Tornieri, Arnaldo. Memorie Ms op.cit.
Dian, Giuseppe. Notizie delli due Secoli XVIII e XIX Ms op.cit. Fasc. III.
Berti, Giambattista. 1822. op.cit.
Berti, Giambattista. 1830. op.cit.
Arrigoni, Renato. Notizie ed osservazioni intorno all'origine e al progresso dei teatri e delle rappresentazioni teatrali in Venezia e nelle città principali dei paesi veneti. Venezia, Tip. del Gondoliere 1840.
Lazzari, Francesco (Hg). Raccolta di decorazioni interne composta da C. Percier e P.L.F. Fontaine. Riveduta la traduzione da Francesco Lazzari

con notevoli giunte di Giuseppe Borsato. Venezia, Tip. Giuseppe Antonelli 1843.
Magrini, Antonio. 1845. op.cit.
Da Schio, Giovanni. I Memorabili Ms op.cit. Vol. B.
Bressan, Bartolomeo. Monumenti Ms op.cit.
Bressan, Bartolomeo. Fabbriche di Vicenza Ms op.cit.
Bressan, Bartolomeo. Palasti ed edifici Ms op.cit.
Formenton, Francesco. Storia del Teatro Eretenio di Vicenza dalla sua fondazione sino il giorno 22 settembre 1867. Vicenza, Tip. Giuseppe Staider 1868.
Ciscato, Antonio. 1871. op.cit.
Bortolan, Domenico. 1886. op.cit.
Mocenigo, Giovanni juniore. I teatri moderni di Vicenza dal 1650 al 1800 e dei due distrutti teatri di Piazza e delle Grazie. Bassano, Tip. Sante Pozzato 1894.
Bortolan, Domenico. Guida Ms op.cit. Vol. I.
Bortolan, Domenico und Sebastiano Rumor. 1919. op.cit.
Navarotto, Adriano. 1937. op.cit.
Anesini-Berton, Nita Maria. 1945—1946. op.cit.
Barbieri, Franco; Cevese, Renato und Licisco Magagnato. 1956. op.cit.
Franco, Fausto. 1963 Vol. V. op.cit.
Pozza, Neri. Guida per Vicenza. Vicenza, Neri Pozza Editore 1970.
Barbieri, Franco. 1972. op.cit.
Schiavo, Remo. Nostalgia dell'Eretenio. In: Vicenza Economica No 7 luglio 1972 (Anno XXVII). Vicenza, Ed. Camera di Commercio 1972.
Schiavo, Remo. Origine, erezione ed inaugurazione del Teatro Eretenio in Vicenza. In: Vicenza Economica No 10 ottobre 1973 (Anno XXVIII). Vicenza, Ed. Camera di Commercio 1973.
Olivato, Loredana. 1975. op.cit.
Bassi, Elena. Teatri veneti del Settecento. In: Bollettino C.I.S.A. 1975 Vol. XVII. Vicenza, C.I.S.A. 1978.
Cevese, Renato. La vecchia Vicenza in 20 fotografie. Bologna, Specimen Grafica Editoriale 1977.
Schiavo, Remo. Luci sull'Eretenio. Vicenza, Ed. Banca Popolare di Vicenza 1978.
Mantese, Giovanni. 1982 [aber 1983]. op. cit. Vol. V, par. VI.

215
Die reichen Unterlagen zum Bau und späteren Betrieb des Teatro Eretenio waren einst im Sitzungssaal der Accademia Eretenia im Theater selbst aufbewahrt und finden sich heute in der Bertoliana, aufgeteilt in 19 dicke Bündel, deren vielleicht ehemalige chronologische Ordnung heute nur noch im Ansatz zu erahnen ist. Remo Schiavo lenkte erstmals die Aufmerksamkeit auf dieses grosse Aktenmaterial mit seinen beiden Aufsätzen in der Zeitschrift «Vicenza Economica», wobei aber die Baugeschichte des Theaters stark vereinfachend dargestellt und wohl im Hinblick auf die anvisierte Leserschaft auch anders gewichtet wurde.
Siehe hier B.B.Vi. Ms seg. T.E.3 Briefwechsel Alvise Trissino—Girolamo Giuseppe di Velo 1779, unter den einzelnen Daten. Ms seg. T.E.4 Stampa dei nobili Signori Compadroni. Vicenza, Tip. Giovanni Rossi 1777 pp. 31—44, 45—47, 68—72. Ms seg. T.E.8 Foglio No VII comprobante il ressiduo Capitale per l'acquisto de Stabili del Nob.Sig.e Co.Francesco Quinto, Foglio No VIII comprobante l'importar d'altri stabili acquistati dalli Fabbricieri del nuovo Teatro. Vgl. auch Archivio del Comune. Trasporto Nuovo Teatro A. 1779—1784. B.B.Vi. Archivio di Torre Ms Inv. No 638 Calto QQQ No 40, 24.8.1779 und 15.9.1779.

216
Bortolan, Domenico und Sebastiano Rumor. 1919. op.cit. p. 34 (Teatro delle Grazie) und pp. 60—61 (Teatro di Piazza), die Autoren erwähnen in diesem Führer den 24.9.1780 als Datum des Grossbrandes im Teatro delle Grazie. Vgl. dagegen Pavanello, Michele. Memorie estese Ms op.cit., unter den Daten März 1779 und 24.9.1783. Dian, Giuseppe. Notizie delli due Secoli XVIII e XIX Ms op.cit. Fasc. III, unter den Daten 1779 und 24.9.1783. Mocenigo, Giovanni juniore. 1894. op.cit. pp. 54—55. Schiavo, Remo. 1978. op.cit. p. 30.
Über den Conte Ottavio Trento (Vicenza 1729—1812) siehe: Donazione del sig. Ottavio Trento alla Congregazione di carità di Vicenza per l'istituzione di una casa d'industria e di ricovero in questo Comune. Vicenza, Tip. Paroni 1811. Testamento del cav. Ottavio Trento scritto li 28 Dicembre 1810, presentato a rogiti sig. Francesco Cibele li 23 Gennaio 1811 e pubblicato li 9 Maggio 1812. Vicenza, Tip. Parise 1812. Rumor, Sebastiano. 1905—1909. op.cit. Vol. III p. 236. Berengo, Marino. 1956. op.cit. pp. 36, 305—306, 315, 324. Barbieri, Franco. 1972. op.cit. pp. 162—163 mit weiteren Literaturhinweisen.

217
B.B.Vi. Ms seg. T.E.3 Briefwechsel Alvise Trissino — Girolamo Giuseppe di Velo 1779, ohne weitere Daten sowie 17.11.1779. Ms seg. T.E.4 Stampa dei nobili Signori Compadroni. Vicenza, Tip. Giovanni Rossi 1777 pp. 1—14 (S. Samuele). pp. 22—26 (S. Benedetto). pp. 73—82 (S. Cassiano) und pp. 15—21 (Teatro di Padova). Siehe dazu auch vor allem Mangini, Nicola. I teatri di Venezia. Milano, Mursia Editore 1974. Auf dem von Nicola Mangini publizierten, vielfältigen Archivmaterial basieren auch die Angaben bei Brusatin, Manlio. Venezia nel Settecento: stato, architettura, territorio. Torino, Giulio Einaudi Editore 1980 pp. 24—42. Nur den späteren Theaterbau in Lonigo behandelt Schiavo, Remo. Il Teatro Comunale di Lonigo. Lonigo, Ed. Banca Popolare Agricola di Lonigo 1977.

218
B.B.Vi. Ms seg. T.E.2 Brief von Antonio Mauri des Domenico Mauri, datiert Venedig 17.5.1777 und an einen der fünf Conti Compadroni — ohne Namensnennung, aber wohl an Alvise Trissino — gerichtet. Antonio Mauri gibt eine Spesenaufstellung über den Wiederaufbau des venezianischen Theaters S. Benedetto, das 54 119.6 Dukaten pari zu 335 539.11 Lire kostete bei einer gesamten Grundrissfläche von 66×104 Fuss, welche die Errichtung von fünf Reihen mit je 31 Logen erlaubt hatte. Diese Hinweise sind insofern spannend, als neu entdeckte Quellen ziemlich eindeutig Pietro Checchia als Architekten dieses Theaters bezeichnen. Siehe Mangini, Nicola. 1974. op.cit. pp. 158—159. Remo Schiavo erwähnte spätere, zwischen 1780 und 1784 geschriebene Briefe des Antonio Mauri (B.B.Vi. Ms seg. T.E.3, unter den Daten 25.5., 30.5., 20.6., 26.7., 29.7., 3.8., 12.9., 2.11., 29.12.1780, 7.4.1783, 2.1., 13.1.1784). Schiavo, Remo. 1973. op.cit. pp. 788—790. Schiavo, Remo. 1978. op.cit. pp. 47—49.
B.B.Vi. Ms seg. T.E.3 Briefwechsel Alvise Trissino—Girolamo Giuseppe di Velo 1779, ohne nähere Datumsangabe: «... Ho parlato col Sr. Ottone il quale per massima non vuole mai che si scriva che egli abbia ad esser giudice in veruna fattura, ha però esibito di dir la sua opinione privatam.te ...». Vgl. dagegen Ms seg. T.E.1 Giornale Istorico di quanto va succedendo raporto la concepita idea di rifabricare in altro luogo un Teatro in sostituzione a quello di Piazza, per servire di norma all'affare, e d'istruzione ai Posteri, ein unsigniertes Manuskript mit drei Standortvorschlägen für das neue Theater und dem Hinweis, dass die Situation bei der Porta Castello — zwischen der Barchessa des Pietro Todeschini und einer Osteria des Co. Girolamo Valmarana — nach der Meinung von Ottone Calderari die Errichtung eines Theaters verunmögliche: «... pure consultato il Sig. Ottone Calderari ottimo Architetto assicurò che in quell'area non era possibile di cavare un commodo Teatro; specialmente sulle idee presenti; e poi si comprese che quantunque si ottenesse dal Todeschini la non facile permissione di attaccare un lato del Teatro alla sua Fabrica pure vi sarebbe sempre l'irreparabile inconveniente di non poter dar aria da quella parte al Teatro ...»
B.B.Vi. Ms seg. T.E.8 Foglio No I speso per affari Forensi Livelli Pagati erez.ne del nuovo Teatro, Bonifficaz.ni. affrancaz.ni et altro, unter dem Datum 13.12.1779. Ms seg. T.E.8 Foglio No III comprobante le spese incontrate per l'erezione del nuovo Teatro, et adjacenze, unter dem Datum 16.3.1779; eine weitere Zahlung an Checchia «per Dissegni» im Betrage von 396 Lire erfolgte am 19.1.1782 M.e V.o (=19.1.1783). Siehe auch Ms seg. T.E.1 Briefwechsel Pietro Checchia—Gualdinello Bissaro 1779—1781, unter dem Datum 13.10.1779.

219
Für die Datierung dieser «Istruzione» dienen einerseits der Vorvertrag mit Giammaria Monaco, der am 3. Mai 1780 angefertigt wurde, andererseits ein an Co. Girolamo Giuseppe di Velo adressierter Brief von Bernardino

Maccaruzzi, der am 17. Mai 1780 den Erhalt der «Istruzione» bestätigte und für seine Pläne eine Entschädigung forderte, da er ansonsten nicht am Wettbewerb teilnehme. Siehe B.B.Vi. Ms seg. T.E.1 Poliza di D.o Gio.Maria Monaco Capo Mag.tro Marangon di Venezia 3.5.1780 und ebenfalls Ms seg. T.E.1 Briefwechsel Bernardino Maccaruzzi–Girolamo Giuseppe di Velo 1780, unter dem erwähnten Datum. Vgl. dagegen Schiavo, Remo. 1978. op.cit. p. 36 mit einer Datierung in das Jahr 1777. Die «Istruzione» findet sich ohne begleitende Zeichnung auch im mit Ms seg. T.E.1 bezeichneten Aktenbündel und lautet folgendermassen:

«Istruzione agli Architetti, ed Impressarj.

Si desidera di erigere un comodo, moderno, decoroso; ma ne grande, ne magnifico Teatro nell'Area descritta nell'annesso Dissegno.

Ve sieno per sua regola a cognizione le seguenti cose.

1° Questo Sito confina con due Pubb.e Stradde, e dagl'altri due lati con Fabriche particolari, da queste si vuole tenere lontano 5.0 sei Piedi il Muro del Teatro per ridurlo isolato, et evitare con ciò li pericoli d'incendi, e dare al Teatro l'opportunità dell'aria, e delle pronte, e moltiplici sortite per ogni parte.

2° Per evitare le alluvioni del vicino Fiume, che alcuna volta, benche di rado trabocca sulla Stradda, si vuole tenere il Partèrre alcuni Piedi più alto dal presente piano; di modo che la Scena cada sopra il Portico, che vede accennato.

3° La Scena si brama collocata sopra il predetto Portico a cagione d'economia sperando in tal modo di poter tener fermo il Muro soprapostovi.

4° Dalla parte poi della Stradda B. si vorrebbe drizzare il Muro a norma della Linea C. per dare maggior ampiezza alla Strada stessa, che ne abbisogna, cioè levando li Pilastri, che formano il pezzetto di Portico sul cantone della parte della Strada B.

5° L'intrata principale sarà dalla parte D. e l'Atrio, e sopra le Camere da riduzione pella Nobiltà, lungo il Teatro giacche non si possano fare in fronte, perche tutta la lunghezza dell'Area è necessaria pel Teatro.

6° Le adjacenze, cioè Atrio, Camere di Gioco, Abitazione pel Custode, che si collocheranno nel sud.to Spazio D. dovranno esser dissegnate per conoscere se il totale combina; ma della spesa della loro erezione non occorre ora parlarne pensando la Compagnia di accudirvi doppo l'erezione del Teatro, eccettuate le indispensabili, che farà fare qui a suo piacimento in conseguenza però sempre dell'addotato Dissegno.

7° Pel Dissegno del Teatro che attese le esse premesse dovrà esser nello Spazio C. ecco quanto si prescrive.

8° Dovranno nella Platea esservi tre Porte, l'una in fianco, che dovrà esser la principale perchè metterà nell'Attrio D. l'altra in faccia questa, e la terza in mezzo in faccia al Palco della Scena.

9° Queste Porte saranno sotto li Palchi di modo, che non si perda per esse alcun Peppiano.

10° Vi dovranno esser quattro soli Ordini: il Soffitto però non dovrà esser piatto, ma a volto, e sopra ogni Palco del 3.° Ordine, eccetuati li Proscenj vi dovrà esser una lunetta. Queste ora saranno chiuse, ma tali da potersi volendo aprire, e formare la volgarmente detta Soffitta.

11° Vi dovranno esser Palchi 25. per Ordine compresi 4. Proscenj posti, e situati questi in tal modo rispetto il Palco della Scena, che per ogni Ordine se ne possano aggiungere due verso la Scena anche a Teatro compito; quando però questa idea non sia contraria alla buona simetria, et armonia del Teatro.

12° Finalm.te non si vogliano li Palchi, et Andj assolutamente meno comodi, e spaziosi di quelli del Teatro di Padova giacche attesa la ristrezza dell'Area non si crede che sia possibile di addottare la grandezza di quelli di Mestre.

13° Nella figura poi della Platea, e visuali in conseguenza è nostra intenzione che si approssimi per quanto sarà possibile in tutto, e per tutto a quello di Mestre.

14° Si desidera il Dissegno colla maggior sollecitudine avertendo per altro V. S. che ne sono stati comessi degli altri, e che verrà scelto quello che meglio soddisferà alle suespresse condizioni, e al Publico genio.

15° Annesso al Dissegno della Pianta si desidera lo Spaccato interno, ed esterno della stessa per poter calcolare le altezze.

16° Quanto alla Spesa non è possibile, che in de.i termini V. S. senza un sopraluoco rispetto ai Muri, e per i fondamenti, e perchè alcuna porzione di Muro può sussistere e perche vi sono molti materiali vecchi da computarsi; sicche posti li Muri tutti necessarj, Scale, Terazzi, e gran Coperto fatti a norma del Modello, che si farà erigere, posta che si scielga il suo dissegno, è pregato di ristrettamente consuettarsi a qual prezzo farebbe ascendere la costruzione interna dei Palchi del Teatro, il Soffitto, il Palco, li Scuri, e tutto ciò in fatti che appartiene ad un Marangone per render usabile un commodo, moderno, e decoroso Teatro compreso legname, e fattura di ridurlo, e ponerlo in opera; e di più per quanto si assumerebbe obligo di fornire di Scene, giochi, machine necessarie lo stesso Teatro (eccetuata la Pittura dei Palchi, e del Soffitto, che per ora non si vuol fare) e tutto altro, dimodo che niente manchi ad esse capace di uno decoroso Spettacolo.

Nota di ciò che si và eccettuato in questo Capitolo 16; ciò è tutti li Muri necessarj del solo Teatro, e così pure Scale, Terazzi, e gran Coperto, Pietre per Porte, e Fenestre, Ferramenti; così per la man d'Opera, come per li Matteriali, se ne desidera una nota separata dall'altra per regola.

17° Al caso che anche la spesa accomodi, dovrà essere il tutto lavorato dal Sig.r Giammaria Monaco come Ella esibisce, e il primo patto sarà, che' tanto per la qualità del legname, quanto pel lavoro sia in tutto simile a quello di Mestre fatto dallo stesso.

18° Dovrà esser terminato il lavoro dentro due anni dalla sottoscrizione della Scrittura, che dovrà esser la più dettagliata, e contenente le reciprocho cauzioni; il pagamento sarà pure effettuato dentro li due anni col comparto che si convenira.

Nota. Questo Capitolo 18. non è un impegno; ma una pura norma da meglio dichiararsi al caso dell'effettuazione del contratto.

19° Quanto alla quantità delle Scene, che si vorranno sarà in nostro arbitrio il determinarlo; ma tanto queste, quanto li Giochi, e Machine si vogliono alla somiglianza perfetta di quelli di Mestre fuorchè l'abbassare il Palco della

20° Scena ad uso di Feste di Ballo come viene supposto che si possa in quello fare per mezzo di Machine.

21° Li Camerini per li Virtuosi si collocheranno in sito contiguo alla Scena come meglio parerà.

22° Tutto ciò che non s'intenderà nella presente informazione, si scriva, che spiegalo.

23° Le Linee, e le annotazioni fatte nel Dissegno non sono precise, ma solamente per norma in conseguenza della presente, e potrà l'Architetto a sua voglia se crederà opportuno alterarle per piantare il Teatro come credesse meglio; avertendo che si rende necessario, che la Porta dell'Entrata principale sia nel sito indicato attesa la naturale posizione delle Stradde.

24° Si desidera il Palco di mezzo alquanto più grande degli altri dovendo servire per due Rapresentanti.

25° Sotto il Teatro o adjacenze secondo quello che vi capiterà si vorrebbe un Portico tanto alto quanto basti a passare una persona lungo la Stradda B.

Dirigerà le lettere al Co.Gerolamo Giuseppe di Velo In Carpagnon Vicenza».

220

Ob Bernardino Maccaruzzi schlussendlich Vorschläge für das neue Theater in Vicenza eingereicht hat, ist unbestimmt, da in den Rechnungsbüchern keine entsprechenden Honorarzahlungen ausgewiesen sind, während Alvise Grandi am 12. August 1780 mit 88 Lire entschädigt wurde. Für das nach den Plänen des Antonio Mauri angefertigte Holzmodell, dessen Grössenverhältnis übrigens nirgends mehr verzeichnet ist, erhielt Giammaria Monaco am 4. September 1780 den Betrag von 620 Lire, was auf einen beträchtlichen Massstab dieses Modells zu schliessen erlaubt. Pietro Checchia, der sich bereits vor der Wettbewerbsausschreibung stark engagiert und die definitive Auftragserteilung nur noch als eine Frage der Kostenreduzierung aufgefasst hatte, erhielt nach dem «fatal colpo» und nach zahlreichen Briefreklamationen am 19. Januar 1783 seinen Aufwand mit 396 Lire honoriert. B.B.Vi. Ms seg. T.E.8 Foglio No III comprobante le spese incontrate per l'erezione del nuovo Teatro, et adjacenze, unter den erwähnten Daten. Siehe auch Anm. 218 dieser vorliegenden Arbeit.

B.B.Vi. Ms seg. T.E.15 Estragiudiziale d'invito in relazione al Progetto 4. Agosto 1777. con dichiarazioni come segue. Vicenza, Tip. Giovanni Rossi 1780 pp. 10–19. Diese Publikation findet sich auch unter Ms Seg. T.E.8 sowie im allgemeinen Fundus der Bertoliana: Accademia Eretenia. Parti per la costruzione 1784–1802. B.B.Vi. Ms seg. Gonz. 21.11.11 (2378). Das Programm vom 4. August 1777 — «Progetto Nostro» genannt — mit einer in 10 Kapitel aufgeteilten Absichtserklärung über Organisation, Logenabgeltung und Gründung einer Akademie als spätere Leiterin des Theaters ist zu finden in Ms seg. T.E.4 Stampa dei nobili Signori Compadroni. Vicenza, Tip. Giovanni Rossi 1777 pp. 36–44.

221
B.B.Vi. Ms seg. T.E.8 Scrittura privata fra li Compadroni e Vicenzo Squarcina Capo Muratore vom 24.9.1780 bzw. 20.10.1780. Scrittura privata fra li Compadroni e Gio. Maria Monaco Capo Marangone vom 20.10.1780. — Die Verzögerung bei der Vertragsunterzeichnung mit Squarcina ist durch den plötzlichen Tod des Conte Alvise Trissino zu erklären, beide Verträge wurden dann von seinen Erben, den Brüdern Conti Giangiorgio und Teodoro Trissino mitunterschrieben.

222
Siehe speziell B.B.Vi. Ms seg. T.E.3 Briefe von Antonio Mauri 1780–84, unter den Daten 29.7., 3.8., 12.9., 2.11. und 29.12.1780. Vgl. auch Anm. 218 dieser vorliegenden Arbeit. Ms seg. T.E.8 Privata Scrittura, che sottoscritta dalle Parti avrà forza, e rigore quanto Pubb.co Istromento da esservi ridotto ad ogni voler delle stesse, viene fissato contratto trà li N.N. Ss.ri Coo. Gio.Giorgio, e Fratelli Trissino, Gualdinello Bissaro, Gerolamo Mutoni, Gerolamo Giuseppe di Velo, e Francesco Quinto Compadroni del nuovo Teatro, la cui erezione è già ben avvanzata, colli Ss.ri Domenico Padre, Antonio, e Fratello Figli Mauri del tenore seguente da essere esattamente eseguito. 28.7.1781. sowie ebenfalls Ms seg. T.E.8 Poliza d'avviso d'ogni sorte di spese e fatture da farsi p. l'occorente Scenario — No otto Mutazioni di Scene, Sipario, e Tendina; compresa la fattura di Disegno, e Pittura, e spese de Colori. ohne Datum. Ms seg. T.E.1 Capitoli per regola dei Capimurari che applicheranno all'impresa deta Fabrica delle Adjacenze del nuovo Teatro in conseguenza degli ammessi dissegni eseguiti dal Sig.r Ottavio Bertoti Architetto vom 1.8.1781. Ms seg. T.E.8 Capitoli per regola delli Capi Murari, che aplicheranno all'impresa della Fabrica delle Adjacenze del nuovo Teatro in conseguenza dei Dissegni annessi, eseguiti dal Sig.r Ottavio Bertoti Architetto vom 11.8.1781.

223
B.B.Vi. Ms seg. T.E.1 Aufstellung der Offerten: Gio.Maria Negrin, Erstangebot 27379,4 Lire, Generalvertrag 42159,4 L. Pietro Barrera, Erstangebot 30900.– Lire, Generalvertrag 40995.– L. Vicenzo Squarcina, Erstangebot 32000.– Lire, Generalvertrag 42000.– L. Gio.Martino Pantellinj e Comp. 37000.– Lire, Generalvertrag 43391.– L.
B.B.Vi. Ms seg. T.E.1 Aggiunta alli Capitoli 11. Agosto passato vom 19.9.1781. Ms seg. T.E.1 (Kopien) und T.E.8 (Originale) Offertstellung des Vicenzo Squarcina vom 3.9. und 20.9.1781, wobei Squarcina das zweite Angebot zuerst auf 46000 Lire veranschlagte und dann sofort auf die Summe von 42000 Lire reduzierte. Ms seg. T.E.8 Privata scrittura... si dichiara come essendo stato prescielto dai Nobb. SSri Coo. Compadroni del nuovo Teatro coerentem.te agl'impegni assunti nei Capitoli 11. Agosto, e 19. Settembre anno corrente, che restano alla presente annessi alla Errezione, tottale compimento, e stabilim.to della Fabbrica delle Adjacenze del nuovo Teatro, Mistro Vicenzo Squarcina Capo Murer dovrà egli prestarsi a questa impresa colli patti, modi, e condiz.ni seg.ti.
Vor dieser Vertragsunterzeichnung wurden am 6. und 19. März 1782 mit den Conti Giangiorgio und Teodoro Trissino, die im benachbarten palladianischen Palazzo Civena-Trissino wohnten und als Erben des verstorbenen Co. Alvise Trissino Teilhaber der Theaterunternehmung geworden waren, Vereinbarungen über allfällige Schadenhaftung getroffen, da beim Bau der Nebengebäude jene alten Häuser Saraceno-Quinto nun niedergerissen werden sollten, die an das von den Trissino an Carlo Ant.o Figin vermietete Gebäude rechts ihres Familienpalazzo angrenzten. B.B.Vi. Ms seg. T.E.1, unter den erwähnten Daten.

224
B.B.Vi. Ms seg. T.E.8 Foglio No III comprobante le spese incontrate per l'erezione del nuovo Teatro, et adjacenze, unter den Daten 16.6. und 27.10.1782. Ms seg. T.E.8 Decreto 12.4.1782, unterschrieben von Gio.Batt.a Contin Nodaro Ducale. Ms seg. T.E.1 Poliza di Gio.Maria Monaco, unter den erwähnten Daten.
Der Vertrag vom 14.3.1784 mit den zwei Malern findet sich unter Ms seg. T.E.1 und lautet folgendermassen:
«Colla p.nte privata Scrittura resta concluso contratto trà li Nobb. Ss.ri Coo. Fabbriccieri del nuovo Teatro dall'una, e li Ss.ri Paolo Guidolini, e Davide Rossi Pittori dall'altra, per pitturare il Soffitto, e l'interno tutto del Teatro, non che il Ducale dell'Atrio, e Soffitto della Bottega di Caffé colli patti, e condiz.ni segu.ti.

P.mo. Dovrà eseguirsi la sud.ta Pittura a cola a norma dei Dissegni presentati dalli Ssri. Pittori, e prescielti dalli SSri. Coo. Fabbriccieri, e le intelligenze verbalmente come con tutta l'esatezza, e diligenza possibile.

2do. Dovrà esser terminata la fattura dentro il prossimo Mese di Maggio, acciò possi essere asciuta, ed il Teatro allestito in ogni altra cosa al tempo della di lui apertura, che sarà alli primi del prossimo Luglio.

3°. Per prezzo di tal'Opera restano accordati Zecchini Veneti No 250. pagabili in quattro eguali Ratte, la p.ma al sottoscrivere della presente, la seconda compita la mettà della fattura, la terza terminata del tutto, e la 4ta dentro il prossimo venturo 7mbre, quand'ella sia fatta secondo li patti, et intelligenze, non che a dovere per ogni riguardo: il che fà tenere per certo l'abilità, e l'onestà delli Ssri. Pittori.

Tutto ciò sotto ogni più stretta obbligaz.ne promettono le Parti di mantenere. In Fede di che
Paolo Guidolini affermo quanto sopra.
Davide Rossi affermo quanto sopra».
Was die verschiedenen Geldwährungen in der Serenissima anbetrifft, so hatte die venezianische Goldmünze, «lo zecchino», einen offiziellen Gegenwert von 17 Lire, der aber auf dem freien Markt «a valuta di piazza» bis 22 Lire steigen konnte. So erhielten die Maler Guidolini und Rossi für die 250 Zechinen dann 5060 Lire, der Maler Mauri «per regalo» für 80 Zechinen 1760 Lire. Der Wert des Silberdukaten war nach einem Staatsgesetz von 1687 auf 6,4 Lire festgelegt und erreichte auf dem freien Markt ebenfalls höhere Notierungen. In den Bauverträgen für das Vicentiner Teatro Eretenio wurde an dieser offiziellen Umrechnung festgehalten, während aber der am 18.2.1786 gewählte Abwart des Theaters, Zuanne Busato «Marangone» ein Jahressalär von «Ducati 10. corr.i, sono L. 62» erhielt. B.B.Vi. Ms seg. T.E.15, unter dem erwähnten Datum. Die «lira veneta» selbst war unterteilt in 20 «soldi», von denen jeder wiederum 12 «denari» entsprach. Siehe auch die Aufstellung bei Caizzi, Bruno. 1965. op.cit. p. 1.

225
Für die Schilderungen der Eröffnungsfeierlichkeiten siehe die einzelnen Chronikauszüge bei Schiavo, Remo. 1973. op.cit. pp. 785–787 sowie 1978. op.cit. pp. 44–46.
B.B.Vi. Ms seg. T.E.8 Foglio No III comprobante le spese incontrate per l'erezione del nuovo Teatro, et adjacenze, unter dem Datum 18.12.1784. Am 4. Oktober 1784 wurden gemäss des Programms vom 4. August 1777 zwei Präsidenten unter den Logenbesitzern gewählt, um darauf am 23. Dezember die Akademie als künftige Leiterin zu gründen. «Bilancio del dare, et avere de SSr. Fabbricieri» vom 14.2.1785: den Gesamtausgaben von 436842,6 Lire für den Theaterbau standen grösstenteils aus dem Logenverkauf stammende Einnahmen von 307114,16 Lire gegenüber, so dass die Compadroni selbst für die Differenz von 129727,10 Lire aufzukommen hatten. Als Anzahlung an diesen Kredit weigerten diese sich aber, Liegenschaften im Werte von 69630 Lire zu übernehmen. Siehe B.B.Vi. Ms seg. T.E.15, unter den erwähnten Daten.
Eine ausführliche Darstellung des Teatro Balbi in Mestre, eines der grössten der Terraferma, das zudem eine auffallend tiefe und zweigeteilte Bühne besass, gibt Mangini, Nicola. 1974. op.cit. pp. 179–181 und Abb. 37.

226
Für die speziell in Venedig und da in der zweiten Hälfte des Settecento tätigen Mauri siehe wieder Mangini, Nicola. 1974. op.cit. Für Domenico II Mauri (tätig ca. 1733–1784) und Antonio II Mauri (tätig ca. 1774–1807) vgl. auch den Artikel von Poveledo, Elena in: D'Amico, Silvio (Hg). Enciclopedia dello Spettacolo. Roma, Ed. Le Maschere 1954–1968 Vol. VII (1960).

227
Bertotti Scamozzi, Ottavio. Le Terme dei Romani. Vicenza, Francesco Modena 1785 pp. 18–19.
Für eine detaillierte Beschreibung des Teatro Eretenio siehe vor allem Maina, Nicolò. 1784. op.cit. pp. 4–19. Das Editionsdatum dieser kleinen Schrift lässt auf einen eigentlichen Theaterführer zur ersten Spielsaison schliessen. Zu beachten gilt dabei, dass Nicolò Maina von den Compadroni am 18.12.1784 «per sua ricognizione» einen Betrag von 176 Lire erhielt. B.B.Vi. Ms seg. T.E.8 Foglio No III comprobante le spese incontrate per l'erezione del nuovo Teatro, et adjacenze, unter dem erwähnten Datum.
Vgl. auch die in den 20er Jahren unseres Jahrhunderts aufgenommenen Pläne des Eretenio mit Grund- und Aufriss sowie Quer- und Länggsschnitt im Massstab 1:100 samt einem Situationsplan im Massstab 1:500. Neben der bereits erwähnten Bühnenvergrösserung zur contrà delle Grazie hin fallen auch noch spätere Erweiterungen westlich des Theatergebäudes auf, die als eigentliche Durchbrüche in bestehende Altliegenschaften zustande kamen und im obersten Geschoss nun neu auch den Abwart beherbergten, dessen Wohnung früher in der zur viale Eretenio orientierten Dachetage errichtet worden war. UTE, Vicenza o.Nr. Für die grosszügige Überlassung einer der Plankopien habe ich hier den Mitarbeitern im Ufficio tecnico erariale in Vicenza herzlich zu danken.

228
Die in Rom bei Casaletti gedruckte Publikation «Del Teatro» wurde sofort nach ihrem Erscheinen im Winter 1771 von der Zensurbehörde eingezogen, so dass Francesco Milizia sein Werk dann in Venedig, das für seine liberaleren Sitten im Editionswesen geschätzt war, bei Gio.Battista Pasquali 1773 neu herausgeben liess. Vgl. dazu auch den Briefwechsel von Milizia mit Tommaso Temanza in: Bottari, Giovanni und Stefano Ticozzi (Hg). Raccolta di lettere sulla pittura, scultura ed architettura. Milano, Tip.Giovanni Silvestri 1822–1825 Vol. VIII speziell pp. 101–107 mit Briefen vom 5.10., 30.11.1771 und 18.1.1772. Reprint.: Sala Bolognese, Arnaldo Forni Editore 1980. Ferner siehe den Briefwechsel von Milizia mit dem Vicentiner Conte Francesco Sangiovanni in: Milizia, Francesco. Saggio di Architettura e Lettere riguardanti le belle arti. Bologna, Tip. Cardinali e Frulli 1827 (3. Ed.) speziell pp. 234–239 mit Brief vom 14.3.1772.
Für Milizias «Del Teatro» und das früher erschienene, gemässigter geschriebene Werk von Francesco Algarotti. Saggio sopra l'opera in musica. In: Discorsi sopra differenti soggetti. Venezia, Tip. Giambattista Pasquali 1755. vgl. auch Fagiolo, Maurizio. La scenografia dalle sacre rappresentazioni al futurismo. Firenze, Sansoni Editore 1973 pp. 67–70. Pinelli, Antonio. I teatri, lo spazio dello spettacolo dal teatro umanistico al teatro dell'opera. Firenze, Sansoni Editore 1973 pp. 57–64. Siehe ferner Mancini, Franco; Muraro, Maria Teresa und Elena Poveledo. Illusione e pratica teatrale. Vicenza, Neri Pozza Editore 1975 mit reichen bibliografischen Angaben.

229
Arnaldi, Enea. Idea di un teatro nelle principali sue parti simile a' teatri antichi all'uso moderno accomodato, con due discorsi, l'uno che versa intorno a' Teatri in generale, riguardo solo al coperto della scena esteriore, l'altro intorno al soffitto di quella del Teatro Olimpico di Vicenza, opera dell'insigne Andrea Palladio. Vicenza, Tip. Veronese 1762. Calderari, Ottone. Discorso intorno la copertura da farsi al pulpito del Teatro Olimpico di Vicenza. Padova, Tip. del Seminario 1762. Reprint: Padova, Tip. del Seminario 1847.
Für die Unterstützung aus dem Piemont, die Arnaldi für seine Auffassung in diesem Streit um die Deckenrenovation des Teatro Olimpico erhielt, siehe Carboneri, Nino. 1978 Vol. XXXII. op.cit. pp. 441–447.
Das Verzeichnis der Bücher aus dem Besitze von Ottavio Bertotti Scamozzi findet sich in B.B.Vi. Ms seg. Acc. 5/73. Siehe Olivato, Loredana. 1975. op.cit. pp. 83–88, 126–136. Dass Bertotti zahlreiche weitere Bücher zur Verfügung standen, davon zeugen die vielfältigen Anmerkungen in seinen «Fabbriche» und im Thermenband. Doch vgl. dazu auch Teil I dieser vorliegenden Arbeit.
Die für das venezianische Teatro del Ridotto von Tommaso Temanza in den frühen 50er Jahren des Settecento auf Anregung der N.N.H.H. Andrea Memmo und Vincenzo Pisani entworfenen Zeichnungen wurden auszugsweise erstmals publiziert von Bassi, Elena. 1975 Vol. XVII. op.cit. p. 190 und Abb. 90, 91. Siehe auch Memmo, Andrea. Semplici lumi tendenti a render cauti i soli interessati nel teatro da erigersi nella parrocchia di San Fantino. Venezia, presso l'autore 1790 p. 46. Ausführliche Angaben über Tommaso Temanza (Venedig 1705–1789) finden sich in der von Liliana Grassi besorgten Einleitung zu dem von den Edizioni Labor 1966 in Mailand edierten Reprint der von Temanza verfassten zwei Vitenbände von 1778.
Die im Text erwähnte Grundrisskopie des Mailänder Teatro della Scala (Bleistift und Tusche, dunkelrot laviert 29,5 x 55,5 cm) findet sich in B.B.Vi. Ms seg. T.E.2.

230
Einen Überblick über die damals gleichzeitig in Frankreich aufkommenden Reformbemühungen sowie Hinweise über weitere italienische Theater des Settecento finden sich im Bollettino C.I.S.A. 1975 und speziell: Gruber, Alain-Charles. La scénographie française à la fin du XVIIIe siècle et l'influence de l'Italie. Rabreau, Daniel. Autour du voyage d'Italie (1750). Soufflot, Cochin et M. de Marigny réformateurs de l'architecture théâtrale française. Forssman, Erik. Louis Jean Desprez à la cour de Gustave III de Suède. Steinhauser, Monika. Das Theater bei Ledoux und Boullée, Bemerkungen zur sozialen Funktion einer Bauaufgabe. Sowie Ricci, Giuliana. Il Piermarini e i teatri neoclassici in Lombardia. Molajoli, Bruno. Il teatro San Carlo di Napoli e il Regio di Parma. Lenzi, Deanna. La tradizione dell'architettura teatrale bolognese in età illuminista. Alle in: Bollettino C.I.S.A. 1975 Vol. XVII. Vicenza, C.I.S.A. 1978 pp. 203–211, 213–224, 239–257, 337–359, 293–303, 305–308, 309–322. Siehe auch die entsprechenden Hinweise von Mosser, Monique und Daniel Rabreau (Hg). Charles De Wailly, peintre-architecte dans l'Europe des Lumières. Paris, Ed. Caisse Nationale des Monuments historiques et des Sites 1979 pp. 49–51.

231
Maina, Nicolò. 1784. op.cit. p. 11. Das Relief ist heute im Garten des Teatro Olimpico über einer kleinen Seitentüre angebracht und vermutlich die einzige, vom Eretenio noch erhaltene Bildhauerarbeit.

232
Formenton, Francesco. 1868. op.cit. pp. 19–20. Diese mit 1782 datierte Inschrift, die den ursprünglichen Termin der Fertigstellung beinhaltet, lässt auf damals bereits weit fortgeschrittene Anbauten schliessen, doch die Ursache der Verzögerung bleibt weiterhin unbekannt.
Die Bezeichnung «Eretenio» findet sich in einem Verzeichnis der «Proprietari de' palchi del nuovo Teatro Eretenio di Vicenza», das zur Eröffnung herausgegeben und von Remo Schiavo im Privatarchiv des Conte Berardo Da Schio in Vicenza entdeckt wurde. Siehe Schiavo, Remo. 1978. op.cit. p. 41. Die entsprechende Benennung findet sich dann erst wieder am 24.2.1802 «nella Sala del nuovo Teatro Eretenio» im Libro Parti dell'Accademia Eretenia da 4.8bre 1784. a tutto l'anno 1842 und wurde anschliessend zum geläufigen Namen. Vgl. B.B.Vi. Ms seg. T.E.15, unter dem genannten Datum.

233
Vgl. dazu speziell Steinhauser, Monika. 1975 Vol. XVII. op.cit. pp. 337–359. Für den palladianischen Palazzo Civena-Trissino siehe Anm. 50 dieser vorliegenden Arbeit sowie Bertotti Scamozzi, Ottavio. 1761. op.cit. p. 43 und Tav. IX. Bertotti Scamozzi, Ottavio. 1776. op.cit. Vol. I p. 70 und Tav. XXXV–XXXVI.

234
Goethe, Johann Wolfgang. 1962 (Ed. dtv). op.cit. Band 25 p. 45. Und für die palladianischen Bauten, Casa Cogollo und Loggia del Capitaniato,

vgl. Puppi, Lionello. 1973. op.cit. Vol. II pp. 331–332 (Nr. 67), 376–379 (Nr. 100) und 1977. op.cit. Vol. II pp. 330–331 (Nr. 67), 376–379 (Nr. 100). Für die politische Bedeutung der Loggia del Capitaniato siehe auch Kubelik, Martin. The Basilica Palladiana and the Loggia del Capitaniato: An Architectural and Socio-historical Confrontation. In: Forster, Kurt W. und Martin Kubelik (Hg). Palladio – Ein Symposium. Bibliotheca Helvetica Romana Vol. XVIII. Rom, Ed. Schweizerisches Institut in Rom 1980 pp. 47–56. Siehe ferner die Angaben bei Bertotti Scamozzi, Ottavio. 1761. op.cit. pp. 80–83, 20–23 und Tav. XXVI, II–III. Bertotti Scamozzi, Ottavio. 1776. op.cit. Vol. I pp. 44–47, 82–83 und Tav. XIII–XVI, L–LII.

Maina, Nicolò. 1784. op.cit. pp. 8–9: «... Estendosi il diritto della Facciata del Teatro, per un picciol tratto di terreno di Piedi venti, all'angolo, ed alla linea delle altre Fabbriche della Rivieretta, ivi fu fatto l'Ingresso del Teatro come in situazione più opportuna per l'arrivo delle Carrozze, tanto se vengono dalla parte di Carpagnone, come da Pontefuro, essendo esso Ingresso all'incirca alla metà della Riviera, e dei Portici: i quali servono mirabilmente di comodo alla moltitudine delle persone a piedi, onde salvarsi all'arrivo delle Carrozze, e di ricovero opportuno nell'incontro di pioggia. – Quest'ingresso, e per esser parte principale della Facciata, e per esser volto a linea diversa, egli è dalla Facciata medesima distinto con più significante Architettura. – Rappresenta egli in certo modo un picciol Arco Trionfale, in confronto all'inferiore lavoro degli Archi del Portico della Facciata ...» Im Gegensatz zur zeitgenössischen Beschreibung des Nicolò Maina verfasste Giuseppe Dian seine Chronik der Vicentiner Ereignisse ca. um 1820 und notierte dann für das Jahr 1784 ziemlich detailliert die Geschichte des Eretenio, aber schrieb bei dessen Beschreibung teils wörtlich Passagen aus Milizias Theatertraktat von 1771 bzw. von 1773 ab: «Sebbene quanto basta grandioso e magnifico sia questo nostro Teatro Eretenio, pure è Teatro moderno, cioè adire da per tutto povertà, difetti ed abusi, proprietà tutte, che caratterizzano tutti i Teatri de' nostri giorni. Il loro esterno infatti, si per la forma che per gli ornati, niente annuncia di quello che nell'interno si contiene. Se non si scrive al di fuori questo è un Teatro, difficilmente s'indovinarebbe l'uso cui è destinato ...» und schloss seinen Bericht mit einer Würdigung des Teatro Olimpico: «Pure Vicenza sola tra le tante Città d'Europa, può vantare di aver un Teatro degno della Grecia e di Roma, ed è questo l'Olimpico.» Dian, Giuseppe. Notizie delli due Secoli XVIII e XIX Ms op.cit. Fasc. III pp. 499–502. Siehe weiter auch das Kapitel über Theaterbauten bei Pevsner, Nikolaus. A history of building types. London, Thames and Hudson 1976 pp. 63–90. Was die von Pevsner zitierte Edition von Dumonts «Parallèle» betrifft, so muss sie früher als «c. 1770» erschienen sein, da die Académie Royale sich in ihrer Sitzung vom 30.5.1763 bereits für ein geschenktes Exemplar bedankt. Dumont, Gabriel-Pierre-Martin. Parallèle de Plans des plus belles Salles de Spectacles d'Italie e de France avec des détails de Machines Théatrales. Paris. Rue des Arcis [Selbstverlag] o.J. (1763). Lemonnier, Henry. Procès-verbaux de l'Académie royale d'Architecture 1671–1793. Paris, Ed. Société de l'Histoire de l'Art français 1911–1929 Vol. VII pp. 145–146. Reprint: Paris, Ed. F. de Nobele 1971.

235

Ausgewählte Bibliografie zum Idealprojekt für einen Palazzo:

Olivato, Loredana. 1975. op.cit.

Die Massangaben der Zeichnung (Ms seg. AA 5–30 [Box 5]) verdanke ich einer brieflichen Mitteilung von Carol Falcione, Reference Librarian in der Avery Library der Columbia University of New York.

236

Alverà, Andrea. Note autografe Ms op.cit. p. 77. Für weitere Hinweise und speziell über den Baron Giulio Ferrari (Vicenza 1712–1792) siehe das nachfolgende Kapitel über die Loggia an der contrà Ponte Furo 4 in Vicenza.

237

Einer Vermutung, dass diese geplante Edition beispielsweise nur Tafeln mit Darstellungen dieses Idealprojekts enthalten könnte, widerspricht die von Bertotti in den «Fabbriche» durchwegs gehandhabte Reihenfolge der Abbildungen mit Grundriss, Aufrisss und Querschnitt, manchmal erweitert mit Längsschnitt und seltener mit Detailzeichnungen der Säulenordnungen.

Der Vicentiner Gaetano Vicchi arbeitete spätestens seit 1770 als Zeichner mit Bertotti zusammen an der Herausgabe der «Fabbriche», war der Bruder von Maddalena Bertotti Vicchi und lebte noch bei deren Tod am 21. Juli 1801. Siehe Testament der Maddalena Bertotti Vicchi, nach dem Tod Bertottis in zweiter Ehe mit Antonio Dal Prà verheiratet. A.S.Vi. Notarile, Notaio Bortolo Finozzi fu Francesco (1775–1831), L. 33° Minutari de' Testamenti No 16486, Test. No 198 vom 10. August 1798, geöffnet am 21. Juli 1801. Bertotti war ebenfalls zweimal verheiratet; am 28. Oktober 1751 hatte er sich mit Maddalena Rossettini des Girolamo Rossettini vermählt, und nach ihrem Tod heiratete er die oben erwähnte Maddalena Vicchi. Siehe dazu Saccardo, Mario. 1981. op.cit. p. 286.

238

Ausgewählte Bibliografie zur Loggia Ferrari:

Alverà, Andrea. Note autografe Ms op.cit.

Bressan, Bartolomeo. Fabbriche di Vicenza Ms op.cit.

Bressan, Bartolomeo. Palasti ed edifici Ms op.cit.

Ciscato, Antonio. 1871. op.cit.

Bortolan, Domenico. 1886. op.cit.

Bortolan, Domenico. Guida Ms op.cit. Vol. VIII.

Bortolan, Domenico und Rumor Sebastiano. 1919. op.cit.

Anesini-Berton, Nita Maria. 1945–1946. op.cit.

Barbieri, Franco; Cevese, Renato und Licisco Magagnato. 1956. op.cit.

Franco, Fausto. 1963 Vol. V. op.cit.

Barbieri, Franco. 1971. op.cit.

Loredana, Olivato. 1975. op.cit.

239

Vgl. Marzari, Giacomo. 1604. op.cit. Tav. I «Città di Vicenza». Monticulo, Giacomo. 1611. op.cit. Sowie Archivio del Comune. Eredi de Dno Vendramin Spesiale; un pezzo di terren parte vano, parte orto, & parte con fabriche a Ponte Furo. B.B.Vi. Archivio di Torre Ms Inv. No 721 Calto 40 No 13. Archivio del Comune. Parti, e conti concernenti la restauraz.e della stradda e ripa a Ponte Furo A. 1711–1714. B.B.Vi. Archivio di Torre Ms Inv. No 723 Calto 41 No 18.

Gornizai, Antonio Perito Ordinario und Gerolamo Tomasoni Perito Estraordinario. Disegno formato sopra la Supplicha del Signor Nicolo Peron. Venezia 28.4.1718. A.S.Ve. Beni Inculti, Disegni Vicenza, Mazzo 108.

Gornizai, Antonio Perito Ordinario und Pietro Zambelli Perito Estraordinario. Disegno formato sopra la Supplica p.ntata per nome di Dno Santo Battistella. Venezia 15.3.1723. A.S.Ve. Beni Inculti, Disegni Vicenza, Mazzo 141. Libri dei nomi dei possessori dei fondi, Vol. 9: M a Nardi. A.S.Vi. Ms seg. No 2650. Del Caseggiato di Città compilato l'anno 1805, Vol. II. A.S.Vi. Ms seg. No 3163. Bortolan, Domenico. Guida Ms op.cit. Vol. VIII pp. 363, 369.

240

Vgl. die Plandarstellungen aus der ersten Hälfte des 19. Jahrhunderts mit den Grundrissaufnahmen von 1939 und 1940, wobei die letztere den gesamten Bautenkomplex bis zur Höhe der heutigen contrà Valmerlara zwar mit der Bezeichnung «demolito» noch festhält. Catasto Antico (Napoleonico). Kopie des Ing.re Capo Gaetano Gallaroti und Dis.re Gio. Antonio Amati vom 17. Juni 1816 nach dem Original vom 5. November 1814 (Caseggiato), das sich im A.S.Ve. befindet. A.S.Vi. Catasto Antico, Vicenza Cassetta No 8. Catasto Vecchio (Austriaco). Kopie des Damiano Visetti Capo del Disegno vom 1. Februar 1842 nach dem Original vom 31. Dezember 1841, das sich im A.S.Ve. befindet. A.S.Vi. Catasto Vecchio, Vicenza Cassetta No 46. Planimetria degli immobili urbani. Comune di Vicenza, Scheda 15244002 vom 26. Dezember 1939 und Scheda 963262 vom 26. Januar 1940. UTE Vicenza.

Emanuele Lodi erwähnte am Ponte Furo auch eine grosse Spinnerei des Seidenfabrikanten Aurelio Todaro mit 40 Kesseln, welche später ebenfalls in den Besitz der Maruzzo überging. In den um 1800 verfassten Libri dei nomi dei possessori dei fondi oder im Casaggiato di Città compilato l'anno 1805 findet sich keine Bestätigung dieser Angaben; Todaro hatte damals Gebäude in der contrà Lodi, in der contrà Ponte S. Michele, bei der Piazzola Gualdi sowie in der Coltura di Campedello, wobei die an den Retrone grenzenden zwei Bauten der contrà Ponte S. Michele am 23. Dezember 1811 von den Gebrüdern Domenico Caldonazzo des Alfonso Caldonazzo erworben wurden. Siehe dagegen Lodi, Emanuele. 1872. op.cit. pp. 6–9.

241
Die im Text erwähnten Massangaben stammen von den unter Anm. 240 verzeichneten Grundrissaufnahmen von 1939 und 1940.

242
Für die Bio- und Bibliografie des Giulio Ferrari siehe die Hinweise bei: Faccioli, Giantommaso. Notizie Ms op.cit. p. 22 verso. Dal Ferro, Giovanni. Memorie Ms op.cit. Rumor, Sebastiano. 1905–1909. op.cit. Vol. I pp. 596–599.
Die zwei tragischen Streitigkeiten entzündeten sich an den folgenden Publikationen: Ferrari, Giulio. Sonetto e Canzone a S.E. Capitania la signora Lucrezia Pisani Cornaro. Vicenza, Tip. Lavezari 1750. Ferrari, Giulio. A Sua Eccellenza la signora Laura Zusto fiorente adorabile consorte di Sua Eccellenza Pietro Vettor Pisani splendidissimo Capitanio di Vicenza. Vicenza, Tip. Vendramini Mosca 1787. Siehe auch Arnaldi, Fabio. Memorie Ms op.cit., unter dem Datum 11.4.1750. Pavanello, Michele und Giuseppe Corona. Memorie estese Ms op.cit., unter den Daten 1750, 11.11.1787 und 18.9.1792. Marchi, Giovanni. Memorie Ms op.cit. Vol. III.

243
Giantommaso Faccioli erwähnte den Landsitz in Moracchino, der mit der Villa Ferrari, heute Chiodi, nördlich von Vicenza zu identifizieren ist und von einem unbekannten Architekten 1719 errichtet wurde. Faccioli, Giantommaso. Notizie Ms op.cit. p. 22 verso. Cevese, Renato. 1971. op.cit. Vol. II pp. 629–630. Pallucchini, Rodolfo (Hg). 1978. op.cit. Vol. I pp. 257–258.
Im Zusammenhang mit den auch Bertotti bekannten Vicentiner Künstlern ist ferner zu bemerken, dass für das Werk von Ferrari, Giulio. Poesie italiane sopra l'ultima guerra consecrate alla S.R.M. di Federico il Grande Re di Prussia. Vicenza, Tip. Vendramini Mosca 1766. der Maler Giacomo Ciesa die Bildnisse Friedrichs des Grossen und des Dichters sowie ebenfalls die Vignetten gezeichnet hatte, welche dann von Cristoforo Dall'Acqua gestochen wurden. Siehe auch Becker, Felix. Giacomo Ciesa. In: Thieme, Ulrich und Felix Becker. 1907–1950. op.cit. Vol. 6, 1912 p. 574.

244
Vgl. dazu die unter Anm. 239 erwähnte Beni Inculti-Zeichnung von 1723 sowie die unter Anm. 240 aufgeführten Katasterpläne von 1814, 1841, 1939 und 1940.

245
Ausgewählte Bibliografie zum Palazzo Braghetta:
Dian, Giuseppe. Notizie delli due Secoli XVIII e XIX Ms op.cit. Fasc. III.
Alverà, Andrea. Notizie biografiche Ms op.cit.
Berti, Giambattista. 1830. op.cit.
Magrini, Antonio. 1845. op.cit.
Da Schio, Giovanni. I Memorabili Ms op.cit. Vol. B.
Bressan, Bartolomeo. Monumenti Ms op.cit.
Bressan, Bartolomeo. Fabbriche di Vicenza Ms op.cit.
Bressan, Bartolomeo. Palasti ed edifici Ms op.cit.
Ciscato, Antonio. 1871. op.cit.
Bortolan, Domenico. 1886. op.cit.
Bortolan, Domenico. Guida Ms op.cit. Vol. II.
Bortolan, Domenico und Sebastiano Rumor. 1919. op.cit.
Anesini-Berton, Nita Maria. 1945–1946. op.cit.
Barbieri, Franco; Cevese, Renato und Licisco Magagnato. 1956. op.cit.
Franco, Fausto. 1963 Vol. V op.cit.
Pilo, Giuseppe Maria. Disegni di Giacomo Quarenghi e dei Gaidon. Bassano, Ed. Museo Civico di Bassano del Grappa 1964.
Barbieri, Franco. 1972. op.cit.
Olivato, Loredana. 1975. op.cit.

246
Für die Stadt Vicenza in römischer Zeit siehe Marchini, Gian Paolo. Vicenza romana. In: Pozza, Neri (Hg). 1976. op.cit. pp. 16–28. Marchini, Gian Paolo. Vicenza romana, storia, topografia, monumenti. Verona, Tip. Alfio Fiorini 1979. Wichtige Angaben über die Besitzerverhältnisse am Corso Andrea Palladio siehe bei Lampertico, Fedele. Il corso di Vicenza dal secolo XVI al finire del XIX. Vicenza, Tip. Fabris 1892. Vgl. ferner Battilotti, Donata. Vicenza al tempo di Andrea Palladio attraverso i libri dell'estimo del 1563–1564. Vicenza, Accademia Olimpica 1980 p. 100.

247
Diese Servituten werden speziell erwähnt bei Berti, Giambattista. 1822. op.cit. pp. 80–81 und 1830. op.cit. pp. 72–73. Bortolan, Domenico. Guida Ms op.cit. Vol. II pp. 416, 423 und 436.

248
Vgl. Catasto Antico (Napoleonico). Kopie des Ing.re Capo Gaetano Gallaroti und Dis.re Gio.Antonio Amati vom 17. Juni 1816 nach dem Original vom 5. November 1814 (Caseggiato), das sich im A.S.Ve. befindet. A.S.Vi. Catasto Antico, Vicenza Cassetta No 8. Catasto Vecchio (Austriaco). Kopie des Damiano Visetti Capo del Disegno vom 1. Februar 1842 nach dem Original vom 31. Dezember 1841, das sich im A.S.Ve. befindet. A.S.Vi. Catasto Vecchio, Vicenza Cassetta No 46. Planimetria degli immobili urbani. Comune di Vicenza, Schede o.Nr. vom 11. Januar 1954 und vom 25. Mai 1973. UTE Vicenza.

249
Siehe Calderari, Ottone. 1808–1815. op.cit. Vol. I pp. 15–18 und Tav. V–IX. Magrini, Antonio. 1845. op.cit. p. 58. Barbieri, Franco. 1972. op.cit. pp. 113–115 mit ausführlichen bibliografischen Hinweisen. Der nur teilweise ausgeführte Palazzo Loschi war 1786 vollendet und soll um die 100 000 Dukaten gekostet haben – eine beträchtliche Summe, die immerhin noch um mehr als einen Drittel höher ist als jene der Gesamtkosten für das 1784 eröffnete Teatro Eretenio, wo der Kaufpreis der Liegenschaften miteingerechnet worden war, während die Brüder Conti Loschi ihr ererbtes Grundstück am Corso Andrea Palladio nicht zu den effektiven Baukosten zählen mussten.

250
Da Schio, Giovanni. I Memorabili Ms op.cit. Vol. B. Giovanni Marchi notierte ferner, dass der Arzt Braghetta zusammen mit Cristiano Disconzi des Domenico Disconzi bei der Taufe von Bortolamio Frigo des Gio. Frigo am 8. Oktober 1771 zugegen war. Marchi, Giovanni. Memorie Ms op.cit. Vol. I. Berengo, Marino. 1956. op.cit. pp. 265–267, 299. Der Prozess um die Freimaurerzugehörigkeit des Giovanni Andrea Spada und seiner zwei Söhne wird nicht erwähnt bei Francovich, Carlo. 1974. op.cit.

251
Dieser Immobilienbesitz von Alessio Giambattista Braghetta ist beispielsweise aufgezeichnet in: Del Caseggiato di Città compilato l'anno 1805, Vol. I. A.S.Vi. Ms seg. No 3162. Das genaue Todesdatum des Bauherrn findet sich bei Rumor, Sebastiano. Musaeum Lapidarium Vicentinum, Appendice. Vicenza, Tip. S. Giuseppe 1887 p. 100. Für die Aktivitäten von Andrea Braghetta in der Accademia Eretenia siehe B.B.Vi. Ms seg. T.E. 15, unter den Daten 15.6.1828, 28.1.1829, 27.5.1834, 15.4.1835, 7.6.1836, 23.3.1839.

252
Bertotti Scamozzi, Ottavio. 1776. op. cit. Vol. I p. 52. Vgl. auch Puppi, Lionello. 1973. op. cit. Vol. II pp. 369–371 (Nr. 95) und 1977. op. cit. Vol. II pp. 369–371 (Nr. 95) und 1977. op. cit. Vol. II pp. 369–371 (Nr. 95). Und ferner die Beschreibung des Palazzo Valmarana, heute Braga, von Werner Oechslin in: Kubelik, Martin (Hg). 1977. op.cit. pp. 13–14. Hinweise auf eine längere Bauzeit des Palazzo Braghetta bei Mantese, Giovanni. 1982 [aber 1983]. op.cit. Vol. V, par. VII pp. 860–861.

253
Für die Autorschaft dieser Zeichnung, die sich heute im Museo Civico di Bassano del Grappa, Ms seg. Raccolta Bassanese «Varie» befindet, siehe Magrini, Antonio. Notizie sugli architetti vicentini. B.B.Vi. Ms seg. Gonz.

26.4.5 [18] (3314). Das Blatt im Museum von Bassano wurde von Giuseppe Maria Pilo entdeckt und als eigenhändige Arbeit von Bertotti publiziert, wobei diese irrtümliche Zuschreibung lange unbestritten blieb. Siehe Pilo, Giuseppe Maria. 1964. op.cit.p.28 (Nr. 18) und p. 29 Abb.25. Barbieri, Franco. 1972. op. cit. p. 81. Olivato, Loredana. 1975. op. cit. pp. 33—34, 142—143 und Abb.93. Vgl. dagegen Kamm-Kyburz, Christine. 1980 Vol. XVIII. op. cit. p. 93.

254
Ausgewählte Bibliografie zum Palazzo Morozzo della Rocca:
De Bernardi Ferrero, Daria. Il Palazzo Morozzo della Rocca. In: Atti e Rassegna tecnica della Società degli Ingegneri e degli Architetti in Torino, NS XIII No 12 dicembre 1959. Torino, ohne Druckerangaben 1959.
Woolf, Stuart J. Some notes of the cost of palace buildings in Turin in the 18th century. In: Atti e Rassegna tecnica della Società degli Ingegneri e degli Architetti in Torino, NS XV No 9 settembre 1961. Torino, ohne Drukkerangaben 1961.
Franco, Fausto. 1963 Vol.V. op. cit.
Peyrot, Ada. Torino nei secoli. Torino, Tip. Torinese Editrice 1965 Vol.II.
Cavallari-Murat, Augusto (Hg). Forma urbana ed architettura nella Torino barocca. Torino, Ed. Istituto di Architettura Tecnica del Politecnico 1968.
Carboneri, Nino. 1969 Vol.XI. op.cit.
Barbieri, Franco. 1971. op.cit.
Ferrero Viale, Mercedes. 1974. op.cit.
Olivato, Loredana. 1975. op.cit.
Carboneri, Nino. 1978 Vol.XXXII. op.cit.
Castelnuovo, Enrico und Marco Rosci (Hg). 1980. op.cit. Vol.III.
Kamm-Kyburz, Christine. 1980 Vol.XVIII. op. cit.

255
Vgl. dazu die detaillierte Beschreibung von De Bernardi Ferrero, Daria. 1959 NS XIII. op. cit. pp.451—461, wo auch die zitierten Stellen aus dem heute in Turiner Privatbesitz befindlichen Manuskript des Marchese Giuseppe Francesco Ludovico Morozzo della Rocca von 1759 wiedergegeben sind.
Für die Architekten Michelangelo Garove (Bissone 1650—1713 Turin) und Benedetto Alfieri (Rom 1700—1767 Turin) siehe Viale, Vittorio (Hg). 1963. op.cit. Vol.I Architettura (schede di Nino Carboneri) pp.37—39, 53—56, wo aber die von Daria De Bernardi Ferrero gewonnenen Erkenntnisse noch nicht berücksichtigt wurden. Vgl. ferner Barocco europeo, barocco italiano, barocco salentino. Atti del Congresso internazionale sul Barocco 21—24 settembre 1969. Lecce, Editrice L'Orsa Maggiore 1971.

256
Daria De Bernardi Ferrero kannte das betreffende Album von Leonardo Marini noch nicht und schrieb so die Modernisierung der einzelnen Innenräume Benedetto Alfieri zu, welcher aber bereits 1767 verstarb, während die Zeichnungen Marinis mit Sicherheit nach 1778 und vor 1784 entstanden sind. Siehe dazu Anm.200 dieser vorliegenden Arbeit.

257
Buscaglione, Michele. Progettata decorazione per la facciata Principale del Palazzo dell'Ill.mo Sig.r Marchese Morozzo di Bianzè, sito in questa Città Isola della S.ma Annunziata. Sottoscritto all'Originale Ottavio Bertotti Scamozzi, e per Copia Torino li X.mo Aprile 1789. M. Buscaglione Arch.to. Archivio Storico Municipale di Torino, Torino Ms seg. Cartella 62, Fasc. 5 No 1; 45 x 64,30 cm. Vgl. auch De Bernardi Ferrero, Daria. 1959 NS XIII. op. cit. Abb.2 sowie Abb.1 mit der vom Turiner Fotografen Dall'Armi aufgenommenen Vorkriegsansicht der Hauptfassade des Palazzo Morozzo della Rocca und Abb.5, 6 und 7 mit Grundriss, Aufriss sowie mit Quer- und Längsschnitt.
Über den in Turin gegen Ende des 18.Jahrhunderts tätigen Architekten Michele Buscaglione sind nur spärlichste Hinweise vorhanden. Siehe Thieme, Ulrich und Felix Becker. 1907—1950. op.cit. Vol.5, 1911 p.279 (unter Giuseppe Buscaglione). Vgl. auch Castelnuovo, Enrico und Marco Rosci (Hg). 1980. op.cit. Vol.III pp.1067—1068.
Dagegen ist der Zweck dieser Zeichnungskopie bekannt, sie musste dem Consiglio degli Edili vorgelegt werden und wurde in der Sitzung vom 7. Mai 1789 gebilligt sowie mit den Namen der Ratsmitglieder versehen. Nachdem aber der Originalentwurf von Bertotti und die Zeichnungen von Marini um 1780 zu datieren sind, letztere sogar in jener Zeit realisiert wurden, stellt sich die Frage nach der Funktion dieses Consiglio degli Edili und sofern nach der Art der vorgenommenen Prüfung aufgrund der Zeichnungskopie. Einerseits könnte sich die Ausführung der bertottianischen Fassade bis 1789 verzögert haben, so dass der Consiglio degli Edili eine Baubewilligung erteilt hätte, und andrerseits wurden in diesem Gremium unter Vorsitz des Conte Sammartino D'Agliè speziell eine vom Bauherrn vorgetragene Übernahme des alten Garove-Portals und dessen der neuen Fassade entsprechender Umbau genehmigt sowie diese Realisierung der Aufsicht des Spirito Benedetto Nicolis di Robilant unterstellt, so dass der Consiglio degli Edili 1789 eine bauliche Abänderung in der praktischen Durchführung der bereits im Bau befindlichen Fassade zu beurteilen hatte. Siehe Archivio Storico Municipale di Torino. Relazioni delle Adunanze del Consiglio degli Edili, Ms seg. Coll.X Vol.1, unter dem erwähnten Datum. De Bernardi Ferrero, Daria. 1959 NS XIII. op.cit. p.461. Castelnuovo, Enrico und Marco Rosci (Hg). op.cit. Vol.III pp.1067—1068.

258
Ferrero Viale, Mercedes. 1974. op.cit. pp.485—504. Kamm-Kyburz, Christine. 1980. Vol.XVIII. op.cit. Fig.43—44. Die zwei Zeichnungen finden sich in B.R.To. Ms. seg. varia 218 ohne Orts- oder Auftraggeberzeichnungen: no 108 (Treppenhaus), no 221 (Hauptsaal im Piano Nobile).

259
Vgl. die publizierten Fotografien bei De Bernardi Ferrero, Daria. 1959 NS XIII op.cit. Abb.9—11. Für die Bildhauer Giovanni Battista Bernero und Biagio Antonio Ferrero siehe auch Anm.201 dieser vorliegenden Arbeit.

260
De Bernardi Ferrero, Daria. 1959 NS XIII. op. cit. pp.451, 460—461. Guglielmo Levera (Andorno 1730—1796), ein ziemlich unbekannter Maler, der aus der gleichen Ortschaft bei Biella stammt wie die Malerfamilie Galliari, von denen Levera unterrichtet wurde. Siehe Baudi di Vesme, Alessandro. 1963—1968. op.cit. Vol.II.
Der Bildhauer Giovanni Battista Bernero (Cavallerleone 1736—1796 Turin), der Maler Vittorio Amedeo Cignaroli (Turin 1730—1800 Turin), der Bronzegiesser François Ladatte (Turin 1706—1787 Turin) und der Maler Vittorio Amedeo Rapous (ca. 1728—1819) waren alle 1778 als Professoren an die königliche Akademie in Turin gewählt worden. Siehe Thieme, Ulrich und Felix Becker. 1907—1950. op.cit. Vol.3, 1909 p.454; Vol.6, 1912 p.587; Vol.22, 1928 p.188 und Vol.28, 1934 p.18. Viale, Vittorio (Hg). 1963. op. cit. Vol.II Pittura (schede di Andreina Griseri) pp.110—113 (Cignaroli), pp.116—117 (Rapous), Scultura (schede di Luigi Mallè) pp.45—48 (Ladatte), pp.52—54 (Bernero). Für die Arbeiten dieser Hofkünstler im Zusammenhang mit dem regierenden Herrscherhaus in Turin siehe auch Castelnuovo, Enrico und Marco Rosci (Hg). 1980. op.cit. Vol.I p.12 (Ladatte), pp.73—80 (Bernero), pp.81—83, 100—102, 163 (Rapous) und pp.174—175 (Cignaroli).

261
Morozzo della Rocca, Giuseppe Francesco Ludovico. Notizie del proprio Palazzo in Torino e degli accrescimenti ad esso fatti dopo l'anno 1748, Ms. Torino, Archivio privato Morozzo della Rocca. Das Manuskript wurde 1759 verfasst und enthält neben der Beschreibung der eigenen Bauaktivitäten auch einen Rückblick auf die Leistungen der Vorväter des Marchese sowie ihrer beauftragten Architekten. Zitiert nach De Bernardi Ferrero, Daria. 1959 NS XIII. op.cit. p.456.

262
Morozzo della Rocca, Giuseppe Francesco Ludovico. Ms op.cit. Zitiert nach Woolf, Stuart J. 1961 NS XV. op.cit. pp.303—304.
Aufgrund der wachsenden politischen Stabilität entwickelte sich unter Karl Emanuel II. gerade in der ersten Hälfte des 18.Jahrhunderts in Turin ein wahrer Bauboom, der gleichzeitig die wachsenden Ambitionen von dem Hofe nahestehenden Adelsfamilien aufzeigte und etliche Bauherren in

grosse Schulden stürzte. Der zwischen 1715 und 1722 von Gian Giacomo Plantery (Turin 1680–1756 Turin), einem Onkel des Bernardo Antonio Vittone, an der via della Consolata 1 errichtete, grandiose Palazzo Paesana di Saluzzo soll seinen Bauherrn die gewaltige Summe von 350 000 Lire gekostet haben, was ungefähr einem Drittel des damaligen gesamten Familienvermögens entsprach, so dass Baldassare Paesana unter Mühen nur die Hälfte dieser Kosten bezahlen konnte. Nach Turiner Sitte wurde dann auch im Palazzo Paesana ein Gebäudeteil fremdvermietet, nur musste der Bauherr hier ausnahmsweise sogar die Haupträume seiner neuen Residenz ausmieten. Siehe wieder Woolf, Stuart J. 1961 NS XV. op.cit. pp. 299–306. Woolf, Stuart J. 1963 No 5. op.cit. pp. 144–145.

263
Siehe die «Ritratti illustri e dinastici nella Galleria del Daniele» in: Castelnuovo, Enrico und Marco Rosci (Hg). 1980. op.cit. Vol. I pp. 413–417 (scheda di Fernando Mazzocca).

264
Für das barocke Turiner Strassenbild und dessen Veränderungen im letzten Viertel des 18. Jahrhunderts vgl. auch Cavallari-Murat, Augusto (Hg). 1968. op.cit. Vol. I par. II pp. 650–651, par. III pp. 1238–1239 und Vol. II mit «Tessuti urbani entro le mura di Torino nell'ultimo quarto del Settecento.» Für die Katasterpläne im Turin des frühen 19. Jahrhunderts siehe Castelnuovo, Enrico und Marco Rosci (Hg). 1980. op.cit. Vol. III Architettura e urbanistica, Catasti.

265
Ausgewählte Bibliografie zur Villa Rubini:
Cevese, Renato. 1971. op.cit. Vol. II.
Barbieri, Franco. 1972. op.cit.
Kubelik, Martin. 1977. op.cit. Vol. I.

266
Siehe Kubelik, Martin. 1977. op.cit. Vol. I p. 227. Und die erwähnte Datierung ins Quattrocento bei Cevese, Renato. 1971. op.cit. Vol. II p. 669: «L'esame delle cornici delle finestre superiori nella barchessa a sinistra della villa (per chi si trovi davanti al suo prospetto sud) consente di notare la presenza di sagome gotiche; gotico è anche il portale d'ingresso al medesimo settore della barchessa. Il che sta a dimostrare che qui doveva sorgere un complesso del sex. XV, radicalmente rinnovato in occasione dei lavori settecenteschi.»

267
Marzari, Giacomo. 1604. op.cit. Vol. II «Casate, et Famiglie Nobili antiche, con le moderne, che hanno civiltà hora viventi in Vicenza.» Maccà, Gaetano. 1812–1816. op.cit. Vol. VI pp. 318–320. Gonzati, Vincenzo. Famiglie vicentine Ms op.cit. Vol. II pp. 132–133. Da Schio, Giovanni. I Memorabili Ms op.cit. Vol. Q–Sca. Mantese, Giovanni. I mille libri che si leggevano a Vicenza alla fine del secolo XVIII. Vicenza, Accademia Olimpica 1978.
Für die Familie Rubini im 16. Jahrhundert vgl. Mantese, Giovanni. 1974. op.cit. Vol. IV, par. VII pp. 1060–1061. Carpeggiani, Paolo. 1976. op.cit. pp. 273–280 mit weiteren Literaturhinweisen.
Von einem venezianischen Familienzweig der Rubini berichtet Tommaso Riccardi: «1684. Gio.Battista II. Rubini N.V. Card. Nipote di Papa Alessandro VIII. Per la sua singolare pietà, e per la sua destrezza nel maneggio degli affari, anche li più spinosi, fu eletto Vescovo di Vicenza li 19. Maggio 1684., ed alli 13. Febbraio 1690. fu creato Cardinale, indi spedito alla Legazione d'Urbino; compita la quale con sommo onore, ritornò a questa sua Chiesa, dalla quale più non si staccò, che per andare al Conclave a Roma, morto Innocenzo XII. Poco tempo dopo però rinunciò a questa Sede in favore di Sebastiano Veniero, cioè li 25. Marzo 1702. Così l'Ughelli Tom. V. col. 1071; il quale, secondo la Porpora Veneta, p. 282. merita qualche correzione. Questa indica, che Gio.Battista Rubini nacque in Venezia li 5. Giugno 1642. da Donato Rubini, e Faustina Medici, li quali in occasione della guerra di Candia furono ascritti alla Nobiltà Veneta. Gio.Battista Rubini il vecchio, che era Avo di questo Cardinale, avea avuto per Moglie Cristina Ottobona Sorella di Alessandro VIII. (Dunque fu Pronipote di questo Papa, e non Nipote, come dice l'Ughelli). Di qui venne, che il Papa suddetto, essendo ancora in minoribus, ebbe tutta la cura dell'educazione di questo Giovinetto. Per la qual cosa da Vescovo di Brescia il Papa Alessandro chiamò a se questo Pronipote, e lo mosse agli studj. Del 1662. ottenne la Laurea nell'Università di Padova, et ottenne un Canonicato in quella Cattedrale, dispensato dal Pontefice dalla residenza, affinchè potesse attendere agli studj con sollecitudine maggiore. Fatto poscia Datario il suo Prozio sotto Clemente IX., il Giovane Rubini fu chiamato a Roma, entrò nella Prelatura, indi fu destinato a varj Governi d'alcune Città dello Stato Ecclesiastico, cioè Spoleto, Fabriano, Perugia e Macerata. Vacato poscia il Vescovado di Vicenza, fu promosso l'anno 1684, e vi celebrò il suo Sinodo l'anno 1689. ...» Siehe Riccardi, Tommaso. 1786. op. cit. pp. 224–227. Der Kardinal Gio. Battista Rubini starb am 17. Februar 1707 in Rom und wurde in der dortigen Kirche S. Marco begraben.

268
S. Pietro Intrigogna, Comune di (Hg). Estimo Generale del Comun di S. Pietro Intrigogna rinnovato l'anno 1784 sotto il Governo delli Zuanne Sanbastian, e Bor.lo di Tosi Govern.ri. Adi 6 luglio 1784. A.S.Vi. Ms seg. Estimo Comunale di S. Pietro Intrigogna No 487. In diesem Dokument wird die Witwe des Conte Marco Rubini erwähnt als «Sig.ra Florida v. qm. Sig.r Marco Guido Rubini Tutrice de suoi Figlioli...» Ebenfalls angeführt ist die Kopie der Schenkungsurkunde für die Pfarrkirche und das Pfarrhaus vom 21. April 1786, unterzeichnet von den Conti Pompeo und Giacomo Rubini sowie von Fran.co Matirello und Bortolo di Tosi.
Vgl. auch Catasto Antico (Napoleonico). Kopie des Ing.re Capo Pinchetti vom 17. Juni 1816 nach dem Original vom 16. Januar 1814 (Caseggiato), das sich im A.S.Ve. befindet. A.S.Vi. Catasto Antico, Casale Cassetta No 1. Catasto Vecchio (Austriaco). Kopie des Damiano Visetti Capo del Disegno vom 12. April 1832 nach dem Original vom 15. Dezember 1830, das sich im A.S.Ve. befindet. A.S.Vi. Catasto Vecchio, Casale Cassetta No 46.

269
Libri dei nomi dei possessori dei fondi, Vol. 11: P a Rigato. A.S.Vi. Ms seg. No 2652. Del Caseggiato di Città compilato l'anno 1805, Vol. II. A.S.Vi. Ms seg. No 3163.
Zusammen mit dem Vermächtnis des grossen Immobilienbesitzes gelangten auch zahlreiche Akten ins Archiv des Ospizio del Soccorso e Soccorsetto, nur haben sich bei deren Durchsicht keine direkten Hinweise auf die Tätigkeit von Ottavio Bertotti Scamozzi gefunden. Auch Zeichnungen der Provveditori sopra i Beni Inculti oder Pläne für den Hausumbau waren nicht zu entdecken. Siehe dagegen das vom Notaio Pubblico Bortolo Finozzi vom 10. bis 30. Juli 1807 aufgenommene «Inventario della Facoltà Mobiliare, Effetti preziosi, e smoventi tanto in Città, che in Campagna, era il tutto di ragione della fu Sig.ra Lucia Quinto Rubini.» I.P.A.B. Vicenza, Archivio dell'Ospizio, Eredità Rubini e Quinto – No 14 dell'inventario, Atti diversi, seg. No 5 mit der am 12. Juli 1807 durchgeführten Bestandesaufnahme in der Villa von S. Pietro Intrigogna sowie seg. No 9 mit den Testamentskopien von Conte Pompeo Rubini und der Contessa Lucietta Rubini Quinto.

270
Ausgewählte Bibliografie zur Villa Sesso:
Fasolo, Giulio. 1929. op.cit.
Mistrorigo, Federico. 1939. op.cit.
Cevese, Renato. 1953. op.cit.
Cevese, Renato. 1954. op.cit.
Zancan, Maria Antonietta. Le ville vicentine del Quattrocento. In: Bollettino C.I.S.A. 1969 Vol. XI. Vicenza, C.I.S.A. 1970.
Cevese, Renato. 1971. op.cit. Vol. II.
Kubelik, Martin. 1977. op.cit. Vol. I und II.

271
Kubelik, Martin. 1977. op.cit. Vol. I pp. 190–191. Vgl. dazu auch den einen Band mit Akten der Familie Sesso in der Sammlung «Archivi privati» der Bertoliana. B.B.Vi. Archivio Sesso, Catasto dall'anno 746, 24. Agosto all'anno 1597 Vol. unico, unter dem zitierten Datum.

272
Panatta, Iseppo Perito Ordinario und Pietro Vicelio Perito Estraordinario. Disegno ad Istanza del Co.Pietro di Conti. Venezia 7.12.1605. A.S.Ve. Beni Inculti, Disegni Vicenza, Mazzo 4. Für die aus dem Oktober 1638 datierte Landkarte von Sandrigo, welche am 29. Mai 1647, am 22. November 1709, am 13. Juli 1744 und noch am 27. Oktober 1759 vom Pubblico Perito Carlo Crestani kopiert wurde, siehe auch Anm. 45 dieser vorliegenden Arbeit und vgl. Kubelik, Martin. 1977. op.cit. Vol. I pp. 190—191 und Vol. II pp. 748—751 Abb. 768—771. Die Kartenkopie von 1759 findet sich im Gemeindearchiv von Sandrigo und ist zurzeit im lokalen Polizeipräsidium als Wandschmuck aufgehängt.

273
Marzari, Giacomo. 1604. op. cit. Vol. II p. 153. Maccà, Gaetano. 1812—1816. op. cit. Vol. II, par. II pp. 330—331. Cevese, Renato. 1971. op.cit. Vol. II pp. 563—567.

274
Libri dei nomi dei possessori dei fondi, Vol. 13: S a Tessari. A.S.Vi. Ms seg. No 2654. Das erwähnte Landgut in Barbarano ist aufgrund allein dieser Angaben schwer zu identifizieren. Vgl. die erwähnten Villen bei Cevese, Renato. 1971. op.cit. Vol. II pp. 311—313. Kubelik, Martin. 1977. op.cit. Vol. I pp. 129—130.
Catasto Antico (Napoleonico). Kopie des Ing.re Peluti und Ing.re Pinchetti nach den Originalen vom 10. September 1809 (Mappa), die sich im A.S.Ve. befinden. A.S.Vi. Catasto Antico, Sandrigo Cassetta No 5. Catasto Vecchio (Austriaco). Kopie des Damiano Visetti Capo del Disegno vom 29. Dezember 1832 nach dem Original vom 23. April 1830, das sich im A.S.Ve. befindet. A.S.Vi. Catasto Vecchio, Sandrigo Cassetta No 27. Planimetria degli immobili urbani. Comune di Sandrigo, Scheda 9227422 vom 6. März 1940. UTE Vicenza.
Die gleichen Katasterpläne zeigen auf, dass die um 1800 im Besitz des Conte Bernardino Conte gewesene Villenanlage erst zwischen 1809 und 1830 in jenem südöstlichen, von einer älteren Barchessa begrenzten Teil erweitert wurde, der nach Guglielmo Zannini heute dem Ingenieur Pietro Cavaliere gehört. Somit ist die von Renato Cevese auch für diese Villa Cavaliere zwar mit grosser Vorsicht geäusserte Zuschreibung an Bertotti nicht mehr haltbar. Siehe Cevese, Renato. 1971. op.cit. Vol. II p. 568. Die Villa Cavaliere ist ausgezeichnet erhalten, vor einiger Zeit wurden bei Restaurierungen in einem Innenraum parallel zur Strasse verlaufende Fundamente entdeckt, die den 1809 aufgezeichneten Dimensionen entsprechen. Im prächtigen Landschaftsgarten errichtete 1867 Antonio Caregaro Negrin einen anschliessend von Giovanni Busato ausfreskierten «tempietto della famiglia Zannini di stile bizantino». Vgl. Libri dei nomi dei possessori dei fondi, Vol. 4: C a Costa. A.S.Vi. Ms seg. No 2645. Brentari, Ottone. Guida storico-alpina di Bassano, Sette Comuni, Canale di Brenta, Marostica, Possagno. Bassano, Tip. S. Pozzato 1885 p. 124. Antibon, Pasquale. Giovanni Busato e i suoi tempi. Vicenza, Tip. Commerciale 1887 p. 18.

275
Vgl. dazu den einen Band im Privatarchiv Sesso. B.B.Vi. Archivio Sesso, Catasto dall'anno 746, 24. Agosto all'anno 1597 Vol.unico. Marzari, Giacomo. 1604. op.cit. Vol. II pp. 130, 134, 144, 153, 159 und 201—202.

276
Zorzi, Giangiorgio. 1965. op.cit. p. 335. Zorzi, Giangiorgio. 1969. op.cit. p. 248.

277
Das Schreiben der Dominikaner von S. Corona war für den Kardinal N. H. Agostino Valier bestimmt und enthält folgende Klage über die Sesso: «... Saprà dunque V.Sig.a che li sigg. Sessi di questa città, come per suo instrumento a dì 27 settembre 1544 rogato da d. Bernardo Patavo presbitero auctoritate apostolica et imperiali notario, sono agravati di conscientia et obligati per l'heredità del q. Palmerio figlio del gran Capitano Frignano de Sesso, come in istrumento 1489, 20 settembrio, salizar, dei beni di detta heredità, di pietre vive quadre rosse et bianche la capella maggior di S. Corona; et in ultimo hanno eletto a questo et altri oblighi in essecutione li sigg. Philipino, Lorenzo, Bernardo et Palmerio, uno per colonello, et nominar de alcuni beni a ciò obligati et deputati da loro, né possiamo far conclusione alcuna se bene loro, suoi heredi et beni mobili et immobili sono obligati come sopra adí 27 settembre 1544. Di piú gli istessi come heredi del sig. Palmerio Sesso, come nel instrumento o testamento rogato per q. Alovisio detto Branzo notario publico vicentino addí 21 aprile 1484, sono tenuti spender almeno ducati cento cinquanta in una pala o anchona al altar predetto della capella maggior, con patto che se per tutto il 1489 non erano finite dette cose et altre, i frati a loro beneplacito possino levar le arme et sepolcri di casa Sesso et alienare ad altri detta capella con authorità di edificar sepolcri et eriger l'arme d'altri et rifar a frati tutte le spese occorse... Però suplicano ...» Siehe Mantese, Giovanni. 1974. op.cit. Vol. IV, par. VII pp. 1136, 1151—1156 und par. VIII pp. 1378—1381. Vgl. auch Bortolan, Domenico. S. Corona chiesa e convento dei Domenicani in Vicenza. Vicenza, Tip. S. Giuseppe 1889. Für den Kirchenumbau des späten Quattrocento siehe Lorenzoni, Giovanni. Lorenzo da Bologna. In: Bollettino C.I.S.A. 1964 Vol. VI, par. II. Vicenza, C.I.S.A. 1965 pp. 219—227. Cevese, Renato. L'architettura gotica religiosa a Vicenza. In: Bollettino C.I.S.A. 1965 Vol. VII, par. II. Vicenza, C.I.S.A. 1966 pp. 207—220.

278
Mantese, Giovanni. 1974. op.cit. Vol. IV, par. VIII pp. 1378—1381.

279
In diesem Zusammenhang ist auch aufschlussreich, dass im breit angelegten «Indice dei nomi dei luoghi e degli argomenti» von Franco Barbieris «Illuministi e neoclassici a Vicenza» kein einziger Hinweis auf ein Mitglied der Sessofamilien existiert. Siehe Barbieri, Franco. 1972. op.cit. pp. 223—239.

280
Vgl. dagegen Kubelik, Martin. 1977. op.cit. Vol. I p. 191: «Im Jahre 1404 war Sesso Militärgouverneur vom Agro Bassanese, als dieses an die Venezianische Republik übergegangen ist. Im Jahre 1532 bereits muss die Villa zu einem grossen Komplex gehört haben, denn sie beherbergte Kaiser Karl V. auf seiner Durchreise. Erstaunlicherweise fehlt die Villa auf Karten aus den Jahren 1605 und 1700. Die Frage also, ob es sich um Spolien eines früheren anderswo situierten Baues der Familie Sesso in Sandrigo handelte, muss wenigstens angedeutet werden. Vor allem auch, weil die Säulen auf Sokkeln stehen, und dies auf eine Wiederverwendunng in einem nun anders proportionierten Portico hindeuten würde.» Nun fehlt der an der via S. Gaetano gelegene Villenkomplex Sesso wirklich auf der Beni-Inculti-Zeichnung von 1605, auf der aber auch eine weitere Villa Sesso nicht eingezeichnet wurde, und die dritte ohne Besitzernamen aufgeführt ist, so dass hier eher die Vermutung naheliegt, dass der Perito Ordinario Iseppo Panatta das Ortsbild in vereinfachender Weise skizzierte, um vor allem die Situation der Besitzungen des Co.Pietro Conte und der ersuchten Wasserumleitungen zur Irrigation der Gartenanlage genau festzuhalten. Der Villenkomplex Sesso ist dagegen auf den nach der Originalkarte von 1638 angefertigten Kopien aus den Jahren 1647, 1709, 1744 und 1759 deutlich zu identifizieren. Und diese Darstellungen widersprechen der aufgestellten Hypothese, dass es sich beim gotischen Portikus um Spolien eines anderswo situierten Gebäudes handelt. Dabei sind Portiken mit einer geraden Anzahl von Interkolumnien — meistens mit vier Arkadenöffnungen wie in Sandrigo — auch für das Quattrocento nachgewiesen. Zur Typologie der Portikusformen siehe Kubelik, Martin. 1977. op.cit. Vol. I pp. 42—44.
In der Eingangshalle des Wohnhauses der Villa ist über dem einfachen Hauptportal ein kleines, längsrechteckiges Wandbild in Grisaillemanier gemalt, das ein von Kriegstrophäen umranktes Medaillon mit der Büste Kaiser Karls V. darstellt und die Inschrift «IN CAROLI QUINTI IMPERATORIS / TRANSEUNTIS HICQUE IN ITINERE / COMMORANTIS / PERENNEM MEMORIAM ANNO MDXXXII» aufweist. Der Künstler und das Entstehungsjahr sind unbekannt, die kleine Dekoration könnte im Umkreis des Giacomo Ciesa und ca. 1790 entstanden sein, wobei auch eine spätere Ausführung im 19. Jahrhundert nicht auszuschliessen ist. Siehe Brentari, Ottone. 1885. op.cit. p. 124. Spagnolo, Giovanni. Marostica e i comuni del suo Territorio. Marostica, Tip. Cecchetto & Martinato 1907 Vol. II p. 410.

281
Ausgewählte Bibliografie zur Villa Quinto:
Cevese, Renato. 1971. op.cit. Vol. II.
Olivato, Loredana. 1975. op.cit.
Pallucchini, Rodolfo (Hg). 1978. op.cit. Vol. I und II.

282
Marzari, Giacomo. 1604. op.cit. Vol. II im Anhang. Maccà, Gaetano. 1812–1816. op.cit. Vol. I pp. 198–199. Giarolo, Domenico. La villa romana di Casa Quinta in Comune di Sarego. In: Bollettino del Museo Civico, No 1 gennaio–marzo 1910. Vicenza, Tip. S. Giuseppe 1910 pp. 13–16. Dal Molin, Luigi. Monticello di Fara celebra il I decennale, 23 novembre 1947–1957. Vicenza, Tip. G. Rumor 1957 pp. 7–8. Cevese, Renato. 1971. op.cit. Vol. II p. 592. Kubelik, Martin. 1977. op.cit. Vol. I p. 225.

283
Catasto Vecchio (Austriaco). Kopie des Damiano Visetti Capo del Disegno vom 18. Februar 1839 nach dem Original vom 16. März 1830, das sich im A.S.Ve. befindet. A.S.Vi. Catasto Vecchio, Lonigo Cassetta No 24. Vgl. Dante, Dante Perito Pubblico. Disegno fatto in esecuzione di mandato dell'Ill.mo, ed Ecc.mo Signor Podestà — li Beni Soggetti a Decima. Vicenza 4.5.1672. Kopie von Crestani, Carlo Perito Pubblico. Vicenza 12.9.1740. In Kopie erhalten von Carrara, Cristoforo Perito Pubblico. Vicenza 24.3.1805. B.B.Vi. Archivio di Torre, Raccolta Disegni No 673.

284
Foin, Steffano Perito Ordinario und Girolamo Soardi Perito Estraordinario. Disegno formato sopra la Supplica delli Nobbili Sig.ri Coo. Giorgio, e Teodoro Fr.elli Trissino q.m Co. Gaetano, come Eredi del q.m Co. Alvise Trissino. Venezia 5.11.1783. A.S.Ve. Beni Inculti, Disegni Vicenza, Mazzo 98.

285
Siehe wiederum das vom Notaio Pubblico Bortolo Finozzi vom 10. bis 30. Juli 1807 aufgenommene «Inventario della Facoltà Mobiliare, Effetti preziosi, e smoventi tanto in Città, che in Campagna, era il tutto di ragione della fu Sig.ra Lucia Quinto Rubini». I.P.A.B. Vicenza, Archivio dell'Ospizio, Eredità Rubini e Quinto — No 14 dell'inventario, Atti diversi, seg. No 5 mit der am 13. Juli 1807 durchgeführten Bestandesaufnahme in der Villa Quinto in Monticello di Fara. Vgl. dazu die Planimetria degli immobili urbani. Comune di Sarego, Scheda 25863728 vom April 1940. UTE Vicenza.

286
Die Fresken werden von Livia Alberton Vinco da Sesso folgendermassen charakterisiert: «La decorazione dei vari ambienti costituisce un esempio squisito di neoclassicismo 'domestico', com'è, secondo un canone di grazia e compostezza, favorevole a creare un'atmosfera di abitabilità. Le zone murarie sono geometrizzate da divisioni in cui campeggiano finissimi motivi pompeiani; nelle stanze adiacenti al salone, al centro di alcune pareti, ricorre il motivo di L incrociate negli intrecci vegetali, di riferimento francese, e nel salone echeggiano ricordi di quadrature dalle 'Works in Architecture' degli Adam nella ripartizione delle superfici e nel motivo circolare dell'ombrello rovesciato, che si riporta dimezzato nei due semicerchi del soffitto: tutti elementi che inducono a una datazione all'ultimo decennio del Settecento. Predominano i colori sobri e delicati: nel salone il bruno chiaro, con cui è dipinta l'intelaiatura, si accompagna, più che constrastare, al verdino degli elementi vegetali; gli stessi colori, bruni e verdi variamente caricati si ritrovano nelle decorazioni delle altre stanze. Il ricordo della tradizione rococò permane nella trattazione di certi particolari naturalistici e nella citazione dei putti del 'Carro d'Amore', al centro del soffitto del salone.» In: Pallucchini, Rodolfo (Hg). 1978. op.cit. Vol. I pp. 200–201 und Vol. II Abb. 1198.

287
Maccà, Gaetano. 1812–1816. op.cit. Vol. I pp. 198–199 und Vol. VI pp. 335–336. Da Schio, Giovanni. I Memorabili Ms op.cit. Vol. Q–Sca.

288
Das am 25. März 1740 aufgesetzte Testament des Co. Giulio Saraceno wurde nach seinem Tod am folgenden Tag unter Aufsicht des Nodaro Pubblico Paride Bonazzoli bereits geöffnet. Eine Abschrift findet sich unter den Akten des Teatro Eretenio. B.B.Vi. Ms seg. T.E.8, unter dem erwähnten Datum.
Für den Villenkomplex Delle Trombe siehe Maccà, Gaetano. 1812–1816. op.cit. Vol. X p. 76. Cevese, Renato. 1971. op.cit. Vol. II pp. 285–287. Kubelik, Martin. 1977. op.cit. Vol. I pp. 122–123. Vgl. ferner die Libri dei nomi di possessori dei fondi, Vol. 11: P a Rigato. A.S.Vi. Ms seg. No 2652.

289
Siehe den ersten Teil des Berichtes «Discorso pronunciato nella Generale Radunanza della Pubblica Accademia di Agricoltura di Vicenza delli 10. Luglio 1769. dal Sig. Giovanni Arduino Socio e Segretario della medesima, ed ora Pubblico Soprantendente alla Georgica Economia nel Magistrato Eccellentissimo sopra i Beni Inculti, e sopra l'Agricoltura, e Socio dell'Accademia Imperiale Fisiocritica di Siena, e dalla Georgica d'Udine, ec. Umiliato agl'Illustrissimi ed Eccellentissimi Senatori, Sig. Nicolò Lorenzo 3. da Ponte, e Cristoforo Antonio Loredano Deputati all'Agricoltura, dalla stessa Accademia, con sua Lettera 15. Luglio predetto. Accresciuto poi dal medesimo con varie Note, e con tre altre Memorie sopra lo stesso argomento» im Giornale d'Italia vom 16. September 1769. Venezia, Milocco 1770 Vol. VI pp. 89–96.

290
Calderari, Ottone. 1809–1815. op.cit. Vol. II pp. 21–22 und Tav. XXVII–XXXI. Die Herausgeber notierten dazu: «Di una invenzione così leggiadra che riunisce tanti oggetti di comodità, di convenienza e di nobile economia, novello argomento della saggezza e del profondo criterio del nostro autore, nun furono gettate che le prime fondamenta, e surse poscia nella sua località il presente Teatro Eretenio.» Für weitere Angaben vgl. Barbieri, Franco. 1972. op.cit. p. 111.
Spannend als Vergleich zum Calderari-Entwurf ist die zwölf Jahre früher publizierte Darstellung der alten Casa Saraceni-Quinto «vicinissima al Palazzo del co.Trissino» in dem von Giorgio Fossati postum edierten IX. Band der «Architettura di Andrea Palladio Vicentino», wo Francesco Muttoni die damals noch existierenden Gebäulichkeiten ohne weitere Begründung Palladio zuschreibt: «Il prospetto dalla sola delineazione si riconosce essere opera di Andrea Palladio per l'ottima distribuzione, ornamento delle finestre e basamento degli archi e pilastri alla rustica». Siehe Muttoni, Francesco. 1739/40–1760. op.cit. Vol. IX (1760) Tav. XX–XXI. Zorzi, Giangiorgio. 1955. op.cit. p. 295 und Abb. 369.
Hinsichtlich der Baugeschichte des Teatro Eretenio siehe die betreffende Beschreibung im vorliegenden Teil dieser Arbeit. Und was die Anmerkungen von Giovanni Da Schio betrifft, so leitete er diese mit dem Satz ein: «Quinto Francesco di Andrea. Non so che valesse, o che si fosse...», was auf den nicht sehr alten Adelstitel der Quinto schliessen lässt, welche den Rang eines «Conte» wohl erst im späten 17. Jahrhundert erwarben.

291
Libri dei nomi dei possessori dei fondi, Vol. 11: P a Rigato. A.S.Vi. Ms seg. No 2652. Maccà, Gaetano. 1812–1816. op.cit. Vol. I pp. 190–191. Ein Teil des schriftlichen Nachlasses findet sich noch heute im Archivio dell'Ospizio, nun betreut von den I.P.A.B. Vicenza. Siehe Anm. 285 dieser vorliegenden Arbeit.

292
Die Beschreibung des bertottianischen Wohngebäudes der Ca' Quinta bezüglich seiner formalen Übereinstimmungen mit dem Herrenhaus der Villa Trissino in Sandrigo kleidete Renato Cevese in die folgenden Worte: «... Viceversa il lungo settore destro, da situare cronologicamente nel trentennio 1760–1790, rivela mano più sicura ed esperta, tanto da far pensare al Bertotti Scamozzi per le strette affinità formali che lo legano alla villa Trissino di Sandrigo. Una conferma della sua appartenenza al Bertotti viene anche dagli interni, dalle loro misure, dai loro soffitti a padiglione, dalla loro distribuzione secondo una pianta estremamente lucida. Ed è elegantissima la decorazione neoclassica alle pareti e nei soffitti, che fa pensare al collaboratore

del Bertotti impegnato negli affreschi della accennata villa Trissino, a Sandrigo...» Cevese, Renato. 1971. op.cit. Vol. I p. 592. Für das Inventar des Bortolo Finozzi siehe Anm. 285 dieser vorliegenden Arbeit.

293

Ausgewählte Bibliografie zur Villa Cogollo:

Cevese, Renato. 1954. op.cit.

Cevese, Renato. 1971. op.cit. Vol. II.

Olivato, Loredana. 1975. op.cit.

Kamm-Kyburz, Christine. 1980 Vol. XVIII. op.cit.

294

Zu den wichtigsten, im Text erwähnten Dokumenten zählen:

Munari, Gio.Battista di, genannt il Dante. Confini e Beni dell'Ospedale dei Proti di Vicenza. 1621. In Kopie erhalten von Peruzzi, Bortolamio Perito Pubblico. Vicenza 23.6.1762. B.B.Vi. Archivio di Torre, Raccolta Disegni No 318.

Dante, Giusto Agrimensor Pubblico. Beni dell'Ospedale dei Proti ed altri. März 1640. Kopie von Crestani, Carlo Perito Pubblico. Vicenza 22.2.1711 M.e V.o (= 22.2.1712). Sowie in Kopie erhalten von Peruzzi, Bortolamio Perito Pubblico. Vicenza 27.12.1763. B.B.Vi. Archivio di Torre, Raccolta Disegni No 460.

Benoni, Antonio Perito Ordinario. Disegno formato sopra la Supplica delli SS.ri Angello et F.lli Cumani. Venezia 4.1.1684 M.e V.o (= 4.1.1685). A.S.Ve. Beni Inculti, Disegni Vicenza, Mazzo 77 A.

Minorelli, Angelo Perito Ordinario. Disegno formato sopra la Supplica delli Sig.ri Coo. Vicenzo Gaetano e Fr.elli Negri. Venezia 22.11.1709. B.B.Vi. Archivio di Torre, Raccolta Disegni No 308.

Mattei, Michiel Angelo Perito Ordinario und Domenico Rizzi Perito Estraordinario. Disegno formato alla Supplica p.ntata a nome del Sig.r Conte Giovanni Cogollo. Venezia 2.2.1759 M.e V.o (= 2.2.1760). A.S.Ve. Beni Inculti, Disegni Vicenza, Mazzo 141.

295

Maccà, Gaetano. 1812–1816. op.cit. Vol. VI pp. 71–72. Mantese, Giovanni. Breve panorama storico di Bolzano Vicentino. In: Venticinquesimo Anniversario della Consacrazione sacerdotale del Rev.mo Arciprete Don Giovanni Brun e decimo Anniversario di suo Ministero Parrocchiale. Bolzano Vicentino 12 maggio 1963. Vicenza, Tip. Istituto S. Gaetano 1963.

296

Rumor, Sebastiano. 1887. op.cit. pp. 711, 1322. Cevese, Renato. 1971. op.cit. Vol. II p. 337.

297

Catasto Antico (Napoleonico). Kopie des Ing.re Capo Pinchetti nach dem Original vom 30. April 1813 (Caseggiato), das sich im A.S.Ve. befindet. A.S.Vi. Catasto Antico, Bolzano Vicentino Cassetta No 1. Catasto Vecchio (Austriaco). Kopie des Damiano Visetti Capo del Disegno vom 7. Oktober 1839 nach dem Original vom 14. Februar 1834, das sich im A.S.Ve. befindet. A.S.Vi. Catasto Vecchio, Bolzano Vicentino Cassetta No 49. Planimetria degli immobili urbani. Comune di Bolzano Vicentino, Scheda 9206232 vom 15. Januar 1940. UTE Vicenza. Diese Grundrissaufnahmen wurden vom damaligen Besitzer, Sig. Francesco Peruzzi, selbst gezeichnet.

298

Mantese, Giovanni. 1963. op.cit. pp. 45–46, 50.

299

Bolzano Vicentino, Comune di (Hg). Estimo del comun di Bolzan principia l'anno 1676. A.S.Vi. Ms seg. Estimo Comunale di Bolzano No 72. Die jüngsten Eintragungen in diesem Steuerregister sind mit 1700 datiert. Siehe auch weiter Bolzano Vicentino, Comune di (Hg). Estimo del comun di Bolzan comincia MDCCLXXXVII. A.S.Vi. Ms seg, Estimo Comunale di Bolzano No 73. Die Eintragungen hier sind bis zum Jahre 1804 fortgeführt; lauteten diese am 11. Mai 1796 beispielsweise noch «Nob. Sig.r Co. Gaetan Cogolo ut sopra», so wurde am 17. Mai 1797 bereits geschrieben «Cittad.no Gaetano Cogolo ut sopra».

300

Für die Hinweise auf Sillano Cogollo und den Landverkauf der Capra, deren Erbe Cristoforo Capra am 1. September 1671 die betreffenden Zinsguthaben an Antonio Cozza verkauft hatte, dessen Rechte seinerseits dann an Chiara Maria Cozza Miotti des Gio. Francesco Miotti und ihren Sohn übergingen, siehe Archivio del Comune. Stampa Miotti mit Estimo Cozza 23.6.1680, Affrancazione Cogolo à Cozza 1.12.1684, Mandato a favor Cozza 3.12.1746, Sospension Aversaria 9.12.1746 ecc. B.B.Vi. Archivio di Torre Ms Inv. No 557 Calto 0 No 19.

Über Co. Valerio Chiericati siehe Marzari, Giacomo. 1604. op.cit. Vol. II p. 198. Mantese, Giovanni. 1974. op.cit. Vol. IV, par. V pp. 676–677 und par. VI pp. 964–966. Für den Notar Pietro Cogollo vgl. wiederum Mantese, Giovanni. 1974. op.cit. Vol. IV par. VII pp. 1157–1160. Siehe auch Anm. 49 dieser vorliegenden Arbeit über «Palladio's Patrons».

301

Rumor, Sebastiano. 1905–1909. op.cit. Vol. I pp. 468–469 mit einem Verzeichnis der Schriften von Gaetano Cogollo. Siehe speziell auch: Cogollo, Gaetano. Ad Michaelem Pavanellum obitum Vincentii Vicarii comunis praeceptoris deflentem. Epigramma. Vorgebunden der postumen Werkausgabe: Vicentii Vicari Vicetini Carmina quae Auctor ipse, dum viveret, edenda paraverat. Patavii, Seminarii 1750. Vgl. auch die Beschreibung der Casa Michele Pavanello im vorliegenden Teil dieser Arbeit.

302

Libri dei nomi dei possessori dei fondi, Vol. 4: C a Costa. A.S.Vi. Ms seg. No 2645. Del Caseggiato di Città compilato l'anno 1805, Vol. I. A.S.Vi. Ms seg. No 3162. Lampertico, Fedele. 1892. op.cit. Diese kleine Aufstellung über die im Laufe der Jahrhunderte stattgefundenen Besitzerwechsel der Palazzi am Corso Andrea Palladio zu Vicenza wurde anlässlich der Hochzeit Mosconi-Cogollo publiziert.

303

Ausgewählte Bibliografie zum Projekt für die Domfassade in Legnago:

Trissino, Leonardo. Notizie sull'architetto Ottavio Bertotti Scamozzi. B.B.Vi. Ms seg. Gonz. 26.4.1 [6] (3275).

Olivato, Loredana. 1975. op.cit.

304

Trissino, Leonardo. Ms op.cit. auf unnumeriertem Einzelblatt. Auszüge dieser Passagen finden sich bei Olivato, Loredana. 1975. op.cit. pp. 21–22 mit Literaturhinweisen über Legnago. Was nun das hoch erscheinende Bertotti-Honorar betrifft, so sei darauf hingewiesen, dass beispielsweise Giammaria Monaco für sein Holzmodell des Teatro Eretenio am 4. September 1780 sogar 620 Lire bezahlt erhielt und dass in diesen Modell-Entschädigungen immer auch die angelaufenen Spesen miteinbegriffen waren.

Für Paolo Pozzo (Verona 1741–1803 Mantova) siehe Carpeggiani, Paolo. Paolo Pozzo, un profilo dell'architetto e la vicenda degli ospedali di Mantova alla fine del Settecento. In: Bollettino C.I.S.A. 1972 Vol. XIV. Vicenza, C.I.S.A. 1973 pp. 341–355.

Über Don Ziggiotti siehe die Hinweise von Trissino, Leonardo. Artisti Ms op.cit. Vol. II p. 731. Tornieri, Giacomo. 1804. op.cit. Stanza VII. Busato, Giuseppe. 1931. op.cit. pp. 11–13. Barbieri, Franco. 1962 Vol. IV. op.cit. pp. 227–234. Cevese, Renato. 1967 Vol. IX. op.cit. pp. 37–48. Barbieri, Franco. 1972. op.cit. pp. 86–91. Und für die Tätigkeit von Ziggiotti in der Stadt Vicenza siehe Anm. 186 dieser vorliegenden Arbeit.

305

Ausgewählte Bibliografie zum Dom S.S. Prosdocimo e Donato:

Mastini, Federico. Resoconto del presidente della fabbriceria, 1821. Archivio storico del Comune di Cittadella, Ms seg. busta anno 1821.

Franceschetto, Gisla. Il Duomo di Cittadella, 5 Aprile 1964. Padova, Tip. Antoniana 1964.

Cevese, Renato. 1967 Vol. IX. op.cit.

Cevese, Renato. 1980 [Ausstellungskatalog] op.cit.

Kamm-Kyburz, Christine. 1980 Vol. XVIII. op.cit.

306
Für die romanische Hauptkirche von Cittadella finden sich die entsprechenden Unterlagen im Archivio storico del Comune di Cittadella, Ms seg. busta sec. XVIII anni 1720, 1746, 1832. Archivio della Canonica di Cittadella, Ms seg. busta visite pastorali. Siehe dazu den hervorragenden Beitrag von Franceschetto, Gisla. La struttura urbana di Cittadella alla fine del Settecento. In: Bollettino C.I.S.A. 1971 Vol. XIII. Vicenza, C.I.S.A. 1972 pp. 313—319. Aufgrund der bischöflichen Visitationsnotizen beschreibt hier Gisla Franceschetto den romanischen Vorgängerbau des späteren Domes S.S. Prosdocimo e Donato folgendermassen: «Presso l'incrocio, con la facciata rivolta verso la contrada di Bassano come si è detto, stava la parrocchiale, eretta nel secolo XIII, la quale si presentava come una versione rurale del romanico, con portico davanti, modificata però nel tetto che aveva quattro volte o cupole; i colmelli, che dividevano in tre parti lo spazio interno, erano uguali a quelli dei portici e il pavimento era più basso del sagrato che si stendeva fuori, cintato da muretta. Il campanile, il quale all'altezza della cella campanaria aveva una balaustra in pietra, era appoggiato alla chiesa: i muri della base, a quanto afferma la tradizione, erano gli stessi dell'antico cenobio. A ridosso del campanile verso la contrada di Treviso, stava un modesto edificio che dal disegno si presenta come una costruzione rurale, successivamente adattata. La casa infatti faceva parte di un complesso chiuso da muretta, accentrato dal cortile intorno al quale, con altre adiacenze, stava una barchessa con il tetto sostenuto da tre pilastri, in tutto simile alle case coloniche tradizionali.»
Vgl. auch die kurze Beschreibung der «città murata» von Fornando Rigon in: Kubelik, Martin (Hg). 1977, op.cit. p. 59.
Was aber die Dokumente im Gemeindearchiv von Cittadella betrifft, so wurde mir ihre Überprüfung trotz meiner während vollen zwei Jahren immer wieder erneuten Bemühungen absolut untersagt. Zur Begründung wurden die Unordnung im Archiv, ein anscheinend stattgefundener Diebstahl und mangelndes Aufsichtspersonal angeführt; der erstere Grund wurde mir von Gisla Franceschetto mit dem Hinweis bestätigt, dass sie selbst ihre vor über zehn Jahren in jenem Archiv entdeckten Dokumente doch nicht mehr wiederfinden würde. So basieren meine Angaben bezüglich der entsprechenden Unterlagen im folgenden ausschliesslich auf den 1964 und 1971 publizierten Forschungsbeiträgen von Gisla Franceschetto. Es sei hier aber auch darauf hingewiesen, dass unter der Vielzahl gemeindlicher, staatlicher und privater Archive im Veneto jenes von Cittadella eine Ausnahme bildete, und in allen anderen Sammlungen Forschungsbemühungen sogar willkommen geheissen und mit fachlichem Rat unterstützt wurden.

307
Mastini, Federico. Resoconto Ms op.cit. Franceschetto, Gisla. 1964. op.cit. pp. 4—5.

308
Bertotti Scamozzi, Ottavio. 1783. op.cit. Vol. IV p. 21. Vgl. auch Kamm-Kyburz, Christine. 1980 Vol. XVIII. op.cit. p. 86 und Fig. 48. Dann Mastini, Federico. Resoconto Ms op.cit. Franceschetto, Gisla. 1964. op.cit. p. 5.

309
Mastini, Federico. Resoconto Ms op.cit. Franceschetto, Gisla. 1964. op.cit. pp. 5—6. Für die Kirche S.S. Faustino e Giovita siehe die betreffende Beschreibung im vorliegenden Teil dieser Arbeit.

310
Mastini, Federico. Resoconto Ms op.cit. Franceschetto, Gisla. 1964. op.cit. pp. 7—8, ohne Hinweis auf den Autor des Gutachtens aus dem Jahre 1823. Für Carlo Barrera siehe beispielsweise Magrini, Antonio. Notizie Ms op.cit. mit dem Vermerk «In Cittadella ebbe la direzion del Duomo».

311
Zur Erinnerung an die einzelnen Pfarrherren stifteten die Bürger von Cittadella ausführliche Widmungstafeln, die heute noch im Dom zu sehen sind. Für Don Giambattista Moratelli (Noventa Vicentina 1722—1798 Cittadella) und Don Giambattista Grigno (Cittadella 1757—1821) siehe auch Franceschetto, Gisla. 1964. op.cit. pp. 4, 6, 8, 27—28.

312
Anlässlich der feierlichen Domweihe — nach der vollendeten Renovation des Gotteshauses — wurde die oft zitierte und reich bebilderte Schrift von Gisla Franceschetto herausgegeben. Für die Maler wie Sebastiano Santi und Giovanni Demin, die in den Jahren 1821—1822 auch im Palazzo Franceschini-Folco in Vicenza beschäftigt waren, siehe ferner Anm. 110 dieser vorliegenden Arbeit.

313
Vgl. dazu den im Vergleich zum prekären Forschungsstand über die Landkirchen im Veneto sehr informativen Artikel von Cevese, Renato. 1967 Vol. IX. op.cit. pp. 37—48 sowie speziell Ab. 38—41. Bei der Konfrontation der zwei Langhausgliederungen von Cittadella und S. Donà di Piave fällt dabei die von Antonio Diedo (Venedig 1772—1847) angewandte Redimensionierung der hohen, noch von Bertotti geplanten Piedestals zu niedrigen, quadratischen Plinthen auf, die dem Vorbild vom Redentore wieder näherkommen.

314
Ausgewählte Bibliografie zum Altar S. Gaetano in der Kirche S. Stefano:
Dian, Giuseppe. Notizie delli due Secoli XVIII e XIX Ms op.cit. Fasc. III.
Anesini-Berton, Nita Maria. 1945—1946. op.cit.
Kamm-Kyburz, Christine. 1980 Vol. XVIII. op.cit.
Saccardo, Mario. L'altare nella chiesa di Santo Stefano disegnato da Ottavio Bertotti Scamozzi. In: La Voce dei Berici 18 gennaio 1981 No 3. Vicenza, Ed. Diocesi di Vicenza 1981.
Saccardo, Mario. 1981. op.cit.

315
Siehe vor allem die ausführlichen Hinweise von Mantese, Giovanni. 1974. op.cit. Vol. IV, par. III pp. 471—497. Für die silberne Heiligenstatue wurde am 31. August 1671 vom Notar Alvise Valle eine lange Schenkungsurkunde aufgesetzt, in der auch die vom Theatinergeneral Pietro Paolo Nobilione dem Rat der 150 zu Vicenza geschenkte Standarte aus dem Petersdom erwähnt wird:
«Il gravissimo Consiglio di Cento e Cinquanta di questa città ha preso varie parti ad honore del beato Gaetano Thiene, nato nobile in essa, et varie ancora ad honore dello stesso decretato Santo dall'oracolo di N. Signore Clemente X, et tra queste una di far fabbricare insigne statua d'argento che effigiasse al vivo il medesimo; qual statua fosse portata nella solenne Processione che si doveva fare per il giubilo et allegrezza di essa santificatione, come seguì il giorno di domenica 16 agosto cadente dopo la quale fu posta nella chiesa de Padri Theatini di San Stefano per esser ivi adorata nel corso delli sette giorni susseguenti, nel quale continuarono le dimostranze di detta allegrezza con musiche et altri ossequi, con spesa fatta da questa città in ciò et in essa Statua di circa ducati 4500. Hora volendo gli ill.mi sig.ri deputati infrascritti che con publico monumento sii manifesto a posteri la devotione della patria verso il suo glorioso Santo, perciò qui presenti, in ogni miglior modo, facendo per la stessa città, hanno dato et concesso alli molto rev.di padri Theatini, presente et stipulante per loro et successori il molto rev.do padre don Lodovico Sangiovanni loro preposito, per l'autorità datali dalli altri Padri del Capitolo in scrittura che qui sotto sarà registrata, la medema Statua d'argento et di più lo standardo dello stesso Santo che fu portato anco nella già ditta processione et è uno delli tre che nella solennità di detta santificatione furono dal sommo pontefice benedetti et poi donato dal rev.mo Padre don Pietro Paolo Nobilione, Preposito Generale della religione dei detti Chierici Regolari con sue lettere che lo accompagnarono di qui, date in Roma li 12 aprile di questo corrente anno a questa città: et a ciò sono devenuti gli ill.mi sig.ri deputati perché et la Statua et lo standardo già nominati siano conservati in essa chiesa perpetuamente et a perpetua memoria. Con conditione et patto tra le parti con solenne vicendevole stipulazione stabilito et firmato, che lo standardo mai et in alcun tempo non possa esser levato dal luogo dove hora si ritrova pendente che è il mezo d'essa chiesa et la Statua non possa essere trasportata dal luogo ove sarà riposta per qualunque imaginabil spesa, senza previa licenza et decreto delli Ill.mi sig.ri deputati pro tempore; fatto a bossoli et ballote occultamente, rese con voti n.6. ... Ma possino però gli molto rev.di Padri nella loro chiesa

al tempo delle solennità che in essa si faranno esporla a loro piacimento. Et così possino parimenti le loro Signorie Ill.me e successori a loro piacimento sempre farla esporre t in occorrenza propria far anco portare in processione senza che habbino a ricercare l'assenso et placet de medesimi Padri, mentre il pieno dominio et assoluta patronia s'intenderà riservata et sempre esser della et appresso la medesima città; qual Statua doverà però sempre esser reposta nel detto convento al solito luogo et sotto la custodia de Padri medesimi quali saranno obligati havere con tutta et esattissima diligenza come così il predetto rev.do padre don Lodovico Sangiovanni preposito, facendo anco in vigor di detta autorità datali in detta scrittura, si obliga et promette che sarà fatto ...» Siehe Mantese, Giovanni. 1974. op.cit. Vol. IV, par. III pp. 492–493.

316

Riccardi, Tommaso. 1786. op.cit. pp. 225–226, 230. Dian, Giuseppe. Notizie delli due Secoli XVIII e XIX Ms op.cit. Fasc. I, unter den entsprechenden Daten. Arslan, Edoardo. 1956. op.cit. pp. 161–162. Mantese, Giovanni. 1974. op.cit. Vol. IV, par. VII pp. 1107–1123. Für Guarino Guarini (Modena 1624–1683 Mailand) und Carlo Borella (Vicenza 1631–1710) siehe auch Barbieri, Franco. Il seicento architettonico urbano. In: Pozza, Neri (Hg). 1976. op.cit. pp. 329–341.

Hier sei auch auf die ehemalige Theatinerkirche in München hingewiesen, deren Bau als Dankvotivkirche zur Geburt des Erbprinzen Max Emanuel 1662 beschlossen und vom Bologneser Agostino Barelli (Bologna 1627–? Bologna) ebenfalls nach dem Vorbild der Mutterkirche der Theatinerkongregation, S. Andrea della Valle in Rom, geplant wurde. Die Grundsteinlegung fand am 29. April 1663 statt, 1674 trat der Bündner Enrico Zuccalli (Roveredo 1642–1724 München) an die Stelle Barellis und vollendete den Rohbau 1675. Zwischen 1765 und 1768 wurde die Fassade von den beiden Cuvilliés (François d.Ae., Soignies im Hennegau 1695–1768 München; François d.J., München 1731–1777) errichtet; im Jahre 1801 wurde das Theatinerkloster dann aufgehoben.

317

Die Hinweise entstammen Arnaldi, Fabio. Memorie Ms op.cit., unter den erwähnten Daten. Für Domenico Cerato siehe auch Anm. 18 dieser vorliegenden Arbeit sowie Teil I.

318

Für den Wortlauf der Schenkungsurkunde aus dem Jahre 1671 siehe Anm. 315. Tommaso Riccardi notierte unter dem Datum des 7. März 1720: «Li PP. Teatini per insorte controversie risolsero di abbandonare la Chiesa di S. Stefano, lasciando in essa anche la Statua d'argento del loro Santo Fondatore, l'Ostensorio, i Calici, e i Paramenti fatti dai Religiosi particolari, perchè tutto fu giudicato Dote di quella Chiesa ...» Siehe Riccardi, Tommaso. 1786. op.cit. p. 230. Die hölzerne Statue S. Gaetano wird erwähnt von Bortolan, Domenico. Guida Ms op.cit. Vol. II p. 650. Bortolan, Domenico und Sebastiano Rumor. 1919. op.cit. p. 99.

319

Das unterhalb der Statue heute angebrachte Christusbildchen ist eine Schenkung des Marchese Lodovico Gonzati aus dem 19. Jahrhundert. «Trattasi di lavoro accademico, privo di fantasia e di sostanziali valori cromatici» umschrieb es Renato Cevese, ohne aber den Altarbau selbst zu erwähnen, den auffallenderweise auch Edoardo Arslan in seiner Beschreibung von S. Stefano übergangen hatte. Siehe Arslan, Edoardo. 1956. op.cit. pp. 161–167. Cevese, Renato. Ricchezze pittoriche nella chiesa di Santo Stefano in Vicenza. In: Raccolta di studi sulla parrocchia e chiesa di S. Stefano in Vicenza. Vicenza, Tip. S. Giuseppe 1970 pp. 119–144 und speziell pp. 142–143.

Das in den späten 20er Jahren des Cinquecento von Palma Vecchio (Serina 1480–1528 Venedig) gemalte Altarblatt war im mittelalterlichen Vorgängerbau von S. Stefano in einer der zwei Querschiffkapellen situiert, die von den Conti Capra gestiftet worden war. Diesem Zweig der Capra, die den der Kirche benachbarten Palazzo besassen, gehörte im 18. Jahrhundert der dilettierende Architekt Conte Orazio Claudio Capra (Vicenza 1723–1790) an, während der Besitzer der Rotonda, Marchese Mario Capra, einem der vielen anderen und untereinander bereits nicht mehr verwandten Familienzweige entstammte. Vgl. Barbieri, Franco. 1972. op.cit. pp. 84–86 sowie Anm. 31 dieser vorliegenden Arbeit und für die Familienverhältnisse auch die Beschreibung der Villa des Conte Vincenzo Capra von Marano Vicentino in dieser Arbeit. – Der Capra-Altar, in der neuen Kirche S. Stefano im linken Querarm aufgestellt, wurde aus unbekannten Gründen im Juni 1831 abgebrochen und neu aufgebaut. Vgl. Arslan, Edoardo. 1956. op.cit. p. 164.

320

Riccardi, Tommaso. 1786. op.cit. p. 234. Diese Beschreibung wurde nachträglich von Giuseppe Dian in seiner Chronik übernommen, was Loredana Olivato zur irrtümlichen Annahme verführte, Ottavio Bertotti Scamozzi wäre bereits 1758 «Architetto della Città» genannt worden. Und bei dem sogenannten Manuskript «Lanzi», welches in der Bibliografie unter dem Namen «G. Corona, Giunte a T. Lanzi» aufgeführt wird, handelt es sich um jene Chronik, die gemeinsam von Michele Pavanello und Giuseppe Corona von 1750 bis 1783 geschrieben und anschliessend bis zum 18. Mai 1814 allein von Corona weitergeführt worden ist [B.B.Vi. Ms seg. Gonz. 21.10.26 (2517)], wobei in diesem Manuskript zwar die Kerzenillumination zur Feier des zum Kardinal ernannten Bischofs N.H. Antonio Marino Priuli als «Cosa straordinaria, e mag.ca» bezeichnet, aber den Namen des Bertotti als Erbauer des Triumphbogens nicht erwähnt worden ist. Siehe dagegen Olivato, Loredana. 1975. op.cit. pp. 37, 149. Vgl. Anm. 186 dieser Arbeit.

Zur Datierung des Altars siehe Favetta, Giovanni. Fatti successi Ms. op.cit., unter dem Jahr 1784, sowie Favetta, Giovanni. Memorie di quanto successe nella Città di Vicenza dall'Anno 1702 sino all'anno 1816. B.B.Vi. Ms seg. Gonz. 23.10.15 (1673), unter demselben Jahr. Für Bertotti als allzeit den Stadt- und Kirchenvätern zur Verfügung stehenden Fremdenführer und Schiedsrichter vgl. neben den zeitgenössischen Chroniken auch Saccardo, Mario. 1981. op.cit. pp. 282 und 295.

321

Ausgewählte Bibliografie zum Gritti-Triumphbogen:

Bertotti Scamozzi, Ottavio. Brief vom 11. März 1788 an Davide Rossi in Venedig, als Kopie erhalten in B.B.Vi. LE 27 Ms Gonz. 26.4.5 (n. 33).

Bertotti Scamozzi, Ottavio. Arco eretto in Vicenza ad onore di S.E. Camillo Bernardino Gritti nella partenza dal suo memorando Governo. Vicenza, ohne Druckerangaben (Turra ?) 1788. 64,50×46 cm. Biblioteca del Museo Correr di Venezia, Raccolta Stampe seg. Cicogna No 1555.

Caminer Turra, Elisabetta (Hg). Tributo alla Verità. Vicenza, Tip. Turra 1788.

Pavanello, Michele. Pel superbo Arco trionfale eretto in Vicenza al suddetto Eccellentissimo Pretore dagli ammiratori dell'esimie sue virtù. Vicenza, ohne Druckerangaben 1788.

Dian, Giuseppe. Notizie delli due Secoli XVIII e XIX Ms op.cit. Fasc. III.

Alverà, Andrea. Notizie biografiche Ms op.cit.

Da Schio, Giovanni. I Memorabili Ms op.cit.

Olivato, Loredana. 1975. op.cit.

322

Vgl. dazu die genaue Beschreibung von Andrea Alverà, der wohl die Kupfertafel gekannt hatte. Alverà, Andrea. Notizie biografiche Ms op.cit. p. 29.

323

Pavanello, Michele und Giuseppe Corona. Memorie estese Ms op.cit., unter dem Datum 31.5.1788. Scola, Giovanni. Collezione delle parti prese in onore di Sua Eccellenza Camillo Bernardino Gritti, Podestà di Vicenza. Vicenza, Tip. Giusto 1788 pp. 14–15. Vgl. auch Olivato, Loredana. 1975. op.cit. pp. 31–32 und Abb. 99.

324

Caminer Turra, Elisabetta (Hg). 1788. op.cit. Ferrari, Giulio. Nel comun lutto e dolore terminando il reggimento di Podestà di Vicenza Sua Eccellenza Camillo Bernardino Gritti. Sonetti. Vicenza, Tip. Vendramini Mosca 1788. Pavanello, Michele. 1788. op.cit. Pavanello, Michele. Camillo Bernardino Gritti a Vicetina Praetura abeunte. Carmina. Vicetiae, Tip. Turra 1788. Ferner Capra, Orazio Claudio. Elogio a sua Eccellenza il signor Camillo Gritti terminando gloriosamente il reggimento di Vicenza. Vicenza, Tip. Giusto 1788.

Tommi, Gaetano. Nello partenza del reggimento di Vicenzo di S.E. il Signor Camillo Bernardino Gritti Podestà. Vicenza, Tip. Turra 1788.

325

Testolini, Gaetano. Brief vom 8. November 1783 aus London an Francesco Testa in Vicenza. B.B.Vi. Ms seg. G.2.2.3 [31] (Busta 89). Siehe Olivato Loredana. 1975. op.cit. p. 78. Der Kupferstecher Testolini hielt sich damals in London bei Francesco Bartolozzi auf und kehrte später wieder nach England zurück, wo ihm 1792 der junge, aus Bassano stammende Domenico Pellegrini (Galliera 1759–1840 Rom) anempfohlen wurde. Vgl. Thieme, Ulrich und Felix Becker. 1907–1950. op.cit. Vol. 32, 1938 p. 562. Donzelli, Carlo. 1957. op.cit. p. 181. Bertotti war übrigens Taufpate der am 28. März 1780 geborenen Tochter Elisabetta des Gaetano Testolini. Siehe Saccardo, Mario. 1981. op.cit. pp. 286–287. — Für die Freimaurertätigkeit von Francesco Testa vgl. Reato, Ermenegildo. 1976. op.cit. p. 393.

326

Ausgewählte Bibliografie zum Curti-Triumphbogen:
Favetta, Giovanni. Fatti successi Ms op.cit.
Alverà, Andrea. Notizie bibliografiche Ms op.cit.

327

Favetta Giovanni. Fatti successi Ms op.cit., unter den Daten 25.9.1787 und 19.3.1789.

328

Curti, Pietro Leopoldo. Poesie in onore di S.E. il N. U. sig. co. Leopoldo Curti Capitanio di Vicenza. Vicenza, Tip. Giusto 1789. Von den zwei Auflagen in jenem Jahr umfasste die erste 84 und die zweite 93 Seiten. Pavanello, Michele und Giuseppe Corona. Memorie estese Ms op.cit., unter den Daten 19. 3. 1789 und 30. 7. 1790.

329

Ausgewählte Bibliografie zum Gutachten über eine Restaurierung des Teatro Olimpico:
Montanari, Niccolò. Memorie, scritture, et altro dal 1783 al 1800. B.B.Vi. Ms seg. Acc. 9/94.

330

Atti Accademia Olimpica. Mandati 1646 sino 1801. B.B.Vi. Ms seg. Acc. 5/78, unter den erwähnten Daten. Nur die Zahlungen von 1760 bis 1761 für Arbeiten in den Jahren 1759 bis 1760 finden sich erwähnt bei Olivato, Loredana. 1975. op.cit. p. 81. Vgl. dagegen Mantese, Giovanni. 1982 [aber 1983]. Vol. V, par. VI p. 744.

331

Atti Accademia Olimpica. Mandati di pagamento 1790 e 1791 con annesse polizze. B.B.Vi. Ms seg. Acc. 5/78 bis, unter den Daten ab 8.5.1789 bis Jahresende. Für Carlo Barrera siehe auch Bortolan, Domenico. 1886. op.cit. p. 8 sowie Anm. 310 dieser vorliegenden Arbeit.

332

Für die um die Deckengestaltung des Teatro Olimpico entstandenen Dispute, welche 1762 in heftigen Streitschriften zwischen Enea Arnaldi und Ottone Calderari ausgetragen wurden, siehe Anm. 229 dieser vorliegenden Arbeit sowie Magrini, Antonio. 1845 [aber 1846]. op.cit. pp. 232–234, wo anschliessend die Renovierungen von Malacarne erwähnt werden: «Era dunque riserbato il vanto di por mano all'opera combattuta poco meno di un secolo a Bartolomeo Malacarne architetto della città, il quale abbracciava senz'altra disputa il partito del Calderari, di cui fu discepolo. Ma la riparazione questa volta prendeva più largo confine, rifacendo ad un tempo il soffitto ed il tetto di tutto il teatro. Dal 1819 in cui Malacarne proponeva i suoi disegni, scorreano sette anni in discussioni appiccate coll'Accademia delle belle arti di Venezia, e cogli Ufficii tecnici di quella capitale, riprovandosi per quella il soffitto di tavole, come in antico, da sostituirsi con uno ad assicelle e malta; riformandosi per questi alcune connettiture del tetto, che si ricostruiva, conservato il vecchio per più facile riparazione del soffitto: furono per questo conto elevate le pareti interiori del teatro stesso; di qui il Malacarne s'indusse a condurre lungo le medesime la cornice che corona l'attico del prospetto, soprapponendovi disteso tutto ad un modo il soffitto, sollevato di forse un piede da quella: queste due novità nell'opera palladiana venivano contrastate da dissidenti scritture: con felice riforma si distribuivano le fenestre che sono a ridosso delle statue nel superiore ballatoio. Quando poi nel 1827 con pubblico concorso si chiedeano disegni per la dipintura del soffitto, rinnovavasi per poco la disputa dell'Arnaldi e del Calderari. La civica deputazione d'ornato scegliendo con atto del 16 luglio di quell'anno il disegno di Giovanni Picutti, dichiarava oggimai inutile la questione dei lacunari sopra il pulpito, mentre il soffitto testè costrutto domandava un uniforme velario. Contraddicevano nullameno questo voto cinque Professori dell'Accademia in una consulta del primo maggio successivo, dicendo essere stato unanime il senso spiacevole nel vedere che ad eccezione di uno solo dei descritti disegni, che erano cinque, tutti gli altri escludessero la massima del compartimento a ducale nel soffitto del pulpito: proseguivano dichiarando aver adottato a pieno coro il divisamento dei lacunari sopra la scena, loro parendo che la più gagliarda e convincente risposta a combattere la sentenza di chi teneva per la continuazione del velario fosse il disegno dell'Orefici. Era nullameno di contrario sentire la presidenza dell'accademia, e la congregazione centrale dei deputati: contando su questi voti e massime su quello del Calderari, riputato il più degno interprete dei palladiani concetti per tante fabbriche da lui immaginate alla sua scuola, la municipale congregazione con finale delibera del 19 luglio del detto anno commetteva al Picutti il lavoro che oggi si vede. La dipintura rappresenta un velario sostenuto da funi, il quale copre il pulpito, l'orchestra, la gradinata e gli spazii triangolari nei quali esistono le scale: le funi partendo da un anello d'adattata grandezza, collocato nel centro, si dirigono alle colonne che adornano il prospetto della scena, e parimenti verso quelle che sono sopra le gradinate, e vanno in parte ad avvolgersi all'intorno di carrucole ed in parte ad aggrupparsi in anelli, le une e gli altri dorati e disposti sopra i pilastrini dell'atrio nel prospetto della scena e lungo le muraglie nell'intorno della gradinata. Così prevalse il partito contrastato dai monumenti contemporanei e dal numero più forte degli intelligenti; esempio non raro dell'esito di una discussione artistica. Meritava poi del teatro olimpico il Malacarne coprendo nel 1838 di un cielo le prospettive della scena, con che è vantaggiata la nobiltà della decorazione e il successo delle vedute.»

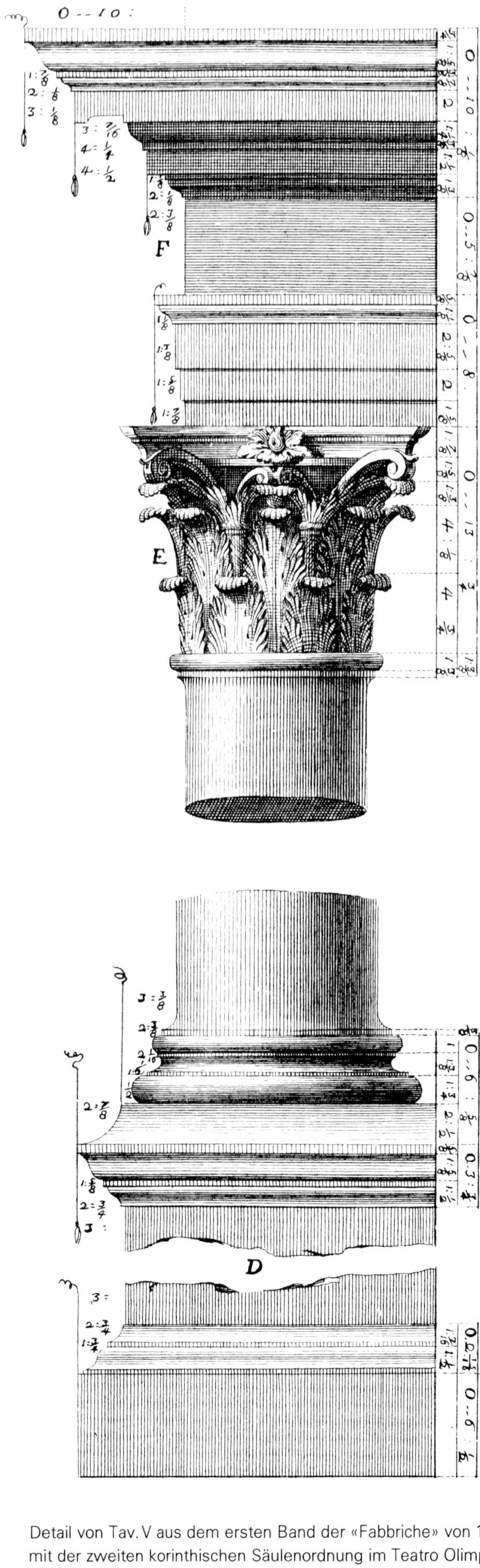

Detail von Tav. V aus dem ersten Band der «Fabbriche» von 1776 mit der zweiten korinthischen Säulenordnung im Teatro Olimpico.

III Text- und Bilddokumente

Abbildungsverzeichnis

Die vorangestellten Ziffern verweisen auf die Buchseiten.

106 Ausschnitt aus dem Plan des Perito Ordinario Michiel Angelo Mattei mit der Darstellung der Villenanlage Porto am 6. März 1779. Staatsarchiv Venedig BIVI 140.
108 Villa Almerico Da Schio an der via Alpiero in Grossa di Gazzo Padovano.
110 Ansicht der Hoffassade der Villa Almerico Da Schio.
111 Ausschnitt aus dem napoleonischen Katasterplan von 1813 bzw. dessen Kopie im Staatsarchiv Vicenza.
114 Casino Gaetano Muzzi an der via Gio.Battista Imperiali 112 in Vicenza.
116 V. Brunello. Aufriss der Hauptfassade des Casino Gaetano Muzzi. Der Zeichner der Stichvorlage ist unbekannt, während die Tafel um 1800 datiert werden kann.
117 V. Brunello. Querschnitt vom Casino Gaetano Muzzi.
118 V. Brunello. Grundriss des einzigen Wohngeschosses vom Casino Gaetano Muzzi.
120 Palazzo Giovanni und Girolamo Franceschini an der contrà S. Marco 30 in Vicenza.
122 Ausschnitt aus dem Plan des Perito Ordinario Andrea Cornello mit der Darstellung der Seidenmanufakturen im Gebiet der «Chiodare» vom 2. Mai 1727. Staatsarchiv Venedig BIVI 111 A.
123 Plan des Perito Ordinario Steffano Codroigo mit jenen Bauten im Gebiet der «Chiodare», die alle von den Franceschini erworben wurden. 30. Oktober 1748. Staatsarchiv Venedig BIVI 111 A.
124 Ausschnitt aus dem Plan des Perito Ordinario Michiel Angelo Mattei mit der Gebäudesituation im Gebiet der «Chiodare» und dem angrenzenden Palazzo Franceschini an der contrà S. Marco vom 10. Januar 1760. Staatsarchiv Venedig BIVI 111 A.
125 Ausschnitt aus dem Plan des Perito Ordinario Michiel Angelo Mattei mit der Darstellung der Seidenmühlen am Bacchiglione und Astichello vom 13. Januar 1763. Staatsarchiv Venedig BIVI 141.
127 Ausschnitt aus dem österreichischen Katasterplan von 1841 bzw. dessen Kopie von 1842 im Staatsarchiv Vicenza.
129 Palazzo Giovanni und Girolamo Franceschini. Grundriss des Erdgeschosses.
129 Palazzo Giovanni und Girolamo Franceschini. Grundriss des Piano Nobile.
130 Hauptfassade der Villa Giovanni Franceschini.
132 Villa Giovanni Franceschini an der via Comunale in Arcugnano. Salon mit Wand- und Deckenfresken von Giacomo Ciesa und Paolo Guidolini.
133 Villa Giovanni Franceschini. Nordwestzimmer mit Wand- und Deckenfresken von Giacomo Ciesa und Paolo Guidolini.
135 Ansicht der Villa Giovanni Franceschini und der Familienkapelle «Beata Vergine del Rosario» von der contrà della Crosara her.
136 Ausschnitt aus dem napoleonischen Katasterplan von 1814 bzw. dessen Kopie von 1816 im Staatsarchiv Vicenza.
136 Ausschnitt aus dem österreichischen Katasterplan von 1834 bzw. dessen Kopie von 1838 im Staatsarchiv Vicenza.
137 Villa Giovanni Franceschini. Grundriss des Erdgeschosses.
138 Villa Bonaventura Fadinelli an der via Pozzetto 38–40 in Creazzo.
140 Ottavio Bertotti Scamozzi. Projekt für die Villa Fadinelli mit Aufriss und Grundriss. c. 1770–1780. I.P.A.B. Vicenza.
140 Ottavio Bertotti Scamozzi. Definitiver Grundrissplan der Villa Fadinelli. c. 1770–1780. I.P.A.B. Vicenza.
141 Ausschnitt aus dem napoleonischen Katasterplan von 1809 bzw. dessen Entwurfskopie im Staatsarchiv Vicenza.
142 Ausschnitt aus dem österreichischen Katasterplan von 1832 bzw. dessen Kopie von 1838 im Staatsarchiv Vicenza.
142 Creazzo auf dem österreichischen Katasterplan von 1832 bzw. dessen Kopie von 1838 im Staatsarchiv Vicenza.
143 Villa Bonaventura Fadinelli. Grundriss des Piano Nobile.
144 Villa Vincenzo Capra an der via S. Lucia in Marano Vicentino.
146 Südfront der Barchessa der Villenanlage Vincenzo Capra.
147 Die Villenanlagen Ca'Alta und Capra in Marano Vicentino auf einer Landkarte vom 20. September 1626, die in einer Kopie vom 5. Juli 1773 erhalten ist. Privatarchiv Thiene in Thiene.
148 Ausschnitte aus dem napoleonischen Katasterplan von 1814 bzw. dessen Kopie (rechts) sowie aus dem österreichischen Katasterplan von 1830 bzw. dessen gleichzeitiger Kopie von 1830 (links) im Staatsarchiv Vicenza.
150 Villa Vincenzo Capra. Grundriss der Barchessa, wobei nur die halbe Gebäudetiefe eingezeichnet worden ist.
152 Loggia Carlo Vicentini Dal Giglio an der via Antonio Chinotto 8 in Vicenza.
154 Loggia Carlo Vicentini Dal Giglio. Grundriss des Erdgeschosses.
156 Palazzo Giuseppe Gastaldi an der contrà Porta S. Lucia 35 in Vicenza.
159 Palazzo Giuseppe Gastaldi. Grundriss des Erdgeschosses nach einer Aufnahme von Fausto Franco.
159 Detail der Fassadenreliefs mit der Büste des Feldherrn Belisar und dem Medaillonbildnis des Seidenfabrikanten Giovanni Franceschini.
160 Kirche S.S. Faustino e Giovita an der Piazzetta S. Faustino in Vicenza.
164 Hauptfassade des Palazzo Pietro Muzzi.
166 Palazzo Pietro Muzzi an der Piazza Matteotti 32 in Vicenza. Ausschnitt aus dem napoleonischen Katasterplan von 1814 bzw. dessen Kopie von 1816 im Staatsarchiv Vicenza.
166 Palazzo Pietro Muzzi. Grundriss des ersten Obergeschosses.
168/169 Piazza Matteotti mit den Häusern Muzzi vor dem bertottianischen Umbau. Nach einer um 1770 von Cristoforo Dall'Acqua gezeichneten und gestochenen Vedute.
170 Palazzo Giacomo Milan an der contrà Porta S. Lucia 5 in Vicenza. Aufriss, Grundriss und Gebäudeschnitt von Franco Fausto aus dem Jahr 1934, als das Haus der Familie Rossi gehörte.
175 Innenansicht der Kirche S.Clemente in Valdagno mit Blick auf den Hauptaltar.
176 Palazzo Giacomo Giuseppe Gozzani di Treville an der via Goffredo Mameli 27–29 in Casale Monferrato.
178 Detail der Hauptfassade des Palazzo Treville mit dem Portal No 29.
178 Detail der Hauptfassade des Palazzo Treville an der via Goffredo Mameli.
178 Ansicht des bertottianischen Anbaues von der via Stefano Guazzo her.
178 Detail der Seitenfassade des Palazzo Treville an der via Stefano Guazzo.
180 Leonardo Marini. Dekorationsentwurf für eine Galerie im Piano Nobile des Palazzo Treville. B.R.To. Ms varia 218 Dis. 74.
181 Leonardo Marini. Dekorationsentwurf für den Kaminaufbau im Esszimmer des Palazzo Treville. B.R.To. Ms varia 218 Dis. 90.
182 Leonardo Marini. Dekorationsentwurf für ein Empfangszimmer im Palazzo Treville. B.R.To. Ms varia 218 Dis. 340.
183 Leonardo Marini. Dekorationsentwurf für das «Boudoir» im Palazzo Treville. B.R.To. Ms varia 218 Dis. 356.
184 Ausschnitt aus dem vom Istituto di Architettura Tecnica in Turin aufgenommenen Casaleser Plan mit dem Grundriss des Palazzo Gozzani di Treville. Massstab 1:1000.
188 Ottavio Bertotti Scamozzi. Projektplan für Laubarkaden im Garten der Villa Gio.Battista Orazio Porto in Thiene. Privatarchiv Thiene in Thiene.
190 Ansicht der Hauptfassaden des Teatro Eretenio in einer alten Fotografie vor der im Jahre 1944 erfolgten Bombardierung.
193–201 «Estraguidiziale d'invito» vom September 1780 mit der Beschreibung des geplanten Theaters und mit der Aufstellung der Subskriptionsbedingungen.
207 Teatro Eretenio in Vicenza. Grundriss des Erdgeschosses nach einem Plan von c. 1925–1926, auf den Massstab 1:200 verkleinert.
208 Teatro Eretenio. Grundriss des zweiten Obergeschosses nach einem Plan von c. 1925–1926.
208 Ideenskizze für den Theaterneubau aus einem Brief des Alvise Trissino vom 27. Mai 1779 an Girolamo Giuseppe di Velo. B.B.Vi. Sammlung Theaterakten.
210 Ottavio Bertotti Scamozzi und Gaetano Vicchi. Druckreife Zeichnung eines nicht realisierten Palazzoprojekts. Avery Library der Columbia University of New York Ms AA5–30 [Box 5].
213 Tav. XXIX mit der Ansicht der Basilica Palladiana aus dem ersten Band der «Fabbriche» von 1776.
214 Loggia Giulio Ferrari an der contrà Ponte Furo 4 in Vicenza.
216 Strassenfront der Loggia Giulio Ferrari.

217 Ausschnitt aus dem napoleonischen Katasterplan von 1814 bzw. dessen Kopie von 1816 im Staatsarchiv Vicenza.

218 Loggia Giulio Ferrari. Grundriss des zweiten Obergeschosses.

220 Palazzo Alessio Giambattista Braghetta am Corso Andrea Palladio 38–40 in Vicenza.

222 C. Barrera c. 1780. Fassadenriss des Palazzo Braghetta. Städtisches Museum Bassano del Grappa Ms varie.

224 Ausschnitt aus dem österreichischen Katasterplan von 1841 bzw. dessen Kopie von 1842 im Staatsarchiv Vicenza.

225 Palazzo Alessio Giambattista Braghetta. Grundriss des zweiten Obergeschosses.

226 Palazzo Carlo Filippo Morozzo della Rocca in Turin. Ansicht der Hauptfassade in einer alten Fotografie vor den Bombardierungen in den Jahren 1943 und 1944.

228 Ottavio Bertotti Scamozzi. Fassadenriss des Palazzo Morozzo della Rocca. Kopie des Turiner Architekten Michele Buscaglione vom 10. April 1789. Stadtarchiv Turin Ms Car. 62, Fasc. 5 No 1.

229 Leonardo Marini. Dekorationsentwurf für das Treppenhaus im Palazzo Morozzo della Rocca. B.R.To. Ms varia 218 Dis. 108.

229 Leonardo Marini. Dekorationsentwurf für den Hauptsaal im Palazzo Morozzo della Rocca. B.R.To. Ms varia 218 Dis. 221.

230 Palazzo Morozzo della Rocca. Grundriss des Erdgeschosses.

231 Palazzo Morozzo della Rocca. Grundriss des Piano Nobile.

234 Villa Pompeo und Giacomo Rubini an der contrà Businello 22 in S. Pietro Intrigogna.

237 Südfassade des Herrenhauses der Villenanlage Pompeo und Giacomo Rubini.

238 Ausschnitt aus dem österreichischen Katasterplan von 1830 bzw. dessen Kopie von 1832 im Staatsarchiv Vicenza.

240 Inventaraufnahme der Villenanlage Rubini-Quinto vom 12. Juli 1807 pp. 1–4. I.P.A.B. Vicenza.

241 Inventaraufnahme der Villenanlage Rubini-Quinto vom 12. Juli 1807 pp. 5–8. I.P.A.B. Vicenza.

242 Inventaraufnahme der Villenanlage Rubini-Quinto vom 12. Juli 1807 pp. 9–12. I.P.A.B. Vicenza.

243 Inventaraufnahme der Villenanlage Rubini-Quinto vom 12. Juli 1807 pp. 13–16. I.P.A.B. Vicenza.

244 Villa Frignano Sesso an der via S. Gaetano in Sandrigo.

246 Ausschnitt aus der Landkarte des Proto Bernardino Contino vom Oktober 1638. Kopie des Perito Carlo Crestani vom 27. Oktober 1759. Gemeindearchiv Sandrigo.

246 Ausschnitt aus dem napoleonischen Katasterplan von 1809 bzw. dessen Kopie im Staatsarchiv Vicenza.

248 Villa Frignano Sesso. Grundriss des Erdgeschosses vor dem Abbruch der langen Barchessen.

250 Villa Francesco Quinto an der via S. Giustina in Monticello di Fara.

252 Ansicht des um 1676 renovierten Hauses der Villenanlage Francesco Quinto.

253 Ansicht des bertottianischen Anbaues der Villenanlage Francesco Quinto.

254 Ausschnitt aus dem Plan des Perito Dante Dante mit der Darstellung der Ca' Quinta vom 4. Mai 1672. Kopie des Perito Cristoforo Carrara vom 24. März 1805. B.B.Vi. Archivio di Torre Dis. 673.

255 Villa Francesco Quinto. Grundriss des Erdgeschosses und des ersten Obergeschosses vom Anbau Bertottis.

256 Inventaraufnahme der Villenanlage Quinto vom 13. Juli 1807 pp. 1–2. I.P.A.B. Vicenza.

257 Inventaraufnahme der Villenanlage Quinto vom 13. Juli 1807 pp. 3–6. I.P.A.B. Vicenza.

258 Inventaraufnahme der Villenanlage Quinto vom 13. Juli 1807 pp. 7–10.
I.P.A.B. Vicenza.

259 Inventaraufnahme der Villenanlage Quinto vom 13. Juli 1807 pp. 11–14.
I.P.A.B. Vicenza.

260 Villa Gaetano Cogollo an der via Ca' d'Oro 27 in Bolzano Vicentino.

262 Villa Gaetano Cogollo. Grundriss des Erdgeschosses des Wohnhauses und der im 19. Jahrhundert erneuerten Anbauten.

263 Ausschnitt aus dem Plan des Agrimensor Giusto Dante mit der Darstellung der Villenanlage Cogollo vom März 1640. Kopie des Perito Bortolamio Peruzzi vom 27. Dezember 1763. B.B.Vi. Archivio di Torre Dis. 460.

264 Ausschnitt aus dem Plan des Perito Ordinario Antonio Benoni mit der Darstellung der Villenanlage Cogollo vom 4. Januar 1685. Staatsarchiv Venedig BIVI 77 A.

265 Ausschnitt aus dem Plan des Perito Ordinario Angelo Minorelli mit der Darstellung der Villenanlage Cogollo vom 22. November 1709. B.B.Vi. Archivio di Torre Dis. 308.

266, 267 Ausschnitte aus dem napoleonischen Katasterplan von 1813 bzw. dessen Kopie (rechts) und aus dem österreichischen Katasterplan von 1834 bzw. dessen Kopie von 1839 (links) im Staatsarchiv Vicenza.

268 Ausschnitt aus der «Nova Descriptio Dominii Veneti» des Nürnbergers Johann Baptist Homann um 1720.

270 Dom S.S. Prosdocimo e Donato an der Piazza Pierobon in Cittadella.

272 Innenansicht des Doms S.S. Prosdocimo e Donato mit Blick auf den Hauptaltar.

273 Innenansicht des Doms S.S. Prosdocimo e Donato mit Blick auf die rechte Seite des Kirchenschiffs.

276 Altar S. Gaetano im rechten Querarm der Kirche S. Stefano an der Piazzetta S. Stefano in Vicenza.

280 Ottavio Bertotti Scamozzi. Triumphbogen für den Podestà Camillo Bernardino Gritti auf der Piazza Matteotti in Vicenza. Die Kupfertafel wurde von Gaetano Vicchi gestochen. Bibliothek des Museo Correr Venedig seg. Cicogna 1555.

284 Teatro Olimpico in Vicenza nach einer alten Fotografie vom Theaterraum gegen die Bühne.

286 «Parte del Territorio Vicentino» aus dem ersten Band der «Architettura di Andrea Palladio» von Francesco Muttoni 1739/40.

331 Detail von Tav. V aus dem ersten Band der «Fabbriche» von 1776 mit der zweiten korinthischen Säulenordnung im Teatro Olimpico.

Nachweis der Abbildungsquellen

Abano Terme, Foto Luciano Fincato: 132, 133
Bassano del Grappa, Museo Civico: 222
Kastanienbaum, Archiv Martin Kubelik: 147, 188
London, Royal Institute of British Architects: 26
London, Victoria and Albert Museum: 27
New York, Avery Library der Columbia University: 210
Turin, Biblioteca Reale (B.R.To. prot. 90/611 vom 4.3.1978, servizio riproduzioni): 180–183, 229
Turin, Stadtarchiv: 228
Venedig, Staatsarchiv (A.S.Ve. nota 4.5510/57.55[88], parere 1820 vom 12.10.1981, sezione di fotoriproduzione): 85, 93, 98, 105–106, 122–125, 264
Vicenza, Centro Internazionale di Studi di Architettura «A. Palladio»: 226, 230–231, 272–273
Vicenza, Renato Cevese und Andrzej Pereswet Soltan: 137, 143
Vicenza, Foto Ferrini: 190, 284
Vicenza, Fototecnica: 6, 42

Alle nicht aufgeführten Abbildungsvorlagen sind Fotografien der Verfasserin und des Benteliteam. Hanna Doench und Vreni Nussbaumer besorgten freundlicherweise die Umzeichnungen der Grundrisspläne aus dem Vicentiner Ufficio tecnico erariale.

IV Bibliografie

Ackerman, James S. Palladio. Harmondsworth, Penguin Books Inc. 1966.
– Palladio's Vicenza: A bird's-eye plan of c. 1571. In: Studies in Renaissance and Baroque Art. London, Phaidon Press 1967.
– Palladio e lo sviluppo della concezione della chiesa a Venezia. In: Bollettino C.I.S.A. 1977 Vol. XIX. Vicenza, C.I.S.A. 1980.
– Palladio. Stuttgart, Gerd Hatje Verlag 1980.
Algarotti, Francesco. Discorsi sopra differenti soggetti. Venezia, Tip. Giambatista Pasquali 1755.
– Opere varie del Conte Francesco Algarotti Ciamberlano di S.M. il Re di Prussia e Cavaliere dell'Ordine del Merito. Venezia, Tip. Giambatista Pasquali 1757.
– Versuche über die Architectur, Mahlerey und musicalische Opera, aus dem Italiänischen des Grafen Algarotti. Kassel, Johann Friedrich Hemmerde 1769.
– Opere del Conte Algarotti Cavaliere dell'Ordine del Merito e Ciambellano di S.M. il Re di Prussia. Cremona, per Lorenzo Manini 1778.
Alverà, Andrea. Note autografe sopra alcuni oggetti di architettura, pitture o scultura esistenti in Vicenza o suoi dintorni. B.B.Vi. Ms seg. Gonz. 25.8.82 (1454).
– Notizie biografiche degli architetti vicentini. B.B.Vi. Ms seg. Gonz. 26.9.12 (3420).
– Indice dei pittori, scultori ed architetti, che lavoravano in Vicenza. B.B.Vi. Ms seg. Gonz. 27.4.41–43 (1451–1453).
Amoretti, Guido. La piazzaforte di Casale. In: Casale Monferrato, Città di und Società Piemontese di Archeologia e Belle Arti (Hg). Quarto Congresso di Antichità e d'Arte, 20–24 aprile 1969. Torino, Editrice Marietti 1974.
Anesini-Berton, Nita Maria. Ottavio Bertotti Scamozzi, Architetto e Storico dell'Arte. Tesi di laurea presso l'università di Padova (Prof. Relatore: Giuseppe Fiocco). Anno accademico 1945–46.
– L'«artiges Büchelchen» vicentino del Goethe. In: Arte Veneta 1947 Vol. I. Venezia, Alfieri Edizioni 1947.
Angiolgabriello di Santa Maria. Biblioteca e Storia di quegli Scrittori così della città come del territorio di Vicenza che pervennero fin' ad ora a notizia del P.F. Angiolgabriello di Santa Maria Carmelitano Scalzo Vicentino. Dall'Anno MDI di Cristo al MDL, Vol. IV. Vicenza, Tip. Gio. Battista Vendramini Mosca 1778.
Antibon, Pasquale. Giovanni Busato e i suoi tempi. Vicenza, Tip. Commerciale 1887.
Arduino, Giovanni. Discorso pronunciato nella Generale Radunanza della Pubblica Accademia di Agricoltura di Vicenza delli 10. Luglio 1769. Accresciuto poi dal medesimo con varie Note, e con tre altre Memorie sopra lo stesso argomento. In: Giornale d'Italia vom 16., 23. und 30. September 1769. Venezia, Benedetto Milocco 1770 Vol. VI.
Arnaldi Tornieri, Arnaldo. L'Architettura. Recitato in Accademia olimpica nelle sale del Teatro 1786. 22 Settembre. In: Giornale poetico o sia poesie inedite di Italiani viventi. Venezia, presso Pietro Marcuzzi 1789.
– I passeggi suburbani fuori dalle porte della città di Vicenza. B.B.Vi. Ms seg. Gonz. 25.2.26 (3106).
– Memorie di Vicenza che cominciano dall'anno 1767, 18 Giugno, e terminano nel 1812 (in einer Kopie von Arnaldo III Muzio Tornieri). B.B.Vi. Ms seg. Gonz. 20.10.10–13 (3108–3111).
Arnaldi, Enea. Abbozzi autografi di lettere del Conte Enea Arnaldi sui progetti relativi ai Portici di Monte Berico (vier Briefkopien vom 1. Februar bis 30. April 1746). B.B.Vi. Ms seg. Gonz. 26.4.1 [8] (2798).
– Scritti originali divisi in due volumi in foglio. B.B.Vi. Ms seg. Gonz. 28.3.2 (2800–2801).
– Idea di un teatro nelle principali sue parti simile a'teatri antichi all'uso moderno accomodato, con due discorsi, l'uno che versa intorno a' Teatri in generale, riguardo solo al coperto della scena esteriore, l'altro intorno al soffitto di quella del Teatro Olimpico di Vicenza, opera dell'insigne Andrea Palladio. Vicenza, Tip. Veronese 1762.
– Osservazioni critiche sull'Opera del Bertotti. B.B.Vi. Ms seg. Gonz. 28.3.2 [2] (2801).
– Disegni architettonici. B.B.Vi. Ms seg. Gonz. 30.7.1 (Ds 2).
Arnaldi, Fabio. Memorie scritte del Co. Fabio Arnaldi dall'anno 1740 sino al 1762 (in einer Kopie von Vincenzo Gonzati). B.B.Vi. Ms seg. Gonz. 21.10.26 (2517).
Arrigoni, Renato. Notizie ed osservazioni intorno all'origine e al progresso dei teatri e delle rappresentazioni teatrali in Venezia e nelle città principali dei paesi veneti. Venezia, Tip. del Gondoliere 1840.
Arslan, Edoardo. Catalogo delle cose d'arte e di antichità d'Italia, Vicenza – I. Le Chiese. Roma, De Luca Editore 1956.
– (Hg). Atti del Convegno di Varenna sugli stuccatori lombardi e ticinesi, maggio 1961. In: Arte e artisti dei laghi lombardi, Vol. II – Gli stuccatori del barocco al rococò. Como, Società archeologica comense 1964.
Azzi Visentini, Margherita. La fortuna del neopalladianesimo inglese e la letteratura neopalladiana minore. In: Comunità 1973 Vol. XXVII No 170. Milano, Edizioni di comunità s.p.a. 1973.
– I palazzi senza «nome». In: Pozza, Neri (Hg). Vicenza illustrata. Vicenza, Neri Pozza Editore 1976.
– «Ottavio Bertotti Scamozzi studioso di Andrea Palladio» di L. Olivato. In: Bollettino C.I.S.A. 1975 Vol. XVII. Vicenza, C.I.S.A. 1978.
Baldarini, Pietro. Descrizione delle Architetture, Pitture, e Scolture di Vicenza con alcune osservazioni. Vicenza, Tip. Francesco Vendramini Mosca 1779.
Barbieri, Franco. Vincenzo Scamozzi. Vicenza, Tip. S. Giuseppe 1952.
– Il Neoclassicismo vicentino: Ottone Calderari. In: Arte Veneta 1953 Vol. VII. Venezia, Alfieri Edizioni 1954.
– mit Cevese Renato und Licisco Magagnato. Guida di Vicenza. Vicenza, Editrice Eretenia 1956 [2. Ed.].
– Il Maffei al Museo di Vicenza. Estratto dal volume «Questa è Vicenza», catalogo dell'Ente Fiera di Vicenza 1955. Vicenza, Tip. G. Rumor 1955 und 1956.
– Terrecotte, marmi e disegni dei Marinali presso il Museo Civico di Vicenza. Vicenza, Tip. S. Giuseppe 1957.
– I 188 anni di Casa Gastaldi. In: Vicenza. Rivista della provincia No 2 marzo–aprile 1961 (Anno III). Vicenza, Coop. tip. Operai 1961.

– Gli affreschi ignorati di Giovanni Demin. In: Vicenza. Rivista della provincia No 4 luglio–agosto 1962 (Anno IV). Vicenza, Coop. tip.Operai 1962.
– Un interprete settecentesco del Palladio: Ottavio Bertotti Scamozzi. In: Palladio 1962 Vol. XII. Roma, Casa Ed. Colombo 1962.
– Un episodio dell'architettura settecentesca vicentina: Francesco Antonio Ziggiotti. In: Bollettino C.I.S.A. 1962 Vol. IV. Vicenza, C.I.S.A. 1963.
– I Precursori del «Neoclassicismo» vicentino. In: Bollettino C.I.S.A. 1963 Vol. V. Vicenza, C.I.S.A. 1964.
– Bendazzoli Gio.Battista; Bertotti Scamozzi Ottavio; Cerato Domenico; Ciesa Giacomo. In: Dizionario Biografico degli Italiani Vol. VIII, IX, XXIII und XXVI. Roma, Ed. Istituto della Enciclopedia Italiana 1966, 1967, 1979 und 1981.
– Le ville dello Scamozzi. In: Bollettino C.I.S.A. 1969 Vol. XI. Vicenza, C.I.S.A. 1970.
– L'interpretazione grafica del Palladio da parte del Bertotti Scamozzi e le sue conseguenze. In: Bollettino C.I.S.A. 1970 Vol. XII. Vicenza, C.I.S.A. 1971.
– Illuministi e neoclassici a Vicenza. Vicenza, Accademia Olimpica 1972.
– L'Oratorio di San Nicola a Vicenza. Vicenza, Neri Pozza Editore 1973.
– Pianta prospettica di Vicenza del 1580. Vicenza, Neri Pozza Editore 1973.
– La Pianta Angelica (1580); Giandomenico e Vincenzo Scamozzi; Il seicento architettonico urbano; Il giardino Querini. In: Pozza, Neri (Hg). Vicenza illustrata. Vicenza, Neri Pozza Editore 1976.
– I disegni di Francesco Muttoni a Chatsworth. In: Arte Lombarda 1980 Vol. 55–57. Milano, Ed. Arte Lombarda 1980.
Barichella, Vittorio. Andrea Palladio e la sua scuola. Lonigo, Tip. Giovanni Gasparini 1880.
Barioli, Gino. Il Restauro a Vicenza negli anni sessanta. Vicenza, Ed. Comune di Vicenza 1972.
Bassi, Elena. Architettura del Sei e Settecento a Venezia. Napoli, Edizioni scientifiche italiane 1962.
– Teatri veneti del Settecento. In: Bollettino C.I.S.A. 1975 Vol. XVII. Vicenza, C.I.S.A. 1978.
Battilotti, Donata. Vicenza al tempo di Andrea Palladio attraverso i libri dell'estimo del 1563–1564. Vicenza, Accademia Olimpica 1980.
Baudi di Vesme, Alessandro. Schede Vesme. L'arte in Piemonte dal XVI al XVIII secolo. Torino, Ed. Società Piemontese di Archeologia e Belle Arti 1963–1968.
Bazzi, S. L'Arte a Palazzo Gozzani di Treville, Casale. Casale Monferrato, Tip. Milano & C. 1955.
Berengo, Marino. La società veneta alla fine del Settecento. Firenze, Sansoni Editore 1956.
– Giornali veneziani del Settecento. Milano, Feltrinelli Editore 1962.
Berger, Ursel. Palladios Frühwerk. Köln und Wien, Böhlau Verlag 1978.
– Palladio publiziert seine eigenen Bauten: zum Problem des Secondo Libro (in Vorbereitung).
Berlendis, Francesco. Poesie. Vicenza, Tip. Giovanni Rossi 1789.
Berti, Francesco. Elogio del P.D. Francesco Franceschini Chier. Regol. Som. recitato il primo giorno di Febbraio 1803. Vicenza, Tip. Paroni 1803.
Berti, Giambattista. Topografia della R. Città di Vicenza corredata di memorie sulla Storia, sulla Statistica, sui Prodotti, sulle Manifatture, sugli Uomini Illustri, e sulle Opere di Belle Arti. Vicenza, Tip. Paroni 1823.
– Guida per Vicenza. Venezia, Tip. Francesco Andreola 1822.
– Nuova Guida per Vicenza. Padova, Tip. Crescini 1830.
– Dizionario d'architettura teorico-pratica. Vicenza, Tip. Paroni 1863.
Bertotti Scamozzi, Ottavio. Elementi di Architettura Civile, con le regole de cinque Ordini cavati da precetti di Andrea Palladio, Architetto Vicentino. c. 1756. B.B.Vi. Ms seg. Gonz. 24.10.16 (472).
– Descrizione dell'Arco Trionfale e della Illuminazione fatta nella Pubblica Piazza di Vicenza la Notte 12 Novembrre 1758 per la gloriosissima esaltazione alla dignità cardinalizia di Sua Eminenza Reverendissima Signor Antonio Marino Priuli Vescovo della medesima Città. Dedicata agl'Illustrissimi Sig.Sig. Deputati di Vicenza. Vicenza, nella Stamperia di Carlo Bressan e Francesco Mazzolini 1758 [2. Ed.].
– Il Forestiere istruito delle cose più rare di Architettura, e di alcune Pitture della Città di Vicenza. Dialogo di Ottavio Bertotti Scamozzi dedicato al Nob. Sig. Marchese Mario Capra. Vicenza, Giovambattista Vendramini Mosca 1761. Weitere Auflagen: Vicenza, Tip. Turra 1780. Vicenza, Tip. Vendramini Mosca 1804.
– Tutto quel che rimane intorno al progetto dell'edizione di Palladio ideata da Pietro Edwards e maneggiata col Signor Ottavio Bertotti Scamozzi e col Signor Locatelli. Vicenti l'anno 1770. Biblioteca del Seminario Patriarcale di Venezia, seg. Ms 788/4.
– Appunti e schizzi di fabbriche. 1770. B.B.Vi. Ms seg. Acc. 8/87 [II].
– Le Fabbriche e i Disegni di Andrea Palladio raccolti ed illustrati da Ottavio Bertotti Scamozzi. Opera divisa in quattro Tomi con Tavole in rame rappresentanti le Piante, i Prospetti, e gli Spaccati: con la traduzione francese. Vicenza, Francesco Modena 1776–1783. Weitere Auflagen: Vicenza, Tip. Giovanni Rossi 1786 sowie 1796.
– Le Terme dei Romani disegnate da Andrea Palladio e ripubblicate con la giunta di alcune osservazioni da Ottavio Bertotti Scamozzi giusta l'esemplare del Lord Co. di Burlingthon impresso in Londra l'anno 1732. Vicenza, Francesco Modena 1785. Weitere Auflagen: Vicenza, Tip. Giovanni Rossi 1797. Vicenza, Tip. Tommaso Parise 1810.
– L'origine dell'Accademia Olimpica di Vicenza con una breve descrizione del suo teatro. Opera di Ottavio Bertotti Scamozzi Architetto. Vicenza, Tip. Giovanni Rossi 1790. Weitere Auflagen: Vicenza, Tip. Vendramini Mosca 1804. Vicenza, Tip. Tommaso Parise 1822. Vicenza, Tip. Longo 1842.
Blondel, Jacques-François. Cours d'architecture, où Traité de la décoration, distribution et construction des bâtiments, contenant les leçons données en 1750 et les années suivantes. Paris, Tip. Desaint 1771–1777.
Bordignon Favero, Giampaolo. Palazzo e Parco Revedin (ora Bolasco Piccinelli) al Paradiso di Castelfranco. Treviso, Editrice Canova 1958.
– Castelfranco Veneto e il suo Territorio nella storia e nell'arte. Castelfranco Veneto, Ed. Banca Popolare di Castelfranco Veneto 1975.
Bortolan, Domenico. Guida di Vicenza, note e documenti. B.B.Vi. Ms seg. CB 36–43.
– Saggio di un dizionario biografico di artisti vicentini. Vicenza, Tip. S. Giuseppe 1886.
– S. Corona chiesa e convento dei Domenicani in Vicenza. Vicenza, Tip. S. Giuseppe 1889.
– La fraglia dei fabbri in Vicenza. Vicenza, Tip. S. Giuseppe 1891.
– und Sebastiano Rumor. Le contrade del Monte – Porti – Pusterla – S. Marco – S. Francesco – S. Bortolo in Vicenza dal secolo XVI al finire del XIX. Vicenza, Tip. S. Giuseppe 1895.
– und Sebastiano Rumor. Guida di Vicenza. Vicenza, Tip. S. Giuseppe 1919.
Boschini, Marco. I Gioieli Pittoreschi. Virtuoso ornamento della Città di Vicenza; Cioè l'Endice di tutte le Pitture publiche della stessa Città. Venetia, appresso Francesco Nicolini 1676/1677.
Bossaglia, Rossana. Bagutti Jacopo e Pietro Martire. In: Dizionario Biografico degli Italiani Vol. V. Roma, Ed. Istituto della Enciclopedia Italiana 1963.
– Caratteri dello stucco decorativo settecentesco a Casale. In: Casale, Città di und Società Piemontese di Archeologia e Belle Arti (Hg). Quarto Congresso di Antichità e d'Arte, 20–24 aprile 1969. Torino, Editrice Marietti 1974.
Bottari, Giovanni und Stefano Ticozzi (Hg). Raccolta di lettere sulla pittura, scultura ed architettura. Milano, Tip. Giovanni Silvestri 1822–1825.
Braunfels, Wolfgang. Abendländische Stadtbaukunst. Köln, Verlag M. DuMont Schauberg 1976.
Brentari, Ottone. Guida storico-alpina di Bassano, Sette Comuni, Canale di Brenta, Marostica, Possagno. Bassano, Tip. S. Pozzato 1885.
– und Scipione Cainer. Guida storico-alpina di Vicenza, Recoaro e Schio. Vicenza, Tip. S. Pozzato 1887.
Bressan, Bartolomeo. Monumenti pubblici e privati antichi e moderni. B.B.Vi. Ms seg. Gonz. 24.10.1 (3209).
– Fabbriche di Vicenza. Studi. B.B.Vi. Ms seg. Gonz. 24.10.1 (3209).
– Palasti ed edifici vicentini. B.B.Vi. Ms seg. Gonz. 24.10.1 (3209).
– Serie dei Podestà e dei Viacri della città e territorio di Vicenza. Vicenza, Tip. Staider 1877.
– Le fabbriche antiche e moderne nella provincia di Vicenza. Appunti per una guida. Vicenza, Tip. S. Giuseppe 1897.

Briseux, Charles Etienne. Traité du Beau essentiel dans les Arts. Appliqué particulièrement à l'Architecture, et démontré phisiquement e par l'Expérience. Avec un traité des Proportions Harmoniques. Paris, chez l'Auteur 1752.

Brosses, Charles de. Des Präsidenten de Brosses vertrauliche Briefe aus Italien an seine Freunde in Dijon 1739–1740. Übersetzt von Werner Schwartzkopff. München, Georg Müller 1918–1922.

Brunelli, Bruno und Adolfo Callegari. Ville del Brenta e degli Euganei. Milano, Fratelli Treves Editori 1931.

Brunello, Franco. Fraglie e società artigiane a Vicenza dal XII al XVII secolo. In: Pozza, Neri (Hg). Vicenza illustrata. Vicenza, Neri Pozza Editore 1976.

Brunetta, Giulio. Gli inizi dell'insegnamento pubblico dell'archtettura a Padova e a Venezia. Cronoca e storia. Padova, Editrice Antenore 1976.

Brusatin, Manlio. Illuminismo e architettura del '700 veneto. Catalogo della mostra, Castelfranco Veneto agosto–novembre 1969. Resana di Treviso, Grafiche G. Paroni 1969.

— Venezia nel Settecento: stato, architettura, territorio. Torino, Giulio Einaudi Editore 1980.

Burlington, Richard (Hg). Fabbriche antiche disegnate da Andrea Palladio Vicentino e date in luce da Riccardo Conte di Burlington. Londra, ohne Druckerangaben 1730 und 1732.

Burns, Howard. I disegni palladiani. In: Cevese, Renato (Hg). Mostra del Palladio. Milano, Electa Editrice o.J. [1973].

— (Hg). Andrea Palladio 1508–1580. The portico and the farmyard. London, The Arts Council of Great Britain 1975.

— The Buildings and the designs of Andrea Palladio collected and illustrated by Ottavio Bertotti Scamozzi. A work divided into four Volumes, with copper Plates representing the Plans, the Elevations, and the Sections. Trent, by Editrice La Roccia 1976.

— Le opere minori del Palladio. In: Bollettino C.I.S.A. 1979 Vol. XXI. Vicenza, C.I.S.A. 1982.

Buttlar, Adrian von. Der Landschaftsgarten. München, Wilhelm Heyne-Verlag 1980.

— Der englische Landsitz 1715–60. Symbol eines liberalen Weltentwurfs. München–Mittenwald, Mäander-Verlag 1982.

Cabianca, Jacopo. Biografia di Giacomo Milan. B.B.Vi. Ms seg. Gonz. 26.9.20 (3294).

— Dei giardini e della orticoltura nella provincia di Vicenza. In: Catalogo della prima mostra dei prodotti primitivi del suolo, della industria e belle arti della Provincia Vicentina, tenuta nel palazzo del Museo Civico il 25 Agosto 1855. Vicenza, Tip. Eredi Paroni 1855.

— und Fedele Lampertico. Vicenza e il suo territorio. In: Grande Illustrazione del Lombardo-Veneto Vol. IV. Milano, Tip. Gugliemini 1861.

Caizzi, Bruno. Industria e commercio della Repubblica veneta nel XVIII secolo. Milano, Ed. Banca Commerciale Italiana 1965.

Calderari, Ottone. Discorso intorno la copertura da farsi al pulpito del Teatro Olimpico di Vicenza. Padova, Tip. del Seminario 1762.

— Disegni e scritti d'Architettura. Edizione postuma a cura di Antonio Diedo, Giovambattista Marangoni, Andrea Rigato, Agostino Vivorio. Vicenza, Tip. Paroni 1808–1815.

Cameron, Charles. The Baths of the Romans, explained and illustrated, with the restorations of Palladio corrected and improved. London, George Scott of Chancery Lane 1772.

Caminer Turra, Elisabetta (Hg). Tributo alla Verità. Vicenza, Tip. Turra 1788.

Capra, Mario und Giuseppe Gastaldi. Relazione della funzione solennissima fatta nella pubblica piazza della città di Vicenza nella notte 12. novembre 1758 in occasione dell'esaltazione al Cardinalato del Vescovo Antonio Marino Priuli. B.B.Vi. Ms seg. Gonz. 25.10.2 (3271).

Capra, Orazio Claudio. Elogio a sua Eccellenza il signor Camillo Bernardino Gritti terminando gloriosamente il reggimento di Vicenza. Vicenza, Tip. Giusto 1788.

Carboneri, Nino. Il palladianesimo in Piemonte. In: Bollettino C.I.S.A. 1969 Vol. XI. Vicenza, C.I.S.A. 1970.

— Aspetti e problemi dell'arte a Casale dal barocco al neoclassicismo. In: Casale, Città di und Società Piemontese di Archeologia e Belle Arti (Hg). Quarto Congresso di Antichità e d'Arte, 20–24 aprile 1969. Torino, Editrice Marietti 1974.

— Riflessi palladiani nell'epistolario Arnaldi-Magnocavallo. In: Arte Veneta 1978 Vol. XXXII. Venezia, Alfieri Edizioni 1979.

Caregaro Negrin, Antonio. Dell'arte dei giardini. Parte storica. In: Prima Esposizione italiana di Architettura in Torino. Conferenze, ottobre–novembre 1890. Torino, Tip. L. Roux e C. 1891.

Carpeggiani, Paolo. Paolo Pozzo, un profilo dell'architetto e la vicenda degli ospedali di Mantova alla fine del Settecento. In: Bollettino C.I.S.A. 1972 Vol. XIV. Vicenza, C.I.S.A. 1973.

— Pittori e scultura nel XVI e XVII secolo. In: Pozza, Neri (Hg). Vicenza illustrata. Vicenza, Neri Pozza Editore 1976.

Castelnuovo, Enrico und Marco Rosci (Hg). Cultura figurativa e architettura negli Stati del Re di Sardegna 1773–1861, maggio–luglio 1980. Torino, Stamperia Artistica Nazionale 1980.

Cavallari-Murat, Augusto. Indagini sulla teoria veneta dell'età neoclassica. In: Bollettino C.I.S.A. 1963 Vol. V. Vicenza, C.I.S.A. 1964.

— I teorici veneti dell'età neoclassica. In: Atti dell'Istituto Veneto di Scienze, Lettere ed Arti Vol. CXXII. Venezia, Ed. Istituto Veneto 1964.

— Forma urbana ed architettura nella Torino barocca. Torino, Ed. Istituto di Architettura Tecnica del Politecnico 1968.

— Introduzione critica ai rapporti tra forma urbana e architettura nel concentrico di Casale. In: Casale, Città di und Società Piemontese di Archeologia e Belle Arti (Hg). Quarto Congresso di Antichità e d'Arte, 20–24 aprile 1969. Torino, Editrice Marietti 1974.

Cerato, Domenico. Nuovo metodo per disegnare li cinque Ordini di Architettura civile conforme le regole di Andrea Palladio e Vincenzo Scamozzi, ed alcune figure di Geometria pratica, per uso della pubblica Scuola di Architettura istituita in Padova l'anno 1771 dal Magist. Eccell. de' Sigg. Riformatori dello Studio a benefizio principalmente delle tre arti meccaniche de' Marangoni, Muratori e Tagliapietra. Padova, Tip. Penada 1784.

Ceretta, Giuseppe; Arcaro, Renzo und Antonio Sandri. Il Berga teatro romano. Vicenza, Ed. Camera di Commercio Industria Artigianato e Agricoltura o.J. [1978].

Cevese, Renato. Le ville vicentine. In: Mazzotti, Giuseppe (Hg). Le ville venete. Treviso, Editrice Canova 1953 [2. Ed.].

— Le ville vicentine. Treviso, Editrice Canova 1954.

— Il pittore Costantino Pasqualotto detto il Costantini. In: Vita Vicentina No 9 novembre–dicembre 1954. Vicenza, Tip. S. Giuseppe 1954.

— Le due fabbriche più notevoli di Carlo Barrera. In: Bollettino C.I.S.A. 1962 Vol. IV. Vicenza, C.I.S.A. 1963.

— L'architettura gotica religiosa a Vicenza. In: Bollettino C.I.S.A. 1965 Vol. VII, par. II. Vicenza, C.I.S.A. 1966.

— Fabbriche religiose di derivazione palladiana fiorite nel Veneto durante la stagione neoclassica. In: Bollettino C.I.S.A. 1967 Vol. IX. Vicenza, C.I.S.A. 1968.

— Licenze nell'arte di Andrea Palladio. In: Odeo Olimpico 1968–1969 Vol. VII. Vicenza, Accademia Olimpica 1970.

— Ricchezze pittoriche nella chiesa di Santo Stefano in Vicenza. In: Raccolte di studi sulla parrocchia e chiesa di S. Stefano in Vicenza. Vicenza, Tip. S. Giuseppe 1970.

— Ville della Provincia di Vicenza. Milano, Edizioni Sisar 1971.

— (Hg). Mostra del Palladio. Milano, Electa Editrice o.J. [1973].

— I modelli della mostra del Palladio. Milano, Electa Editrice 1976.

— La vecchia Vicenza in 20 fotografie. Bologna, Specimen Grafica Editoriale 1977.

— Invito a Palladio. Milano, Rusconi Immagini 1980.

— Il palladianesimo in Italia. In: Palladio. La sua eredità nel mondo. Quarto centenario della morte di Andrea Palladio. Milano, Electa Editrice 1980.

Chapuy; Corréard, Alexandre und Albert Lenoir. Œuvre complètes d'André Palladio. Nouvelle édition contenant les quatre livres avec les planches du grand ouvrage d'Octave Scamozzi, le traité des Thermes, le Théatre et les Eglises. Le tout rectifié et complété d'après les notes et documents fournis par les premiers architectes de l'école française. Paris, chez L. Mathias (Augustin) 1842.

Ciscato, Antonio. Guida di Vicenza. Vicenza, Tip. Bortolo Paroni 1871.

Coletti, Luigi. L'arte dal neoclassicismo al romanticismo. In: La Civiltà veneziana nell'età romantica. Firenze, Sansoni Editore 1961.

Comanducci, Agostino Mario. Dizionario illustrato dei Pittori, Disegnatori e

Incisori Italiani Moderni e Contemporanei. Milano, Luigi Patuzzi Editore 1970–1974.
Concina, Ennio (Hg). Ville, giardini e paesaggi del Veneto nelle incisioni dell'opera di Johann Christoph Volkamer con la descrizione del lago di Garda e del monte Baldo. Milano, Ed. Il Polifilo 1979.
Conti, Alessandro. Storia del restauro e della conservazione delle opere d'arte. Milano, Electa Editrice 1973.
Coppo, Secondino. Un secondo aspetto della vicenda urbanistica di Casale a commento delle mappe dell'Istituto di Architettura Tecnica: con punto di prospettiva settecentesco, tra Barocco e Neoclassico. In: Casale, Città di und Società Piemontese di Archeologia e Belle Arti (Hg). Quarto Congresso di Antichità e d'Arte, 20–24 aprile 1969. Torino, Editrice Marietti 1974.
Corboz, André. Néo-palladianisme et néo-borrominisme à Fribourg: l'énigme du château de La Poya (1698–1701). In: Zeitschrift für Schweizerische Archäologie und Kunstgeschichte Vol. 34 Heft 3. Zürich, Berichthaus 1977.
Cornaglia, Emma. Giovanni Battista Scapitta architetto e Vincenzo Scapitta agrimensore. Torino, Editrice Marietti 1968.
– Un progetto del Magnocavallo per la facciata di Santa Croce e un disegno di G.B. Scapitta per Tonco; Perizia dell'ingegnere Don Antonio Leni. In: Casale, Città di und Società Piemontese di Archeologia e Belle Arti (Hg). Quarto Congresso di Antichità e d'Arte, 20–24 aprile 1969. Torino, Editrice Marietti 1974.
Crivellari, Francesco und Liceo Bernatti. Topografia della Regia Città di Vicenza. Lavoro d'una Società Topografica-Statistica dedicato al N.H. Marco Antonio Pasqualigo Ciambellano di S.M. Imperiale, Regio Delegato della Provincia Vicentina. Vicenza, Luigi Forte Editore 1821.
Crivelli, Aldo. Artisti e artigiani ticinesi nel mondo. In: Ronner, Heinz (Hg). Schweizer bauen im Ausland. Zürich, Organisationsstelle für Ausstellungen der Architekturabteilung ETH 1978.
Crosato, Luciana. Gli affreschi nelle ville venete del Cinquecento. Treviso, Editrice Canova 1962.
Curti, Pietro Leopoldo. Poesie in onore di S.E. il N.U. sig. co. Leopoldo Curti Capitanio di Vicenza. Vicenza, Tip. Giusto 1789.
Dall'Acqua, Cristoforo. Vedute di Vicenza, ristampate con introduzione di Licisco Magagnato. Vicenza, Ed. Banca Popolare di Vicenza 1952.
Dall'Acqua, Gio. Domenico. Descrizione Iconografica della Città di Vicenza con il sito ove s'attrovano e prospetto di tutte le Chiese e Palazzi più cospicui oltre moltissimi altri di minor magnificenza, rilevata e delineata da me Gio. Dom.co dall'Acqua Citt. no di detta Città e nel Seren.mo Dominio Veneto Pubblico perito 1711. Ohne Druckerangaben.
Dalla Pozza, Antonio Marco. Palladio. Vicenza, Edizioni del Pellicano 1943.
– Palladiana IX – Nuovi documenti e notazioni sulle ville di Lonedo e di Vancimuglio. In: Odeo Olimpico 1943–1963 Vol. IV. Vicenza, Accademia Olimpica 1964.
Dal Ferro, Giovanni. Memorie intorno alcune famiglie Nobili Vicentine compilate dal Co. Scipion Dal Ferro, e tratte dal Manoscritto originale. B.B.Vi. Ms seg. Gonz. 27.4.56 (3026).
– Notizie ed albero genealogico della famiglia Fadinelli. B.B.Vi. Ms seg. Gonz. 27.4.56 (3026).
Dal Molin, Luigi. Monticello di Fara celebra il I decennale, 23 novembre 1947–1957. Vicenza, Tip. G. Rumor 1957.
D'Amico, Silvio (Hg). Enciclopedia dello Spettacolo. Roma, Ed. Le Maschere 1954–1968.
Dani, Aristide (Hg). Studi in onore di Federico M. Mistrorigo. Vicenza, Tip. S. Giuseppe 1958.
Da Schio, Giovanni. I Memorabili. B.B.Vi. Ms seg. Gonz. 5.9.5–16 und Gonz. 6.10.1–11 (3387–3404).
De Bernardi Ferrero, Daria. Il Palazzo Morozzo della Rocca. In: Atti e Rassegna tecnica della Società degli Ingegneri e degli Architetti in Torino, NS XIII No 12 dicembre 1959. Torino, ohne Druckerangaben 1959.
De Conti, Giuseppe. Ritratto della Città di Casale ossia Descrizione compendiosa de' principali edifici, pitture e sculture più rimarcabili, che esistono in essa città a tutto l'anno corrente 1794. Prefazione e note del Dott. Gabriele Serrafero. Casale Monferrato, Ed. Rotary Club 1966.
De Conti, Vincenzo. Notizie storiche della Città di Casale e del Monferrato (1742–1799). Casale, Tip. Casuccio e Bagna 1838–1841.
De Morani, Giuseppe Antonio. Memorie istoriche della Città e della Chiesa di Casale Monferrato raccolte e divise in due parti una civile, l'altra ecclesiastica. Biblioteca Civica di Casale Monferrato, handschriftliche Kopie des sich im Privatbesitz befindenden Originals Ms seg. De Morani o.Nr.
Dian, Giuseppe. Notizie delli due Secoli XVIII e XIX spettanti alla città di Vicenza. B.B.Vi. Ms seg. Gonz. 20.10.1–7 (2958–2964).
Diedo, Antonio. Casino Villereccio. Abitazioni campestri. Progetto N.1. Ohne Verlagsort und Jahr [aber ca. 1800].
– Elogio del Prof. Angelo Pizzi. In: Atti della Imp. Regia Accademia di Belle Arti in Venezia dell'anno 1842. Venezia, Tip. Giuseppe Antonelli 1843.
– Delle lodi di Davide Rossi fu Professore di Prospettiva nella I.R. Accademia di Belle Arti in Venezia. In: Atti della Imp. Regia Accademia di Belle Arti in Venezia dell'anno 1844. Venezia, Tip. Gaspari 1844.
Donzelli, Carlo. I pittori veneti del Settecento. Firenze, Sansoni Editore 1957.
Dumont, Gabriel-Pierre-Martin. Parallèle de Plans des plus belles Salles de Spectacles d'Italie e de France avec des détails de Machines Théatrales. Paris, Rue des Arcis [Selbstverlag] o.J. [1763].
Faccioli, Giantommaso. Notizie biografiche su vari artisti. B.B.Vi. Ms seg. Gonz. 26.5.34 (2002).
– Musaeum lapidarium Vicentinum. Vicetiae, ex typ. Brixiani 1776 und ex typ. Vendramini Muscae 1803–1804.
Fagiolo, Maurizio. La scenografia dalle sacre rappresentazioni al futurismo. Firenze, Sansoni Editore 1973.
Fasolo, Giulio. Le Ville del Vicentino. Vicenza, Tip. Arti Grafiche delle Venezie 1929.
Favaro Fabris, Mario. L'architetto Francesco Maria Preti di Castelfranco Veneto (1701–1774). Treviso, Ed. trivigiana 1954.
Favetta, Giovanni. Fatti successi in Vicenza dall'anno 1704 sino al 1814 diligentemente raccolti da Gio. Favetta. B.B.Vi. Ms seg. Gonz. 22.9.42 (3224).
– Memorie di quanto successe nella Città di Vicenza dall'Anno 1702 sino all'anno 1816. B.B.Vi. Ms seg. Gonz. 23.10.15 (1673).
Federici, Domenico Maria. Memorie trivigiane sulle opere di disegno. Venezia, presso F. Andreola 1803.
Ferrari, Giulio. Poesie inedite sopra l'ultima guerra consecrate alla S.R.M. di Federico il Grande Re di Prussia. Vicenza, Tip. Vendramini Mosca 1766.
– Nel comun lutto e dolore terminando il reggimento di Podestà di Vicenza Sua Eccellenza Camillo Bernardino Gritti. Sonetti. Vicenza, Tip. Vendramini Mosca 1788.
Ferrero Viale, Mercedes. Ritratto di Casale. Torino, Ed. Istituto Bancario San Paolo di Torino 1966.
– Disegni e progetti di Leonardo Marini per decorazioni eseguite in palazzi di Casale. In: Casale, Città di und Società Piemontese di Archeologia e Belle Arti (Hg). Quarto Congresso di Antichità e d'Arte, 20–24 aprile 1969. Torino, Editrice Marietti 1974.
Festari, Girolamo. A Jacopo Milan epistola poetica. B.B.Vi. Ms seg. Gonz. 25.7.30 (2782).
– Sonetto in morte di Jacopo Milan Massari. B.B.Vi. Ms seg. Gonz. 26.4.5 [1] (2898).
Fichet, Françoise. La théorie architecturale à l'âge classique. Essai d'anthologie critique. Brüssel und Lüttich, Pierre Mardaga éditeur 1979.
Foppiani, Celestino. Le Fabbriche e i Disegni di Andrea Palladio. Nuova Edizione italiana foggiata sulla vicentinese di Bertotti Scamozzi. Torino, Tip. Fontana 1843–1846. Milano, Tip. Monti 1843–1846. Genova, Tip. Decamilli 1843–1846.
– Le Terme dei Romani disegnate da Andrea Palladio. Nuova edizione italiana fatta sopra la vicentina del 1797 per servire di compimento all'opera delle fabbriche e disegni data in Torino negli anni 1842–1846 di Bertotti Scamozzi riveduta dal Cavaliere Celestino Foppiani. Torino, Tip. Fontana 1849. Milano, Tip. Monti 1849. Genova, Tip. Decamilli 1849.
Formenton, Francesco. Memorie storiche della città di Vicenza dalla sua origine fino all'anno 1867. Vicenza, Tip. Staider 1867.
– Storia del Teatro Eretenio di Vicenza dalla sua fondazione sino il giorno 22 settembre 1867. Vicenza, Tip. Staider 1868.

Forssman, Erik. Palladios Lehrgebäude. Studien über den Zusammenhang von Architektur und Architekturtheorie bei Andrea Palladio. Uppsala, Almqvist & Wiksell 1965.

— Il palazzo Da Porto Festa di Vicenza. Corpus Palladianum Vol. VIII. Vicenza, C.I.S.A. 1973.

— Visible Harmony. Palladio's Villa Foscari at Malcontenta. Stockholm, Sveriges arkitekturmuseum and Konsthögskolans arkitekturskola 1973.

— Vorwort zum Nachdruck I quattro libri dell'architettura von Andrea Palladio. Hildesheim und New York, Georg Olms Verlag 1979.

— Il Palladianesimo: un tentativo di definizione. In: Palladio. La sua eredità nel mondo. Quarto centenario della morte di Andrea Palladio. Milano, Electa Editrice 1980.

Franceschetto, Gisla. Il Duomo di Cittadella, 5 Aprile 1964. Padova, Tip. Antoniana 1964.

— La struttura urbana di Cittadella alla fine del Settecento. In: Bollettino C.I.S.A. 1971 Vol. XIII. Vicenza, C.I.S.A. 1972.

Franco, Fausto. La scuola architettonica di Vicenza. Palazzi minori dal sec. XV al XVIII. In: Monumenti italiani. Rilievi raccolti a cura della Reale Accademia d'Italia, Fascicolo III. Roma, Libreria dello Stato 1934.

— Il «Palazzetto di Belisario» a Vicenza. In: Rassegna di architettura 1936 Vol. VIII numero Maggio. Milano, Rassegna di architettura 1936.

— Francesco Muttoni, l'architetto di Vicenza N.N. In: Bollettino C.I.S.A. 1962 Vol. IV. Vicenza, C.I.S.A. 1963.

— Ottavio Bertotti Scamozzi. In: Bollettino C.I.S.A. 1963 Vol. V. Vicenza, C.I.S.A. 1964.

Francovich, Carlo. Storia della massoneria in Italia dalle origini alla rivoluzione francese. Firenze, La Nuova Italia Editrice 1974.

Franzina, Emilio. Vicenza, storia di una città 1404—1866. Vicenza, Neri Pozza Editore 1980.

— Le feste dei nobili a Vicenza. Vicenza, Libreria Traverso 1980.

Gabrielli, Noemi. L'Arte a Casale Monferrato dal XI al XVIII secolo. Torino, Tip. di Miglietto, Milano & C. 1935.

Gallet, Michel. Palladio et l'architecture française dans la seconde moitié du XVIII siècle. In: Les Monuments historiques de la France 1975 Vol. XXI No 2. Paris, Ed. Caisse nationale des Monuments historiques et des Sites 1975.

— und Monique Mosser. Il Neoclassicismo o il vero Palladio riscoperto. In: Palladio. La sua eredità nel mondo. Quarto centenario della morte di Andrea Palladio. Milano, Electa Editrice 1980.

Gamba, Bartolommeo. Galleria dei Letterati ed Artisti più Illustri delle Provincie Austro-Venete che fiorirono nel secolo XVIII. Venezia, Tip. Alvisopoli 1922—1824.

Georgelin, Jean. Venise au siècle des lumières. Paris e La Haye, Mouton Editeur 1978.

Germann, Georg. Einführung in die Geschichte der Architekturtheorie. Darmstadt, Wissenschaftliche Buchgesellschaft 1980.

G.g. La «Casa del Littorio» a Vicenza. In: Il Popolo d'Italia vom 10. Juni 1928 Vol. XV (Anno VI). Milano, Tip. Popolo d'Italia 1928.

Giarolo, Domenico. La villa romana di Casa Quinta in Comune di Sarego. In: Bollettino del Museo Civico No 1 gennaio—marzo 1910. Vicenza, Tip. S. Giuseppe 1910.

Giarrizzo, Giuseppe; Torcellan, Gianfranco und Franco Venturi. La letteratura italiana. Storia e testi Vol. 46 To. VII — Illuministi italiani. Milano e Napoli, Ed. Riccardo Ricciardi 1965.

Giornale d'Italia spettante alla scienza naturale e principalmente all'agricoltura, alle arti ed al commercio. Venezia, Benedetto Milocco vom 7. Juli 1764 bis 1776. Nuovo Giornale d'Italia. Venezia, Benedetto Milocco 1776—1784 und Venezia, Perlini 1789—1797.

Giornale Enciclopedico. Venezia, Stamperia Fenziana vom Januar 1774 bis 1777 und Vicenza, ohne Druckerangaben [ab 1780 aber Tip. Turra] 1777—1782. Nuovo Giornale Enciclopedico. Vicenza, ohne Druckerangaben [aber Tip. Turra] 1783—1789. Nuovo Giornale Enciclopedico d'Italia. Vicenza, ohne Druckerangaben [aber Tip. Turra] und anschliessend Venezia, Giacomo Storti 1790—1797.

Goedicke, Christian; Slusallek, Klaus und Martin Kubelik. Thermoluminescence Dating in Architectural History: Venetian Villas. In: Journal of the Society of Architectural Historians 1981 Vol. XL No 3.

Goethe, Johann Wolfgang. Italienische Reise. Erster und zweiter Teil. München, dtv-Gesamtausgabe 1962 Band 25.

Gonzati, Lodovico. Memorie sulla Chiesa dei Sti. Faustino e Giovita. B.B.Vi. Ms seg. Gonz. 25.10.69 (3222).

Gonzati, Vincenzo. Famiglie vicentine, memorie genealogiche. B.B.Vi. Ms seg. Gonz. 27.8.7—8 (3228—3229).

Grassi, Liliana (Hg). Tommaso Temanza. Vite dei più celebri Architetti, e Scultori Veneziani. Milano, Edizioni Labor 1966.

Griselini, Francesco (?). Delle Fabbriche e Manifatture di Seta esistenti nella Città di Vicenza. In: Giornale d'Italia vom 1. September 1764. Venezia, Benedetto Milocco 1765 Vol. I.

Gurlitt, Cornelius. Bibliothek alter Meister der Baukunst zum Gebrauch für Architekten. Bd. 1: Andrea Palladio. Wittenberg, Herrosé & Ziemsen 1914.

Halsband, Robert (Hg). The complete letters of Lady Mary Wortley Montagu. Oxford, Clarendon Press 1965—1967.

Haskell, Francis. Patron and Painters. A Study in the Relations between Italian Art and Society in the Age of Baroque. London, Chatto & Windus 1963.

Hernandez, Antonio. Grundzüge einer Ideengeschichte der französischen Architekturtheorie von 1560—1800. Basel, Buchdruckerei National-Zeitung AG 1972.

Herrmann, Wolfgang. Laugier and eighteenth century French theory. London, Zwemmer 1962.

Hofmann, Werner (Hg). John Flaxman, Mythologie und Industrie. München, Prestel-Verlag, und Hamburger Kunsthalle 1979.

Horaz. Sämtliche Werke. Tusculum-Bücherei. München, Ernst Heimeran Verlag 1964.

Howard, Deborah. Four Centuries of Literature on Palladio. In: Journal of the Society of Architectural Historians 1980 Vol. XXXIX No 3.

Huse, Norbert. Palladio und die Villa Barbaro in Maser: Bemerkungen zum Problem der Autorschaft. In: Arte Veneta 1974 Vol. XXVIII. Venezia, Alfieri Edizioni 1975.

Jacini, Cesare. Veneto, città e ville di Terraferma. In: Il viaggio del Po. Traccia storico-estetica per la visita ai monumenti ed ai luoghi della Valle Padana Vol. VII. Milano, Ulrico Hoepli Editore 1958.

Kamm-Kyburz, Christine. Aspetti rationalistici nel Palladianesimo: Ottavio Bertotti Scamozzi. In: Bollettino C.I.S.A. 1979 Vol. XXI. Vicenza, C.I.S.A. 1982.

— Ottavio Bertotti Scamozzi und die Rezeption palladianischer Bautypologie im Veneto des 18. Jahrhunderts. In: Forster, Kurt W. und Martin Kubelik (Hg). Palladio — Ein Symposium. Bibliotheca Helvetica Romana Vol. XVIII. Rom, Ed. Schweizerisches Institut in Rom 1980.

Kubelik, Martin. Gli edifici palladiani nei disegni del magistrato veneto dei Beni Inculti. In: Bollettino C.I.S.A. 1974 Vol. XVI. Vicenza, C.I.S.A. 1976.

— Andrea Palladio. Katalog der Vicentiner Ausstellung in Wien und Zürich. Wien, Ed. Akademie der bildenden Künste 1975. Zürich, Ed. Kunstgewerbemuseum der Stadt Zürich 1975 und 1976.

— Die Villa im Veneto. Zur typologischen Entwicklung im Quattrocento. München, Süddeutscher Verlag 1977.

— (Hg). Palladio in der Architektur des Vicentino. Rom, Ed. Schweizerisches Institut in Rom 1977.

— Per una nuova lettura del secondo libro di Andrea Palladio. In: Bollettino C.I.S.A. 1979 Vol. XXI. Vicenza, C.I.S.A. 1982.

— The Basilica Palladiana and the Loggia del Capitaniato: An Architectural and Socio-historical Confrontation. In: Forster, Kurt W. und Martin Kubelik (Hg). Palladio — Ein Symposium. Bibliotheca Helvetica Romana Vol. XVIII. Rom, Ed. Schweizerisches Institut in Rom 1980.

— Palladios Werk im Spannungsfeld zwischen Bau-Realisation und Bau-Publikation. In: bauforum 1981 14. Jhrg./IX. Wien 1981.

— Il Palladianesimo: appunti critici. In: Ateneo Veneto (Hg). Contributi su Andrea Palladio nel quarto centenario della sua morte (1580—1980). Venezia, Tip. Commerciale 1982.

Lalande, Joseph Jérôme. Voyage d'un François en Italie, fait dans les années 1765 & 1766. Venise—Paris, ohne Druckerangaben 1769.

Lampertico, Fedele. Il corso di Vicenza dal secolo XVI al finire del XIX. Vicenza, Tip. Fabris 1892.

Laugier, Marc'Antoine. Essai sur l'architecture. Paris, Duchesne 1753.
Lazzari, Francesco (Hg). Raccolta di decorazioni interne composta da C. Percier e P.L.F. Fontaine. Riveduta la traduzione da Francesco Lazzari con notevoli giunte di Giuseppe Borsato. Venezia, Tip. Giuseppe Antonelli 1843.
Lemonnier, Henry. Procès-verbaux de l'Académie royale d'Architecture 1671—1793. Paris, Ed. Société de l'Histoire de l'Art français 1911—1929.
Lewis Kolb, Carolyn. Portfolio for the villa Priuli: dates, documents and designs. In: Bollettino C.I.S.A. 1969 Vol. IX. Vicenza, C.I.S.A. 1970.
Lewis, Douglas. La datazione della villa Corner a Piombino Dese. In: Bollettino C.I.S.A. 1972 Vol. XIV. Vicenza, C.I.S.A. 1973.
— A new book of drawings by Francesco Muttoni. In: Arte Veneta 1976 Vol. XXX. Venezia, Alfieri Edizioni 1977.
— Girolamo II Corner's completion of Piombino with un unrecognized building of 1596 by Vincenzo Scamozzi. In: Architectura. Zeitschrift für Geschichte der Baukunst. Band 7.I. München, Deutscher Kunstverlag 1977.
— La villa Cornaro di Piombino Dese. Corpus Palladianum. Vicenza, C.I.S.A. (in Vorbereitung).
Lodi, Emanuele. Cenni storici e statistici sul setificio in Vicenza nella seconda metà del secolo passato. Vicenza, Tip. Burato 1872.
Lodolini, Armando. Odescalchi. In: Enciclopedia Italiana di Scienze, Lettere ed Arti Vol. XXV. Roma, Ed. Istituto della Enciclopedia 1935.
Lorenzetti, Giulio. Venezia e il suo estuario. Triest, Edizioni Lint 1974.
Loukomski, Georgy K. Andrea Palladio, sa vie, son œuvre. Paris, Auguste Vincent & Cie. 1927.
Maccà, Gaetano. Storia del territorio vicentino. Caldogno, Tip. Gio. Battista Menegatti 1812—1816.
Magagnato, Licisco. Vorwort zum Nachdruck I Quattro Libri dell'Architettura di Andrea Palladio. Milano, Ed. Il Polifilo 1980.
Magrini, Antonio. Dell'Architettura in Vicenza. Discorso con appendice critico-cronologica delle principali sue fabbriche negli ultimi otto secoli. Padova, Tip. del Seminario 1845.
— Memorie intorno la vita e le opere di Andrea Palladio pubblicate nell'inaugurazione del suo monumento in Vicenza li 19 Agosto 1845. Padova, Tip. del Seminario 1845 [aber 1846 erschienen].
— Il palazzo del Museo Civico in Vicenza descritto ed illustrato. Vicenza, Tip. Eredi Paroni 1855.
— Notizie sugli architetti vicentini. B.B.Vi. Ms seg. Gonz. 26. 4.5 (3314).
Maina, Nicolò. Descrizione del Teatro Nuovo in Riva al Retrone ossia del riedificato Teatro di Piazza di Vicenza. Vicenza, Stamperia Camerale 1784.
Malacarne, Bartolomeo. Memoria sopra le Testamentarie Disposizioni Scamozzi e Cordellina riguardanti l'Architettura. 1810. B.B.Vi. Ms seg. G.8.9.4 (Fa 21).
Malamani, Vittorio. Memorie del Co. Leopoldo Cicognara. Venezia, Tip. dell'Ancora 1888.
Mancini, Franco; Muraro, Maria Teresa und Elena Povoledo. Illusione e pratica teatrale. Vicenza, Neri Pozza Editore 1975.
Mangini, Nicola. I teatri di Venezia. Milano, Mursia Editore 1974.
Mantese, Giovanni. Breve panorama storico di Bolzano Vicentino. In: Venticinquesimo Anniversario della Consacrazione sacerdotale del Rev.mo Arciprete Don Giovanni Brun e decimo Anniversario di suo Ministero Parrocchiale. Bolzano Vicentino 12 maggio 1963. Vicenza, Tip. Istituto S. Gaetano 1963.
— Storia di Valdagno. Valdagno, Edizione del Comune 1966.
— I mille libri che si leggevano e vendevano a Vicenza alla fine del secolo XVI. Vicenza, Accademia Olimpica 1968.
— Memorie storiche della Chiesa Vicentina. Vicenza, Accademia Olimpica 1974 Vol. IV (dal 1563 al 1700).
— L'arte della lana e della seta nella ripresa economica vicentina del secolo XVIII. Vicenza, Ed. Camera di Commercio Industria Artigianato e Agricoltura 1977.
— I mille libri che si leggevano a Vicenza alla fine del secolo XVIII. Vicenza, Accademia Olimpica 1978.
— Memorie storiche della Chiesa Vicentina. Vicenza, Accademia Olimpica 1982 [aber 1983 erschienen] Vol. V (dal 1700 al 1866).
Marani, Ercolano. Sui rapporti d'arte fra Casale Monferrato e Mantova. In: Casale, Città di und Società Piemontese di Archeologia e Belle Arti (Hg). Quarto Congresso di Antichità e d'Arte, 20—24 aprile 1969. Torino, Editrice Marietti 1974.
Marchi, Giovanni. Memorie delle famiglie vicentine. B.B.Vi. Ms seg. Gonz. 26.7.1—7 (2991—2997).
Marchini, Gian Paolo. Vicenza romana. In: Pozza, Neri (Hg). Vicenza illustrata. Vicenza, Neri Pozza Editore 1976.
— Vicenza romana, storia, topografia, monumenti. Verona, Tip. Alfio Fiorini 1979.
Marini, Leonardo. Studi diversi di decorazione inventati, disegnati ed in gran parte eseguiti di Leonardo Marini, disegnatore del Gabinetto del re di Sardegna, pittore e professore della reale Accademia delle Bell'Arti. B.R.To. Ms seg. varia 218.
Marzari, Giacomo. La Historia di Vicenza. Vicenza, appresso Giorgio Greco 1604 [2. Ed.].
Massari, Antonio. Giorgio Massari architetto veneziano del Settecento. Vicenza, Neri Pozza Editore 1971.
Mastini, Federico. Resoconto del presidente della fabbriceria, 1821. Archivio storico del Comune di Cittadella, Ms seg. busta anno 1821.
Mazza, Barbara. Jappelli e Padova. Padova, Liviana Editrice 1978.
Mazzotti, Giuseppe. Ville Venete. Roma, Carlo Bestetti Editore 1973.
Melchiori, Nadal. Repertorio di Cose appartenenti a Castelfranco nostra Patria fedelmente, e con diligenza raccolte da me Nadal Melchiori 1715—1718 (in einer Kopie von Mamerto Voltolina aus dem Jahre 1869). Biblioteca Comunale di Castelfranco Veneto, Ms seg. N-145/Ms 166.
Memmo, Andrea. Elementi d'Architettura Lodoliana, o sia l'arte del fabbricare con solidità scientifica, e con eleganza non capricciosa. Roma, Stamperia Pagliarini 1786.
— Semplici lumi tendenti a render cauti i soli interessati nel teatro da erigersi nella parrocchia di San Fantino. Venezia, presso l'autore 1790.
Milano, Comune di (Hg). Mostra dei Maestri di Brera (1776—1859). Milano, Ed. Società per le Belle Arti ed Esposizione Permanente 1975.
Milizia, Francesco. Le Vite de' più Celebri Architetti d'ogni nazione, e d'ogni tempo precedute da un Saggio sopra l'Architettura. Roma, Paolo Giunchi Komarek 1768.
— Memorie degli Architetti antichi e moderni. Parma, Stamperia Reale 1781.
— Grundsätze der bürgerlichen Baukunst. Leipzig, im Schwickertschen Verlage 1784—1786.
— Lettere di Francesco Milizia a Tommaso Temanza. Venezia, Tip. Alvisopoli 1823.
— Saggio di Architettura e Lettere riguardanti le belle arti. Bologna, Tip. Cardinali e Frulli 1827.
Misson, Maximilien. Nouveau voyage d'Italie, faite en l'année 1688. Avec un memoire contenant des avis utiles à ceux qui voudront faire le mesme voyage. La Haye, Henry van Bulderen 1691.
Mistrorigo, Federico. Sandrigo e il suo nuovo tempio. Sandrigo, Tip. Costantini 1939.
Mocenigo, Giovanni juniore. I teatri moderni di Vicenza dal 1650 al 1800 e dei due distrutti teatri di Piazza e delle Grazie. Bassano, Tip. Sante Pozzato 1894.
Montanari, Niccolò. Memorie, scritture, et altro dal 1783 al 1800. B.B.Vi. Ms seg. Acc. 9/94.
— Nota degli attrecci, e libri lasciati dal quondam Signor Ottavio Bertotti Scamozzi fu Bidello all'Accademia Olimpica. B.B.Vi. Ms seg. Acc. 5/73.
Moroni, Gaetano. Dizionario di erudizione storico-ecclesiastica da S. Pietro sino ai nostri giorni. Venezia, Tip. Emiliana 1840—1879.
Morsolin, Bernardo. Ricordi Storici di Trissino. Vicenza, Tip. Burato 1881.
Moschini, Giannantonio. Della Letteratura Veneziana del Secolo Decimottavo. Venezia, Tip. Palese 1806—1808.
Motterle, Ettore. L'Abate D. Domenico Cerato, Architetto e Professore. Tesi di laurea presso l'università di Padova. Anno accademico 1959—1960.
Muttoni, Francesco. Dissegni, et Anotazioni Fatte di commissione del Sig.r K.re Tomaso Tuixdem Inglese. 1708. Vicenza, C.I.S.A. Ms seg. No 323 (Depositum aus der Sammlung von On. Avv. Guglielmo Cappelletti).

– Architettura di Andrea Palladio Vicentino di nuovo ristampata, di Figure in Rame diligentemente intagliate arricchita, corretta, e accresciuta di moltissime Fabbriche inedite, con le Osservazioni dell'Architetto N.N. e con la traduzione francese. Venezia, presso Angiolo Pasinelli 1739/40–1760.
– Osservazioni intorno alle fabbriche fatte e da proseguirsi in onore della Beata Vergine Maria di Monte Berico di Vicenza. Vicenza, Tip. Berno 1741.
– Delli cinque Ordini di Architettura di Andrea Palladio Vicentino. Venezia, appresso Angiolo Pasinelli 1746.
Navarotto, Adriano. «Ottocento» Vicentino. Padova, Istituto Veneto di Arti Grafiche 1937.
Oechslin, Werner. Aspetti dell'internazionalismo nell'architettura italiana del primo Settecento. In: Barocco europeo, barocco italiano, barocco salentino. Atti del Congresso internazionale sul Barocco, 21–24 settembre 1969. Lecce, Editrice L'Orsa Maggiore 1971.
– Die Kirche San Stae in Venedig. Die palladianische Fassade des Tessiner Architekten Domenico Rossi. In: Unsere Kunstdenkmäler Vol. XXV Heft 4 Dezember 1974. Bern, Stämpfli und Cie AG 1974.
– Venedig im Licht der Bücher. In: Venezianische Kunst in der Schweiz und in Liechtenstein. Milano, Electa Editrice 1978.
Olivato, Loredana. Per la genesi dell'edizione palladiana di O. Bertotti Scamozzi. In: Arte Veneta 1973 Vol. XXVII. Venezia, Alfieri Edizioni 1974.
– Per la storia di un lascito: da Vincenzo Scamozzi a Bartolomeo Malacarne. In: Atti dell'Istituto Veneto di Scienze, Lettere ed Arti Vol. CXXXIII. Venezia, Ed. Istituto Veneto 1975.
– Ottavio Bertotti Scamozzi studioso di Andrea Palladio. Vicenza, Neri Pozza Editore 1975.
– «Les monuments de Palladio ... font grande impression»: J.A. Raymond a Tommaso Temanza. In: Arte Veneta 1975 Vol. XXIX. Venezia, Alfieri Edizioni 1976.
– Una relazione difficile. Lettere inedite di Tommaso Temanza a Ottavio Bertotti Scamozzi. In: Arte Veneta 1979 Vol. XXXIII. Venezia, Alfieri Edizioni 1980.
– Rapporti fra massoneria e architettura neo-palladiana: Ottavio Bertotti Scamozzi. In: Forster, Kurt W. und Martin Kubelik (Hg). Palladio – Ein Symposium. Bibliotheca Helvetica Romana Vol. XVIII. Rom, Ed. Schweizerisches Institut in Rom 1980.
Olivero, Eugenio. Il Conte Francesco Ottavio Magnocavalli architetto di Casale Monferrato (1707–1789). In: Palladio 1940 Vol. IV. Roma, Casa Ed. Colombo 1940.
Palladio, Andrea. I Quattro Libri dell'Architettura. Venetia, Domenico de'Franceschi 1570.
– (Ausstellungskatalog). La sua eredità nel mondo. Quarto centenario della morte di Andrea Palladio. Milano, Electa Editrice 1980.
Pallucchini, Rodolfo. Profilo di Vincenzo Scamozzi. In: Bollettino C.I.S.A. 1961 Vol. III. Venezia, Neri Pozza Editore 1962.
– (Hg). Gli affreschi nelle ville venete dal Seicento all'Ottocento. Venezia, Alfieri Edizioni 1978.
Pâris, Pierre-Adrien. Carnet de voyage à Vicence et à Venise 1774. Bibliothèque municipale de Besançon, Fonds Pâris Ms seg. No 8.
Passadore, Giorgio. Domenico Cerato architetto a Padova. In: Bollettino C.I.S.A. 1963 Vol. V. Vicenza, C.I.S.A. 1964.
Patetta, Luciano (Hg). L'Idea della Magnificenza Civile. Architettura a Milano 1770–1848. Milano, Electa Editrice 1978.
Patin, Paolo. Le pompose feste di Vicenza, fatte nel mese di Giugno, del 1680. Padova, Gio. Batt. Pasquati 1680.
Pavan, Maria Teresa. Profilo di architetti bassanesi del secolo XVIII: G. Miazzi e A. Gaidon. In: Bollettino C.I.S.A. 1962 Vol. IV. Vicenza, C.I.S.A. 1963.
Pavanello, Giuseppe. L'Ottocento. In: Pallucchini, Rodolfo (Hg). Gli affreschi nelle ville venete dal Seicento all'Ottocento. Venezia, Alfieri Edizioni 1978.
Pavanello, Michele. Memorie estese dall'Ab. Michele Pavanello e da Giuseppe Corona dal 1750 al 1783 – continuate dallo stesso Corona sino al 18. Mag. o 1814. B.B.Vi. Ms seg. Gonz. 21.10.26 (2517).
– Pel superbo Arco trionfale eretto in Vicenza al suddetto Eccellentissimo Pretore dagli ammiratori dell'esimie sue virtù. Vicenza, ohne Druckerangaben 1788.
Pevsner, Nikolaus. A history of building types. London, Thames and Hudson 1976.
Peyrot, Ada. Torino nei secoli. Torino, Tip. Torinese Editrice 1965.
Pilo, Giuseppe Maria. L'Architettura nell'età neoclassica a Treviso, Castelfranco e Bassano (Miazzi, Preti, Giordano e Francesco Riccati, i Gaidon). In: Bollettino C.I.S.A. 1963 Vol. V. Vicenza, C.I.S.A. 1964.
– Disegni di Giacomo Quarenghi e dei Gaidon. Bassano, Ed. Museo Civico di Bassano del Grappa 1964.
Poveledo, Elena. Arnaldi Enea. In: Dizionario Biografico degli Italiani Vol. IV. Roma, Istituto della Enciclopedia Italiana 1962.
Pozza, Neri. Guida di Vicenza. Vicenza, Neri Pozza Editore 1970.
– (Hg). Vicenza illustrata. Vicenza, Neri Pozza Editore 1976.
Preti, Francesco Maria. Palaggio di Castelfranco detto del Paradiso appartenente a N.N.U.U. Corneri 1766. Biblioteca Comunale di Castelfranco Veneto, Ms seg. 15015.
Puppi, Lionello. Spigolature d'archivio per la storia dell'architettura a Vicenza tra '600 e '700 (A. Pizzocaro, C. Borella, F. Muttoni). In: Bollettino C.I.S.A. 1966 Vol. VIII, par. II. Vicenza, C.I.S.A. 1967.
– Carlo Cordellina committente d'artisti. Novità e appunti su G. Massari, G.B. Tiepolo, F. Guardi, F. Lorenzi e O. Calderari. In: Arte Veneta 1968 Vol. XXII. Venezia, Alfieri Edizioni 1969.
– The Villa Garden of the Veneto from the Fifteenth to the Eighteenth Century. In: Coffin, David R. (Hg). Colloquium on the History of Landscape Architecture Vol. I. Washington, Dumbarton Oaks Trustees for Harward University 1972.
– Bibliografia e letteratura palladiana. In: Cevese, Renato (Hg). Mostra del Palladio. Milano, Electa Editrice o.J. [1973].
– Andrea Palladio. Milano, Electa Editrice 1973.
– Le Esperidi in Brenta. In: Arte Veneta 1975 Vol. XXIX. Venezia, Alfieri Edizioni 1976.
– Andrea Palladio. Stuttgart, Deutsche Verlags-Anstalt 1977.
– (Hg). Andrea Palladio, il testo, l'immagine, la città. Milano, Electa Editrice 1980.
– Alle origini del neopalladianesimo. Il contributo comasco di Francesco Muttoni. In: Arte Lombarda 1980 Vol. 55–57. Milano, Ed. Arte Lombarda 1980.
– (Hg). Palladio e Venezia. Firenze, Sansoni Editore 1982.
Reato, Ermenegildo. Il lungo cammino di Vicenza, verso l'unità nazionale. In: Pozza, Neri (Hg). Vicenza illustrata. Vicenza, Neri Pozza Editore 1976.
Reinle, Adolf. Zeichensprache der Architektur. Symbol, Darstellung und Brauch in der Baukunst des Mittelalters und der Neuzeit. Zürich und München, Verlag für Architektur Artemis 1976.
Riccardi, Tommaso. Storia dei vescovi vicentini dedicata a sua Eccellenza Reverendissima Monsig. Marco Zaguri nel suo ingresso a questa sede di Vicenza. Vicenza, Tip. Gio.Batt.a Vendramini Mosca 1786.
Rigon, Fernando. Un progetto del Barrera per l'ampliamento di palazzo Cordellina di Vicenza. In: Bollettino C.I.S.A. 1971 Vol. XIII. Vicenza, C.I.S.A. 1972.
– Palladio. Bologna, Editrice Capitol 1980.
– Pittori vicentini minori del '700. Vicenza, G. Rumor Editrice 1981.
Rosenau, Schloss Museumsverein (Hg). Österreichische Freimaurerlogen. Humanität und Toleranz im 18. Jahrhundert. Wien, Verlag Löcker & Wögenstein 1976.
Rumor, Sebastiano. Musaeum Lapidarium Vicentinum, Appendice. Vicenza, Tip. S. Giuseppe 1887.
– La villa Clementi a Monte Berico. Vicenza, Tip. S. Giuseppe 1902.
– La famiglia Anti. Vicenza, Tip. Rumor 1904.
– Gli scrittori vicentini dei secoli decimottavo e decimonono. Venezia, Tip. Emiliana 1905–1909.
– Bibliografia storica della città e provincia di Vicenza. Vicenza, Tip. S. Giuseppe 1916 und postum 1939.
– Il Santuario di Monte Berico. Vicenza, G. Rossi & Co. 1926.
Saccardo, Mario. L'altare nella chiesa di Santo Stefano disegnato da Ottavio Bertotti Scamozzi. In: La Voce dei Berici 18 gennaio 1981 No 3. Vicenza, Ed. Diocesi di Vicenza 1981.

– Notizie d'arte e di artisti vicentini. Vicenza, L.I.E.F. 1981.

Sandrigo, Comune di (Hg). Sandrigo un quinquennio amministrativo 1964–70. Vicenza, OTV Stocchiero 1970.

Scamozzi, Vincenzo. Dell'Idea della Architettura Universale di Vincenzo Scamozzi Architetto Vicentino. Venetia, presso l'Autore 1615.

– Klärliche Beschreibung der fünff Säulen-Ordnungen und der gantzen Bau-Kunst. Aus dem sechsten und dritten Buche Vincentii Scamozzi Baumeisters zu Venedig. Nürnberg, Stephan Rolcke für Johann Hoffmann 1697.

Schiavo, Remo. Nostalgia dell'Eretenio; Origine, erezione ed inaugurazione del Teatro Eretenio. In: Vicenza Economica No 7 luglio 1972 (Anno XXVII) und No 10 ottobre 1973 (Anno XXVIII). Vicenza, Ed. Camera di Commercio 1972 und 1973.

– Il Teatro Comunale di Lonigo. Lonigo, Ed. Banca Popolare Agricola di Lonigo 1977.

– Luci sull'Eretenio. Vicenza, Ed. Banca Popolare di Vicenza 1978.

Schudt, Ludwig. Italienreisen im 17. und 18. Jahrhundert in Italien. Wien und München, Schroll-Verlag 1959.

Scola, Bartolomeo. Creazzo – Ricordi storici. Vicenza, Tip. S. Giuseppe 1885.

Scola, Giovanni. Collezione delle parti prese in onore di Sua Eccellenza Camillo Bernardino Gritti, Podestà di Vicenza. Vicenza, Tip. Giusto 1788.

Segato, Gino. Sarmego. Notizie storico-descrittive. Vicenza, Tip. Commerciale 1935.

Semenzato, Camillo. Giovanni Miazzi e Antonio Gaidon: profilo critico. In: Bollettino C.I.S.A. 1962 Vol. IV. Vicenza, C.I.S.A. 1963.

– Purismo e funzionalismo nell'architettura veneta del Settecento. In: Branca, Vittore (Hg). Sensibilità e razionalità nel Settecento. Firenze, Sansoni Editore 1967.

– La Rotonda. Corpus Palladianum Vol. I. Vicenza, C.I.S.A. 1968.

– L'architettura veneta dell'Illuminismo. In: Arte Veneta 1969 Vol. XXIII. Venezia, Alfieri Edizioni 1970.

– Il Palladio e l'architettura veneta dell'età neoclassica. In: Bollettino C.I.S.A. 1970 Vol. XII. Vicenza, C.I.S.A. 1971.

– Una proposta per il giardino di Valsanzibio. In: Arte Veneta 1975 Vol. XXIX. Venezia, Alfieri Edizioni 1976.

Sicca, Cinzia Maria. Il palladianesimo in Inghilterra. In: Palladio. La sua eredità nel mondo. Quarto centenario della morte di Andrea Palladio. Milano, Electa Editrice 1980.

Silhouette, Etienne de. Voyage de France, d'Espagne, de Portugal e d'Italie. Du 22 Avril 1729 au 6 Février 1730. Paris, Merlin 1770.

Soragni, Ugo. Fonti e documenti per la storia di Vicenza nei secoli XVI–XVIII. In: Storia della città 1977 Vol. 4. Milano, Electa Editrice 1977.

– Una pianta di Vicenza del 1701 di Francesco Muttoni. In: Storia della città 1977 Vol. 5. Milano, Electa Editrice 1977.

– Vicenza nel Cinquecento. In: Storia della città 1979 Vol. 10. Milano, Electa Editrice 1979.

– Appunti su Francesco Muttoni trattatista e architetto (in Vorbereitung).

Soster, Giovanni. Memorie sulla erezione della Chiesa parrocchiale di S. Clemente in Valdagno. Padova, Tip. del Seminario 1878.

Spagnolo, Giovanni. Marostica e i comuni del suo Territorio. Marostica, Tip. Cecchetto & Martinato 1907.

Steinhauser, Monika. Das Theater bei Ledoux und Boullée, Bemerkungen zur sozialen Funktion einer Bauaufgabe. In: Bolletino C.I.S.A. 1975 Vol. XVII. Vicenza, C.I.S.A. 1978.

Summerson, John. The classical country house in the 18th-century England. In: Journal of the Royal Society of Arts No 5036 vom Juli 1959. London 1959 Vol. CVII.

– Architecture in Britain 1530–1830. Harmondsworth, Penguin Books Ltd 1970.

– Drawings of London churches in the Bute Collection. In: Architectural History Vol. CXIII 1970.

– Georgian London. Harmondsworth, Penguin Books Ltd 1978.

Tagliaferri, Amelio (Hg). Podestaria e Capitanato di Vicenza. Milano, Giuffrè Editore 1976.

Talbot Rice, Tamara. Charles Cameron ca. 1740–1812. London, The Arts Council of Great Britain 1967.

Temanza, Tommaso. Vita di Vincenzio Scamozzi Vicentino Architetto. Venezia, Tip. Giambattista Pasquali 1770.

– Vite dei più celebri Architetti, e Scultori Veneziani che fiorirono nel Secolo Decimosesto. Venezia, Stamperia C. Palese 1778.

Tipaldo, Emilio (Hg). Biografia degli Italiani Illustri nelle Scienze, Lettere ed Arti del secolo XVIII, e de Contemporanei. Venezia, Tip. Alvisopoli 1834–1841 und Tip. Gio.Cecchini 1844–1845.

Tornielli, Vittorio. Architetture di otto secoli del Monferrato. Casale Monferrato, Tip. Arti Grafiche 1963.

Tornieri, Giacomo. In Morte dell'Impareggiabile Architetto Co. Ottone Maria Calderari Nobile Vicentino. Stanze recitate nel Teatro Olimpico illuminato la sera 29. giugno 1804. Vicenza, Tip. Bartolommeo Paroni 1804.

Trissino, Leonardo. Artisti vicentini. B.B.Vi. Ms seg. Gonz. 26.5.4–5 (1949–1950).

– Miscellanea di appunti su varii artisti vicentini. B.B.Vi. Ms seg. Gonz. 24.4.1 (3155).

– Materiali per biografie di artisti e scrittori. B.B.Vi. Ms seg. Gonz. 27.4.21 (3152).

– Notizie sull'architetto Ottavio Bertotti Scamozzi. B.B.Vi. Ms seg. Gonz. 26.4.1 [6] (3275).

– Notizie per una guida artistica del territorio vicentino. B.B.Vi. Ms seg. Gonz. 23.11.2 (3158)

Vargas Machuca, Carlos Félix. Colección de los edificios y planos del célebre Arquitecto Andrea Palladio, sacado de la que publicó Octavio Bertotti Scamozzi. Madrid, en la Imprenta Real 1795.

Venezia e le sue lagune. Offerto del Consiglio Comunale in occasione del IX Congresso degli Scienziati Italiani. Venezia, Tip. Giuseppe Antonelli 1847.

Viale, Vittorio (Hg). Mostra del Barocco Piemontese, giugno–novembre 1963. Torino, Ed. Città di Torino 1963.

Vicenza. Del Caseggiato di Città compilato l'anno 1805; per estratto dell'Estimo Civico 1665. in causa del Gettito imposto in detto anno per le Spese della Illuminazione notturna. A.S.Vi. Ms seg. No 3162–3163.

– Libri dei nomi dei possessori dei fondi. Libri contenenti i nomi di tutti i possessori delle case descritti per ordine alfabetico. A.S.Vi. Ms seg. No 2642–2656.

Vivian, Frances. Il console Smith mercante e collezionista. Vicenza, Neri Pozza Editore 1971.

Volkamer, Johann Christoph. Nürnbergische Hesperides, oder Gründliche Beschreibung der edlen Citronat-, Citronen- und Pomerantzen-Früchte, wie solche in selbiger und benachbarten Gegend recht mögen eingesetzt werden. Nürnberg, Tip. Johann Andreas Endter 1708.

– Continuation der Nürnbergischen Hesperidum. Nürnberg, Johann Andreas Endter 1714.

Volkmann, Johann Jakob. Historisch-kritische Nachrichten von Italien, welche eine genaue Beschreibung dieses Landes, der Sitten und Gebräuche, der Regierungsform, Handlung, Ökonomie, des Zustandes der Wissenschaften, und insonderheit der Werke der Kunst nebst einer Beurtheilung derselben enthalten. Leipzig, Caspar Fritsch 1777–1778 [2. Ed.].

Whiffen, Marcus. Visitors to Vicenza. In: The Architectural Review Vol. 114. London 1953.

Wittkower, Rudolf. L'influenza del Palladio sullo sviluppo dell'architettura religiosa veneziana del Sei e Settecento. In: Bollettino C.I.S.A. 1963 Vol. V. Vicenza, C.I.S.A. 1964.

– Grundlagen der Architektur im Zeitalter des Humanismus. München, Verlag Oskar Beck 1969.

– Palladio and English Palladianism. London, Thames and Hudson 1974.

Woolf, Stuart J. Some notes of the cost of palace buildings in Turin in the 18th century. In: Atti e Rassegna tecnica della Società degli Ingegneri e degli Architetti in Torino, NS XV No 9 Settembre 1961. Torino, ohne Drukkerangaben 1961.

– Studi sulla nobiltà piemontese nell'epoca dell'assolutismo. In: Memorie dell'Accademia delle Scienze di Torino Serie 4a, No 5. Torino, Ed. Accademia delle Scienze di Torino 1963.

Zanazzo, Giovanni Battista. L'abate architetto Domenico Cerato. In: Odeo Olimpico 1943–1963 Vol. IV. Vicenza, Accademia Olimpica 1964.

Zancan, Maria Antonietta. Le ville vicentine del Quattrocento. In: Bollettino C.I.S.A. 1969 Vol. XI. Vicenza, C.I.S.A. 1970.
Zanolin, Domenico. Bartolomeo Malacarne architetto vicentino. Tesi di laurea presso l'università di Padova (Prof. Relatore: Lionello Puppi). Anno accademico 1970—1971.
Zanotto, Francesco. Appendice alla Raccolta e Parallelo delle Fabbriche classiche di tutti i tempi, di ogni popolo e di ciascun stile di J.N.L. Durand. Venezia, Tip. Giuseppe Antonelli 1857.
Zoppé, Leandro. Ville Venete. Bologna, Edizioni Calderini 1975.
Zordan, Adelia. San Carlo Borromeo nel culto e nell'insegnamento religioso popolare vicentino durante gli anni della controriforma. Tesi di laurea presso l'università di Padova (Prof. Relatore: Giovanni Mantese). Anno accademico 1973—1974.
Zorzi, Giangiorgio. Le opere pubbliche e i palazzi privati di Andrea Palladio. Venezia, Neri Pozza Editore 1965.
— Le chiese e i ponti di Andrea Palladio. Venezia, Neri Pozza Editore 1967.
— La interpretazione dei disegni palladiani. In: Bollettino C.I.S.A. 1968 Vol. X. Vicenza, C.I.S.A. 1969.
— Le ville e i teatri di Andrea Palladio. Venezia, Neri Pozza Editore 1969.

V Register

In diesem Orts- und Personenregister sind bereits in der Bibliografie aufgeführte Autoren nur selektiv berücksichtigt. Auch die Namen von Forschern, die im 20. Jahrhundert tätig waren und sind, werden hier nicht mehr erwähnt, sind jedoch ausführlich in der Bibliografie verzeichnet und in den Anmerkungen teils noch speziell hervorgehoben unter dem ausgewählten Schrifttum zu den einzelnen Œuvre-Beschreibungen.

~~98,–~~

49,50